KB116602

정신분석학의 근본 개념

정신분석학의 근본 개념

지크문트 프로이트 윤희기 · 박찬부 옮김

열린책들

일러두기

1. 열린책들의 『프로이트 전집』 2020년 신판은 기존의 『프로이트 전집』(전15권, 제2판, 2003)을 다시 한 번 교열 대조하여 펴낸 것이다. 일부 작품은 전체를 재번역했다. 권별 구성은 제2판과 동일하다.

2. 번역 대본은 독일 피셔 출판사S. Fischer Verlag 간행의 『지크문트 프로이트 전집Sigmund Freud Gesammelte Werke』과 현재까지 발간된 프로이트 전집 가운데 가장 충실하고 권위 있는 전집으로 알려진 제임스 스트레이치James Strachey 편집의 『표준판 프로이트 전집The Standard Edition of the Complete Psychological Works of Sigmund Freud』을 사용했다. 그러나 각 권별 수록 내용은 프로이트 저술의 발간 연대기순을 따른 피셔판 『전집』이나 주제별 편집과 연대기적 편집을 절충한 『표준판 전집』보다는, 『표준판 전집』을 토대로 주제별로 다시 엮어 발간된 『펭귄판』을 참고했다.

3. 본 전집에는 프로이트의 주요 저술들이 모두 수록되어 있다. 다만, (1) 〈정신분석〉이란 용어가 채 구상되기 이전의 신경학에 관한 글과 초기의 저술, (2) 정신분석 치료 전문가들을 위한 치료 기법에 관한 글, (3) 개인 서신, (4) 서평이나 다른 저작물에 실린 서문 등은 제외했다. (이들 미수록 저작 중 일부는 열린책들에서 2005년 두 권의 별권으로 발행되었다.)

4. 논문이나 저서에 이어 ( ) 속에 표시한 연도는 각 저술의 최초 발간 시기를 나타내며, 집필 연도와 발간 연도가 다를 경우에는 [ ] 속에 집필 연도를 병기했다.

5. 주석의 경우, 프로이트 자신이 붙인 원주는 각주 뒤에 〈— 원주〉라고 표시했으며, 옮긴이주는 별도 표시 없이 각주 처리했다.

6. 본문 중에 용어의 원어가 필요할 때는 독일어를 병기했다.

이 책은 실로 꿰매어 제본하는 정통적인 사철 방식으로 만들어졌습니다.
사철 방식으로 제본된 책은 오랫동안 보관해도 손상되지 않습니다.

차례

방어 과정에서 나타난 자아의 분열 박찬부 옮김　**477**

정신적 기능의 두 가지 원칙

Formulierungen über die zwei Prinzipien des psychischen Geschehens(1911)

어니스트 존스Ernest Jones가 쓴 프로이트 전기를 보면 프로이트가 이 글을 처음 구상하기 시작한 것은 1910년 6월이었고, 〈슈레버〉 증례(證例) 연구(「편집증 환자 슈레버 — 자서전적 기록에 의한 정신분석」)와 거의 동시에 작업이 이루어진 것으로 나타난다. 프로이트가 그해 10월 26일이 되어서야 이 글의 내용을 주제로 빈 정신분석학회에서 발표한 것을 보면 작업이 그리 빨리 진행된 것 같지는 않다. 더욱이 발표 내용에 대해 청중들이 그리 신통한 반응을 보이지도 않았고, 프로이트 스스로도 만족하지 못했던 것으로 알려져 있다. 실제로 프로이트가 본격적으로 이 논문을 쓰기 시작한 것은 그해 12월부터이며, 그 후 1911년 1월 말에 완성하여 그다음 해 늦은 봄에 출판했다.

정신분석의 고전 가운데 하나로 평가받는 이 글은 프로이트가 심리학의 이론적 가설에 처음 손을 댄 지 약 10여 년 후에 다시 이론적 작업에 들어서는 계기가 된 글이다. 물론 그사이에 『농담과 무의식의 관계』의 여섯 번째 장에서처럼 간혹 심리학 이론의 문제를 다룬 적도 있었다. 사실 프로이트가 이런 이론적 논의를 처음 시도한 것은 1895년의 『과학적 심리학 초고』(그러나 이 글은 사후에 출간되었다)라 할 수 있다. 그러나 여기에서의 논의는 주로 신경학적인 개념의 틀에서 크게 벗어나지 않는 것이었다. 또 비슷한 이론적 가설을 전개시키고 논의한 글로 『꿈의 해석』 일곱 번째 장이 있으나, 이번에는 완전히 심리학적인 용어만을 사용한 논의였다. 그런데 이 「정신적 기능의 두 가지 원칙」의 내용(특히 전반부의 내용)은 바로 『과학적 심리학 초고』와 『꿈의 해석』 일곱 번째 장의 내용에서 주로 이끌어 낸 것이다. 따라서 어떻게 보면 이 글은 그동안의 프로이트의 이론적 작업에 대한 진척도 조사와 같은 성격을 지닌 글이라고도 할 수 있다. 말하자면 이 글은 초기에 내세운 이론적 가설을 검증하고, 그럼으로써 그 후에 전개될 주요 이론적 논의, 즉 나르시시즘에 관한 논의나 초심리학에 관한 연속적인 논의 전개의 발판이 된 셈이다. 그러나 사실 프로이트의 견해가 굉장히 압축되어 전개되는 이 글은, 심리학 이론에 어느 정도 익숙한 오늘날의 독자들도 소화하기 어려운 데가 많다. 비록 프로이트가 그때그때의 생각들이 아니라 장시간 구상해 온 생각들을 펼치고는 있지만, 이 글의 출판 당시에도 많은 독자들이 이 글의 낯섦에 당혹해했다고 한다. 가령 본문의 (1)에 실린 글들은 『과학적 심리학 초고』나 초심리학에 관한 논문들을 잘 알지 못하는 독자들에게는 실로 막막한 느낌이 들기도 할 것이다. 이런 점에서 빈 정신분석학회에서 이 글의 내용을 주제로 발표했을 때 청중들이 신통치 않은 반응을 보였다는 사실도 그리 이해하지 못할 일은 아닐 것이다.

이 글의 주요 주제는 1차 정신 과정과 2차 정신 과정을 각각 지배하고 있는 규제 원칙들(쾌락 원칙과 현실 원칙)을 구별하고 규명한 것이다. 물론 이 주제는『과학적 심리학 초고』에서 이미 논의된 바가 있고, 또『꿈의 해석』일곱 번째 장에서도 논의되었다. 또한 더욱 상세한 논의는 이 글보다 3년 후에 쓰인 꿈의 초심리학에 관한 논문에서 이루어지고 있다. 이런 점에서 이 글은 중간적 성격의 글이라고 할 수 있다. 게다가 글의 마지막 부분에 관련된 여러 주제를 소개하면서 좀 더 깊은 논의는 뒤로 미루고 있다는 사실에 유념하면, 이 글의 성격이 어떠한지는 충분히 짐작할 수 있다. 하지만 초기의 이론적 가설에 대한 검증을 통해 더욱 심도 있는 논의의 전개를 위한 발판을 마련한 이 글은 그만큼 중요한 가치를 지니며, 또한 프로이트 이론 전개의 교량 역할을 하고 있다는 점에서 발전적 의미를 지닌 흥미로운 글임에 틀림없을 것이다.

이 논문은 1911년『정신분석과 정신 병리학 연구 연보』제3권 2호에 처음 발표되었으며,『저작집 Gesammelte Schriften』제5권 (1924),『전집 Gesammelte Werke』제8권(1943)에 수록되었다. 영어 번역본은 1925년 설 M. N. Searl이 번역하여 "Formulation Regarding the Two Principles in Mental Functioning"이라는 제목으로 『논문집 Collected Papers』제4권에 수록되었으며,『표준판 전집 The Standard Edition of the Complete Psychological Works of Sigmund Freud』 제12권(1958)에도 실렸다.

정신적 기능의 두 가지 원칙

우리가 오랫동안 관찰해 온 바에 따르면 모든 신경증Neurose은 환자를 현실의 삶 밖으로 몰아내는, 다시 말해 환자를 현실에서 소외시키는 결과를 낳는다.[1] 따라서 이런 결과가 바로 신경증의 목적인지도 모른다. 피에르 자네Pierre Janet도 이런 사실에 주목한 사람이었다. 신경증 환자의 특수한 특성을 〈현실 기능le fonction du réel〉의 상실이라고 말한 그는, 그러나 그와 같은 현실 기능의 상실과 신경증의 근본적인 결정 요인 사이의 관계는 규명하지 못했다.[2]

그런데 우리는 신경증의 발생 과정에 억압Verdrängung 과정을 도입함으로써 그와 같은 관계의 일단을 규명할 수가 있었다. 신경증 환자들이 현실에 등을 돌리는 이유는 현실 전체 혹은 현실의 어떤 부분을 견뎌 낼 수 없기 때문이다. 현실에 등을 돌리는 이런 신경증 환자의 유형 가운데 가장 극단적인 예를, 우리는 자신의 정신 이상을 촉발시키는 계기가 되었던 특정 사건을 애써 부인(否認)하려고 하는 환각성 정신증die halluzinatorische Psychose 환

---

1 〈신경증으로의 도피〉라고 말할 수 있는 이런 생각은 이미 「방어 신경 정신증 Die Abwehr-Neuropsychosen」(1894)이라는 논문의 3부에서 거론된 바 있다. 실제로 프로이트는 히스테리성 발작에 관한 논문(「히스테리 발작에 관하여」, 프로이트 전집 10, 열린책들)에서 〈질환으로의 도피〉라는 구절을 사용한 적이 있다.

2 Pierre Janet, 『신경증Les névroses』(1909) 참조 ─ 원주.

자에게서 찾아볼 수 있다(그리징어).[3] 그러나 실제로 모든 신경증 환자들은 현실의 어떤 부분에서는 그런 환각성 정신증 환자들과 동일한 행동을 취한다고 할 수 있다.[4] 이제 신경증 환자와 모든 인간의 현실과의 관계가 어떻게 전개되는지를 살펴보는 것이 우리가 해야 할 일이며, 그런 식으로 우리는 현실의 외부 세계가 지니는 심리학적인 의미를 우리의 이론적 구조 속에 편입시킬 수 있을 것이다.

정신분석에 토대를 둔 심리학에서 우리가 흔히 출발점으로 택하는 것은, 분석을 통해 그 독특한 특성이 알려진 무의식*das Unbewußte*의 정신 과정이다. 우리는 이 무의식의 정신 과정을 더욱 오래된, 원초적인 1차 과정으로 간주한다. 이는 무의식의 정신 과정이, 그것만이 유일한 종류의 정신 과정이었던 정신 발전 단계의 잔존물이기 때문이다. 이런 1차 과정을 지배하는 규제 원칙은 비교적 쉽게 알아낼 수 있다. 우리는 그것을 바로 쾌락-불쾌의 원칙, 또는 더 간단히 쾌락 원칙*Lustprinzip*으로 표현할 수 있을 것이다.[5] 원초적인 1차의 정신 과정들은 쾌락을 추구한다. 따라서 불쾌를 조장하는 사건이 있다면 자연히 정신 활동은 그 사건으로

3 W. Griesinger(1817~1868)는 베를린의 유명한 정신과 의사로 프로이트의 스승이었던 마이네르트가 대단히 존경했던 사람이었다. 본문에 언급된 내용은 프로이트가 『꿈의 해석』(프로이트 전집 4, 열린책들)에서도 세 번씩이나 언급했던 내용이며, 『농담과 무의식의 관계』(프로이트 전집 6, 열린책들) 여섯 번째 장에서도 재차 거론되기도 했다. 그리징어는 신경증과 꿈이 공통적으로 지니고 있는 소원 성취의 성격에 주목하여 이런 생각을 했던 것으로 알려져 있다. 그리징어의 『정신적 질병의 병리적 현상과 치료*Pathologie und Therapie der psychischen Krankheiten*』(1845) 참조.
4 오토 랑크Otto Rank는 최근에 그의 논문 「광기에 대한 쇼펜하우어의 견해 Schopenhauer über den Wannsinn」를 통해 쇼펜하우어의 『의지와 표상으로서의 세계 *Die Welt als Wille und Vorstellung*』(1819)에 나타난 신경증 발발 원인의 분명한 징후에 관심을 표명했다 — 원주.
5 이 부분이 바로 〈쾌락 원칙〉이라는 용어가 처음 사용되었던 곳이 아닌가 한다. 『꿈의 해석』에서는 이 원칙이 항상 〈불쾌감 원칙〉으로 표기되었다.

부터 물러서게 된다(바로 억압 과정이 일어나는 것이다). 밤에 꾸는 꿈, 그리고 우리가 깨어 있을 때 괴로움을 주는 여러 인상들에서 벗어나려는 성향을 지니고 있다는 점, 이런 것들이 바로 쾌락 원칙 때문에 생기는 결과이자 그 원칙이 어느 정도의 힘을 지니고 있는지의 증거가 되는 것이다.

나는 어디선가,[6] 심리적 안정 상태가 깨지게 되는 최초의 이유가 거역할 수 없는 내적 욕구의 요구 때문이라는 사실을 제시했던 적이 있다. 나는 지금 그때 지니고 있었던 내 생각으로 다시 되돌아가고자 한다. 내적 욕구의 요구가 심리적 안정을 해치게 될 때, 우리가 생각한 것(소망한 것)은 그것이 무엇이든, 오늘날 우리가 매일 밤 꿈-사고Traumgedanke를 통해 겪는 것과 같은 환각적인 방식으로 제시된다.[7] 그런데 기대했던 만족을 얻어 내지 못하고 실망을 경험하면서 환각을 통해 만족을 얻으려는 시도를 포기하게 된다. 따라서 우리의 정신 기관은 환각을 통한 만족 대신에 외부 세계에서 현실적 상황을 설정하지 않을 수 없으며, 그런 상황 속에서 현실적인 변화를 꾀하지 않을 수 없게 된다. 이렇게 해서 정신 기능의 새로운 원칙이 도입되는 것이다. 정신에 제시되는 것이 유쾌한 것은 못 되지만, 설령 그것이 불쾌한 것이라도 현실성은 있는 것이다.[8] 이런 식으로 〈현실 원칙Realitätsprinzip〉이 설

6 『꿈의 해석』에서 전반적인 설명을 전개시키던 부분 — 원주. 『꿈의 해석』 일곱 번째 장을 참조하라.

7 수면의 전제 조건이 현실에 대한 의도적인 거부(잠을 자려는 소망)이기 때문에, 수면 상태 속에서는 현실에 대한 인정 이전에 있었던 것과 아주 흡사한 정신적 삶의 모습이 재현될 수 있다 — 원주.

8 여기서 언급한 도식적인 설명에 몇 가지 세부 사항을 덧붙여 상세하게 설명해 보기로 하자. 쾌락 원칙의 구속을 받아 외부 세계의 현실성을 무시하는 기관은 극히 짧은 시간이라도 그 기능을 유지할 수 없으며, 따라서 전혀 존재하지 않는 것과 다름 없다는 생각은 당연히 반박의 여지가 많다. 그러나 유아들 — 이 아이들이 어머니에게 받는 보호와 더불어 아이들을 생각한다면 — 이 그 비슷한 종류의 정신 체계를 내

정되는 단계는 분명 아주 중대하다.

(1) 우선, 새로운 요구에 따라 정신 기관 내에는 필요한 적응 과정이 일어나게 된다. 아직까지는 그에 대한 우리의 이해와 지식이 불충분하여, 우리는 그 적응 과정을 수박 겉핥듯이 피상적으로 다룰 수밖에 없다.

외부 현실이 갖는 중요성이 증가할수록, 외부 세계를 지향하는 감각 기관과 그 기관에 관련된 〈의식〉의 중요성 또한 증가한다. 의식은 지금까지 그것의 주된 관심 대상이었던 쾌락과 불쾌의 특질들뿐만 아니라 감각적 특질들까지 파악하는 법을 배우게 되는 것이다. 이에 따라 만일 어떤 긴급한 내적 욕구가 일어나더라도 외부 세계의 자료에 낯설지 않도록 하기 위하여 외부 세계를 정기적으로 탐색하는 특수한 기능이 새롭게 시작된 셈이다. 이것이 바로 〈주의력Aufmerksamkeit〉 기능이다. 말하자면 의식의 이 기

보인다는 점에서 그와 같은 허황된 생각도 정당한 것으로 받아들일 수 있을 것이다. 유아들은 대개 자신의 내적 욕구를 충족시킬 수 있다는 환상을 지니고 있다. 자극은 증가하는데 만족이 따르지 않는다면, 유아들은 울음을 터뜨리고 발버둥 치는 등의 동작 표현으로 자신의 불쾌감을 내보인다. 그렇게 야단법석을 떨다 보면 대개 자신이 환상 속에 그렸던 만족을 얻게 되기 때문이다. 나중에 그 유아가 자라 어린아이가 되면 자신의 감정을 표현하는 방법으로 그와 같은 의도적인 동작을 통해 만족을 얻는 법을 배우게 된다. 따라서 어린아이를 보살피는 일이 유아를 보살피는 일을 모델로 해서 이루어지는 것이기 때문에, 어린아이들이 부모의 보호에서 정신적으로 완전히 벗어날 때에만 쾌락 원칙의 지배가 끝난다고 할 수 있는 것이다. 외부의 자극을 차단시키고 스스로 자폐적으로autistisch(블로일러E. Bleuler의 말) 영양상의 욕구를 만족시키는 경우의 좋은 예는, 껍질로 차단된 상태에서 내부적으로 영양 공급을 받는 새의 알을 들 수 있다. 이 경우 어미새가 베풀어 주는 보호는 오직 알을 따뜻하게 해주는 일에 제한된다. 만일 쾌락 원칙에 따라 살아가는 체계는 반드시 외부의 자극을 피할 수 있는 장치를 갖춰야 한다는 주장이 제기된다면, 나는 이 새 알의 예를 우리 논의를 수정하는 것으로서가 아니라 그 논의를 더욱 상세하게 설명해 주는 예로 간주하고 싶다. 그처럼 외부의 자극을 차단시켜 주는 역할을 하는 장치는, 내부의 불쾌한 자극을 외부의 자극인 양 취급하고 그 자극들을 외부 세계로 밀어내는 〈억압〉과 상관관계가 있는 것이다 — 원주. 블로일러의 『자폐적 사고Das autistische Denken』(1912) 참조.

능은 감각 인상*Sinneindruck*이 나타나기를 기다리는 것이 아니라 그 감각 인상이 나타날 곳을 찾아가 의식이 중간에서 맞이하는 기능인 것이다. 이와 동시에 아마 〈기록*Merken*〉 체계도 도입되었을 것이다. 이 체계의 임무는 정기적인 의식 활동의 결과를 기록해 두는 것으로, 우리가 〈기억〉이라 부르는 것의 한 부분이 바로 이것이다.

새로 출현하는 표상들 가운데 불쾌감을 불러일으킨다는 이유로 일부를 리비도 집중에서 제외시키는 억압의 경우, 그 억압의 자리에는 〈공정한 판단〉[9]이 자리 잡는다. 그 판단 과정은 주어진 표상이 진실한 것인지 거짓인지, 즉 그 표상이 현실에 부합되는 것인지 아닌지의 여부를 판별해야 한다. 그와 같은 판단은 현실에 관한 기억 흔적*Erinnerungsspur*과의 비교를 통해 이루어지게된다.

운동을 통한 발산(發散)에도 새로운 기능이 할당된다. 운동을 통한 발산은 쾌락 원칙의 지배하에서 정신 기관에 가해지는 자극의 부담을 경감시켜 주는 역할을 했다. 말하자면 신경 자극을 신체 내부에 보냄으로써(이것은 결과적으로 여러 가지 동작이나 얼굴 표정, 혹은 감정 표현으로 이어진다) 자극의 증가를 낮추는 것이 운동을 통한 발산의 역할이었다. 그런데 이제는 이 운동을 통한 발산이 현실의 적절한 변화에 이용되는 것이다. 그럼으로써 이 운동을 통한 발산은 〈행동〉으로 전환된다.

그러나 점차 운동을 통한 발산(행동)에 규제를 가할 필요성이 대두된다. 이 역할은 표상의 재현을 통해 전개되는 〈사고〉 과정이

---

9 이 〈판단〉의 개념은 프로이트가 자주 언급하는 개념으로 일찍이 『농담과 무의식의 관계』 초판에서 거론되었을 뿐만 아니라, 후기의 논문 가운데 하나인 「부정」(프로이트 전집 11, 열린책들)에서는 이 개념이 좀 더 상세하게 검토되고 있다.

담당하게 된다. 정신 기관으로 하여금 자극의 증가로 생기는 긴장을 견뎌 내게 하고, 동시에 운동을 통한 발산을 연기하도록 만드는 기능이 이 사고 과정에 부여된다. 본질적으로 사고 과정이란 실험적 성격의 행동으로, 이 사고 과정과 더불어 리비도 집중의 일부가 전이(轉移)되어 배출되는 양이 적어지게 된다.[10] 이런 목적을 위해서 자유롭게 전이Übertragung가 가능한 리비도 집중이 〈구속된〉 리비도 집중으로 전환될 필요성이 대두되는데, 이것은 전체 리비도 집중 과정의 수준을 높임으로써 가능하게 된다. 아마도 사고의 과정은 그것이 단순한 표상 재현의 수준을 넘어서서 대상에 대한 여러 인상의 관계를 지향하는 한 무의식적인 것 같다. 그리고 사고 과정이 의식에 지각되는 그런 특질들을 획득하려면 그 과정이 언어적 잔재로 남아 있어야 하는 것 같다.

(2) 경비(에너지) 절약이라는 경제 원칙까지 거슬러 올라갈 수 있는 정신 기관의 일반적 성향은, 우리가 우리 마음대로 쾌락의 근원을 붙들고 늘어지려는 데서, 그리고 그런 쾌락의 근원을 포기하기 어렵다는 데서 찾을 수 있을 것 같다. 그러나 현실 원칙의 도입과 더불어 사고 활동의 한 부류가 떨어져 나가면서 현실성 검사Realitätsprüfung에서 벗어나게 되고, 오로지 쾌락 원칙만을 추구하게 된다.[11] 이 사고 활동이 바로 어린아이들의 유희에서 시작되어 나중에는 〈백일몽Tagtraum〉으로 이어지다가, 현실 대상에 대

---

10 이 부분에서 언급된 것은 아주 중요한 이론으로 『꿈의 해석』과 『농담과 무의식의 관계』, 그리고 「부정」 등에서 반복 거론된다.

11 토양의 생산물(지하자원)을 이용해야만 부를 축적할 수 있는 나라가 특정 지역을 원래의 상태 그대로 보존하기 위해 특별 보존 지역으로 남겨 두어, 문명에 의해 초래된 변화의 바람에서 그 지역을 보호하려는 경우가 이와 유사한 경우이다(예를 들어 옐로스톤 파크Yellowstone Park의 경우) — 원주. 「작가와 몽상」(프로이트 전집 14, 열린책들), 「히스테리성 환상과 양성 소질의 관계」(프로이트 전집 10, 열린책들)의 환상에 관한 논의를 참조하라. 이 문장에서 〈현실성 검사〉라는 용어가 처음 사용되었다.

한 의존을 포기하게 만드는 〈환상〉이다.

(3) 관련된 모든 정신적 결과와 더불어 쾌락 원칙을 현실 원칙으로 대체하는 일은, 비록 여기서는 아주 간단하게 한 문장으로 표현했지만, 사실 어느 한순간에 갑자기 일어나는 일도 아니고 또 어느 선을 따라 동시에 발생하는 일도 아니다. 그 이유는 이와 같은 대체 과정이 자아 본능Ichtrieb에서 진행되는 동안, 성적 본능Sexualtrieb이 그 자아 본능에서 이탈하는 과정이 시작되기 때문이다. 의미 있는 방식으로 진행되는 이 이탈 과정을 설명하면 이렇다. 처음에 성적 본능은 자가 성애Autoerotik적인 태도를 내보인다. 말하자면 주체 자신의 신체에서 만족을 얻기 때문에, 현실 원칙의 도입으로 불가피하게 경험할 수밖에 없는 좌절을 성적 본능은 알지 못하는 것이다. 그러다 나중에 대상을 찾는 과정이 시작되면서 성적 본능은 곧 긴 잠재기의 상태로 들어가고, 사춘기까지 계속되는 이 기간에 성적 발달은 지연된다. 이 두 요소, 즉 자가 성애와 잠재기의 결과로 성적 본능은 그 정신적 발달이 지연되고 비교적 오랜 기간 쾌락 원칙의 지배를 받게 되는 것이다. 많은 사람의 경우 이 쾌락 원칙에서 벗어날 수가 없다.

이런 결과로, 한편으로는 성적 본능과 환상 사이에, 또 다른 한편으로는 자아 본능과 의식의 활동 사이에 어떤 밀접한 연관 관계가 형성된다. 이 연관 관계를 비록 발생 심리학에서는 〈2차적인〉 것으로 간주하지만, 건강한 사람이나 신경증 환자 모두에게서 이 관계는 아주 밀접한 것으로 나타난다. 자가 성애가 지속되는 기간 동안에는 성적 대상과 관련하여 노력과 기다림(만족의 연기[延期])을 요하는 현실적인 만족보다는, 좀 더 손쉬운 순간적이고 상상적인 만족을 얻으려는 성향이 장기간 그대로 유지된다. 환상의 영역에서는 억압이 전권(全權)을 행사한다. 억압은 어떤 표상의 리비도 집중이 불쾌감을 조장할 가능성이 있는 경우, 그 표상이 의식에 의해 감지되기 전에 표상을 〈원상태 그대로*in statu nascendi*〉 억제하는 과정이다. 이 부분이 바로 우리 정신 기관의 약점으로, 이미 이성적인 것으로 판명된 사고 과정을 다시 쾌락 원칙의 지배하에 두는 데 활용된다. 그러므로 신경증 발생의 근본 원인이 되는 정신적 기질이란, 성적 본능으로 하여금 현실을 존중하도록 가르치는 교육을 지연시키는 데서, 그리고 부차적으로 그와 같은 지연을 가능하게 하는 조건에서 찾을 수 있는 것이다.

(4) 쾌락 자아*Lust-Ich*가 〈소망〉만 할 뿐이며, 쾌락 생산에만 매진하고 불쾌는 회피하려고 노력한다면, 마찬가지로 현실 자아 *Real-Ich*는 〈유용한〉 것만을 추구하고 손상을 당하지 않으려고 스스로의 경계를 늦추지 않는다.[12]

사실은 쾌락 원칙을 현실 원칙으로 대체한다 해서 쾌락 원칙을 완전히 폐기해 버리는 것을 의미하는 것은 아니다. 오히려 그와 같은 현실 원칙의 대체가 쾌락 원칙을 보호한다고 할 수 있다. 그 결과가 불확실한 어떤 순간적인 쾌락은 포기되지만, 그것은 새로운 길을 통해서 나중에 더욱 확실한 쾌락을 보장받기 위함이다. 그러나 쾌락 원칙을 현실 원칙으로 대체하는 그와 같은 일은 정신 내부에 너무도 강한 인상을 심어 주기 때문에 어떤 특별한 종교적 신화에도 반영되어 나타난다. 사실 세속적 쾌락을 포기 — 그것이 자발적인 것이든 강요에 의한 것이든 — 하면 그 대가로

---

12 쾌락 자아에 대한 현실 자아의 우위성을 버나드 쇼Bernard Shaw는 다음과 같이 아주 적절하게 표현했다. 〈최소한의 저항을 받는 방향으로 나아가 그것에 굴복하느니 최대한의 이익을 구하는 쪽을 선택할 수 있기 위하여.〉 버나드 쇼의 『인간과 초인간*Man and Superman*』 참조 — 원주. 이 말은 모차르트의 오페라 「돈 조반니」 제3막에서 간주곡이 끝날 때쯤 돈 조반니가 하는 말이다. 쾌락 자아와 현실 자아의 관계는 「본능과 그 변화」(프로이트 전집 11, 열린책들)에서 더욱 상세하게 다루어진다.

내세에 어떤 보상을 받을 수 있다는 종교적인 교리는 바로 그런 정신적인 혁명을 신화적으로 투사한 것이나 마찬가지다. 이런 노선을 지속적으로 추구하는 가운데 〈종교〉는 내세의 보상을 약속하는 방법으로 현세(現世)의 쾌락을 완전히 포기하게 만들 수가 있었던 것이다. 그러나 그런 방법으로 종교가 쾌락 원칙을 완전히 극복했다고는 할 수 없다. 쾌락 원칙을 극복하는 일에 가장 근접해 있는 것이 바로 〈학문〉이다. 그러나 학문 역시 지적인 쾌락을 제공하고, 궁극적으로는 실제적인 이득을 획득케 해준다는 점에서는 쾌락 원칙을 철저히 극복하지는 못한다.

(5) 우리는 지극히 당연하게 〈교육〉은 쾌락 원칙을 극복하고 그것을 현실 원칙으로 대체하게끔 하는 동기(자극)라고 말할 수 있다. 다시 말해 교육은 자아 발전 과정에 도움을 준다. 그런 목적을 위해 교육은 교육자들이 주는 상(賞)이라고 할 수 있는 사랑을 한껏 활용한다. 따라서 만일 버릇없는 아이가 교육은 어떤 경우든 사랑을 소유하는 것이고, 무슨 일이 일어나더라도 사랑을 잃어서는 안 된다고 생각한다면, 교육은 실패로 끝날 수 있다.[13]

(6) 〈예술〉은 아주 독특한 방식으로 쾌락 원칙과 현실 원칙, 이 두 원칙을 화해시킨다. 예술가란 본디 처음부터 스스로가 현실이 요구한 본능적 만족의 포기를 받아들일 수 없기 때문에 현실에 등을 돌린 사람이다. 따라서 그는 환상적인 삶 속에서 자신의 야심에 가득 찬 소망과 성애적인 소망을 마음껏 펼쳐 보이고자 하는 사람이라 할 수 있다. 그러나 그는 그의 환상을 다른 사람들이 진정한 현실의 반영이라며 높게 평가하는 새로운 종류의 진실로

13 여기에서 프로이트의 의도는 사랑이 현실 존중의 수단이 되어야지 그것이 목적이 되면, 쾌락 원칙을 현실 원칙으로 대체하는 것을 목적으로 하는 교육이 실패로 끝날 수 있다는 점을 상기시키고자 한 듯하다.

바꾸는 자신의 특별한 재능을 십분 활용하여, 환상의 세계에서 다시 현실의 세계로 되돌아오는 방법을 찾아내는 사람이기도 하다. 그러므로 그는 외부 세계에 어떤 현실적인 변화를 꾀하는 긴 우회로를 택하지 않고서도 자기 스스로가 영웅이 되고, 왕이 되고, 창조주가 되고, 혹은 그가 바라는 소망스러운 존재가 되는 것이다. 하지만 예술가가 이렇게 될 수 있는 것은, 그와 마찬가지로 다른 사람들도 현실에 의해 강요된 포기와 그에 뒤따르는 불만을 똑같이 느끼기 때문이다. 그리고 쾌락 원칙을 현실 원칙으로 대체함으로써 비롯된 그와 같은 불만이 바로 현실의 한 부분이기 때문이기도 하다.[14]

(7) 자아가 〈쾌락 자아〉에서 〈현실 자아〉로 변화를 겪는 동안 성적 본능은 여러 가지 중간 단계를 거쳐 최초의 자가 성애에서 생식에 기여하는 대상애*Objektliebe*로 전환되는 변화를 겪는다. 이 두 발달 과정에서 나타나는 각 단계가 나중에 신경증으로 이어지는 정신적 기질의 원인이 될 수 있다는 우리의 생각이 옳다면, 차후의 질병의 형태(신경증의 선택)가 자아와 리비도*Libido* 발달의 특정 국면에서 어떤 억제가 일어나느냐에 따라 달라질 수 있다는 가정도 가능하다. 따라서 자아와 리비도의 발달 과정의 연대기적 특징(이 부분은 아직 연구되지 않은 부분이다)에 전혀 예상치도 못했던 의미가 부가될 수도 있으며, 마찬가지로 그 연대별 발달 과정에서 일어날 수 있는 변화에도 각별한 의미를 부여할 수 있을 것이다.[15]

14 오토 랑크도 이 비슷한 견해를 밝힌 적이 있다 — 원주. 오토 랑크의 『예술가, 성 심리학적 성향*Der Künstler, Ansätze zu einer Sexualpsychologie*』(1907) 참조. 「작가와 몽상」, 그리고 『정신분석 강의』(프로이트 전집 1, 열린책들) 중 스물세 번째 강의 참조.
15 이 주제는 「강박 신경증에 잘 걸리는 기질」(프로이트 전집 10, 열린책들)에서 다시 다루어진다.

(8) 어떤 연구가도 철저한 자기 훈련 없이는 익숙해질 수 없는 무의식(억압) 과정의 기이한 특징은, 그 과정이 현실성 검사를 완전히 거부한다는 사실에서 찾을 수 있다. 무의식의 과정은, 마치 이전의 쾌락 원칙의 지배하에서 자동적으로 그랬듯이 생각으로 그려 낸 현실을 실제 외부의 현실과 동일시하며, 소원을 그것의 충족과 동일시한다. 따라서 무의식의 환상과 무의식적인 것이 된 기억을 구별하는 일 또한 어렵게 된다.[16]

그러나 우리는 현실의 기준을 억압된 정신 구조에 적용시키는 오류를 범해서는 안 된다. 그리고 현실성이 없다는 이유로 증상 형성Symptombildung 과정에서 환상이 차지하는 중요성을 과소평가해서도 안 되며, 또는 실제 범죄가 저질러진 증거가 없다는 이유로 신경증 환자의 죄의식의 근원을 다른 데서 찾으려고 하는 오류를 범해서도 안 된다. 사람은 여행을 할 때면 자기가 여행하고 있는 나라의 화폐를 사용해야 한다. 신경증 환자의 경우엔 바로 신경증 환자의 화폐를 사용해야 하는 것이다. 어떤 꿈을 해석할 때도 이런 식으로 해야 한다. 예를 하나 들어 보자. 오랫동안 치명적인 질병을 앓고 있던 자기 부친을 간호한 적이 있는 한 남자가 나에게 들려준 이야기다. 그는 부친 사망 후 여러 달 동안 계속 〈자기 아버지가 다시 살아나 예전과 다름없이 대화를 나누었지만, 그는 자기 아버지가 그 사실도 모른 채 실제로 이미 죽었다는 것에 지극히 고통스러워하는〉 꿈을 꾸었다는 것이다. 어쩌면 말도 안 되는 듯 보이는 이 꿈을 이해하는 한 가지 방법은, 〈(자기 아버지가) 실제로 이미 죽었다는〉 말 앞에 〈자기(꿈꾸는 자)가 바랐듯이〉 혹은 〈그의 소망의 결과로〉를 추가하고, 〈그 사실도 모른

---

16 이 어려움은 『정신분석 강의』 중 스물세 번째 강의에서 자세하게 다루어지고 있다.

채)라는 말 앞에는 〈그가(꿈꾸는 자가) 바랐던 것처럼〉이라는 말을 덧붙이는 방법일 것이다. 그러면 그의 꿈-사고는 이렇게 풀이될 수 있을 것이다. 즉 아버지가 살아 계시는 동안에 차라리 자기 아버지가 죽었으면 하고 바라던 그의 어쩔 수 없었던 소망이 그에게는 고통스러운 회한(悔恨)으로 남아 있으며, 혹여 그런 자기 바람을 아버지가 눈치라도 챘다면 정말 얼마나 끔찍한 일이었겠는가! 하고 그가 생각했던 것이다. 여기서 우리는 사랑하던 사람을 잃었을 때 누군가가 겪게 되는 자기 비난(후회)의 예를 볼 수 있다. 그리고 이 경우에는 그와 같은 자기 비난이, 그 근원을 거슬러 올라가면 자기 아버지가 죽었으면 하고 바라던 유아기 때의 소망과 비슷한 의미를 지니고 있음을 알 수 있다.[17]

무엇을 설명하는 글이라기보다는 예비적인 성격이 강한 이 소논문에 결점이 많다면, 나는 그 결점들이 불가피한 것이었다고 양해를 구하고 싶다. 현실 원칙의 수용(受容)으로 생겨난 여러 정신적인 결과를 이렇게 짤막하게 언급하는 가운데, 나는 지금 단계에서는 그냥 말하지 않고 넘어갔어야 좋을 생각들을 주제넘게 대충 내뱉고 말았다. 사실 그런 생각들을 분명하게 내세우기 위해선 적지 않은 노력이 필요하다. 하지만 나는 너그러운 독자들께 이 글에서도 현실 원칙의 지배가 어떻게 시작되는지를 따뜻한 시선으로 주목해 주었으면 하고 바랄 뿐이다.

윤희기 옮김

---

17 여기서 언급한 꿈의 내용은 『꿈의 해석』 1911년판에 추가된 내용이다.

정신분석에서의 무의식에 관한 노트

A Note on the Unconscious in Psycho-Analysis(1912)

1912년 프로이트는 런던의 정신 연구 학회로부터 그 학회의 회보 가운데 〈특수 의학 부문〉에 게재할 글을 부탁받은 적이 있는데, 이 글은 바로 그 부탁을 받고 쓴 글이다. 프로이트 자신이 직접 영어로 이 글을 썼으나, 1912년 11월 출판되기 전에 영국에서 수정된 것으로 알려져 있다. 이 글의 독일어 번역본이 1913년 3월 정신분석학회지에 실렸을 때 누구든 프로이트가 직접 쓴 것으로 여겼다. 그러나 어니스트 존스에 의하면, 그때의 독일어 번역본은 프로이트의 영어 원문을 프로이트의 동료 가운데 한 사람인 한스 작스Hanns Sachs가 번역한 것이라고 한다. 그러다 1925년 『논문집』 제4권에 이 글이 다시 실리게 될 때는 현대적인 용어로 고치는 등 약간의 손질을 거친 〈2차 수정본〉이 실리게 되었다.

이런 연유로 안타깝게도 프로이트 자신이 직접 쓴, 수정되기 이전의 원문은 남아 있지 않은 셈이 되었다. 물론 수정과 번역 작업이 훌륭하게 이루어졌을 것이 틀림없고, 또 분명 프로이트 자신이 그런 작업에 관여했으리라 짐작은 되지만, 우리는 남아 있는 글의 용어 선택이 프로이트 자신이 직접 선택한 용어인지는 확신할 수 없는 것이다. 따라서 이런 상황에서는 아마 런던 정신 연구 학회의 회보에 실린 영어 텍스트를 기본 텍스트로 삼는 것이 가장 현명한 방법이 될 것이다.

이 글이 프로이트가 심리학 이론을 다룬 글들 가운데 가장 중요한 글의 하나라는 사실을 염두에 둔다면, 프로이트가 직접 쓴 원고가 없다는 사실이 실로 안타깝기 그지없다. 더욱이 이 글이 프로이트가 무의식의 정신 과정이라는 가설을 내세운 근거에 대한 조리 있는 설명이자 〈무의식〉이란 용어의 여러 용도에 관한 논의를 전개시키고 있는 글이라는 사실을 상기하면 더욱 그렇다. 사실상 이 글은 3년 후에 쓰인 「무의식에 관하여」의 습작이라고 할 수 있다. 또한 1911년의 「정신적 기능의 두 가지 원칙」, 그리고 〈슈레버〉 증례 연구의 세 번째 장과 더불어, 프로이트가 다시금 심리학 이론에 관심을 가지기 시작했다는 사실을 보여 주는 좋은 증거가 되기도 한다.

이 글에서 특히 관심을 끄는 부분은 〈무의식〉이란 용어의 다의성에 관한 논의이다. 〈서술적〉, 〈동태적〉, 〈체계적〉인 측면에서 〈무의식〉을 다룬 이 글은 「무의식에 관하여」에서 무의식의 다의성을 다룬 부분보다 훨씬 더 상세하고 명확하게 쓰였다. 「무의식에 관하여」에서는 〈서술적〉인 용도와 〈체계적〉인 용도의 구분이 이루어지기는 했으나, 〈체계적〉인 용도와 〈동태적〉인 용도의 구분은 분명하게 나타나 있지 않기 때문이다. 반면에 이 글에서 프로이트는 〈동태적〉인 용도의 〈무의식〉을 〈억압된 무의식〉에 적용하고 있다. 또한 주목해서 볼 것은, 이 글에서 개진된 견해를 바탕으로 또다시 무의식을 이렇게 세 가지 용도로 구분하여 논의하는 후기의 글, 즉 「자아와 이드」와 『새로운 정신분석 강의』 서른한 번째 강의에서는 무의식의 〈체계적〉 용도에서 한 단계 더 발전되어, 우리 정신이 구조적으로 〈이드〉, 〈자아〉, 〈초자아〉로 구분될 수 있었다는 사실일 것이다.

이 논문은 1912년 런던 정신 연구 학회에서 영어로 처음 발표되었으며, 1925년 『논문집』 제4권, 1958년 『표준판 전집』 제12권에 수록되었다. 1913년에는 "Einige Bemerkungen über den Begriff des Unbewußten in der Psychoanalyse"라는 제목으로 독일어로 번역되어 『국제 정신분석 의학지』 제1권 2호에 수록되었으며, 『저작집』 제5권(1924), 『전집』 제8권(1943)에도 실렸다.

정신분석에서의 무의식에 관한 노트

    나는 〈무의식〉이란 용어가 정신분석에서 갖는 의미, 오로지 정신분석에서만 갖는 의미에 대해 가능한 한 평이하게, 그리고 간략하게 설명하고자 한다.

    지금 나의 의식 속에 〈나타난〉 어떤 표상[1] — 혹은 어떤 다른 정신적 요소 — 은 다음 순간 〈사라질〉 수도 있으며, 그러다 일정한 시간이 흐른 뒤 전혀 변화되지 않은 채, 우리 감각에 의해 새롭게 감지된 결과로서가 아니라 기억에 의해 〈다시 나타날〉 수도 있다. 이러한 상황을 설명할 때 우리는 흔히 그 일정한 시간 동안 그 표상은 비록 의식 속에 잠재해*latent* 있기는 하지만 우리 정신 속에 계속 존재해 있었다고 가정하는 것이 일반적이다. 하지만 그 표상이 정신 속에는 존재하면서 의식에는 잠재해 있을 때 어떤 형태로 있는 것인지에 대해서 우리는 그 어떤 추측도 할 수 없다.

    바로 이 대목에서, 그 잠재적 표상이 심리학의 대상으로서 존재했던 것이 아니라 똑같은 정신적 현상, 즉 바로 그 표상의 복귀를 위한 물리적 성질로서 존재했던 것이라는 철학적 반대 주장이

---

1 런던 정신 연구 학회지에 실린 영어 원문에는 이 〈표상〉이라는 단어가 *conception*으로 표기되었다. 대개 이 단어는 프로이트가 독일어 *Vorstellung*을 염두에 두고 쓴 단어가 아닌가 한다.

제기될 수도 있다. 하지만 우리는 그런 식의 주장에 대해 그것은 심리학 본연의 영역을 넘어서는 이론이며, 또 〈의식적〉인 것은 〈정신적〉인 것과 동일하다는 주장을 폄으로써 문제를 단순화시키는 일이며, 더 나아가 그러한 주장은 분명 기억과 같이 가장 널리 보편화된 요소를 그 자체의 수단으로 설명할 수 있는 권한을 심리학에는 부여하지 않으려는 잘못을 저지르는 일이라고 대응할 수 있다.

자, 이제 우리는 우리의 의식 속에 존재하면서 우리가 인식할 수 있는 표상을 〈의식적(意識的)〉이라 부르고, 이것을 〈의식적〉이라는 용어의 유일한 의미로 간주하자. 그리고 잠재적인 표상에 대해서는, 만일 그 표상이 정신 속에 존재한다고 가정할 만한 충분한 근거 — 기억의 경우에서와 같이 — 가 있다면 그 잠재적 표상에 〈무의식적〉이란 표현을 사용하도록 하자.

이렇듯 무의식의 표상은 우리가 인식은 못 하지만, 그럼에도 그 존재는 다른 증거나 징후를 근거로 받아들여야 한다.

이런 식의 설명을 하는 데 만일 우리가 기억이나 무의식적인 연상 작용 이외의 어떤 다른 경험적 사실을 판단의 근거로 삼지 못한다면, 아마 이 글은 재미없는 서술문이나 분류 작업서 같은 성격의 글이 되기가 쉬울 것이다. 그러나 〈최면 후 암시post-hypnotic suggestion〉라는 유명한 실험을 통해, 우리는 〈의식적〉인 것과 〈무의식적〉인 것의 구분이 아주 중요하다는 사실과 더더욱 그런 구분이 소중하다는 것을 배울 수 있었음을 밝혀 둔다.

베르넴H. Bernheim이 실행한 이 실험에서 한 사람이 최면 상태에 들어갔다가 나중에 다시 깨어났다. 의사의 지시하에 최면 상태에 있는 동안 그는 나중에 깨어난 뒤 특정한 시간에, 예를 들어 30분 뒤에 어떤 행동을 하라는 명령을 받게 되었다. 그는 깨어났고, 다시 완전히 의식을 되찾은 듯 아주 정상적인 상태로 돌아왔다. 그는 자신이 최면 상태에 있었다는 사실조차 기억해 내지 못했다. 그러다 정해진 시간이 되자 그의 마음속에서는 이런저런 일을 해야 한다는 충동이 일어났고, 그는 이유도 모른 채 의식적으로 자신의 일을 척척 해냈다. 이 현상을 설명할 때 우리는, 미리 정해진 시간이 도래할 때까지는 그 시간에 어떤 일을 하라는 명령이 그 사람의 정신 속에 〈잠재적인 상태in a condition of latency〉로 혹은 〈무의식적으로unconsciously〉 존재했다가 그 시간이 되어 의식된 것이라고 말하는 것 이외에는 달리 설명할 방법이 없을 듯하다. 물론 최면 상태 속에 있었던 모든 것이 다 의식에 떠오른 것은 아니었다. 단지 실행에 옮겨야 할 행동의 표상만이 나타난 것이었다. 이 표상과 관련된 다른 모든 관념들, 즉 명령, 의사의 지시, 최면 상태에 대한 기억 등은 여전히 무의식적인 것으로 남아 있는 상태였다.

그러나 우리는 그런 실험을 통해 더욱 많은 것을 배울 수 있었다. 가령 그런 현상을 바라보는 우리의 시각이 단순한 서술적 차원에서 이제는 〈동태적(動態的)〉 차원으로 넘어가게 되었다. 최면 상태 속에서 명령받은 행동의 경우, 그 행동에 관한 관념이 어떤 특정 순간에 의식의 대상이 되었다는 사실은 분명하다. 그러나 더 놀라운 사실은, 그 관념이 점차 〈활동적(活動的)〉인 상태가 되었다는 점이다. 말하자면 의식이 그 관념의 존재를 인식하는 순간 그 관념은 행동으로 바뀌었던 것이다. 행동의 실제적인 자극이 의사의 지시였기 때문에 의사의 지시에 관한 관념 또한 활동적이 되었으리라고 생각하기 쉽다. 그러나 이 의사의 지시에 관한 관념은 행동에 관한 표상처럼 의식에 나타나지는 않았다. 그것은 계속 무의식적인 상태에 머물러 있었으며, 따라서 그 관념은 〈활동적이면서 무의식적active and unconscious〉인 관념으로 남아 있는 것이다.

최면 후 암시는 실험실의 산물로 인위적인 사실이다. 그러나 만일 우리가 피에르 자네가 처음 제기하고 브로이어J. Breuer와 내가 더욱 세밀하게 다듬은 히스테리 현상에 관한 이론을 받아들인다면, 우리는 최면 후 암시의 심리학적 성격을 더욱 분명하고 명확하게 보여 주는 자연적인 사실들, 즉 인위적인 것이 아닌 있는 그대로의 사실들을 많이 찾을 수 있으리라 본다.

앞에서 언급한 히스테리의 경우, 그 히스테리 환자의 정신에는 활동적이면서 무의식적인 생각들이 가득 차 있었다. 그녀가 내보인 모든 증상은 바로 그 생각들에서 비롯되어 나온 것이었다. 실제로 그런 생각들의 지배를 받는 것이 히스테리성 정신 구조의 가장 두드러진 특징이다. 만일 히스테리에 걸린 여성이 구토를 한다면, 그녀는 임신에 관한 생각에서 그런 행동을 했을 수도 있다. 그러나 그녀의 정신에서 그 생각을 쉽게 탐지해 낼 수 있다 해도, 그리고 정신분석의 기법을 이용해 그녀로 하여금 그 생각을 의식하게 할 수 있을지라도, 그녀는 그 생각에 대해 알지 못한다. 설령 그녀가 〈발작적(發作的)〉인 경련이나 몸짓을 내보인다고 해도 그녀는 자신의 그런 의도된 행동들을 의식적으로 재현해 낼 수도 없다. 어쩌면 그런 행동을 무심히 바라보는 구경꾼처럼 그렇게 무심한 감정으로 그런 행동을 감지할 뿐일지도 모르는 일이다. 그렇지만 분석을 통해서는 그녀가 자신의 삶에서 일어났던 어떤 사건을 극적으로 재현하는 데 적극적인 역할을 하고 있다는 사실을 알 수 있다. 바로 그 사건의 경우, 그 기억이 발작 중에도 무의식 속에서 계속 활동을 하고 있었던 것이다. 마찬가지로 다른 모든 형태의 신경증의 심리학에서도 활동적인 무의식적 생각의 그와 같은 힘이 본질적인 요인으로 작용한다는 것이 분석을 통해 잘 드러나고 있다.

따라서 우리는 신경증 현상의 분석을 통해, 잠재적인 혹은 무의식적인 생각이 반드시 약한 생각이 아니라는 것과, 그와 같은 생각이 정신 속에 현존한다는 사실은 의식이 제공하는 직접적인 증거와 동등한, 대단히 강력한 간접적인 증거들의 존재를 보여주는 것임을 알 수 있다. 그러므로 우리는 현재 알고 있는 지식에 덧붙여도 무리가 없고, 오히려 우리의 이해를 더 넓힐 수 있도록 여러 종류의 잠재적인 혹은 무의식적인 생각들을 분명히 구분하는 것이 정당하고 당연한 일이라고 느끼는 것이다. 우리는 모든 잠재적인 생각이 잠재적인 것으로 남아 있는 것은 그 힘이 약하기 때문이며, 따라서 그 힘이 강해지면 곧 의식으로 자리 잡는다고 생각해 온 것이 사실이다. 그러나 이제 우리는 아무리 힘이 강해져도 의식 속을 뚫고 들어갈 수 없는 어떤 잠재적인 생각들이 있다는 사실을 확신하게 되었다. 이에 우리는 잠재적 표상의 첫 번째 유형을 〈전의식foreconscious〉[2]이라 부르고, 우리가 신경증 연구에서 다루었던 유형을 본래적인 의미의 〈무의식〉이란 용어로 부를 것이다. 지금까지 순전히 서술적인 의미에서 사용되던 〈무의식〉이란 용어는 이제 그 의미가 더 확대된 셈이다. 말하자면 〈무의식〉은 일반적으로 잠재적인 생각을 지칭하는 것일 뿐만 아니라, 특히 어떤 동태적인 성격을 지닌 생각들, 즉 그 힘의 강도나 활동성에도 불구하고 의식에서 멀리 떨어져 있는 생각들을 가리키기도 한다.

이 대목에서 두 가지 반대 주장이 제기될 수 있는데, 나는 우리

---

2 〈전의식〉을 표현하는 *foreconscious*는 1925년판 이후의 영어본에서 모두 *preconscious*로 바뀌었다. 물론 독일어 표현은 *vorbewußt*이다.

논의를 계속하기 전에 잠시 그 반대 주장들을 살펴보기로 하겠다. 첫 번째로 있을 수 있는 반대 주장은, 우리가 전혀 알지 못하는 무의식적 생각이라는 가설(假說)을 내세우는 대신, 차라리 의식을 나누어 의식적인 정신 활동이란 큰 덩어리에서 분리되어 나오고 거기에서 멀리 떨어져 있는 어떤 관념이나 정신적 행동들도 의식의 한 부분을 이루고 있다고 가정하는 편이 더 낫다고 보는 것이다. 실제로 아장E. Azam 박사가 내세우는 것 같은 잘 알려진 병리적인 사례들의 경우[3]는, 그와 같은 의식의 분리가 허황된 상상만은 아님을 잘 보여 주는 것 같다.

그러나 나는 위의 주장을 〈의식〉이란 단어의 오용(誤用)에서 비롯된 근거 없는 가정이라고 감히 반박하고 싶다. 우리에게는 의식의 주체 자신이 인식하지 못하는 것까지 의식에 포함시킬 정도로 그 의식이라는 단어의 의미를 확대시킬 권한이 없다. 만일 철학자들이 무의식적 사고의 존재를 받아들일 수 없다고 한다면, 나로서는 무의식적 의식의 존재를 인정하는 일이 더더욱 받아들일 수 없는 일로 보이기 때문이다. 아장 박사가 내세운 것처럼 의식의 분열로 묘사될 수 있는 그와 같은 사례들은, 의식도 되었다가 때로는 무의식이 되기도 하는 두 개의 상이한 정신적 복합체 사이를 왔다 갔다 하는 의식의 분열, 혹은 의식 기능 ─ 혹은 그 밖의 다른 어떤 것 ─ 의 분열 정도로 언급하는 편이 더 나을 것이다.

또 하나의 반대 주장은 아마 주로 병리적인 조건에 대한 연구

3 프랑스 보르도의 아장 박사가 내세운 사례는 펠리다Felida X의 사례를 말하는 것으로, 이 사례는 인격의 변화, 즉 이중인격의 예를 보여 주는 주목할 만한 사례로, 아마 그런 증상 가운데 상세하게 조사되고 기록된 최초의 경우가 아닌가 한다(아장의 『최면, 이중 의식, 그리고 인격의 변화 Hypnotisme, double conscience, et altérations de la personnalite』[1887] 참조).

에서 끌어낸 결론들을 정상적인 심리학에 적용한다고 반박하는 주장일 것이다. 우리는 이런 주장에 대해서도 우리가 정신분석에서 얻어 낸 지식을 동원하여 대응할 수 있다. 가령 건강한 사람에게서도 아주 빈번하게 일어나는 언어적 오류lapsus linguae, 기억과 발화(發話)의 오류, 이름의 망각 등과 같은 몇몇 기능 장애는 신경증 증상에서와 똑같이 강한 무의식적인 사고의 활동에서 비롯되는 것임을 쉽게 알아낼 수가 있다. 우리는 이 논의의 후반부에 가서 더욱 설득력 있는 또 다른 주장들을 내세우게 될 것이다.

전의식(前意識)의 사고와 무의식의 사고를 따로 분리함으로써 우리는 이제 분류 작업을 지나 정신 활동의 기능적, 동태적 관계를 살펴볼 단계가 되었다. 우리는 〈전의식의 활동〉은 아무런 어려움 없이 의식을 통과할 수 있지만, 〈무의식의 활동〉은 그대로 남아 의식으로부터 단절된 상태로 있음을 알아냈다.

그러나 아직 우리는 이 두 종류의 정신적 활동이 동일한 것인지, 혹은 본질적으로 같은 근원에서 파생되어 나온 것인지를 알지 못한다. 다만 우리는 왜 이 두 정신적 활동이 정신 활동의 과정 중에 다른 것으로 나타나는지에 대해서는 질문을 던질 수 있을 것이다. 이 질문에 대해서는 정신분석이 지체 없이 분명한 해답을 줄 수 있다. 무의식적 활동의 산물이 결코 의식을 뚫고 들어갈 수 없는 것은 아니다. 다만 그러기 위해서는 어느 정도의 노력이 요구된다. 우리가 스스로 그런 무의식의 의식화를 시도해 본다면, 우리는 반드시 극복하고 넘어야 할 어떤 〈반발감repulsion〉이 생겨남을 분명하게 느낄 수 있을 것이다. 그리고 만일 이런 작업을 환자에게 시도할 때면 그런 시도에 대한 거부감의 표시, 즉 우리가 흔히 말하는 환자의 〈저항resistance〉을 볼 수가 있다. 따라서 우리는 무의식의 사고는 스스로가 의식에 수용되기를 거부하는 그 살아 있는 힘에 의해 의식에서 배제되어 있다는 사실을 알게 된다.
물론 무의식의 사고는 다른 사고, 즉 전의식의 사고에 대해서는
반발하지 않는다. 그런데 무의식적 사고의 그런 반발은 바로 그
자체의 내용 속에 내재된 어떤 성향 때문이라는 사실이 정신분석
에서는 의심의 여지 없이 분명하게 드러난다. 이 단계에서 우리가
개진시킬 수 있는 가장 개연성이 높은 또 다른 이론 하나는 다음
과 같은 것이다. 무의식은 우리의 정신 활동을 구성하는 제반 과
정 속에 있는 정상적이면서도 불가피한 단계이다. 모든 정신적 행
동은 무의식적 행동으로 시작되어, 그것이 저항을 받느냐 받지 않
느냐에 따라 그냥 그 단계에 머물러 있을 수도 있고 더 발전되어
의식이 될 수도 있다. 전의식과 무의식 활동의 구분은 애초부터
이루어지는 것이 아니라 반발감이 생겨난 뒤에야 이루어진다. 그
때가 되어야 의식 속에 나타날 수도 있고, 또 어느 때고 다시 출현
할 수 있는 전의식의 사고와 무의식의 상태로 그대로 머물러 있
는 무의식의 사고 사이의 구별이 실제적인 면에서뿐만 아니라 이
론적인 측면에서도 가치가 있는 것이다. 우리가 가정으로 설정한
이런 의식의 활동과 무의식의 활동 사이의 관계는, 다소 거칠기
는 하지만 그런대로 적절한 비유를 들자면 보통의 사진술 분야에
서도 찾을 수 있다. 사진의 첫 번째 단계는 〈음화(陰畵, negative)〉
의 단계이다. 모든 사진은 바로 이 〈음화의 과정〉을 거쳐야 한다.
이 음화들 가운데 상태가 좋은 것들이 〈양화(陽畵, positive)〉 과정
을 통과하여 한 장의 사진이 되어 나오는 것이다.

　그러나 이처럼 전의식의 활동과 무의식의 활동을 구분하는 것,
그리고 그 두 활동을 가로막는 장벽이 존재한다는 사실을 인정하
는 것 등이 정신적 삶을 정신분석적으로 탐구한 최종 결과도 아
니고 가장 중요한 결과도 아니다. 왜냐하면 지극히 정상적인 사

람들에게서 찾아볼 수 있는 또 다른 정신적 산물이 있기 때문이다. 그것은 광기로 비롯된 여러 난폭한 결과와 아주 흡사한 것으로, 철학자들이 그 광기 자체를 이해하지 못하는 것과 마찬가지로 그들이 전혀 이해할 수 없는 정신 활동의 결과이다. 바로 꿈을 두고 하는 말이다. 정신분석은 꿈의 분석을 토대로 한다. 꿈의 해석은 젊은 과학자들이 오늘날까지 이룩한 작업 가운데 가장 완벽한 작업이라고 할 수 있다. 꿈-형성Traumbildung의 가장 일반적인 유형 하나를 들자면 다음과 같다. 낮 동안에 정신 활동에 의해 일깨워진 일련의 생각들이 잠을 자기 위한 정신적 준비 단계로 이루어지는 일반적인 관심의 억제(약화)를 피해 어느 정도 그 활동성을 유지하는 경우가 있다. 이 경우, 밤 동안에 이 일련의 생각들은 꿈꾸는 자의 정신 속에 어렸을 적부터 존재하고는 있었으나 보통 〈억압〉되어 그의 의식적인 삶에서 배제되어 있던 여러 무의식적 성향 가운데 하나와 연결점을 찾는 데 성공한다. 이 무의식의 도움으로 힘을 얻어 그 생각들, 즉 낮 동안의 활동4의 잔재는 다시 활동을 개시할 수 있으며, 그래서 꿈의 형태로 의식에 출현할 수 있는 것이다. 말하자면 이 과정 중에 다음 세 가지 일이 일어난 셈이다.

(1) 그 생각들은 변화와 위장과 왜곡의 과정을 거치는데, 이것이 바로 그 생각들이 무의식의 한 부분임을 보여 준다.

(2) 그 생각들은 마땅히 불가능하다 싶은 시점에 의식을 점유하게 된다.

(3) 그대로 무의식의 상태에 있어야 할 무의식의 일부가 의식에 출현하게 된다.

---

4 1925년판에서는 이 활동 앞에 〈정신적〉이라는 단어가 추가되었다. 따라서 〈낮 동안의 정신적 활동〉이라고 표현된 셈이다.

우리는 〈잔재로 남은 생각들〉, 즉 〈꿈속에 잠재된 생각들*latent thoughts of the dream*〉[5]을 찾아내는 기술을 배우게 되었으며, 그 꿈 속에 잠재된 생각들을 겉으로 표출된 꿈[6]과 비교함으로써 그 생각들이 어떤 변화를 겪었는지, 그리고 어떤 식으로 그런 변화가 초래되었는지를 판단할 수 있게 되었다.

꿈속에 잠재된 생각들은 우리의 정상적인 의식 활동의 결과물 들과 전혀 구분되지 않는다. 우리는 그런 생각들을 전의식의 생 각이라는 이름으로 부를 수 있으며, 실제로 그 생각들은 우리가 깨어 있는 동안 어느 때고 의식화될 수 있다. 그러나 밤 동안에 무 의식적인 성향과 연결됨으로써 그 전의식의 생각들은 무의식에 동화되어 무의식의 생각과 같은 상태로 떨어지고, 따라서 무의식 의 활동을 규제하는 법칙의 지배를 받게 된다. 바로 여기서 우리 는 추측이나 다른 어떤 경험적 정보를 가지고는 도저히 배울 수 없었던 한 가지 사실을 배울 수 있다. 그것은 바로 무의식 활동을 지배하는 법칙은 의식 활동을 지배하는 법칙과는 사뭇 다르다는 사실이다. 우리는 〈무의식*Uncoscious*〉의 특성이 무엇인지 어느 정 도 자세히 알게 된 셈이며, 따라서 꿈의 형성 과정에 대한 더욱 철 저한 연구를 통해 그 무의식의 특성들에 대해 더 많은 것을 얻을 수 있다는 희망을 가져도 무방할 것이다.

이 연구는 절반도 채 완성되지 않았으며, 지금까지 얻은 결과 에 대한 설명도 사실은 꿈-분석*Traumanalyse*이라는 아주 복잡한 문제를 파고 들지 않고서는 불가능한 일이다. 그러나 나는 이 논 의를 끝내기 전에 꿈에 관한 우리의 정신분석적 작업으로 가능했

5 독일어 번역본에서는 이 부분이 〈낮 동안의 잔재, 그리고 잠재적인 꿈-사고〉로 번역되었다.
6 이 부분은 원문에는 *apparent dream*으로 표기되었으나, 1925년 영어판에서는 *manifest dream*으로 수정되었다.

던 무의식에 대한 이해에 어떤 변화와 발전이 있었는지를 간단히 언급하고 싶다.

우리에게 무의식은 처음에 어떤 특정한 정신 활동의 수수께끼 같은 성격으로만 비쳐졌다. 그런데 이제는 그것이 더 많은 것을 의미하게 되었다. 이 말은 무의식의 활동이 더욱 중요한 여타의 성격[7]으로 우리에게 알려진 어떤 특정한 정신적 범주의 그 본래적 성격을 지니고 있음을 보여 주는 것이며, 또한 무의식이 마땅히 우리의 관심의 대상이 되는 정신적 활동의 한 조직이라는 사실을 의미하기도 한다. 무의식이 어떤 지표로서 갖는 가치는 그것이 어떤 하나의 특성으로 갖는 중요성보다 훨씬 크다고 할 수 있다. 무의식적인 개별 활동들이 하나의 체계를 구성할 때 그 체계에 우리는 〈무의식〉이라는 명칭을 부여했다. 사실 그보다 더 나은, 더 명확한 이름도 없다. 나는 그 무의식의 조직을 무의식을 뜻하는 독일어인 〈Unbewußt〉를 줄여 〈Ubw.〉[8]라고 부르자고 제의했다. 이것이 아마 〈무의식〉이라는 용어가 정신분석에서 획득한 가장 중요한 세 번째 의미가 될 것이다.

윤희기 옮김

---

7 1925년 영어본에서는 이 〈성격*characters*〉이란 단어가 〈특징*features*〉으로 수정되었다.
8 물론 이 약어에 합당한 영어는 〈*Ucs.*〉이겠으나 프로이트는 영어로 쓴 이 글에서 독일어로 표현했다.

나르시시즘 서론

Zur Einführung des Narzißmus(1914)

프로이트가 쓴 편지를 보면 그가 이 글을 구상하기 시작한 것은 1913년 6월이었고, 같은 해 9월 셋째 주 로마에서 휴가를 보내던 중 초고를 완성했음을 알 수 있다. 그러나 프로이트는 1914년 2월 말이 되어서야 원고를 다듬기 시작해서 약 한 달 후 최종 원고를 완성했다.

이 논문의 제목을 그대로 번역하면 〈나르시시즘이란 개념의 도입에 관하여〉라고 해야 옳다. 사실 프로이트는 이 글을 쓰기 이전에도 나르시시즘이란 용어를 사용했다. 프로이트의 전기를 쓴 어니스트 존스가 전하는 바에 따르면, 1909년 11월 10일 빈에서 열린 정신분석학회에서 프로이트는 자가 성애와 대상애의 중간 단계로 나르시시즘이란 개념의 도입이 필요하다는 것을 주장한 것으로 알려진다. 또 비슷한 시기에 「성욕에 관한 세 편의 에세이」 제2판의 출간을 준비 중이던 것으로 보아(서문에는 날짜가 1909년 11월로 되어 있다), 이 2판의 각주에 등장한 나르시시즘이란 용어가 아마 프로이트가 나르시시즘이란 단어를 공개적으로 언급한 최초의 것이 아닌가 한다(2판이 출간된 것은 1910년

초로 추정된다). 또 1910년 5월 말에 「레오나르도 다빈치의 유년의 기억」이 출간되었는데, 프로이트는 이 책의 세 번째 장의 중간쯤에 나르시시즘에 관하여 비교적 길게 설명하고 있다. 프로이트가 본 논문의 앞부분에서 언급한 오토 랑크의 나르시시즘에 관한 연구서가 출간된 것은 1911년이었다. 그 밖에 나르시시즘에 관한 프로이트 자신의 언급은 〈슈레버〉 증례 연구 「편집증 환자 슈레버 ─ 자서전적 기록에 의한 정신분석」 세 번째 장과 「토템과 터부」의 세 번째 장에서 찾아볼 수 있다.

이 글은 프로이트의 논문 가운데 가장 중요한 논문의 하나로 꼽히고 있으며, 프로이트의 사상 전개에 있어서도 중심이 되는 논문 가운데 하나로 평가되고 있다. 더욱이 나르시시즘에 관한 초기의 논의를 요약한 이 글은, 성적(性的) 발달에서 나르시시즘이 차지하는 위치에 대한 프로이트 자신의 진지한 생각을 보여주고 있을 뿐만 아니라 그 이상의 깊이 있는 논의도 제공해 준다. 가령 나르시시즘에 관한 논의에서 출발해 자아와 외부 세계의 관계를 심도 깊게 헤아려 보려는 노력, 그리고 〈자아 리비도〉와 〈대상 리비도〉를 구분하는 섬세한 논리가 그것이다. 아마 무엇보다 중요한 것은 〈자아 이상〉이라는 개념과 이 자아 이상과 관련된 자기 관찰자라는 개념의 도입이 아닌가 싶다. 이러한 새로운 개념의 도입은 궁극적으로 「자아와 이드」에서 언급한 〈초자아〉의 토대가 되기도 했다. 그 외에도 이 논문의 두 부분 ─ 첫 번째 장의 마지막 부분과 세 번째 장의 시작 부분 ─ 에서 프로이트는 아들러 A. Adler와 융 C. G. Jung의 견해를 반박하기도 하는데, 이는 1914년 초 이 논문을 쓰던 무렵과 비슷한 시기에 작성한 「정신분석 운동의 역사」의 주요 테마이기도 하다. 실제로 프로이트가 이 글을 쓰게 된 동기 가운데 하나가, 융이 주장한 비성적(非性的)인 개념인 〈리비도〉와 아들러의 〈남성 항거〉라는 개념을 대체할 개념으로 〈나르시시즘〉이란 개념을 제시하려는 것이었다는 점을 상기할 필요가 있다.

물론 이 논문에서 제기된 문제가 전부는 아니다. 수록된 내용의 그 질적인 양을 따져 볼 때, 이 논문은 내용을 너무 압축시킨 것이 아닌가 하는 생각이 드는 것도 사실 무리는 아니다. 프로이트 자신도 아마 이 점을 느낀 것 같다. 어니스트 존스에 의하면, 프로이트 자신도 이 논문의 결과에 불만을 느꼈다고 한다. 실제로 프로이트는 아브라함K. Abraham에게 쓴 편지에서 《〈나르시시즘〉은 참 어려운 작업이었소. 그래서 아마 전체적인 모양도 원래 생각보다는 변형된 모습으로 나온 게 아닌가 싶소〉라고 쓰기도 했다.

그러나 그 길이나 모양이 어떻든 이 논문은 더 진지하게 연구할 필요가 있으며, 또 그럴 만한 가치가 있다. 이 논문이 이후에 나타나는 프로이트 사상의 여러 갈래 흐름의 출발점이기에 더욱 그렇다. 가령 「슬픔과 우울증」, 「집단 심리학과 자아 분석」 여덟 번째 장과 열한 번째 장을 보면 나르시시즘에 관한 더욱 진전된 논의를 엿볼 수 있으며, 『정신분석 강의』 중 스물여섯 번째 강의의 상당 부분을 차지하고 있는 것도 바로 나르시시즘이란 주제임을 알 수 있다. 본 논문에서부터 분명하게 나타나기 시작한 정신 구조에 관한 새로운 시각을 더욱 발전시켜 나감에 따라, 프로이트는 나중에 이 논문에서 언급한 내용의 일부를 재평가하기도 한다. 특히 자아의 기능과 관련된 문제에서 우리는 그 점을 엿볼 수 있다. 특히 이 문제와 관련해서 지적해 두어야 할 것은, 프로이트가 〈자아〉라는 개념에 부과했던 의미가 점차 바뀌게 된다는 사실이다. 처음에 프로이트는 그 개념을 우리가 〈자기〉라고 번역할 수도 있을 만큼 아주 정확한 의미로 사용한 것은 아니었다. 그러다 후기의 저술에서는 그 개념에 더 명확하고 한정된 의미를 부여하게 된다. 이런 개념의 전개 과정에서도 본 논문은 중요한 전환점의 위치에 있다고 할 수 있다.

이 논문은 1914년 『정신분석과 정신 병리학 연구 연보』 제6권에 처음 실렸으며, 1924년 국제 정신분석 출판사에서 출간되었다. 또한 『저작집』 제6권(1925), 『전집』 제10권(1946)에도 실렸다. 영어 번역본은 1925년 베인스C. M. Baines가 번역하여 "On Narcissism: an Introduction"이라는 제목으로 『논문집』 제4권에 실렸으며, 『표준판 전집』 제14권(1957)에도 수록되었다.

1

나르시시즘이라는 용어는 네케Paul Näcke[1]가 자신의 몸을 마
치 성적(性的) 대상을 대하듯 하는 사람들의 태도, 말하자면 스스
로 성적 만족을 느낄 때까지 자신의 몸을 바라보고 쓰다듬고 애
무하는 사람들의 태도를 지칭해서 처음 사용한 말이다. 사실 이
런 정도까지 진전된 나르시시즘은 개인의 성생활 전체를 황폐하
게 하는 성도착과 다를 바 없다. 이런 의미에서 볼 때 온갖 형태의
성도착증Perversion을 연구하는 과정에서 만날 수 있는 그 증상의
여러 특징과 흡사한 특징을 나르시시즘도 내보이게 될 것이라고
추측할 수 있다.

정신분석적 관찰을 통해 나르시시즘에 빠진 사람들이 내보이

---

1 1920년에 「성욕에 관한 세 편의 에세이」(프로이트 전집 7, 열린책들)에 추가한
한 각주에서 프로이트는 〈나르시시즘〉이란 용어를 네케가 처음으로 소개했다는 이 부
분은 잘못된 것으로, 사실은 엘리스Havelock Ellis가 처음 소개한 것이라고 말했다. 그
러나 그 후에 엘리스 자신은 한 짧은 논문(1927)에서 프로이트의 그 말은 사실이 아니
며, 나르시시즘의 소개에는 자신도 기여한 바가 있지만 네케의 공도 있다고 주장했다.
그의 설명에 따르면, 그 자신은 1898년에 어떤 심리적 태도를 설명하기 위해 〈나르시
서스 같은〉이란 말을 사용했으며, 네케는 1899년에 성도착을 설명하기 위해 〈나르치
스무스Narcismus〉라는 용어를 사용했다는 것이다. 〈나르시시즘〉이란 뜻으로 프로이트
가 사용한 독일어는 Narziβmus이다. 더 정확한 독일어 표현은 Narziβismus가 되어야
하겠지만, 프로이트는 「편집증 환자 슈레버 — 자서전적 기록에 의한 정신분석」(프로
이트 전집 9, 열린책들)에서 발음의 편의상 자신은 Narziβmus를 사용한다고 했다.

는 개개의 특징들이 다른 장애를 겪고 있는 많은 다른 사람들(가령 자드거I. Sadger가 지적했듯이 동성애자들) 가운데서도 발견된다는 사실이 밝혀졌다. 따라서 나르시시즘으로 설명할 수 있을 리비도*Libido*의 표출이 더욱 넓은 범위에서 이루어진다는 가정이 가능했으며, 더 나아가 나르시시즘은 인간의 정상적인 성적 발달 과정에서 나타나는 하나의 태도일 수 있다는 추측도 가능했다.[2] 신경증 환자들에 대한 정신분석 작업이 매우 어렵다는 사실도 그런 추측을 더욱 뒷받침해 주었다. 왜냐하면 신경증 환자들에게서 발견된 나르시스적 태도가 그 환자들을 정신분석을 통해 교정할 수 있는 가능성을 방해하는 요인으로 작용하는 듯이 보였기 때문이다. 이런 의미에서 나르시시즘은 성도착이 아니라, 모든 살아 있는 생명체가 어느 정도 당연히 보유하고 있는 자기 보존 본능*Selbsterhaltungstrieb*이라는 이기주의를 리비도가 보완해 주는 것으로 이해할 수 있다.

정신분석가들이 근원적이면서도 정상적인 나르시시즘을 연구하게 된 절박한 동기는, 조발성 치매*Dementia praecox*(크레펠린E. Kraepelin의 용어)나 정신 분열증*Schizophrenie*(블로일러의 용어)으로 알려진 증상을 리비도 이론의 틀 속에서 이해하려는 노력이 이루어지면서부터 생겨났다. 그런 종류의 환자들 — 나는 그들을 이상 정신*Paraphrenie* 환자로 부르자고 제안해 왔다 — 은 두 가지 근본적인 특성을 내보인다. 과대망상증*Größenwahn*과 외부 세계(사람이나 사물)에 대한 외면이 그것이다. 특히 이 두 특성 가운데 외부 세계에 대한 외면이라는 특성 때문에 그들은 정신분석의 영향을 받지 않아서, 우리 정신분석가들이 아무리 노력을 기울여

---

2 오토 랑크의 「나르시시즘에 관한 한 논고Ein Beitrag zum Narzißismus」(1911) 참조 — 원주.

도 치료가 불가능하게 된다. 그런데 외부 세계에서 눈을 돌리는 이 이상 정신 환자들의 특성은 좀 더 자세하게 설명할 필요가 있다. 히스테리Hysterie 환자와 강박 신경증Zwangsneurose 환자 역시 병이 어느 정도 진척되면 현실과의 관계를 포기한다. 그러나 정신분석을 통해 드러난 바에 따르면, 그런 환자들도 사람이나 사물과의 성애적 관계는 결코 포기하지 않고 자신의 환상 속에 그대로 유지하고 있다. 말하자면 그런 환자는 현실적 대상을 자신의 기억 속에서 끄집어낸 상상의 대상으로 대체하거나 현실적 대상을 상상의 대상과 뒤섞어 버리는 것이다. 또 다른 한편으로는, 그런 현실적 대상들과 관련해서 그가 애초부터 지니고 있던 어떤 목적을 그냥 포기해 버리는 것이다. 바로 이와 같은 리비도의 상태에 대해서만 우리는 융이 분간 없이 사용한 리비도의 〈내향성〉이란 표현을 적용할 수 있다. 그러나 이상 정신 환자의 경우는 다르다. 그는 자신의 리비도를 외부 세계의 사람이나 사물에서 철수시켰을 뿐만 아니라 그 외부 대상들을 환상 속의 다른 대상으로 대체시키지도 않는다. 만일 어떤 대상의 대체가 이루어진다면 그것은 부차적인 것에 불과하며, 또 리비도를 대상으로 다시 되돌리려는 회복 노력의 일부에 지나지 않는 것이다.[3] 여기에서 다음과 같은 의문이 제기될 수 있다. 그럼 정신 분열증의 경우 외부 대상에게서 벗어난 리비도는 어떻게 된 것일까? 해답은 정신 분열증의 상태 속에 나타나는 과대망상적 특징에서 찾을 수 있다. 이 과대망상은 대상 리비도Objektlibido를 희생한 대가로 생겨난 것이다. 외부 세계에 등을 돌린 리비도는 자아로 방향을 돌려 나

3 이 부분과 관련해서는 〈슈레버〉 증례 연구 분석의 세 번째 장에 나오는 〈세계 종말〉에 관한 논의를 참조할 것. 또한 아브라함의 논문 「히스테리와 조발성 치매의 성 심리적 차이Die psychosexuellen Differenzen der Hysterie und der Dementia praecox」(1908)도 참조할 것 — 원주.

르시시즘이라고 불릴 수 있는 태도를 만들어 낸다. 그러나 과대 망상 그 자체는 새롭게 만들어진 것이 아니라, 이미 그 이전부터 존재해 왔던 한 상태가 확대되고 더욱 분명하게 나타난 결과이다. 그러므로 우리는 대상 리비도 집중*Objektbesetzung*(대상을 향한 리비도의 발현)의 후퇴로 생겨난 나르시시즘을, 갖가지 영향으로 잠복해 버린 근원적인 나르시시즘 위에 첨가된 부차적인 나르시시즘으로 파악하게 된다.

다시 한번 부연하지만, 나는 여기서 정신 분열증의 문제를 설명하거나 더 자세히 파헤치는 것이 아니다. 다만 정신분석에 나르시시즘이란 개념의 도입을 정당화하기 위해 다른 여러 곳에서 언급했던 것들을 한데 종합해 보려는 마음뿐이다.

이와 같은 리비도 이론의 확장 — 내가 보기엔 정당한 확장이다 — 은 세 번째 분야, 즉 어린이와 원시인(原始人)들의 정신적 삶에 대한 관찰과 이해를 통해 더욱 뒷받침된다. 특히 원시인들의 정신적 삶에서 우리는 하나하나 개별적으로 살펴보았을 때 과대망상이라고 부를 수 있는 특징들을 발견했다. 그들의 소망과 정신 작용의 힘에 대한 과대평가, 〈사고의 전능성(全能性)〉, 언어에는 마술의 힘이 있다는 믿음, 그리고 이와 같은 과대망상적 전제들을 논리적으로 적용시킨 것처럼 보이는 외부 세계에 대처하는 기술, 즉 〈마술〉 등이 그것들이다.[4] 우리는 정신적 삶의 발달 과정이 더욱 분명하게 드러나지 않는 오늘날의 어린아이들에게서도 외부 세계에 대한 이와 흡사한 태도를 찾을 수 있다고 기대했다.[5] 따라서 우리는 다음과 같은 생각을 할 수 있었다. 원래 사

4 이 주제를 다루고 있는 「토템과 터부」(프로이트 전집 13, 열린책들)를 참조할 것 ─ 원주.
5 페렌치S. Ferenczi가 1913년에 쓴 논문 「현실 감각의 발달 단계Entwicklungs-stufen des Wirklichkeitssinnes」를 참조할 것 ─ 원주.

람에게는 자아*das Ich*를 향한 리비도 집중*Libidobesetzung*이 존재하
며, 그중 일부가 나중에 대상을 향해 발현된다. 그런데 자아를 향
한 리비도 집중은 근본적으로 사라지지 않고 계속 존재하는 것이
며, 이런 관점에서 자아를 향한 리비도 집중과 이후에 나타나는
대상 리비도 집중*Objektbesetzung*과의 관계는 원형 동물인 아메바
의 몸통과 그 몸통이 내뻗는 위족(僞足)의 관계와 마찬가지다.[6] 신
경증 증상을 출발점으로 삼아 시작된 우리의 연구에서 이와 같은
리비도의 상태는 처음부터 드러나지 않았다. 우리의 눈에 띈 것
은 단지 대상을 향한 리비도의 발현, 즉 대상을 향했다가 다시 되
돌아오는 그런 리비도의 상태였다. 또한 우리는 자아 리비
도*Ichlibido*와 대상 리비도*Objektlibido*[7] 사이의 대조를 알아낼 수 있
었다. 즉 어느 한쪽의 리비도가 많이 발현되면 다른 쪽을 향한 리
비도는 그만큼 부족하게 된다는 것이다. 사람의 성숙 단계에서
대상 리비도가 가장 크게 발현되는 시기는 사랑을 할 때이다. 말
하자면 그때가 자기 자신을 포기하고 대상을 향해 리비도를 집중
시키는 시기인 것이다. 반면에 우리는 편집증*Paranoia* 환자의 〈세
계 종말〉 환상(혹은 자기기만)[8]에서 그 반대의 경우를 볼 수 있다.
마침내 정신 에너지의 분화(分化)와 관련해서 우리는 이런 결론
에 도달했다. 나르시시즘의 상태가 지속되는 동안에는 정신 에너
지가 한데 모여 있으며, 섬세하지 못한 대강의 분석으로는 정신
에너지의 구분이 불가능하다는 것이다. 결국 대상 리비도 집중이

6 프로이트는 이와 유사한 비유를 『정신분석 강의』 중 스물여섯 번째 강의에서
도 예로 든 바 있다. 여기에 표현된 일부 견해는 나중에 수정되었다.
7 이곳에서 처음으로 프로이트는 리비도를 자아 리비도와 대상 리비도로 구분
했다.
8 이와 같은 〈세계 종말〉 환상에는 두 개의 메커니즘이 작용한다. 하나는 리비도
전체가 사랑하는 대상을 향해 발현되는 경우이고, 또 하나는 리비도가 다시 자아로 되
돌아오는 경우이다 ― 원주.

일어나야만 성적(性的) 에너지 — 리비도 — 와 자아 본능 에너지
의 구분이 가능하다는 것이 우리의 생각이다.9

　논의를 더 계속하기 전에, 우리가 다루고자 하는 주제의 어려
움의 원인이 된 가장 중요한 의문 두 가지를 먼저 해결할 필요가
있다. 첫째, 우리가 지금 언급하고 있는 나르시시즘과 리비도의
초기 상태인 자가 성애Autoerotismus는 서로 어떤 관련이 있는가?10
둘째, 만일 근원적인 리비도의 발현이 자아를 향한 것임을 인정
한다면 성적 리비도와 비성적 에너지인 자아 본능의 에너지를 구
분할 필요가 있는가? 달리 말해, 정신 에너지는 동일한 종류의 에
너지라는 사실을 설정하면 자아 본능의 에너지와 자아 리비도를
구분 짓고, 자아 리비도와 대상 리비도를 구분 짓는 그 어려움을
피할 수 있지 않겠는가?11 첫 번째 물음과 관련해서 말하자면, 우
리로서는 애초부터 개인에게는 자아와 비교될 만한 어떤 단일성
(單一性)은 존재할 수 없었으며, 따라서 자아가 계속 발달해야 한
다고 가정하지 않을 수 없었다는 사실을 나는 지적하고자 한다.
그러나 자기애의 본능이 처음부터 존재하고 있으며, 따라서 나르
시시즘이 형성되기 위해서는 자기애에 무엇인가 새로운 정신 작
용이 부가되어야 했다.

　두 번째 물음에 대해 명확하게 대답하라는 요구는 모든 정신분
석가들에게 분명 불안감을 안겨 주는 요구이다. 정신분석가라면
무익한 이론적 논쟁에 휘말려 관찰을 도외시하는 일은 생각도 하
기 싫어할 것이다. 그러나 어떤 의문을 명증(明證)하게 풀어 보려
는 노력 또한 소홀히 할 수는 없다. 사실 자아 리비도, 자아 본능

　9　본능에 관한 프로이트 견해의 전개 과정은 「본능과 그 변화」의 편집자 서문을
참고하기 바란다.
　10　프로이트의 「성욕에 관한 세 편의 에세이」 중 두 번째 에세이를 참조할 것.
　11　이 부분에 관해서도 「본능과 그 변화」의 편집자 서문을 참조할 것.

에너지 등과 같은 개념들은 쉽게 이해될 수 있는 것들도 아니고 내용이 풍부한 것도 아니다. 따라서 그런 개념들 사이의 관계를 거론하는 사변적 이론은 먼저 기초가 되는 개념들을 좀 더 명확하게 정의 내리는 일부터 시작되어야 한다. 그런데 내 생각엔 바로 그것이 사변적 이론과 경험적 해석 위에 세워진 과학의 차이점이다. 경험적 해석을 바탕으로 한 과학은 사변적 이론이 지닌 장점, 즉 매끄럽고 논리적으로 흠 하나 없는 토대를 부러워하지 않는다. 오히려 전개 과정 속에 더욱 분명하게 이해될 수 있거나 아니면 다른 적절한 것으로 대체할 수도 있는 그런 막연하고 상상 불가능한 개념들을 기꺼이 받아들이고 그것에 만족해하는 것이다. 왜냐하면 그런 개념들은 과학의 토대가 아니며, 모든 것의 바탕이 아니기 때문이다. 오로지 관찰만이 과학의 토대가 될 수 있을 뿐이다. 그러므로 그런 개념들은 전체 구조의 토대가 아니라 상부이며, 그런 연유로 구조 자체에 아무런 손상 없이 다른 것으로 대체할 수도 있고, 또 파기해 버려도 무방한 것들이다. 오늘날의 물리학에서도 그와 같은 일이 벌어지고 있다. 물질, 힘의 중심, 인력(引力) 등등의 물리학 개념들도 그와 유사한 정신분석학의 개념들만큼이나 논란의 여지가 많은 개념들이기 때문이다.[12] 〈자아 리비도〉나 〈대상 리비도〉 같은 개념의 가치는 그 개념들이 신경증이나 정신병 과정의 본질적인 특징들을 연구한 결과로 파생된 것이라는 사실에 있다. 리비도를 자아에 고유한 리비도와 대상을 향한 리비도로 구분하는 것은 성적 본능과 자아 본능을 구별 지었던 최초의 가정에서 파생된 필연적 귀결이다. 어쨌든 내가 이런 구분을 하지 않을 수 없었던 것은 순수 전이 신경증

---

12 이런 프로이트의 생각은 「본능과 그 변화」의 첫 단락에서 더욱 확대되어 나타난다.

Übertragungsneurose(히스테리와 강박 신경증)에 대한 분석 때문이었다. 다른 방법으로 그런 신경증 현상을 설명하려는 시도가 완전히 실패로 끝나고 말았던 것이다.

연구 방향을 설정하는 데 도움이 될 만한 본능 이론이 전혀 없는 상황에서는, 그것이 깨지든 아니면 사실로 확증이 되든 어떤 가정(가설)을 그 논리적인 결론까지 끌고 가는 것이 용인되기도 하며, 때로는 반드시 거쳐야 할 일이기도 하다. 물론 분화 이전의 정신 에너지[13]가 리비도가 되기 위해서는 어떤 대상에 대한 집중적인 발현의 과정이 있어야 한다는 점에서, 성적 본능과 자아 본능의 구별이 그 자체만으로 명확하게 나타나지 않는다는 점은 인정한다. 하지만 성적 본능과 다른 본능, 즉 자아 본능 간에는 본래 차이가 있다고 가정하면, 그것이 전이 신경증의 분석에도 유용할 뿐더러 다른 점에서도 긍정적인 측면이 있다. 우선 1차적으로 이런 개념의 구분은 일반적으로 사람들이 구분 짓는 배고픔과 사랑의 차이와 비슷하다. 그리고 두 번째로는 이런 구분에는 〈생물학적〉인 고려가 담겨 있다. 각 개인은 실제로는 이중의 생활을 영위한다. 하나는 자신의 목적을 추구하는 삶이고, 또 하나는 개인의 의지에 반해서, 아니면 적어도 어쩔 수 없이 종(種)의 연쇄 사슬의 한 구성원으로 영위하는 삶이다. 개인은 성을 자신의 목적에 속하는 것으로 간주한다. 반면에 다른 시각에서 보면, 그는 그의 생식 세포질에 부착된 장식품에 지나지 않는다. 자신이 누린 쾌락*Lust*의 대가로 그는 자신의 에너지를 생식 세포질의 처분에 맡기기 때문이다. 그는 불멸의 실재(實在)를 안고 사는 유한한 존재이다. 말하자면 상속 재산을 물려받았다가 죽고 나면 다시 그 재산을 물려줘야 하는 일시적인 재산 상속자에 불과한 존재이다.

13 이 개념은 「자아와 이드」(프로이트 전집 11, 열린책들)에도 다시 나타난다.

성적 본능을 자아 본능과 구분하는 일은 바로 이와 같은 개인의 이중적 기능을 반영하고 있을 뿐이다.[14] 세 번째로 우리는 잠정적인 성격의 모든 심리학의 개념들이 언젠가는 당연히 어떤 유기적인 하부 구조를 토대로 확립되어야 한다는 점을 기억해야 한다. 이런 점에서 보면 성적 기능을 수행하고 개인의 삶을 종족의 삶으로 확대시키는 바탕을 마련해 주는 것은 특수한 물질과 화학적 과정이라는 생각이 가능해진다. 우리는 이 특수한 화학 물질을 특수한 정신적 힘으로 대체함으로써 그 가능성을 설명하려는 것이다.

대체로 나는 심리학과는 본질적으로 차이가 나는 다른 모든 것들, 심지어 생물학적 사고까지도 모두 심리학에서 배제하려고 노력했다. 바로 그런 이유로 나는 여기서 자아 본능과 성적 본능이 구별된다는 가설(즉 리비도 이론)이 어떤 심리학적 기초 위에 세워진 가설이 아니라, 근본적으로 생물학적 근거에 토대를 두고 있음을 솔직하고 분명하게 고백하고자 한다. 그러나 만일 정신분석 작업을 통해 본능에 관한 또 다른 유용한 가설이 도출된다면, 나는 그 리비도 이론의 가설을 기꺼이 내버릴 수 있다. 그런데 지금까지는 그런 일이 일어나지 않았다. 이것은 어쩌면 좀 더 근본적이고 장기적인 관점에서 성적 에너지 — 리비도 — 가 일반적으로 정신 속에서 활동 중인 에너지가 분화되어 생긴 결과물에 지나지 않는다는 사실을 보여 주는 것이라는 주장을 하게 만드는 빌미가 될 수도 있다. 그러나 그렇게 주장하는 것은 우리의 작업과는 아무런 상관관계가 없다. 그런 주장과 관련이 있는 문제는 우리 관찰의 문제점에서 너무 동떨어져 있을 뿐만 아니라 우리로

14 바이스만A. Weismann의 생식 세포질 이론과 심리학의 관계에 대해 프로이트는 「쾌락 원칙을 넘어서」(프로이트 전집 11, 열린책들)에서 상당히 길게 논의했다.

서도 잘 알지 못하는 사항들이다. 따라서 그런 주장을 긍정하는 일이나 논박하는 일 모두 무익한 일에 지나지 않는다. 말하자면 성적 본능과 자아 본능이 원초적으로 동일하다는 주장은 우리의 분석적 관심과 아무런 상관관계가 없다. 이는 인류의 모든 종족이 근원적으로는 모두 친족 관계를 맺고 있다는 주장이, 유산의 법적 상속권을 주장하는 데 필요한 친족 관계 증명과 아무런 상관관계가 없는 것과 마찬가지이다. 그와 같은 종류의 사변은 모두 무익한 추론일 뿐이다. 더욱이 본능 이론에 대한 최종 결론을 내려 줄 다른 과학의 등장을 기다리고 있을 수도 없기에, 오히려 〈심리학적〉 현상의 종합을 통해 생물학의 기본 문제들을 해명하도록 노력하는 일이 우리의 목적에 더 적합하지 않을까 생각해 본다. 물론 오류의 가능성이 있긴 하다. 그러나 우리가 처음에 채택한[15] 가설, 즉 자아 본능과 성적 본능이 서로 대조된다는 가설(전이 신경증 분석 결과 불가피하게 설정할 수밖에 없었던 가설)의 논리적인 함축을 계속 추적하는 일을 연기해서는 안 된다. 또한 그 가설이 모순이 없는 것으로 판명이 나는지, 아니면 아무런 결실이 없는 무용한 것으로 드러나는지, 정신 분열증과 같은 다른 질병에도 그 가설이 적용될 수 있는지도 계속 따져 보아야 할 것이다.

물론 리비도 이론이 정신 분열증을 설명하는 데 실망만 안겨 줄 뿐이라는 사실이 입증된다면 사정은 달라진다. 융C. G. Jung이 바로 그와 같은 주장을 폈고,[16] 그래서 나는 어쩔 수 없이 리비도 이론에 대한 논의를 펼칠 수밖에 없었다. 사실 나는 전제에 대한 아무런 논의 없이 〈슈레버〉의 증례 분석에서 취한 방법을 끝까지

15   1924년 이전 판에서는 〈처음 채택한erstwählte〉이라고 표기되었지만, 그 이후 판에서는 아마 잘못 인쇄된 듯 〈처음 언급한ersterwähnte〉이라고 표기되었다.
16   융의 『리비도의 변화와 상징Wandlungen und Symbol der Libido』(1912) 참조 — 원주.

계속 밀고 나가고 싶었다. 융의 주장은 적어도 아직은 시기상조였다. 그가 자신의 주장을 뒷받침하기 위해 내세운 근거도 별로 없었다. 먼저 그는, 〈슈레버〉 분석의 어려움 때문에 불가피하게 리비도의 개념을 확대하고(즉 리비도에서 성적 내용을 배제하고), 리비도를 일반적인 정신적 관심과 동일시*Identifizierung*할 수밖에 없었다는 나의 고백을 자기주장의 근거로 내세웠다. 그런 융의 잘못된 해석에 대해서는 융의 작업을 철저하게 비판한 페렌치가 이미 그 오류를 하나하나 다 지적한 바 있다.[17] 나는 단지 그런 페렌치의 비판을 확인하면서 내가 융의 주장대로 리비도의 이론을 후퇴시킨 것은 아니라고 다시 한번 분명히 언급해 둘 뿐이다. 융의 또 다른 주장, 즉 리비도의 후퇴가 본질적으로 정상적인 현실 기능[18]의 상실을 초래한다고 볼 수 없다는 주장은 근거 있는 주장이 아니라 일방적인 단언에 지나지 않는다. 그런 주장은 논점을 회피하고 논의를 불가능하게 만드는 언사다. 과연 그런 주장이 가능한지, 가능하다면 어떻게 가능한 것인지를 면밀히 검토해 봐야 할 문제이기 때문이다. 융은 그런 주장 다음에 펴낸 주요 논문(「정신분석 이론 설명에 대한 기고*Versuch einer Darstellung der psychoanalytischen Theorie*」, 1913)에서, 내가 이미 오래전에 넌지시 암시했던 해결책을 이렇게 언급하기는 했다. 〈동시에 좀 더 깊게 고려할 필요가 있는 사항이 있다(그런데 우연히도 이것은 프로이트가 《슈레버》의 분석에서 거론했던 대목이기도 하다). 그것은 성적 리비도의 내향성이 자아에 대한 리비도 집중으로 이어지고, 어쩌면 이것이 현실감의 상실을 초래하는 것인지도 모른다는 점이다. 이런 식으로 현실감 상실에 대한 심리학을 설명하는 것

---

17 페렌치의 「융의 〈리비도의 변화와 상징〉에 대한 서평」(1913) 참조 — 원주.
18 이것은 P. 자네의 『신경증』에 나오는 〈*la fonction du réel*〉에서 따온 표현이다.

은 정말 그럴듯해 보인다.〉 그러나 이 문제에 대해 융은 더 이상의 깊은 논의를 전개하지는 않았다. 그러면서 몇 줄 뒤에서는, 그와 같은 설명이 결국에는 〈조발성 치매에 관한 심리학이 아니라 금욕 생활을 하는 수도사의 심리학이 되고 말 것〉이라며 그 가능성을 일축해 버렸다. 이와 같은 부적절한 비유가 문제 해결에 아무런 도움도 주지 못한다는 사실은 〈조그만 성적 관심이라도 모조리 물리치려고 애쓰는〉(대중적인 의미의 〈성적〉 관심) 그런 수도사가 반드시 병적인 리비도의 발현을 내보이지는 않을 거라는 생각에서 충분히 가늠할 수 있다. 당연히 그런 수도사는 인간에 대한 성적 관심을 완전히 포기한 사람일 수도 있다. 하지만 그는 자신의 리비도를 안으로 안으로만 투사Projektion하여 환상 속에 빠져들거나 자아로 되돌리는 일 없이, 신과 자연 그리고 동물에 대한 더욱 고양된 관심으로 승화시킬 수도 있는 사람이다. 따라서 융의 비유는 성적인 원인 때문에 파생된 관심과 그 밖의 다른 관심의 구분 가능성을 사전에 미리 배제하는 것 같아 보인다. 더 나아가 우리가 기억해야 할 것은, 스위스 학파가 그들의 그 소중한 작업에도 불구하고 조발성 치매에 관해서 오직 두 가지 점밖에 해명하지 못했다는 사실이다. 하나는 건강한 사람이나 신경증에 걸린 사람 모두에게 나타나는 콤플렉스가 조발성 치매에도 나타난다는 것이고, 또 하나는 조발성 치매에서 나타나는 환상이 종족 신화와 유사하다는 것이다. 그러나 스위스 학파는 조발성 치매의 메커니즘에 대해 더 이상 밝혀낸 것이 없다. 그러므로 우리는 조발성 치매를 설명하는 데 리비도 이론이 아무런 쓸모가 없고, 이런 점은 다른 신경증성 질환에도 마찬가지라는 융의 주장을 반박할 수가 있는 것이다.

2

나르시시즘 연구에 어떤 각별한 어려움이 있다면, 그것은 나르시시즘에 대한 직접적인 연구 방법에 있는 것 같다. 우리가 나르시시즘에 접근하는 주요 방법은 아마도 이상 정신에 대한 분석을 통해 가능할 것이다. 전이 신경증에 대한 분석을 통해 우리가 리비도적인 본능 충동*Triebregung*을 추적할 수 있었듯이, 조발성 치매나 편집증을 통해 우리는 자아 심리학*Ichpsychologie*에 대한 통찰을 얻을 수 있다. 정상적인 현상에서는 그렇게 단순한 듯 보이는 것을 이해하기 위해 또다시 우리는 왜곡과 과장으로 점철된 병리학 분야에 기댈 수밖에 없다. 동시에 나르시시즘에 대한 더 나은 이해를 얻을 수 있는 다른 접근 방법들도 있다. 여기서 나는 이런 모든 것들을 기질병(器疾病)에 대한 연구, 건강 염려증(심기증[心氣症])에 대한 연구, 그리고 남녀의 애정 생활에 대한 관찰 등의 순서로 논의하고자 한다.

기질병이 리비도의 분배에 미치는 영향력을 알아보기 위해 나는 페렌치가 구두(口頭)로 제시한 제안을 따르고자 한다. 신체 내장기의 통증과 불쾌감으로 고통을 받는 사람은 외부 세계의 대상이 자신의 고통과 아무런 관계가 없는 한 그 대상들에 대한 관심을 포기한다는 것은 잘 알려진 사실이고 또 우리 역시 당연한 사실로 여긴다. 좀 더 면밀한 관찰을 통해 우리가 알아낸 것은, 그런 사람은 사랑하는 대상에게서도 관심을 철회한다는 사실이다. 고통을 당하는 동안엔 사랑을 중단하는 것이다. 물론 이런 사실이 너무도 진부하다고 해서 그것을 리비도 이론으로 해석하지 못할 이유는 없다. 그렇다면 우리는 이렇게 말할 수 있다. 병으로 고통을 받고 있는 사람은 자신의 리비도를 자아로 집중시킨 뒤, 병에서 회복되면 다시 그 리비도를 밖으로 발산한다. 치통으로 고생하던 시인 빌헬름 부슈Wilhelm Busch는 〈어금니의 그 좁은 구멍 안에 내 영혼이 집중되어 있다〉고 말한 적이 있다. 이 말은 그의 리비도와 자아에 대한 관심이 같은 운명이고, 또다시 서로 구분할 수 없는 상태에 있음을 보여 준다. 우리가 흔히 보게 되는 병든 사람들의 이기주의가 리비도와 자아에 대한 관심 모두를 덮어 버리는 것이다. 사실 이것은 당연한 일이다. 우리도 같은 상황이라면 아마 똑같이 행동할 것이기 때문이다. 사랑의 감정이 아무리 강하더라도 병으로 몸이 아프게 되면 그 감정이 사라지고 대신 무관심과 냉담함이 그 자리를 차지하는 과정은, 희극 작가들이 적절한 수준에서 주요 테마로 활용하고 있는 심리의 흐름이기도 하다.

이런 점에서는 수면의 상태 역시 질병과 흡사하다. 수면도 리비도를 자아로 후퇴시키는, 더 자세히 말하면 잠자고 싶은 욕망으로 끌어들이는 나르시시즘적 리비도의 발현을 보여 준다. 꿈의 이기주의가 이런 맥락에 잘 어울린다. 아무튼 두 경우에서 우리는 자아의 변화로 일어나는 리비도 분배에도 변화가 일어나는 예를 보게 된다.

건강 염려증Hypochondrie은 신체적으로 괴롭고 고통스러운 느낌 속에 나타난다는 점에서나, 리비도의 분배에 미치는 영향에서나 기질병과 유사하다. 건강 염려증 환자는 외부 세계의 대상으로 향했던 관심과 리비도 모두를 후퇴시키는(특히 리비도의 후퇴가 더 두드러지게 나타난다) 대신, 자신이 온 신경을 쓰고 있는 신체 기관에 그 관심과 리비도를 집중시킨다. 그런데 여기서 건강 염려증과 기질병의 차이가 분명해진다. 기질병의 경우 고통의 감각이 입증 가능한 (신체상의) 변화를 통해 느껴지는 것인 반면, 건강 염려증의 경우는 그렇지 않기 때문이다. 하지만 우리가 어떤 신체상의 변화가 건강 염려증의 경우에도 존재한다고 단호하게 말할 수 있다면, 그것은 신경증 진행 과정에 대한 우리의 일반적인 생각과도 일치한다고 할 수 있다.

그렇다면 그와 같은 신체상의 변화란 무엇인가? 여기서 우리는 우리의 경험에 의존할 수밖에 없다. 우리는 경험을 통해 건강 염려증에 걸렸을 때 느낄 수 있는 신체적 감각에 비견될 만한 어떤 불쾌한 성격의 신체적 감각을 다른 신경증에서도 느낄 수 있다는 것을 알고 있다. 전에 나는 건강 염려증을 신경 쇠약증 *Neurasthenie*과 불안 신경증*Angstneurose* 다음으로 제3의 〈실제적〉 신경증*Aktualneurose*으로 분류하고 싶다는 말을 한 적이 있다.[19] 다른 신경증의 경우에 정도가 약하긴 하지만 어느 정도의 건강 염려증이 동시에 형성된다고 해도 그렇게 틀린 말은 아닐 것이다. 그것의 좋은 예를 우리는 불안 신경증과 불안 신경증을 토대로 생기는 히스테리에서 찾을 수 있다. 경미한 통증의 감각을 느낄

19 아마 〈슈레버〉의 증례 연구에서 처음 암시된 것이 아닌가 싶다. 프로이트는 이 주제를 나중에 『정신분석 강의』 중 스물네 번째 강의에서도 다루고 있다. 그보다 먼저 프로이트는 이미 심기증과 다른 〈실제적〉 신경증의 문제에 접근한 적이 있다. 「신경 쇠약증에서 〈불안 신경증〉이라는 특별한 증후군을 분리시키는 근거에 관하여」 (프로이트 전집 10, 열린책들)를 참조하라.

수 있고, 또 어떤 식으로든 변형된 상태에 있으면서도 일반적인 의미로 보아 병에 걸린 것이 아닌 신체 기관의 전형(典型)이 바로 흥분된 상태에 있는 성기(性器)이다. 성기는 흥분되면 피가 몰려 부풀어 오르고 축축이 젖으면서 온갖 감각의 중심이 된다. 그러면 이제 신체의 어느 부분이든 성적 자극을 정신에 전달하는 그 부분의 활동을 〈성감(性感)〉이라고 칭하자. 그런 다음에 우리의 성욕 이론의 기초가 된 여러 사항을 통해 우리가 익히 알아 왔던 사실, 즉 신체의 어떤 특정 부위 — 성감대(性感帶) — 가 성기를 대신할 수 있고 또 성기와 비슷한 작용을 할 수 있다는 사실을 다시 한번 생각해 보자.[20] 이제는 여기서 한 단계 더 앞으로 나아가기만 하면 된다. 말하자면 이제 우리는 모든 신체 기관들이 지닌 한 가지 보편적인 특징을 성감이라고 말할 수 있으며, 어떤 특정 부위에서는 그 성감이 증가되기도 하고 줄어들기도 한다고 말할 수 있다. 이처럼 신체 기관에서의 그런 모든 성감의 변화와 비슷하게 자아 속에서의 리비도 집중도 변화한다고 할 수 있다. 그와 같은 변화의 요인들이 우리가 건강 염려증을 일으킨다고 믿는 원인이며, 또한 신체 기관의 실제 질병의 경우와 똑같이 리비도 분배에도 영향을 미치는 것들이다.

이런 식으로 계속 생각하다 보면, 우리는 실제 건강 염려증뿐만 아니라 신경 쇠약증이나 불안 신경증과 같은 다른 신경증의 문제에 직접 부딪히게 된다. 따라서 우리의 논의를 여기서 멈추도록 하자. 생리학적 연구 영역까지 깊숙이 들어가는 것은 순수한 심리학적 탐구의 범위에서 벗어나는 일이기 때문이다. 나는 단순히, 앞에서 논의한 그런 시각에서 보면 건강 염려증과 이상 정신의 관계가 신경 쇠약증이나 불안 신경증과 같은 다른 〈실제

20 「성욕에 관한 세 편의 에세이」를 참조하라.

적〉신경증과 히스테리나 강박 신경증의 관계와 유사하다는 추측을 할 수 있다고 언급할 뿐이다. 말하자면 다른 신경증들이 대상 리비도에 의존하듯이 건강 염려증은 자아 리비도에 달려 있으며, 자아 리비도에서 비롯된 건강 염려증에 의한 불안은 신경증에 의한 불안과는 상대적이라고 추측할 수 있는 것이다. 더 나아가 전이 신경증에서 병에 걸리고 증상이 나타나는 메커니즘 — 내향성에서 퇴행으로 이어지는 과정 — 이 대상 리비도의 억제[21]와 관련이 있다는 생각에 익숙한 우리로서는 자아 리비도의 억제라는 개념에도 가까이 접근할 수 있으며, 또한 그 개념을 건강 염려증이나 이상 정신 현상과 연결 지을 수도 있다.

여기서 우리는 이와 같은 자아 내 리비도의 억제가 왜 불쾌하게 느껴지는가 하는 의문을 당연히 제기할 수 있을 것이다. 이 의문에 대한 대답으로 나는, 불쾌한 느낌이란 평소보다 높은 정도의 긴장감의 표출, 바꾸어 말하면 다른 경우에서와 마찬가지로 여기서도 일정한 양의 물리적 현상이 불쾌라는 심리적 성질로 변환된 것이라고 설명하는 것으로 만족하겠다. 그렇지만 불쾌감의 발생에 결정적인 역할을 하는 것이 물리적 현상(사건)의 절대적인 크기(양)가 아니라, 그 절대적인 크기가 갖는 어떤 특정의 기능일 수 있다.[22] 여기서 우리는 우리의 정신적 삶이 나르시시즘의 한계를 넘어 리비도를 어떤 대상으로 향하게 하는 데 필요한 것이 무엇인가 하는 문제로 들어갈 수 있다.[23] 이런 생각에서 우리가 얻어낸 문제 해결의 단서는, 자아로의 리비도 집중이 어느 정도의 수준을 넘어설 때 다른 대상으로 리비도를 향하게 할 필요성이 제

---

21 「신경증 발병의 유형들」(프로이트 전집 10, 열린책들)의 처음 부분을 참조할 것 —원주.

22 이 문제는 「본능과 그 변화」에서 더욱 상세하게 다루어지고 있다.

23 이 문제에 관해서도 역시 「본능과 그 변화」를 참조할 것.

기된다는 것이다. 강한 이기주의는 병에 걸리는 것을 막아 주는 하나의 보호막일 수 있다. 그러나 병에 걸리지 않기 위해서는 결국엔 사랑을 해야 한다. 만일 어떤 좌절 때문에 사랑을 할 수 없다면 우리는 병에 걸릴 수밖에 없다. 이것은 하이네H. Heine가 세계 창조의 심리적 발생론을 언급한 다음과 같은 시구에도 나타난다.

질병은 모든 창조적 욕구의
궁극적 근거.
창조하면서 나의 병이 나았고
창조하면서 나는 건강해졌네.[24]

우리는 불쾌하게 느껴질 수도 있고 질병을 일으키는 원인이 될 수도 있을 자극이나 흥분을 극복하도록 만들어진 최고의 장치가 우리의 정신 기관이라는 사실을 깨달았다. 정신 속에서 그런 자극들을 처리한다는 것은 스스로가 직접 외부로 배출될 능력이 없는, 혹은 어느 순간엔 그런 배출이 바람직하지 않은 자극들을 내면으로 배출하는 데 크게 도움이 된다. 그런데 그와 같은 내적 처리 과정이 현실적 대상에 대해 이루어지든, 상상에 의해 만들어진 대상에 대해 이루어지든 아무런 차이가 없다. 다만 차이가 난다면 그것은 나중에, 즉 리비도가 비현실적 대상으로 전환(내향성)한 경우 리비도의 억제를 유발할 때 나타난다. 이상 정신자의 경우, 자아로 돌아선 리비도에 대한 그 비슷한 내적 처리 과정이 일어나는 것은 과대망상 때문이다. 그리고 자아 내의 리비도 억제가 병의 원인이 되고 동시에 우리에게 병에 걸렸다는 인상을 주어 회복의 과정을 밝게 만드는 것은, 바로 그 과대망상이 무너

24   하이네의 『새로운 시 Neue Gedicht』에서 「창조의 노래 7 Schöpfungslieder VII」.

졌을 때일 것이다.

나는 여기서 이상 정신 환자의 메커니즘을 좀 더 깊숙이 파고 들어 가고, 더불어 우리가 고려해 봄직한 견해들을 종합해 보겠다. 이상 정신과 전이 신경증 사이에 차이가 있다면 그것은 내가 보기에, 이상 정신증의 경우 좌절에 의해 해방된 리비도가 환상 속의 대상에 계속 머무르지 않고 대신 자아로 되돌아온다는 사실에 있는 것 같다. 그런데 과대망상이란 바로 자아로 돌아오는 리비도의 양을 심리적으로 극복하는 일에 해당되는 것이다. 따라서 과대망상은 전이 신경증에서 발견되는 환상을 향한 내향성에 상응한다고 할 수 있다. 만일 이런 심리적 기능이 제대로 작동하지 않는다면 그로 인해 이상 정신의 건강 염려증이 생겨나는데, 바로 이 건강 염려증은 전이 신경증에서 느끼는 불안 증세와 동질(同質)의 증상이다. 전이 신경증에서의 불안에 대해 우리는 그것이 심리적 처리 과정, 즉 전환, 반작용, 혹은 방어 구축(공포) 등으로 해결될 수 있다는 사실을 알고 있다. 마찬가지로 이상 정신의 경우에도 그에 상응하는 과정을 통해 회복 노력이 이루어진다. 그런데 그 심리적 처리 과정이 바로 이상 정신의 두드러진 질병 증상으로 나타나는 것이다. 이상 정신이 그렇게 자주는 아니지만 종종 대상에서 리비도를 〈부분적으로만〉 분리하기 때문에, 우리는 그 질병의 현상을 다음과 같은 세 부류로 구분할 수 있다. (1) 정상적인 경우, 혹은 신경증 상태(잔여 현상), (2) 병적인 경우(리비도가 대상에게서 분리되는 경우, 그리고 더 나아가 과대망상, 건강 염려증, 감정 장애를 비롯한 온갖 종류의 퇴행*Regression*을 내보이는 경우), (3) (조발성 치매나 지독한 이상 정신에서 나타나는) 히스테리나 (편집증에서의) 강박 신경증과 비슷하게 다시 한번 리비도가 대상에 집착하는 회복 단계의 경우. 여기서 이 새로운 리비도 집중은 그것이 다른 단계에서, 그리고 다른 조건하에서 시작된 것이라는 점에서 처음의 리비도 집중과는 다르다.[25] 그리고 우리는 이 새로운 리비도 집중이 일어나는 전이 신경증과 자아가 정상인 경우의 전이 신경증의 차이를 통해 우리의 정신 기관에 대한 더욱 심오한 통찰을 얻을 수 있어야 한다.

우리가 나르시시즘 연구로 들어설 수 있는 세 번째 방법은 남녀 간에 아주 다양하게, 서로 다르게 나타나는 애정 생활의 관찰을 통해서이다. 대상 리비도가 처음에는 자아 리비도를 감춰 우리가 그 자아 리비도를 관찰하지 못하도록 했듯이, 유아(幼兒)들 (그리고 자라나는 아이들)의 대상 선택*Objektwahl*과 관련해서 우리가 처음에 주목한 것은, 그 아이들이 성적 대상을 자신들의 만족 경험에서 이끌어 낸다는 사실이었다. 그런데 그 최초의 자기애적 성적 만족*die sexuelle Befriedigung*들은 자기 보존의 목적에 기여하는 주요 기능과 관련해 경험되는 것들이었다. 말하자면 성적 본능이라는 것은 처음부터 자아 본능의 만족과 결부되어 나타나는 것이며, 나중에서야 그 성적 본능이 자아 본능에서 독립하게 되는 것이다. 심지어 성적 본능이 자아 본능에서 이탈하여 나온 뒤에도, 우리는 애초에 있었던 두 본능 사이의 연관 관계를 그 어린아이가 선택한 최초의 성적 대상이 자기를 먹여 주고, 보살펴 주고, 보호해 주었던 사람, 즉 어머니나 어머니의 역할을 했던 사람이라는 사실에서 엿볼 수 있다. 그런데 흔히 〈부모 의존*Anlehnungstypus*〉 유형[26]이라고 불리는 이와 같은 대상 선택의 유형과 더불어, 우리

25 이 부분에 대한 더 상세한 언급은 「무의식에 관하여」(프로이트 전집 11, 열린책들)의 끝부분에 나와 있다.
26 말 그대로 번역하면 〈의존형〉으로 영어로는 *anaclitic type*으로 표현할 수 있다. 이 〈의존형〉이란 말이 활자로 인쇄화되어 처음 쓰인 것이 바로 여기다. 어린아이

는 전혀 예상치 못했던 제2의 유형을 정신분석 연구를 통해 밝혀냈다. 특히 성도착자나 동성애자들과 같이 리비도의 전개에 장애를 겪은 사람들에게서 우리는, 그들이 사랑 대상*Liebeobjekt*을 선택할 때 그들의 어머니가 아닌 자기 자신을 모델로 하여 선택한다는 사실을 알아냈다. 분명한 것은 그들이 스스로를 사랑 대상으로 추구하고 있으며, 따라서 당연히 〈나르시시즘적〉이라고 불려야 하는 대상 선택의 유형을 보이고 있다는 것이다. 그리고 우리는 이런 관찰을 통해 나르시시즘의 가설을 채택해야 하는 가장 뚜렷한 근거를 찾은 셈이다.

그러나 우리는 사람들을 그들의 대상 선택이 부모 의존 유형이냐 나르시시즘적 유형이냐에 따라 분명히 구분되는 두 유형으로 나누려고 하는 것은 아니다. 오히려 우리는 각 개인마다 선호도의 차이는 있겠지만 이 두 종류의 대상 선택 모두가 모든 인간들에게 다 열려 있는 선택이라고 가정한다. 인간은 애초부터 자기 자신과 자신을 돌봐 주는 여자라는 두 성적 대상을 지니고 있다. 그렇기에 우리는 모든 사람들에게는 근원적으로 나르시시즘의 성향이 있으며, 어떤 경우에는 그 나르시시즘이 대상 선택에서 지배적인 역할을 하기도 한다고 설명하는 것이다.

남성과 여성을 비교해 보면, 대상 선택과 관련해서 비록 보편적인 것은 아니지만 근본적으로 차이가 나는 것을 알 수 있다. 꼬집어 얘기하면 부모 의존 유형의 대상 사랑은 남성들의 특징이며,

가 최초로 성적 대상에 접근하는 것은 자신의 영양 섭취 본능에 따른 것이라는 생각은 「성욕에 관한 세 편의 에세이」 제1판에서도 찾아볼 수 있다. 그러다 1915년판이 나온 뒤에야 이 〈의존형〉에 관한 추가 언급이 나타난다. 〈슈레버〉 증례 연구의 세 번째 장 시작 부분에 나오는 *angelehnte*라는 단어도 비슷한 의미로 쓰인 것이나, 그곳에는 여기에서 언급하고 있는 기본 가설은 거론되지 않고 있다. 그리고 분명히 기억해야 할 것은 여기서 쓰인 〈의존〉이란 표현이 성적 본능의 자아 본능에 대한 의존을 말하는 것이지, 아이가 자기 어머니에게 의존하는 것이 아니라는 사실이다.

눈에 띌 정도로 성적 대상을 과대평가하는 경향을 보인다. 이런 대상 사랑은 어렸을 적의 근원적인 나르시시즘에서 파생된 것으로, 그 나르시시즘이 성적 대상으로 전이된 것이라고 할 수 있다. 그런데 이처럼 성적 대상을 과대평가하다 보면 사랑을 할 때 특징적으로 나타나는 성향, 즉 신경증적 강박 관념에 빠진 듯한 상태를 내보일 수가 있다. 여기서 우리가 추적할 수 있는 것은, 리비도가 사랑 대상으로 집중되어 자아의 빈곤이라는 결과가 초래되었다는 점이다.[27] 그러나 우리가 자주 만나고, 가장 순수하며 진정한 유형이라고 할 수 있는 여성들에게서는 다른 과정이 전개된다. 여성들의 경우는 사춘기의 시작과 더불어 그동안 눈뜨지 못한 상태에 있던 여성의 성 기관이 성숙해지면서 원초적인 나르시시즘의 강화가 일어나는 것 같다. 그런데 이와 같은 나르시시즘의 강화는 성에 대한 과도한 가치 부여를 수반하면서 진정한 대상 선택을 어렵게 한다. 여성들의 경우, 특히 성장하면서 훌륭한 미모를 지니게 되는 경우, 어느 정도의 자기만족을 형성하면서 대상 선택과 관련하여 그들에게 부과된 사회적인 제약을 보상받으려고 한다. 엄격히 말하면, 그런 여성들이 그들을 사랑하는 남성들과 비슷한 정도의 열정을 가지고 사랑하는 것은 바로 그들 자신인 것이다. 또한 그런 여성들의 욕구는 사랑하는 데 있지 않고 사랑받는 것에 있다. 자연히 그런 여성들이 호감을 갖는 상대는 이 조건을 충족시켜 줄 수 있는 남성들이다. 남성들의 애정 생활에서 그런 여성들이 차지하는 중요성은 높게 평가되기 마련이다. 대개 그런 여성들은 대단히 아름다운 용모를 지니고 있기 때문에 미적인 이유에서, 그리고 그런 여성들이 지닌 매우 흥미로

27　프로이트는 이 문제를 「집단 심리학과 자아 분석」(프로이트 전집 12, 열린책들)에서 사랑에 관한 논의를 하는 가운데 다시 거론하고 있다.

운 심리 구조로 인해 남성들에게는 아주 매력적인 대상으로 다가온다. 더욱이 그 자신의 나르시시즘의 일부를 포기하고 대상 사랑을 추구하고 나선 사람에게는 다른 사람의 나르시시즘이 큰 매력으로 느껴지는 것이 분명한 듯 보이기 때문이다. 한 어린아이의 매력은 크게는 그 아이의 나르시시즘, 자기만족, 접근 불가능성에 있다. 이는 고양이나 커다란 맹수처럼 우리에게 아무런 관심도 없는 몇몇 동물들이 지닌 매력과도 같다. 심지어 문학 작품 속에 나타나는 중죄인이나 익살꾼들도 자기 자아를 위축시키는 것이 무엇이든 그것을 자아에서 제거하려는 일관된 나르시시즘을 통해 우리의 흥미를 유발시키기도 한다. 이것은 마치 우리는 이미 오래전에 포기해 버렸던 일정 정도의 리비도를 요지부동으로 유지하고 있는 그들이 행복한 심리 상태를 유지하고 있다며 부러워하는 것과 다를 바가 없다. 그러나 나르시시즘 성향의 여성들이 지닌 매력은 정반대이다. 상대 남성이 그런 여성들에 대해 갖는 여러 가지 불만, 그 여자가 과연 자기를 사랑할까 하는 회의, 수수께끼처럼 알 수 없는 여자의 마음에 대한 불평 등의 상당 부분은 바로 이와 같은 대상 선택의 차이에서 기인한다.

여성의 애정 생활 유형에 대한 지금까지의 서술이 여성을 폄하하려는 나의 어떤 의도적인 생각에서 비롯된 것이 아니라고 여기서 다짐하듯 선언하는 것은 적절치 못한 듯하다. 어떤 의도나 목적을 가지고 자기주장을 펴는 것은 나와는 거리가 멀다. 더욱이 나는, 서로 다른 방향으로 전개되는 남녀의 애정 생활의 차이가 매우 복잡한 생물학적 기능의 분화에서 비롯된 것이라는 점을 잘 알고 있다. 더 나아가 남성 유형(類型)에 따라 사랑을 하고, 그 유형 특유의 성적 대상에 대해 과대평가를 전개하는 여성들이 상당히 많다는 사실도 나는 기꺼이 받아들일 준비가 되어 있다.

사실 남성들에게 냉정한 태도를 보이는 나르시시즘적인 여성들의 경우에도 온전한 대상 사랑으로 향하는 길이 없는 것은 아니다. 그들이 아기를 낳으면 자신의 신체 일부가 낯선 외부의 대상으로 여겨지며, 따라서 자신의 나르시시즘에서 출발하여 자신이 낳은 아기에게 온전한 대상애를 다 쏟아부을 수가 있는 것이다. 물론 아이를 낳기 전에 (2차적인) 나르시시즘에서 대상 사랑으로 발전해 가는 단계를 취하는 여성들도 있다. 그들은 사춘기가 되기 전에 남성성을 느끼며, 또 어느 정도는 남성의 성장 단계를 따라 성숙해 간다. 여성으로 성숙해지면서 그런 남성성의 추구가 중단되긴 하지만, 그래도 그들은 남성의 이상형 — 이 이상형은 그들이 한때 간직했던 소년 취향의 본성이 그대로 살아남은 것이다 — 에 대한 갈망을 여전히 보유하게 되는 것이다.[28] 다음은 대상 선택으로 나아가는 길에 대한 간략한 개관으로 지금까지 내가 암시적으로 언급했던 것을 종합한 내용이다.

어느 한 사람의 사랑 대상은 다음과 같이 나타날 수 있다.
(1) 나르시시즘적 유형인 경우
　(a) 현재의 자신(그 자신).
　(b) 과거의 자신.
　(c) 자신이 바라는 미래의 모습.
　(d) 한때 자신의 일부였던 사람.

28　프로이트는 이후의 많은 논문에서 여자의 성욕에 관한 자신의 견해를 계속 전개해 나갔다. 1920년에 발표한 「여자 동성애가 되는 심리」(프로이트 전집 9, 열린책들), 1925년의 「성의 해부학적 차이에 따른 몇 가지 심리적 결과」(프로이트 전집 7, 열린책들), 1931년의 「여자의 성욕」(프로이트 전집 7, 열린책들), 그리고 1933년의 『새로운 정신분석 강의』(프로이트 전집 2, 열린책들) 중 서른세 번째 강의 등을 참조하면 도움이 될 것이다.

(2) 부모 의존 유형인 경우

　(a) 자신에게 젖이나 밥을 먹여 주는 여자.

　(b) 자신을 보호해 주는 남자.

　그리고 (a)나 (b)의 역할을 대신해 주는 여러 사람.

　첫 번째 유형에서 (c)의 경우는 이 글의 후반부에서 설명될 것이다.

　그리고 남성 동성애자들의 나르시시즘적 대상 선택에 관한 설명은 다른 맥락에서 설명되어야 할 부분임을 밝혀 둔다.[29]

　우리의 리비도 이론의 전제 가운데 하나인 어린아이들의 근원적 나르시시즘은 직접적인 관찰보다는 다른 관점에서의 추론을 통해 이해하는 것이 더 쉽다. 자식들에 대한 부모들의 애정 어린 태도를 보면, 우리는 부모들의 그런 태도가 그들이 이미 오래전에 포기했던 그들 자신의 나르시시즘을 다시 부활시키고 재현하는 행위라는 사실을 인정하지 않을 수 없다. 이것은 우리가 대상 선택의 문제와 관련해서 이미 나르시시즘의 징후라고 인정했던 부분, 즉 과대평가에 의한 대상에 대한 신뢰가 부모들의 정서적인 태도를 지배하고 있음을 잘 보여 준다. 따라서 그 부모들은 자기 자식들을 아주 완벽한 존재로 여기는 충동 — 자식을 냉정하게 관찰하지 못하는 — 에 사로잡히게 되며, 자연히 자식의 모든 결점을 감추고 기억에서 지워 버리게 된다(자식이 성적 존재임을 부인하는 것도 이와 관련이 있다). 더욱이 그런 부모들은 자식들 편에 서서, 자신들의 경우는 스스로가 지닌 나르시시즘적 태도를

29　프로이트는 이 문제를 이미 레오나르도에 관한 연구에서 거론한 바 있다. 1910년에 발표된 「레오나르도 다빈치의 유년의 기억」(프로이트 전집 14, 열린책들) 참조.

억제하면서까지 어쩔 수 없이 존중해 왔던 전통 문화의 습득도 자식들에게는 유보하며, 그들 스스로가 오래 전에 포기했던 모든 특권을 자식에게 다시 부여하려는 경향을 보인다. 말하자면 자식은 부모보다 더 좋은 시대를 누려야 하고, 부모들 입장에선 인생에서 아주 중요한 것으로 생각되는 일들이 많이 있겠지만 자식이 그것들에 구속을 받아서는 안 된다는 것이다. 질병이나 죽음이 자식들에게 닥쳐서는 안 되며, 재미있게 놀지 못하게 하거나 기를 꺾는 일도 있어서는 안 된다. 그리고 자식을 위해서라면 자연의 법칙이나 사회적인 법칙의 적용도 과감히 포기해야 한다. 진정으로 다시 한번, 우리 스스로도 한때 즐겁게 누렸던 〈아기 폐하His Majesty the Baby〉[30]의 지위를 자식이 누려야 하며, 자식이 모든 존재의 중심이자 핵심이 되어야 하는 것이다. 그리고 아이는 부모가 이루지 못한 꿈을 이뤄야 한다. 남자아이는 자기 아버지를 대신하여 위대한 사람이 되고 영웅이 되어야 하며, 여자아이는 어머니가 이루지 못한 꿈에 대한 뒤늦은 보상으로 잘생긴 왕자와 결혼해야 한다. 이 모든 것은 현실의 압박을 심하게 받아 자아의 불멸성이 위협을 받는 부모의 나르시시즘이 자식에게서 피난처를 찾아 안정된 위치를 유지하려는 것에 불과하다. 너무도 감동적이지만 근본적으로는 유치한 속성을 지닌 부모의 사랑이란, 결국 부모의 나르시시즘이 대상애로 변모되어 그 과거의 속성을 그대로 내보이는 것에 불과하다. 다시 살아난 부모의 나르시시즘, 이것이 바로 부모의 사랑이기 때문이다.

30　원문에도 그대로 영어로 실렸다. 아마 이 표현은 영국 왕립 미술관에 소장된 같은 제목의 에드워드 7세 시대의 유명한 그림에서 따온 것이 아닌가 싶다. 그 그림에는 런던의 두 경찰관이 유모차를 끌고 복잡한 길을 건너는 어느 유모를 위해 차량의 통행을 멈추게 하는 광경이 그려져 있다. 한편 「작가와 몽상」에는 〈자아 폐하His Majesty the Ego〉라는 표현이 나오기도 한다.

3

어린아이가 근원적으로 지니고 있는 나르시시즘이 어떤 장애
에 부딪히는가, 그 장애에서 자신을 보호하기 위해 아이가 내보
이는 반응은 어떤 것인가, 그리고 그렇게 반응을 보이면서 아이
는 어떤 과정을 겪게 되는가 — 이런 주제들은 앞으로 더 많이 연
구해야 할 주요 분야로, 여기서는 다루지 않으려고 한다. 그러나
이 분야에서 가장 중요한 부분을 굳이 끄집어내 설명하자면, 우
리는 〈거세 콤플렉스*Kastrationskomplex*〉(남자아이들의 경우는 남
근 공포증, 여자아이들의 경우는 페니스 선망*Penisneid*으로 나타
난다)라는 개념을 적용하여 어린 시절 성적 활동을 억제당한 결
과와 연관 지어 다룰 수가 있다. 보통의 정신분석 연구를 통해 우
리는 자아 본능에서 떨어져 나온 리비도적 본능*der libidinöse Trieb*
이 자아 본능과 대치되면서 겪게 되는 그 변화의 과정을 추적할
수 있다. 그러나 거세 콤플렉스라는 특수한 분야를 놓고 정신분
석 연구를 하면, 우리는 서로 분리되지 않고 혼합되어 작용하는
그 두 본능이 나르시시즘적 관심으로 제 모습을 나타내는 시기가
언제인지, 그리고 그때의 심리적 상황이 어떤 것인지를 추론할
수 있다. 아들러는 바로 그런 맥락에서 〈남성 항거*der männliche
Protest*〉라는 개념을 도출해 냈다.[31] 아들러는 이 〈남성 항거〉라는

개념을 성격 형성에서나 신경증 발발에서 그 동기가 되는 유일한 요인으로까지 간주했으며, 나아가 그것을 나르시시즘적인 경향, 즉 리비도적인 근거에서 설명한 것이 아니라 사회적 가치 평가에서 설명했다. 사실 〈남성 항거〉의 존재와 그 중요성은 정신분석 연구의 시초부터 인정되어 온 것이다. 단지 정신분석에서는 아들러와는 달리 이 〈남성 항거〉를 본질적으로 나르시시즘적 성격을 띠고 있으며, 거세 콤플렉스에서 비롯된 것이라고 설명해 왔던 것이다. 〈남성 항거〉는 다른 많은 요인과 함께 성격 형성에 관여하고 있다. 하지만 아들러가 신경증을 설명한 방식, 즉 신경증은 자아 본능을 강화시켜 준다고 한 그의 설명만을 고려해 볼 때, 신경증 문제를 설명하는 데는 이 〈남성 항거〉가 전혀 적절치가 않다. 거세 콤플렉스가 신경증 치료에 거세게 저항하는 남성들에게서 특히 두드러지게 나타난다고 해도, 나는 신경증의 발생을 거세 콤플렉스라는 좁은 테두리에 놓고 설명하는 것은 대단히 적절치 못한 방법이라고 본다. 우연히 알게 된 한 신경증 사례에서 나는 〈남성 항거〉, 혹은 우리가 말하는 거세 콤플렉스가 어떠한 발병 요인으로 작용하지도 않고, 심지어 그 콤플렉스가 전혀 나타나지도 않았다는 사실을 발견했던 것이다.[32]

31 아들러의 「삶과 신경증에서의 심리적 자웅 동체Der psychische Herma-phroditismus im Leben und in der Neurose」(1910) 참조.

32 에도아르도 바이스Edoardo Weiss 박사가 제기한 문제에 답하는 형식으로 쓰인 1926년 9월 30일자 편지에서 프로이트는 다음과 같이 말했다. 〈나르시시즘에 관한 논문에서 제가 내세운 주장에 대해 박사님이 제기하신 질문, 그러니까 거세 콤플렉스가 원인으로 작용하지 않는 신경증이 있는지의 여부에 관한 박사님의 질문을 받고 당황스러웠습니다. 당시 어떤 생각을 하고 그런 말을 했는지 잘 기억이 나질 않습니다. 그러나 지금 분명한 것은, 거세 콤플렉스가 원인이 아닌 신경증의 예를 제가 제시할 수 없다는 점입니다. 당연히 그 당시의 그런 표현을 지금이라면 쓰지 않았을 겁니다. 하지만 그 주제에 관해서는 아직 모르는 바가 많기 때문에 뭐라고 명확하게, 최종적인 답변을 드릴 수가 없군요〉(바이스 박사와의 서신 교환 내용과 바이스 박사의 프로이트에 대한 회상이 담긴 『조언자로서의 지크문트 프로이트 — 어느 정신분석 선구자에

정상적인 성인을 관찰해 보면 우리는 그들이 이전에 내보였던 과대망상이 점차 완화되고, 그들의 유아기 적 나르시시즘을 엿볼 수 있는 심리적 특징들도 많이 사라져 있음을 알 수 있다. 그렇다면 그들의 자아 리비도는 어떻게 된 것일까? 자아 리비도 전체가 대상 리비도 집중으로 옮겨 갔다고 가정할 수 있을까? 우리의 전체 논의 과정에 비추어 보면 그럴 가능성은 없다. 다만 억압 *Repression*의 심리학에서 우리는 그 문제에 대한 해답의 실마리를 찾을 수 있을 것이다.

우리는 리비도적 본능 충동이 주체(개인)의 문화적, 윤리적 이념과 충돌할 때 그 리비도적 충동이 병발성(病發性) 억압으로 바뀐다는 사실을 알아냈다. 그렇다고 문제가 되는 그 개인이 그와 같은 문화적, 윤리적 이념들에 관해 단순히 지적인 측면에서만 알고 있을 뿐이라고 말하려는 것은 아니다. 그는 그 이념들을 자신에게 도움이 되는 하나의 기준으로 인정할 뿐 아니라, 그 이념들의 요구 사항에도 기꺼이 복종하기 때문이다. 우리가 언급한 바와 같이 억압은 자아에서 시작된다. 더 엄밀하게 말하면, 억압은 자아를 스스로 존중하는 데서 비롯된다. 한 개인이 누리거나 의식적으로 이끌어 내는 인상, 경험, 충동, 소망이 다른 사람의 그 것들과 동일하더라도 대단한 분노 속에 거부될 것이며, 또 그것들이 의식 속에 들어서기 전에 억제될 수가 있다.[33] 억압의 전제 조건에 따라 드러나는 두 사람의 차이는 리비도 이론으로 설명할 수 있는 쉬운 용어로 표현될 수 있다. 즉 한 사람은 자신의 내면에 〈이상(理想)〉을 설정하여 그 〈이상〉에 따라 자신의 실제적 자아를

대한 회상들』[1970] 참조). 〈남성 항거〉를 주장한 아들러 박사의 견해에 대한 프로이트의 비판은 「정신분석 운동의 역사」(프로이트 전집 15, 열린책들)와 「어떤 아이가 매를 맞고 있어요」(프로이트 전집 10, 열린책들)에서도 찾아볼 수 있다.

33 프로이트의 논문 「억압에 관하여」(프로이트 전집 11, 열린책들)를 참조할 것.

측정하는 반면, 또 다른 한 사람은 그와 같은 이상을 전혀 설정하지도 않는 것이다. 그런데 여기서, 자아의 관점에서 볼 때 이상형의 형성이 바로 억압의 전제 조건이 되는 것이다.[34] 이 이상적 자아가 이제는 어린 시절 실제적 자아가 누렸던 자기애의 목표가 된다. 말하자면 한 개인의 나르시시즘이 이 새로운 이상적 자아로 자리를 옮겨 나타나게 되고, 따라서 이 이상적 자아는 유아기의 자아처럼 모든 가치와 완벽함을 부여받게 된다. 리비도와 관련된 영역에서는 늘 그렇듯이, 사정이 이렇게 되면 사람은 자기가 한때 누렸던 만족을 스스로 포기할 수 없음을 다시 한번 내보이게 된다. 사람은 자신이 어렸을 적에 누렸던 나르시시즘적 완벽함을 놓치기 싫어한다. 그리고 성장하면서 다른 사람들의 훈계나 스스로의 비판적 판단에 의한 각성(覺醒)을 통해 어떤 장애에 부딪혀 더 이상 그 완벽함을 유지할 수 없게 될 때면, 그것을 자아이상Ichideal이라는 새로운 형태에서 다시 회복하려고 노력한다. 그가 자기 앞에 하나의 이상으로 투사한 것은 어린 시절 그 스스로가 자신의 이상이라고 생각했던, 그러나 이제는 상실하고 없는 바로 그 어린 시절의 나르시시즘을 되찾게 해주는 대체물인 것이다.

이제는 당연히 이와 같은 이상의 형성과 승화Sublimation 사이의 관계를 살펴보아야 한다. 승화는 대상 리비도와 관련된 과정이며 본능이 성적 만족이라는 목표가 아닌, 그로부터 멀리 떨어진 어떤 다른 목표로 방향을 잡아 가는 과정이다. 이 과정에서 중

---

34 「집단 심리학과 자아 분석」의 한 각주에서 프로이트는 억압의 원인을 군거 본능에서 찾는 트로터W. Trotter(『평화 시와 전쟁 시의 군거 본능Instinct of the Herd in Peace and War』[1916] 참조)에 관해 언급하면서, 트로터의 그러한 생각은 자아에게는 이상의 형성 자체가 억압의 요인이 된다는 자신의 주장과 모순되는 것이 아니라 그것을 달리 표현한 것에 지나지 않는다고 했다.

요한 것은 성욕에서의 이탈, 즉 성욕에서 벗어나는 일이다. 반면에 이상화(理想化)는 〈대상〉 그 자체와 관련된 과정이다. 이상화에 의해 대상은 그 속성의 변화 없이 개인의 마음속에서 확대되고 드높여지는 것이다. 이런 이상화는 대상 리비도의 영역에서뿐만 아니라 자아 리비도의 영역에서도 가능하다. 예를 들어 한 대상에 대해 성적으로 과대평가하는 것은 그 대상을 이상화시키는 것과 다를 바 없다. 이처럼 승화가 본능과 관련되고, 반면에 이상화*Idealisierung*가 대상과 관련된 것인 한, 두 개념은 서로 구분될 수 있다.[35]

그런데 자아 이상의 형성과 본능의 승화는 우리의 오해를 불러일으킬 만큼 종종 혼동되고 있다. 가령 자신의 나르시시즘을 자아 이상의 숭배로 대체한 사람이라고 해서 반드시 자신의 리비도적 본능을 승화시키는 것은 아니다. 이상적 자아가 그와 같은 승화를 요구하긴 하지만 강요할 수는 없다. 승화는 이상화에 의해 촉진될 수도 있는 특수한 과정이긴 하지만, 그것의 실행은 그런 이상화의 촉진 작용과는 전혀 무관한 독립적인 과정이기 때문이다. 자아 이상의 발달과 근원적인 리비도 본능의 승화 사이에 가장 큰 차이가 나는 경우가 바로 신경증 환자의 경우다. 일반적으로 어느 정도 온건하고 절제된 야망을 가진 평범한 사람들보다는 자신의 리비도를 불합리하게 위치시키는 이상주의자들을 설득하는 것이 훨씬 더 어려운 것도 그런 이유 때문이다. 더 나아가 자아 이상의 형성과 승화가 신경증의 원인과 맺는 관계는 사뭇 다르다. 앞에서 살펴보았듯이, 자아 이상의 형성은 자아의 요구를 극대화하고 따라서 억압의 가장 강력한 요인이 되지만, 승화는 억압과는 무관하게 그런 자아의 요구를 만족시키는 하나의 방편이자 탈

---

35 「집단 심리학과 자아 분석」에서도 이 이상화의 문제가 다시 거론된다.

출구인 셈이다.[36] 자아 이상을 통해 나르시시즘적인 만족감을 얻게끔 보장해 주고, 또 그런 목적으로 실제적 자아를 끊임없이 감시하며 자아 이상의 기준에 맞추어 평가하는 어떤 특수한 정신 기관이 있다.[37] 물론 무슨 대단한 발견이라며 놀랄 일은 아니다. 만일 그런 기관이 존재한다면 우리는 그것을 〈발견〉했다고는 할 수 없고, 그냥 그 존재를 〈알아낸〉 것에 불과하기 때문이다. 우리가 〈양심〉이라고 부르는 것이 이미 그런 특징적 속성들을 획득하고 있다는 사실을 떠올리기만 해도 충분히 납득할 수 있는 얘기다. 아무튼 그런 정신 기관이 있다는 사실을 알게 됨으로써, 우리는 편집증적 질병에서 아주 두드러진 증상으로 나타나고 하나의 독립된 형태의 질병이나 전이 신경증 속에 삽입된 형태로 출현하기도 하는 증상, 이른바 〈누군가가 자신을 주시하고 있다는 망상〉, 좀 더 정확히 말해서 〈감시당하고 있다는 망상〉을 이해할 수 있게 되었다. 이런 증상을 내보이는 환자들은 자신의 내면에서 제삼자가 그에게 들려주는 목소리(가령 〈지금 그녀가 다시 그 생각을 하고 있어〉, 〈그 남자가 지금 나가고 있어〉 등)를 통해 감시 기능을 가진 정신 기관이 존재한다는 사실을 알게 된다. 따라서 자연히 그는 자신의 생각을 다른 사람이 알고 있을 뿐만 아니라 심지어 감시, 감독하고 있다며 불평하는 것이다. 이런 불평은 사실 정당한 것이며, 정말 있는 그대로를 말한 것이다. 우리의 모든 의도를 감시하고 알아내고 비판하는 어떤 힘이 실제로 존재하기 때문이다. 실제로 그런 힘은 정상적인 삶을 사는 우리 모두에게서도 찾을 수 있다.

36 승화와 성적인 대상 리비도의 나르시시즘적 리비도로의 전환 관계는 「자아와 이드」에서 다시 논의된다.

37 이 감시자와 자아 이상의 조화에서 프로이트가 후에 언급한 〈초자아*Über-Ich*〉의 개념이 발전되어 나온다. 「집단 심리학과 자아 분석」, 「자아와 이드」 참조.

누군가에게 감시당하고 있다는 망상은 그런 힘이 퇴행적 형태로 나타난 것이다. 그러므로 왜 환자가 그 힘에 대해 반발을 하는지, 그 이유와 발생 원인이 그대로 드러나는 셈이다. 왜냐하면 어떤 한 개인에게 자아 이상(양심은 자아 이상을 대신하여 감시자의 역할을 한다)의 형성을 촉발시킨 것이 부모의 비판적 영향력(이것은 그에게 목소리로 전달된다)이기 때문이다. 그리고 세월이 흐르면서 그에게 그런 비판적 영향력을 행사하는 사람들의 수는 점점 늘어나기 마련이다. 그를 가르치고 훈육했던 사람들과 그의 주변 환경 속에 있는 수많은 사람들, 그리고 그의 동료들과 이웃들이 바로 그들이다. 여론도 빼놓을 수 없다.

이런 식으로, 본질적으로 동성애적*homosexuell*이었던 리비도의 대부분이 나르시시즘적 자아 이상의 형성에 개입하며, 더 나아가 자아 이상을 보존하려는 노력 속에서 탈출구와 만족을 찾는다. 양심 기관은 근본적으로 처음에는 부모의 비판, 나중에는 사회적 비판이 구체적으로 실현된 것이다. 그리고 그 과정은 외부에서 오는 어떤 금지나 장애를 받아 자신의 의도나 생각을 억압하려는 성향이 나타날 때마다 계속 반복된다. 말하자면 비판적 목소리뿐만 아니라 불특정 다수의 영향이 질병에 의해 다시 부각되어 나타나고, 그에 따라 다시 양심이 퇴행적으로 발달한다는 뜻이다. 그런데 부모의 영향력에서부터 시작되는 그런 모든 외부의 영향에서 벗어나고자 하는 환자의 욕망(질병의 근본적 특성과 일치한다)에서, 그리고 자신의 동성애적 리비도를 그런 영향에서 후퇴시키고자 하는 성향에서 〈검열 기관〉에 대한 반발이 일어나는 것이다.

편집증 환자가 제기하는 불평을 살펴보면, 양심에 의한 자기비판*Selbstkritik*은 근본적으로 그 토대가 된 자기 관찰*Selbstbeobachtung*

과 일치함을 알 수 있다. 달리 말하면 양심의 기능을 떠맡은 정신 활동이 철학에 그 지적 작업의 재료를 제공하는 내면 연구에도 똑같이 나타난다는 것이다. 이런 점에서 나름의 사변적 체계를 구축하려는 편집증 환자들의 독특한 성향도 어느 정도 이해 가능한 것인지도 모른다.[38]

만일 양심과 철학적 성찰로까지 이어지는 그와 같은 비판적 관찰 기관의 활동에 대한 증거가 다른 영역에서도 발견된다면, 그것은 확실히 우리에게 매우 중요한 일이다. 나는 여기서 꿈-이론 *Traumlehre*을 보충할 수 있는 대단히 가치 있는 설명 가운데 하나로, 헤르베르트 질베러Herbert Silberer가 〈기능적 현상〉이라고 말한 것을 거론하고 싶다. 우리가 잘 알고 있듯이, 질베러는 잠자는 상태와 깨어 있는 상태 사이의 중간 상태에서 사고가 시각적 영상으로 바뀌는 것을 직접 관찰할 수 있다고 했다. 그러면서 그는 그러한 상황에서 재현되는 것이 사고 내용*Gedankeninhalt*이 아니라 잠에서 깨어나려고 애를 쓰는 그 사람의 실제 상황(가령 잠을 이겨 내려는 의지, 피로 등)이라고 주장했다. 마찬가지로 질베러는 꿈의 결론이나 꿈의 일부 내용은 단순히 꿈꾸는 자가 잠을 잘 때나 깨어 있을 때 경험했던 어떤 지각을 나타내는 것일 수도 있다는 사실을 보여 주었다. 이런 사실을 통해 질베러가 입증하고자 했던 것은 바로 꿈-형성 과정 속에서 관찰 — 감시를 당하고 있다는 편집증 환자의 망상이라는 의미에서 — 이 행하는 역할이었다. 물론 그런 역할이 일정한 것은 아니다. 내가 그런 관찰의 역할을 간과한 것은 아마도 나 자신의 꿈에서는 관찰이 그리 큰 역

38   여기서 내가 단지 의견을 제시하는 식으로 한 가지 덧붙이자면, 이러한 관찰 기관의 형성과 강화에는 그 뒤에 이어지는 (주관적) 기억의 생성, 그리고 무의식 과정과는 아무런 상관이 없는 시간 요소가 포함되어 있을지도 모른다는 점이다 — 원주.

할을 하지 않았기 때문이었을 것이다. 하지만 철학적인 재능을 타고나 자기 성찰에 익숙한 사람에게는 그 관찰의 역할이 분명 두드러지게 나타날 수도 있다.[39] 여기서 우리는 꿈-사고의 변형을 강요하는 검열 기능의 지배하에 꿈-형성이 이루어진다는 사실을 상기할 수 있다. 물론 그러한 사실을 알아냈을 때 우리는 그 검열 기능을 어떤 특수한 힘이라고 생각하지 않았으며, 다만 자아를 지배하는 억압적 성향의 한 부분으로 꿈-사고를 향해 그 힘을 뻗친 부분을 가리키기 위해 그 용어를 선택했다. 우리가 만일 자아의 구조 속으로 더 깊이 파고든다면 우리는 자아 이상 속에, 그리고 양심의 그 힘찬 발언 속에 꿈-검열관[40]이 있음을 깨달을 수 있다. 그러므로 만일 이 검열관이 잠자는 동안에도 어느 정도 경계를 늦추지 않고 있다면, 자기 관찰과 자기비판의 활동 —〈이제 그는 너무 졸려서 아무 생각도 할 수 없다〉,〈이제 그가 깨어나려고 한다〉 등과 같은 생각과 더불어 진행되는 활동 — 이 꿈-내용*Trauminhalt* 형성에 나름의 영향을 미치게 된다는 사실을 우리는 충분히 이해할 수가 있는 것이다.[41] 이쯤에서 이제 우리는 정상인과 신경증 환자들이 내보이는 자존심(이기심)에 관해 이야기할 수 있다.

---

39 질베러의 「상징적 환각 현상을 불러일으키고 관찰하는 방법에 대한 보고 Bericht über eine Methode, gewisse symbolische Halluzinationserscheinungen hervorzurufen und zu beobachten」(1909), 「각성 상징과 발기 상징Symbolik des Erwachens und Schwellensymbolik überhaupt」(1912) 참조.

40 여기서 프로이트는 그가 보편적으로 사용하던 〈검열 *Zensur*〉이란 단어 대신에 인칭형인 〈검열관*Zensor*〉이란 단어를 사용했다. 이 두 단어의 구분은 『정신분석 강의』 중 스물여섯 번째 강의에서 분명하게 나타나는데, 거기에서 프로이트는 자기 관찰 기관을 자아 검열관, 혹은 양심이라고 하면서 밤 동안에 꿈-검열*Traumzensur*을 행하는 것이 바로 이 자아 검열관이라고 밝혔다.

41 이러한 검열 기관을 자아에서 분리하는 것이 의식과 자의식이라는 철학적 구분의 토대를 마련해 줄 수 있는지의 여부를 내가 여기서 결정할 수는 없다 — 원주.

우선 자존심은 자아의 크기를 나타내는 표현이라고 할 수 있다. 그런데 그 크기를 결정하는 여러 요소가 무엇이든 그것은 상관없다. 한 사람이 소유하거나 성취한 모든 것들, 그가 경험을 통해 확인한 전능함이라는 원초적인 느낌의 잔재 등이 그의 자존심을 높여 준다.

성적 본능과 자아 본능 사이의 차이를 고려해 볼 때, 우리는 자존심이 나르시시즘적 리비도와 아주 밀접한 의존 관계에 있음을 인정해야 한다. 이것은 다음의 두 가지 근본적인 사실에 의해 뒷받침된다. 하나는 이상 정신에서는 자존심이 상승되고 전이 신경증에서는 자존심이 떨어진다는 사실이다. 또 다른 하나는 애정 관계에서 사랑받지 못하면 자존심이 떨어지고 반면에 사랑을 받으면 자존심이 올라가게 된다는 사실이다. 우리가 언급했듯이, 나르시시즘적 대상 선택에서의 목표와 대상에 대한 만족 여부는 바로 얼마만큼 사랑을 받느냐 하는 것에 달려 있다.[42] 더 나아가 우리는 어느 대상에 대한 리비도의 집중적인 발현이 자존심을 드높여 주지 않는다는 것을 쉽게 관찰할 수 있다. 사랑하는 대상에게 의존한다는 것은 자존심을 낮추는 일이다. 사람이 사랑을 할 때면 다분히 겸손해지기 때문이다. 말하자면 사랑을 하는 사람은 자신의 나르시시즘 일부를 상실한 것이며, 그 상실된 나르시시즘은 사랑을 받는 것에 의해 보완이 된다. 이런 점에 비추어 보면, 자존심은 사랑에서 나르시시즘적인 요소와 관계가 있는 듯이 보인다.

어떤 정신적 장애나 신체적 장애 때문에 성적으로 무능력해지거나 사랑을 할 수 없게 된다면 자존심이 몹시 상하게 되는 결과가 초래된다. 나는 전이 신경증 환자들이 경험하는 열등의식의

---

42   이 문제는 「집단 심리학과 자아 분석」에서 더 포괄적으로 다루어지고 있다.

원인 가운데 하나가 바로 여기에 있는 게 아닌가 생각한다. 그러나 사실 열등의식의 주요 원인은 자아에서 빠져나온 리비도의 많은 양이 다른 대상을 향해 집중적으로 발현된 결과로 발생한 자아의 빈곤, 즉 더 이상 통제 불가능한 성적 성향 때문에 생긴 자아의 손상 때문이라고 보는 것이 옳다.

적극적으로 정신적 삶을 영위하는 사람이 자신의 신체 기관의 어느 한 부분에 열등의식을 느낄 때, 그 열등의식이 그로 하여금 과도하다 싶을 정도의 보상 행위를 하게 만든다고 한 아들러의 주장은 옳다.[43] 그러나 아들러의 주장을 그대로 받아들여 모든 훌륭한 업적을 다 신체 기관에 대한 원초적인 열등의식에서 기인하는 것으로 해석하려 한다면 그것은 지나친 과장이다. 모든 화가들이 다 시력이 약한 불리한 조건을 지니고 있는 것도 아니며, 모든 웅변가가 처음에 말더듬이였던 것도 아니기 때문이다. 또한 〈뛰어난〉 신체 기관 덕에 뛰어난 업적을 쌓은 경우도 곳곳에서 찾아볼 수 있다. 신경증의 병인(病因)을 살펴보면, 신체 기관의 약점이나 신체 기관의 발육 부진이 별 중요한 영향을 미치지 못하는 것으로 나타난다. 이것은 현재의 지각 내용이 꿈-형성에 아무런 영향을 미치지 못하는 것과 마찬가지이다. 다만 신경증은 그와 같은 약점을 다른 적절한 핑곗거리와 마찬가지로 하나의 핑계나 구실로 활용하고 있을 따름이다. 만일 신경증에 걸린 한 여자가 자기가 못생겨서, 혹은 기형이라서, 혹은 매력이 없어서 어느 누구도 사랑해 주지 않았고, 그 때문에 자기가 병에 걸릴 수밖에 없었다고 말한다면, 우리는 자칫 그 말을 그대로 믿을 수도 있다. 하지만 꼭 그런 것만은 아니라는 사실을 우리는 곧 알 수 있다. 보통

---

43   아들러의 『기관의 열등감에 대한 연구*Studie über Minderwertigkeit von Organen*』(1907) 참조.

이상으로 아름답고 매력적이어서 남자들에게 인기 있는 여자의 경우에도 신경증에 걸리고 성(性)에 대해 대단한 거부감을 보이는 예가 많기 때문이다. 히스테리에 걸린 여성들의 대부분이 매력이 넘치는 전형적인 미인들인 반면, 하층 계급에 속하는 못생긴 사람들, 신체적으로 결함이 있거나 기형인 사람들에게서 신경증 질병에 걸린 경우를 찾기가 쉽지 않다는 사실도 유념해야 할 것이다.

자존심과 에로티시즘 — 리비도의 대상 집착 — 과의 관계는 다음과 같이 간명하게 기술할 수 있다. 우선 우리는 사랑에 따른 리비도의 대상 집착이 자아 동조적(同調的)이냐, 아니면 그와 같은 리비도의 발현이 억압되었느냐에 따라 두 가지 경우를 구분해서 설명해야 한다. 첫 번째의 경우(즉 리비도가 자아 동조적으로 활용된 경우), 사랑은 자아의 다른 활동과 마찬가지로 평가된다. 사랑을 하는 행위 그 자체는 그것이 갈망이나 결핍과 관련되는 한 자존심을 낮춰 준다. 반면에 사랑을 받는 것, 즉 자신의 사랑을 되돌려 받고 사랑하는 대상을 소유하는 것은 자존심을 다시 한번 높여 준다. 두 번째의 경우, 즉 리비도가 억압될 때는 사랑에 따른 리비도의 집중적 발현이 자아의 심각한 빈곤으로 느껴지기 때문에 사랑의 만족은 불가능하게 된다. 따라서 자아를 다시 풍요롭게 하기 위해서는 리비도를 사랑의 대상에게서 후퇴시켜야 한다. 말하자면 대상 리비도가 자아로 다시 되돌아와 나르시시즘으로 변형되어야 다시 한번 행복한 사랑을 느낄 수 있는 것이다. 그러나 진정으로 행복한 사랑이란 대상 리비도와 자아 리비도가 구분되지 않는 원초적 상태에 있을 때 가능한 일임을 또한 상기해야 할 것이다.

이 글에서 다루는 주제가 중요하면서도 대단히 포괄적인 것이기 때문에 내가 다소 두서없이 몇 마디 더 추가한다고 해서 큰 무리는 없을 것 같다.

자아의 발달은 근원적인 나르시시즘에서 멀어져야 가능하지만, 동시에 그것은 다시 원래의 나르시시즘 상태로 돌아가려는 강한 욕구를 낳게 된다. 근원적 나르시시즘에서의 이탈은 외부에서 강요된 자아 이상으로 리비도가 재배치되어야 가능하며, 만족은 그 이상적 자아의 실현을 통해서 얻을 수 있다.

동시에 자아는 대상을 향해 리비도를 집중시킨다. 자아는 자아 이상 때문에 빈곤해지는 것과 마찬가지로, 이와 같은 대상으로의 리비도 발현으로 빈곤해지게 된다. 그리고 자아는 이상의 실현을 통해 풍요로워지듯이 대상에 대한 만족을 통해 다시 풍요롭게 된다.

자존심의 한 부분은 근원적인 것, 즉 유아기 나르시시즘의 잔재이다. 자존심의 또 한 부분은 경험을 통해 강화된 전능성(자아 이상의 실현)에서 생겨난다. 그리고 또 다른 부분은 대상 리비도의 만족에서 형성된다.

자아 이상은 검열 기능을 통해 어떤 대상을 거부하는 식으로 대상을 통한 리비도의 만족에 강력한 전제 조건을 부과한다. 그런 자아 이상이 형성되지 않은 경우는 문제의 성적 성향이 성도착의 형태로 나타나게 된다. 다른 성향과 마찬가지로 성적 성향과 관련해서 어렸을 때처럼 다시 한번 자신의 이상을 성취하는 것이 자신의 행복으로 알고 사람들이 추구하는 바로 그것이다.

사랑을 한다는 것은 자아 리비도가 대상으로 흘러들어 가는 것을 의미한다. 이럴 때 사랑은 억압을 물리치고 성도착을 다시 불러들이는 힘을 지니게 된다. 사랑은 성적 대상을 성적 이상으로까지 끌어올린다. 부모 의존형 대상 선택 유형의 경우 사랑은 유아기 때의 사랑의 조건을 충족시키는 것과 같은 이유로 일어나기 때문에, 우리는 그 조건을 충족시키는 것이 무엇이든 다 이상화된다고 말할 수 있다.

성적 이상은 자아 이상과 재미있는 보조적인 관계를 맺고 있다. 나르시시즘적 만족이 현실적인 난관에 부딪혔을 때 성적 이상은 그 만족을 대신하는 것으로 이용될 수 있기 때문이다. 그럴 경우 사람은 나르시시즘적 유형의 대상 선택과 마찬가지로 현재가 아닌 과거의 자신을 사랑하거나, 아니면 자신이 전혀 가지고 있지 않은 탁월함을 지닌 대상을 사랑하게 된다(앞에서 언급한 나르시시즘적 유형의 대상 선택에서 〈자신이 바라는 미래의 모습〉 참조). 이러한 형태의 사랑에 해당하는 공식을 만든다면, 아마 〈이상에 비추어 자신의 자아가 지니고 있지 못한 탁월함을 어느 대상이 지니고 있을 때 그 대상을 사랑한다〉 정도로 기술할 수 있을 것이다. 이처럼 편의적으로 사랑의 대상을 선택하는 일은 어느 대상에게 과도할 정도로 리비도를 집중시켜 자아가 빈곤해지고, 따라서 자아 이상의 실현이 불가능한 신경증 환자에게는 특히 중요한 의미를 지닌다. 왜냐하면 신경증 환자는 그런 사랑을 통해 자신에게 없는 어떤 탁월함을 지닌 대상을 나르시시즘적 유형의 대상 선택에 따라 자신의 성적 이상(理想)으로 선택함으로써, 대상 리비도 집중에서 벗어나 다시 나르시시즘으로 돌아오는 길을 모색할 수 있기 때문이다. 이것이 바로 사랑에 의한 치료이다. 그리고 일반적으로 신경증 환자는 이 치료법을 분석에 의한 치료법보다 더 선호한다. 실제로 환자는 다른 치료법의 메커니즘을 신뢰하지 않는다. 보통 그는 사랑에 의한 치료의 기대를 가슴에 담아 두고는, 자신을 치료하는 의사에게도 그것을 그대로 말한다. 자연히 지나친 억압의 결과로 빚어진 사랑의 불능(不能)이 분석에 의한 치료 계획을 방해하는 꼴이 되는 것이다. 분석 치료에 의해 그가 부분적으로 억압에서 벗어났다고 해도 그는 사랑 대상을 선택하기 위해, 자신이 사랑하는 사람과의 삶을 통해 자신의 병이 치료되기를 기대하면서 더 이상의 분석 치료를 받지 않으려고 한다. 전혀 예상치 못한 결과가 빚어지는 것이다. 그러나 이런 경우라도 환자가 정말 필요에 의해 자기를 도와주는 사랑하는 사람에게 지나치게 의존하는 위험을 초래하지 않는다면, 우리는 그나마 그 결과에 만족할 수 있다.

자아 이상은 집단 심리학의 이해로 향하는 중요한 통로를 열어 놓고 있다. 이 자아 이상이 개인적인 측면 이외에 사회적인 측면도 지니고 있기 때문이다. 자아 이상은 바로 한 가족의 공통 이상이기도 하고, 한 계급이나 민족의 공통 이상이기도 하다. 자아 이상은 한 개인의 나르시시즘적 리비도를 구속할 뿐만 아니라 상당한 양의 동성애적 리비도[44]도 구속한다. 이런 식으로 동성애적 리비도는 다시 자아로 귀속된다. 그런데 이런 이상을 실현시키지 못한 결과로 생겨난 불만족은 동성애적 리비도를 방출시키며, 그렇게 방출된 리비도는 죄의식(사회적 불안)으로 전환된다. 본래 이러한 죄의식은 부모가 내리는 벌에 대한 두려움이었다. 아니좀 더 정확히 말해서 부모의 사랑을 잃을지도 모른다는 두려움이라고 해야 할 것이다. 그러다 나중에는 대상이 부모에게서 불특정 다수의 동료로 바뀌게 되는 것이다. 따라서 자아의 손상과 자아 이상의 영역에서 초래되는 만족의 좌절에 의해 빈번하게 생겨나는 편집증은, 자아 이상 내에서 이상의 형성과 승화가 서로 일

---

44 집단 구조에서 동성애의 중요성은 「토템과 터부」에서도 암시된 바 있고, 나중에 「집단 심리학과 자아 분석」에서도 다시 거론된다.

치하는 것처럼, 그리고 편집증적 정신 장애에서 승화와 이상의
전환이 위축되는 것과 마찬가지로 더욱 쉽게 이해될 수 있는 현
상이다.

윤희기 옮김

초심리학에 관한 논문들

초심리학에 관한 논문들

    프로이트가 심리학 이론에 관한 자신의 견해를 포괄적으로 처음 밝힌 것은 1895년에 쓴 『과학적 심리학 초고』의 내용 가운데 상당 부분을 고쳐 담은 1900년의 『꿈의 해석』 일곱 번째 장이었다. 그로부터 10여 년의 세월이 흐른 뒤 프로이트는, 물론 『농담과 무의식의 관계』 네 번째 장에서처럼 간략하게 그 문제를 다루기는 했지만, 다시 한번 이론적인 문제들을 광범위하게 다루기 시작했다. 실험적 성격이 강한 1911년의 「정신적 기능의 두 가지 원칙」에 뒤이어 〈슈레버〉 증례 연구, 그리고 「정신분석에서의 무의식에 관한 노트」라는 제목의 영어 논문, 나르시시즘에 관한 긴 논의의 글 등이 이어졌던 것이다. 그러다 마침내 1915년 봄과 여름, 프로이트는 또다시 심리학 이론에 관한 체계적인 연구에 파고들었다.

    이후에 실린 다섯 편의 논문이 그 연구 결과 나온 것으로, 전체가 서로 연관이 되는 연속 논문들이다. 사실 처음에 프로이트는 이 글들을 한 권의 책으로 엮어 『초심리학을 위한 예비 논문들Zur Vorbereitung einer Metapsychologie』이란 제목으로 낼 계획이었다. 프로이트가 정신분석에 관한 더욱 튼튼한 이론적 토대를 마련하는 것이 이 논문들의 의도라고 밝힐 정도로, 어떻게 보면 이 글들에 프로이트는 대단히 큰 희망을 걸고 있었던 게 아닌가 싶다.

다섯 편의 논문 가운데 처음 세 편은 1915년에 발간되고 나머지 두 편은 1917년에 발간되었지만, 프로이트 전기를 펴낸 어니스트 존스에 의하면 이 글 모두는 1915년 3월 15일에서 5월 4일까지 약 7주의 기간에 작성되었다. 그리고 그 뒤 3개월 동안에 7편의 논문이 더 완성되어 예정된 논문집에 실릴 논문 12편 모두가 8월 9일 완성되었다. 그러나 나중에 완성된 그 7편의 논문은 발간되지 않았으며, 후에 프로이트 자신이 폐기한 것으로 전해지고 있다. 따라서 존스 박사가 프로이트의 편지를 뒤져 그 사실을 밝혀내기 전까지는 그 7편의 논문이 실제 존재했는지도 모르는 상태로 있었던 셈이다. 1915년 그 글들을 쓸 당시 프로이트는 자신의 연구 활동의 진척 사항을 아브라함, 페렌치, 존스 박사 등에게 편지로 알렸다고 한다. 그 후, 그 7편의 논문에 관한 언급은 오직 1917년 11월에 아브라함에게 보낸 한 통의 편지에만 나왔을 뿐이다. 그 편지는 여기에 실린 마지막 두 편의 논문이 발간되기 직전에 쓰인 것으로, 내용으로 보아 폐기된 7편의 논문이 그 당시에는 여전히 남아 있었고, 적절한 기회가 아직 오지 않았을 뿐 프로이트 자신은 여전히 그 논문들을 발간할 의사가 있었음을 알 수 있다.

폐기된 7편의 논문 가운데 다섯 편의 주제는 〈의식〉, 〈불안〉, 〈전환 히스테리〉, 〈강박 신경증〉, 그리고 〈전이 신경증〉으로 알려져 있다. 물론 우리는 여기에 수록된 글에서 그 주제들에 관한 언급을 많이 발견할 수 있다. 또한 우리는 현재 남아 있는 글에 언급된 내용으로 보아 나머지 두 편의 주제가 〈승화〉와 〈투사〉(혹은 편집증)였을 것이라 추측할 수 있다. 따라서 이 12편의 논문이 다 결집되었더라면 꿈, 억압의 정신적 구조, 승화, 내적 수용과 투사

(投射), 의식과 무의식의 정신 구조 등과 더불어 주요 신경증과 정신 질환(전환 히스테리, 불안 히스테리, 강박 신경증, 편집증 등) 모두에 관한 주요 정신 과정을 다 포괄하는 훌륭한 책이 완성되었을지도 모를 일이다.

이처럼 7편의 논문이 폐기된 것을 안타까워하는 가장 큰 이유 중의 하나는, 그의 주요 이론 작업이 심리학 연구의 초기 단계였던 15년 전, 즉 『꿈의 해석』 일곱 번째 장에서 시작되었지만 그때보다는 여기에 수록된 논문들을 쓸 당시가 그래도 25년간의 이론 작업의 근간이 되는 정신분석 경험이 뒷받침된 시기였고, 또 프로이트의 지적 능력이 최고에 도달했을 때가 아닌가 싶기 때문이다. 그리고 제1차 세계 대전의 발발로 인해 그가 치료보다는 이론 연구에 더 매진할 수 있는 시간적 여유도 많았을 것이 분명하기 때문이다. 하지만 그 폐기된 논문 내용의 상당 부분이 후기의 저술에 스며들었을 거라고 짐작하면 그나마 다행이라고 위안할 수가 있을 것이다.

본능과 그 변화

Triebe und Triebschicksale(1915)

이 글은 프로이트가 1915년 3월 15일에 쓰기 시작해서 「억압에 관하여」와 함께 4월 4일 완성한 것이다.

여기서 우리가 살펴볼 것은 〈본능Trieb〉이란 단어의 의미이다. 이 글에서는 생물학자들이 흔히 사용하는 의미로 〈본능(本能)〉이란 단어가 사용되지 않았다(물론 논의의 전개 과정 중에 프로이트는 그런 식으로 번역되는 의미를 보여 주기도 한다). 아마 「무의식에 관하여」란 제목의 논문에서 조금은 다른 의미로, 즉 동물에 적용되는 의미로 사용한 *Instinkt*가 생물학적인 의미의 본능에 더 가까울 것이다.

그러나 프로이트가 사용한 *Trieb*(본능)와 *Triebrepräsentanz*(본능의 대표자)라는 용어들의 의미가 모호한 것은 사실이다. 따라서 더 명확한 의미의 이해를 위해서는 프로이트가 그 용어들을 어떻게 정의 내리고 또 어떻게 수정했는지를 살펴볼 필요가 있다. 프로이트는 이 글에서 본능을 〈정신과 육체 사이의 경계선에 있는 개념으로, 신체 기관 내에서 발생하여 정신에 도달하는 심리적 대표자〉라고 설명하고 있다. 이전에도 두 번 프로이트는 본능에 관해 이 비슷한 설명을 한 적이 있다. 「편집증 환자 슈레버」의 마지막 부분에 가서 그는 본능을 〈신체적인 것과 정신적인 것 사이의 경계에 있는 개념이며, 그 안에 유기체의 힘을 나타내는 심리적 대리자〉라고 표현했다. 그리고 이 글이 쓰이기 몇 달 전 「성욕에 관한 세 편의 에세이」 제3판(출판은 1915년에 되었지만 서문의 날짜는 1914년 10월로 적혀 있다)에 추가로 덧붙인 한 구절에서 본능에 관해 다음과 같이 말했다. 〈본능은 몸속으로 끊임없이 흐르는 자극의 근원이 심리적으로 표현된 것으로서…… 그러므로 본능의 개념은 정신과 육체 사이의 경계에 놓여 있는 것들 중의 하나이다.〉 본능에 관한 이런 설명을 보면 프로이트가 본능과 〈심리적 대리자〉를 명확히 구분하지 않고 있음을 알 수 있다. 말하자면 본능 그 자체를 신체적인 힘의 심리적 대표자로 보는 태도가 분명하게 드러나고 있는 셈이다. 그러나 이 글 이후로는 두 개념 사이에 분명한 구분이 지어진다. 아마 이 구분이 가장 명쾌하게 드러난 부분이 바로 「무의식에 관하여」에 나타난 다음과 같은 설명일 것이다. 〈본능은 의식의 대상이 될 수 없다 — 본능은 단지 그 본능이 대표하는 하나의 표상(表象)일 따름이다. 더욱이 무의식 속에서도 본능은 하나의 표상 이외의 것으로는 표현될 수 없다……. 그럼에도 우리가 무의식의 본능 충동이나 억압된 본능 충동을 언급할 때는 (……) 그것은 단지 하나의 본능 충동일 뿐이며, 그것의 표상화된 대리자가 바로 무의식인 것이다.〉 이 비슷한 견해가 다른 글에서도 나타난다. 가령 「억압에 관하여」에서 프로이트는 〈본능의 심리적(표상화된) 대표자〉를 언급하면서 〈……여기에서 대표자는 변하지 않고 계속 지속되는 것이며, 본능은 그 대표자에 의존하는 것이다〉라고 말한다. 또 같은 글에서 그는 본능의 대표자를 〈본능에서 발산되는 특정한 양의 심리적 에너지

(리비도 혹은 관심)를 부여받은 하나의 표상 혹은 표상의 집단〉이라고 설명한다. 그리고 이어서 〈이 표상 이외에 본능을 대표하는 다른 요소가 있는지도 반드시 고려해야 한다〉고 주장한다. 이런 설명을 살펴보면, 이제는 본능이 육체적 충동의 심리적 대표자가 아닌 비육체적인 그 무엇으로 간주되고 있음을 알 수 있다. 프로이트의 후기 저술에서는 본능의 본질에 관한 이와 같은 서로 상이한 견해가 곳곳에 나타난다. 그러나 이렇게 모순된 설명이 나올 수밖에 없는 것은 아마 육체와 정신의 중간 개념이라는 본능 개념 자체의 모호성에서 비롯된 것이 아닌가 싶다.

프로이트는 심리학 분야에서 본능에 대한 연구가 제대로 이루어지지 않았다는 불만을 여러 글에서 내보였다. 예를 들어 이 글이 쓰이기 직전의 「나르시시즘 서론」에서 그는 심리학 연구에 도움이 될 만한 본능 이론이 전무하다는 불만을 표하기도 했다. 이후에도 「쾌락 원칙을 넘어서」에서는 본능을 두고 〈심리학 연구에서 가장 중요한 개념이자 동시에 가장 모호한 개념〉이라고 지적하기도 했다. 이 글 「본능과 그 변화」는 그와 같은 본능 개념을 아주 포괄적으로 다룬 비교적 초기의 글이라 할 수 있다. 비록 이후에 나온 많은 글에서 이 글의 많은 부분이 수정되고 보충되었지만, 그럼에도 이 글은 프로이트가 본능을 어떻게 이해하고 있는지, 그리고 어떤 식으로 그의 생각이 진전되고 있는지를 가장 명쾌하게 보여 주는 기본서이자 그의 사상의 전개 과정을 이해하는 데 필수 불가결한 글이다.

본능의 분류에 대한 프로이트의 견해가 어떤 변화를 겪으며 전개되는지를 살펴보는 일도 본능 개념의 이해에 도움이 될 것이다. 다소 놀라운 한 가지 사실은, 프로이트의 글에서 본능이란 개념이 명시적으로 나타난 것이 그의 저작 활동 가운데 비교적 후기에 속하는 시기였다는 점이다. 실제로 본능이라는 단어는 브로이어와 함께 연구하던 시절이나 플리스W. Fließ와 서신 교환을 하던 시기, 더 나아가 『꿈의 해석』을 쓰던 시절의 글에서는 전혀 찾아볼 수가 없다. 「성욕에 관한 세 편의 에세이」에 들어서야 〈성적 본능〉이란 말이 자연스럽게 거론되기 시작했을 뿐 아니라, 후에 프로이트가 가장 즐겨 사용하는 말 중 하나가 된 〈본능 충동Triebregung〉이란 용어도 「강박 행동과 종교 행위」에서 처음 등장했다. 그러나 이런 표현들은 단지 언어적 표현의 수준에 그치고 마는 것들이었다. 사실 본능이란 개념 대신에 오히려 〈흥분(자극)〉, 〈정서적 관념〉, 〈소원 충동〉, 〈내생적(內生的) 자극〉 등 여러 개념이 그 자리를 차지한 것도 사실이다. 예를 하나 더 들어 보자. 이 글에서는 〈자극〉과 〈본능〉을 명확히 구분하여, 〈자극〉은 단 한 번의 충격을 가하는 힘으로, 그리고 〈본능〉은 지속적인 충격을 가하는 힘으로 설명하고 있다. 그러나 이런 명확한 구분도 실은 이미 20년 전에 거의 똑같은 말로 표현한 바가 있다. 다만 그때는 〈자극〉과 〈본능〉이란 단어 대신에 〈외생적(外生的) 자극〉과 〈내생적 자극〉이란 표현을 썼을 뿐이었다. 마찬가지로 프로이트는 이 글에서 원시 유기체의 경우 외부적인 자극에 대해서는 회피 반응을 보일 수 있는 반면, 본능적 자극에 대해서는 그런 행동을 취할 수 없다는 사실을 지적했다. 이 경우도 역시 그 생각은 이미 20년 전에 이루어진 것이었다. 여기서도 물론 본능적 자극이란 표현 대신 〈내생적 자극〉이란 표현이 사용되었다는 것이 다를 뿐이었다. 한편 『과학적 심리학 초고』 제1부에서는 내생적 자극이 〈신체 내의 세포에서 생겨나 배고픔, 호흡, 성욕 등의 주요 욕구를 낳는 것〉으로 설명되고 있다. 이처럼 본능과 비슷한 개념을 사용하기는 했어도 어디서도 실제 〈본능〉이란 단어는 찾아볼 수가 없는 것이다.

정신 신경증*Psychoneurose*의 잠재적인 요인이 되는 갈등 역시 초기에는 〈자아〉와 〈성욕〉 사이에서 일어나는 것으로 설명된다. 〈리비도〉라는 말이 종종 사용되기는 했어도 그것은 〈육체의 성적 긴장〉을 나타내는 표현일 뿐이었다. 따라서 자연히 리비도는 어떤 화학 작용의 결과로 간주되었다. 그러다 「성욕에 관한 세 편의 에세이」에 들어서야 리비도가 성적 본능의 한 표현으로 분명하게 자리를 잡게 된다. 그 갈등의 또 다른 한 축인 〈자아〉는 더 오랫동안 분명하게 정의되지 않았다. 이 〈자아〉는 주로 그 기능과 연관해서, 특히 〈억압〉, 〈저항〉, 〈현실성 검사〉 등과 연관해서 논의되었을 뿐이지, 그 구조나 역동성에 대해서는 거의 아무런 언급도 없었다(『과학적 심리학 초고』의 제1부에서 이루어진 논의는 예외다). 〈자기 보존 본능〉도 리비도가 발달 초기 단계에서는 자기 보존 본능에 밀착된다는 이론과 관련해서 간접적으로 언급된 것을 제외하고는 전혀 거론되지 않았다. 따라서 신경증에 잠재해 있는 갈등의 억압 요인으로서 자아의 역할과 자기 보존 본능을 연결시켜 생각할 이유가 없었다. 그런데 정말 갑자기 프로이트는 1910년에 발표한 심인성(心因性) 시각 장애에 관한 짧은 논문(「심인성 시각 장애에 관한 정신분석적 견해」)에서 〈자아 본능〉이란 용어를 불쑥 소개하면서, 이 본능을 한편으로는 자기 보존 본능과 동일시하고 다른 한편으로는 억압 기능과 동일시했다. 이때 이후로 갈등은 두 종류의 본능, 즉 리비도와 자아 본능 사이에 존재하는 것으로 표현되기 시작했다.

그러나 〈나르시시즘〉 개념을 도입하면서 문제는 더 복잡해진다. 1914년에 발표된 「나르시시즘 서론」에서 프로이트는, 대상에 집중 발현되는 〈대상 리비도〉와 대조되는 것으로 자아에 집중 발현되는 〈자아 리비도〉(혹은 나르시시즘적 리비도)란 개념을 개진시켰다. 그런데 그 논문에서나 이 글에서나 프로이트는 본능을 그처럼 〈이중적〉으로 분류하는 것이 과연 타당한 것인지 아직 확신하지 못하고 있는 것으로 드러난다. 사실 1911년 〈슈레버〉 분석에서도 프로이트는 〈자아 리비도 집중〉과 〈리비도〉를 구분해야 하고, 〈성애의 근원에서 발산되는 관심〉과 〈일반적인 관심〉을 구분해야 한다고 주장했다. 이러한 구분은 「나르시시즘 서론」에서 융의 주장을 반박하는 대목에서도 찾을 수 있다. 또 이 글에서도 〈관심〉이라는 용어가 사용되고 있으며, 『정신분석 강의』의 스물여섯 번째 강의에서는 〈자아 관심〉 혹은 단순한 〈관심〉이 〈리비도〉와 대조되는 개념으로 사용되기도 했다. 그러나 리비도적 본능이 아닌 이런 본능들의 정확한 성격이 분명하게 규명된 것은 아니었다. 사실 본능 분류에 관한 프로이트의 견해는 「쾌락 원칙을 넘어서」에서부터 일대 전기를 맞기 시작한다. 그 글에서 프로이트는 그때까지 자신이 취한 입장의 어려움을 털어놓으며, 나르시시즘적 리비도는 성적 본능의 힘이 발현된 것으로 자기 보존 본능과 같은 것으로 보아야 한다고 주장했다. 그러면서도 그는 리비도적 본능 이외에 자아 본능과 대상 본능이 있다는 주장을 계속 유지했으며, 더 나아가 죽음 본능에 관한 가설도 내놓았다. 본능에 관한 프로이트의 생각은 이후 「자아와 이드」, 「문명 속의 불만」에도 계속 이어지며, 특히 「문명 속의 불만」에서는 처음으로 공격 본능과 파괴 본능에 대한 설명이 나타나기도 한다. 그 이전에 사디즘과 마조히즘에서 그런 공격 본능과 파괴 본능이 리비도적 요소와 융합되어 있다는 설명을 한 것 이외에는, 순수하게 그 본능만을 설명하고 그것들이 죽음 본능에서 파생되어 나온 것으로 이야기한 것은 「문명 속의 불만」이 처음이었다. 그 이후에도 본능이란 주제는 『새로운 정신분석 강의』 중 서른두 번째 강의의 후반부와 사후에 출간된 「정신분석 개요」의 2장에서도 거론되고 있다.

지금까지 살펴본 바와 같이 프로이트가 〈본능〉이란 개념을 놓고 그 개념의 정의와 분류를 시도하고 또 끊임없이 자신의 주장을 수정하고 보충한 것은, 이 글의 서두에서 언급하고 있듯이, 심리학을 하나의 과학으로 정립하고자 하는 그의 집념의 소산이라 할 수 있다. 그런 노력의 첫 출발을 이루는 글이라 할 수 있는 이 글은, 따라서 이후 프로이트의 사상을 이해하는 데 중요한 개념적 토대가 될 것이다.

이 논문은 1915년 『국제 정신분석 의학지』 제3권 2호에 처음 발표되었으며, 『저작집』 제5권(1924), 『전집』 제10권(1946)에도 수록되었다. 영어 번역본은 1925년 베인스가 번역하여 "Instincts and their Vicissitudes"라는 제목으로 『논문집』 제4권에 수록되었으며, 『표준판 전집』 제14권(1957)에도 실렸다.

본능과 그 변화

    우리는 종종 과학은 명료하면서도 분명하게 정의된 기본 개념들을 바탕으로 세워져야 한다는 주장을 듣는다. 그러나 현실을 보면 그런 명확한 개념 정의에서 출발하는 과학은 없다. 아주 정교한 과학에서조차 사정은 마찬가지다. 사실 과학 활동의 올바른 출발은 여러 현상을 기술하고, 그다음에 그 현상들을 분류하고 배열하여 서로의 상관관계를 밝히는 데 있다. 그런데 현상을 기술하는 단계에서 이미 우리는 해당 재료에 어떤 추상적인 개념들을 적용하지 않을 수 없게 된다. 물론 그런 개념들은 다른 영역에서 이끌어 낸 것이지 새로운 관찰에서 얻어 낸 것은 분명 아니다. 그리고 그런 개념들 — 나중에 이 개념들이 과학의 기본 개념들이 된다 — 은 해당 재료를 더 깊이 연구해 감에 따라 더더욱 없어서는 안 될 개념으로 자리를 잡게 된다. 처음에는 그 개념들이 어느 정도 불분명한 상태에 있을 수밖에 없기 때문에 그 개념들의 내용을 명료하게 규정짓는다는 것은 불가능하다. 개념들이 이런 상태에 있는 한 우리가 그 개념들의 내용을 이해하기 위해서는 그 개념들을 끌어들였던, 아니 사실은 그 개념들을 적용시킬 수밖에 없었던 관찰 재료들을 반복해서 참조하지 않을 수 없다. 따라서 엄밀하게 얘기하자면, 모든 것이 자의적으로 선택된 것이 아니라 경험적 재료들과 의미 있는 관계 — 이 관계는 우리가 그 관계를 분명하게 인지하고 증명하기 이전에 감(感)으로 느끼는 관계이다 — 를 맺음으로써 결정된 그 개념들에 달려 있을지라 도, 그 개념들은 기존에 존재하는 관습과 비슷한 성격의 개념일 수밖에 없다. 그러므로 우리가 관찰된 재료들의 바탕을 이루는 과학적 개념을 더욱 정확하게 설정하기 위해서는, 그리고 계속되 는 수정 과정을 통해 그 개념들이 어느 한 영역 전체에 도움이 되 는 일관성 있는 개념들이 되기 위해서는, 해당 관찰 영역에 대한 더욱 철저한 연구와 조사가 선행되어야 한다. 실제로 그래야만 그 개념들을 더 분명하게 정의 내릴 수 있는 것이다. 하지만 한 가 지 분명히 해둘 것은, 지식이 발전하려면 개념의 정의가 경직되 어서는 안 된다는 사실이다. 우리는 그 좋은 예를 분명한 정의로 확정된 〈기본 개념들〉을 끊임없이 수정하면서 발전해 온 물리학 에서 찾을 수 있다.[1]

심리학에서 이런 종류의 관습적인 기본 개념 가운데 아직까지 모호한 채로 있으면서도 반드시 필요한 개념이 바로 〈본능〉이라 는 개념이다. 자, 여기서 이제 이 〈본능〉 개념을 여러 각도에서 살 펴보도록 하자.

먼저 〈생리학〉의 관점에서 살펴보자. 생리학을 통해 우리는 〈자극〉이라는 개념, 그리고 외부에서 살아 있는 조직(신경 물질) 에 가해지는 자극을 외부로 발산시키는 반사 작용이라는 개념을 알게 되었다. 여기서 반사 작용은 자극을 받은 물질을 자극의 영 향에서 벗어나게 하려는 목적을 지니고 있다.

그렇다면 〈본능〉과 〈자극〉은 어떤 관계인가? 〈본능〉이란 개념 을 〈자극〉이란 개념 아래 포함시키고, 본능은 바로 정신에 가해지

---

1 이와 유사한 생각이 「나르시시즘 서론」에서도 나타난다.

는 자극이라고 말한다 해도 무리는 없다. 그러나 여기서 주의해야 할 것은 본능을 정신에 가해지는 자극과 동일시해서는 안 된다는 것이다. 정신에 가해지는 자극에는 본능적인 자극 이외에 생리적인 자극과 유사한 자극도 있기 때문이다. 가령 강한 빛이 눈에 비칠 때 그것은 본능적 자극이 아니다. 그러나 인두(咽頭)의 점막이 건조하다고 느껴질 때나 위 점막이 따끔거리며 아프다는 느낌이 들 때면 그것은 본능적인 자극인 것이다.[2] 우리는 정신에서 작용하는 본능적인 자극과 그 밖의 다른(생리적인) 자극을 구분하는 데 필요한 여러 자료를 구했다. 우선 첫째로, 본능적인 자극은 외부 세계에서 발생하는 것이 아니라 기관의 내부에서 발생한다는 사실이다. 따라서 본능적 자극은 생리적인 자극과는 다르게 정신에 작용하며, 자연히 그 자극을 제거하기 위해서는 다른 행동이 필요하다. 자극에 대해서 더 깊이 따져 보자. 만일 우리가 자극은 단 한 번의 충격으로 작용하며, 따라서 단 한 번의 적절한 행동에 의해 자극이 제거될 수 있다고 가정한다면 아마 자극의 필수적인 요소는 다 다룬 셈이 될 것이다. 이런 자극의 속성을 잘 보여 주는 전형적인 예가 바로 자극의 원인이 되는 대상을 자동적으로 피해 버리는 운동 신경이다. 물론 자극이 주는 충격은 반복되어 축적될 수가 있지만, 그것이 자극 제거의 과정이나 그 조건에 대한 우리의 생각을 바꾸게 하는 요소는 아니다. 반면에 본능은 〈순간적인〉 충격을 주는 힘으로서가 아니라 늘 〈지속적인〉 충격을 주는 힘으로서 작용을 한다. 더욱이 본능은 외부에서 작용하는 것이 아니라 신체 내부에서 작용하는 것이기 때문에 그것을 피하는 일은 불가능하다. 이 본능적인 자극을 더욱더 적절히

---

2 물론 이러한 내적 과정이 갈증과 배고픔이라는 욕구의 신체적 근본 상태라고 가정하는 경우에 해당된다 — 원주.

표현하자면 〈욕구〉라고 하는 편이 나을 것이다. 이 욕구를 해소시키는 것이 〈만족〉이며, 자연히 만족은 자극의 내적 근원을 적절하게 변화시킴으로써만 얻을 수 있는 것이다.

우리 스스로를 완전히 무력한 생명체, 즉 신경 물질 속에 끊임없이 자극은 받지만 세상에서 방향을 잡지 못하고 헤매는 무력한 상태에 있다고 상상해 보자.[3]

이럴 때 먼저 우리가 해야 할 일은 상황을 파악하고 방향을 잡는 일이다. 한편으로는 근육 운동으로 회피할 수 있는 자극이 무엇인지 알아내어 그것을 외부 세계로 돌리고, 다른 한편으로는 그런 근육 운동으로도 피할 수 없는, 즉 내부 세계가 보내는 신호로서 지속적으로 압박을 가하는 본능적 욕구의 자극이 무엇인지 알아내는 것이다. 이런 식으로 살아 있는 생명체의 지각 물질은 생명체의 효율적인 근육 운동 속에서 〈외부적인〉 자극과 〈내부적인〉 자극을 구별하는 근거를 찾아낸다.[4]

이렇게 해서 우리는 우선 본능의 주요 특질들 — 신체 기관 내부의 자극의 근원에서 본능이 발생한다는 것과 그것이 지속적인 힘으로 나타난다는 것 — 을 살펴봄으로써 본능의 본질적인 성격을 알아냈다. 그리고 이 본능의 본질적 성격에서 또 다른 특징, 즉 어떠한 근육 운동으로도 그 본능을 회피하는 것이 불가능하다는 사실을 이끌어 낼 수 있었다. 그러나 이런 논의 과정에서 우리는 문득 우리가 수긍할 수밖에 없는 사실이 또 하나 있다는 것을 깨

---

3   원시 생명체의 활동에 관한 가정이나 〈항상성의 원칙 Konstanzprinzip〉이라는 기본 전제 조건은 심리학에 관한 프로이트의 초기 저술인 『꿈의 해석』에서도 비슷한 용어로 기술되고 있다. 물론 그 이전의 『과학적 심리학 초고』에서도 비슷한 가정이 나타나지만 그때는 〈신경학적〉인 용어로 표현되었다.

4   프로이트는 이 문제를 나중에 「부정」과 「문명 속의 불만」(프로이트 전집 12, 열린책들)에서 다시 다루고 있다.

닫게 된다. 그것은 심리적인 현상을 제대로 다루기 위해서는, 경험적 재료에 어떤 관습적인 개념을 기본 〈개념〉으로 적용시켜야 할 뿐 아니라 여러 복잡한 〈가정(假定)〉도 활용해야 한다는 사실이다. 그런 가정들 가운데 가장 중요한 것을 우리는 이미 암시한 바 있다. 이제 우리가 해야 할 일은 그 가정을 분명하게 기술하는 일이다. 우리는 그 가정을 생물학적인 차원에서, 그리고 〈목적〉(혹은 편의성)이라는 개념을 이용하여 다음과 같이 설명할 수 있다. 신경 체계는 그 체계에 도달하는 자극을 제거하거나 가능한 가장 낮은 수준으로 낮추는 기능을 가진 기관이다. 또한 가능하면 전혀 자극이 없는, 즉 무자극의 상태를 유지하려는[5] 기관이기도 하다. 여기서 우리는, 현재로서는 이 가정이 지닌 불명확성에 대해 이의를 제기하지 말고, 다만 신경 체계는 단 하나의 과제, 일반적인 용어로 말해 〈자극을 극복하는〉 과제만을 부여받은 체계일 뿐이라고 상정해 보자. 그럴 때 우리는 단순한 형태의 생리적인 반사 작용이 본능의 도입으로 얼마나 복잡해지는가를 알게 될 것이다. 다시 설명하면 이렇다. 외부로부터의 자극은 그 자극에서 물러서라는 단 하나의 과제만을 부과하며, 우리는 근육 운동으로 그 과제를 해결할 수 있다. 말하자면 여러 근육 운동 가운데 어느 하나의 근육 운동을 통해 우리는 자극을 피할 수 있으며, 결국엔 때맞춰 행사된 그 운동이 하나의 유전적 성질이 된다. 그러나 신체 기관 내부에서 발생하는 본능적 자극은 이런 메커니즘으로 처리할 수가 없다. 본능적 자극은 신경 체계로 하여금 복합적인 활동을 통해 외부 세계를 변화시켜 자극의 근원인 내부의 원인에 만족을 줄 수 있도록 하라는 아주 고차원적인 요구를 하기 때문이다. 무엇보다도 본능적 자극은 신경 체계가 회피할 수 없도록

5 이것이 바로 〈항상성의 원칙〉이다.

지속적으로 자극을 가함으로써 자극에서 멀리 떨어지면 된다는 신경 체계의 이상적인 의도를 포기하도록 강요한다. 따라서 우리는 무한한 능력을 지닌 신경 체계를 현재와 같은 고도의 수준으로 발달하도록 이끈 원동력이 바로 외부의 자극이 아닌 본능이라고 결론을 내릴 수 있다. 물론 본능 자체가, 적어도 부분적으로는, 개체 발생 과정에서 생명체의 변화를 불러일으킨 외부 자극의 영향이 축적되어 생긴 부산물이라는 생각을 부정할 수는 없을 것이다.

더 나아가 우리가 고도로 발달된 정신 기관의 활동조차 쾌락 원칙의 영향을 받는다는 사실, 즉 정신 기관의 활동이 쾌락과 불쾌의 감정에 의해 자동적으로 조절된다는 사실을 알게 되면 우리는 쾌락과 불쾌의 감정이(불쾌의 감정이 자극의 증가와 관련이 있고, 쾌락의 감정은 자극의 감소와 관련이 있다는 의미에서) 자극 극복의 과정이 일어나는 방식을 그대로 재현한다는 또 다른 가정을 부인하기가 힘들다. 물론 이 가정 역시 현재로서는 아주 불분명한 것이다. 그러나 우리가 쾌락이나 불쾌의 감정과 정신적인 삶에 영향을 미치는 자극 강도의 변화 사이에 어떤 관계가 있는지를 밝혀내는 것이 가능하다면, 그때까지 우리는 그 가정을 불확정적인 형태로나마 조심스럽게 그대로 유지하려 한다. 분명한 것은 그와 같은 종류의 관계가 그리 단순한 관계가 아닐 것이며, 또 아주 다양한 여러 형태로 나타날 가능성이 있다는 사실이다.[6]

6 우리는 여기에 〈항상성의 원칙〉과 〈쾌락 원칙〉, 이 두 원칙이 서로 연관되어 있음을 알 수 있다. 프로이트는 「쾌락 원칙을 넘어서」에서 〈항상성의 원칙〉을 정신 기관이 자극의 양을 가능한 한 적게 하거나 적어도 현 상태로 유지하려는 노력이라고 설명하면서, 이 원칙의 이름을 〈열반 원칙 Nirwanaprinzip〉이라고 불렀다. 또 같은 글에서 프로이트는 우리의 정신적 사건이 취하는 방향이 〈쾌락 원칙〉에 의해 자동적으로 조절되며, 그 과정이란 바로 불쾌의 회피나 쾌락의 증가라는 결과로 이어진다고 설명하면서 〈쾌락 원칙〉을 언급하고 있다. 처음에 프로이트는 이 두 원칙을 서로 밀접히 연관되어 있으며, 심지어는 동일한 것으로 본 것이 아닌가 싶다. 따라서 1895년에 쓴 『과학적 심리학 초고』에서는 우리 신체적 삶에 〈불쾌를 회피하려는〉 경향이 있다는 사실

지금까지 살펴본 대로 만일 우리가 〈생물학적인〉 관점에서 정신적인 삶을 생각해 본다면, 우리는 〈본능〉이라는 것이 정신과 육체 사이의 경계선에 있는 개념으로 신체 기관 내에서 발생하여 정신에 도달하는 자극의 심리적 대표자, 그리고 정신이 육체와 연관된 결과로 정신에 부과된 일정 수준의 요구로 나타나는 것을 알 수 있다.

이제 우리는 본능이란 개념과 관련해 사용되는 몇몇 용어들 — 가령 본능의 〈압력(열망)〉, 본능의 〈목표〉, 본능의 〈대상〉, 그리고 본능의 〈근원〉 등 — 을 논의할 단계로 접어들었다.

본능의 압력Drang(혹은 열망)이란 본능을 움직이게 하는 동력적인 계기, 즉 본능이 나타내는 힘의 양이나 작업 요구의 정도를 의미한다. 모든 본능의 공통적인 특성이 바로 압력의 행사이며, 사실상 이것이 본능의 본질이기도 하다. 모든 본능은 일종의 활동이며, 따라서 만일 우리가 어떤 본능을 수동적이라고 한다면 그것은 단지 그 본능이 수동적인 목표를 지닌 본능이라는 의미로 이해하면 된다.[7]

을 안 이상 이 경향을 무력함(즉 자극을 피하는 것)의 상태로 향하는 원초적인 경향과 동일시해야 하는 게 아닌가 하는 생각이 든다고까지 언급했다. 이러한 생각은 『꿈의 해석』 일곱 번째 장에도 그대로 이어지고 있지만, 중요한 것은 바로 여기서 두 원칙의 상호 연관성에 대한 회의(懷疑)가 시작되고 있다는 점이다. 이 회의는 「쾌락 원칙을 넘어서」에서도 반복되고, 특히 「마조히즘의 경제적 문제」(프로이트 전집 11, 열린책들)에서는 비교적 상세하게 설명된다. 이처럼 나중에 들어서 프로이트가 그 두 원칙이 동일한 것이 아니라고 생각하게 된 것은, 〈성적 자극〉처럼 쾌락을 주면서도 긴장감은 증가시키는 상태가 존재하기 때문이다. 이러한 생각에서 더 나아가 프로이트는 쾌락이나 불쾌라는 것이 현재 존재하는 자극의 양이 시간적으로 변화하면서 나타나는 특징이 아닌가 하는 생각을 암시적으로 내보이기까지 한다. 어쨌든 프로이트는 앞에서 언급한 두 원칙이 동일한 것은 아니라는 결론을 내리면서 〈쾌락 원칙〉은 〈열반 원칙〉의 〈변형〉이라고 보게 된다. 〈열반 원칙〉은 〈죽음 본능Todestrieb〉에 기인하는 것으로, 이것이 〈쾌락 원칙〉으로 변하는 것은 〈생명 본능Lebentrieb〉, 혹은 리비도의 영향 때문이라는 것이 프로이트의 주장이다.

7 본능의 능동적인 성격에 관한 언급은 「성욕에 관한 세 편의 에세이」 세 번째 글

본능의 목표Ziel는 어떤 경우든지 만족이다. 그리고 이 만족은 본능의 근원에 있는 자극의 상태를 제거함으로써만 달성할 수 있다. 각각의 본능이 지니고 있는 이 궁극적인 목표가 불변의 것이긴 하지만, 그 목표로 가는 길은 여러 갈래일 수가 있다. 따라서 각각의 본능은 그 궁극적 목표로 향하는 길 중간에 있거나 가까이에 있으면서 서로 결합 가능하거나 뒤바꿀 수 있는 여러 매개목표를 지니기도 한다. 또한 경험을 통해 우리는 〈목표에 도달하지 못하는〉 본능도 있음을 알고 있다. 이런 경우는 본능이 만족을 향해 앞으로 나가다가 중간에 막히거나 다른 방향으로 비켜 나가는 과정에서 발생한다. 하지만 이런 과정에도 본능이 부분적으로나마 어느 정도 만족을 얻을 수는 있다.

본능의 대상Objekt은 본능이 그 목표에 도달하는 데 도움을 주거나 수단이 되는 것을 일컫는다. 본능과 관련된 것 가운데 가장 변수가 많은 이 대상은 애초부터 본능과 결부된 것은 아니며, 다만 본능의 만족 달성에 아주 적합하다는 이유로 본능에 지정된 것이다. 이 본능의 대상은 외부의 것일 수도 있지만 본능 주체의 신체 일부분일 수도 있다. 또한 본능의 대상은 본능이 겪는 변천 과정 중에 여러 차례 바뀔 수 있다. 이는 본능의 이동이나 변천이 대상의 변화에 아주 중요한 역할을 하기 때문이다. 동일한 대상이 여러 본능의 만족에 동시에 기여하는 경우도 있다. 이것이 바로 아들러가 여러 본능이 한데 얽혀 있음을 가리켜 일컫은 〈본능의 교착(交錯, Triebverschrankung)〉 현상이다.[8] 이 〈교착〉은 본능이 그 대상에 특히 밀접하게 달라붙는 현상인 〈고착Fixierung〉과

의 1915년에 추가한 각주에서 찾을 수 있다.
8 프로이트는 이 현상의 두 가지 사례를 「다섯 살배기 꼬마 한스의 공포증 분석」(프로이트 전집 8, 열린책들)에서 제시하고 있다.

는 다르다. 보통 〈고착〉은 종종 본능 발생의 초기 단계에 생겨나 본능이 대상과의 분리에 강하게 반발하는 과정 속에서 사라지게 된다.

본능의 근원Quelle은 신체의 한 기관이나 한 부분에서 발생하는 육체적 변화를 의미하는 것으로, 그 변화 과정에서 생겨나는 자극이 정신적 삶 속에 본능으로 나타나는 것이다. 우리는 이 육체적 변화 과정이 화학적 성질을 지닌 것인지, 혹은 그 밖의 다른 기계적인 힘의 방출과 비슷한 것인지 알지 못한다. 사실 본능의 근원에 관한 연구는 심리학의 범위를 벗어나는 일이다. 본능이 전적으로 육체 내에 그 근원을 두고 있는 것은 분명하지만, 정신적인 삶에서 우리는 본능의 목표가 무엇인지에 따라 그 본능을 알 수도 있다. 말하자면 본능의 근원에 대한 정확한 지식이 심리학 연구의 목적에 반드시 필요한 것은 아니며, 때로는 그 목표를 보고 그 근원을 추론할 수도 있는 것이다.

신체에서 발생하여 정신에 영향을 미치는 여러 상이한 본능이 서로 다른 〈특질들〉을 지니고 있다고 가정할 수 있을까? 그리고 그렇기 때문에 여러 본능이 우리의 정신적 삶에 질적으로 서로 다른 방식으로 작용하는 것이라고 가정할 수 있을까? 이런 가정은 타당한 것 같지 않다. 오히려 좀 더 단순한 가정, 즉 모든 본능은 질적으로 동일하며, 다만 본능에 수반된 자극의 강도에 따라, 혹은 그 이외에 그런 자극의 강도가 갖는 어떤 기능에 따라 각 본능의 작용이 다를 뿐이라는 가정만으로도 충분하다. 개별 본능에 따라 심리적 결과가 다르게 나타나는 것은 각 본능의 근원이 다르다는 점에서 찾을 수 있다. 어쨌든 우리는 본능의 질에 따른 문제와 그 의미는 나중에[9] 더 분명하게 다루도록 하겠다.

9 프로이트가 어떤 글을 염두에 두고 한 말인지 분명하지가 않다.

본능에는 어떠한 것들이 있으며 그 수는 얼마나 될까? 아마 임의로 선택해도 될 만큼 그 범위는 넓을 것이다. 사실 논의 주제에도 맞고 또 정신분석의 한계 내에서 허용이 된다면 유희 본능 *Spieltrieb*, 파괴 본능*Destruktionstrieb*, 사교 본능 등 누가 그 어느 것을 거론하여 사용한다 해도 이의를 제기할 수는 없다. 그렇지만 우리는 그와 같은 본능적 동기들, 즉 어느 한편으로 고도로 특수화된 그런 본능적 동기들이 본능의 〈근원〉에 견주어 더 세분화되지는 않는지 곰곰이 따져 보는 일을 게을리할 수는 없다. 우리의 논의에서는 더 이상 세분화될 수 없는 원초적인 본능들만이 그 중요성을 인정받을 수 있기 때문이다.

나는 이미 그와 같은 원초적인 본능들을 〈자아 본능〉 혹은 〈자기 보존 본능〉과 〈성적 본능〉, 이렇게 두 그룹으로 구분해야 한다고 제의한 바 있다. 그러나 본능의 종류에 대한 이런 가정이 정신 기관에 대한 생물학적인 가정처럼 필요한 전제 조건이 되는 것은 아니다. 오히려 이것은 우리의 논의에 도움이 되는 단지 하나의 가설일 뿐이며, 따라서 이것이 유용하다고 입증되는 한 계속 유지될 수 있는 가설이기도 하다. 혹 나중에 이 가설을 다른 가설로 대치한다고 해도 우리의 논의와 정리 작업의 결과에는 큰 변화가 없을 것이다. 정신분석의 발달 과정 중에 설정된 이 가설이 처음 적용된 것은 정신 신경증, 좀 더 정확히 말해서 〈전이 신경증〉군(群)에 속하는 신경증(히스테리와 강박 신경증)에 대한 정신분석에서였다. 왜냐하면 그런 신경증들의 경우, 그 질병의 밑바닥에 성적인 요구와 자아의 요구 사이의 갈등이 내재하고 있었기 때문이었다. 물론 다른 신경 질환(특히 나르시시즘적 정신 신경증과 정신 분열증)에 대한 더욱 철저한 연구를 하다 보면 이 가설을 바꾸고 원초적 본능에 대한 분류를 다시 해야 할지도 모르는 가능성은 항상 있다. 그러나 현재로서는 다른 가설이 없으며, 또 지금까지 성적 본능과 자아 본능의 구분에 대한 반대 주장이 제기된 적도 없다.

나는 심리학적인 자료들에 대한 철저한 연구의 토대에서만 본능을 세분화하고 분류하는 결정적인 단서를 찾을 수 있는 것인지 의문을 갖지 않을 수 없다. 자료에 대한 철저한 연구를 하는 과정에서 도리어 본능적 삶과 관련된 특정의 가정들을 그 자료에 적용해야 하는 일이 요구되는 것 같다. 그리고 그런 특정의 가정들을 다른 학문 분야에서 도출하여 심리학에 적용하는 것이 오히려 바람직한 듯이 보인다. 성적 본능과 자아 본능의 구분에 있어서 생물학의 심리학에 대한 기여가 바로 그렇다. 생물학에서는 성욕을 개체의 다른 기능과 동일시해서는 안 된다고 가르친다. 왜냐하면 성욕의 목적은 개체의 차원을 넘어서는 것이고, 새로운 개체들의 생산, 즉 종족 보존을 그 내용으로 하기 때문이다. 더 나아가 자아와 성욕의 관계에 관해 생물학은 나름대로 타당한 근거를 지닌 두 가지 견해가 있음을 보여 준다. 하나는 개체가 중심이고, 성욕은 개체 활동 가운데 하나이며, 성적 만족은 개체의 욕구 가운데 하나라고 보는 견해이다. 반면에 또 하나의 견해는, 개체를 세대 진행 과정에서 그 개체가 물려받은 생식 세포질(이것은 거의 소멸되지 않는다)에 붙어 있는 일시적이고 유한한 부속물로 보는 견해이다.[10] 내가 이해하기로는, 성 기능이 어떤 특별한 화학 작용 덕택에 다른 신체 기능과는 차이가 난다는 이러한 가설은 에를리히[11] 학파가 생물학 연구 과정 중에 제시한 한 전제 조

10 이 문제는 『정신분석 강의』 중 스물여섯 번째 강의와 「쾌락 원칙을 넘어서」에서 다시 언급된다.
11 파울 에를리히Paul Ehrlich(1854~1915)는 독일의 저명한 의학자로 의학과 생물학에서 〈화학적 사고〉가 중요하다고 주장한 사람이다. 프랑크푸르트의 왕립 실험

건이기도 하다.[12]

의식의 측면에서 성적인 삶을 연구한다는 것은 대단히 지난 (至難)한 일이기 때문에, 우리가 본능에 관한 지식을 얻기 위해서는 정신 장애에 관한 정신분석적 연구에 의존할 수밖에 없다. 그러나 정신분석이 지금까지의 발달 과정에서 만족할 만한 수준의 정보를 제공한 것은 단지 〈성적 본능〉에 관한 것일 뿐이었다. 그이유는 정신 신경증의 경우 성적 본능만을 따로 분리해서 관찰하는 것이 가능했기 때문이다. 그런데 우리는 이런 정신분석의 방법을 다른 정신 질환에도 확대 적용함으로써 틀림없이 자아 본능에 관한 정보도 얻을 수 있으리라 본다. 물론 성적 본능을 연구할 때와 마찬가지로 우호적인 관찰 조건을 기대할 수는 없을 것이다.

본능에 관한 많은 것은 성적 본능의 일반적인 특징들을 살펴보다 보면 자연히 해명될 수 있다. 성적 본능은 아주 다양하며, 여러 신체 기관에서 발생한다. 이 성적 본능은 처음에는 서로 독립적으로 작용하지만 나중에는 어느 정도 완전한 형태로 통합이 된다. 각각의 성적 본능이 추구하는 목표는 〈신체 기관을 통한 쾌감 *Organlust*〉[13]이다. 그리고 여러 성적 본능이 한데로 통합될 때에만 그 본능들이 번식 기능에 기여하기 시작하며, 그 결과 일반적으로 성적 본능이라고 인정받게 되는 것이다. 성적 본능은 처음에는 자기 보존 본능에 부가된 본능으로 출현하다가 점차 독립적으

치료 연구소에서 화학 요법에 관한 선구적 연구 업적을 내놓은 그는, 그 공로로 1908년 노벨 의학상을 수상했다.

12   여기에 언급된 가설은 프로이트가 이미 「성욕에 관한 세 편의 에세이」에서 제시한 바가 있다. 그러나 우리는 프로이트가 플리스와 주고받은 서신을 통해, 그가 이미 약 10년 전부터(아마 1895년쯤이 아닌가 한다) 그런 생각을 품고 있었음을 알 수 있다.

13   프로이트가 〈신체 기관을 통한 쾌감〉(특정 신체 기관과 관련되어 일어나는 쾌감)이란 말을 처음 사용한 곳은 바로 여기인 것 같다. 이 말은 나중에 『정신분석 강의』 중 스물한 번째 강의에서 비교적 자세하게 다루어진다.

로 분리된다. 대상 선택에서도 성적 본능은 자아 본능이 지시하는 길을 따라간다.[14] 성적 본능의 일부는 늘 자아 본능과 결합된 상태로 있으면서 자아 본능에 리비도적 요소들을 제공하는데, 이 리비도적 요소들은 정상적인 기능 상태하에서는 쉽게 드러나지 않다가 질병이 시작될 때에만 분명하게 모습을 나타낸다. 성적 본능은 서로서로 어느 정도까지 대리 행동을 할 수 있느냐에 따라, 그리고 그 대상을 얼마나 쉽게 대체할 수 있느냐에 따라 구분된다. 바로 이 특성들 때문에 성적 본능은 원래의 목적을 위한 행동과는 아주 동떨어진 기능, 즉 〈승화〉의 기능을 수행할 수 있는 것이다.

본능이 그 발달 과정에서 겪는 여러 단계의 변천 과정을 연구할 때는 그 연구 범위를 우리가 익히 잘 알고 있는 성적 본능에 국한시켜야 한다. 관찰을 통해 우리는 하나의 본능이 다음과 같은 변천 과정을 겪는다는 것을 알게 되었다.

반대 방향으로의 전환
주체 자신으로의 방향 전환
억압
승화

여기서 나는 승화에 대해서는 굳이 다루고 싶지 않고,[15] 또 억압에 대해서는 별도의 논문에서 다룰 예정이기 때문에, 처음의 두 가지 사항에 대해서만 설명하고 논의하기로 하겠다. 본능이 변형되지 않은 형태로 전개되는 것에 대항하여 작용하는 힘이 있다는 사

---

14 「나르시시즘 서론」을 참조할 것.
15 승화에 관한 문제는 「나르시시즘 서론」에서 이미 다루어진 바 있다.

실을 염두에 둔다면 우리는 본능의 변천 과정, 즉 본능의 운명을 본능에 대항하는 방어 과정의 양상으로 이해할 수도 있을 것이다.

〈반대 방향으로의 전환〉을 살펴보기 위해서는 두 개의 서로 다른 과정, 즉 〈능동성에서 수동성으로의 변화〉와 〈내용상의 변화〉를 보다 면밀히 검토해야 한다. 이 두 과정은 본질적으로 서로 다른 것이기에 따로따로 분리해서 검토해야 한다.

첫 번째 과정, 즉 〈능동성에서 수동성으로의 변화〉의 예는 서로 상반된 대립 개념으로 이루어진 두 개의 대립쌍에서 찾을 수 있다. 바로 사디즘Sadismus과 마조히즘Masochismus, 그리고 관음증과 노출증(露出症, Exhibitionismus)이 그것이다. 이 경우의 방향 전환은 본능의 〈목적〉에만 영향을 미칠 뿐이다. 말하자면 능동적인 목적(괴롭히거나 들여다보려는 목적)이 수동적인 목적(괴롭힘을 당하거나 관찰당하는 목적)으로 대체되는 것이다. 〈내용〉의 전환은 단 한 가지의 경우, 즉 사랑이 증오로 바뀌는 경우에서 찾아볼 수 있다.

〈주체 자신으로의 방향 전환〉은 마조히즘이 실제로는 자기 자신으로 되돌려진 사디즘이고, 노출증이 바로 자기 자신의 신체를 관조하는 행위를 포함하고 있다는 사실을 고려하면 쉽게 이해할 수 있다. 실제로 분석적 관찰을 통해 우리는 마조히즘 환자가 자기 자신에 대한 공격에서 즐거움을 맛보고, 노출증 환자가 노출된 자기 몸을 바라보는 데서 즐거움을 맛본다는 사실을 분명히 알 수 있었다. 따라서 이 과정의 본질은, 목적은 변하지 않고 그대로 있는 반면에 〈대상〉의 변화만이 일어났다는 점에 있다. 그러나 이러한 예에서 우리가 주목하지 않을 수 없는 것은 자기 자아로의 방향 전환과 능동성에서 수동성으로의 변화가 한데 겹치거나 일치한다는 사실이다.

이런 상황을 명쾌하게 설명하기 위해서는 필수적으로 더욱 철저한 연구가 있어야 할 것이다.

사디즘과 마조히즘이라는 대립쌍의 경우 그 변화 과정을 다음과 같이 표현할 수 있다.

(1) 사디즘은 어떤 다른 사람을 대상으로 하여 그 사람에게 폭력이나 힘을 행사하는 경우를 말한다.

(2) 이 대상이 주체 자신으로 대체된다. 자기 자신으로의 방향 전환과 더불어 본능의 능동적인 목적 또한 수동적인 목적으로 바뀌게 된다.

(3) 다시 한번 또 다른 사람을 대상으로 구하게 된다. 본능의 목적이 바뀌게 된 상황에서 이 사람은 주체의 역할을 떠맡을 수밖에 없게 된다.[16]

여기서 (3)의 경우가 바로 일반적으로 말하는 마조히즘이다. 이 경우 수동적인 자아가 실제로는 외부의 다른 주체가 떠맡은 자신의 최초 역할을 스스로가 다시 수행한다는 환상 속에 빠짐으로써 본능의 만족 또한 원래의 사디즘의 과정을 통해 이루어진다. 이것 이외에 더 직접적인 마조히즘적 만족이 있을 수 있는지 의심스럽다. 내가 설명한 대로, 사디즘에서 파생된 마조히즘이 아닌 경우는 찾아볼 수가 없을 것 같다.[17] 그리고 (2)의 경우는 강박 신경증의 사디즘적 본능을 고려해 보면 충분히 납득할 수 있다.

16 이 문장의 일반적인 의미는 분명하다. 하지만 〈주체〉라는 용어의 사용과 관련해서 다소 혼동이 있을 수도 있다. 보통 〈주체〉와 〈객체〉를 말할 때, 〈주체〉는 본능(혹은 그 밖의 다른 마음의 상태)이 일어나는, 즉 본능의 발생 주체가 되는 사람을 말하고 〈객체〉는 그 본능이 지향하는 사람이나 사물을 지칭한다. 그러나 여기서 〈주체〉는 상호 관계에서 능동적 역할을 행하는 사람을 지칭하여 사용된 것 같다.

17 (1924년에 추가된 각주) 본능적 삶의 문제를 다룬 후기의 글(특히 「마조히즘의 경제적 문제」를 참조할 것)에서 나는 이와는 반대되는 견해를 밝힌 바 있다 — 원주.

그러나 강박 신경증의 경우, 다른 사람을 향한 태도가 수동적인 것으로 바뀌지 않고도 자기 자신으로 방향 전환을 할 수 있다. 이런 경우는 변화가 (1)의 단계 이상으로 진척되지 않는다. 누군가를 괴롭히고자 하는 욕망이 자기 학대와 자기 처벌로 전환되는 것이지 마조히즘으로 바뀌는 것은 아닌 것이다. 말하자면 능동적인 목소리가 수동적인 목소리로 바뀌는 것이 아니라 자기반성적인 중용(中庸)의 목소리로 바뀌는 것이다.

사디즘적 본능이 보편적인 목적과 더불어(아니 차라리 그 목적 속에서) 또 다른 아주 특수한 목적, 즉 상대방에게 굴욕감을 주고 권력을 행사하는 것 이외에 고통을 안겨 준다는 목적을 추구하는 것처럼 보이는 상황 때문에 사디즘에 대한 우리의 견해가 편견에 사로잡힐 수가 있다. 그러나 정신분석을 통해 보면 고통을 가하는 것이 사디즘 본능의 원래 목적은 아니다. 사디즘적 성향을 지닌 어린아이의 경우 자기가 남에게 고통을 주는 것인지 어떤지조차 알지 못하며, 더욱이 그럴 의도도 지니고 있지 않다. 그러나 일단 마조히즘으로 전환이 일어나게 되면, 고통은 수동적인 마조히즘적 목적에 아주 적합한 것이 된다. 왜냐하면 다른 불쾌한 감각과 마찬가지로 고통은 성적 흥분을 일으키면서 쾌락의 조건을 마련하게 되고, 자연히 해당 당사자는 그 쾌락을 위해 고통의 불쾌감을 기꺼이 경험으로 받아들이려 하기 때문이다. 그리고 고통을 느끼는 것이 마조히즘적 목적이 되면 거꾸로 고통을 가하고자 하는 사디즘적 목적도 슬며시 등장하게 된다. 그런데 사디즘에서 고통이 다른 사람들에게 가해지는 것이라면, 이 경우 고통은 주체가 고통받는 다른 대상과 자기 자신을 동일시 *Identifizierung*하는 과정을 통해 자학적(自虐的)으로 스스로 즐기는 것이 된다. 물론 두 경우 모두 해당 주체는 고통 그 자체가 아니라 고통과 함께 오는 성적 흥분을 즐기는 것이다. 그리고 이 성적 흥분은 사디즘적인 입장에 있을 때 특히 쉽게 누리게 되는 경험이다. 따라서 고통의 즐거움은 원래는 마조히즘적인 목적이었지만, 사디즘적 성향의 사람에 있어서는 그냥 단순히 하나의 본능적 목적이 되어 버리고 마는 것이다.

좀 더 분명하게 설명하자면 연민의 감정에 관한 설명을 덧붙이지 않을 수 없다. 연민의 감정을 사디즘에서 이루어지는 본능 변화의 결과로 설명할 수는 없다. 오히려 이 감정은 본능에 대항하는 반작용의 한 양상으로 보아야 한다(이 차이에 대해서는 나중에 살펴보기로 하자).[18] 또 하나의 대립쌍인 보려고 하는 본능과 스스로를 내보이려는 본능(성도착증의 언어로 말하면 관음증과 노출증)을 살펴보면 우리는 위에서 살펴본 것과는 다른, 그리고 보다 단순한 사실들을 발견할 수 있다. 여기서 다시 우리는 앞의 대립쌍을 언급할 때 내세웠던 단계와 똑같은 단계를 다음과 같이 설정할 수 있다.

(1) 하나의 〈행동〉으로서 관조 행위가 외부의 대상을 향해 이루어진다.

(2) 외부 대상으로 향했던 관음 본능이 주체 자신의 신체 일부분으로 향하게 된다. 이와 더불어 능동성이 수동성으로 전환되면

---

18 나중에 살펴보겠다고 한 것이 어느 글을 말하는지 분명치 않다. 「전쟁과 죽음에 대한 고찰」(프로이트 전집 12, 열린책들)에 이런 주제에 관한 논의가 나오기도 하지만, 아마 상실된 것으로 알려진 승화에 관한 글을 생각해서 언급한 것이 아닌가 한다. 한편 「성욕에 관한 세 편의 에세이」의 1915년(이 해는 지금 진행되고 있는 이 논문이 쓰인 해이기도 하다)에 덧붙인 각주에서 프로이트는 승화와 반동 형성Reaktionsbildung 과정을 개별적인 과정으로 간주해야 한다고 주장했다. 〈연민〉을 뜻하는 독일어 단어인 Mitleid는 말 그대로 〈……와 함께 괴로워함〉, 〈동정〉 등의 의미이다. 이런 연민의 감정이 일어나는 또 다른 계기에 대해서는 실제로 이 글보다 몇 달 앞서 1914년 말에 쓰인 것으로 알려진 「늑대 인간 ─ 유아기 신경증에 관하여」(프로이트 전집 9, 열린책들)를 참조하면 될 것이다.

서 새로운 목적, 즉 누가 바라보기를 원하는 목적이 설정된다.

(3) 새로운 대상을 끌어들여 그 대상이 바라볼 수 있도록 그에게 자기의 모습을 내보인다.

마찬가지로 이 대립쌍의 변화 과정에서 분명한 사실은, 능동적 목적이 수동적 목적보다 선행한다는 점이다. 말하자면 대상을 바라보는 행위가 관찰을 당하는 것보다 먼저 일어난다는 것이다. 그러나 사디즘의 경우와 다른 중요한 점이 있다면, 그것은 관음 본능의 경우 (1)의 단계보다 앞선 단계가 있다는 사실이다. 즉 관음 본능이 활동을 시작하기 전에 자가 성애적인 특성을 내보이는 단계가 있는데, 대상은 바로 주체 자신의 신체의 한 부분이라는 것이다. 그러나 나중에 비교의 과정을 거치면서 관음 본능이 대상을 자기 신체의 한 부분에서 그와 유사한 타인(他人)의 신체의 한 부분으로 바꾸게 된다[(1) 단계]. 이 예비 단계가 관심을 끄는 것은 그 단계에서부터 처음에 존재하던 요소가 변함에 따라 나타나는 관음증과 노출증이라는 대립쌍의 다음 〈두〉 상황 모두가 파생되어 나온다는 점이다. 이런 점에 유의하여 관음 본능을 도식으로 표시하면 다음과 같다.

(a) 성기를 바라보는 자신 = 그 자신에 의해 관찰당하는 성기

(b) 외부의 대상을 바라보는 자신 (능동적 관음증)
(c) 타인에 의해 관찰당하는 자기 자신이나 자신의 신체 일부 (노출증)

이런 종류의 예비 단계가 사디즘에서는 나타나지 않는다. 물론 자기 자신의 신체를 통제하려고 애쓰는 어린아이의 노력에서 그

런 단계를 이끌어 내는 것이 전혀 얼토당토않은 것은 아니지만, 사디즘은 애초부터 외부의 대상을 향한 것이다.[19]

우리가 예를 들어 설명한 두 종류의 본능과 관련해서 분명히 짚고 넘어가야 할 것은, 능동성에서 수동성으로의 전환과 주체를 둘러싼 방향 전환에 의해 생겨난 본능의 변화가 사실은 본능 충동*Triebregung*의 모든 것을 말해 주는 것은 아니라는 점이다. 초기에 본능이 보이는 능동성은 어느 정도까지는 나중에 나타나는 수동성과 병존한다. 이는 변화의 과정이 매우 포괄적으로 이루어지는 경우에도 마찬가지이다. 관음 본능의 경우에도 자가 성애의 예비 단계와 능동적 혹은 수동적 성향의 최종 단계에 이르기까지 그 본능의 모든 발달 단계가 서로 공존한다고 말해야 옳은 말일 것이다. 이런 사실은 우리가 본능에 따른 행동이 아니라 본능 만족의 메커니즘을 판단 기준으로 삼을 때 더욱 분명하게 드러난다. 어쩌면 이런 사실을 다른 방식으로 파악하고 서술할 수도 있을 것이다. 가령 우리는 각 본능의 전개 과정을 연속적으로 이어지는 별개의 물결로 나눌 수 있다. 이 각각의 물결은 그것이 지속되는 시간 동안에는 자체가 하나의 단일하고 동질적인 모습으로 나타난다. 이때 각 물결 사이의 관계는 연속적으로 이루어지는 용암 분출에 비유할 수 있을 것이다. 그래야 우리는 최초의 본능 분출을 불변의 형태로 진행되고 어떤 발달 과정도 거치지 않는 본래적인 모습으로 그려 낼 수가 있다. 그다음 물결은 처음부터 변형된 모습 — 예를 들어 능동성에서 수동성으로 전환된 형태 — 으로 나타나서는 그 새로운 특성을 초기의 물결에 덧붙이게 된다. 이런 식으로 물결이 연속적으로 이어지는 것이다. 만일 우리가 처음부터 어느 주어진 시점까지 본능의 자극을 개관해야 한다면,

19 (1924년에 추가한 각주) 각주 17을 참조하라 ─ 원주.

우리는 어쩔 수 없이 방금 설명한 물결의 연속성에 빗대어 본능의 발달 양상을 그려 내야 할 것이다.

이처럼 본능의 전개 과정 후기에 본능의 (수동적) 성향에 반대되는 또 다른 성향이 함께 공존한다는 사실에서, 우리는 블로일러가 소개한 〈양가감정(兩價感情)〉[20]이란 말로 본능의 특성을 표현할 수 있을 것이다.

본능의 발달 과정과 그 과정에 나타나는 중간 단계가 후기의 발달 과정까지 항존(恒存)한다는 사실을 제시함으로써, 우리는 본능의 발달을 더욱 분명하게 이해할 수 있게 되었다. 경험을 통해 우리는, 개인들은 물론 어느 특정 집단과 인종에 따라 드러나는 양가감정의 양이 크게 다르다는 것을 알고 있다. 현재를 살아가는 현대인에게서 가장 두드러지게 드러나는 본능적인 양가감정은 아마 고대(古代)로부터 물려받은 유산의 일부일 것이다. 왜냐하면 변형되지 않은 형태의 능동적인 충동이 본능적인 삶에서 행하는 역할은, 오늘날의 평균적인 삶에서보다는 원시 시대에 더 크게 나타났을 것이라고 충분히 추정할 수 있기 때문이다.[21]

우리는 자가 성애와 나르시시즘과의 관계에 대한 아무런 언급 없이 자가 성애를 통해 성적 본능의 만족을 이루려는 자아의 초기 발달 단계를 〈나르시시즘〉이라 부르는 데 익숙해져 있다. 그렇다면 우리는 주체 자신의 신체 일부가 관음증의 대상이 되는 관음 본능의 예비 단계도 나르시시즘에 속하는 것으로 분류해야 하

---

20   이 〈양가감정 Ambivalenz〉이란 용어를 만들어 낸 블로일러는 이런 뜻으로 그 용어를 사용한 것 같지는 않다. 블로일러는 〈양가감정〉을 세 종류로 구분하여, (1) 사랑과 미움의 갈등과 같은 정서적인 측면의 양가감정, (2) 행동을 결정하지 못하는 우유부단함을 나타내는 의지적인 측면의 양가감정, (3) 상호 모순되는 전제를 모두 받아들이는 지적인 측면의 양가감정 등을 내세웠다. 일반적으로 프로이트가 양가감정을 언급할 때는 바로 (1)의 경우를 의미한다고 보면 된다.

21   「토템과 터부」 참조.

며, 또 그것을 나르시시즘 형성 과정의 하나로 설명해야 한다. 바로 이 예비 단계에서 나르시시즘만 남고 능동적인 관음 본능이 발전되어 나오며, 반면에 수동적인 관음 본능은 여전히 계속 나르시시즘의 대상에 머물러 있게 된다. 마찬가지로 사디즘에서 마조히즘으로 변화하는 과정에도 나르시시즘의 대상으로 복귀하려는 움직임이 내재되어 있다. 그리고 이 두 경우, 즉 수동적 관음 본능과 마조히즘에서 나르시시즘의 〈주체〉는 동일시의 과정을 거쳐 외부의 다른 자아로 대체되는 것이다. 우리가 설명한 대로 사디즘의 나르시시즘적 예비 단계를 주목해서 보면, 우리는 본능에 대한 좀 더 일반적인 인식에 도달할 수 있을 것이다. 즉 본능이 주체 자신의 자아로, 능동성에서 수동성으로 방향 전환을 하는 본능의 변천 과정은 자아의 나르시시즘 형성 과정에 따를 수밖에 없으며, 자연히 자아 발달의 나르시시즘적 단계의 특징을 나타낼 수밖에 없다는 점이다. 아마도 본능의 변천 과정은 더 높은 수준의 자아 발달 과정에서 다른 수단을 통해 이루어지는 자아의 방어 노력에 상응하는 과정일 것이다.

이제 우리는 지금까지 우리가 고려한 것이 사디즘과 마조히즘, 그리고 관음증과 노출증이라는 서로 대립되는 본능 두 쌍뿐이었다는 사실을 떠올릴 필요가 있다. 이 두 쌍의 본능들은 사실 동시에 나타나는 성적 본능 가운데 가장 잘 알려진 것들이다. 후기에 출현하는 그 밖의 다른 성적 기능의 요소들은 사실 비슷한 방식으로 설명하기에는 아직 충분히 분석되지 않았다. 그런 성적 기능이 다른 요소들에 관해서 우리는 일반적으로 그것들의 활동이 자가 성애적이라는 것, 말하자면 그 성적 기능의 요소들의 대상이 그들의 발생 기관과 비교해 볼 때 너무도 미미한 것이어서, 결국엔 대체로 그 발생 기관과 합쳐지고 만다는 식으로 주장할 수 있을 뿐이다. 그러나 관음 본능의 대상은, 비록 처음에는 그 대상이 주체 자신의 신체의 일부이기는 하나 눈 그 자체는 아닌 것이다. 그리고 사디즘의 경우도 활동 능력이 있는 근육 기관이 그 본능의 발생 기관이겠지만, 그 기관은 비록 대상이 신체의 다른 부분일지라도 분명히 그 자체가 아닌 다른 대상을 가리키게 된다. 자가 성애적 본능에 있어서 본능의 발생 기관이 행하는 역할이 아주 결정적인 것이기 때문에, 페더른[22]과 예켈스[23]가 제시한 바에 따르면, 기관의 형태와 기능이 본능 목적의 능동성과 수동성을 결정하게 되는 것이다.

본능의 〈내용〉이 그 반대로 변화되는 것은 단 한 가지 예, 즉 〈사랑에서 미움으로의 변화〉[24]에서 관찰된다. 사랑과 미움이라는 본능의 이 두 내용이 동시에 동일한 대상을 향해 일어나는 것은 아주 일반적인 것이기 때문에, 그 두 내용의 공존은 양가감정의 아주 좋은 예가 된다.

사랑과 미움의 경우는 그것이 본능에 관한 우리의 설명 도식과 맞지 않기 때문에 더욱 특별한 관심을 끈다. 사실 이 두 대립되는 감정과 성적인 생활 사이에 아주 긴밀한 관계가 있다는 점은 의심할 여지가 없다. 그러나 우리는 사랑을 지금까지 우리가 논의해 온 다른 본능들과 마찬가지로 성적 본능의 요소로 생각하고 싶어 하지는 않는다. 오히려 감정 속에 들어 있는 〈모든〉 성적 성향의 표현이 바로 사랑이라고 생각한다. 당연히 이런 식의 설명

22   P. Federn, 「사디즘과 마조히즘의 분석에 대한 보고 1: 남성적 사디즘의 근원 Beiträge zur Analyse des Sadismus und Masochismus, I: Die Quellen des männlichen Sadismus」(1913) 참조 — 원주.

23   L. Jekels, 「본능 이론에 대한 몇 가지 견해Einige Bemerkungen zur Trieblehre」(1913) 참조 — 원주.

24   1924년 이전 판에서는 이 부분이 〈사랑과 미움의 변화〉로 표현되었다.

으로 모든 것을 다 해결할 수는 없다. 사랑이라는 성적 성향에 반대되는 증오를 어떤 식으로 설명할 것인지, 어떤 의미를 부여할 것인지 난감한 문제이기 때문이다.

사랑의 감정에는 하나가 아닌 세 가지의 대립항이 있다. 사랑-미움이라는 대립항 이외에 사랑하기-사랑받기라는 대립항이 있고, 또 사랑과 미움을 함께 묶어서 그것을 무관심이나 냉담과 대립시킬 수도 있다. 이 세 대립항 가운데 두 번째인 사랑하기-사랑받기의 경우는 능동성에서 수동성으로의 전환과 일치하는 것으로, 관음 본능의 경우와 마찬가지로 어떤 근본적인 조건을 추적하여 생각할 수도 있다. 이 조건이란 바로 우리가 나르시시즘의 전형적인 특징으로 간주하는 〈스스로를 사랑하는〉 조건이다. 그런 다음에는, 대상이나 주체가 외부의 다른 대상으로 대체됨에 따라 〈사랑하기〉라는 능동적 목적이나 〈사랑받기〉라는 수동적 목적이 나타나게 된다. 이 경우, 〈사랑받기〉의 수동적 목적은 여전히 나르시시즘과 가까운 위치에 머무르게 된다.

만일 우리의 정신생활 전체가 〈세 종류의 대립항〉에 의해 지배당하고 있다는 사실을 신중하게 고려하다 보면, 우리는 어쩌면 사랑을 둘러싼 여러 대립쌍을 더 쉽게 이해할 수 있게 될지도 모른다. 우리는 그 〈세 종류의 대립항〉을 다음과 같이 나타낼 수 있다.

주체(자아) — 객체(대상, 외부 세계)

쾌락 — 불쾌

능동성 — 수동성

〈자아-비(非)자아(외부 대상)〉, 즉 〈주체-객체〉라는 대립항은 이미 우리가 앞에서 살펴보았듯이 개인의 초기 발달 단계, 다시 말해 〈외부〉의 자극은 근육 운동을 통해 잠재울 수 있지만 〈본능적인〉 자극에 대해서는 무방비 상태로 있을 수밖에 없는 상태를 경험하는 단계에서 나타난다. 무엇보다도 이 대립항은 우리의 지적(知的) 활동을 지배하는 주요 조건이며, 어떤 노력으로도 변화시킬 수 없는 근본적인 상황이 된다. 쾌락-불쾌의 대립항은 감정의 폭과 관련된 것으로, 우리의 행동(의지)을 결정하는 데 이 두 감정이 얼마나 중요한가는 이미 앞에서 설명한 바 있다. 능동성과 수동성의 대립항의 경우, 이것을 자아(주체)-외부 세계(객체)의 대립항과 혼동해서는 안 된다. 자아와 외부 세계의 관계는 자아가 외부 세계에서 자극을 받는 한 수동적이며, 자아가 그 외부의 자극들에 반응을 보일 때면 능동적이 된다. 말하자면 자아는 본능에 의해 어쩔 수 없이 외부 세계에 대해 아주 특정한 범위 내에서 행동을 하게 되는 것이다. 그래서 우리가 자아(주체)가 외부 자극에 대해서는 수동적이지만 그 자신의 본능에 의해 능동적이 된다고 말한다면, 그것만으로 필수적인 사항은 다 말한 셈이 된다. 그리고 능동성과 수동성의 대립항은 나중에 남성성과 여성성의 대립항과 합체된다. 사실 이렇게 되지 않는다면 남성성과 여성성의 대립항은 심리학적으로 아무런 의미도 가질 수 없다. 실제로는 능동성과 남성성, 그리고 수동성과 여성성을 서로 결합시키는 일이 생물학적인 사실로밖에는 다가오지 않는다. 그러나 이 생물학적인 사실이 우리가 생각하듯이 그렇게 항상 완벽하고 배타적인 것만은 결코 아니다.

정신에 관한 이 세 가지 대립항은 여러 방식으로 아주 의미심장한 연관 관계를 맺고 있다. 그 가운데 두 가지 대립항이 일치하는 아주 중요한 심리적 상황이 존재한다. 정신적 삶의 초기 단계부터 원래 자아는 본능을 안고 있으며, 또 어느 정도는 스스로가 그 본능을 만족시킬 능력도 지니고 있다. 이런 상태를 우리는 〈나르시시즘〉이라 부르며, 또 그렇게 스스로가 만족을 얻는 방식을 〈자가 성애〉[25]라 일컫는다. 이 단계에서 외부 세계는 아직 관심 (일반적인 의미에서)을 받지 못한 상태에 있으며, 또 만족의 목적과도 무관한 상태에 있다. 그러므로 이 시기 동안 자아(주체)는 쾌락과 일치하게 되고, 외부 세계는 무관심(달리 말하면 자극의 근원으로서의 불쾌)과 일치하게 된다. 여기서 우리가 사랑을 자아와 쾌락의 근원과의 관계로 규정한다면, 자아가 스스로만을 사랑하고 외부 세계에는 무관심한 상황은 바로 사랑과 관련된 대조군 가운데 첫 번째 대립항(주체-외부 세계)의 예를 여실히 보여

25 성적 본능의 일부는 이와 같은 자가 성애의 능력을 지니고 있다. 따라서 이런 본능들은 이제 우리가 설명하려고 하는 쾌락 원칙의 지배하에서의 발달(〈현실-자아〉에서 〈쾌락-자아〉로의 발달)을 위한 적절한 매개 수단이 될 수 있다. 처음부터 대상을 요구하는 성적 본능이나 자가 성애적 만족을 실행시킬 수 없는 자아 본능의 욕구는, 자연히 이러한 상태(원초적 나르시시즘의 상태)를 교란시켜 그 상태에서 발전하여 나가는 발판을 다져 준다. 실제로, 만일 모든 이들이 무력한 상태에 있어 누구의 보호를 받아야 하는 시기를 거치지 않고, 또 자신의 어떤 절박한 욕구가 더 커지기 전에 외부의 매개 수단을 통해 그 욕구를 만족시키는 시기를 거치지도 않는다면, 원초적 나르시시즘의 상태는 발전의 길로 들어설 수 없었을 것이다 — 원주. 프로이트가 굉장히 압축해서 붙인 이 각주를 쉽게 이해하기 위해선 「정신적 기능의 두 가지 원칙」에서 프로이트가 〈현실 자아〉와 〈쾌락 자아〉를 설명한 부분을 참조하면 될 것이다. 그 글에서 프로이트는 초기의 〈쾌락 자아〉가 〈현실 자아〉로 변모한다는 개념을 도입했다. 그러나 곧 뒤이어서 실제로는 초기부터 〈원초적〉인 〈현실 자아〉가 있는데, 이 〈현실 자아〉가 직접 〈최종적〉인 〈현실 자아〉로 발전해 가는 것이 아니라 쾌락 원칙의 지배하에 〈쾌락 자아〉에 의해 대체된다고 주장했다. 다시 설명하자면, 자가 성애의 능력이 있는 리비도적 본능들은 〈쾌락 자아〉로의 방향 전환을 조장하는 한편, 자가 성애의 능력이 없는 리비도적 본능이나 자기 보존 본능들은 성인의 최종적인 〈현실 자아〉로 직접 전이(轉移)되는 경향이 있다는 뜻이다. 특히 무기력한 유아에 대한 부모의 보호가 자가 성애의 능력이 없는 본능들과 자기 보존 본능을 만족시키고, 그에 따라 인위적으로나마 원초적 나르시시즘의 상태가 연장되어 〈쾌락 자아〉가 형성될 가능성이 높아지는 일이 일어나지 않는다면 위에서 말한 후자의 경우, 즉 원초적 〈현실 자아〉가 최종적인 단계의 〈현실 자아〉로 직접 발전하는 경우가 일어날 수도 있는 것이다.

주는 것이 된다.[26]

자아가 자가 성애적인 한, 자아는 외부 세계를 필요로 하지 않는다. 그러나 자기 보존 본능에 따라 겪게 되는 경험의 결과로 자아는 외부 세계에서 대상을 구하게 되고, 따라서 만사 제쳐 두고 당분간은 내적인 본능의 자극을 불쾌한 것으로 여기지 않을 수 없게 된다. 그리고 여기서 더 나아가 쾌락 원칙의 지배를 받으면서 자아 속에서는 또 다른 발달 양상이 나타나게 된다. 자아에게 제시된 대상들이 쾌락의 근원이 되는 한, 자아는 그 대상들을 받아들인다. 그 대상들을 〈내투사 Introjektion〉(페렌치의 용어)[27]시키는 것이다. 반면에 내부에 있는 것이 불쾌의 원인이라면 그것이 무엇이든 밖으로 내보내게 된다(나중에 나오는 투사 Projektion의 메커니즘을 참조할 것).

따라서 아주 적절한 객관적 기준에 따라 내부와 외부를 구분하던 초기의 〈현실 자아〉가 다른 무엇보다 쾌락만을 우선으로 하는, 쾌락 이외의 것은 모두 배제하는 순수한 〈쾌락 자아〉로 변하게 된다. 이 쾌락 자아에게는 외부 세계가 자아 자체에 통합된 쾌락의 부분과 자아에게는 낯선 나머지 부분으로 나뉘어 나타난다. 또한 이 쾌락 자아는 자기 자신의 일부를 따로 떼어 내어 외부 세계에 투사하며, 그것을 적대적인 것으로 느끼게 된다. 이렇게 자아와 외부 세계의 관계가 새롭게 정리되고 난 뒤 두 쌍의 대조군은 다시 한번 서로의 짝을 찾는다. 즉 자아(주체)는 쾌락과 일치하게

---

26 앞에서 프로이트는 사랑에 반대되는 것들을 (1) 미움, (2) 사랑받기, (3) 무관심이란 순서에 따라 설명했다. 그런데 여기에서는 (1) 무관심, (2) 미움, (3) 사랑받기의 순서를 따르고 있다. 이처럼 여기서 무관심에 우선 순위를 둔 것은 아마 성장 과정에서 무관심이 먼저 나타나기 때문이 아닌가 싶다.

27 여기서 프로이트는 이 용어를 처음 사용한 것이 아닌가 싶다. 페렌치의 「내투사와 전이 Introjektion und Übertragung」(1909) 참조.

되고, 외부 세계는 불쾌(이전에는 무관심의 대상이었던 것)와 일치하게 되는 것이다.

초기의 나르시시즘 단계에서 대상이 출현하게 되면, 사랑에 대립되는 제2의 대립자인 미움 역시 서서히 등장하게 된다.

우리가 이미 살펴보았듯이, 대상은 자기 보존 본능에 의해 처음으로 외부 세계에서 자아로 들어오게 된다. 여기서 부인할 수 없는 것은, 미움 역시 원래는 자아와 자극을 가하는 낯선 외부 세계와의 관계에서 특징적으로 나타나는 감정이라는 사실이다. 미움이나 혐오의 선행 주자로 처음 나타나는 무관심도, 그 이후에는 미움이나 혐오의 특수한 경우로 자리를 잡게 된다. 처음에는 외부 세계, 대상, 미움의 대상 등이 모두 동일한 것으로 나타나는 것 같다. 그러다 나중에 어떤 대상이 쾌락의 근원으로 판명이 나면, 그 대상은 사랑을 받게 될 뿐만 아니라 자아 속에 편입된다. 이렇게 쾌락의 근원이 되는 대상이 자아 속에 합쳐졌기 때문에, 순수한 쾌락 자아로서는 다시 한번 대상이란 외부에 존재하고 미움의 대상이 되는 것이라고 판단하는 일이 당연한 것이다.

그러나 여기서 우리가 주목해야 할 것은, 서로 대립되는 사랑-무관심이 자아-외부 세계라는 대립항을 반영하고 있듯이, 사랑-미움의 대립이 첫 번째 대립항인 자아-외부 세계와 연관이 있는 쾌락-불쾌의 대립항을 재현하고 있다는 점이다. 순수한 나르시시즘의 단계를 지나 대상이 출현하는 단계로 들어서면서, 자아와 대상의 관계는 쾌락과 불쾌에 의해 정리가 된다. 만일 대상이 쾌락의 근원이 되면 그 대상을 자아 가까이로 운반하여 자아 속에 병합시키려는 운동 충동이 일어난다. 이럴 때 쾌락을 주는 대상이 발산하는 힘을 우리는 〈매력〉이라고 부르며, 우리는 그 대상을 〈사랑한다〉고 말하는 것이다. 거꾸로, 만일 대상이 불쾌의 근원이 되면 그 대상과 자아 간의 거리를 넓히고, 대상과의 관계에 있어서 자극을 발산하는 외부 세계에서 도피하려는 초기의 노력을 반복하여 시도하려는 성향이 나타난다. 이때 우리는 대상에 대한 〈반감 Abstoßung〉을 느끼며 그 대상을 미워한다. 그리고 이 증오는 나중에 대상을 공격하고자 하는, 즉 대상을 파괴하고자 하는 성향으로까지 발전하게 된다.

우리는 본능이 만족을 얻기 위해 지향하는 대상을 본능이 〈사랑한다〉고 말할 수는 있다. 그러나 본능이 어떤 대상을 〈미워한다〉는 말은 어딘가 이상하다. 따라서 우리는 사랑과 미움이라는 용어[28]를 〈본능〉과 그 대상과의 관계에는 적용할 수 없다는 사실을 알게 된다. 다만 〈전체 자아〉와 대상의 관계를 나타내기 위해서 그 두 용어를 유보해 둘 수는 있다. 그러나 언어학적 용법을 고려해 볼 때(이 일이 무의미한 것은 아니다), 우리는 사랑과 미움의 의미에 또 다른 제한이 있음을 알 수 있다. 가령 우리는, 자기 보존에 도움이 되는 대상들을 〈사랑한다〉고 말하지는 않는다. 다만 그 대상들이 〈필요하다〉는 사실을 강조할 따름이며, 만일 굳이 표현을 하자면 사랑이라는 말보다는 강도(強度)가 많이 떨어지는 용어 — 예를 들어 〈좋아한다〉, 〈마음에 든다〉, 〈기분이 좋다〉 등 — 를 사용하여 그 대상들과의 관계를 나타내는 것이다.

그러므로 〈사랑〉이라는 단어는 더더욱 자아와 대상의 순전한 쾌락 관계에만 적용되며, 궁극적으로는 더 좁은 의미의 성적 대상과 승화된 성적 본능의 욕구를 만족시켜 주는 대상에 고정적으로 적용할 수 있는 단어이다. 우리가 심리학에 부과한 자아 본능

---

28 독일어 원문에는 이 〈용어〉가 관계 Beziehungen로 되어 있지만, 사실 초판에는 〈용어〉나 〈서술〉을 의미하는 Bezeichnungen으로 나와 있다. 여기서는 문맥상 〈용어〉라는 말이 더 이해하기 쉬울 것이다. 영어판에는 〈태도〉를 뜻하는 attitudes로 번역되었다.

과 성적 본능의 구별은 따라서 우리의 언어 정신과도 부합되는 것임을 알 수 있다. 우리가 어느 하나의 성적 본능이 그 대상을 사랑한다고 말하는 것에 익숙해 있지 않다는 사실, 그러나 자아와 그 성적 대상의 관계를 〈사랑〉이라는 말을 적용하기에 가장 적합한 경우로 간주한다는 사실 — 이런 사실을 통해 우리는 성기(性器)를 중요시하고 생식 기능에 기여하는 가운데, 성욕을 구성하는 모든 본능이 한데 통합되고 난 뒤에나 사랑이라는 단어를 성적 본능과 그 대상의 관계에 적용할 수 있다는 사실을 배우는 셈이다.

여기서 또 한 가지 주목할 것은, 〈미움〉이라는 단어의 사용에서는 성적 쾌락과 성적 기능 사이에 그렇게 긴밀한 관계가 나타나지 않는다는 점이다. 〈미움〉의 경우에는 〈불쾌〉와의 관계가 유일하고 결정적인 관계처럼 보인다. 자아는 어떤 대상이 성적 만족의 좌절을 의미하든 혹은 자기 보존적 욕구 만족의 좌절을 의미하든 아무런 상관없이, 그 대상이 불쾌의 근원이 되면 그것을 미워하고 혐오하며, 더 나아가 그 대상을 파괴하려는 의도를 가지고 추적하기도 한다. 실제로 우리는 미움 관계의 전형적인 예를 성생활Sexualleben에서 찾을 수 있는 것이 아니라, 자아의 자기 보존과 자기 유지를 위한 투쟁에서 찾을 수 있다고 주장할 수도 있다.

따라서 우리에게는 내용상 완전히 대립되는 감정으로 나타나는 사랑과 미움이, 결국엔 서로 어떤 단순한 관계도 맺고 있지 않다는 것을 알 수 있다. 말하자면 이 두 감정은 원래부터 존재하던 어떤 하나의 공통 근원에서 갈라져 나온 것이 아니라 서로 다른 근원에서 출발한 것이며, 쾌락-불쾌 관계가 이 대립 감정에 영향을 미치기 전에는 각자 나름의 발달 과정을 거친다는 것이다.

이제 우리에게 남은 일은 사랑과 미움의 발생에 관해 우리가 알고 있는 것을 한데 모아 정리하는 일이다. 사랑은 자아가 신체 기관의 쾌락을 얻음으로써 본능적 충동의 일부를 자가 성애적으로 만족시키는 능력에서 나온다. 처음에는 나르시시즘적인 성향을 보이던 사랑이 나중에는 대상을 향하게 되고, 그 대상은 확장된 자아에 편입된다. 그럼으로써 사랑은 쾌락의 근원으로서의 대상을 향한 자아의 움직임을 표현하게 된다. 사랑은 나중에 나타나는 성적 본능의 활동과 밀접한 관계를 맺으며, 여러 성적 본능이 완전히 한데 합쳐질 때면 성적 충동 전체와 일치한다. 사랑의 예비 단계는 잠정적인 성적 목적으로 출현하며, 반면에 성적 본능들은 나름의 복잡한 발달 과정을 거친다. 〈편입〉시키거나 〈안으로 집어넣는〉 단계, 즉 대상의 개별적인 존재를 파괴하고, 따라서 양가감정이라 부를 수 있는 사랑의 형태를 우리는 최초의 성적 목적이라고 본다. 사디즘적 항문 기관을 지닌 전성기기(前性器期)의 더욱 발달된 단계에서는 대상에 대한 추구가 지배욕의 형태로 나타난다. 이럴 경우엔 대상에 해를 입히거나 대상을 파괴하는 일이 아무런 관심의 대상이 되지 못한다. 이러한 형태의 사랑, 그리고 이 예비 단계에서의 사랑은 대상에 대한 태도라는 관점에서 보면 미움과 전혀 구분이 안 된다. 성 기관이 완전히 확립되고 난 뒤에야 비로소 사랑이 미움과 대립되는 감정이 되는 것이다.

대상과 관련된 것으로서의 증오는 사랑보다 먼저 발생한 것이다. 자극을 쏟아붓듯 발산하는 외부 세계를 나르시시즘적 자아가 원초적으로 거부하는 것에서부터 미움은 생겨난다. 대상이 촉발한 불쾌감에 대한 반응의 표현으로서의 미움은 항상 자기 보존 본능과 긴밀한 관계를 유지한다. 따라서 성적 본능과 자아 본능은 사랑과 미움의 대립을 그대로 반복하는 식의 하나의 대립 관계를 형성할 수 있다. 사디즘적 항문기에서처럼 자아 본능이 성적 기능을 지배할 때면, 자아 본능은 본능적 목적에도 미움을 내보이게 된다.

사랑의 기원과 사랑을 둘러싼 여러 관계를 살펴보면, 우리는 사랑이 어떻게 그렇게 자주 〈양가감정〉으로 나타나는지, 즉 동일한 대상에 대해 어떻게 사랑과 동시에 미움의 충동이 일어나는지를 이해할 수 있다. 사랑과 섞인 미움의 일부는 완전히 극복되지 못한 사랑의 예비 단계에서부터 발생한다. 또 다른 일부는 자아의 관심사와 사랑의 관심사가 빈번히 충돌하는 상황에서, 실제적이고 현실적인 동기에서 비롯된 자아 본능의 거부 반응에 토대를 두고 생겨나기도 한다. 따라서 두 경우에 있어서 사랑과 혼합된 미움은 자기 보존적 본능에 그 근원을 두고 있다고 할 수 있다. 만일 주어진 대상과의 사랑 관계가 단절된다면, 그 자리에 미움이 들어서는 일이 드물지 않게 일어난다. 여기에서 우리는 사랑이 미움으로 변화되는 예를 발견하게 된다. 이런 변화에 대한 설명에서 더 나아가면, 현실적인 동기를 갖는 미움이 이 시점에서 사랑이 사디즘적 예비 단계로 후퇴하는 상황에 의해 더욱 강화된다는 생각을 할 수 있다. 자연히 미움은 성애적 성격을 지니게 되고, 사랑 관계의 지속도 보장받는 것이다.

사랑을 둘러싼 세 번째 대립항인 사랑하기에서 사랑받기로의 변화는, 능동성과 수동성이라는 대립항의 작용에 상응하는 변화이다. 그리고 또한 이것은 관음증과 사디즘의 경우와 마찬가지로 판단할 수 있는 관계이기도 하다.[29]

---

29 사랑과 미움의 관계는 「자아와 이드」에서 죽음 본능과 관련하여 더 자세하게 논의된다.

    지금까지의 설명을 요약 정리해서 말하면, 우리는 〈본능이 겪는 변천 과정의 본질적인 특징은 본능 충동이 정신적 삶을 지배하는 세 개의 대립항의 영향을 받는 상황에서 찾을 수 있다〉고 말할 수 있다. 우리는 이 세 개의 대립항 가운데 능동성과 수동성의 대립항을 〈생물학적〉인 것으로 설명할 수 있으며, 자아와 외부 세계와의 관계는 〈현실적〉인 것으로, 그리고 마지막으로 쾌락과 불쾌의 관계는 〈경제적〉인 것으로 설명할 수 있다.

    〈억압〉이라는 본능의 변천 과정은 다음 논문에서 다루기로 하겠다.

                                                    윤희기 옮김

억압에 관하여

Die Verdrängung(1915)

프로이트는 「정신분석 운동의 역사」에서, 정신분석의 모든 이론적 구조의 초석(礎石)은 바로 억압 이론이라고 선언한 바가 있다. 이런 점에서 억압을 집중적으로 설명하고 있는 이 「억압에 관하여」와 다음에 이어지는 「무의식에 관하여」는 정신분석 이론의 근본 바탕이 되는 중요한 논문으로 평가받는다.

역사적으로 볼 때 〈억압Verdrängung〉 개념의 도입은 정신분석 운동의 초기까지 거슬러 올라간다. 1893년에 프로이트가 브로이어와 함께 발표한 「히스테리 현상의 심리적 메커니즘에 관하여: 예비적 보고서」란 글에서 〈억압〉이란 개념이 처음 지면(紙面)에 모습을 드러냈다. 이보다 앞서서 〈억압〉이란 용어를 사용한 사람은 19세기 초의 심리학자였던 헤르바르트J. F. Herbart였다. 프로이트는 당시 헤르바르트의 추종자였던 그의 스승 마이네르트T. Meynert를 통해 아마 이 〈억압〉이란 개념을 알게 되었을 것으로 추정된다. 그러나 프로이트 자신은 「정신분석 운동의 역사」에서 자신의 억압 이론은 어느 누구의 도움이나 영향도 받지 않은 독자적인 작품이라고 주장한다. 또 「나의 이력서」에서는 〈억압〉 개념은 아주 새로운 개념으로, 당시 자신이 그 이론을 내세울 때까지만 하더라도 정신적 삶의 한 과정으로 전혀 인식되지 않았던 개념이라고 말한다. 그리고 『히스테리 연구』나 앞에서 언급한 「정신분석 운동의 역사」의 여러 부분에서 프로이트는 그 개념을 어떻게 도입하게 되었는지 설명하기도 했다. 사실 프로이트의 그런 설명들은, 〈억압〉 개념이 저항이라는 임상적 현상을 설명하다 보면 불가피하게 제시될 수밖에 없는 개념인데, 그것이 카타르시스를 통한 히스테리의 치료에서 최면을 활용하지 않는 기술적인 혁신을 통해 빛을 보게 되었다는 점을 강조하는 설명들이다.

사실 비교적 초기에 쓰인 『히스테리 연구』에서는 〈억압〉 과정을 설명하기 위해 사용된 용어가 〈억압〉이 아니라 〈방어〉였다. 초기에 프로이트는 〈억압〉과 〈방어〉라는 두 용어를 거의 같은 뜻으로 함께 사용했다. 물론 더 자주 사용된 것은 〈방어〉라는 용어였다. 그러나 「신경증의 병인에서 성욕이 작용하는 부분에 대한 나의 견해」에서 프로이트 자신이 언급했듯이, 곧 〈방어〉라는 용어 대신에 점차 〈억압〉이라는 용어가 널리 사용되기 시작했다. 예를 들어, 「쥐 인간 — 강박 신경증에 관하여」에서 프로이트는 강박 신경증에서 〈억압〉 메커니즘이 어떤 작용을 하는지(다시 말해, 히스테리에서는 거부감을 주는 표상을 의식에서 완전히 추방시키는 반면에, 강박 신경증에서는 그 표상으로 향하던 감정의 리비도 집중을 다른 곳으로 빼돌린다는 것이다) 논의하면서 억압도 〈두 종류의 억압〉이 있음을 밝히기도 했던 것이다. 사실상 본 논문에서 사용된 〈억압〉 개념도 그런 넓은 의미의 개념으로 쓰이고 있다. 이 점은 본 논문의 마지막 부분에서 거론되고 있는 논의, 즉 여러 유형의 정신 신경증에서 서로 다르게 나타나는 억압 메커니즘에 관한 논의에서도 잘 드러난다. 하지만 분명한 것은, 이 글에서 프로이트가 주로 다루는 억압의 형태는 히스테리에서 일어나는 억압의 과정이다. 물론 훨씬 뒤의 일이긴 하지만, 「억압, 증상 그리고 불안」에서 실제로 프로이트는 〈억압〉이라는 개념을 히스테리에서 나타나는 것과 같은 메커니즘에만 한정해 사용하자고 하면서, 신경증으로 발달할 수 있는 정신적 갈등 속에서 자아가 이용하는 모든 테크닉을 총칭하여 가리키는 말로는 〈방어〉라는 용어를 사용하자고 제의했던 것이다.

이 글에서는 다루어지지 않고 있지만, 사실 프로이트가 지속적으로 관심을 가졌던 문제는 억압 과정을 일으키는 동인(動因)의 본질이 과연 무엇이냐는 문제였다. 특히 억압과 성(性)과의 관계가 그렇다. 초기에는 이 문제를 놓고 프로이트가 여러 군데서 일관성 없는 대답을 한 것도 사실이다. 그러나 이후 프로이트는 억압을 〈성적인 것으로만 해석하려는〉 경향을 단호히 거부했다. 이런 문제는 (특히 아들러의 견해와 관련해서) 「〈어떤 아이가 매를 맞고 있어요〉」의 마지막 부분에 잘 나타나 있다. 또 프로이트는 억압의 개념을 새롭게 조명해 보기도 했다. 특히 「억압, 증상 그리고 불안」이나 『새로운 정신분석 강의』 중 서른세 번째 강의 전반부에서는, 불안이라는 것이 억압의 〈결과〉로 생기는 것이 아니라 바로 억압의 주요 동기 중의 하나라는 사실을 주장함으로써 억압에 대한 인식을 새롭게 하기도 했다.

이 논문은 1915년 『국제 정신분석 의학지』 제3권 3호에 처음 발표되었으며, 『저작집』 제5권(1924), 『전집』 제10권(1946)에도 수록되었다. 영어 번역본은 1925년 베인스가 번역하여 "Repression"이라는 제목으로 『논문집』 제4권에 수록되었으며, 『표준판 전집』 제14권(1957)에도 실렸다.

억압에 관하여

본능 충동은 여러 변화 과정을 거치는 가운데 그 활동을 제지하는 갖가지 저항에 부딪힐 수 있다. 우리는 이제 본능 충동이 어떤 조건에서 그와 같은 〈억압〉의 상태로 빠져드는지, 그것을 더욱 면밀하게 살펴보기로 하겠다. 이 경우, 만일 외부의 자극이 문제가 되는 조건으로 작용한다면 그 자극에서 〈도피〉하는 것이 자아가 택할 수 있는 적절한 방법이 된다. 그러나 본능의 경우엔 자아가 그 자신으로부터 도피한다는 것이 어불성설이기 때문에 그런 도피가 아무 소용이 없다. 일정 시간이 흐른 뒤에는 판단에 따른 거부(견책)가 본능 충동에 대처하는 효과적인 방법이라는 사실이 밝혀질 것이다. 억압은 바로 도피와 판단에 따른 거부의 중간 단계에 있는, 말하자면 판단에 따른 거부의 예비 단계라 할 수 있다. 그리고 이 억압이란 개념은 정신분석 연구가 이루어지기 이전 시대에는 전혀 설명되지 않은 개념이기도 하다.

본능 충동이 겪을 수 있는 그런 변화의 과정을 억압이라는 말로 이끌어 내어 설명하는 것이 이론적으로 그리 쉬운 일은 아니다. 왜 어떤 본능 충동은 그런 변화를 겪어야 하는가? 억압 과정이 일어나는 필요조건은 분명 본능의 목표 달성이 쾌락이 아닌 불쾌를 만들어 내는 경우일 것이다. 그러나 그런 경우를 우리는 상상할 수가 없다. 왜냐하면 본능의 만족이란 늘 쾌락을 안겨다 주는 것이어서, 불쾌의 결과를 낳는 본능이란 있을 수가 없기 때문이다. 따라서 우리는 어떤 특수한 상황을 상정하지 않을 수 없게 된다. 다시 말해, 본능의 만족으로 얻은 쾌락이 분명 어떤 과정에 의해 불쾌로 바뀔 수가 있다는 가정을 하지 않을 수가 없는 것이다.

억압이란 개념을 좀 더 분명하게 규정하기 위해 여기서 잠시 성격이 다른 몇 가지 본능적 상황을 논의해 보기로 하자. 외부의 자극이 내면화되는 경우 — 가령 무엇을 먹었는데 그것이 특정 신체 기관을 파괴하는 경우 — 가 있을 수 있다. 그러면 지속적인 자극을 가하는 새로운 요인이 하나 더 생기게 되고 그에 따라 긴장의 강도가 증대될 수도 있다. 이렇게 될 경우, 그 외부의 자극은 믿기 어려울 정도로 본능과 아주 흡사한 성격을 띠게 된다. 우리가 〈통증〉으로 경험하는 것이 바로 이런 종류의 외부 자극이다. 그러나 통증과 같은 의사(擬似) 본능의 목적은, 단순히 신체 기관 내에서 일어나는 변화와 그 변화에 수반되는 불쾌를 중지시키는 것에 불과하다. 더욱이 통증은 피할 수 없는 명령과도 같다. 그것을 피하는 유일한 길은 어떤 독성 물질을 복용하거나 딴 곳에 신경을 써서 그 통증을 제거하는 방법밖에 없는 것이다.

사실 통증의 경우는 너무 모호하기 때문에 우리의 목적에 별로 도움이 되지 않는다.[1] 그러면 이번엔 배고픔과 같은 본능 충동이 만족되지 않은 상태로 남아 있는 경우를 살펴보도록 하자. 이럴 경우, 이 배고픔의 본능 충동도 오직 그것을 만족시키는 행동[2]에

---

1 통증과 그 통증을 처리하는 신체 기관의 대응 방법은 「쾌락 원칙을 넘어서」에서 논의되고 있다. 이 문제는 이미 『과학적 심리학 초고』 제1부에서 제기된 바 있으며, 「억압, 증상 그리고 불안」(프로이트 전집 10, 열린책들)의 마지막 부분에서 다시 한번 제기된다.

2 『과학적 심리학 초고』 제1부에서는 이런 행동을 〈특수 행동〉이라고 표현했다.

의해서만 가라앉힐 수 있는 피할 수 없는 명령이 된다. 말하자면 만족시키는 행동이 있기 전까지는 욕구의 긴장이 계속 지속되는 것이다. 이런 경우 억압의 본질과는 너무 거리가 멀다 할 수 있다.

여기서 분명한 것은, 어떤 본능 충동을 만족시키지 못해 생기는 긴장이 참을 수 없는 정도의 수준으로 올라가는 경우에서는 억압이 일어나지 않는다는 점이다. 그러한 상황에 대처하는 신체의 방어 수단이 어떤 것인지는 다른 맥락에서 다루어져야 할 것이다.[3]

그러면 우리의 논의를 정신분석 치료 과정에서 만나게 되는 임상 경험에 한정시켜 보자. 우리는 정신분석을 통해, 억압 상태에 있는 본능이라도 그 본능을 만족시키는 일이 가능하고, 또 그와 같은 본능의 만족은 어떤 경우든 본질적으로 쾌락을 준다는 사실을 알게 되었다. 그러나 그 본능의 만족이 어떤 다른 욕구나 의도와 융합되지 않을 수도 있다. 따라서 어떤 본능의 만족은 한 곳에는 쾌락을 가져다주지만 다른 곳에는 불쾌를 안겨 줄 수도 있는 것이다. 그런 결과로 만족을 통해 얻는 쾌락보다 불쾌의 원인이 더 강한 힘을 획득하는 억압의 조건이 생겨나게 된다. 더 나아가 우리는 정신분석을 통해 전이 신경증을 관찰하는 가운데, 억압은 처음부터 존재하는 방어 기제(防禦機制)가 아니라 의식의 정신 활동과 무의식의 정신 활동 사이에 확연한 간극이 생길 때 발생한다는 결론을 내리게 되었다. 다시 말해, 〈억압의 본질은 어떤 것을 의식으로 진입하지 못하게 하여 의식과 거리를 두게 하는 데 있는 것이다〉. 억압에 대한 이런 견해를 더욱 완벽하게 하기 위해서 우리는, 정신 기관이 이 억압의 상태에 도달하기 전에는 본능

3 여기서 프로이트가 어떤 글을 염두에 두고 〈다른 맥락〉이라는 표현을 썼는지 분명하지가 않다.

충동을 막아 내는 임무가 본능이 겪는 다른 변화 과정 속에서, 가령 반대 방향으로 전환되거나 주체 자신의 자아로 다시 복귀하는 등의 변화 속에서 수행된다는 사실을 상정할 필요가 있다.

억압과 무의식이 서로 아주 밀접한 관계에 있다는 사실에 비추어 보면, 정신 기관의 단계적 구조, 그리고 의식과 무의식의 차이에 대해 더 많은 지식을 쌓을 때까지는 억압의 본질에 대해 깊이 파고들어 가는 일을 당연히 뒤로 미루어야 할 것 같다. 따라서 지금 우리가 할 수 있는 일이란 이미 다른 곳에서 언급한 것을 그대로 반복하는 것이긴 하지만, 임상 관찰을 통해 드러난 억압의 특징을 순수한 서술적 차원에서 한데 모아 설명하는 것뿐이다.

여기서 우리는 당연히 〈원초적 억압Urverdrängung〉이 있다는 것을 가정할 수 있다. 이것은 억압의 첫 번째 단계로, 의식으로 진입을 거부당한 본능의 정신적 대표자(표상화된 대표자)와 관계가 있다. 이 원초적 억압과 더불어 〈고착Fixierung〉이 일어난다. 말하자면 문제가 된 그 표상의 대표자는 그때부터 원상태대로 계속 지속이 되며, 본능은 그 대표자에게 고착된 상태로 있게 된다. 이 고착 현상은 우리가 나중에[4] 얘기하게 될 무의식 과정의 독특한 특징 때문에 비롯된 것이다.

억압의 두 번째 단계, 즉 〈본래적인 의미의 억압〉은 억압된 표상의 정신적 파생물, 혹은 다른 곳에서 생겨나 그 억압된 표상과 연계(連繫) 관계를 맺게 되는 관념들에 영향을 미친다. 다른 곳에서 생겨난 그 관념들은 바로 이 연계 관계 때문에 원초적으로 억압된 표상과 똑같은 운명을 겪게 된다. 따라서 본래적인 의미의 억압은 사실상 〈후압박Nachdrängen〉[5]인 셈이다. 이런 점에 비추어

---

4 「무의식에 관하여」에서 〈무의식 조직의 특징〉을 다룬 부분을 참조할 것.
5 이 〈후압박〉이란 용어는 〈슈레버〉의 증례 연구와 「무의식에 관하여」에서도 사

보면, 의식이 억압된 표상에 행사하는 거부 행위만을 강조하는 것은 잘못이다. 원초적으로 억압된 표상이 그것과 연결될 수 있는 다른 모든 것들에 가하는 흡인력 또한 아주 중요하기 때문이다. 만일 이 두 힘(즉 의식의 거부 행위와 억압된 표상의 흡인력)이 함께 작용하지 않거나 의식에 의해 거부된 것을 받아들일 준비가 되어 있는 이미 억압된 그 무엇이 존재하지 않는다면, 억압 과정은 그 소기의 목적을 달성하지 못하는 것이다.[6]

정신 신경증*Psychoneurose* 연구를 통해 우리는 억압의 영향이 얼마나 중요한지 알게 되었다. 그러다 보니 우리는 억압 과정에 내포된 심리학적인 의미들을 과대평가하는 경향이 많아졌다. 또 자연히 억압은 본능의 대표적 표상이 무의식 속에서 계속 존재하는 것을 방해하지도 않고, 또 그 표상이 스스로를 재정비하고, 파생자를 만들어 내고, 그 파생자들과의 관계를 돈독히 하는 것도 방해하지 않는다는 사실을 쉽게 잊어버리는 경향이 생겨난다. 그러나 사실상 억압은 본능의 대표적 표상이 하나의 정신 조직, 즉 의식 조직과 관계를 맺으려는 것을 방해할 뿐이다.

정신분석을 통해 우리는 정신 신경증에서 억압의 영향을 이해하는 데 중요한 다른 사실들도 찾아낼 수 있었다. 예를 들자면 본능의 대표적 표상은 만일 그것이 억압에 의해 의식의 영향권에서 벗어난다면, 그 후로는 방해를 받지 않고 더욱 활발하게 발달할

용되고 있다. 사실상 이 말은 〈후억압*Nachverdrängung*〉을 뜻하는 말로, 프로이트는 나중에 약 20년이 지난 뒤 이 〈후억압〉이란 용어를 사용했다.

6 여기 이 마지막 두 단락에서 언급된 억압의 두 단계는 4년 전에 쓰인 「편집증 환자 슈레버 — 자서전적 기록에 의한 정신분석」과 그 이전에 페렌치에게 보낸 1910년 12월 6일자 편지에서 이미 암시된 바 있다. 그리고 1914년에 『꿈의 해석』에 추가한 각주에서도 그와 같은 언급을 찾을 수 있다.

수 있다는 사실이 그중 하나다. 이 경우 그 본능의 표상은, 이를테면 어둠 속에서 더욱더 확대되어 극단적인 표현의 형태를 띠게 된다고 할 수 있다. 만일 그 내용을 번역하여 신경증 환자 당사자에게 보여 준다면, 그 환자는 자기도 모르는 것이라고 할 뿐만 아니라 오히려 그 내용에서 보이는 상식을 넘어선 것 같은 위험한 본능의 힘에 스스로 놀라고 말 것이다. 사실 본능이 보유하고 있는 이와 같은 허위의 힘은 본능이 환각 속에서 제멋대로 발달된 결과이며, 만족의 좌절에서 비롯된 결과이다. 특히 만족의 좌절에서 비롯된 결과가 억압과 관련이 있다는 사실은, 앞으로 우리가 어디에서 억압의 진정한 의미를 찾아야 하는지를 잘 보여 주는 대목이다.

그러나 여기서 우리는 억압의 반대 측면으로 돌아가 한 가지 분명히 해두어야 할 것이 있다. 그것은, 억압이라는 것이 원초적으로 억압된 표상의 〈모든〉 파생자들을 다 의식에 진입하지 못하도록 하는 것은 아니라는 사실이다. 어떤 변형의 과정에 의한 것이든 아니면 그 중간에 삽입된 중간 연결 단계가 복잡하기 때문이든, 그 파생자들이 억압된 표상에서 충분히 멀리 떨어져 있다면 그 파생자들은 자유롭게 의식에 접근할 수가 있다. 이렇게 보면 의식이 그 파생자들에게 내보이는 저항은, 마치 그 파생자들을 원초적으로 억압된 본능의 표상에서 멀리 떨어지게 하는 기능을 가지고 있는 것처럼 보인다. 정신분석의 기법을 실행하는 가운데 우리는 계속해서 환자에게, 억압된 표상과 거리가 멀어서이든 아니면 어떤 변형의 과정을 거쳐서 그랬든, 아무튼 의식의 검열을 통과한 그런 억압된 표상의 파생자들을 내놓으라고 요구했다. 실제로 우리가 환자에게 어떤 목적을 지닌 의식적 사고의 영향 없이, 그리고 아무런 비판적 판단 없이 내보여 보라고 요구하는 연상 — 이 연상을 토대로 우리는 억압된 표상을 의식의 내용으로 재구성할 수 있다 — 이 바로 억압된 표상과 멀리 떨어져 있거나 변형된 파생자인 것이다. 이런 과정 속에서 우리가 관찰한 것은, 환자가 그와 같은 연상을 실타래처럼 계속 풀어내다가 어떤 한 생각에서 장애에 부딪힌다는 사실이다. 이것은 그 생각과 억압된 표상과의 관계가 너무 분명하여 그 환자가 어쩔 수 없이 재차 억압을 시도하기 때문에 일어나는 현상이다. 신경증 증상들도 마찬가지로 이와 똑같은 조건을 내보이는 것 같다. 왜냐하면 그 증상들 역시 억압된 표상의 파생자로, 억압된 표상은 그 파생자들을 이용하여 이전에는 진입을 거부당했던 의식에 성공적으로 진입할 수가 있었던 것이다.[7]

그렇다면 의식의 저항을 무위로 돌리려면 억압된 것의 파생자들에게 어느 정도의 변형이 이루어져야 하고, 그것들이 억압된 표상과 얼마만큼의 거리를 유지해야 하는가? 여기에 어떤 일반적인 규칙이 있을 수는 없다. 다만 우리가 모르는 절묘한 균형 작용이 이루어지고 있음은 알 수 있다. 그리고 그것의 작용 방식으로 보아 우리는 무의식의 리비도 집중이 어느 정도의 강도 — 무의식이 저항을 뚫고 만족을 얻게 되는 강도 — 를 넘어서려고 하면 그것을 억제하는 움직임이 있다는 것을 추정할 수 있다. 따라서 억압은 〈지극히 개별적인 방식〉으로 작용하는 활동이다. 억압된 것의 각 파생자들은 다 나름대로 개별적인 변천 과정을 겪는다. 얼마간의 변형이 주어져도 전체 결과가 바뀔 수 있다. 이런 점에

---

7   1924년 이전 판에서는 마지막 문장의 맨 뒷부분이 이렇게 표현되었다. 〈(억압된 표상은) 의식으로부터 이전에는 거부당했던 통행권을 겨우 얻어 낼 수 있었던 것이다 Welches sich... den ihm versagten Zugang vom Bewußtsein endlich erkämpft hat.〉 그러다 1924년판 이후의 독일어판에서는 vom이 zum으로 수정되었고, 따라서 그 의미도 바뀌게 되었다.

비추어 보면 우리는 사람들이 가장 선호하는 대상, 즉 그들의 이상 역시 그들이 가장 혐오하는 대상과 똑같은 지각과 체험에서 파생된 것으로, 다소의 변형 과정을 통해 그 대상들이 서로 구분되는 것일 뿐이라는 사실을 이해할 수 있게 된다. 실제로 우리가 페티시즘*Fetischismus*의 원인을 추적하는 가운데 알아냈듯이,[8] 애초의 본능적 대표자가 둘로 분리되어 하나는 억압을 당하고 나머지 하나는 억압된 것과의 긴밀한 연관성 덕택에 이상화의 과정을 거칠 수도 있는 것이다.

그런데 파생자의 변형 정도에 따라 이루어지는 결과와 유사한 결과가, 정신 기관의 다른 한쪽에서는 쾌락과 불쾌를 생산하는 조건의 변화에 의해 초래될 수도 있다. 불쾌를 만들 수 있는 정신 작용에 어떤 변화를 가하여 정반대로 쾌락을 줄 수 있도록 하는 특별한 기법이 개발되었으며, 이 기법을 활용하면 본능의 대표자에 가해지는 억압을 거두어들일 수가 있다. 지금까지는 이 기법이 농담의 경우에만[9] 좀 더 세밀하게 연구되고 있을 뿐이다. 일반적으로 말하면 억압은 단지 잠정적으로 중단될 뿐이며, 잠시 중단이 되더라도 곧 다시 시작된다고 보아야 한다.

그러나 그와 같은 관찰을 통해 우리는 억압의 또 다른 특징에 주목할 수 있게 되었다. 앞에서 살펴보았듯이, 억압은 그 작용이 〈개별적으로〉 이루어진다. 그런데 또 한 가지, 억압은 〈유동적〉이다. 억압 과정이란 살아 있는 것을 죽이면 그때부터 그것은 죽은 상태로 있는 것처럼, 그렇게 〈단 한 번〉 발생하여 그 결과가 영속적으로 지속되는 일회적인 사건이 아니다. 억압은 지속적인 힘의 소모를 요구하며, 따라서 그런 힘의 행사가 중단되면 억압의 성

8 「성욕에 관한 세 편의 에세이」 중 첫 번째 에세이 참조.
9 『농담과 무의식의 관계』 중 두 번째 장 참조.

공 여부가 불투명해져 불가피하게 새로운 억압 작용이 필요하게 된다. 억압된 것은 계속 의식에 압력을 행사해야 하며, 그리고 이 압력은 그것에 맞서 대항하는 지속적인 반(反)압력과 균형을 이뤄야 한다. 따라서 억압의 유지는 중단 없는 힘의 소모(지출)를 전제로 하며, 이런 점에서 억압의 중단은 경제적인 관점에서 보면 절약을 의미하는 것이다. 억압의 유동성은 꿈의 형성을 가능하게 하는 수면 상태의 정신적 특징에서도 찾아볼 수 있다.[10] 잠에서 깨어나면서 잠자는 동안 내보내지 않고 거둬들였던 억압의 리비도 집중이 다시 밖으로 나오기 때문이다.

마지막으로 우리가 잊지 말아야 할 것은, 우리가 어떤 본능 충동이 억압되었다고 말은 하지만 실상 그 충동에 대해서는 별로 언급하지 않았다는 사실이다. 억압과는 상관없이 본능 충동은 그것의 존재 상태가 크게 다를 수 있다. 정신적 에너지가 극히 미미한 정도로 집중될 경우, 그 충동은 비활동의 상태에 머무르게 된다. 그러나 집중된 에너지의 양이 바뀌면서 본능 충동은 활동적으로 될 수도 있다. 사실 본능 충동이 활동적이라고 해서 바로 억압이 중단되는 것은 아니다. 다만 그 충동이 우회로를 통해서라도 의식을 뚫고 들어갈 수 있도록 가능한 모든 과정을 가동시킬 수는 있다. 억압되지 않은 무의식의 파생자들의 경우, 그 활동성의 정도나 리비도 집중의 양에 의해 그 특정 표상의 운명이 결정된다. 그와 같은 파생자는 그 내용이 의식과 충동을 일으킬 만한 것이라 하더라도, 아주 적은 양의 에너지를 대표하는 한 계속 억압되지 않은 상태로 남을 수 있다는 것은 일상에서 흔히 찾아볼 수 있는 일이다. 이런 점에서 의식과의 충동이나 갈등에 결정적인 요인으로 작용하는 것이 양적인 요소라는 것이 입증된 셈이다.

10 『꿈의 해석』중 일곱 번째 장 〈소원 성취에 대하여〉 참조.

말하자면 근본적으로 불쾌감을 불러일으키는 표상이 일정 수준을 넘어서는 힘을 지니게 되면, 그 순간부터 갈등은 현실적인 것이 되고 그와 같은 표상의 활동성이 곧바로 억압으로 이어지게 되는 것이다. 따라서 억압과 관련해서 언급하자면, 집중된 에너지의 양이 증가한다는 것은 곧 무의식으로 접근하는 것과 같은 의미를 갖게 되며, 그 양이 줄어든다는 것은 무의식에서 거리가 멀어진다거나 어떤 변형의 과정을 거친다는 의미와 같은 것이 된다. 혐오감이나 불쾌감을 주는 것을 약화시키는 것, 그것에서 우리는 억압과 같은 의미의 힘의 작용을 발견할 수 있는 것이다.

지금까지의 논의에서 우리가 주로 다룬 것은 본능 대표자의 억압에 관한 것이었다. 그리고 우리는 본능의 대표자를 본능에서 발산된 특정 양의 정신적 에너지(리비도 혹은 관심)가 집중적으로 발현된 하나의 표상, 혹은 표상의 집단으로 이해해 왔다. 그런데 이제 임상 관찰을 통해 우리는 지금까지 우리가 하나의 단일체로 파악해 왔던 것을 분리해서 생각해야 한다는 것을 알게 되었다. 왜냐하면 그와 같은 대표적 표상 이외에 본능을 대표하는 또 다른 요소가 있고, 그것도 고려해야 한다는 사실이 드러났기 때문이다. 그리고 그 다른 요소 또한, 표상이 겪는 억압의 과정과는 사뭇 다를 수 있지만 어쨌든 억압의 과정을 거친다는 것도 밝혀졌기 때문이다. 이 또 다른 정신적 대표자를 우리는 일반적으로 〈일정한 몫의 정동(情動, Affektbetrag)〉으로 불러 왔다. 표상에서 분리된 본능이 자신의 양에 알맞는 표현을 〈정동〉이라고 하는 과정 속에서 찾는다면, 이때 정동은 본능에 상응하게 된다. 따라서 이제부터는 억압의 과정을 설명할 때 억압의 결과로 표상에 어떤 일이 일어나는지, 그리고 그 표상과 결부된 본능적 에너지에는 어떤 일이 일어나는지를 구분해서 살펴볼 필요성이 생기게 된다.

　이제 우리는 즐거운 마음으로 표상과 본능적 에너지의 변천 과정에 대한 일반적인 애기를 해보기로 하자. 실제로 우리가 나아가야 할 방향만 확인한다면 충분히 언급할 수 있는 이야기다. 일반적으로 말해 본능을 대표하는 〈표상〉이 겪게 될 변천 과정은, 만일 그 표상이 이전에 이미 의식 속에 있었다면 이젠 의식에서 사라져야 한다는 것, 혹은 이제 막 의식 속에 진입하려 한다면 그 진입이 제지당한다는 것, 이 둘로 요약할 수 있을 것이다. 이 두 변천 과정의 차이는 중요하지 않다. 빗대어 말하자면, 하나는 반갑지 않은 손님을 응접실(혹은 현관) 밖으로 나가라고 명령하는 것과 다름없으며, 또 하나는 그 손님이 반갑지 않은 손님임을 확인하고는 아예 문턱을 넘어서지 못하도록 거절하는 것과 다름없다.[11] 한편, 정신분석에서 이루어진 관찰의 결과를 대충 검토해 보면 알 수 있듯이, 본능 대표자의 〈양적(量的)〉인 요소는 세 가지 변천 과정을 겪을 가능성이 있다. 하나는 본능이 그 흔적을 찾을 수 없을 정도로 완전히 억압되는 것, 또 하나는 질적으로 어떤 다른 색깔을 띤 정동으로 나타나는 것, 그리고 나머지 하나는 그 본능이 불안으로 바뀌는 것 등이다.[12] 이 가운데 두 번째와 세 번째 가능성을 고려하여 우리는 〈본능〉의 정신적 에너지가 〈정동〉으로, 특히 〈불안〉으로 변화되는 과정을 본능이 겪는 또 하나의 변

　11　억압의 과정을 빗대어 말한 이 비유는, 앞에서 설명한 억압의 특징까지도 잘 설명해 주고 있다. 다만 이럴 경우 다음의 한 가지는 덧붙여 언급해야 한다. 그것은, 그 반갑지 않은 손님이 들어오지 못하도록 문에 항상 경비원을 두고 있는 상황을 추가로 설정해야 한다는 것이다. 그렇지 않으면 그 손님이 문을 박차고 뛰어들어 올지 모르기 때문이다 — 원주.

　12　이 부분에 관한 프로이트의 견해는 나중에 다시 수정된다. 「억압, 증상 그리고 불안」을 참조할 것.

천 과정으로 보아야 하는 것이다.

억압의 동기와 목적이 불쾌를 피하는 것에 있음을 다시 한번 상기해 보자. 그러면 본능 대표자에 속하는 일정한 몫의 정동의 변천 과정이 그 본능 표상의 변천 과정보다 훨씬 중요하며, 이런 사실이 바로 억압 과정에 대한 우리의 평가에 결정적인 요인이 된다는 사실이 입증된다. 만일 어떤 억압의 과정이 불쾌한 감정이나 불안이 일어나는 것을 막지 못한다면, 그 억압의 과정은 비록 표상과 관련된 부분에서는 소기의 목적을 달성했을지 몰라도 대체로 실패한 것이라고 말할 수 있다. 물론 실패로 끝난 억압 과정은 성공을 거둔 억압 과정보다 더 우리의 관심을 끌게 된다. 어떤 억압 과정이 성공으로 끝나면 그 억압은 대체로 우리가 연구할 수 없는 것이 되기 때문이다.

이제는 억압 과정의 〈메커니즘〉에 대해 알아보자. 특히 우리가 알고 싶은 것은 그 〈메커니즘〉이 하나뿐인지 아니면 그 이상인지, 그리고 각각의 정신 신경증을 그것에 특징적으로 나타나는 억압의 메커니즘으로 과연 구분 가능한 것인지의 여부이다. 그러나 이런 연구를 하려고 하면 처음부터 우리는 복잡한 상황에 부딪히게 된다. 사실 우리는 억압의 〈결과〉를 통해 그 메커니즘을 추론함으로써만 억압의 메커니즘을 알 수 있다. 만일 우리의 관찰을 억압이 본능 대표자의 표상화된 부분에 미치는 효과에만 한정시킨다면, 우리는 대체로 억압이 〈대체물 형성Ersatzbildung〉의 결과를 낳는다는 사실을 발견할 수 있다. 그렇다면 그런 대체물을 형성케 하는 메커니즘은 무엇일까? 여기서도 하나가 아닌 그 이상의 메커니즘이 존재하는 것일까? 더 나아가 우리는 억압이 그 뒤에 〈증상들Symptome〉을 남긴다는 것도 알고 있다. 이럴 경우 우리는 대체물 형성과 증상의 형성이 서로 일치하는 것이라고 가정할 수 있는 것인가? 그리고 만일 이것이 전반적인 현상이라면 증상 형성의 메커니즘은 억압의 메커니즘과 똑같은 것인가? 일반적으로 우리는 이 두 메커니즘은 서로 크게 다른 것이라고 말할 수 있다. 대체물 형성 증상은 억압의 결과가 아니라 단지 〈억압된 것이 되돌아온 것〉[13]에 불과하며, 따라서 그 둘은 다른 과정 때문에 비롯된 결과일 가능성이 크다. 따라서 억압의 메커니즘을 살펴보기 전에 대체물과 증상이 형성되는 메커니즘을 먼저 검토하는 것이 바람직한 방향일 것이다.

분명한 것은, 그 문제가 추상적 사변의 주제는 아니라는 점이다. 그런 추론이나 사변보다는 다른 신경증에서 관찰될 수 있는 억압의 여러 결과를 주의 깊게 검토하는 일이 중요하기 때문이다. 그러나 내가 여기서 한 가지 분명하게 언급한다면, 지금으로서는 우리가 의식과 무의식의 관계에 대한 더욱 명확한 개념 설정이 이루어질 때까지는[14] 그 문제에 대한 논의를 유보해야 한다는 점이다. 하지만 현재의 논의가 어느 정도 결실을 맺을 수 있도록 나는 미리 다음의 몇 가지 사항을 언급해 두려고 한다.

(1) 억압의 메커니즘은 대체물 형성의 메커니즘 혹은 메커니즘들과 사실상 일치하지 않는다.

(2) 대체물 형성의 메커니즘은 아주 다양하다.

(3) 억압의 메커니즘들에는 한 가지 공통점이 있는데, 그것은 바로 〈에너지(혹은 성적 본능인 경우는 리비도) 집중의 철회〉이다.

13 〈억압된 것이 되돌아온다〉는 개념은 프로이트가 일찍부터 언급한 개념으로 「방어 신경 정신증에 대한 재고찰Weitere Bemerkungen über die Abwehr-Neuropsychosen」(1896)과 1896년 1월 1일에 플리스에게 보낸 초기 원고에서도 찾을 수 있다.

14 의식과 무의식의 관계에 대한 분명한 개념 설정은 「무의식에 관하여」 중 〈억압의 지형학과 변화 유형〉에서 이루어지고 있다.

지금부터 나는 가장 잘 알려진 세 가지 유형의 정신 신경증에 초점을 맞추어 몇 가지 예를 들어 가며, 여기에 소개한 개념들이 억압 연구에 어떻게 적용될 수 있는지를 살펴보려고 한다. 〈불안 히스테리Angsthysterie〉의 경우는 분석이 충실히 이루어진 동물 공포증Tierphobie을 예로 들어 보겠다.[15] 이 경우, 억압을 받게 되는 본능 충동은 아버지에 대한 두려움과 결부된 아버지에 대한 리비도적 태도라 할 수 있다. 억압이 이루어지고 난 뒤에는 이런 충동이 의식에서 사라지게 된다. 말하자면 아버지는 더 이상 의식에서 리비도의 대상으로 나타나지 않는다. 하지만 아버지에 대한 대체물로, 불안의 대상으로 어느 정도 적합한 동물이 아버지의 자리에 들어서게 된다. (본능의 대표자의) 표상화된 부분을 위한 대체물이 특정한 방식으로 결정된 일련의 연관 관계를 따라 이루어지는 〈전위Verschiebung〉에 의해 형성된 것이다. 물론 양적인 부분은 사라진 것이 아니라 불안으로 바뀌었을 뿐이다. 그런 결과로 아버지에게 사랑을 요구하는 대신에 늑대를 두려워하는 결과가 빚어진 것이다. 물론 아주 단순한 정신 신경증을 설명하는 경우에도 여기서 사용된 범주들만 가지고는 충분한 설명을 다 할 수는 없을 것이다. 늘 고려해야 할 사항들이 많은 법이기 때문이다.

동물 공포증에서 나타나는 억압의 경우는 근본적으로 실패로 끝난 억압이라고 보아야 한다. 이 경우, 억압이 한 일이란 고작해야 표상을 제거하고 그 표상을 다른 것으로 대체한 것에 불과할 뿐이지 불쾌감을 없애는 데는 완전히 실패했기 때문이다. 따라서 이런 이유로 신경증의 작업도 중단된 것이 아니라 더 중요하고

---

15 이것은 물론 「늑대 인간 — 유아기 신경증에 관하여」를 의미한다. 「늑대 인간」은 이 글보다 3년 후에 발간되었지만, 이 글을 쓸 당시 이미 기본적인 테두리는 다 완성된 것으로 알려져 있다.

직접적인 목적을 달성하기 위해 두 번째 단계를 향해 계속 진행된다. 그것이 바로 도피 시도이다. 불안감의 발산을 방지할 의도로 이루어지는 수많은 회피 활동, 즉 〈본래적인 의미의 공포증〉이 형성되는 것이다. 공포증이 그 목적을 어떤 메커니즘을 통해 달성하느냐 하는 문제를 이해하기 위해서는 더욱 전문적인 연구가 필요하다.

〈전환 히스테리Konversionshysterie〉의 경우를 고려할 때면, 우리는 억압 과정에 대해 또 다른 시각을 갖지 않을 수 없다. 이 경우 가장 두드러지게 나타나는 것은 일정한 몫의 정동을 완전히 사라지게 할 수 있다는 것이다. 이렇게 될 때 전환 히스테리 환자는 샤르코J. M. Charcot가 〈히스테리 환자들 특유의 무관심한 미인의 얼굴la belle indifférence des hystériques〉[16]이라고 말한 그런 태도를 내보이게 된다. 다른 경우에서는 이런 억압이 완벽하게 이루어지지 않는다. 어떤 고통스러운 감각이 증상 그 자체에 결합될 수도 있으며, 혹은 불안감 발산을 방지하는 일이 불가능해지면서 공포증 형성의 메커니즘이 발동할 수도 있다. 아무튼 본능 대표자의 표상화된 내용은 의식에서 완전히 철회되며, 그 대체물로서 — 그리고 동시에 하나의 증상으로서 — 때론 감각적인, 그리고 때론 운동성을 지닌 자극이나 억제로서의 과도한 신경 자극(전형적인 예로 신체적인 자극)이 발생하게 된다. 그런데 자세히 살펴보면 과도하게 신경 자극을 받은 부분은 바로 억압된 본능의 대표자 그 자체의 한 부분임이 드러난다. 그리고 이 부분은 마치 어떤 〈압축Verdichtung〉의 과정을 거친 듯이 전체 리비도 집중을 그 자

---

16 이 말은 이미 『히스테리 연구』(프로이트 전집 3, 열린책들)의 〈사례 연구〉에서 인용된 바 있으며, 증상에 대하여 고통스럽고 불안해하기보다는 만족스러운 무관심을 나타내는 것을 말한다.

체로 끌어들이는 부분인 것이다. 물론 이런 설명으로 전환 히스테리의 모든 메커니즘을 다 규명할 수는 없다. 특별히 다른 맥락[17]에서 언급될 〈퇴행Regression〉의 요소 또한 고려의 대상이 되어야 하기 때문이다. (전환) 히스테리에서 억압이 포괄적인 대체물 형성에 의해서만 가능한 것으로 된다면, 사실 그 억압은 전적으로 실패한 억압으로 판단될 수 있다. 그러나 억압의 진정한 임무인 일정한 몫의 정동을 처리하는 문제와 관련해서 억압은 완전한 성공을 거두었다고 할 수 있다. 전환 히스테리에 있어서 억압의 과정은 증상 형성Symptombildung으로 완결되는 것이지, 불안 히스테리의 경우에서처럼 두 번째 단계로 이행될 — 아니 엄격히 말해 끝없이 계속될 — 필요가 없어지게 되는 것이다.

억압은 우리가 우리의 목적에 맞추어 설명해야 할 세 번째 질환인 〈강박 신경증Zwangsneurose〉에서 다시 한번 또 다른 모습을 내보인다. 이 경우 우선 우리가 의문을 갖게 되는 것은, 무엇이 억압을 받게 되는 본능의 대표자인가 하는 점이다. 과연 리비도적 성향이 본능의 대표자인가, 아니면 적대적인 성향이 본능의 대표자인가? 이런 불확실한 문제가 발생하게 된 원인은 강박 신경증이 퇴행을 기본 전제로 하고 있다는 사실에 있다. 말하자면 그 퇴행 때문에 애정적 성향을 대신하여 사디즘적 성향이 들어서기 때문이다. 따라서 억압의 대상이 되는 것은 바로 사랑하는 사람에 대한 적대적인 충동으로 나타나는 것이다. 그리고 억압의 초기 단계에 나타나는 결과는 후기 단계에 나타나는 결과와 크게 다르다. 처음에 억압은 분명 성공을 거둔다. 표상화된 내용이 거부되고 감정도 소멸된다. 그런데 여기서 하나의 대체물 형성으로서

17 이 다른 맥락이란 아마 전환 히스테리를 다룬 상실된 초심리학 논문을 지칭하는 것 같다.

양심을 강화시키는 형태로 자아의 변화가 일어나게 된다. 물론 이것을 증상이라고 부를 수는 없다. 따라서 이 경우, 대체물 형성과 증상의 형성이 일치하지 않는다. 이런 사실을 통해 우리는 억압의 메커니즘에 관한 또 다른 사실을 배우는 것이다. 강박 신경증의 경우, 다른 모든 경우에서와 마찬가지로 억압은 리비도의 철회라는 결과를 낳는다. 그러나 여기서 억압은 그 목적 달성을 위해 정반대의 것을 강화시키는 〈반동 형성Reaktionsbildung〉을 이용한다. 이런 점에 비추어 보면 강박 신경증의 경우, 대체물 형성은 억압과 똑같은 메커니즘을 지니고 있으며, 근본적으로 그 둘은 완전히 일치한다고 볼 수 있다. 반면에 개념적인 측면에서나 시간적인 측면에서나 이 경우의 대체물 형성은 증상의 형성과는 구분이 된다. 아마 이런 과정이 일어나는 것은 억압의 대상이 되어야 할 사디즘적 충동이 도입되면서 감정의 병존이라는 묘한 관계가 설정되기 때문이 아닌가 한다.

그러나 처음에는 성공을 거둔 억압이 계속 지속되지는 못한다. 그다음의 진행 과정에서 억압의 실패가 점차 분명하게 드러나기 때문이다. 반동 형성을 통해 억압이 일어나도록 했던 양가감정의 형성 시점이 바로 억압된 것이 되돌아오는 시점이기도 하다. 바로 그 시점에서 사라졌던 정동이 사회적 불안이나 도덕적 불안, 혹은 가차 없는 자기 질책이라는 변형된 모습으로 되돌아오는 것이다. 그리고 〈전이에 의한 대체Verschiebungsersatz〉가 일어나면서 거부되었던 표상이 아주 사소하거나 무관한 다른 무엇으로 전이되는 것은 물론이다. 일반적으로 억압되었던 표상을 온전하게 재정립시키려는 성향은 분명 존재한다. 양적인 속성의 정동적인 요소를 억압시키려는 시도가 실패로 끝나면서, 우리가 히스테리성 공포증에서 발견한 도피와 동일한 메커니즘이 회피와 금지의 수단을 통해 발동하게 되는 것이다. 그러나 의식이 그 〈표상〉을 거부하는 일은 고집스럽게 계속된다. 왜냐하면 그와 같은 거부를 통해 행동의 억제, 즉 충동적 행동을 금지하는 일이 가능하기 때문이다. 따라서 강박 신경증에서 억압의 활동은 무익하고 지루한 갈등 속에서 계속 연장된다고 보아야 한다.

이 글에서 제시한 일련의 짤막한 비교를 통해 우리는, 억압과 신경증 증상의 형성과 관련된 제반 과정을 더욱 철저하게 이해하기 위해서는 좀 더 포괄적인 연구가 이루어질 필요가 있음을 재삼 확인할 수 있었다. 고려해야 할 요소 모두가 예외 없이 아주 복잡하다는 사실 때문에, 우리가 그 요소들을 제시하는 방법은 사실 단 한 가지밖에 없었다. 그것은 먼저 이런 관점을 택해 보고 그 다음에 또 다른 관점을 택하는 식으로 논의를 전개함으로써, 어떤 결과를 얻을 때까지 계속 자료를 파고드는 방법이었다. 각 주제를 개별적으로 취급한 것이 그 자체로 완벽하지는 않을 것이다. 또한 아직 다루어지지 않은 자료를 건드리다 보니 분명 모호한 구석도 많이 노정되었을 것이 틀림없다. 하지만 우리가 모든 것을 최종적으로 분석하다 보면 분명 적절한 이해가 가능하리라는 희망은 있다.

윤희기 옮김

무의식에 관하여

Das Unbewußte(1915)

이 논문은 1915년 4월 4일에서 4월 23일까지 약 3주도 못 되는 기간 동안 쓰인 것으로 알려지고 있다. 그러다 같은 해 말 『국제 정신분석 의학지』에 두 부분으로 나뉘어(먼저 1~4, 이어서 5~7) 출판되었다.

프로이트의 〈초심리학에 관한 논문들〉이 그의 이론적 색채가 농후한 글 가운데 가장 중요한 논문들로 간주된다면, 그 가운데서 이 「무의식에 관하여」는 가장 중심이 되는 글이라 할 수 있다.

무의식의 정신 과정이 존재한다는 생각은 정신분석 이론에서 가장 기본이 되는 생각 중의 하나이다. 프로이트는 무의식의 개념을 뒷받침하는 주장을 끊임없이 제기해 왔을 뿐만 아니라, 그러한 자신의 주장에 반대하는 사람들과 어떠한 논쟁도 마다하지 않았다. 심지어 이론적인 글로서는 마지막 글이라 할 수 있는 1938년의 한 미완성 글(프로이트가 「정신분석에서의 몇 가지 기본 가르침Some Elementary Lessons in Psycho-Analysis」이라는 영어 제목을 붙인 이 글은 1940년에 출간되었다)에서도 프로이트는 다시 무의식 개념을 새롭게 옹호하고 나서기까지 했다.

그러나 여기서 분명히 해두어야 할 것은 무의식에 대한 프로이트의 관심이 철학적인 관심은 아니라는 점이다(물론 논의의 한쪽엔 어쩔 수 없이 철학적인 문제가 끼어들지 않을 수 없지만). 그의 관심은 〈실제적인〉 관심이었다. 말하자면 프로이트는 무의식의 정신 과정이 존재한다는 가정이 없이는 그가 마주친 다양한 현상을 설명할 수도, 있는 그대로 그려 낼 수도 없다는 생각을 한 것이었다. 반면에 그 가정을 세움으로써 그는 새로운 지식이 가득한 비옥하고 광활한 땅으로 들어서는 길을 발견할 수 있었다.

초기에는 프로이트가 무의식의 개념을 개진시키는 데 그리 큰 장애가 없었다. 가까운 주변 상황도 유리하면 유리했지 불리한 것이 하나도 없었다. 프로이트와 아주 친밀한 관계에 있으면서 심리학에 관심을 두고 있었던 그의 스승들 ─ 가령 마이네르트 Meynert 같은 경우 ─ 은 대개가 철학자이자 교육 이론가인 헤르바르트J. F. Herbart(1776~1841)의 견해에서 크게 벗어나지 않는 생각들을 가지고 있었다. 또한 프로이트가 중등학교에 다닐 때는 헤르바르트의 원리에 충실한 교재가 사용되기도 했다. 바로 그 헤르바르트의 사상 체계에서 가장 본질적인 부분이 무의식의 정신 과정이 존재한다는 것이었다. 그렇다고 프로이트가 정신 병리학 연구를 하던 초기 시절에 그 가설을 즉각 받아들인 것은 아니었다. 물론 처음부터 프로이트는 정신의 모든 과정을 의식에만 국한시키고, 그 과정의 변화란 순전히 물리적이고 신경 계통적인 사건에 의해서만 가능하다고 생각하다 보면 〈정신의 연속성〉이 깨지고, 관찰된 현상의 연속성에 메울 수 없는 간극이 생긴다는 생각은 하고 있었다.

그렇다면 어떻게 이 문제를 해결할 것인가? 두 가지 방법이 있을 수 있다. 하나는 물리적인 사건은 무시해 버리고 그 간극을 무의식의 정신 과정으로 메우는 것이다. 그리고 또 하나는 의식의 정신 과정을 무시해 버리고 관찰을 통해 얻은 사실들을 모두 포괄하여 설명할 수 있는 순수한 물리적 연속성의 고리를 구축하는 일이다. 전적으로 생리학 분야에만 관심을 두고 있었던 초기에, 프로이트가 두 번째 가능성에 더 마음이 끌렸던 것은 당연하다. 자연히 프로이트가 정신 병리학적 현상을 설명하기 위해 처음에 채택한 방법은 신경학적 방법이었다. 그리고 브로이어와의 친교 시절에 쓰인 모든 글이 다 그 방법에 기초한 것들이었다. 점차로 프로이트는 순전히 신경학적 요소들로 이루어진 〈심리학〉의 가능성에 매료되기 시작했고, 1895년에는 그 일을 이뤄 내기 위해 꼬박 몇 개월을 다 바치기까지 했다. 1895년 4월 27일에 플리스에게 보낸 편지의 다음 부분은 당시 프로이트의 심정이 어떠했는지를 잘 보여 주고 있다. 〈나는 신경과 의사들을 위한 심리학에 푹 빠져 있다오. 얼마나 그 일에 몰두했는지 이제는 탈진 상태에 이를 지경이 되었소. 과로로 일을 중간에 포기하지나 않을까 걱정이구려. 지금까지 내가 이 정도까지 온 심혈을 기울인 작업은 아마 없었을 거요. 좋은 결과가 나올 것 같지 않소? 나는 그렇게 희망하고 있다오. 하지만 일이 힘들어 빨리 진척이 되지 않는구려.〉 그로부터 몇 달 후 나온 결과가 바로 우리가 『과학적 심리학 초고』로 알고 있는 미완성 논문이다. 1895년 9월에서 10월 사이에 플리스에게 보낸 그 글에서, 프로이트는 인간의 모든 행위를, 그것이 정상적인 행위이든 병리적인 행위이든 모든 범주의 인간 행위를 묘사하고 설명하려는 구상을 드러냈다. 그리고 그러한 설명의 기준이 된 것은 신경 단위인 뉴런과 구체적으로 명명되지 않은 어떤 물리적 혹은 화학적 에너지의 흐름의 양, 이 두 가지 물질적 실체였다. 이처럼 연쇄적인 물리적 사건만으로 모든 정신 과정을 설명할 수 있었기에, 그때까지만 하더라도 무의식의 정신 과정을 도입할 필요성을 피해 갈 수 있었다.

그러나 『과학적 심리학 초고』는 미완성으로 끝났으며, 더욱이 프로이트는 그 『초고』의 밑바탕이 되던 자신의 생각을 곧 포기하고 말았다. 그렇게 된 데에는 많은 이유가 있었겠지만, 무엇보다도 주된 이유는 신경과 의사였던 프로이트가 서서히 심리학자인 프로이트로 바뀌었기 때문이었다. 바꾸어 말하면, 신경계에 대한 설명이 아무리 정교하고 체계적이라 할지라도 그것이 정신분석을 통해 제기되기 시작한, 따라서 정신 과정을 묘사하기에 적합한 언어로만 설명할 수 있는 여러 미묘한 문제를 다루기에는 너무 거추장스럽고 서투른 방법으로 느껴지기 시작했던 것이다. 물론 프로이트가 갑자기 방향을 바꾼 것은 아니었다. 『과학적 심리학 초고』에 앞서 1년 전에 쓰인 〈에미 폰 N. 부인〉의 증례 연구의 각주에서, 프로이트는 처음으로 〈무의식〉이란 용어를 사용하기도 했다. 비록 『히스테리 연구』에 동원된 표면상의 이론이 신경학적인 이론이기는 하나, 심리학과 그에 따른 무의식의 정신 과정을 도입할 필요성이 슬며시 제기되었던 것이다. 실제로, 히스테리에 관한 억압 이론과 카타르시스적 치료 방법의 기본은 심리학적인 설명 없이는 불가능하다. 따라서 이것들이 『과학적 심리학 초고』의 제2부에서 신경학적으로 설명된 것은 사실 잘못된 부분이었다. 그러다 몇 년 후, 『꿈의 해석』에서 미묘한 변화가 일어났다. 심리학을 신경학적으로 설명하려는 시도가 완전히 사라졌을 뿐 아니라, 『과학적 심리학 초고』에서 신경 계통의 용어로 설명했던 것들의 대부분을 정신과 관련된 용어로 바꾸어 표현해도 무리가 없었으며, 오히려 더 이해하기가 쉬웠다. 드디어 〈무의식〉이란 용어가 제대로 자리를 잡은 것이었다.

　하지만 여기서 또 한 가지 강조해 둘 것은, 프로이트가 확립한 〈무의식〉이란 용어가 형이상학적인 테두리에 머무르지 않았다는 점이다. 말하자면 『꿈의 해석』 일곱 번째 장에서 드러나듯, 프로이트는 무의식이 무엇인지, 그것이 어떻게 작용하는지, 정신의 다른 부분과는 어떻게 다른지, 그리고 그 다른 부분과 무의식은 어떤 관계에 있는지를 처음으로 밝혀내면서, 형이상학적 테두리에서 벗어나지 못할 뻔한 무의식의 개념에 피와 살을 붙였던 것이다. 『꿈의 해석』에서의 이 전환점을 토대로 새로 발견한 것들을 더욱 확대시키고 깊이 있게 조망한 것이 바로 이 「무의식에 관하여」란 논문이다.

　그러나 초기에는 〈무의식〉이란 개념이 분명한 성격의 개념은 아니었다. 본 논문에 앞서 3년 전에 정신 연구 학회에 영어로 발표한 논문인 「정신분석에서의 무의식에 관한 노트」에서 프로이트는 〈무의식〉 개념의 다의성에 주목하고, 그 개념의 용도를 〈서술적 용도〉, 〈기능적 용도〉, 〈체계적 용도〉 등 여러 용도로 구분했다. 본 논문에서도 조금 변형된 형태이긴 하지만 그런 구분이 기술되어 있으며, 「자아와 이드」와 『새로운 정신분석 강의』 서른한 번째 강의에서는 더 자세하게 설명되고 있다. 그런데 주목할 점은, 정신의 여러 조직을 〈의식〉과 〈무의식〉의 대조만으로는 깔끔하게 설명할 수 없지만, 프로이트가 이 글에서 밝힌 〈의식〉과 〈무의식〉의 구분에 관한 전체적인 구도의 설명은 그대로 유효하다는 사실이다. 프로이트가 늘 주장했듯이, 〈의식이냐 무의식이냐?〉의 기준이 만족스럽지는 못하지만, 그래도 그런 기준을 설정하는 것이 심층 심리학의 어둠 속에서 우리가 의지할 수 있는 유일한 횃불이 되기 때문이다.

이 논문은 1915년 『국제 정신분석 의학지』 제3권 4호, 5호에 처음 실렸으며, 『저작집』 제5권(1924), 『전집』 제10권(1946)에도 수록되었다. 영어 번역본은 1925년 베인스가 번역하여 "The Unconscious"라는 제목으로 『논문집』 제4권에 수록되었으며, 『표준판 전집』 제14권(1957)에도 실렸다.

무의식에 관하여

정신분석을 통해서 우리는 억압 과정의 본질이 본능을 대변하는 어떤 표상을 제거하거나 지우는 데 있는 것이 아니라, 그 표상이 의식의 영역에 나타나지 않도록 하는 데 있다는 것을 알게 되었다. 이처럼 억압을 통해 어떤 표상이 의식의 전면에 나타나지 않을 때, 우리는 그 표상이 〈무의식〉의 상태에 있다고 말한다. 그런데 어떤 표상이 무의식의 상태에 있을지라도, 그 표상은 의식에 도달하는 표상과 마찬가지로 나름의 영향력을 행사할 수 있다. 우리는 그 증거를 제시할 수도 있다. 아무튼 억압된 모든 것은 무의식 속에 머물러 있어야 한다. 그러나 글의 서두에서 우리가 밝혀 두어야 할 것은, 무의식이 전적으로 억압된 것들로만 채워져 있지 않다는 사실이다. 무의식의 영역은 생각 이상으로 넓으며, 억압된 것들은 무의식의 일부에 지나지 않는 것이다.

그렇다면 우리는 어떻게 무의식을 알 수 있을까? 당연히 우리는 그 무의식이 의식의 그 무엇으로 변화되거나 전이되고 난 뒤 의식화된 그 무엇으로서 무의식을 알게 될 뿐이다. 매일매일의 정신분석 작업을 통해서 우리는 그와 같은 무의식이 의식으로 전환될 수 있다는 것을 보았다. 그렇게 되기 위해서는 분석의 대상이 되는 사람이 이전에 관련된 내용이 의식에 나타나지 않도록 억압당할 때 겪었던 저항과 똑같은 저항을 극복해야만 한다.

1. 무의식 개념의 정당화

무의식이 존재한다고 가정하고, 그 가정을 과학적 작업의 목적에 적용하려는 우리의 노력이 곳곳에서 반발에 부딪히고 있다. 그러한 반발에 대해 우리는 무의식에 관한 우리의 가정이 〈필수적인〉 것일 뿐만 아니라 〈정당한〉 것이며, 또 무의식의 존재를 증명할 〈증거〉가 충분하다고 맞받아칠 수 있다.

무의식이 존재한다는 우리의 가정은 의식의 자료에 단절되는 부분이 많다는 점에서 〈필수적〉이다. 건강한 사람이나 병든 사람 모두에게는 의식에서 근거를 찾을 수 없는 어떤 작용을 미리 전제해야만 설명이 가능한 정신적 활동이 종종 일어난다. 건강한 사람의 경우는 실수 행위*Fehlhandlung*[1]나 꿈, 병든 사람의 경우는 어떤 정신적인 증상이나 강박 등으로 나타나는 모든 행위가 그런 정신적인 활동에 속한다. 우리는 지극히 개인적인 일상 경험 속에서 어떻게 우리 머릿속에 들어온 것인지 알 수 없는 어떤 순간적인 생각들을 떠올리기도 하고, 또 어떤 식으로 그렇게 결론을 내리게 되었는지 알 수 없는 지적인 결론을 내릴 때가 있다. 그런데 이와 같은 의식의 활동들은, 만일 우리가 모든 정신적인 활동들은 반드시 의식을 통해 경험되는 것이어야 한다고 고집스럽게 주장한다면, 도무지 어떤 맥락 속에 연결시킬 수도 없고 이해도 불가능한 것으로 남게 된다. 반면에 그런 의식의 활동들 사이에 우리가 제시한 무의식의 활동을 삽입시킨다면, 그 의식의 활동들

---

1 무의식적인 소망이나 태도 등을 내보이는 실수 행동이나 일시적인 망각, 혹은 사고의 오류 등을 일컫는다. 『정신분석 강의』를 참조하라.

은 입증 가능한 정연한 연관 관계 속에서 이해 가능한 것이 된다. 이처럼 단절된 의식 활동이 무의식의 개입으로 어떤 의미를 획득할 수 있다는 사실이 바로 우리가 직접적인 경험의 경계 너머로 들어설 수 있음을 정당하게 뒷받침해 주는 근거가 되는 것이다. 더욱이 무의식이 존재한다는 가정을 토대로 우리가 의식 과정에 영향을 미칠 수 있는 어떤 행위의 절차를 성공적으로 구축해 낼 수 있다면, 그것 또한 우리가 가정한 무의식의 존재를 분명하게 확인해 주는 논박할 수 없는 증거가 되는 셈이다. 사정이 이렇기 때문에 우리는, 정신에서 일어나는 모든 것들은 당연히 의식에 드러나는 것이어야 한다는 주장을 이제는 더 이상 설득력이 없는 주장이라고 볼 수밖에 없다.

무의식의 정신 상태가 존재한다는 것을 뒷받침하기 위해 우리는, 어느 순간이든 의식은 아주 적은 양의 내용만을 담고 있으며, 따라서 우리가 의식을 통해 알고 있는 것의 대부분은 어떤 경우든 장시간 잠재적인 상태, 바꾸어 말하면 정신적으로 무의식의 상태에 있다고 주장할 수 있다. 드러나지 않고 잠재해 있는 우리의 모든 기억을 고려해 본다면, 어떻게 무의식의 존재를 부인할 수 있는지 도무지 이해할 수가 없다. 그러나 이 부분에 대해 반대가 없는 것은 아니다. 그런 잠재된 기억을 단지 정신적인 것으로만 설명할 수는 없으며, 오히려 육체적 과정의 일부가 잔재로 남아 거기에서 잠재된 기억과 같은 정신적인 것이 파생된 것이라고 설명할 수도 있다는 주장이 그것이다. 이런 이의 제기에 대해 우리는 반대로, 잠재된 기억이란 〈정신적〉 과정의 잔재라고 분명히 답할 수 있다. 그러나 여기서 우리가 분명하게 깨달아야 할 중요한 사항은, 그와 같은 반대나 이의 제기가 그저 막연히 무슨 원칙처럼 여겨지던 등식(等式), 즉 의식과 정신은 동일한 것이라는 생각에서 비롯된 것이라는 사실이다. 이 등식은 정신적인 것이면 무엇이든지 과연 반드시 의식적인 것인가 하는 의문 자체를 허용하지 않는 〈선결 문제 요구의 오류 *petitio principii*〉이거나, 아니면 관습이나 용어 체계의 문제이다. 그런데 후자, 즉 관습이나 용어 체계의 문제인 경우에 그것은 다른 여느 관습처럼 논박의 여지가 있을 수 없다. 다만 한 가지, 그 관습이 과연 우리가 채택하지 않으면 안 될 만큼 유효하고 적절한 것인가 하는 문제는 남아 있다. 이 점을 고려한다면, 우리는 정신을 의식과 동일시하는 관습이 절대로 적절한 것은 아니라고 대답할 수 있다. 구체적으로 말하면, 그런 등식은 정신의 연속성을 무너뜨리고 심신 병행론(心身竝行論)[2]이라는 어려운 난관에서 우리를 헤어나지 못하게 할 뿐 아니라, 분명한 근거 없이 의식의 역할을 지나치게 높이 평가한다는 비난이나 어떤 다른 학문적인 대안 없이 미리부터 심리학 연구 분야를 포기하게 만든다는 비난을 면하기 어려운 그릇된 등식인 것이다.

어쨌든 분명한 것은 이 문제, 즉 정신적 삶에서 잠재된 상태로 있는 것 ─ 이것의 존재를 부인할 수는 없다 ─ 을 과연 의식적인 정신 상태로 볼 것이냐 아니면 육체적인 상태의 것으로 볼 것이냐 하는 문제를 파고들다 보면 자칫 언쟁에 빠질 위험이 있다는 점이다. 따라서 우리로서는 논란의 여지가 많은 이 잠재적인 상태의 본질에 대해 우리가 확실하게 알고 있는 것에 논의의 초점을 맞추는 것이 훨씬 현명한 방법이 될 것이다. 사실 그 잠재적인 상태가 육체와 어떤 관련이 있는지를 따지는 일은 우리로서는 불

2 특정한 정신 과정과 육체 과정이 서로 대응한다는 이 이론을 프로이트 자신도 한때는 받아들인 적이 있다. 『실어증에 관한 이해 *Zur Auffassung der Aphasien*』(1891)를 참조할 것.

가능한 일이다. 어떤 생리학적인 개념이나 화학적 과정으로도 우리는 그 잠재적인 상태의 본질에 관해 알 수 없기 때문이다. 반면에 정신적 삶의 잠재적인 상태들이 의식의 정신 과정과는 많은 부분에서 서로 접촉된다는 것만은 분명히 우리가 알고 있는 사항이다. 말하자면 어느 정도의 연구 작업을 통해 우리는 그 잠재적인 상태를 의식의 정신 과정으로 전환시킬 수도 있고 대체할 수도 있으며, 또 표상, 목적, 결의 등 우리가 의식적인 정신 활동을 묘사하기 위해 사용하는 여러 범주의 용어를 그 잠재적인 상태에도 적용할 수 있다. 실제로 그러한 잠재적인 상태들에 관해 언급하면서 우리가 그것들을 의식의 상태와 구분할 수 있는 것은, 오로지 그 잠재적인 상태들이 의식에 부재한다는 사실 때문인 것이다. 그러므로 그 잠재적인 상태들을 심리학 연구의 대상으로 삼아 의식적인 정신 활동의 긴밀한 연관 관계 속에 다루지 못할 이유가 전혀 없는 것이다.

잠재적인 정신 활동에 끝까지 정신적인 특성을 부여하지 않으려는 태도는, 관련된 현상의 대부분이 정신분석을 제외한 다른 분야에서는 전혀 연구 대상이 되지 못하고 있는 상황으로 대신 설명할 수가 있다. 병리적인 사실에 무지한 사람, 정상인의 일시적인 과실이나 실수 행위를 우연한 것으로 치부해 버리는 사람, 〈꿈은 물거품처럼 허망한 것 *Träume sind Schäume*〉[3]이라는 옛말을 그대로 받아들이는 사람, 이런 사람들은 의식의 심리학의 몇몇 문제만을 무시해 버리면 무의식의 정신 활동이 존재한다는 가정을 굳이 내세울 필요가 없었다. 그런데 말이 난 김에 덧붙이자면, 정신분석이 존재하기 이전에 이미 최면 실험, 특히 최면 후 암시 *posthypnotische Suggestion*를 통해 무의식의 정신 과정이 존재한다는

3 『꿈의 해석』참조.

것과 그것의 작용 방식이 어떠한가가 명백하게 입증되었다는 사실을 주목할 필요가 있다.[4]

더 나아가 무의식이 존재한다는 가정은, 그런 가정을 내세우더라도 기존의 관습적이고 일반적으로 받아들여지고 있는 사고 양식에서 한 발자국도 벗어나는 것이 아니기 때문에 절대 〈합당한〉 가정으로 보아야 한다. 우리는 의식을 통해 우리 자신의 마음 상태만을 알 수 있을 뿐이다. 다른 사람들도 의식을 지니고 있다. 하지만 그것은 그들의 행위를 이해하기 위해 유추 과정을 통해 우리가 관찰한 그들의 말과 행동에서 이끌어 낸 추론에 지나지 않는다(이 말을 심리학적으로 더 정확히 말하자면, 우리는 어떤 특별한 반성적 사고 없이 다른 사람들에게 우리 자신의 성향을 부여하고, 따라서 우리 자신의 의식 또한 그대로 부여한다는 뜻이다. 그리고 이와 같은 동일시가 바로 타인을 이해하는 〈필수 조건 sine qua non〉인 것이다). 이런 추론 과정(동일시 과정)은 이미 예전부터 자아에 의해 다른 사람들, 동물들, 식물들, 무생물들, 그리고 세계 전체로까지 확대되어 적용된 것으로, 자아와 〈타자(他者)〉 세계의 유사성이 크면 클수록 유용한 것이고 자아와 〈타자〉와의 차이가 벌어지면 벌어질수록 신뢰할 수 없는 것이 된다. 그렇다고 무조건 그런 동일시의 과정이 인정되는 것은 아니다. 오늘날 우리는 비판적 사고를 통해, 동물의 경우 의식이 과연 존재하는지 여부에 대해서는 이미 회의적인 시각을 표명하기 시작했으며, 식물의 경우엔 의식이 존재하지 않는다고 확신하게 되었고, 무생물에게 의식을 부여하면 그건 신비주의로 들어서는 것이라고 판단하게 되었다. 다만 그 〈타자〉가 동료 인간인 경우 본래적

4 미완성 논문인 「정신분석에서의 몇 가지 기본 가르침」의 마지막 논의에서 프로이트는 최면 후 암시 실험에서 드러난 증거들을 길게 거론하고 있다.

인 동일시의 성향을 무시하기는 어렵다. 그러나 이런 경우라도 다른 사람에게도 의식이 있다고 가정하는 것은 다분히 추론에 의한 가정이지, 우리가 우리 자신의 의식을 확인할 때처럼 자신 있게 확신하는 것은 아닌 것이다.

사실 정신분석이 요구하는 것은 타인에 대한 이와 같은 추론의 과정을, 사실 썩 내키는 일은 아니지만 우리 자신에게도 적용해야 한다는 것이다. 이처럼 추론의 과정을 자기 자신에게 적용한다 함은, 내가 나 자신에게서 감지한 모든 행동과 표현들이 자신의 정신적 삶의 나머지 다른 부분들과 어떻게 연결되는지 모르기 때문에, 그것들을 마치 다른 사람들의 행동과 표현인 양 취급하여 판단해야 한다는 것을 의미한다. 더욱이 우리는, 우리 스스로 경험을 통해 느낀 바이지만, 어떤 행동을 우리 자신의 정신적인 활동의 결과로는 인정하지 않으려 하면서도, 다른 사람들에게서 똑같은 행동이 발견될 경우 그 행동들을 어떻게 해석해야 할지(즉 그 행동들이 그들의 정신적 사건의 연결고리 속에 어떻게 이어지는지) 잘 알고 있지 않은가. 실제로 우리가 우리 자신의 정신적인 활동을 해석하려는 경우는 알 수 없는 어떤 내부의 장애물로 인해 자기 자신에 대한 연구가 방향을 잃게 되고, 따라서 진정한 이해를 구하기가 분명 어려운 것이다.

그러나 어떤 내적인 거부감에도 불구하고 그 추론의 과정을 자기 자신에게 적용한다고 해서 무의식이 그대로 드러나는 것은 아니다. 오히려 논리적으로 볼 때 그와 같은 적용의 과정에서 드러나는 것은, 자기가 알고 있는 의식과 자기 자신을 연결시켜 주는 또 다른 제2의 의식을 가정해야 한다는 사실이다. 그러나 이 대목에 대해서는 당연히 비판이 제기될 수 있다. 우선, 의식의 주체가 모르는 자기 속의 또 다른 의식이란 타인에게 속하는 의식과는 다르다. 따라서 의식으로서의 중요한 특성이 결여된 그런 의식이 과연 논의의 가치가 있는 것인지 의문이 따른다. 아마 무의식의 정신 과정이 존재한다는 가정을 받아들이지 않는 사람들은, 그 무의식의 정신 과정을 무의식의 〈의식〉으로 바꿔 제시해도 받아들이려 하지 않을 것이다. 둘째로, 분석을 통해 드러난 바에 따르면 우리가 추론으로 이끌어 낸 성격이 다른 별개의 잠재적 정신 과정들이, 비록 이전에는 서로 직접적인 관련성이 없었고 또 정말 서로 별개의 것으로 존재했음에도 불구하고 아주 높은 상호 의존성을 보인다는 사실이다. 그렇다면 우리는 제2의 의식뿐만 아니라 우리가 알지도 못하고 또 서로 상관관계도 없는 제3, 제4, 아니 무한히 많은 또 다른 의식들이 존재함을 가정해야 한다. 셋째로, 아마도 이게 가장 중요한 문제가 될 텐데, 우리는 잠재적 정신 과정의 일부가 우리에게는 아주 낯선, 아니 더 나아가 믿을 수 없는, 그리고 우리가 잘 알고 있는 의식의 속성과는 정반대되는 성격과 특성을 지니고 있다는 사실이 정신분석 연구에 의해 밝혀지고 있다는 것을 고려해야만 한다. 그러므로 우리는 우리 자신에 대해 내렸던 추론을 수정하여, 제2의 의식이 존재한다는 사실이 입증된 것이 아니라 오히려 의식에는 부재하는 또 다른 정신 활동이 존재한다는 사실이 입증된 것이라고 말해야 할 것이다. 또한 당연히 우리는 〈잠재 의식das Latentbewußte〉이라는 용어를 부정확하고 잘못된 용어로 거부해야 한다.[5] 잘 알려진 〈이중 의

---

5   물론 프로이트는 초기의 몇몇 글, 가령 「기질성 근육 운동 마비와 히스테리성 근육 운동 마비에 관한 비교 연구Quelques considérations pour une étude comparative des paralysies motrices organiques et hystériques」(1893)나 1895년에 출간한 『히스테리 연구』에서 〈잠재 의식〉이란 용어를 사용했다. 그러나 『꿈의 해석』(1900)에서는 그 용어를 사용하지 말라고 권했으며, 『정신분석 강의』(1916~1917) 중 열아홉 번째 강의와 1926년 발표한 「비전문가 분석의 문제」(프로이트 전집 15, 열린책들)에서도 이 문제를 거론하고 있다.

식*double coscience*〉6이란 개념의 경우는 우리의 견해에 반대되는 것이 아니다. 이 이중 의식이란 정신 활동이 두 그룹으로 분열되는 경우로, 동일한 의식이 각 그룹에 교대로 나타나는 것으로 이해하면 충분히 납득할 수 있다.

그렇다면 이제 우리는 정신분석에서 정신 과정이란 본질적으로 무의식적인 것이라고 주장하는 것 외에는 다른 선택의 여지가 없다. 그리고 의식을 통한 무의식적 정신 과정의 지각을 감각 기관을 통한 외부 세계의 지각과 비교할 도리밖에 없다.7 더 나아가 우리는 그런 비교를 통해 더욱 새로운 지식을 얻어 낼 수 있으리라 희망한다. 무의식의 정신 활동이 존재한다는 정신분석의 가정은, 한편으론 우리 주변에 우리의 의식과 똑같은 의식이 있음을 깨닫게 하는 원시적인 정령설(精靈說)을 좀 더 확대시킨 것으로 볼 수도 있지만, 또 다른 한편으론 외부 세계에 대한 우리의 인식을 고쳐야 한다고 한 칸트의 주장을 확대시킨 것으로 볼 수도 있다. 우리의 인식이나 지각은 주관적으로 조건 지어진 것이며, 따라서 인식 불가능한 인식 대상을 우리의 인식과 동일한 것으로 간주해서는 안 된다고 주장한 칸트와 마찬가지로, 정신분석 또한 의식을 통한 인식을 인식의 대상인 무의식의 정신 과정과 동일한 것으로 보지 말 것을 요구하는 것이다. 물리적이고 육체적인 것과 마찬가지로 정신적인 것은, 본질상 있는 그대로 드러나는 것과는 다르다. 다만 그나마 위안이 되는 것은, 외부 세계에 대한 인식을 수정하는 것처럼 내면 인식을 수정하는 일이 그렇게 지난(至難)한 일은 아니라는 점이다. 내면 인식의 대상이 외부 세계만

---

6 *double coscience*는 〈의식의 분열〉을 의미하는 프랑스어식 표기이다.
7 이러한 생각을 프로이트는 이미 『꿈의 해석』 중 일곱 번째 장에서 비교적 길게 다룬 바 있다.

큼 인식하기 어려운 대상이 아니기 때문이다.

2. 〈무의식〉의 다의성 — 지형학적 시각으로 바라본 무의식

우리의 논의를 계속하기 전에, 논의 전개상 불편한 점이 있긴 하지만 먼저 무의식의 속성이라는 것이 정신에서 찾을 수 있는 유일한 속성이며, 그 속성의 특징을 제대로 나타내는 것이 결코 간단치 않는 일이라는 중요한 사실을 거론하는 것이 좋을 듯하다. 무의식적인 특징을 똑같이 보유하고 있으면서도 가치라는 측면에서는 차이가 나는 정신적인 활동들이 있다. 말하자면 무의식에는 잠재되어 있는, 즉 일시적으로 무의식의 상태에 있으면서도 의식적인 것과 전혀 다르지 않은 활동들이 있을 뿐만 아니라, 억압된 정신 과정처럼 의식으로 나타나는 경우 나머지 다른 의식의 정신 과정과는 확연히 구분이 되는 정신 활동들도 있다. 만일 지금부터 우리가 다양한 종류의 정신 활동들을 서술하는 가운데 그것들이 의식적인 것이냐 무의식적인 것이냐 하는 문제를 무시해 버린다면, 그리고 본능과 목적의 상관관계뿐만 아니라 그들의 성분 구조와 그들이 속하는 정신 조직의 위계질서에 따라 그 정신 활동들을 분류하고 서로의 연관성을 따진다면, 아마도 모든 오해를 다 불식시킬 수 있을 것이다. 그러나 여러 이유로 인해 이런 일을 쉽게 실행에 옮길 수는 없다. 따라서 우리로서는 〈의식〉과 〈무의식〉이라는 용어를 때로는 서술적인 의미에서, 때로는 특정한 조직에 편입시켜 그 속에서 어떤 특징들을 내보이게 되는지를 밝히고자 하는, 즉 조직적인 의미에서 사용해야 하는 일을 피할 수가 없다. 다만 혼동을 피하기 위해 우리가 구분한 정신 조직에 의식적인 것의 속성과는 아무런 관련이 없는, 임의로 선택한 이름을 붙일 수는 있겠다. 아무튼 우리가 먼저 해야 할 일은, 우리가 정신 조직을 구분하는 근거가 무엇인지 분명히 밝히는 일이다. 그렇게 하다 보면 우리는 의식적인 것의 속성을 외면할 수 없다는 사실을 알게 된다. 왜냐하면 우리의 모든 연구의 출발점이 바로 의식이기 때문이다.[8] 그리고 글을 쓸 때 의식과 무의식의 두 용어를 조직적인 의미로 사용할 경우, 의식*Bewußtsein*을 *Bw.*로 무의식*das Unbewußtes*을 *Ubw.* 등의 약어로 표기하자는 제안을 받아들여 편리하게 그렇게 하도록 하겠다.[9] 자, 이제는 정신분석에서 실증적으로 드러난 결과들을 설명하는 단계로 들어가 보자. 일반적으로 말해 하나의 정신 작용은 그것의 상태와 관련하여 두 단계를 거치며, 그 중간에 일종의 시험 단계(〈검열〉)가 삽입되어 있다고 할 수 있다. 첫 단계에서 정신 활동은 무의식적인 것으로 무의식 조직*Ubw.*에 속한다. 그런데 중간의 시험 단계에서 검열을 통과하지 못하면 그 정신 활동은 두 번째 단계로 진입하는 것이 허용되지 않는다. 이럴 때 이 정신 활동은 억압된 것으로 무의식의 상태에 머물러 있어야 한다. 그러나 만일 정신 활동이 검열을 통과하게 되면 그것은 두 번째 단계로 진입을 하게 되고, 우리가 의식 조직*Bw.*이라고 부르는 두 번째 조직에 속하게 된다. 그렇지만 이 두 번째 의식 조직에 속한다고 해서 그 정신 활동과 의식의 관계가 분명하게 결정되는 것은 아니다. 그 정신 활동이 아직은 의식이 되지 못한 상태, 하지만 (브로이어의 표현을 빌리자면) 〈의식이 될 수 있는 능력〉[10]은 분명히 지니고 있는 상태, 즉 어떤 조건

---

8 이 문제는 이 글의 〈두 조직 사이의 교류〉란 부분에서 다시 거론된다.
9 프로이트는 이미 『꿈의 해석』에서 이 약어들을 도입, 사용한 바 있다.
10 브로이어와 프로이트의 공동 연구서인 『히스테리 연구』 참조.

이 주어지면 특별한 저항을 받지 않고 의식의 대상이 될 수 있는 상태에 있는 것이다. 이처럼 의식이 될 수 있는 능력을 고려하여 우리는 의식 조직을 또한 〈전의식(前意識, *das Vorbewußte*)〉이라고 부르기도 한다. 만일 전의식이 의식으로 되는 데 다시 어떤 검열이 결정적인 역할을 한다면, 우리는 전의식 조직*Vbw.*과 의식 조직을 더욱 분명하게 구별해야 한다. 지금 현재로서는 전의식 조직이 의식 조직과 동일한 특성을 공유하고 있다는 것과, 무의식 조직에서 전의식 조직(혹은 의식 조직)으로 넘어가는 단계에서만 엄격한 검열이 시행된다는 것을 유념하는 것으로 충분하다.

이 두 개(혹은 세 개)의 정신 조직의 존재를 받아들임으로써 정신분석은 서술적인 〈의식의 심리학〉에서 한 발 더 멀어지게 되었고, 그와 동시에 새로운 문제점을 드러내기도 했으나 또 새로운 내용들을 더 추가시키기도 했다. 지금까지 정신분석이 심리학과 다른 점이 있었다면, 그것은 주로 정신 과정을 〈동태적(動態的)〉으로 바라보는 정신분석적 태도 때문이었다. 그런데 이제는 더 나아가 정신분석이 정신의 〈지형학*Topographie*〉[11]을 고려하여 주어진 정신 활동이 어느 조직에 속하는지, 혹은 그 활동이 어느 조직들 사이에서 이루어지고 있는지를 나타내는 단계로까지 발전하게 되었다. 그리고 이런 노력 때문에 정신분석은 〈심층 심리학*Tiefenpsychologie*〉[12]이란 명칭도 얻게 되었다. 또한 우리는 정신분석이 또 다른 관점을 고려하다 보면 분명 그 영역을 더욱 살찌

11   여기서 〈지형학〉은 지리적인 관심과는 무관하다. 다만 프로이트가 말하는 정신 활동의 조직을 설명하기 위해 각 조직의 구분과 정신 활동의 변화가 일어나는 영역을 구분하기 위해 비유적으로 사용한 개념이라고 보면 된다. 또 본문에서 알 수 있듯이(사실 지형학이란 용어는 의학에서는 〈국소 해부학〉이란 의미도 있다), 이 개념은 해부학과도 상관없다.

12   블로일러에 의해 정의되었다. 블로일러의 「정신 분열증에 대한 비판Die Kritiken der Schizophrenien」(1914) 참조. 프로이트의 「정신분석 운동의 역사」 참조.

우고 그 지평을 더욱 확대하리라는 소리도 들을 수 있게 되었다.

그런데 만일 우리가 정신 활동의 지형학이란 문제를 심각하게 고려한다면, 이 문제로 인해 제기될 수 있는 의혹을 먼저 해결해야 할 것이다. 가령 하나의 정신 활동(여기서는 본질적으로 표상[13]에 값하는 정신 활동만을 다루기로 하자)이 무의식 조직에서 의식(혹은 전의식) 조직으로 자리바꿈을 할 때, 우리는 과연 이와 같은 위치 변화가 해당 표상이 새로운 정신 영역에 위치하면서 새로운 기록 — 말하자면 제2의 등록 — 으로 등재(登載)되는 것을 의미하며, 그와 더불어 원래의 무의식적인 기록은 그대로 계속 존재하는 것으로 상정할 수 있을까? 아니면 그런 자리바꿈이 단지 표상 자체의 변화, 즉 동일한 장소에서 일어나는 동일한 자료를 둘러싼 변화를 의미하는 것으로만 생각해야 하는 것일까?[14] 이런 물음이 아주 난해한 것으로 보일지도 모르겠으나 우리가 정신의 지형학, 즉 정신의 그 깊은 차원을 좀 더 분명하게 규명하기 위해서는 반드시 제기해야 할 물음이다. 이 물음이 난해하게 보이는 것은, 그것이 순수 심리학의 차원을 넘어서 정신 기관과 지형학과의 관계를 규명하는 차원까지 올라서는 문제이기 때문일 것이다. 물론 우리는 아주 투박한 의미에서나마 그런 관계가 존재한다는 사실을 알고 있다. 정신 활동이 신체의 다른 기관보다는 뇌의 기능과 밀접한 연관이 있다는 사실은 연구를 통해 밝혀진 반박할 수 없는 분명한 사실이다. 뇌의 각 부분이 각기 나름의

---

13   이 〈표상〉이란 용어는 독일어 *Vorstellung*의 번역으로, 이 말에는 어떤 〈생각(아이디어)〉, 〈이미지〉, 〈관념〉 등의 의미가 모두 포함되어 있다.

14   프로이트는 1896년 12월 6일 플리스에게 보낸 편지에서 하나의 표상이 정신속에 한 번 이상 〈등록(표출)〉될 수 있다는 생각을 처음으로 내보였다. 그리고 이러한 생각은 『꿈의 해석』 중 일곱 번째 장 〈퇴행〉 부분에서 기억의 이론과 관련하여 다시 거론되었다.

중요성을 지니고 있고 또 그 부분들이 신체의 특정 부위나 특정한 정신 활동과 특수 관계를 유지하고 있다는 사실이 밝혀지면서, 우리의 지식이 한 단계 더 올라간 것(어느 정도인지는 모르겠다)도 부인할 수 없다. 그러나 이런 사실에서부터 출발하여 정신 과정이 일어나는 장소를 알아내려는 갖가지 시도, 말하자면 표상을 신경 세포 속에 저장된 것으로 생각하고 자극(흥분)은 신경 섬유를 따라 움직이는 것으로 생각하려는 모든 노력은 완전히 실패로 끝나고 말았다.[15] 마찬가지로 해부학적으로 따져 의식 조직 — 의식적인 정신 활동 — 은 대뇌 피질에 존재하고, 무의식의 과정은 뇌의 대뇌 피질 하부에서 일어난다고 보려는 어떤 이론도 똑같은 운명에 처하게 될 것이 명약관화하다.[16] 분명히 해부학적으로 정신 활동의 장소를 알아내려는 시도에는 메울 수 없는 간극이 놓여 있다. 그렇다고 그 간극을 메우는 것이 심리학이 해야 할 일도 아니다. 우리가 내세우는 정신의 지형학은 〈현재로서는〉 해부학과 아무런 관련도 없다. 다시 말해 우리의 정신 지형학은 정신 기관이 신체의 어느 곳에 위치해 있든지 간에, 그 정신 기관 내의 영역과 관련이 있는 것이지 해부학적인 위치나 국소 부위와는 아무 관련도 없는 것이다.

이런 점에서 우리의 연구는 아무런 제약도 받지 않고 그 자체의 필요조건에 따라 계속 진행되어도 무방하다. 하지만 현 상태에서는 앞에서 내세운 우리의 두 가정이 단지 도식적인 예를 들어 설명한 것에 지나지 않는다는 사실을 늘 염두에 두는 것이 좋

15 프로이트는 「실어증에 관하여」라는 논문에서 뇌의 기능이 뇌의 각 부분(장소)에 따라 어떻게 달리 나타나는지에 대해 대단한 관심을 보였다.
16 이와 똑같은 주장을 프로이트는 베르넴H. Bernheim의 『암시와 그 치료법의 적용에 관하여 De la suggestion et de ses applications à la thérapeutique』(1886)를 번역한 책의 서문(1888~1889)에서 한 바가 있다.

을 것이다. 우리가 제기한 두 가정 가운데 첫 번째 것 — 즉 어떤 한 표상이 의식 조직 단계로 들어섰다는 것은 바로 그 표상이 새롭게 기록되었다는 것으로, 그것은 애초의 위치와는 다른 새로운 위치에 있음을 의미한다는 가정 — 은 분명 세련되지 못한 감이 있긴 하지만 논의를 전개시키기에는 좀 더 편리한 가정이다. 반면에 두 번째 가정, 즉 표상에게 일어난 것은 단지 〈기능상의〉 변화일 뿐이라는 가정은 〈직관적으로〉 느끼기에는 더 그럴듯한 가정으로 보이나 실제로는 논의를 전개시키기가 그리 쉽지 않은, 유연하지 못한 가정이다. 더욱이 첫 번째 가정, 즉 지형학적인 관점에서 내세운 가정은 무의식 조직과 의식 조직이 서로 다른 위치에 있다는 가정과 연결되며, 아울러 하나의 표상이 정신 기관 내의 두 장소에 동시에 존재할 수 있다는 가정과도 연결된다. 이 가정은 곧 하나의 표상이 검열로 제지당하지만 않는다면 최초의 위치, 즉 최초의 기록을 상실하지 않은 채 규칙적으로 한 위치에서 다른 위치로 전개될 수 있다는 의미를 내포하고 있는 것이다.

이런 생각이 좀 기이하게 여겨질지도 모르겠지만, 실제로는 정신분석적 관찰을 통해 충분히 뒷받침될 수 있는 생각이기도 하다. 만일 우리가 어느 한 환자에게 그가 과거에 억압시켜 두었던 생각을 찾아내어 알려 주었다고 하자. 그가 우리의 말을 처음 들었을 때는 그의 심리 상태에 아무런 변화도 일어나지 않는다. 아니, 다른 무엇보다도 이전에 무의식의 상태에 있었던 표상이 이제 의식으로 들어섰으니 억압이 제거된 것이고, 자연히 억압의 효과가 풀린 것으로 기대하기가 쉬우나 실상은 그렇지가 않다. 오히려 우리가 한 말이 가져다준 첫 결과로 나타나는 것은 억압된 표상을 다시 새롭게 거부하는 것이다. 그런데 실제로 그 환자는 이제 그 동일한 표상을 자신의 정신 기관 내의 두 장소에 두 형태로 간직하는 셈이 된다. 말하자면 우리가 들려주는 말을 듣고 그가 청각의 흔적으로 지니게 되는 그 표상의 의식적 기억이 그 하나이고, 예전의 형태 그대로 그가 간직하고 있는 경험의 무의식적 기억이 또 다른 하나이다.[17] 실제로 저항을 뿌리치고 난 뒤 의식적 표상이 무의식의 기억의 흔적과 결합되기 전까지는 억압을 제거하기가 불가능하다. 무의식의 흔적 자체를 의식화시킬 수 있어야 억압이 없어지기 때문이다. 피상적으로 생각하면 의식적 표상과 무의식적 표상이란 동일한 내용이 지형학적으로 서로 분리되어 각기 다른 장소에 기록된 것들에 지나지 않는 것으로 보이기가 쉽다. 그러나 잠시만 깊게 생각해 보면, 환자에게 전달된 정보와 그의 억압된 기억이 동일하다는 것은 단지 겉보기에만 그렇다는 것이 드러나게 된다. 어떤 것을 귀로 듣는 것과 직접 경험하는 것은, 심리적인 속성으로 따져 볼 때, 아무리 그 내용이 동일하더라도 분명 사뭇 다른 별개의 것들이기 때문이다.

지금으로서는 앞에서 논의된 두 가능성 가운데 어떤 것을 선택하고 결정할 때가 아닌 것 같다. 나중에 어떤 사실들이 드러나면 두 가능성의 경중(輕重)을 가늠할 시기가 도래할 수는 있다. 어쩌면 우리의 물음 자체가 처음부터 부적절하게 설정된 것이고, 따라서 무의식적 표상과 의식적 표상을 구분하는 것 자체가 아주 다른 방식으로 새롭게 논의될지도 모를 일이다.[18]

17 의식적 표상과 무의식적 표상을 구분하는 지형학적인 그림이 「다섯 살배기 꼬마 한스의 공포증 분석」에서 제시된 바 있다.
18 이 문제는 뒤에 나오는 〈무의식에 대한 평가〉에서 다시 거론된다.

3. 무의식의 감정들

지금까지 우리는 논의의 초점을 표상에만 국한시켜 왔다. 그렇다면 이제는 또 하나, 새로운 문제를 제기할 수 있다. 아마 이 문제를 풀다 보면 우리의 이론적 관점이 좀 더 분명하게 규명될 것이 틀림없다. 우리가 이제껏 언급한 것은 의식적 표상과 무의식적 표상이었다. 그렇다면 이런 물음도 가능하다. 무의식의 본능 충동이나 무의식의 감정, 느낌도 있지 않을까? 그리고 그런 무의식의 본능 충동과 감정이 있을 수 있다면, 그런 것들을 한데 결합시키는 것이 쓸데없는 일일까?

우선은 의식과 무의식이라는 대립 개념을 본능에는 적용시킬 수 없다는 것이 내 생각이다. 본능은 결코 의식의 대상이 될 수 없다. 오로지 본능을 대변하는 표상만이 의식의 대상이 될 수 있다. 심지어는 무의식 속에서도 어떤 본능도 표상에 의하지 않고서는 표현될 수 없다. 만일 본능이라는 것이 어떤 표상에 귀속되지 않거나 어떤 감정적 상태로 드러나지 않는다면 우리는 그 본능을 알 수 없다. 그럼에도 우리가 무의식의 본능 충동이나 억압된 본능 충동을 언급한다면, 그것은 용어를 엄밀하게 사용하지 않고 느슨하게 사용한 결과이다. 물론 그렇다고 그리 해가 되는 것은 아니다. 다만 우리가 어떤 본능 충동을 언급할 때는 그것이 무의식적인 어떤 것의 관념적 표상을 의미할 뿐이지 다른 어떤 것을 고려할 수는 없는 것이다.

무의식의 감정, 정서에 관해서도 우리는 쉽게 대답할 수가 있다. 분명한 것은 감정의 본질이 우리가 그것을 인지하는 데 있다는 것이다. 다시 말해, 그 감정이 의식에 알려진 것이 되어야 한다는 뜻이다. 따라서 감정, 정서, 느낌의 경우 그것들이 무의식의 속성을 지니고 있을 가능성이 완전히 배제된 셈이다. 그러나 정신 분석 치료를 하는 가운데 우리는 너무도 익숙하게 무의식적 사랑과 증오와 분노 등을 언급한다. 게다가 우리는 어쩔 수 없이 단어를 이상하게 결합시켜 〈무의식적 죄의식〉[19]이란 표현이나 역설적으로 들리는 〈무의식적 불안〉이란 표현을 사용하기도 한다. 이런 용어들을 사용하는 것이 〈무의식적 본능〉이란 용어를 사용할 때보다 더 깊은 의미가 있어서인가?

실제로는 이 두 경우가 서로 일치하는 것은 아니다. 우선, 정서적 혹은 감정적 충동이라는 것이 지각될 수는 있지만 자칫 곡해될 수도 있다. 말하자면 그런 충동의 대표자가 억압되면 그로 인해 그 충동이 다른 표상과 결합되지 않을 수 없고, 그런 결과로 그 감정 충동*Gefühlsregung*이 의식에서는 그 새로운 표상의 표현으로 간주될 수 있기 때문이다. 만일 우리가 그 감정 충동과 새롭게 등장한 표상과의 관계를 제대로 회복하려면 원래의 감정 충동을 〈무의식적〉인 충동으로 불러야 할 것이다. 그러나 그 감정은 절대로 무의식적인 것이 아니었다. 실제로는 그 감정 충동의 〈표상〉이 억압되었던 것뿐이었다. 일반적으로 말해 〈무의식적 감정〉 혹은 〈무의식적 정서〉라는 표현의 사용은 그 본능 충동의 양적 요소가 억압의 결과로 변화를 겪게 되었다는 것을 나타내고자 하는 의도일 뿐이다. 우리는 그와 같은 본능 충동의 양적 요소가 어떻게 변화될 수 있는지, 그 가능성을 세 가지 경우로 나누어 생각해 볼 수

---

19 우리가 흔히 무심코 사용하는 〈죄책감〉, 혹은 〈죄의식〉이란 뜻에 맞는 독일어 단어는 아마 *Schuldgefühl*이 되어야 할 것이다. 그러나 독일어에서는 *Schuldbewußtsein*이란 단어를 흔히 사용하며, 프로이트도 그렇게 표기했다. 또 그런 뜻의 영어 단어로는 *sense of guilt*라는 표현을 사용하는 것이 일반적이지만, 프로이트 전집을 영어로 옮긴 스트레이치는 아마 〈무의식〉과 〈의식〉의 이상한 단어 조합을 염두에 둔 듯 *consciousness of guilt*라고 옮겼다.

있다.[20] 하나는 그 감정이 온전한 채로 혹은 부분적으로 그대로 남아 있을 가능성이다. 또 하나는 그 감정이 질적으로 다른 또 다른 감정, 특히 불안으로 바뀔 가능성이다. 그리고 나머지 하나는 그 감정이 억제되어 더 이상 발달되지 않을 가능성이다(이 세 가지 가능성은 신경증보다는 꿈-작업*Traumarbeit*에서 좀 더 쉽게 연구될 수 있다).[21] 또한 우리는, 감정의 발달을 억제하는 것이 억압의 진정한 목적이며, 만일 이 목적이 달성되지 않으면 억압 작업이 완전히 이루어지지 않은 것임을 알고 있다. 억압에 의해 감정의 발달이 제지되는 모든 경우, 우리는 그런 감정들(억압 작용을 중단하는 경우 다시 회복되는 감정들)을 〈무의식의 감정들〉이라고 부른다. 이런 점에서 보면 우리가 앞에서 이상한 말의 조합이니 하며 문제시했던 용어 사용에 일관성이 없는 것도 아니다. 하지만 무의식적 표상과 비교해 보면 중요한 차이가 발견된다. 무의식적 표상들은 억압 후에도 무의식 조직 속에 실제적인 구조로 계속 존재하는 반면에, 그 무의식 조직 내에서 무의식의 감정들에 상응하는 모든 것은 단지 그 발달이 억제된, 미완성의 최초의 부분에 불과할 뿐이기 때문이다. 따라서 엄격히 얘기하자면, 비록 용어 사용에서는 문제가 없다 하더라도 무의식적 표상은 존재하지만 무의식의 감정은 존재하지 않는 것이다. 그러나 무의식 조직 속에는 다른 것과 마찬가지로 의식화될 수 있는 정서적인 구조가 존재할 수 있다. 다만 그 모든 차이는 표상이란 정신 에너지의 집중 — 근본적으로 기억 흔적*Erinnerungsspur*에 대한 집중 — 인 반면, 정서나 감정은 발산 과정에 해당하는 것으로 그것

20 이 책에 수록된 「억압에 관하여」란 논문을 참조할 것.
21 이와 같은 감정에 관한 논의는 『꿈의 해석』 중 여섯 번째 장 〈꿈속의 정서〉 부분에서 다루어지고 있다.

의 최종 표출이 바로 우리가 흔히 얘기하는 감정, 혹은 느낌이라는 사실에서 찾을 수 있다. 감정과 정서에 대해 우리가 알고 있는 현재의 지식 범위 내에서는 이 이상 더 분명하게 그 차이를 표현할 수는 없다.[22]

여기서 특히 우리의 관심을 끄는 것은 억압을 통해 어떤 본능 충동이 하나의 감정이나 정서(혹은 정동)로 분명하게 표출되지 않을 수 있다는 사실이 확인되었다는 점이다. 이런 사실에서 알 수 있는 것은, 의식 조직이 통상적으로 운동 능력뿐만 아니라 감정도 조절한다는 것이다. 또한 억압의 중요성이 그만큼 높아졌다고 볼 수 있다. 왜냐하면 억압의 결과로 어떤 것이 의식 속으로 들어서는 것이 금지될 뿐 아니라 감정의 발달과 근육 운동의 촉발마저도 제지당하기 때문이다. 거꾸로 우리는 어떤 사람의 의식 조직이 감정과 운동을 억제하는 한 그의 정신 상태는 정상이라고 말할 수도 있다. 그렇지만 서로 밀접한 연관 관계 속에 있는 감정과 운동이라는 두 개의 배출 과정이 의식이라는 조절 조직과 각기 어떤 관계에 있는지를 살펴보면 분명한 차이를 발견할 수 있다.[23] 의지적 운동성을 억제하려는 의식 조직의 통제 능력은 절대 흔들림이 없으며, 그때그때 신경증의 공격도 막아 내는 역할을 한다. 다만 정신병의 경우에만 의식 조직은 그 통제력을 상실하고 만다. 반면에 감정의 발달을 억제하려는 의식 조직의 통제력은 그리 안정적인 상태에 있지 않다. 정상적인 삶의 테두리 내에

22 이 문제는 「자아와 이드」에서 다시 논의된다. 감정의 본질에 관한 논의는 『정신분석 강의』 중 스물다섯 번째 강의에서 더욱 자세히 거론되고 있으며, 「억압, 증상 그리고 불안」에서도 논의되고 있다.

23 정서는 근본적으로 외부 세계와는 상관없이 주체 자신의 신체 내의 (내적) 변화만을 초래하는 어떤 운동 배출 작용(배설이나 혈관 수축 운동)으로 표출된다. 반면에 운동은 외부 세계의 변화를 꾀하는 행동이다 ─ 원주.

서조차 감정에 대한 지배권을 놓고 의식 조직과 무의식 조직이 계속 갈등을 빚고 있으며, 영향권을 행사하려는 각 영역들이 서로 분명한 경계선을 그으며 제 힘을 행사하고, 또한 여러 힘의 작용이 한데 결집되는 현상이 일어나기도 하는 것이다.

감정의 발산과 행위와 관련해서 의식(또는 전의식)[24] 조직이 지니고 있는 중요성을 확인함으로써, 우리는 질병의 형태를 결정하는 데 대체 표상Ersatzvorstellung들의 역할이 얼마나 중요한가도 알게 되었다. 사실 감정의 발달은 무의식 조직에서부터 직접 이루어질 수 있다. 이 경우 감정은 〈억압된〉 모든 감정을 대신하여 항상 불안의 성격을 지니게 된다. 그러나 그 본능 충동(감정)은 종종 의식 조직에서 대체 표상을 찾아낼 때까지 기다려야 한다. 대체 표상을 찾아내고, 그런 다음에야 그 표상에서부터 감정의 발달이 계속 이루어질 수 있기 때문이다. 따라서 대체 표상의 속성이 무엇이냐에 따라 감정의 질적 성격이 결정되는 것은 당연한 것이다. 앞에서 우리는 억압 과정에서 감정과 그 감정이 귀속되는 표상 사이에 단절 현상이 일어나고, 그렇게 되면 그때부터 감정과 표상이 각각 나름의 변천 과정을 겪게 된다고 주장한 바 있다.[25] 이 주장은 서술적으로 볼 때는 반론의 여지가 없어 보인다. 하지만 실제로는 의식 조직 내에서 새로운 표현물(표상)을 찾아내는 일이 이루어지지 않는 한 감정은 일어나지 않는다.

4. 억압의 지형학과 변화 유형

우리는 억압이 본질적으로 무의식 조직과 정의식(의식) 조직

---

24 1915년판에만 (전의식)이 표기되지 않았다.
25 「억압에 관하여」를 참조할 것.

사이의 경계선상에 있는 표상에 영향을 미치는 과정이라는 결론에 도달한 셈이다. 이제는 다시 그 억압 과정을 상세하게 설명해 보기로 하겠다.

억압은 분명 리비도 집중[26]의 〈철회〉이다. 그렇다면 그와 같은 리비도 집중의 철회가 어느 조직에서 발생하는 것이며, 철회된 리비도 집중은 다시 어느 조직으로 귀속되는 것일까? 억압된 표상은 무의식 조직 내에서 계속 활동의 능력을 지닌 채 머물러 있다. 따라서 그 관념이 자체의 리비도 집중을 그대로 보유하고 있으리라는 것은 틀림없는 사실이다. 이런 점에서 볼 때 철회된 것은 분명 다른 그 무엇이다. 먼저 전의식의 상태에 있거나 실제 의식의 상태에 있는 표상에 영향을 미치는 것으로서의 본래적인 의미의 억압(후압박)을 살펴보도록 하자. 여기서의 억압은 해당 표상에서 전의식 조직에 속하는 (전)의식의 리비도 집중을 철회하는 것만을 의미한다 할 수 있다. 이럴 경우 그 표상은 리비도 집중이 전혀 일어나지 않은 상태에 있거나, 아니면 무의식 조직에서 리비도 집중을 다시 획득하거나, 혹은 이미 지니고 있던 무의식 조직의 리비도 집중을 그대로 보유한 상태로 있게 된다. 말하자면 우리가 예상할 수 있는 것은 전의식적인 리비도 집중의 철회, 무의식적인 리비도 집중의 획득, 혹은 전의식적 리비도 집중을 무의식적 리비도 집중으로 대체하는 것 등이다. 그런데 우리가 유념해 두어야 할 것은, 우리의 그런 생각들이 (사실은 아무 의미 부여도 없이) 다음의 가정, 즉 무의식 조직에서 인접한 다른 조직

---

26 프로이트가 *Besetzung*으로 표현한 것은 영문에서 *cathexis*로 번역된다. 원래 어떤 대상에 정서적 의의가 부가되는 것, 혹은 정신 에너지의 집중적 발현을 의미하는 이 용어는, 프로이트의 글에서는 주로 리비도가 사람이나 물건, 혹은 관념 등 특정한 대상에 집중적으로 발현되는 것을 의미한다. 따라서 정신 에너지 일반을 가리키는 듯 보이는 경우도 있으나 용어의 통일성을 기하기 위해 〈리비도 집중〉으로 옮겼다.

으로의 전이는 해당 표상의 새로운 기록을 통해서가 아니라 표상의 기능적 상태의 변화, 바꿔 말해 리비도 집중의 변화에 의해 영향을 받는다는 가정에 기초한 생각들이라는 사실이다. 여기서는 이런 기능적인 측면에서 설정된 가정이 지형학적인 가정을 쉽게 물리칠 수가 있었다.[27] 그러나 이와 같은 리비도의 철회 과정만으로는 억압의 또 다른 특징을 파악할 수가 없다. 왜냐하면 원래의 리비도 집중을 그대로 유지하고 있거나 무의식 조직에서 새롭게 리비도 집중을 부여받은 표상이, 그런 리비도 집중의 도움을 받아 왜 전의식 조직으로 재진입을 시도하지 않는지, 그 이유가 분명하게 나타나지 않기 때문이다. 만일 재진입이 시도된다면 그 표상에서 리비도 철회가 반복될 것이고, 결과적으로 똑같은 행위가 끝없이 계속 이어질 것이 분명하다. 그렇다면 그 결과는 억압이 아니다. 마찬가지로 우리가 〈제1차〉 억압을 언급할 때도 앞에서 논의한 메커니즘, 즉 전의식적 리비도 집중의 철회라는 메커니즘으로는 이 〈제1차〉 억압을 충분히 설명할 수가 없다. 왜냐하면 〈제1차〉 억압의 경우 대상이 되는 것은 무의식의 표상으로, 이 무의식의 표상은 전의식 조직에서 어떤 리비도 집중을 받은 적이 없고, 따라서 그로부터 철회시킬 리비도 집중도 없기 때문이다.

그러므로 억압을 이해하기 위해서는 또 다른 과정이 요구된다. 말하자면 첫 번째 경우의 억압(즉 후압박의 경우)은 그대로 유지하면서, 두 번째 경우의 억압(즉 제1차 억압)에 대해선 계속 지속될 뿐만 아니라 확고히 자리 잡은 그 존재를 확실하게 보장해 주는 또 다른 과정이 필요하다. 이 과정은 전의식 조직이 자체에 가해지는 무의식적 표상의 압박에서 스스로를 보호하는 수단으로

27 앞에 나온 《무의식》의 다의성 ─ 지형학적 시각으로 바라본 무의식〉을 참조할 것.

삼고 있는 〈리비도 반대 집중Gegenbesetzung〉을 가정하지 않고서는 설명할 수가 없는 과정이다. 우리는 전의식 조직 내에서 작용하는 〈리비도 반대 집중〉이 어떻게 나타나는지, 여러 임상적 증거를 통해 살펴볼 수 있다. 리비도 반대 집중이란 바로 제1차 억압의 영속적인 (에너지) 소모를 의미하는 것이며, 또한 그 제1차 억압의 영속성을 보장해 주는 것이다. 그리고 이 리비도 반대 집중은 제1차 억압이 지니는 유일한 메커니즘이기도 하다. 엄밀한 의미에서의 진정한 억압(후압박)의 경우에는, 여기에 덧붙여 전의식 조직 리비도 집중의 철회가 추가된다. 리비도 반대 집중에 사용되는 것이 바로 표상에서 철회된 리비도 집중일 가능성도 크다.

자, 이제 이렇게 해서 우리는 정신적인 현상을 설명하는 가운데 세 번째 관점을 채택하기에 이른 셈이다. 앞에서 언급한 동태적인 관점과 지형학적인 관점에 덧붙여 이제는 〈경제적〉인 관점을 채택했기 때문이다. 여기서 〈경제적〉인 관점이란 자극(흥분)의 양이 어떻게 변화되는가를 추적하고, 그 양의 규모를 적어도 〈상대적〉으로나마 평가하려는 노력을 의미한다.

이처럼 우리가 설정한 주제를 전체적인 시각에서 바라보는 일에 어떤 특별한 명칭을 부여하는 것이 그리 불합리한 일은 아닐 것이다. 왜냐하면 그렇게 전체적인 시각에서 주제를 바라보는 일이 바로 정신분석 연구의 요체이기 때문이다. 나는, 우리가 어떤 정신 과정을 동태적인 관점과 지형학적인 관점, 그리고 경제적인 관점에서 설명해 낼 수 있을 때 그것을 〈초(超)심리학적 metapsychologisch〉[28] 서술로 부르자고 제의하고 싶다. 아울러 여기

28   이 글을 쓰기 20여 년 전인 1896년, 프로이트는 플리스에게 보낸 2월 13일자 편지에서 〈초심리학〉이란 용어를 처음 사용했다. 그 후, 이 글 이전에 출판된 글에서 이 용어를 딱 한 번 사용했는데, 그것은 바로 『일상생활의 정신 병리학』(프로이트 전집 5, 열린책들) 중 열두 번째 장에서였다.

서 반드시 짚고 넘어갈 것은, 현재 우리의 지식 수준에 비추어서는 단지 몇몇 부분에서만 그런 전체적인 설명을 해낼 수밖에 없다는 사실이다.

그럼 시험적으로 우리에게 잘 알려진 세 가지 유형의 전이 신경증에서 일어나는 억압 과정을 초심리학적으로 설명해 보기로 하자. 이럴 경우 우리는 〈리비도 집중〉이란 말을 〈리비도〉로 대체할 수 있다. 왜냐하면 여기서 우리가 다루게 될 것은 바로 성적 본능의 변화이기 때문이다.

불안 히스테리에서 억압 과정의 첫 단계는 종종 간과되거나 실제로는 그냥 빠뜨리고 넘어가는 수가 있다. 그러나 주의 깊게 관찰해 보면 그 첫 단계는 분명하게 식별될 수 있다. 그것은 바로 주체가 자기가 무엇을 두려워하는지 모르는 상태에서 불안이 찾아드는 단계다. 가령 무의식 조직에 전의식 조직으로 편입되기를 요구하는 어떤 사랑 충동*Liebesregung*이 존재한다고 상정해 보자. 그러나 전의식 조직에서 그 사랑 충동으로 향해야 할 리비도 집중은 이미 그 충동에서 철회된(마치 회피하려는 시도에서 그렇게 된 것처럼 보인다) 상태이고, 따라서 거부된 관념의 무의식적인 리비도 집중이 불안의 형태로 발산되는 것이다.

이와 같은 과정이 반복되는(한 차례만 반복되는) 경우 제일 먼저 이루어지는 일이 그 달갑지 않은 불안의 발달을 극복하려는 시도이다.[29] 사랑 충동을 회피하여 달아났던 리비도 집중(전의식 조직의 리비도 집중)이 이제는 어떤 대체 표상으로 귀속된다. 그 대체 표상은, 한편으로는 거부된 표상과 연상에 의해 연결되어 있으면서, 다른 한편으로는 그 거부된 표상과 다르다는 이유로 억압을 피할 수 있었던 표상이다. 그런데 이 대체 표상 ─ 〈전이

29 이것이 억압 과정의 두 번째 단계이다.

에 의한 대체물〉 — 덕택에 아직은 억제 불가능한 불안의 발달이
정당화된다. 말하자면 그 대체 표상이 억압되어 나타나는 표상이
의식 조직에 출현하는 것을 방해하면서 의식(전의식)[30] 조직의
리비도 반대 집중 역할을 수행하는 것이다. 또 다른 한편으로, 그
대체 표상이 바로 이제는 더 이상 억누를 수 없게 된 불안 감정 발
산의 출발점이 되는 것이다. 아니, 그런 감정 발산의 출발점처럼
작용하는 것이다. 예를 들어 동물 공포증에 걸린 어린아이의 경
우, 두 가지 조건에서 불안을 경험한다는 것이 임상 관찰을 통해
밝혀진 바 있다. 첫 번째 조건은 그 어린아이의 (아버지에 대한)
억압된 사랑 충동이 더욱 강화되는 경우이고, 두 번째 조건은 그
아이가 두려워하는 동물을 직접 보는 경우이다. 여기서 첫 번째
조건의 경우 대체 표상은 무의식 조직에서 의식 조직으로 이행이
이루어지는 지점으로서의 역할을 하는 것이며, 두 번째의 경우엔
그 대체 표상이 바로 불안감 발산이 이루어지는 독립적인 근원이
된다. 그런데 의식 조직의 지배력이 더욱 확대된다는 것은, 이 대
체 표상 자극의 두 방식 가운데 첫 번째 방식이 점차로 두 번째 방
식에 자리를 내준다는 사실에서 드러난다. 아마도 어린아이는,
자기는 아버지에 대해 아무런 애정도 없으며 오히려 아버지에게
서 이젠 완전히 해방된 것처럼 행동하게 될 것이고, 또 동물에 대
한 두려움이 자신의 진짜 두려움인 양 행동하게 될 것이다(물론
이 경우, 무의식적 본능의 근원에서 비롯된 공포와 같은 종류의
동물 공포증은 예외인 것이, 왜냐하면 무의식에 근원을 둔 공포
는 의식 조직이 내세우는 모든 영향력에 대해 고집스럽게 반항을
하고 스스로를 부풀리면서 자신이 무의식 조직에서 파생된 것임
을 내세우기 때문이다). 따라서 불안 히스테리의 두 번째 단계에

30   이 〈전의식〉은 1915년판에만 표기되지 않았다.

서 의식 조직에서 시작되는 리비도 반대 집중은 대체 표상 형성으로 이어지게 되는 것이다.

동일한 메커니즘이 곧 새로운 적용 대상을 찾게 된다. 억압 과정이 아직 완결되지 않은 것이며, 대체 표상에서 비롯된 불안을 더 이상 발전되지 않도록 하는 일이 억압 과정의 또 다른 목적이 되기 때문이다.[31] 이런 목적은 대체 표상과 연계된 환경 전체에 특별히 높은 강도의 리비도 집중이 이루어져 자극에 대한 민감성이 그만큼 높아질 때 달성될 수 있다. 대체 표상을 둘러싼 주변 환경이라는 이 외부 구조의 어느 지점에서 자극이 일어나면, 그 외부 구조가 대체 표상과 연계되어 있다는 이유로 불가피하게 미약하나마 어느 정도의 불안이 형성될 수밖에 없다. 그런데 이 작은 정도의 불안의 발산이 (전의식) 리비도 집중의 또 다른 회피 작용에 의하여 더 심각한 불안의 발달을 억제하는 하나의 신호가 되는 것이다.[32] 자극에 민감하고 또 자극에 대해 경계를 늦추지 않고 있는 리비도 반대 집중이 공포의 대상이 되는 대체물에서 멀리 떨어져 있으면 있을수록 대체 표상을 분리시켜, 그 표상이 새로운 자극들의 영향을 받지 않도록 보호해 주는 메커니즘은 더욱 정교하게 그 기능을 수행할 수 있다. 이러한 사전 경계는 자연히 지각 작용을 통해 외부에서 대체 표상에 접근하려는 자극만을 막아 줄 수 있을 뿐이다. 본능적인 자극의 경우는 그것이 억압된 표상과 직접 연결되어 대체 표상에 접근하기 때문에 그런 사전(事前) 경계로는 막을 수가 없다. 따라서 대체 표상이 억압된 표상을

---

31 이것이 〈세 번째 단계〉이다.
32 작은 정도의 불쾌감의 발산이 더 큰 정도의 불쾌감의 발산을 방지케 하는 하나의 〈신호〉로 작용한다는 생각은 이 글 이전의 『과학적 심리학 초고』와 『꿈의 해석』에서도 찾아볼 수 있다. 또 「억압, 증상 그리고 불안」에서는 이 문제가 더 상세하게 논의되고 있다.

완전하고 만족스럽게 떠맡아 그 역할을 대신하기 전까지는 사전 경계가 이루어지지 않으며, 설혹 경계가 이루어진다 하더라도 완전히 신뢰할 정도의 수준에는 이를 수가 없는 것이다. 이를테면 본능적 자극의 강도가 높아질 때마다 대체 표상을 둘러싸고 있는 보호막은 더 크게 확장되어야 한다는 것이다. 다른 종류의 신경증에서도 비슷한 방식으로 설정되는 이 전체 보호 구조를 우리는 〈공포증〉이라 부른다. 불안 히스테리의 경우에는 이와 같은 대체 표상이 의식 조직의 리비도 집중에서 도피하는 것이 회피, 단념, 금지 등으로 나타나는 것이다.

전체 과정을 개관하다 보면 우리는 앞에서 언급한 세 번째 단계가 바로 두 번째 단계를 좀 더 큰 규모에서 반복하는 것에 불과하다고 말할 수도 있다. 의식 조직은 이전에 대체 표상의 리비도 집중을 통해 억압된 표상의 출현에 대해 스스로를 보호했던 것처럼, 이제는 대체 표상을 둘러싼 주변 환경의 리비도 반대 집중을 통해 대체 표상의 활동에 대비해 스스로를 보호하게 되는 것이다. 이런 식으로 전이에 의한 대체물의 형성이 계속 이어지게 된다. 또 덧붙여 언급할 것은, 예전에는(전 단계에서는) 억압된 본능 충동이 의식 조직으로 뚫고 들어갈 수 있는 지역이 아주 작은 지역, 즉 대체 표상이었으나 이제는 무의식의 영향력이 미치는 영역이 공포에 질린 전체 외부 구조로 확산되었다는 점이다. 더 나아가 한 가지 재미있는 것은, 그렇게 설정된 방어 기제에 의해 본능에서 비롯된 위험이 외부로 투사된다는 사실이다. 따라서 자아는 불안감 형성이 본능 충동에서 비롯된 위험이 아니라 외부 대상에 대한 지각 작용에서 비롯된 것처럼 행동을 하게 되고, 그에 따라 이 외부의 위험에 대해 겁에 질려 외면해 버리고 피하는 것과 같은 도피 행동의 반응을 내보이게 되는 것이다. 이 과정에서 억압 과정이 한 가지 구체적인 점에서는 그 효과를 거둔 셈이 된다. 즉 상당한 정도로 개인적 자유를 희생시키긴 했어도 불안감의 발산이 어느 정도는 억제된 것이다. 그러나 본능의 요구에서 벗어나려는 회피 노력은 대체로 무용한 시도에 그치고 만다. 아무리 애를 써도 공포를 피해 도피한 결과가 만족스럽지 못하기 때문이다.

지금까지 우리가 불안 히스테리에서 살펴본 사항들 가운데 많은 것들은 다른 두 신경증의 경우에도 상당 부분 똑같이 해당된다. 따라서 우리는 다른 두 신경증의 경우 불안 히스테리와 차이가 나는 사항이 무엇인지, 그리고 리비도 반대 집중의 역할은 어떤 것인지에 국한시켜 논의를 전개해 보도록 하자. 전환 히스테리에서는 억압된 표상의 본능적 리비도 집중이 그 질병 증상의 전파로 전환된다. 이와 같은 증상 전파를 통한 배출 과정에 의해 어느 정도로, 그리고 어떤 상황에서 무의식의 표상이 제 힘을 상실한 무의미한 것이 되어 의식 조직에 대한 압력을 거두어들이게 되는지 — 이 물음과 이와 유사한 물음들은 더 심도 있는 히스테리 연구를 위해 지금은 유보해 두는 게 나을 것 같다.[33] 한편 의식(전의식)[34] 조직에서 파생된 리비도 반대 집중이 하는 역할은 전환 히스테리에서는 증상 형성을 통해 분명하게 나타난다. 본능적 대표자의 어느 부분에 전체 리비도를 집중시킬 수 있는지를 결정하는 것이 바로 리비도 반대 집중이다. 그렇게 해서 하나의 증상으로 선택된 본능 충동의 한 부분은 본능 충동의 소망 목표를 표현해 낼 뿐 아니라, 그 못지않게 의식 조직의 방어 노력과 징벌 노

---

33 아마 전환 히스테리에 관한 초심리학적 연구 논문을 염두에 두고 언급한 내용이 아닌가 싶다. 그러나 그 논문은 제1차 세계 대전의 와중에 없어진 것으로 보인다(《초심리학에 관한 논문들》을 참조할 것). 이미 그 이전에도 프로이트는 이 문제를 『히스테리 연구』에서 언급한 적이 있다.

34 〈전의식〉은 1915년판에만 표기되지 않았다.

력도 나타내 준다. 말하자면 이런 식으로 해서 불안 히스테리의 대체 표상과 마찬가지로, 증상으로 선택된 부분은 양쪽 방향 모두(의식 조직과 무의식 조직)에게서 리비도 집중을 받는, 즉 리비도 과잉 집중*Überbesetzung*의 예를 보여 주게 되는 것이다. 우리는 이런 상황에 비추어 의식 조직이 억압을 위해 소모하는 에너지의 양이 증상의 리비도 집중 에너지의 양만큼 크지 않아도 된다는 결론에 도달할 수가 있다. 왜냐하면 소모된 리비도 반대 집중의 양이 어느 정도냐에 따라 억압의 힘이 결정되는 반면에, 증상의 경우는 이 리비도 반대 집중뿐 아니라 증상으로 농축되어 나타나는 무의식 조직의 본능적 리비도 집중이 그 증상의 크기를 뒷받침하기 때문이다.

강박 신경증의 경우에 대해서는 우리가 앞의 논문(「억압에 관하여」)에서 관찰한 내용에 한 가지 사항만 덧붙이면 될 것 같다. 그것은 의식 조직에서 비롯되는 리비도 반대 집중이 가장 뚜렷하게 전면에 등장하는 경우가 바로 강박 신경증의 경우라는 사실이다. 반동 형성체로 조직되어 1차 억압을 유발하고, 나중에는 억압된 표상이 억압을 뚫고 나오는 지점이 되는 곳이 바로 이 리비도 반대 집중이기 때문이다. 따라서 우리가 감히 가정해 보건대, 억압 작업(과정)이 전환 히스테리에서보다는 불안 히스테리와 강박 신경증에서 더 크게 성공을 거두지 못하는 이유가 바로 리비도 반대 집중의 우세와 에너지 배출구의 부재에 있다고 할 수 있을 것이다.[35]

---

35   이 부분에서 다룬 억압에 관한 문제는 「억압, 증상 그리고 불안」에서 다시 거론된다.

5. 무의식 조직의 특징

무의식 조직에서 일어나는 과정이 바로 위에 있는 조직, 즉 의식 조직에서는 볼 수 없는 독특한 특징을 보여 준다는 점에 주목한다면, 우리가 두 정신 조직을 구분하여 설명하려는 것이 더욱 설득력을 지닐 수 있을 것이다.

무의식 조직의 핵심은 리비도를 집중 배출하려고 하는 본능적 대표자들로 이루어져 있다. 다시 말해 소원 충동*Wunschregung*들이 무의식 조직의 중심을 이루고 있다는 뜻이다. 이와 같은 본능 충동들은 서로가 아무런 영향을 미치지 않는 대등한 관계를 유지하면서 병존하고 있으며, 또 상호 간에 아무런 갈등이나 충돌도 내보이지 않는다. 가령 목적이 서로 양립할 수 없는 듯 보이는 두 개의 소원 충동이 동시에 일어나는 경우라도, 그 두 충동은 서로 상대방을 지우거나 그 힘을 약화시키는 것이 아니라 함께 협력하여 서로가 공유하는 공통 목표를 찾아 타협을 하게 되는 것이다.

이 무의식 조직에는 부정(否定)도 없고 의심도 없으며, 또 확신도 없다. 이런 것들은 무의식 조직과 전의식 조직 사이에서 일어나는 검열 작업 때문에 생겨나는 것들이다. 부정은 보다 높은 단계에서 억압을 대신하는 대체물일 뿐이다. 이 무의식 조직에는 그 집중의 강도만 다를 뿐, 아무튼 리비도가 집중된 내용들만이 존재할 뿐이다.

무의식 조직에서 리비도 집중의 강도는 다분히 유동적이다. 하나의 표상이 〈전이〉 과정을 통해 자신의 리비도 전체를 다른 관념에게 넘길 수도 있으며, 또 〈압축〉 과정을 통해서는 여러 다른 표상의 리비도 전체를 점유할 수도 있다. 나는 이미 이러한 두 과정을 이른바 〈1차 정신 과정〉의 두드러진 특징으로 간주하자고 제

의한 바가 있다. 전의식 조직에서는 〈2차 과정〉이 주도적인 역할
을 한다.36 어떤 1차 과정이 만일 전의식 조직에 속하는 요소와 연
계되어 일어난다면, 그것은 〈희극적〉인 것으로 나타나며 자연히
웃음을 불러일으키게 된다.37

　무의식 조직에서 이루어지는 과정들은 〈무시간적(無時間的)〉
이다. 바꿔 말하면, 그 과정들은 시간적인 순서에 따라 일어나는
것도 아니며, 시간의 경과에 따라 변화되지도 않는다는 뜻이다.
즉 무의식 조직의 과정들은 시간과는 아무런 관계가 없다. 다시
한번 언급하지만, 시간의 문제는 의식 조직에서 이루어지는 작업
과 관련이 있는 것이다.38

　또한 무의식 조직의 과정들은 〈현실〉과 거의 아무런 관련이 없
다. 오히려 그 과정들은 쾌락 원칙에 따라 움직인다. 말하자면 그
과정들의 운명은 오로지 그 과정들이 얼마나 강한 힘을 가지고
이루어지고 있는지, 그 과정들이 쾌락-불쾌 조절의 요구를 얼마
나 충족시키는지의 여부에 달려 있을 뿐이다.39

36　『히스테리 연구』에서 브로이어가 전개시킨 생각을 토대로 내가 『꿈의 해석』
중 일곱 번째 장에서 설명한 부분을 참조할 것 — 원주.
37　『꿈의 해석』 중 일곱 번째 장 〈일차 과정과 이차 과정 — 억압〉에서도 프로이
트는 이런 생각을 거의 똑같은 표현으로 설명한 적이 있으며, 이 문제는 『농담과 무의
식의 관계』 일곱 번째 장에서 비교적 자세히 설명되고 있다.
38　1915년판에는 여기에서의 의식 조직이 전의식 조직으로 언급되었다. 무의식
의 〈무시간성〉에 관한 언급은 프로이트의 여러 글에서 나타난다. 이 〈무시간성〉이 최
초로 언급된 곳은 프로이트가 1897년에 쓴 원고로 알려져 있다. 그 원고에서 프로이
트는 〈시간적인 속성을 전혀 고려치 않는 것이 전의식의 활동과 무의식의 활동 사이
에서 찾을 수 있는 본질적인 차이〉라고 주장했다. 이러한 프로이트의 생각은 「히스테
리의 병인 Zur Ätiologie der Hysterie」(1896)이라는 글이나 『꿈의 해석』에서도 찾을 수
있다. 그러나 더욱 분명하게 이런 생각을 내보인 최초의 글은 『일상생활의 정신 병리
학』에서 1907년에 추가한 각주로 알려져 있다. 물론 그 후에도 이 책에 수록된 「나르
시시즘 서론」이나 1920년에 발간된 「쾌락 원칙을 넘어서」, 그리고 『새로운 정신분석
강의』 중 서른한 번째 강의 등에서 프로이트는 이 문제를 재차 거론하기도 했다.
39　이 책 서두에 실린 「정신적 기능의 두 가지 원칙」을 참조할 것. 〈현실성 검사〉

지금까지의 설명을 요약하면, 〈상호 갈등과 충돌 가능성에서 벗어나 있음〉, 〈1차 과정(리비도 집중의 유동성)〉, 〈무시간성〉, 그리고 〈외부 현실을 정신적 현실로 대체함〉 등이 바로 무의식 조직에 속하는 정신 과정들에서 찾아볼 수 있는 주요 특징들이다.[40]

우리는 무의식의 과정을 꿈과 신경증이라는 조건에서만 인식할 수 있다. 이 말은 더 높은 곳에 위치한 조직인 전의식 조직 내의 과정들이 (억압에 의해) 그 위치가 낮춰져 다시 초기의 단계로 되돌아올 때 우리가 무의식의 과정을 알아낼 수 있다는 뜻이다. 무의식의 과정 그 자체만 가지고는 우리가 그 과정을 인지한다는 것이 불가능하며, 또 사실 무의식의 과정은 스스로가 그 존재를 드러내지도 못한다. 그 이유는 무의식 조직이 초기부터 의식으로 들어서고, 활동을 펴나갈 수 있는 권한을 떠맡은 전의식 조직에 눌려 있기 때문이다. 무의식 조직에서 발산된 리비도는 신체의 신경 전파 기관으로 들어섬으로써 감정의 발달을 일으키게 되지만, 그러나 그와 같은 리비도 발산의 통로가 앞에서 우리가 살펴본 것처럼 전의식 조직에 의해 방해를 받게 되는 것이다. 그러므로 무의식 조직은 정상적인 조건에서는 반사 운동으로 이미 조직화된 운동을 제외하고는 혼자 힘으로 어떤 적절한 근육 운동도 일으키지 못한다.

의 문제는 이 글에 뒤이어 나오는 「꿈-이론과 초심리학」에서 자세히 다루어지고 있다.

40 무의식 조직의 또 다른 주요한 특징들은 다른 맥락에서 언급하기 위해 일단은 유보해 두도록 하겠다 — 원주. 프로이트는 1917년 6월 5일 그로데크G. Groddeck 에게 보낸 편지에서 이 문제를 분명히 밝힌 바 있다. 그 편지 내용은 이렇다. 〈무의식에 관한 내 논문을 보면 아마 별로 눈에 띄지 않는 주(註) 하나를 볼 수 있을 겁니다. 바로 무의식 조직의 또 다른 특징들은 다른 맥락에서 언급하기 위해 일단은 유보해 두도록 하겠다는 주입니다. 이것은, 무의식은 신체 과정에 어떤 강한 형성적(形成的)인 힘을 행사하는데, 이런 힘의 행사를 의식은 할 수 없다는 주장과 관련해서 생각하면 될 겁니다.〉

지금까지 설명한 무의식 조직의 특성을 충분히 이해하기 위해서는 그 특성들을 전의식 조직의 특성들과 대조, 비교하는 일이 필요하다. 그러나 이러한 작업은 우리의 주제에서 너무 빗나가는 것이 될 소지가 많기 때문에 나중에 더 높은 위치에 있는 조직, 즉 의식 조직과 관련해서 설명할 수 있을 때까지는 조직 사이의 비교 작업은 유보해 두는 것이 좋을 듯하다. 다만 꼭 필요한 사항만 거론해 보기로 하겠다.

전의식 조직의 과정들 — 그것들이 이미 의식이 되었든 아니면 의식으로 전환될 가능성을 충분히 내보이든 간에 — 은 리비도 집중을 지닌 표상들이 분출되는 것을 억제하는 성향을 내보인다. 하나의 과정이 한 표상에서 다른 표상으로 향하게 될 때, 첫 번째 표상은 자기 리비도 집중의 일정 부분은 보유하게 되고 아주 작은 부분만이 전위의 과정을 겪게 된다. 1차 과정에서는 그와 같은 전위와 압축이 배제되거나 상당 부분 제한된다. 이런 상황 때문에 브로이어는 우리의 정신적인 삶에는 두 종류의 에너지 집중 상태가 존재한다고 가정했던 것이다. 그가 말하는 두 종류의 상태란, 하나는 에너지가 긴장되어 〈구속된〉 상태이고, 또 하나는 에너지가 자유롭게 움직이며 어디론가 발산되려고 하는 상태를 말한다. 내가 보기에 이와 같은 브로이어의 구분은, 지금까지 우리가 얻어 낸 신경 에너지의 본질에 관한 견해 가운데 가장 안목이 깊은 견해로 보인다. 따라서 나로서도 신경 에너지에 관한 브로이어의 구분을 그대로 받아들이지 않을 수가 없다. 초심리학의 관심에서 보면 여기서 논의를 더 계속하는 것이 절실한 요구 사항일지 모르겠으나, 그런 작업은 너무 과감한 작업이어서 아직은 실행하기 어려운 점이 없지 않다.

더욱이 서로 다른 표상의 내용들 사이에 소통을 가능하게 하여 서로가 상대방에 영향을 미칠 수 있게 만드는 일이나 그 내용들을 시간에 따라 순서를 매기는 일, 그리고 하나의 검열 과정, 아니면 여러 검열 과정을 설정하는 일 등은 바로 전의식 조직에 관한 설명에서 이루어질 일이다. 〈현실성 검사〉는 물론 현실 원칙의 적용 또한 이 전의식 조직의 영역에 속한다. 더 나아가 의식적 기억 역시 전적으로 이 전의식 조직41에 의존하는 듯이 보인다. 여기서 말하는 의식적 기억은 분명 무의식 조직의 경험이 그 바탕으로 삼고 있는 기억 흔적과는 사뭇 다른 것으로, 어쩌면 우리가 의식적 표상과 무의식적 표상의 관계를 설명하기 위해 제안했던(그러나 나중에는 취소해 버렸던) 것과 같은 표상의 어떤 특별한 기록에 상응하는 것인지도 모른다. 또한 이런 점에서 보면 이제 우리는 무의식 조직보다 상위에 있는 조직을 거론하면서, 때로는 전의식 조직이라 하고 또 때로는 의식 조직이라 하면서 서로 다르게 표현했던 것을 하나로 통일시킬 수도 있을 것이다.

여기서, 우리가 두 조직 사이에는 서로 다른 다양한 정신 기능이 존재한다면서 설명했던 것들을 너무 성급하게 일반화시켜서는 안 된다고 경고하는 것이 아마 본분에 벗어난 일은 아닐 것이다. 우리가 지금 설명하고 있는 것은, 엄격히 말해 무의식 조직이 상위 조직체의 예비 단계로만 작용하는 경우, 즉 성인인 인간에게서 찾아볼 수 있는 정신 상태일 뿐이다. 개인이 성장하면서 그 무의식 조직의 내용이 어떻게 되고 그 조직이 다른 조직과 어떤 연관 관계를 맺는지 하는 문제나, 동물의 경우 그 조직이 어떤 의미를 지니는지 하는 등의 문제는, 우리의 설명에서 어떤 결론을 이끌어 낼 수 있는 문제가 아니다. 그러한 문제들은 분명 이 글의

41 1915년판에서는 이 전의식 조직이 〈의식〉 조직으로 표시되었다.

주제와는 별개로 다루어져야 하는 사항들이다.[42] 그리고 인간의 경우도 두 조직이 그 내용이나 특징을 변경시키거나 서로 교환할 수 있는 병리적(病理的)인 조건이 있을 수 있겠으나, 이 문제 역시 따로 준비해서 설명해야 할 것이다.

6. 두 조직 사이의 교류

만일 우리가 전의식 조직에 의해 모든 정신 작용이 이루어지는 동안 무의식 조직은 휴지(休止) 상태에 있다고 가정한다면 그건 잘못이다. 이는 무의식 조직을 이미 모든 활동이 마무리된 퇴화 흔적 기관, 혹은 발달 과정에서 생겨난 잔여 부산물 정도로만 이해해서는 안 된다는 뜻이다. 마찬가지로 두 조직 사이에 어떤 교류가 이루어진다면 그것은 억압 행위에 한정되는 것으로, 억압이란 바로 전의식 조직이 자신에게 방해가 될 듯한 모든 것을 무의식 조직의 어두운 심연 속에 처박는 일이라고 가정하는 것 역시 잘못된 가정이다. 이런 잘못된 가정과는 달리 무의식 조직은 생생하게 살아 있으며, 계속 발달할 수 있는 능력도 있으며, 전의식 조직과 협력 관계를 포함한 여러 관계를 유지하고 있다. 간단히 말해 무의식 조직은 그 파생자를 통해 계속 존속되고, 우리 삶의 여러 면에 영향을 미칠 수도 있으며, 전의식 조직에 지속적인 영향을 미치기도 또한 영향을 받기도 한다.

무의식 조직의 파생자에 대한 연구를 하다 보면, 두 정신 조직을 체계적으로 분명하게 구분 지으려는 우리의 기대가 완전히 무

---

42   프로이트는 동물의 초심리학에 관해 몇 군데에서 언급한 것을 제외하고는 별로 다룬 바가 없다. 아마 「정신분석학 개요」(프로이트 전집 15, 열린책들)에 나오는 내용이 그 몇 안 되는 언급 중의 하나일 것이다.

너지게 될 것이다. 연구 결과에 대한 불만이 생겨남은 물론이고, 어쩌면 정신 과정을 분명하게 구분 지어 전개시켰던 우리의 논의 방식에 대해 회의를 품게 되는 원인이 될지도 모르겠다. 그러나 여기서 우리가 할 수 있는 대답은, 우리는 우리가 관찰한 내용들을 이론화시키는 목적 이외에 다른 목적이 없으며, 또한 이렇게 처음 이론화하려는 시도에서 아주 깔끔하며 단순하다고 내세울 만큼 잘 다듬어진 이론을 반드시 정립해야 한다는 의무가 있다고 보지 않는다는 것이다. 우리는, 우리의 이론이 우리가 관찰한 여러 결과를 만족시키는 한 아무리 복잡다단하더라도 우리의 이론을 옹호할 수 있을 것이며, 따라서 바로 그런 복잡성을 하나하나 해결하다 보면 본질적으로는 단순하면서도 현실의 모든 복잡성을 다 포괄하여 설명할 수 있는 상태에 이를 수 있다는 기대도 포기할 수 없다.

우리가 지금까지 설명해 왔던 무의식 조직에 소속된 본능 충동들의 파생자들 가운데는, 그와는 대립되는 파생자의 특징을 자체에 포함하고 있는 것들이 있다. 어느 한편에서 보면 그 파생자들은 고도로 조직화되어 있고, 자기모순도 전혀 내보이지 않으며, 의식 조직에서 획득한 모든 것을 이용하고 있기 때문에, 그 조직의 형성체와 전혀 구분이 안 된다. 그러나 다른 한편에서 보면 그 파생자들은 본래 무의식적인 것으로 의식이 될 수는 없다. 그러므로 〈질적인 면에서는〉 그 파생자들은 전의식 조직에 속하지만 〈실제에 있어서는〉 무의식 조직에 속한다 할 수 있다. 그 파생자들의 운명을 결정짓는 것은 바로 그들의 기원이다. 우리는 그 파생자들을 혼혈아에 비유할 수 있다. 모든 면에서 백인을 닮았지만 이런저런 눈에 띄는 특징으로 보면 분명 유색 인종의 혈통도 지니고 있으며, 따라서 그런 이유로 사회에서 배척을 당하고 또

백인들이 누리는 특권을 전혀 누리지도 못하는 혼혈아와 그 파생자들이 비슷한 운명에 있는 것이다. 신경증 환자의 환상뿐만 아니라 정상인의 환상 역시 그와 비슷한 성격을 지니고 있다. 정상인과 신경증 환자의 경우 각기 꿈과 증상 형성 과정에서 예비 단계로 나타나는 그런 환상들은, 그것들이 고도로 조직화되어 있음에도 불구하고 계속 억압된 상태로 있으며, 따라서 의식으로 들어설 수가 없다. 의식 가까이까지 접근해 있는 그 환상들은 어떤 강력한 리비도 집중이 이루어지지 않는 한 아무런 방해도 받지 않고 그 상태로 머물러 있지만, 리비도 집중이 어떤 일정한 수준을 넘어서게 되면 그 순간에 다시 뒤로 밀려나게 되기 때문이다. 대체 형성물 또한 마찬가지로 무의식 조직의 파생자로 고도로 조직화되어 있다. 그러나 이 대체 형성물들은 상황이 유리해지면, 예를 들어 어쩌다 우연히 전의식 조직에서 나온 리비도 반대 집중과 결합하게 된다면 의식으로 뚫고 들어갈 수가 있다.

지금 여기서 제기되는 여러 난제들 가운데 일부는, 아마 우리가 다른 곳[43]에서 의식으로 들어갈 수 있는 전제 조건, 즉 의식화가 될 수 있는 전제 조건들을 더 면밀히 검토하게 될 때 해결할 수 있으리라 본다. 다만 여기서는 이전에 우리가 취한 접근 방법, 말하자면 무의식 조직에서 출발하여 점차 위로 접근하던 방식과는 반대로 의식의 측면에서 문제를 바라보는 방법이 좋을 듯하다. 의식의 입장에서 보면 정신 과정의 모든 것은 전의식의 영역에 속하는 것으로 나타난다. 전의식의 상당 부분은 무의식에서 비롯된 것으로, 무의식 파생자들의 특성을 지니고 있고 또 의식으로 들어서기 위해서는 검열 과정을 거쳐야 한다. 그러나 전의식 조직의 또 다른 부분은 어떤 검열 과정도 거치지 않고 바로 의식이

43 아마 의식에 관한 논문을 일컫는 것 같다. 그러나 그 논문은 상실되고 없다.

될 수 있는 능력을 지니고 있다. 바로 이 대목에서 우리는 우리가 앞서 설정했던 한 가정과 모순되는 점을 발견할 수 있다. 앞에서 우리는 억압이란 주제를 다루면서, 의식화 과정에서 결정적인 역할을 하는 검열을 무의식 조직과 전의식 조직 사이에 위치시키지 않을 수 없었다.[44] 그런데 지금은 전의식 조직과 의식 조직 사이에도 어떤 검열이 존재한다고 가정했다.[45] 그렇다고 이런 복잡함을 논의의 난점으로 여길 것이 아니라, 한 조직에서 바로 상위의 조직으로 진입하는 모든 과정(즉 더 높은 정신 기관으로 들어서는 모든 과정)에 새로운 검열이 이루어진다고 가정하면 좋을 것이다. 한 가지 언급해 둔다면, 이런 가정 덕택에 조직에 따라 계속해서 새로운 기록이 필요하다는 가정은 무시해도 될 것이다.

만일 이 모든 난제들의 원인을 따진다면, 그것은 아마 우리에게 직접 제시되는 유일한 정신 과정의 특징인 의식의 속성이 조직 사이의 차이를 구분하는 기준이 될 수 없다는 데서 찾을 수 있을 것이다. 의식 속에 있는 것이 항상 의식되는 것이 아니라 때로는 잠재해 있을 경우도 있다는 사실은 제외하더라도, 우리가 관찰을 통해 얻어 낸 것은 전의식 조직의 특징을 공유하고 있는 의식의 상당 부분이 의식화되지 않는다는 사실이었다. 또한 우리는 의식화의 행위가 어떤 특정 방향으로 편중되는 전의식 조직의 〈주의〉[46] 기능에 달려 있다는 사실을 알게 되었다.[47] 따라서 의식

44 이 글 〈무의식의 다의성〉 부분을 참조할 것.

45 이 문제는 이미 『꿈의 해석』 중 일곱 번째 장 〈무의식과 의식―현실〉에서 제기된 바 있다.

46 〈주의(注意)〉란 개체 내의 여러 자극 가운데서 특정한 것을 분명하게 인정하거나 그것에만 반응하는 정신의 집중적인 작용을 말한다.

47 원문을 그대로 번역하면 〈또한 우리는 의식화된다는 것이 그것의 주의가 특정 방향으로 집중되는 것에 의해 제한받는다는 사실을 알게 되었다〉가 될 것이다. 여기서 〈그것의〉는 분명 전의식 조직을 말한다고 할 수 있다. 사실 프로이트의 이 말은 〈주의〉의 기능과 관련해서 모호한 점이 없지 않다. 사실 프로이트는 후기의 저술에서

은 다른 두 조직 혹은 억압과 어떤 단순한 관계도 맺고 있지 않다고 보아야 한다. 사실 정신적으로 억압된 것뿐만 아니라 억압과는 기능적인 면에서 절대 정반대의 특징을 지니면서 우리의 자아를 지배하는 충동의 일부 또한 의식에는 낯선 것으로 남아 있는 것이다. 우리가 정신적인 삶에 대한 초심리학적 견해를 계속 견지하려고 노력하면 할수록 〈의식화〉의 중요성에 집착하려는 미련을 더욱더 떨쳐 버려야 할 것이다.[48] 만일 우리가 그러한 믿음에 계속 집착하는 한, 일반화를 추구하는 우리의 논의 방향이 여러 예외적인 것의 등장에 의해 수시로 훼손당하게 될 것이다. 한편으로 우리는 무의식 조직[49]의 파생자들이 종종 억압을 부르는 많은 특징을 보유하고 있음에도 불구하고, 무의식과 비교해서 대단한 변형의 과정을 거친 뒤에 대체 형성체와 증후로 의식화되는 것을 알 수 있다. 다른 한편으로는, 많은 전의식의 형성체들이 그들의 본질상 당연히 의식화될 것이라고 우리가 기대했음에도 여

〈주의〉라는 용어가 지닌 뜻을 분명하게 다루지는 않고 있다. 다만 우리는 『꿈의 해석』에서 이 〈주의〉와 관련된 몇몇 문장을 발견할 수는 있다. 가령 전의식에서 일어나는 자극 과정이 아무런 방해도 받지 않고 의식으로 진입하기 위해서는 이른바 〈주의〉라고 하는 기능이 특정한 방식으로 분배되어야 한다고 한 부분이나, 의식화의 과정은 〈주의〉라고 하는 특정한 정신 기능의 적용과 관련이 있다고 한 부분, 그리고 전의식 조직은 의식으로 진입하는 것을 방해할 뿐 아니라 유동적인 성향의 리비도 집중 에너지도 마음대로 분배할 수 있는데, 그 에너지 가운데 일부가 우리에게는 〈주의〉라고 알려진 것이라고 한 부분 등이 그것이다. 〈주의〉와 관련된 언급이 프로이트의 후기 저술에서 극히 찾아보기 힘든 것과는 반대로, 1895년의 『과학적 심리학 초고』에서는 그 주제를 비교적 길게 취급하고 있다. 그 글과 또 이 책에 수록된 「정신적 기능의 두 가지 원칙」에서 프로이트는 〈주의〉라는 개념을 〈현실성 검사〉의 기능과 관련해서 언급하고 있다.

48   이 단락의 복잡한 논의는 「자아와 이드」에서 더욱 강조된다. 그러나 이 논문의 다음 장에서 프로이트는 구조적인 측면의 새로운 정신 상태를 강조하며 자신의 복잡한 설명을 아주 단순화시키게 된다.

49   모든 독일어판에서는 이 〈무의식 조직〉이 〈전의식 조직〉으로 표기되어 있는데, 프로이트의 원고를 대조 검토한 결과 잘못 인쇄된 것으로 확인되었다.

전히 무의식적인 것으로 남아 있음을 알게 된다. 아마도 이 후자의 경우에는 무의식 조직의 끌어당기는 힘이 더 강하게 나타나는 것 같다. 이런 여러 사항을 고려하면 우리는 의식과 전의식 사이가 아니라 전의식과 무의식 사이에 존재하는 더욱 중요한 차이를 찾아내야 한다. 무의식 조직은 전의식 조직의 경계에서 검열에 의해 돌아서게 된다. 그러나 무의식 조직의 파생자들은 이런 검열을 피할 수 있을 뿐만 아니라 고도로 조직화되어 전의식 조직에서 일정한 리비도 집중 상태에 도달할 수가 있다. 그러나 리비도 집중이 어느 한계를 넘어서서 그 파생자들이 의식 속으로 진입하려고 애를 쓰게 되면, 그것들이 무의식 조직의 파생자라는 사실이 밝혀지면서 전의식 조직과 의식 조직 사이에서 새로운 검열을 받아 다시 억압되는 것이다. 따라서 최초의 검열이 무의식 조직 자체에 대한 검열이라 한다면, 두 번째 검열은 전의식 조직 내에 있는 무의식 조직 파생자들에 대한 검열이라 할 수 있다. 여기서 우리는 개인의 성장 과정에서 검열이 한 단계 더 높아졌음을 알 수 있다.

정신분석 치료에서 전의식 조직과 의식 조직 사이에 두 번째 검열이 존재한다는 사실이 분명하게 확인되었다. 우리는 환자에게 무의식 조직의 파생자들을 되도록 많이 형성하도록 요구했고, 그 전의식의 형성체들이 의식화되는 것을 방해하는 검열의 거부 작용을 스스로 극복할 수 있도록 다짐하게 했다. 이렇게 이 두 번째 검열을 넘어섬으로써 우리는 첫 번째 검열에 의해 형성된 억압을 거뜬히 물리칠 수 있는 길을 찾을 수 있었다. 여기서 한 가지 덧붙이자면, 전의식 조직과 의식 조직 사이에 또 하나의 검열이 존재한다는 사실 때문에 우리는 의식화의 문제가 단순히 지각 작용이 아니라 정신 기관의 또 다른 발전 국면을 보여 주는 〈리비도 과잉 집중〉이기도 하다는 사실을 알게 되었던 것이다.

자, 이제는 무의식 조직과 다른 조직 사이의 교류에 관해 얘기해 보기로 하자. 이 문제를 끄집어내는 것은 뭔가 새로운 것을 확인하기 위해서라기보다는 아주 중요한 것을 빠뜨리지 않기 위해서이다. 본능적 활동의 근원에서 정신 조직들은 서로 매우 활발하게 교류한다. 그 근원에서 자극된 정신 과정의 한 부분은 마치 무슨 준비 단계인 양 무의식 조직을 통과하고는 의식 조직 내에서 최고의 정신 발달 단계에 이르게 된다. 반면에 또 다른 부분은 그냥 무의식 조직으로 남아 있게 된다. 그러나 무의식 조직은 외부 세계에 대한 지각 작용의 결과로 얻은 경험들에 의해 영향을 받기도 한다. 정상적으로는 지각에서 무의식 조직으로 이어지는 모든 통로가 열려 있으나, 무의식 조직에서 시작되어 다른 조직으로 향하는 통로들은 억압에 의해 폐쇄되어 있다.

어느 한 사람의 무의식 조직이 의식 조직을 거치지 않고 다른 사람의 무의식 조직에 대해 반응을 보일 수도 있다는 점은 아주 놀라운 사실이다. 이런 문제는, 특히 전의식의 활동이 그런 반응을 일으키는 데 아무런 역할을 하지 못하는가의 여부를 밝혀내기 위해서라도 더욱 면밀하게 검토해야 할 필요가 있다. 그러나 서술적인 견지에서 말한다면, 그 사실은 논박의 여지가 없는 분명한 사실이다.

전의식 조직(혹은 의식 조직)의 내용의 일부는 본능적인 삶에서(무의식 조직을 매개로 하여) 파생된 것이고, 또 다른 일부는 지각 작용을 통해 얻은 것들이다. 과연 이 전의식 조직의 과정들이 무의식 조직에 어느 정도까지 직접적인 영향력을 행사하는지, 이 문제는 아직 의문 사항으로 남아 있다. 병리학적인 여러 사례를 검토한 결과로는 믿기 어려울 정도로, 무의식 조직이 다른 조직에서 아무런 영향도 받지 않고 독립성을 유지한다는 사실이 밝혀졌다. 두 조직의 진행 방향이 서로 완전히 다르다는 점, 말하자면 두 조직이 완전히 분리되어 있다는 사실이 바로 다른 무엇보다 질병의 조건을 특징적으로 보여 주는 것이다. 그렇지만 정신분석적 치료는 의식 조직이 무의식 조직에 미치는 영향을 토대로 이루어지는 것이며, 비록 그것이 매우 힘든 일임에는 틀림없으나 전혀 불가능한 것만은 아니다. 우리가 앞에서 언급했듯이, 두 조직 사이에서 중간자의 역할을 하는 무의식 조직의 파생자들이 바로 그와 같은 영향 관계가 존재함을 보여 주고 있다. 다만 여기서 우리는, 의식 조직의 영향을 받아 무의식 조직 내에서 자발적인 변화가 일어난다 하더라도, 그것이 그리 쉽지도 않을뿐더러 그 과정이 아주 서서히 진행될 것이라고 조심스럽게 가정할 수 있을 뿐이다.

무의식의 충동이 아주 심하게 억압되어 있는 경우라도 무의식의 충동과 전의식의 충동은 서로 협동을 이룰 수가 있다. 그런데 그렇게 되기 위해선 무의식의 충동이 전의식의 지배적인 성향의 어느 한 가지와 조화롭게 작용할 수 있는 상황이 마련되어야 한다. 그렇게 되면 억압이 제거되면서 그동안 억압되었던 활동이 자아가 의도했던 활동을 더욱 강화시켜 주는 것으로 받아들여지게 된다. 억압 과정에 아무런 변화도 일어나지 않은 채 이루어지는 이 단 한 번의 협력 과정 속에서 무의식은 자아에 동조적(同調的)인 것이 된다. 그리고 이 협조 과정 속에서 무의식 조직이 나름의 영향력을 행사했으리라는 것은 부인하지 못할 사실이다. 이는 강화된 성향들이 정상적인 성향들과 다르게 제 모습을 드러내고, 나름의 특별한 기능을 완벽하게 수행할 수 있는 능력도 지니고 있으며, 가령 강박증에 의해 제시된 것과 같은 거부 작용에 직면해서도 그것에 대해 저항하는 태도를 보인다는 데서 확인할 수 있다.

무의식 조직의 내용은 비유적으로 말하면, 우리 정신 속에 거주하는 원주민이라 할 수 있다. 만일 인간에게 유전으로 물려받은 어떤 정신적인 형성체들 — 동물의 본능[50]과 흡사한 그 무엇 — 이 존재한다면, 그것들이 바로 무의식 조직의 핵심을 구성하는 내용들이다. 차후에는 거기에 어린 시절 동안의 성장 과정에서 무용한 것으로 버려졌던 것이 덧붙여질 수 있을 것이다. 사실 어린 시절에 제거되었던 것은 유전된 것과 본질적으로 다른 것이 아니다. 대체로 사춘기에 이를 때까지는 두 조직의 내용이 분명하게 구분되지 않는 것이다.

7. 무의식에 대한 평가

우리가 꿈과 전이 신경증에 우리의 이해를 국한시켜 앞에서 논의한 내용을 종합한다면, 무의식 조직에 대해서는 대충 얘기할 만한 내용은 거의 다 얘기한 셈이 된다. 그러나 그게 전부는 아니다. 그리고 부분적으로는 모호한 점이 없지 않으며, 심지어 혼동을 주기에 충분한 면이 있기도 하다. 무엇보다도 가장 아쉬운 것은 우리가 익히 잘 알고 있는 맥락 속에 그 무의식 조직을 조화롭게 위치시키지 못했다는 점이다. 아마도 우리가 나르시시즘적 정신 신경증이라 부르는 질병의 분석만이 이 수수께끼 같은 무의식 조직을 우리의 이해 범위 안에 들어올 수 있게, 말하자면 쉽게 파

50 독일어 원문에는 여기에서 언급된 동물의 본능이 *Trieb*가 아닌 *Instinkt*로 표현되었다. 한편 정신적 형성체의 유전에 관한 문제는 이 글 이후에 『정신분석 강의』 중 스물세 번째 강의와 「늑대 인간 — 유아기 신경증에 관하여」에서 다시 논의되고 있다.

악할 수 있게 해주는 것이 아닌가 싶다.

아브라함의 논문[51] — 나에게서 자극을 받아 그 글을 썼다고 하니 얼마나 양심적인 저자인가 — 이 발표된 이후로, 우리는 크레펠린E. Kraepelin이 말한 〈조발성 치매〉(블로이어가 말하는 〈정신 분열증〉)의 특징을 자아와 대상의 대립이라는 문제와 관련해서 찾으려 했다. 전이 신경증(불안 히스테리, 전환 히스테리, 강박 신경증)의 경우, 이와 같은 대립이 뚜렷하게 부각되지는 않는다. 실제로 우리는 대상과 관련해 어떤 좌절을 느끼는 데서 신경증이 시작되며, 따라서 신경증에는 현실적 대상의 포기라는 문제가 개입되어 있음을 알아냈다. 또한 현실적 대상에서 후퇴한 리비도가 처음에는 상상적 대상을 향하다가, 그다음에는 다시 억압된 대상으로 되돌아가게 된다는 것(내향성)도 알아내었다.[52] 그러나 그런 질병들에서 일반적으로 대상 리비도 집중은 상당한 양의 에너지를 유지하고 있으며, 우리는 억압 과정에 대한 더욱 철저한 연구를 통해 그 대상 리비도 집중이 억압에도 불구하고 — 아니, 억압의 결과로 — 무의식 조직 내에서도 계속 지속된다고 가정하지 않을 수 없었다. 실제로 우리가 위에서 언급한 질병들의 치료 요법으로 이용하는 전이의 능력은 대상 리비도 집중이 손상되지 않았다는 것을 전제로 했을 때 가능한 것이다.

한편 정신 분열증의 경우는 억압 과정 이후에 대상에서 후퇴한 리비도가 새로운 대상을 구하는 것이 아니라 자아 속으로 다시 후퇴한다는 사실을 가정하지 않을 수 없다. 다시 말해, 정신 분열증의 경우엔 대상 리비도 집중이 포기되고 대상이 존재하지 않는 원초적인 나르시시즘의 상태가 다시 찾아오게 된다. 정신 분열증

---

51 아브라함의 「히스테리와 조발성 치매의 성 심리적 차이」 참조 — 원주.
52 이 과정은 「신경증 발병의 유형들」에서 상세하게 다루어지고 있다.

환자들은 질병 과정이 계속 전개되는 한 전이를 할 수 없다는 것, 그런 결과로 생기는 치료 요법도 아무 효과가 없다는 것, 그들이 특징적으로 외부 세계를 거부한다는 것, 자기 자아에 대해 리비도 과잉 집중의 징후를 나타낸다는 것, 그리고 이 모든 것의 최종 결과로 빚어지는 철저한 무감각 증세의 발달 — 이 모든 임상적 특징들은 바로 대상 리비도 집중의 포기라는 가정과 잘 어울리는 듯이 보인다. 두 정신 조직 사이의 관계를 고려할 때, 모든 관찰자들은 전이 신경증의 경우 정신분석을 통해 무의식 조직에만 나타나는 것으로 드러나는 많은 것들이 정신 분열증에서는 의식적인 것으로 표현된다는 사실을 문득 떠올렸을 것이 분명하다. 그러나 우선 언급하자면, 우리는 자아 대상 관계와 의식의 여러 관계 사이에 어떤 납득할 만한 연관 관계가 있는지를 확인할 수가 없었다.

우리가 찾고 있었던 그 연관 관계가 다음과 같은 예기치 못한 방식으로 나타나는 것 같다. 정신 분열증의 경우, 특히 많은 점을 시사해 주는 초기 단계에서, 우리는 환자의 〈발화(發話)〉에서 많은 변화가 일어나는 것을 관찰할 수 있다. 그리고 그 변화 가운데 일부는 특별히 관심을 가지고 주목할 필요가 있기도 하다. 정신 분열증 환자는 종종 자기 자신을 표현할 때 자신의 표현 방식에 대단히 신경을 쓴다. 대부분이 몹시 〈과장되고〉, 〈점잔을 빼는 듯한〉 방식이어서 까다롭기 그지없다. 그런 환자가 내뱉는 말의 문장 구조는 알아들을 수 없을 정도로 마구 해체되어, 때론 전혀 아무런 의미가 없어 보인다. 그런 환자들의 발언 내용을 보면 종종 신체 기관이나 신경 자극 전달 기관에 관한 언급이 눈에 띄기도 한다. 여기에 한 가지 덧붙인다면, 히스테리나 강박 신경증의 대체물 형성에 비교될 수 있는 정신 분열증의 그런 증상에서는 앞의 두 신경증에서는 찾아볼 수 없는 아주 독특하고 기이한 대체물과 억압 대상 사이의 관계가 드러난다는 사실이다.

빈의 빅토르 타우스크Victor Tausk 박사가, 자신이 한 여자 환자의 정신 분열증 초기 단계에서 관찰한 내용의 일부를 나에게 알려 준 적이 있다. 그런데 그 관찰 내용에는 환자가 자신의 발언을 스스로 설명하는 부분이 있어 특히 가치가 있는 것이었다. 나는 그가 관찰한 내용 가운데 두 가지 예를 골라 설명해 보기로 하겠다. 어느 관찰자든 아마 이런 내용은 쉽게 관찰할 수 있을 것이다.

타우스크의 환자 가운데는 애인과 심한 말다툼 끝에 병원에 실려 온 한 젊은 여자가 있었다. 그녀는 〈눈이 이상해요, 비뚤어져 있어요〉라고 호소했다. 그녀는 다음과 같은 논리 정연한 말로 자기가 왜 애인에게 비난을 퍼부었는지를 설명함으로써 스스로의 증상을 설명했다.

〈저는 그이를 아무리 이해하려 해도 이해할 수가 없었어요. 볼 때마다 사람이 달라 보였어요. 그는 위선자이고, 눈이 비뚤어진 사람[53]이에요. 그 남자가 제 눈을 두 번씩이나 비뚤어지게 만들었어요. 그래서 제 눈이 이렇게 비뚤어진 거예요. 이젠 제 눈이 아니에요. 이젠 제 눈이 아닌 다른 눈으로 세상을 보게 되었단 말이에요.〉

그녀의 이해할 수 없는 발언에 대한 스스로의 해명은, 그나마 이해 가능한 형식으로 표현된 발언을 담고 있어서 분석의 가치가 충분했다. 더욱이 그녀의 해명은 정신 분열증적 단어 형성의 의미와 발생 과정에 대해서도 어느 정도 실마리를 제공해 준 셈이었다. 타우스크는 이 여자 환자의 경우 환자와 신체 기관(눈)과의 관계가 (그녀 생각의) 발언 내용 전체의 중심이 된다고 강조했는

---

53 〈눈이 비뚤어진 사람〉이란 뜻의 독일어인 *Augenverdreher*는 〈위선자, 사기꾼〉이란 비유적인 의미를 지니고 있다.

데, 나도 전적으로 같은 생각이다. 여기에서 정신 분열증적 발화는 심기증(心氣症)의 특성을 지니고 있으며, 그것이 〈신체 발화〉로 나타났던 것이다.54 그 환자의 두 번째 발언은 다음과 같다.

〈저는 교회 안에 서 있었어요. 그런데 갑자기 누군가가 밀치는 듯한 느낌이 들었어요. 저는 마치 누가 저를 다른 곳에 세우려고 하는 듯한 느낌이 들어, 어떤 특정한 위치로 옮겨지는 듯한 느낌 속에 제가 서 있던 곳에서 자리를 옮기지 않을 수 없었어요.〉

이 발언에 대한 분석 역시 그녀가 자기 애인을 향해 내뱉은 비난의 말을 통해 이루어질 수 있었다. 그녀는 이렇게 설명했다.

〈그 사람은 그냥 보통 수준의 사람이었어요. 저는 본래 세련된 사람이었는데, 그 사람이 저 역시 그렇게 보통 사람으로 만들어 놓았어요. 그리고 그 사람은 저에게 자기가 저보다 더 월등하게 나은 사람이라고 생각하게 만들어, 저를 그 사람과 같은 사람으로 만들어 놓았지요. 이제 저는 그 사람을 좋아하게 되었어요. 그 사람처럼 되어야 제가 더 나아질 수 있다고 생각했기 때문이죠. 말하자면 그 사람은 저에게 그 사람의 위치에 대한 거짓 인상을 심어 준 것이랍니다. 이제 저도 그 사람처럼 되었으니(동일시에 의해), 그가 저를 잘못된 위치에 데려다 놓은 셈이지요.〉

타우스크는 〈위치를 바꾼다〉는 물리적인 운동이, 〈(그녀를) 잘못된 위치에 데려다 놓은 셈〉이라는 그녀의 말과 그녀가 스스로를 자기 애인과 똑같이 생각한다는 심리 현상을 잘 그려 내고 있다고 설명한다. 나는 여기서, 사고의 모든 궤적이 그 내용상 신체의 신경 자극 전달(어쩌면 자극 전달을 감각적으로 느끼는 것일지도 모른다)과 관련된 요소에 의해 지배되고 있다는 사실을 다시 한번 강조하고 싶다. 더 나아가 첫 번째의 예를 적용한다면, 히

54　이 책에 수록된 「나르시시즘 서론」에서 심기증에 관한 설명 부분을 참조할 것.

스테리 환자인 어느 여자든 실제 어떤 발작에 의해 눈이 비뚤어지는 경우가 있을 수 있다. 그리고 두 번째의 예를 보자면, 어느 환자든 어떤 〈충동〉이나 〈감각 자극〉이 아닌 실제의 어떤 경련에 의한 근육 운동을 일으켰을 수도 있다. 그러나 어떤 경우든 그 환자는 의식적인 생각을 전혀 하지 않았을 것이고, 또 차후라도 그런 의식적인 생각을 표현할 수가 없었을 것이다.

그렇다면 앞에서 설명한 두 가지 관찰의 내용은 우리가 심기증적 발화, 혹은 〈신체 기관-발화〉라고 부르는 것을 더욱 뒷받침해 주는 예가 된다. 그러나 우리가 보기에 더 중요한 것은, 앞의 두 예가 우리가 수집한 수많은 사례(예를 들어 블로일러의 논문[55]에 수록된 사례들)에서 입증되고 어떤 분명한 공식으로 설명 가능한 또 다른 사실을 나타내 준다는 점이다. 그것은 정신 분열증에서는 〈단어들〉이 잠재적 꿈-사고에서 꿈-형상이 형성되는 과정과 동일한 과정, 즉 〈1차 정신 과정〉을 겪는다는 사실이다. 단어들은 압축의 과정을 거치고, 전위를 통해 각각의 리비도 집중을 모두 서로 전달하게 된다. 이러한 과정은 어떤 한 단어가 다른 단어들과의 많은 연관 관계 속에 가장 적절한 단어로 떠오르면서 전체 사고의 흐름을 대표하고 표현하는 위치에 오를 때까지 계속된다.[56] 블로일러와 융, 그리고 그들 제자들의 연구에 바로 이런 주장을 뒷받침해 주는 많은 자료가 풍부히 들어 있다.[57] 지금까지 설명한 것에서 어떤 결론을 이끌어 내기 전에, 먼저 정신 분열증에서 대

---

55 『조발성 치매, 혹은 정신 분열증 환자들의 유형들 Dementia Praecox, oder Gruppe der Schizophrenien』(1911)을 말함.

56 『꿈의 해석』 중 일곱 번째 장 〈일차 과정과 이차 과정-억압〉 참조.

57 꿈-작업은 또한 종종 단어들을 사물처럼 취급하여 〈정신 분열증적〉 발화나 신조어 등과 아주 흡사한 언어들을 만들어 낸다 — 원주. 『꿈의 해석』 중 여섯 번째 장 〈압축 작업〉 참조. 그러나 프로이트는 이 책에 수록된 「꿈-이론과 초심리학」에서는 꿈과 정신 분열증에서 일어나는 일을 구분하여 그 차이를 설명하고 있다.

체물이 형성되는 것과 히스테리와 강박 신경증에서 대체물이 형성되는 것 사이에 어떤 차이가 있는지 더 살펴보도록 하자. 그 차이는 아주 미묘한 것이면서도 뜻밖의 결과를 보여 줄 수도 있기 때문이다. 현재 내가 예의 관찰하고 있는 환자 가운데, 자신의 흉한 얼굴 피부 때문에 삶의 모든 흥미를 잃어버린 환자가 한 사람 있다. 그는 자기 얼굴에는 누구라도 보면 금방 알 수 있는 검은 여드름과 그로 인해 생긴 구멍들이 있다고 말한다. 분석을 통해 드러난 것은 그가 자기 피부를 거세 콤플렉스*Kastrationskomplex*와 결부시키고 있다는 사실이었다. 처음에 그는 여드름을 없애려고 온갖 노력을 아끼지 않았으며, 여드름을 짜내는 것에 대단히 만족감을 느꼈다고 한다. 그의 말을 빌리자면, 여드름을 짤 때 뭔가가 튀어나오기 때문에 만족감을 느꼈다는 것이었다. 그러다 차츰 그는 자신이 여드름 하나를 짜낼 때마다 그 자리에 구멍이 생긴다는 사실을 생각하게 되었고, 자신이 〈손을 계속 놀려〉 결국에는 자기 피부를 망쳐 놓았다고 스스로를 심하게 자책하기 시작했다. 여드름을 짜내는 것이 그에게는 자위*Onanie*의 대체 행위라는 것이 명백해진 것이었다. 그의 잘못된 행위의 결과로 나타난 구멍은 여성의 성기, 즉 자위행위로 인해 생겨난 거세 위협*Kastrationsdrohung*(혹은 그 위협을 나타내는 환상)의 충족이었다. 이와 같은 대체물 형성은 그것의 심기증적 특성에도 불구하고 히스테리적 전환과 아주 흡사한 것이다. 그러나 여기서 우리는 뭔가 다른 어떤 일이 진행되고 있다는 느낌을 지울 수가 없으며, 또 우리가 차이점이 무엇인지 분명하게 알아내기 전까지는 그와 같은 대체물 형성을 히스테리에서의 대체물 형성과 같은 것으로는 볼 수가 없다. 왜냐하면 히스테리 환자라면 피부의 모공과 같은 아주 작은 구멍을 여성 성기의 상징으로 이용하지는 않을 것이기 때문이다. 오히려 그는 어떤 구멍 난 공간을 둘러싸고 있는 온갖 대상을 여성의 성기와 비교할 것이 틀림없다. 게다가 그런 작은 구멍이 많다는 사실에서도 그는 아마 그 구멍들을 여성 성기의 대체물로 사용하지는 않을 것이다. 이 똑같은 예를 우리는 몇 년 전에 타우스크 박사가 빈 정신분석학회에서 발표한 한 젊은 환자의 경우에서도 찾을 수 있다. 여러 다른 점에서 보면 그 환자는, 몸을 씻고 옷을 입는 데 무진장 시간을 허비하는 예에서 볼 수 있듯이, 강박 신경증 환자와 비슷한 행동을 보여 주었다. 그러나 하나 주목할 것이 있다면, 그것은 그 환자가 아무런 저항 없이 자신의 억압의 의미를 전달할 수 있었다는 점이다. 예를 들어 그는 양말을 신는 동안 양말을 잡아당기면서 섬유 조직의 그물, 즉 구멍을 벌려야 한다는 생각 때문에 괴로웠다고 한다. 그에게는 모든 구멍이 여성 성기의 구멍에 대한 상징이었던 것이다. 이것 또한 강박 신경증의 속성으로는 볼 수 없는 경우다. 라이틀러R. Reitler가 관찰한 환자[58]도 이와 비슷한 유형의 환자로, 역시 양말을 신는 데 많은 시간을 들여야 했다. 그러나 이 환자는 저항을 극복하고 난 뒤, 그의 발은 남자 성기의 상징이고 양말을 신는 행위는 자위행위를 상징하는 것이어서, 자신은 계속 양말을 신었다 벗었다 하지 않을 수 없었다고 설명했다. 그런 행위가 한편으로는 자위행위의 완결을 위한 것이고, 또 다른 한편으로는 그런 행위를 취소하기 위한 것이었다는 말이다.

만일 우리가 정신 분열증의 경우 대체물 형성과 증상이 기이한 특성을 나타내는 이유가 무엇이냐고 묻는다면, 우리는 언어적인 연관 관계가 사실적인 연관 관계보다 더 두드러져 나타나기 때문

---

58 「성기 상징과 분비물 상징에 관하여Zur Genital- und Sekret-Symbolik」(1913)를 참조할 것 — 원주.

·이라고 대답할 수가 있다. 사실상 여드름을 짜는 행위와 페니스의 사정 행위 사이에는 유사성이 거의 없다. 그리고 피부의 무수히 많은 모공과 여성 성기 사이에는 더더욱 유사성이 없다. 그러나 첫 번째 경우에는 두 행위 모두 무엇인가를 〈튀어나오게 하는〉것이며, 두 번째 경우엔 냉소적으로 말해 〈구멍은 구멍이다〉라는 표현이 가능하다. 이를테면 이런 경우 대체물 형성이 가능한 것은 언급된 사물들 간의 유사성 때문이 아니라, 그 사물들을 표현하기 위해 사용된 단어들의 유사성 때문이라 할 수 있다. 이 둘 — 단어와 사물 — 이 일치하지 않는다는 점에서 정신 분열증 환자의 대체물 형성이 전이 신경증 환자의 그것과 차이가 나는 것이다.

자, 이제 우리가 지금까지 설명한 것을 정신 분열증의 경우에는 대상 리비도 집중이 포기된다는 앞에서의 가정과 나란히 놓고 생각해 본다면, 우리는 그 가정을 수정하여 대상 리비도 집중은 포기된 상태지만 대상의 언어적 표상의 리비도 집중은 그대로 유지된다고 말해야 할 것이다. 그렇다면 우리가 대상의 의식적인 표상이라고 불렀던 것이 언어 표상과 사물 표상, 이 둘로 분리될 수 있다는 말이 된다. 그리고 이 경우 사물 표상은 사물의 직접적인 기억 이미지는 아니더라도 그 이미지에서 파생된, 조금은 거리가 먼 기억 흔적의 형태로 리비도 집중에 놓이게 되는 것이다. 따라서 이제 우리는 그 차이가 의식의 표상과 무의식의 표상 사이의 차이라는 사실을 알 수 있다. 앞에서도 살펴보았듯이, 이 둘은 동일한 내용이 정신의 서로 다른 장소에 다르게 기록된 것도 아니고, 또한 장소는 동일하지만 리비도 집중이 그 기능을 서로 다르게 내보이는 상태도 아니다. 오히려 의식의 표상은 사물의 표상과 그 사물에 속하는 언어 표상Wortvorstellung을 다 포괄하고 있는 반면에, 무의식의 표상은 사물 표상Sachvorstellung 하나만을 포함하고 있다는 말로 그 차이를 구분해야 할 것이다. 무의식 조직에는 최초의 진정한 대상 리비도 집중인 대상에 대한 사물 리비도 집중이 포함되지만, 전의식 조직은 사물 표상이 그에 상응하는 언어 표상과 결합하면서 과잉 리비도 집중이 이루어져 생겨나는 체계이다. 추측컨대, 이 과잉 리비도 집중이 바로 더 높은 단계의 정신 기관을 생성케 하고, 1차 과정에 이어 전의식 조직에서 지배적으로 일어나는 2차 과정을 뒤따르게 하는 것이 아닌가 한다. 이렇게 해서 이제 우리는 전이 신경증의 경우에서 거부된 표상이 억압에 의해 무엇을 거부당했는지 분명하게 말할 수 있는 위치에 다다른 셈이다. 억압이 거부한 것은 바로 대상을 계속 떠올리게 할 수 있는 언어로 표상을 번역하는 일이다. 그러므로 언어로 표현되지 않거나 과잉 리비도 집중 현상이 일어나지 않은 어떤 정신적인 행위로 표현되지 않는 표상은 무의식 조직 속에서 억압된 상태로 계속 머물러 있는 것이다.

이미 일찍부터 우리는 지금의 우리가 정신 분열증의 가장 두드러진 특징 가운데 하나를 이해하는 데 도움이 된 나름의 견해를 피력한 바 있다는 사실을 지적하고 싶다. 1900년에 출간된 『꿈의 해석』의 마지막 부분을 보면 그곳에 이미 사고 과정, 즉 지각 행위와는 비교적 멀리 떨어져 있는 리비도 집중 행위가 그 자체로는 아무 특질도 없는 무의식의 상태에 있으며, 그 과정들이 의식에 들어설 수 있는 능력은 언어적 지각의 잔재와의 연계를 통해서만 얻을 수 있다는 견해가 피력되어 있음을 알 수 있을 것이다.[59] 그러나 언어 표상이라는 것도 그 자체로 보면 사물 표상과

---

[59] 실제로 이런 생각은 1895년에 쓴 『과학적 심리학 초고』(이 글은 프로이트 사후에 출간되었다)에 이미 나타나 있다. 또한 이 「무의식에 관하여」를 쓰기 몇 해 전에 쓴 「정신적 기능의 두 가지 원칙」에도 언급되어 있다.

마찬가지로 감각 지각에서 파생된 것이다. 따라서 우리는 왜 대상의 표상들이 〈나름의〉 지각의 잔재들을 매개로 하여 의식화될 수 없는 것인지 의문을 갖지 않을 수 없다. 이 의문에 대한 대답으로 우리는, 아마 사고라는 것이 최초의 지각 잔재들과는 너무 떨어져 있어 그 잔재들의 특질을 하나도 보유하고 있지 못하고, 그렇기 때문에 의식화되기 위해서는 새로운 특질들로 더욱 강화될 필요가 있는 그런 조직 속에서 진행되기 때문이 아닌가 생각할 수 있다. 더욱이 리비도 집중은 그것이 대상 표상들 간의 〈관계〉만을 내보여 지각에서 어떤 특질도 이끌어 낼 수 없을 때라도 단어들과의 연결을 통해 새로운 특질을 부여받을 수 있다. 이처럼 단어를 통해서만 이해 가능한 그러한 관계들이 우리 사고 과정의 주요 부분을 구성하고 있는 것이다. 우리가 알고 있듯이, 단어 표상들과 연결이 된다고 해서 그것이 바로 의식화로 이어지는 것은 아니며, 단지 그렇게 될 가능성이 마련된다는 의미일 뿐이다. 이것이 바로 전의식 조직의 독특한 특징이다.[60] 이렇게 설명하다 보니 우리가 우리의 주제에서 너무 벗어나 전의식과 의식의 문제에 너무 깊이 빠져들어 가는 것이 아닌가 하는 느낌이 든다. 그런 문제는 여기서는 유보하고 나중에 따로 다루는 것[61]이 좋을 듯하다.

지금까지 무의식 조직의 일반적인 이해에 꼭 필요한 것처럼 취급해 온 정신 분열증과 관련해서 우리가 반드시 짚고 넘어가야 할 한 가지 의문점은, 과연 정신 분열증에서 억압이라고 부르는 과정이 전이 신경증에서 일어나는 억압과 같은 것인가 하는 문제다. 억압은 무의식 조직과 전의식 조직(혹은 의식 조직) 사이에서

---

60 프로이트는 이 주제를 「자아와 이드」에서 다시 거론한다.
61 이 말은 아마 출간되지 않은 채 상실된 것으로 알려진 의식에 관한 논문을 염두에 둔 것 같다.

발생하는 과정으로, 결과적으로 어떤 표상을 의식에서 멀리 떨어지게 하는 과정이라고 설명하는 공식은, 조발성 치매나 그 밖의 다른 나르시시즘적 질병을 다 포괄하여 설명하기 위해서는 어쨌든 수정해야 할 공식이다. 그러나 의식적인 리비도 집중의 철회로 나타나는 자아의 회피 노력은 두 종류의 신경증 모두에 공통적인 요소이다. 다만 아주 피상적인 반응만을 보더라도 우리는 나르시시즘적 신경증의 경우 그와 같은 회피 노력, 즉 자아의 도피가 훨씬 더 근본적이고 심각하게 진행된다는 것을 알 수 있을 것이다.

만일 정신 분열증의 경우 이러한 회피가 대상의 〈무의식적〉인 표상을 나타내는 부분에서 본능적 리비도 집중을 철회함으로써 일어난다면, 전의식 조직에 속하는 이 대상 표상의 한 부분, 즉 사물 표상에 상응하는 언어 표상들이 오히려 더 강한 리비도 집중을 받아야 한다는 사실은 이상하게 보일 수도 있다. 오히려 우리는 전의식의 한 부분인 언어 표상이 억압의 첫 여파를 견뎌 내야 하며, 억압이 무의식적인 사물 표상들까지 도달한 뒤에도 전혀 리비도 집중을 받지 않은 상태로 있을 수 있다고 기대할 수 있다. 사실 이것은 이해하기가 쉽지 않다. 단어 표상의 리비도 집중은 억압 행위의 일부가 아니며, 오히려 정신 분열증의 임상 현상을 지배하는 온갖 회복 노력 혹은 치유 노력 가운데 최초의 것이 된다. 이러한 치유 노력들은 잃어버린 대상을 다시 회복하려는 방향으로 향하게 되며, 따라서 이런 목적을 달성하기 위해서는 당연히 대상의 언어적 측면을 〈통해〉 대상으로 이르는 길로 들어서야 한다. 그러나 그때 대상이 아닌 단어에 만족해 버리고 마는 일이 일어나는 것이다.

우리의 정신 활동이 두 개의 서로 상반된 방향을 따라 이루어진다고 보는 것이 일반적인 믿음이다. 하나는 본능에서 출발하여 무의식 조직을 통과해 의식적인 사고 활동으로 진행되는 것이며, 또 하나는 외부의 자극에서 시작하여 의식 조직과 전의식 조직을 통과해서는 자아와 대상의 무의식적 리비도 집중에 도달할 때까지 계속 진행되는 것이다. 여기서 두 번째 진행은 억압 과정에도 불구하고 계속 이어질 수 있으며, 어느 정도까지는 대상을 다시 회복하려는 노력에 이르기까지 계속 열려 있는 길이기도 하다. 우리가 추상적으로 생각하면 언어와 무의식적인 사물 표상과의 관계를 무시해 버리는 위험이 있을 수 있다. 그리고 고백하자면, 우리가 그렇게 철학적으로 나타내고자 하는 그 표현과 내용이 자칫 정신 분열증의 진행 양식과 흡사하게 될 소지도 많다.[62] 또 다른 한편으로, 우리는 정신 분열증의 사고방식의 특징을 구체적인 대상을 마치 추상적인 것으로 다루는 데서 찾으려고 시도할 수도 있다.

만일 우리가 무의식 조직의 본질을 진정으로 평가하고, 무의식의 표상과 전의식의 표상 사이의 차이를 올바르게 정의 내리게 된다면, 앞으로 우리의 연구는 다른 많은 사항에서 다시 되돌아와 이와 동일한 안목으로 이어질 수 있을 것이다.

윤희기 옮김

---

62 프로이트는 이미 이 문제를 「토템과 터부」에서 거론한 적이 있다.

꿈-이론과 초심리학

Metapsychologische Ergänzung zur Traumlehre
(1917[1915])

이 글은 다음에 이어질 「슬픔과 우울증」과 더불어 1915년 4월
23일에서 5월 4일 사이에 쓰인 것으로 추정된다(그로부터 2년 후
에 출판되었다). 제목에서 짐작할 수 있듯이, 원래 이 글은 프로이
트가 자신이 새롭게 전개시키기 시작한 이론적 틀을 『꿈의 해석』
일곱 번째 장에서 제기한 가설들에 적용하려는 시도였다. 그러나
그러한 시도의 결과는 대체로 상이한 정신 〈조직〉에 수면이 어떤
영향을 미치는지에 관한 논의로 귀착되고 말았다. 자연히 이 글은
환각의 문제와 정상적인 상태에서 우리가 환상과 현실을 어떻게
구분할 수 있는지의 문제에 대한 연구로 초점이 맞춰진 셈이다.

사실 프로이트는 이 문제에 대해 일찍부터 관심을 표명해 왔
다. 1895년에 쓴 『과학적 심리학 초고』의 상당 부분도 이 주제에
관한 논의에 할당된 셈이었다. 따지고 보면 이 글에서 프로이트
가 제시한 해결책은 용어상의 차이가 있을 뿐 『과학적 심리학 초
고』에서 제시한 해결책과 유사하다. 그 해결책에서 우리는 프로
이트가 품고 있던 두 가닥의 생각 줄기를 엿볼 수 있다. 그것을 간

단히 살펴보면 이렇다. 프로이트는 〈1차 정신 과정들〉은 표상과 지각을 스스로 구분하지 않는다고 주장했다. 우선 첫째로, 표상과 지각은 〈2차 정신 과정들〉에 의해 억제되어야 한다는 것이다. 그리고 이 〈2차 정신 과정들〉은 그 억압을 효과적인 것으로 만드는 데 필요한 에너지를 충분히 제공할 수 있을 만큼의 리비도 집중을 〈자아〉가 저장하고 있어야 작동하게 된다는 것이다. 사실 억압의 목적은 〈현실의 징후들〉이 지각 기관을 통해 도달할 수 있게끔 충분한 시간을 주려는 데 있는 것이다. 그러나 두 번째로, 자아는 이와 같은 억압과 지연의 기능 이외에 외부 세계에 대해 직접 정신적 에너지를 집중시키는 주의 집중(관심)의 리비도 집중을 책임지고 있다는 것이다. 이것이 이루어지지 않으면 현실의 징후들이 관찰될 수 없기 때문이다.

『꿈의 해석』에서도 억압과 지연의 기능은 어떤 사물이 현실적인 것인지 아닌지의 여부를 판단하는 과정에서 필수적인 요소로 계속 강조되었다. 물론 이 『꿈의 해석』에서는 자아에 대한 생각이 『과학적 심리학 초고』에서처럼 기술되지 않았으나, 그 억압과 지연의 기능은 다시 한번 〈2차 정신 과정〉에 속하는 것으로 제시되었다. 그다음으로 이 주제를 심각하게 논의한 글이 「정신적 기능의 두 가지 원칙」이다. 여기서 프로이트는 처음으로 〈현실성 검사〉란 용어를 사용했다. 또한 2차 정신 과정의 지연 기능도 강조되었지만 무엇보다 주목을 받은 것은 주의 집중의 기능이었다. 이 주의의 기능은 외부 세계에 대한 정기적인 점검으로 설명되었고, 특히 감각 기관이나 의식과 관련된 것으로 거론되었다. 그다음 이 문제의 마지막 부분이라 할 수 있는 지각 체계와 의식 체계의 역할이 바로 이 글에서 주로 논의되는 사항이라 보면 틀림없다.

그러나 이 주제에 대한 프로이트의 관심이 이 글로 끝나는 것은 아니다. 예를 들어 「집단 심리학과 자아 분석」에서도 프로이트는 현실성 검사의 작업을 자아 이상의 속성으로 간주했다. 그러다 곧 「자아와 이드」에 나오는 각주에서는 그런 주장을 철회하기도 했다. 아무튼 『과학적 심리학 초고』 이후 처음으로 현실성 검사가 자아의 속성으로 간주된 것이다. 더욱이 후기의 논문인 「부정」에서는 현실성 검사가 감각 지각의 도구와 자아의 밀접한 관계에 달려 있음이 거론되기도 했다. 또한 그 글에서는(1925년의 「〈신비스러운 글쓰기 판〉에 대한 소고」) 현실 세계에 정기적으로 탐색의 리비도 집중을 발산하는 자아의 습관에 관한 언급이 나타나기도 한다. 이것은 앞에서 〈주의〉로 표현된 것을 다른 말로 표현한 것에 불과한 것이다. 그러나 다른 한편, 「부정」에서 프로이트는 현실성 검사에 대한 분석을 더욱 심도 있게 전개시켜 그 현실성 검사의 전 과정을 개인이 초기에 형성하는 대상 관계 *Objektbeziehung*로까지 추적해 나가기도 했다.

프로이트는 후기로 갈수록 자아 심리학*Ichpsychologie*에 더욱 관심을 집중시키면서, 자아가 외부 세계와 맺는 관계를 더 면밀하게 검토하기 시작했다. 「자아와 이드」 직후에 발간된 짤막한 두 편의 글(1924년에 나온 「신경증과 정신증」과 「오이디푸스 콤플렉스의 소멸」)에서 그는 신경증과 정신증에 나타난 자아와 현실의 관계를 논의했으며, 1927년의 「페티시즘」에서는 자아가 내보이는 방어 기제 ―〈부정*Verleugnung*〉― 에 관해 처음으로 자세한 설명을 시도하기도 했다. 〈부정〉이라는 방어 기제는 이전에는 억압과 분명하게 구분되지 않았던 것으로, 참을 수 없는 외부 현실에 대한 자아의 반응을 잘 설명해 주는 부분이다. 그리고 이 주제는 특히 프로이트 사후 출간된 「정신분석학 개요」의 제8장에서처럼 말년의 몇몇 글에서도 계속 중심 주제로 전개되고 있다.

이 논문은 1917년『국제 정신분석 의학지』제4권 6호에 처음 발표되었으며,『저작집』제5권(1924),『전집』제10권(1946)에도 수록되었다. 영어 번역본은 1925년 베인스가 번역하여 "Meta-psychological Supplement to the Theory of Dreams"라는 제목 으로『논문집』제4권에 수록되었으며,『표준판 전집』제14권에도 실렸다.

꿈-이론과 초심리학[1]

여러 다양한 연관 관계를 생각해 볼 때, 만일 우리가 병리적인 감정들의 〈정상적 표본〉으로 간주될 수 있는 특정의 정신 상태나 현상을 비교할 수 있다면, 그것이 우리의 연구에 얼마나 큰 도움이 될 것인지는 너무도 분명한 사실이다. 그와 같은 특정의 정신 상태나 현상의 범주에 우리는 슬픔이나 사랑과 같은 감정뿐만 아니라 수면 상태와 꿈꾸기 현상 등도 포함시킬 수 있다.

사실 우리는, 매일 밤 사람들이 자신의 피부 위를 덮고 있던 덮개(옷)들을 벗어 한쪽 곁에 둘 뿐만 아니라, 자신의 신체 기관을 보조하는 기구로 사용하던 물건들(그 물건들이 대체물로서 신체의 결함을 훌륭히 보조한다는 의미에서), 가령 안경이나 가발, 의치 등도 벗어 둔다는 사실에 별 의미를 두지 않는 것이 보통이다. 그런데 여기서 한 가지 덧붙여 생각하자면, 사람들은 잠을 잘 때 옷을 벗는 행위와 비슷하게 자신의 정신을 벗어, 자신들이 정신

---

1 이 글은 다음에 이어지는 글과 함께 내가 원래 〈초심리학을 위한 예비 논문들 *Zur Vorbereitung einer Metapsychologie*〉이라는 제목으로 출간하려던 논문집에 들어 있던 글로, 『국제 정신분석 의학지』 제3권에 인쇄된 몇 편의 논문(이 책에 수록된 「본능과 그 변화」, 「억압에 관하여」, 「무의식에 관하여」를 말함)들의 뒤를 잇는 글이다. 이렇게 시리즈로 글을 쓴 의도는 정신분석 체계의 토대가 되는 이론적 가정들을 더욱 명확하게 설명하고 더욱 깊게 전개시키기 위함이다 — 원주.

적으로 획득한 것의 대부분을 한쪽에 치워 둔다고 할 수 있다. 그런데 이 두 경우 모두에 있어서 사람들은 그들이 삶을 처음 시작했을 때의 상황과 아주 흡사한 상황에 들어서는 셈이 된다. 신체적인 측면에서 보면 잠은 평온함과 따뜻한 온기를 느끼고 자극이 없는 상태를 누리는 자궁 내의 거주를 재개하는 것과 다름없다. 실제로 잠을 잘 때 많은 사람들은 태아의 자세를 취한다. 잠자는 사람의 정신 상태를 보면, 주변 세상에서 거의 완전히 물러나 있고 세상에 대한 관심 역시 다 중지시키는 것으로 나타난다.

정신 신경증의 상태를 연구하다 보면, 우리는 각각의 경우에서 특징적으로 나타나는 〈시간적 퇴행〉의 예를 강조하게 된다. 즉 각 질병마다 그것에 고유하게 나타나는 발달 과정상의 퇴행이 두드러지게 나타난다는 뜻이다. 우리는 그런 퇴행 과정을 두 가지로 구분할 수 있다. 하나는 자아의 발달에 영향을 미치는 퇴행이고, 또 하나는 리비도의 발달에 영향을 미치는 퇴행이다. 그런데 수면의 상태로 들어서게 되면 리비도 발달에 영향을 미치는 퇴행은 원초적인 나르시시즘의 상태를 다시 회복하려는 선까지 이르게 되고, 자아 발달에 영향을 미치는 퇴행은 환각 상태에서 소원을 충족시키는 단계까지 거슬러 올라가게 되는 것이다.

물론 우리가 수면 상태에서 특징적으로 나타나는 정신적 상태가 어떤 것인지 알게 된 것은 꿈의 연구를 통해서이다. 사실 꿈은 꿈꾸는 자가 잠을 자지 〈않는〉 범위 내에서 그 자신을 우리에게 보여 주는 것이면서, 동시에 수면 그 자체의 특징을 내보여 줄 수밖에 없는 것이기도 하다. 우리는 관찰을 통해 꿈의 몇 가지 특성들을 알게 되었다. 물론 처음에는 이해를 하지 못했지만 이제는 아무 어려움 없이 각각의 그 특성들을 전체 그림 속에 짜맞출 수가 있게 되었다. 이렇게 해서 우리는 꿈이 철저히 자기중심적[2]이라는 것과, 꿈의 현장에서 주도적인 역할을 행하는 주인공이 항상 꿈꾸는 자 바로 그 자신이라는 사실을 알게 된 것이다. 우리는 이제 이런 사실을 수면 상태의 나르시시즘이란 말로 쉽게 설명할 수 있다. 사실상 나르시시즘과 자기중심주의(이기주의)란 말은 서로 일치한다. 〈나르시시즘〉이란 말은 자기중심주의 역시 리비도적 현상임을 강조하기 위해 쓰인 것이다. 달리 말하면, 나르시시즘은 자기중심주의에 리비도의 개념을 보충시킨 것으로 볼 수 있다.[3] 꿈이 지니고 있는 〈진단〉 능력 — 일반적으로 인정되고 있으면서도 여전히 까다롭게 여겨지는 현상 — 도 마찬가지로 점차 이해 가능한 것이 되고 있다. 꿈에서는 신체적 질병의 초기 증상이 깨어 있을 때보다 더 빨리, 그리고 더 분명하게 감지될 수 있기 때문이며, 현재의 모든 신체적 감각 상태가 크게 확대되어 나타나기 때문이다.[4] 이와 같은 꿈의 확대성(과장적 속성)은 심기증의 속성을 지니고 있다. 이는 외부 세계로 향했던 모든 정신적 에너지가 다시 자아로 되돌려지는 것에 따른 것으로, 사실 깨어 있는 동안 감지하지 못했던 신체적 변화를 이른 시기에 감지할 수 있도록 해주는 역할을 한다.

꿈은 우리에게 수면을 방해하려는 무슨 일인가가 진행되고 있음을 알려 주며, 우리로 하여금 어떤 방식으로 해야 그런 수면 방해를 막아 낼 수 있는지를 이해할 수 있게 해준다. 그런 결과로 잠을 자는 사람은 꿈을 꾸게 되고, 또 계속 잠을 잘 수 있는 것이다. 그를 사로잡으려고 애쓰는 내적 요구는 이미 그 요구가 해결된 외적 경험으로 대체된다. 따라서 꿈은 일종의 〈투사*Projektion*〉, 즉

2 『꿈의 해석』중 다섯 번째 장의 〈전형적인 꿈들〉 부분을 참조하라.
3 나르시시즘과 자기중심주의의 관계는 『정신분석 강의』중 스물여섯 번째 강의에서 상세하게 설명되고 있다.
4 『꿈의 해석』참조.

내면 과정의 외면화이다. 우리는 방어를 위해 사용하는 여러 수단 가운데 투사도 포함되어 있음을 이미 확인한 바 있다. 예컨대 히스테리성 공포증의 경우, 그 메커니즘은 내면의 본능적 요구를 대신하여 나타난 외적인 위험에 대해 주체가 도피 시도를 함으로써 자기 스스로를 보호할 수 있다는 사실에서 아주 극명하게 나타나는 것이다.[5] 그러나 우리는, 투사의 메커니즘이 매우 두드러지게 나타나는 나르시시즘적 정신 장애를 제대로 분석할 때까지는 투사에 관한 전반적인 논의를 유보하기로 하자.[6]

그렇다면 수면을 취하려는 의도가 방해를 받게 되는 경우는 어떤 방식으로 초래되는 것인가? 수면 방해는 내부의 자극 때문에 생겨날 수도 있고, 또 외부의 자극 때문에 생겨날 수도 있다. 먼저 외부의 자극으로 인한 방해보다 더 모호하면서도 흥미로운 내부에서 시작되는 방해를 생각해 보기로 하자. 관찰에 의하면 꿈은 낮 동안의 경험의 잔재, 즉 전반적인 리비도 집중의 철회를 따르지 않고 어느 정도 양의 리비도나 일정한 몫의 관심을 그대로 보유하고 있는 사고 리비도 집중*Denkbesetzung* 때문에 생겨난다.[7] 따라서 수면의 나르시시즘은 처음부터 이 대목에서 예외를 인정하지 않을 수 없게 된 것이고, 또 바로 여기서부터 꿈이 형성되기 시작하는 것이다. 분석을 통해 우리는 이와 같은 〈낮 동안의 잔재〉가 잠복된 형태의 꿈-사고임을 알게 되었다. 그리고 우리는 그와 같은 꿈-사고의 성격과 전반적인 상황에 비추어 그 꿈-사고들을 전의식 조직에 속하는 전의식(前意識)의 표상으로 간주하지 않을 수가 없는 것이다.

5 앞에 나온 「무의식에 관하여」 참조.
6 상실되고 없는 편집증에 관한 논문을 언급하는 것으로 보인다.
7 이 단락과 다음 단락의 설명에 관해서는 『꿈의 해석』을 참조할 것.

꿈-형성에 관한 설명을 더 깊이 있게 전개시키려면 몇 가지 난관을 극복해야 한다. 수면 상태의 나르시시즘은 대상을 나타내는 모든 표상, 그 표상의 무의식적인 부분이든 전의식적인 부분이든 구분 없이, 그 모든 표상에서 리비도 집중을 철회해야 함을 의미한다. 그런데 만일 낮 동안의 어떤 잔재가 리비도 집중을 그대로 보유하고 있다면, 그 보유 에너지가 의식의 주목을 받을 만큼 충분한 양이 될 것이라고 선뜻 가정을 내리기가 쉽지 않다. 오히려 우리는 그들이 보유하고 있는 리비도 집중이 낮 동안에 보유한 것보다는 훨씬 약한 것이라고 생각하게 된다. 그러나 분석을 통해 우리는 그런 낮 동안의 잔재가, 만일 그것이 꿈 형성체로서 모습을 드러낸다면, 무의식의 본능 충동의 도움으로 그 힘을 더욱 보충하게 된다는 사실을 확인할 수 있었다. 이것도 일종의 가정이긴 하지만 일단 복잡하고 난해한 가정으로 여겨지지는 않을 것이다. 왜냐하면 잠을 자는 동안 전의식 조직과 무의식 조직 사이의 검열이 크게 줄어들 것이고, 따라서 두 체계 사이의 소통이 비교적 수월하게 이루어질 것이라고 쉽게 추측할 수 있기 때문이다.

그러나 여기에서 그냥 지나칠 수 없는 또 다른 의문이 제기될 수 있다. 만일 수면이라는 나르시시즘적인 상태가 결국 전의식 조직과 무의식 조직의 모든 리비도 집중을 거두어들이는 것이라면, 결국 무의식의 본능 충동은 그 리비도 집중을 자아로 다 돌린 셈이 될 테고, 그렇다면 전의식적인 낮 동안의 잔재가 무의식의 본능 충동에 의해 강화되는 가능성도 없는 것 아니냐는 의문이 바로 그것이다. 바로 이 대목에서 꿈-형성의 이론이 모순에 빠지게 된다. 하지만 우리는 수면의 나르시시즘에 관한 우리의 가정을 조금만 바꾸면 그 모순에서 벗어날 수 있을 것이다.

나중에 드러나겠지만,[8] 이미 내세운 가정을 바꾸는 이와 같은 종류의 제한적 수정은 조발성 치매의 이론에서도 필요하다. 그리고 그 가정의 수정은 무의식 조직의 억압된 부분이 자아가 원하는 수면 욕구에 응하지 않고 자체의 리비도 집중을 전부든 부분적으로든 그대로 유지한다는 식이 되어야 한다. 말하자면 대체로 억압의 결과로 무의식 조직의 억압된 부분이 자아와는 어느 정도 독립성을 유지해야 한다. 따라서 억압에 지출되는 에너지의 양(리비도 반대 집중)이 어느 정도는 밤 동안에도 유지되어야 한다. 이것은 비록 정동의 발산과 운동으로 이어지는 모든 통로가 차단되어 필요한 리비도 반대 집중의 정도가 상당히 약화되더라도 본능적 위험에 맞서기 위해서는 필요한 부분이다. 이런 점에 비추어 우리는 꿈-형성을 가능하게 하는 상황을 다음과 같이 그려 볼 수 있을 것이다. 잠을 자려는 욕구, 즉 수면 욕구는 자아에서 발산되는 모든 리비도 집중을 다 끌어들여 절대적인 나르시시즘을 형성하려고 노력한다. 그러나 이러한 노력이 완전히 성공을 거두진 못한다. 왜냐하면 무의식 조직 내의 억압된 부분이 수면 욕구에 복종하지 않기 때문이다. 따라서 리비도 반대 집중의 일부는 그대로 유지되어야 하며, 전의식 조직과 무의식 조직 사이의 검열도 온전히 그 힘이 유지되는 것은 아니지만 어느 정도는 그대로 유지되어야 한다. 자아의 지배가 계속되는 한, 모든 조직은 그 리비도 집중을 상실하고 만다. 무의식 조직의 본능적 리비도 집중이 강하면 강할수록 수면은 더욱 불안정한 상태가 되기 때문이다. 심지어는 잠자는 동안 자유롭게 풀려나온 억압된 충동을 다시 억제하는 것이 불가능하다고 느낀 자아가 수면 욕구를 포기하는 극단적인 경우도 있다. 다시 말해, 자아가 꿈을 두려워한 나머지 잠

8 사실 어떤 부분을 두고 한 말인지 분명하지가 않다.

을 포기한다는 것이다.

나중에[9] 우리는 억압된 충동의 방종함에 관한 이 가정이 얼마나 중요한 의미를 지니고 있는지 알게 될 것이다. 현재로서는 꿈-형성의 상황을 계속 살펴보도록 하겠다.

앞에서 언급한 가능성, 즉 낮 동안의 잔재로 남은 전의식의 사고 가운데 일부가 반항적인 속성을 보이며 자체 리비도 집중의 일부를 그대로 유지하고 있을 수 있다는 가능성을, 우리는 나르시시즘을 저해하는 두 번째 요인으로 인정해야 한다.[10] 근본적으로 이 두 요인은 동일한 것일 수도 있다. 낮 동안의 잔재가 내보이는 저항은 깨어 있는 동안에도 이미 존재하고 있는 무의식의 충동과의 접촉에서 발생할 수도 있다. 또는 더 복잡한 과정 속에서 그런 일이 일어날 수도 있다. 예컨대 리비도 집중을 완전히 떨쳐 버리지 못한 낮 동안의 잔재가 전의식 조직과 무의식 조직 사이의 소통이 원활해지는 수면 상태가 시작된 이후에야 억압된 것과 관계를 맺을 수도 있다. 그런데 이 두 경우 다음에는 꿈-형성으로 이어지는 결정적인 단계가 뒤따르게 된다. 그것은 바로 〈낮 동안의 전의식적인 사고의 잔재 속에 무의식의 충동을 표현하려고 하는〉 전의식의 꿈-소망Traumwunsch이 형성되는 단계이다. 이 전의식의 꿈-소망은 낮 동안의 잔재와 분명히 구별되어야 한다. 이 꿈-소망은 깨어 있는 동안에는 존재할 필요가 없었던 것으로, 우리가 의식으로 전환해서 해석할 때 무의식적인 모든 것이 지니고 있는 것으로 나타나는 비합리적인 속성을 그대로 내보일 수 있다. 또한 우리는 전의식 속의(잠복된) 꿈-사고들 가운데 존재하고 있을 수도 있는(물론 반드시 존재할 필요는 없다) 소원 충동

---

9 이 말이 무엇을 지칭하는지도 불분명하다.
10 첫 번째 요인은 바로 앞에서 언급한 〈억압된 충동의 방종〉이다.

Wunschregung과 이 꿈-소망을 혼동해서는 안 된다. 그러나 만일 그와 같은 전의식적인 소원 충동들이 존재한다면 꿈-소망은 가장 효과적인 강화책으로 그 소원 충동들과 합세하기도 한다.

이제는 그 소원 충동이 겪는 변천 과정을 생각해 볼 차례다. 소원 충동은 본질적으로 무의식의 본능적 요구를 대변하는 것으로 전의식 조직에서 하나의 꿈-소망(소원 성취Wunscherfüllung 환상)으로 형성된다. 우리는 이 소원 충동이 세 갈래 서로 다른 길을 따라 해소될 수 있을 거라고 생각할 수도 있다. 하나는 깨어 있는 동안 통상적으로 일어나는 과정으로 전의식 조직에서 의식으로 직접 밀고 들어가는 경우이고, 두 번째는 의식 조직을 그냥 지나쳐 직접 행동으로 발산되는 길을 찾는 경우이다. 그리고 나머지 하나는 이 소원 충동이 전혀 예기치 않은 길을 따라 진행되는 경우이다. 이런 경우에도 물론 우리는 관찰을 통해 그 길을 추적할 수는 있다. 우선 첫 번째의 경우, 소원 충동은 소원 성취를 그 내용으로 하는 〈망상Wahnidee〉이 된다. 그러나 잠을 자는 동안에는 이런 일이 결코 일어나지 않는다. 사실 정신 과정에 관한 초심리학적 지식이 부족하기 때문에 우리는 이것을, 한 조직을 완전히 비우게 되면 그 조직이 아무런 자극도 받지 않는다는 사실을 암시하는 것으로 해석할 수도 있다. 두 번째의 경우, 즉 소원 충동이 직접 운동으로 발산되는 경우도 똑같은 원칙[11]에 의해 배제되어

11 〈리비도 집중이 일어나지 않는 체계는 자극을 받을 가능성이 없다〉는 이 원칙은 「쾌락 원칙을 넘어서」와 〈신비스러운 글쓰기 판〉에 대한 소고」 등에서도 거론되는 원칙이다. 그러나 이 원칙은 사실 1895년의 『과학적 심리학 초고』에서 비록 신경학적인 용어로 표현되었지만 이미 예시된 바 있다. 그 글에서 프로이트는 하나의 신경 단위에서 발산된 에너지가 리비도 집중을 받지 않은 신경 단위보다는 리비도 집중을 받은 신경 단위로 쉽게 전달된다는 가설을 제시했으며, 그 글의 후반부에 가서는 이 가설을 꿈에서 이루어지는 운동 에너지의 발산 문제에 적용하기도 했다. 프로이트의 주장에 따르면, 꿈은 운동의 발산이 이루어지지 않는 상태이며, 운동의 요소가 전혀 존재하지 않는 상태이다. 꿈속에서는 우리가 마비된다는 뜻과 다름없다. 이것을 그는

야 한다. 왜냐하면 직접적인 행동으로 나아가는 길은 보통 의식의 검열에서 한 발짝 멀리 떨어져 있는 것이기 때문이다. 하지만 이 두 번째의 경우가 일어날 수 있는 예외적인 경우도 있는데, 그것은 바로 〈몽유병Somnambulismus〉이다. 어떤 조건에서 그런 일이 일어나고, 왜 자주 일어나는 현상은 아닌지 우리는 알지 못한다. 사실 꿈-형성의 과정에서는 전혀 예기치 못한 사태의 전환이 이루어진다. 전의식 조직에서 시작되어 무의식 조직에 의해 강화되는 이 과정은 무의식 조직을 지나 지각에 이르는 퇴행의 길을 따라 이루어지면서 의식을 압박하게 된다. 이 〈퇴행〉이 바로 꿈-형성의 세 번째 단계이다. 논의를 분명히 하기 위해서 앞에서 언급한 두 경우를 다시 한번 요약해 보자. 하나는 전의식 속에 있던 낮 동안의 잔재가 무의식 조직에 의해 강화되는 경우이고, 또 하나는 꿈-소망이 형성되는 경우이다.

그리고 세 번째의 경우, 즉 이런 종류의 퇴행을 우리는 앞에서 언급한 시간적 또는 발달 과정상의 퇴행과 구분하기 위해 〈지형적topisch〉 퇴행이라고 부른다.[12] 물론 이 두 종류의 퇴행이 반드시 일치하는 것은 아니지만, 우리에게 제시된 특정의 예에서는 일치하는 것으로 나타나기도 한다. 자극이 전의식 조직에서 무의식 조직을 통해 지각에 이르기까지 거슬러 올라가는 역행의 과정은 환각적인 소원 성취라는 초기 단계로 거슬러 올라가는 과정과 같은 것이다.

신경 단위에 리비도 집중이 이루어지지 않기 때문에 운동 자극이 그 장애물을 통과하지 못한다고 설명했다. 그러면서 곧 이어서는 꿈이 지닌 환각적 속성 속에는 〈퇴행성〉 성격이 깃들어 있다는 논의를 전개시켰다.

12 1914년에 『꿈의 해석』 중 일곱 번째 장에 추가시킨 각주 참조(여기서는 퇴행을 세 가지 종류로 구분했다). 『정신분석 강의』 중 스물두 번째 강의 도입 부분에서도 퇴행에 관한 논의를 찾을 수 있다.

우리는 이미 『꿈의 해석』에서 꿈-형성 과정 속에서 전의식에 있는 낮 동안의 잔재가 어떤 방식으로 퇴행의 길을 걷는가 하는 문제를 설명한 바 있다. 그 퇴행의 과정 속에서 사고는 이미지, 특히 시각적인 이미지로 변형된다. 다시 말해, 마치 전반적으로 〈재현 가능성Darstellbarkeit〉이 그 과정을 지배하는 주요 요인이라도 되듯, 단어 표현들이 그에 상응하는 사물 표현으로 되돌려지는 것이다. 퇴행이 완료된 뒤에는 무의식 조직 속에 수많은 리비도 집중, 바로 〈사물〉의 기억에 대한 리비도 집중이 남게 된다. 이런 사물에 대한 기억에 영향을 미치는 것이 1차 정신 과정으로, 이 정신 과정의 영향은 그것이 리비도 집중의 압축과 개별 리비도 집중 간의 전위(轉位)에 의해 명백한 현재의 꿈-내용을 형성할 때까지 계속되는 것이다. 물론 낮 동안의 잔재 속에서 발생한 단어 표현이 〈사고〉의 표현이 아니라 바로 현재의 〈지각〉의 잔재일 경우에만, 단어 표현 그 자체는 사물 표현으로 다루어지고 압축과 전위의 영향을 받게 된다. 그러므로 『꿈의 해석』에서 제기되고, 그 이후 틀림없는 것으로 확인된 다음의 규칙이 가능해진 것이다. 즉 꿈-내용의 단어와 발화(發話)는 새롭게 형성된 것이 아니라 꿈꾸기 이전의 낮 동안에 있었던 발화(혹은 방금 읽었던 어느 글의 내용처럼 또 다른 새로운 인상들)를 모델로 형성된 것이다. 특히 주목할 만한 것은, 꿈-작업이 단어 표현을 일관되게 유지하지 않는다는 사실이다. 말하자면 꿈-작업은 더 창조적이고 유연한 재현에 알맞는 표현을 찾을 때까지 언제라도 단어를 교체할 준비가 되어 있는 것이다.[13] 이제, 바로 이런 점에서 꿈-작업과

13　나는 질베러H. Silberer가 내세웠던 주장(어쩌면 그가 너무 과대평가했을지도 모른다), 즉 어떤 꿈들은 본질적으로 서로 다른 두 해석을 동시에 허용하는데, 그중 하나는 〈분석적〉 해석이고, 또 하나는 〈우의적(寓意的)〉 해석이라는 주장 역시 재현 가능성에 대한 고려에서 나왔다고 본다. 그런데 이같은 두 가지 해석이 가능할 때 우리는

정신 분열증 사이의 본질적인 차이가 더욱 분명해진 셈이다. 정신 분열증의 경우, 1차 정신 과정에 의해 수정되어야 할 것은 바로 전의식의 사고가 표현된 단어 그 자체이다. 반면에 꿈에서는 그와 같은 수정의 대상이 되는 것이 단어가 아니라 그 단어를 가능하게 했던 사물 표상이다. 꿈에서는 위상적인 퇴행이 일어나지만 정신 분열증에서는 그와 같은 퇴행이 일어나지 않는다. 꿈에서는 (전의식 조직의) 언어 리비도 집중*Wortbesetzung*과 (무의식 조직의) 사물 리비도 집중*Sachbesetzung* 사이에 자유로운 소통이 가능한 반면, 그러한 소통이 단절되는 게 정신 분열증의 특징이다. 사람이 이러한 차이에서 느낄 수 있는 인상이 사실은 우리가 정신분석 치료에서 수행하는 꿈-해석*Traumdeutung*에 의해 많이 흐려지고 있다. 왜냐하면 꿈-해석을 통해 꿈-작업이 이루어진 길을 추적하고, 잠복된 사고에서 꿈-요소*Traumelement*로 이어지는 길을 따라가고, 언어의 다의성이 이용되는 방식을 드러내고, 여러 재료 모음 사이의 언어적 연관성을 끄집어낸다는 사실 덕택에 —— 실로 이 모든 사실 때문에, 우리는 때로는 농담이라는 인상을 받기도 하고 또 때로는 정신 분열증의 인상을 받기도 하는 것

틀림없이 다분히 추상적인 성격의 생각을 문제 삼게 되는데, 그런 생각을 꿈속에서 재현하는 일이 사실은 그 추상적인 성격 때문에 매우 어려워진다. 우리는 이것을 신문에 난 주요 정치 기사를 그림으로 재현하는 문제와 비교할 수 있다. 아무튼 그런 경우 꿈-작업은 먼저 추상적 사고로 이루어진 텍스트를 어떤 방식으로든 —— 비교나 상징, 우의적 인유(引喻), 혹은 가장 좋게는 발생론적으로 —— 그 추상적 사고의 텍스트와 연관된 더욱 구체적인 텍스트로 대체해야 한다. 그래서 더 구체적인 텍스트가 꿈-작업의 재료로서 추상적인 텍스트를 대신하게 해야 하는 것이다. 추상적 사고는 흔히 말하는 바 〈우의적〉 해석을 낳게 하는데, 이 해석은 우리가 해석 작업을 하는 가운데 오히려 진정한 분석적 해석보다 더 쉽게 찾아낼 수 있는 것이기도 하다. 오토 랑크Otto Rank는 분석 치료를 받는 환자들이 꾸는 치료에 관한 꿈 가운데 일부는 다양한 해석이 가능한 꿈의 가장 좋은 본보기라고 주장하기도 했다 —— 원주. 프로이트는 1919년에 『꿈의 해석』에 우의적 해석에 관한 부분을 추가시키기도 했다. 질베러의 『신비주의와 그 상징의 문제 *Probleme der Mystik und ihrer Symbolik*』(1914) 참조.

이며, 더 나아가 꿈에서는 단어를 활용한 모든 언어 조작이 사물로의 퇴행을 위한 준비 단계에 지나지 않는다는 사실을 망각하기가 쉽기 때문이다.

꿈-과정Traumvorgang의 완결은 사고 내용Gedankeninhalt — 퇴행적으로 변형되고 소원 환상Wunschphantasie으로 탈바꿈한 내용 — 이 감각 지각으로 의식화되는 데 달려 있다. 이런 과정이 일어날 때 사고 내용은 두 번째 수정 과정을 거치게 된다. 사실은 모든 지각 내용이 거쳐야 하는 것이 이 두 번째 수정 과정이다. 이렇게 되면 꿈-소망은 〈환각으로 변하고〉, 그 꿈-소망의 성취가 현실인 듯한 믿음을 갖게 된다. 그런데 이 꿈-형성 과정의 마지막 단계 부분이 사실은 아주 불확실한 것으로 나타난다. 따라서 이 부분을 명확히 하기 위해 우리는 꿈을 꿈과 비슷한 병리적인 상태와 비교하고자 한다.

소원 성취의 환상이 형성되면서 그것이 환각으로 퇴행한다는 것, 이것이 꿈-작업의 가장 본질적인 부분이다. 그러나 이런 과정이 오로지 꿈에서만 일어나는 과정은 아니다. 이 과정들은 다음의 두 병적인 상태, 즉 심각한 환각적 혼란 상태(마이네르트Meynert가 말한 정신 박약증Amentia)[14]와 정신 분열증의 환각 증상 단계에서도 발견된다. 정신 박약증의 환각적인 정신 착란은 분명히 식별 가능한 소원 성취의 환상으로, 종종 거의 백일몽과 같은 상태로 나타난다. 일반적으로 〈환각적 소망의 정신병〉이라 부르는 것이 똑같이 꿈과 정신 박약증에 다 해당한다. 심지어 왜곡되지 않은 소원 성취의 환상을 그 풍부한 내용으로 삼고 있는 꿈들도 있다. 정신 분열증의 환각 증상 단계는 사실 철저히 연구되지 못한 부분이다. 대체로 복합적인 성격을 띠고 있는 이 증상

14 이후로는 이 병적인 상태를 다 〈정신 박약증〉으로 이해하면 된다.

은, 그러나 그 본질은 사물의 이상에 다시 리비도를 집중시키려는 새로운 재구성 시도라 할 수 있다.[15] 여기서 나는 여러 병리적인 상태에서 나타나는 그 밖의 다른 환각적인 상태를 우리의 비교 대상에 포함시키지는 않겠다. 왜냐하면 나 자신이 그런 사례를 경험하지 못했을 뿐만 아니라 다른 관찰자의 경험을 활용할 수 있는 것도 아니기 때문이다.

자, 이제는 환각적 소망의 정신병 ─ 꿈에서든 그 밖의 다른 곳에서든 ─ 이 결코 동일하지 않은 두 가지 서로 다른 결과를 성취한다는 사실을 분명히 밝혀 보도록 하자. 환각적 소망의 정신병은 감춰진 혹은 억압된 소망을 의식에 나타나게 할 뿐만이 아니라 소원이 성취되었다는 절대적인 믿음 속에 그 소망을 표현한다. 이 두 결과가 어떻게 동시에 일어날 수 있는지, 이 부분을 설명할 필요가 있다. 사실 무의식의 소망이 의식화되었다고 해서 그 소망이 반드시 현실적인 것이라고 간주할 수는 없다. 왜냐하면 우리가 잘 알고 있듯이, 우리는 이상과 소망이 아무리 강렬한 것이라 하더라도 그 이상과 소망을 현실과 구분하는 판단력을 지니고 있기 때문이다. 다른 한편으로는 현실에 대한 믿음은 감각을 통한 지각에서 비롯되는 것이라고 상정하는 것도 지극히 타당해 보인다. 따라서 우리는 어느 한 생각이 퇴행의 길을 따라 대상에 대한 무의식의 기억 흔적까지 거슬러 올라가고, 그다음에 지각 단계까지 다다를 수 있다면, 우리는 그 지각을 현실적인 것으로 받아들인다.[16] 이렇게 환각은 현실에 대한 믿음을 스스로 만들어 내는 것이다. 그렇다면 이제는 환각을 불러일으키는 결정적인 요인

---

15 「무의식에 관하여」라는 글에서 우리는 이런 종류의 첫 시도로서 단어 표현에 리비도 과잉 집중이 일어남을 확인한 바 있다 ─ 원주.

16 이 부분은 브로이어가 『히스테리 연구』에 기고한 글에서 지적한 사항이다. 물론 그도 이 생각을 마이네르트의 아이디어에서 착안한 것으로 보인다.

이 무엇인지 따져 보아야 할 차례다. 첫 번째 요인으로 우리는 퇴행을 들 수 있다. 이렇게 되면 환각의 기원에 관한 문제가 퇴행의 메커니즘에 관한 문제로 대체될 수 있을 것이다. 꿈의 경우 퇴행의 메커니즘의 문제는 금방 풀린다. 전의식 조직의 꿈-사고가 사물의 기억 이미지로 퇴행하는 것은 무의식 조직의 본능의 대표자 — 예를 들면 억압된 경험 기억 — 가 단어로 전환된 그 사고에 행사하는 유인력의 결과인 것이다. 그런데 여기서 우리는 우리가 길을 잘못 들어섰다는 것을 금방 알아차릴 수 있다. 만일 환각의 비밀이 퇴행의 비밀에 불과하다면, 충분한 힘을 지닌 퇴행은 모두가 환각을 만들어 낸다는 의미가 된다. 그러나 우리가 익히 잘 알고 있는 상황을 보더라도 꼭 그런 것은 아니다. 퇴행적 사고 과정이 아주 선명한 시각적 기억 이미지를 의식에 떠올리게 하는 경우(물론 그렇다고 우리가 이것을 현실적인 지각으로 오인해서는 안 된다)도 있기 때문이다. 또한 우리는, 이런 종류의 기억 이미지를 뚫고 들어가 이전에 무의식 속에 있었던 것을 의식에 나타나게 하고, 또 우리 앞에 우리의 욕망을 부추기는 소원 성취의 환상을 활짝 펼쳐 보이는 꿈-작업의 경우도 상상해 볼 수 있다. 그러나 우리는 이것을 역시 소원이 현실에서 실제 성취된 것으로 간주해서는 안 된다. 그러므로 환각은 본질적으로 무의식 조직에 있는 기억 이미지를 퇴행적으로 재생시킨 것 이상의 것임에 틀림없다.

여기서 우리가 명심해야 할 것은, 아무리 기억 속에 강하게 떠오른 표상이라고 하더라도 그 표상을 지각과 분명히 구분하는 일이 실제적인 삶에서 아주 중요하다는 사실일 것이다. 외부 세계, 즉 현실과 우리 사이에 존재하는 모든 관계가 바로 그와 같은 구분 능력에 달려 있기 때문이다. 우리는 지금까지, 사실 우리에게는 그런 구분 능력이 없으며, 우리의 정신적 삶의 초기에는 우리가 어떤 대상이 정말 필요하다고 느낄 때면 실제로 그 대상을 소유하고 있으며 만족을 느끼고 있다는 환각에 빠지곤 하는 그런 상상을 펼쳐 왔다. 그러나 그런 경우에 실제 만족감을 느낀 것은 아니었고, 그래서 곧바로 우리는 그런 소원 지각Wunschwahrnehmung을 현실적인 충족과 구분하게 하고 다시는 그런 소원 지각을 하지 않도록 어떤 장치를 고안해 낼 수밖에 없었다. 다시 말하면, 우리는 아주 이른 시기부터 우리 소원의 환각적 만족을 포기하고 〈현실성 검사〉라는 장치를 설정했던 것이다. 그렇다면 이제부터 구명해야 할 것은, 이 현실성 검사가 어떻게 이루어지는 것이며, 또 꿈이나 정신 박약증 또는 그 비슷한 조건 속에서 나타나는 환각적 소망의 정신병이 어떻게 그 현실성 검사라는 장치를 제거하고 다시 옛날의 만족 방식을 재확립하는가 하는 문제일 것이다.

이 문제에 대한 해답은 우리의 정신 조직 가운데 하나, 즉 우리가 지금까지 전의식 조직과 분명히 구분하지 않고 있었던 의식 조직을 좀 더 자세하게 정의 내리는 가운데 주어질 수 있을 것 같다. 『꿈의 해석』[17]에서 우리는 이미 의식적 지각을 아주 흥미로운 속성을 지닌 어떤 특수한 조직의 기능이라고 결론 내린 바 있다. 이제 우리는 그 조직에 또 다른 특성을 부여하고자 한다. 『꿈의 해석』에서는 지각 조직(W 조직)이라고 불렀던 이 조직을, 우리는 의식화의 활동이 일어나는 의식 조직과 같은 것으로 간주할 수도 있다. 그렇지만 어떤 사물이 의식화된다는 사실만 가지고는 그것이 어떤 한 조직에 속한다는 의미가 될 수 없다. 왜냐하면 우리가 앞에서 보았듯이, 어떤 감각적 이미지의 경우 비록 의식 조직이나 지각 조직에 자리 잡고 있지 않더라도 그것을 인식하는 일이

17 일곱 번째 장의 〈퇴행〉 부분을 참조.

불가능한 것만은 아니기 때문이다.

그러나 이 어려운 문제에 관한 논의는 우리가 의식 조직 그 자체에 관심을 집중시킬 수 있을 때까지는 미뤄 두어야 한다.[18] 현재로서는 환각이 의식 조직(지각 조직)의 어느 한 리비도 집중에서 일어난다는 것, 그러나 그것이 보통의 경우에서처럼 외부에서 영향을 받는 것이 아니라 내부에서 영향을 받는다는 것, 그리고 환각이 발생할 수 있는 필요조건이란 퇴행이 그 체계 자체에 도달할 수 있을 만큼 충분히 진행되어 현실성 검사를 통과할 수 있어야 한다는 것 등을 가정하는 것으로 충분할지 모르겠다.[19] 이전에 쓴 어느 글에서,[20] 우리는 아무리 무력한 유기체라도 지각을 통해 그 지각과 근육 운동의 연관 관계에 따라 〈외부적〉인 것과 〈내부적〉인 것을 구별하며 세상에서 나름의 첫 방향을 설정하는 능력이 있음을 확인했다. 행동에 의해 사라지는 지각은 외부적인 것, 즉 현실적인 것으로 인정되었고, 행동이 아무런 차이를 가져다주지 않는 경우 그 지각은 주체 자신의 신체에서 시작된 것, 즉 현실적인 것이 아니라고 이해했다. 이처럼 현실 인식의 수단을 소유한다는 것이 개인에게는 사실 대단히 중요한 것이다. 그런 수단을 통해 개인은 현실에 효과적으로 대처할 수 있기 때문이다. 따라서 그 개인으로서는 그의 본능이 제기하는 무자비한 요구에 대해서도 그 비슷한 대처 수단을 갖고 싶어 하는 것이 당연하다. 그렇기 때문에 내부에서 비롯된 골칫거리를 외부로 돌리는, 즉 그것을 〈투사〉시키는 수고도 마다하지 않는 것이다.[21]

18 잃어버린 것으로 알려진 의식에 관한 논문을 언급하는 것으로 추정된다.
19 보충해서 덧붙여 말하면, 환각에 대한 설명은 어떤 설명이든 긍정적인 환각이 아니라 〈부정적인〉 환각에서부터 출발해야 한다 — 원주.
20 「본능과 그 변화」 참조 — 원주.
21 〈외부적〉인 것과 〈내부적〉인 것에 관한 좀 더 깊은 논의는 「부정」과 「문명 속

개인으로 하여금 내부적인 것과 외부적인 것의 구별을 통해 세상에서 방향을 잡아 가게 하는 기능은, 정신 기관에 대한 세밀한 분석의 결과 오로지 의식 조직(지각 조직)에 속하는 것으로 나타났다. 의식 조직은 지각이 사라질 수 있는 것이냐 아니면 계속 저항을 하며 버티고 있을 성질의 것이냐를 판별해 내는 운동 신경 자극 전달을 마음대로 활용할 수 있는 조직이다. 현실성 검사[22]란 이런 장치 이상의 것을 필요로 하지 않는다. 이 대목에서 우리는 더 이상 자세한 설명을 할 수가 없다. 왜냐하면 의식 조직의 본질과 그 작용 방식에 관한 우리의 지식이 너무도 부족하기 때문이다. 우리는 현실성 검사를 우리가 정신 조직 사이에 존재하는 것으로 확인한 〈검열〉과 함께 〈자아의 주요 기구〉 가운데 하나로 평가할 것이다. 그리고 나르시시즘적 질병의 분석을 통해, 또 다른 비슷한 기구가 있으면 그것도 밝혀지기를 기대할 뿐이다.

반면에 다른 한편으로, 우리는 병리학의 도움으로 어떤 방식으로 현실성 검사가 폐기될 수 있고 또 중단될 수 있는지를 알 수 있다. 이것은 꿈의 소망 정신병보다는 정신 박약증의 소망 정신병에서 좀 더 분명하게 나타난다. 정신 박약증은 현실은 확인해 주지만 자아는 견딜 수 없어 부인해야만 하는 상실감에 대한 반응이다. 그렇기 때문에 자아는 현실과의 관계를 단절하고, 지각 조직(의식 조직)에서 리비도 집중을 철회하게 된다. 아니, 하나의 리비도 집중을 철회하는 것이라 해야 옳을 것이다. 이 과정이 지니는 독특한 성격은 아마 또 다른 연구의 주제가 될 수 있을 것이

의 불만」을 참조할 것.

22   나중에 현실과 관련된 검증과 직각성(直覺性)과 관련된 검증 사이의 구별이 이루어질 것이다. 그 부분을 참조하기 바란다 — 원주. 바로 〈현실성 검사Realitätsprüfung〉와 〈직각성 검사Aktualitätsprüfung〉를 두고 하는 말인데, 〈나중에〉란 부분이 무엇을 가리키는지 불분명하다. 아마 잃어버린 논문 가운데 하나를 염두에 둔 말이 아닌가 싶다.

다. 아무튼 자아가 현실에 등을 돌리게 되면서 현실성 검사는 없어지게 되고, (억압되지 않은, 완전히 의식적인) 소원 성취의 환상이 그 조직으로 밀고 들어갈 수 있게 된다. 그리고 그 환상은 그 조직 속에서 더 좋은 현실로 받아들여지게 되는 것이다. 그와 같은 리비도 집중 철회 과정은 억압 과정과 동등한 것일 수 있다. 정신 박약증은 우리에게 자아가 그의 신체 기관의 하나 — 아마 이 기관은 자아의 충실한 심복이면서 자아와 가장 밀접하게 연관된 기관일지도 모른다 — 와 분열되는 흥미로운 광경을 보여 주는 증상이다.[23] 정신 박약증에서 이 〈억압〉이 행하는 일을 꿈에서는 자발적인 포기가 행한다. 수면의 상태는 외부 세계의 그 어떠한 것도 알고 싶어 하지 않는 상태이다. 수면 상태의 포기, 즉 잠에서 깨어나는 일과 관련된 현실에만 관심이 있지 다른 현실에 대해서는 전혀 관심이 없는 상태이다. 따라서 수면 상태는 의식 조직, 전의식 조직, 그리고 무의식 조직 모두의 리비도 집중이 잠을 자려는 소망에 굴복하는 한, 그들 조직의 리비도 집중을 다 철회시킨다. 이렇게 해서 의식 조직의 리비도 집중이 철회되면 현실성 검사의 가능성이 포기된 것이나 다름없으며, 수면의 상태와 무관하게 퇴행의 길을 따라 진입한 자극들이 의식 조직으로 이르는 탄탄대로를 찾을 수 있게 되고, 드디어 그 체계에 진입해서는 당연히 현실로 인정받게 되는 것이다.[24]

23 내가 여기서 감히 한 가지 사실을 제시하자면, 중독에 따른 환각, 즉 알코올 의존증에 따른 정신 착란도 비슷한 방식으로 이해되어야 한다는 것이다. 알코올 의존의 경우, 현실이 강요한 참을 수 없는 상실감이란 바로 알코올의 상실, 즉 술이 없는 상태이다. 따라서 알코올 의존자에게 술을 다시 주면 그의 환각도 중단된다 — 원주.

24 여기서는, 즉 의식 조직(지각 조직)에서는 리비도 집중이 철회된 조직은 자극을 받지 않는다는 원리가 적용되지 않는 것으로 나타난다. 그러나 리비도 집중이 〈부분적〉으로 철회된 경우는 다르다. 그리고 특히 지각 조직의 경우는 다른 조직의 자극과는 크게 다른 여러 자극의 조건이 있음을 상정해야 한다. 물론 우리가 초심리학적 논의의 불확실한 성격과 잠정적인 성격을 은폐하거나 미화시키겠다는 의도를 지니고

조발성 치매의 환각적 정신 이상에 관해서는, 지금까지의 논의를 통해 그 정신 이상의 증상이 애초부터 있었던 것은 아니라고 추론할 수 있다. 다만 환자의 자아가 너무나 심하게 분열되어 있어 현실성 검사가 더 이상 환각 작용의 움직임을 제지하지 못할 때 그런 증상이 일어날 수 있는 것이다.

꿈-과정의 심리학과 관련해서 우리가 내린 결론은, 꿈의 모든 본질적인 특징은 수면 조건에 의해 결정된다는 것이다. 이런 점에 비추어 오래전에 아리스토텔레스가 했던 말, 즉 〈꿈은 잠자는 자의 정신 활동〉[25]이라는 소박한 진술은 전적으로 옳은 표현이라 할 수 있다. 우리는 이 아리스토텔레스의 말을 더 확대시켜 이렇게 말할 수 있을 것이다. 꿈은 나르시시즘적인 수면 상태가 완전히 이루어지지 않아 발생한 정신 활동의 잔재다. 이 말은 심리학자들이나 철학자들이 지금까지 쭉 해왔던 말과 크게 다르지 않다. 그러나 이 말이 우리 정신 기관의 구조와 그 기능에 대한 전혀 다른 견해를 토대로 이루어진 진술임은 인정해야 한다. 또 이런 새로운 견해를 통해 꿈의 모든 세세한 특징을 이해할 수 있게 되었다는 점에서, 우리의 이 새 견해가 예전의 것보다 더 많은 장점을 지니고 있다는 사실도 인정해야 한다.

마지막으로 우리는 정신 질환의 메커니즘을 이해하는 데 억압 과정의 〈지형학〉이 얼마나 많은 빛을 제공해 주었는지도 다시 한번 되새겨 보자. 꿈에서는 리비도 집중(리비도 혹은 관심)의 철회가 모든 체계에 동등하게 영향을 미친다. 그러나 전이 신경증의 경우는 전의식 조직의 리비도 집중이 철회되고, 정신 분열증의

있는 것은 아니다. 다만 더욱 심도 있는 연구가 있어야 비로소 어느 정도의 개연성을 확보할 수 있다는 마음뿐이다 — 원주.

25 『꿈의 해석』 도입부에서도 인용된 말임.

경우는 무의식 조직의 리비도 집중이, 그리고 정신 박약증에서는
의식 조직의 리비도 집중이 철회되는 것이다.

윤희기 옮김

슬픔과 우울증

Trauer und Melancholie(1917[1915])

어니스트 존스 박사는 프로이트가 이 글의 주제를 처음 그에게 설명했을 때가 1914년 1월이라고 했다. 그리고 그해 12월 30일 프로이트는 이 글의 주제를 빈 정신분석학회에서 발표한 것으로 전해진다. 1915년 2월에 완성된 이 글의 초고를 프로이트는 아브라함에게 보냈고, 아브라함은 제법 긴 평을 덧붙여 다시 돌려주었다(아브라함은 이 글에 대해 평을 하는 가운데 우울증과 리비도 발달 단계의 구순기 사이에 어떤 연관 관계가 있을 거라는 제안을 한 것으로 전해진다). 최종 원고가 완성된 것은 1915년 5월 4일이었고, 그로부터 2년 후 앞에 실린 「꿈-이론과 초심리학」과 함께 출판되었다.

프로이트가 우울증에 관심을 가지기 시작한 것은 비교적 이른 시기부터였다고 알려진다. 가령 1895년 1월경에는 우울증을 설명하려는 자신의 첫 글을 플리스에게 보내기도 했다. 하지만 당시의 설명은 순전히 신경학적인 용어로 이루진 것으로, 별다른 결과를 낳지 못했다. 그러다 곧 프로이트는 우울증을 심리학적 시각에서 접근하기 시작하여 〈노트 III〉이라는 제목의 원고를 남기기도 했다(1897년 5월 31일로 날짜가 적힌 그 원고에서 프로이트는 후에 오이디푸스 콤플렉스*Ödipuskomplex*라는 개념으로 설명되는 중요한 논의를 하기도 했다). 그러나 그 후로 이 글이 쓰이기 전까지는 우울증이라는 주제를 거의 언급하지 않은 것으로 나타난다. 물론 1910년 빈 정신분석학회에서 자살을 주제로 토론을 하는 가운데, 우울증과 정상적인 감정 상태의 하나인 슬픔을 비교하는 것이 아주 중요하다고 강조하기는 했지만, 그 자리에서도 이 문제와 관련된 심리학적인 문제는 아직 해결된 것이 아니라고 선언했다.

프로이트로 하여금 다시 우울증의 주제를 다루게 한 것은 나르시시즘이란 개념과 자아 이상이라는 개념의 도입이었다. 이 글도 사실상 그 자신이 1년 전에 썼던 나르시시즘에 관한 글의 연장선상에 있다고 봐도 무방하다(가령 나르시시즘에 관한 글에서 편집증에서 나타나는 〈비판 기관〉을 설명한 것처럼, 이 우울증에서도 똑같은 작용이 일어나는 것으로 설명된다).

그러나 이 글은 어느 특정한 병리적인 상태의 메커니즘을 설명한 글 이상의 의미를 지니고 있다. 그 근거를 우리는 여기에 수록된 내용이 이후 「집단 심리학과 자아 분석」에 나오는 좀 더 자세한 〈비판 기관〉의 설명으로 이어지고, 또 여기서 더 논의가 전개되면서 「자아와 이드」에서는 〈초자아〉에 관한 가설로, 그리고 죄의식에 관한 새로운 평가로 이어지는 데서 찾을 수 있을 것이다.

또한 이 글은 〈동일시〉의 본질에 관한 문제도 면밀히 검토할 것을 요구하는 글이기도 하다. 처음에 프로이트는 〈동일시〉가 리비도 발달 단계에 나타나는 구순기, 혹은 식인기(食人期)와 밀접한 연관이 있다고 생각한 듯하다. 따라서 「토템과 터부」에서 그는 원시 유목민의 아버지와 그 아들들의 관계에 대해 언급하면서, 아들들이 아버지를 잡아먹는 행위를 통해 아버지와 자신을 동일시하는 일이 벌어진다고 했다. 그리고 이 글을 쓰기 몇 달 전인 1915년에 발간된 「성욕에 관한 세 편의 에세이」 제3판에 추가한 내용을 보면, 식인성 성향을 내보이는 구순기를 〈동일시〉라는 형식을 통해 나중에 심리학적으로 중요한 역할을 수행하는 심리 과정의 전형으로 보았던 그의 생각이 분명하게 드러난다. 한편 이 글에서 프로이트는 〈동일시〉를 대상 선택의 예비 단계, 즉 자아가 대상을 선택하는 첫 방식이라고 설명했다. 그러면서 그는, 자아는 대상을 자기 안에 통합시키기를 원하는데, 그런 일이 벌어지는 구순기에는 그 대상을 삼키는 행위를 통해 그것을 내보이게 된다고 덧붙였다.

프로이트에게 구순기와 우울증의 연관성을 제시한 사람은 아브라함이지만, 사실 프로이트 자신도 이미 그 문제에 대해 관심을 보이고 있었다는 증거가 있다. 프로이트가 1914년 가을에 쓴 「늑대 인간 ― 유아기 신경증에 관하여」에는 구순기가 정신 발달에 얼마나 중요한 역할을 하는지 잘 나타나 있기 때문이다. 비록 〈동일시〉가 다시 중요한 주제로 떠오른 「집단 심리학과 자아 분석」에서 그 초기의 견해를 다소 바꾼 듯이 보이지만, 실은 기존의 견해를 더욱더 분명히 밝힌 것으로도 볼 수 있다. 그 글에서 프로이트는 동일시를 대상 리비도 집중에 〈선행하는〉 것으로 보았으며, 분명 대상 리비도 집중과는 다르다고 했다. 이런 견해는 그 뒤에 쓰인 「자아와 이드」에서도 부모와의 동일시 과정이 대상 리비도 집중의 결과가 아니라 대상 리비도 집중보다 먼저 일어나는 직접적이고 즉각적인 과정이라는 설명으로 이어진다.

그러나 이 글의 가장 중요한 특징은 우울증에서 대상 리비도 집중을 대체하는 동일시의 과정에 대한 설명일 것이다. 이 설명을 바탕으로 「자아와 이드」에서는 동일시의 과정이 우울증에만 한정되는 것이 아니라 보편적으로 일어나는 과정으로, 어떻게 보면 퇴행성의 이런 동일시가 우리가 보통 사람들의 〈성격〉이라 부르는 것의 근간이 된다는 견해가 나오기도 한다. 하지만 무엇보다 중요한 것은, 그와 같은 퇴행성 동일시 — 오이디푸스 콤플렉스의 소멸에서 비롯되는 동일시 — 가 아주 특수한 위치를 점하면서 사실상 초자아의 핵심을 이루게 된다는 사고의 진전일 것이다.

이 논문은 1917년 『국제 정신분석 의학지』 제4권 6호에 처음 발표되었으며, 『저작집』 제5권(1924), 『전집』 제10권(1946)에 수록되었다. 영어 번역본은 1925년 존 리비어Joan Riviere가 번역하여 "Mourning and Melancholia"라는 제목으로 『논문집』 제4권에 수록되었으며, 『표준판 전집』 제14권(1957)에도 실렸다.

슬픔과 우울증

우리는 정상적인 삶에서 나르시시즘적인 정신 장애의 전형으로 나타나는 것이 꿈이라는 것을 확인한 바 있다. 그럼 이제는 슬픔 *Trauer*[1]이라는 정상적인 감정과의 비교를 통해 우울증*Melancholie*의 본질을 밝혀 보기로 하겠다. 그러나 이번에는 우리가 얻어 낼 수 있는 결론에 대해 너무 큰 기대를 하지 말아 달라는 부탁을 하고 싶다. 사실 기술(記術) 정신 의학에서조차 그 정의가 다양하게 나타나는 우울증은 임상에서도 여러 형태로 나타나기 때문에, 그것을 한데 묶어 하나로 종합한다는 일이 무망한 일인 듯 보이기도 한다. 더욱이 우울증 가운데 일부는 심인성 질병이라기보다는 신체적인 질병인 경우도 있다. 따라서 여기서 다룰 재료는, 모든 관찰자들이 누구나 확인할 수 있는 인상을 제외하고는 심인성의 성격이 분명한 몇 가지 사례에 국한된다. 이런 이유로, 우리는 이 글의 결론이 보편타당한 유효성을 지닌 결론이라는 주장을 애초부터 거두어들이고 시작하는 것이다. 다만 우리는 그나마 현재 활용 가능한 연구 수단을 동원하여, 전체는 아니더라도 일부 질

---

1 〈슬픔〉을 뜻하는 독일어 *Trauer*가 영어판에서는 *mourning*으로 번역되었다. 영어의 *mourning*과 마찬가지로 독일어의 *Trauer*는 슬픔의 감정 그 자체를 의미하기도 하고 그 슬픔의 감정을 겉으로 표시하는 것(가령 상복[喪服]이나 상장[喪章])을 의미하기도 한다. 또한 *Trauer*는 〈애도 콤플렉스〉라고 번역되기도 한다.

병의 부류에서 특징적으로 나타나는 것을 찾아낸다는 것을 위안으로 삼을 뿐이다.

우울증과 슬픔 사이에 어떤 상관관계가 있다는 것은 그 둘의 전체적인 상황을 보면 쉽게 확인할 수 있을 듯 보인다.[2] 더욱이 우리가 확인한 바에 따르면, 환경의 영향에 따른 자극 요인이 두 조건에 모두 동일한 것으로 드러나기도 했다. 슬픔은 보통 사랑하는 사람의 상실, 혹은 사랑하는 사람의 자리에 대신 들어선 어떤 추상적인 것, 즉 조국, 자유, 어떤 이상(理想) 등의 상실에 대한 반응이다. 그런데 어떤 사람들의 경우에는 똑같은 종류의 상실감이 슬픔을 유발하는 것이 아니라 우울증을 유발하는 것으로 나타난다. 이럴 경우 우리는 그들에게는 어떤 병리적인 기질이 있는 것이 아닌가 의심하지 않을 수 없다. 또 하나 주목할 만한 것은, 비록 슬픔이 삶에 대한 정상적인 태도에서 크게 벗어나는 상황을 만들기도 하지만 결코 그것이 어떤 병리적인 상황은 아니며, 또 치료를 받아야 하는 상황도 아니라는 사실이다. 우리는 어느 정도 시간이 경과되면 그 상황이 극복되리라는 기대를 갖고 있으며, 따라서 슬픔의 감정에 간섭하고 끼어드는 일은 무익한 행위이며, 심지어 해로운 행위로까지 보는 것이다.

반면에 우울증의 특징은 심각할 정도로 고통스러운 낙심, 외부 세계에 대한 관심의 중단, 사랑할 수 있는 능력의 상실, 모든 행동의 억제, 그리고 자신을 비난하고 자신에게 욕설을 퍼부을 정도로 자기 비하감을 느끼면서, 급기야는 누가 자신을 처벌해 주었으면 하는 징벌에 대한 망상적 기대를 갖는 것 등으로 나타난다.

2 이 주제를 놓고 분석적으로 연구한 사람 가운데 가장 뛰어나다고 볼 수 있는 사람이 아브라함인데, 그의 연구는 바로 이 우울증과 슬픔의 비교에서 출발하고 있다 ─원주.

이와 같은 우울증의 상황은 우리가 한 가지를 제외하고는 다른 모든 특징이 다 슬픔에서 찾아볼 수 있다는 사실을 생각하면 어느 정도 이해 가능한 상황이다. 그런데 그 한 가지 예외란 바로 슬픔에서는 나타나지 않는 자애심(自愛心)의 추락이다. 이것을 제외하고는 사실 모두 동일한 특징이다. 사랑하는 누군가를 잃었다는 것에 대한 반응으로 나오는 깊은 슬픔에도 우울증과 똑같은 고통스러운 마음, 외부 세계에 대한 관심의 상실(외부 세계가 사랑하는 사람을 상기시키지 않는 한), 사랑할 수 있는 능력의 상실로 사랑하던 사람을 대신할 새로운 사랑의 대상을 찾지 못하는 것, 그리고 사랑하던 이를 생각나게 하는 어떤 행동도 금하는 것 등이 포함된다. 이와 같은 자아의 억제와 제한이 오로지 슬픔의 감정에 빠져 버린, 따라서 다른 목적이나 관심을 가질 수 없는 마음의 표현이라는 것을 우리는 쉽게 알 수가 있다. 이런 슬픔의 태도가 우리에게 병적인 것으로 보이지 않는 것은, 실은 우리가 그 슬픔을 어떻게 설명해야 할지 잘 알고 있기 때문인 것이다.

우리는 또한 슬픔의 분위기를 우울증의 경우와 비교해서 마찬가지로 〈고통스럽다〉고 부르는 것 역시 타당하다고 여긴다. 만일 우리가 고통의 경제학이 지니고 있는 특징을 잘 알 수 있는 위치에 있다면 이런 비교가 정당하다는 것을 증명할 수도 있을 것이다.

그렇다면 슬픔은 어떤 식으로 작용하는 것일까? 슬픔을 다음과 같이 표현하는 것이 무리는 아닐 듯싶다. 현실성 검사를 통해 드러난 사실은 사랑하는 대상이 이젠 더 이상 존재하지 않는다는 것이다. 따라서 이제는 그 대상에 부과되었던 모든 리비도를 다 철회시켜야 한다는 요구가 제기된다. 물론 이런 요구는 당연히 반발을 불러일으키고, 또 그런 반발을 이해 못할 것도 없다. 일반적으로 사람들은 사랑하던 대상을 대신할 대체물이 보장되더라도 리비도적 입장을 포기하려 들지 않기 때문이다. 그런데 그런 반발심이 너무 강하다 보면 현실에 등을 돌리는 일이 일어나게 되고, 환각적인 소원 성취의 정신병을 매개로 하여 예전의 그 대상에 대한 집착이 그대로 유지되는 것이다.[3] 보통의 경우, 그래도 현실에 대한 존중이 우세하게 나타나지만, 그렇다고 그 현실의 명령을 그 즉시 따르지는 않게 된다. 말하자면 현실의 요구와 명령은 조금씩 조금씩, 많은 시간이 경과되고, 많은 에너지의 소비가 있고 난 뒤에 받아들여지게 되는 것이다. 물론 그러는 동안에도 잃어버린 대상은 마음속에 계속 존재하게 된다. 결국 사랑하던 대상에 리비도를 집중시켰던 때의 어떤 기억과 기대가 각기 되살아날 때마다 리비도가 과잉 집중되기도 하지만, 다른 한편에서는 현실을 존중하는 가운데 리비도의 이탈도 이루어진다.[4] 그러면 현실의 명령을 조금씩 받아들이는 타협이 왜 그렇게 고통을 안겨 주는 것인가? 이것은 경제학의 관점에서 그렇게 쉽게 설명될 수 있는 성질의 것이 아니다. 특히 놀라운 것은, 이와 같은 고통의 불쾌감을 우리 모두가 당연한 것으로 받아들인다는 점이다. 그러나 슬픔의 작용이 완결된 뒤, 자아는 다시 자유롭게 되고 아무런 제약을 받지 않는 것도 사실이다.

자, 이제는 우리가 슬픔에서 알아낸 것을 우울증에 적용해 보자. 우울증이란 이름을 붙일 수 있는 여러 사례 가운데 사랑하는 대상의 상실에 대한 반응으로 생기는 우울증이 있을 수 있다. 또 다른 우울증의 원인이 있다면 그것은 좀 더 이상적인 대상의 상

---

3 앞의 글인 「꿈-이론과 초심리학」을 참조할 것 ─ 원주.
4 『히스테리 연구』에서도 이와 비슷한 생각이 엿보인다. 가령 엘리자베트 폰 R.의 병력에 관한 〈논의〉의 첫 부분에서 이와 비슷한 과정이 설명되고 있다.

실일 수도 있다. 대상이 실제로 죽은 것이 아니라, 다만 이제는 더 이상 사랑의 대상이 될 수 없는 경우가 그렇다(예컨대 약혼을 한 상태에서 떠나 버린 여자의 경우). 또 다른 경우, 그와 같은 종류 의 상실이 일어난 것은 분명하지만 상실한 것이 무엇인지 분명히 알 수 없는 경우도 있을 수 있다. 더 적절하게 얘기하자면, 이런 경우는 환자가 자신이 상실한 것이 무엇인지 의식적으로 인식하 지 못한다고 해야 할 것이다. 실제로 환자가 자신의 우울증을 불 러일으킨 상실에 대해 잘 알고 있더라도 그렇게 될 수가 있다. 가 령 잃어버린 사람이 〈누구〉인지는 알고 있지만 그의 〈어떤 것〉을 상실했는지 모를 경우, 우리는 환자가 상실을 의식적으로 인식하 지 못하고 있다고 말할 수 있는 것이다. 이런 설명을 통해 우리가 제시할 수 있는 것은, 우울증이란 의식에서 떠난 (무의식의) 대상 상실과 어떤 식으로든 연관이 있지만, 반대로 슬픔의 경우는 상 실에 관한 그 어떤 것도 무의식적인 것이 아니라는 점이다.

슬픔에서 우리가 발견한 것은 관심의 억제와 상실이 바로 자아 가 몰입해 있는 슬픔의 작용 때문에 생긴 것이라는 사실이다. 우 울증의 경우에도 미지의 상실이 비슷한 내적인 작용을 불러일으 키고, 따라서 우울증적 억제의 원인이 되는 것은 마찬가지이다. 차이가 있다면, 우울증의 경우는 당사자를 그렇게 전적으로 사로 잡는 것이 무엇인지 알 수 없기 때문에, 그 우울증 환자의 억제가 우리에게는 당혹스럽게 여겨진다는 점이다. 게다가 우울증 환자 는 슬픔의 경우에서는 찾아볼 수 없는 또 다른 것, 즉 자애심의 급 격한 저하, 말하자면 상당한 정도로 자아의 빈곤을 내보인다. 슬 픔의 경우는 빈곤해지고 공허해지는 것이 세상이지만, 우울증의 경우는 바로 자아가 빈곤해지는 것이다. 우울증 환자가 우리에게 내보이는 자아는 쓸모없고, 무능력하고, 도덕적으로 타락한 자아이다. 그는 스스로를 비난하고, 스스로에게 욕설을 퍼붓고, 스스로가 이 사회에서 추방되어 처벌받기를 기대한다. 그리고 모든 사람들 앞에서 자신을 비하시키며, 자신의 가족들에게는 이렇게 쓸모없는 사람과 같이 지내야 한다는 것이 실로 안타깝다며 동정을 보내기도 한다. 그는 자신에게 어떤 변화가 일어났다는 생각을 전혀 하지 않으며, 오히려 자기 비난을 과거로 확대시키기만 한다. 그러면서 예전에도 지금과 마찬가지로 쓸모없는 존재였다는 선언을 하기도 한다. 이와 같은 열등의식(주로 도덕적인 열등의식)의 망상은 불면증과 단식으로 이어지고, 심리학적으로 아주 특이한 심리 상태, 즉 모든 살아 있는 것을 생명에 귀속시키려는 본능적 욕구마저도 억누르려는 지경에까지 이르게 된다.

이와 같이 자아 비난을 서슴지 않는 환자에게 뭐라고 반박하는 일은 과학적인 입장에서나 치료 요법적인 입장에서 볼 때 아무 소용도 없다. 어떤 면에서 보면 그가 옳을 수도 있으며, 또 그는 자기가 보기에 옳다고 생각되는 것을 있는 그대로 표현한 것일 수 있다. 실제로 우리는 그가 하는 말 가운데 어떤 것은 아무 조건 없이 그대로 받아들여야 한다. 그가 정말로 자기가 하는 말처럼 관심도 없고, 사랑과 성취의 능력도 없을 수 있기 때문이다. 그러나 그것은, 우리가 아는 한 부차적인 문제다. 그의 자아를 그렇게 다 소모시킨 것은 바로 우리가 알지 못하는, 그러나 슬픔의 작용에 비교될 수 있는 어떤 내적 작용의 결과인 것이다. 그가 퍼붓는 자기 비난 가운데 어떤 것은 우리가 보기에도 당연한 것이 있을 수 있다. 그것은 우울증 환자가 아닌 사람들보다 그가 진실을 바라보는 더 예리한 눈을 지니고 있기 때문이다. 아주 격앙된 자기 비난 속에서 우울증 환자가 스스로를 편협하고, 이기적이고, 부도덕하고, 독립심이 없는 사람으로 묘사하고, 또 오로지 자신의 약점을 숨기는 데만 급급했던 사람으로 스스로를 표현할 때, 어쩌면 그는 진정한 자기 이해에 가장 가까이 다가가 있는지도 모른다. 다만 우리가 궁금해하는 것은, 왜 사람은 병에 걸리고 난 뒤에야 그런 진실에 다가갈 수 있느냐 하는 점이다. 왜냐하면 누구든 다른 사람에게 자기 자신에 대해 그와 같이 진실된 얘기를 한다면(햄릿이 자기 자신과 다른 사람들에 대해 지니고 있었던 생각처럼),[5] 그는 진실을 얘기하든 다소 공정치 못한 발언을 하든 병에 걸린 것이 틀림없기 때문이다. 사실 우리가 판단해 보건대, 자기 비하의 정도와 그것의 실제적 정당성 사이에는 아무런 상응 관계도 없다는 것을 우리는 어렵지 않게 알아차릴 수 있다. 훌륭하고 능력 있고 양심적인 여자가 우울증에 걸리고 난 뒤에 자기 비하의 발언을 하는 것은, 실제 전혀 쓸모없는 여자가 자기 비하의 발언을 하는 것과 다를 바가 없기 때문이다. 실제로 우리가 좋게 말할 것이 전혀 없는 쓸모없는 사람보다는 훌륭하고 능력 있는 사람이 우울증에 걸릴 가능성이 더 높은 것도 사실이다. 마지막으로 여기서 우리가 분명히 생각해 두어야 할 것은, 결국 우울증 환자들은 정상적인 상황에서 회한의 고통을 겪으며 자기 비난을 하는 사람과 똑같이 행동하지는 않는다는 사실이다. 다른 사람들 앞에서 수치심을 느끼는 것(이것은 후자의 상황을 특징적으로 보여 주는 것이다), 이것을 우울증 환자에게서는 찾을 수가 없다. 아니 적어도 우울증 환자에게서는 그런 수치심이 두드러지게 나타나지 않는다. 어쩌면 우울증 환자에게는 그것과는 정반대의 특징, 즉 자기 폭로를 통해 만족을 얻기 위해 집요하게 떠들어 대

---

5 〈각자의 자격에 따라 대우한다면 이 세상에서 회초리를 면할 사람이 어디 있겠소 *Use every man after his desert, and who shall scape whipping?*〉(『햄릿 *Hamlet*』제2막 2장) — 원주.

는 속성이 있는지도 모른다.

따라서 우울증 환자의 고통스러운 자기 비하가 다른 사람들의 그에 대한 의견에 비추어 옳은 것이냐 아니냐의 여부는 본질적인 문제가 아니다. 문제의 핵심은 오히려 그가 자신의 심리적 상황을 정확히 묘사하고 있다는 데 있다. 그는 자존심을 상실했으며, 그럴 만한 충분한 이유가 있는 것도 틀림없는 것 같다. 그런데 바로 여기에서 해결하기가 쉽지 않은 모순점이 발견된다. 그것은 슬픔과 우울증을 비교해 볼 때 우울증 환자는 대상과 관련된 상실감으로 고통을 겪고 있는 것처럼 보이지만, 사실 그가 우리에게 들려주는 말을 들으면 그것이 자아와 관련된 상실감이라는 것이다.

이런 모순을 논의하기 전에 먼저 우울증 환자의 장애를 통해 들여다볼 수 있는 인간 자아의 구조를 생각해 보자. 우리는 우울증 환자에게서 그의 자아의 한 부분이 어떻게 다른 부분과 대립하면서 그것을 비판적으로 판단하고, 또 그 다른 부분을 마치 대상인 것처럼 취하게 되는지를 발견할 수 있다. 이 경우, 자아와 분리된 비판 기관이 과연 다른 상황에서도 그렇게 독립성을 유지할 수 있는가 하는 우리의 의혹은 앞으로 계속될 관찰을 통해서 확인될 것이다. 실제로 우리는 이 능력을 자아의 다른 부분과 구분하는 근거를 찾을 수 있다. 여기서 우리가 알게 될 것은 보통 〈양심〉이라고 불리는 비판 기관이다. 우리는 이 〈양심〉을 의식의 검열과 현실성 검사와 더불어 자아의 주요 기구에 포함시킬 것이고, 또 이 비판 기관도 나름대로 병에 걸릴 수 있다는 증거를 찾게 될 것이다. 우울증을 임상적으로 살펴볼 때 가장 두드러진 특징으로 나타나는 것이 바로 도덕적인 이유에서 비롯되는 자아에 대한 불만이다. 그런데 이때 환자의 자기 평가의 대상이 되는 것은 어떤 신체적인 결함, 추함이나 약점, 혹은 어떤 사회적인 열등의식이 아니다. 우울증 환자의 자기 평가에서 지배적인 위치를 차지하고 있는 것은 바로, 자아가 빈곤해지고 있다는 것에 대한 두려움과 또 그것을 스스로 단정적으로 인정하는 발언인 것이다.

그럼 다시 앞에서 언급한 모순점으로 돌아가 보자. 사실 아주 단순한 관찰을 통해 우리는 그 모순점을 설명할 수 있다. 만일 어느 우울증 환자가 내뱉는 온갖 자기 비난의 말을 꾹 참고 끝까지 들어 보면, 정말 듣기 어려운 심한 자기 비난의 말이 실제로는 자기 자신을 향한 것이 아니라는 것을 알 수 있다. 정말 조금만 달리 보면 그런 비난의 말이 다른 사람, 그 환자가 현재 사랑하고 있거나 아니면 과거에 사랑했던 사람, 혹은 그가 꼭 사랑해야 한다고 생각했던 다른 사람을 향한 비난의 목소리임을 알 수 있기 때문이다. 그리고 그와 관련된 여러 사실을 조사해 보면, 그런 판단이 추측이 아닌 사실임이 드러날 것이다. 이렇게 해서 이제 우리는 우울증 증상의 열쇠를 찾은 셈이 된다. 그것은 바로 우울증 환자들의 자기 비난이라는 것이 사랑의 대상에 대한 비난인데, 그것이 환자 자신의 자아로 돌려진 것이라는 사실이다.

자기 남편이 자기와 같은 무능한 여자에게 매여 사니 얼마나 불쌍하냐고 큰 소리로 떠들어 대는 여자는, 사실 자기 〈남편〉의 무능을 비난하고 있는 것이다. 아무리 요모조모 따져 보아도 그런 의미밖에 없어 보인다. 물론 몇 마디 진짜 자기 비난의 말도 들리지만 그건 뒷전에 물러나 그렇게 크게 들리지도 않는다. 사실 그런 진짜 자기 비난의 발언이 튀어나오게 된 것은, 그렇게 해야 거짓 비난의 말들을 은폐할 수가 있고, 진짜 어떤 상황에서 그렇게 된 것인지 사태 파악을 어렵게 할 수가 있기 때문이다. 더욱이 그런 자기 비난의 말들은 사랑의 상실을 초래한 사랑의 갈등에서 비롯된 것이기에, 어떤 생각에서 그런 말을 하는지가 불분명해지기 때문이다. 한편, 환자들의 행동 또한 이제는 더욱 분명히 파악할 수 있다. 그들의 불평은 정말 말 그대로 〈불평Anklagen〉이다. 그런 자기 불평을 부끄러워하지도 않고 또 감추지도 않는 것은, 그들이 내뱉는 자기 멸시의 말 모두가 근본적으로는 다른 사람에 대한 것이기 때문이다. 더군다나 그런 우울증 환자들은 자기 주변에 있는 사람들에게 겸손과 복종의 태도를 전혀 내보이지도 않는다. 그런 태도는 주변에 있는 그런 무가치한 사람들이나 내보이는 것이지 자기는 아니라는 심산이다. 반대로 항상 다른 사람들에게 냉대를 당하고 부당한 대우를 받는다고 생각하기 때문에 어떻게 보면 남을 불편하게 하는 귀찮은 존재가 되기 십상이다. 그런데 그들의 행동에서 이런 반응들이 나타나는 것은, 어떤 과정을 거쳐 우울증이라는 비참한 상태로 바뀐 그들의 반항적인 심리 상태가 행동으로 그대로 표출되었기 때문이다.

반항적인 심리 상태가 우울증으로 바뀌는 과정을 재구성하는 일이 그리 어렵지는 않다. 하나의 대상 선택, 즉 어떤 특정인에게 리비도를 집중시키는 일이 한때 이루어졌다. 그런데 그 사랑하는 사람에게서 냉대를 받거나 그에게 실망을 하게 되면 그 대상 관계가 깨지고 만다. 정상적인 결과라면 그 대상에게 집중되었던 리비도가 철회되어 새로운 대상에게 전위(轉位)되는 것이 보통이겠지만 여러 가지 다른 조건 때문에 다른 식의 결과가 초래된 것이다. 즉 저항할 힘을 지니지 못한 대상 리비도 집중은 결국 사라지게 되고, 반면에 자유로운 리비도는 다른 대상을 찾는 대신 자아 속으로 들어가고 마는 것이다. 그러나 자아 속에서도 그 리비도는 어떤 특별한 방식으로 이용되는 것이 아니라 오직 자아를 포기된 대상과 〈동일시〉하는 데에만 기여할 뿐이다. 그래서 그 포기된 대상의 그림자가 자아에 드리우게 되고, 그때부터 자아는 마치 그것이 떠나 버린 대상이라도 되는 듯 어떤 특수한 기관에 의해 대상처럼 취급될 수가 있는 것이다. 이런 식으로 대상 상실은 자아 상실로 전환되고, 자아와 사랑하는 사람 사이의 갈등은 자아의 비판적 활동과 동일시에 의해 변형된 자아 사이의 분열로 바뀌게 된다.

이런 과정의 전제 조건과 그 결과와 관련해서 다음과 같은 한두 가지 사실을 더 유추할 수도 있을 것이다. 한편으로는 사랑하는 대상에 대한 강한 집착이 분명 존재했던 게 틀림없다. 그러나 다른 한편으로는, 그와 모순되는 얘기처럼 들리겠지만, 대상 리비도 집중이 저항의 힘을 전혀 지니지 못했던 것도 틀림없다. 오토 랑크Otto Rank가 적절히 지적했듯이, 이와 같은 모순은 대상 선택이 나르시시즘의 기반에서 이루어진 것이고, 따라서 대상 리비도 집중이 어떤 장애물을 만나면 다시 나르시시즘으로 후퇴할 수 있다는 것을 의미하기도 한다. 그렇게 되면 나르시시즘에 바탕을 둔 대상과의 동일시가 성애 리비도 집중*Liebesbesetzung*을 대체하게 되고, 따라서 사랑하는 사람과의 갈등에도 불구하고 사랑 관계는 포기할 필요가 없게 되는 결과가 나타난다. 이처럼 대상 사랑을 동일시로 대체하는 것이 나르시시즘적 질병에서는 중요한 메커니즘으로 자리 잡게 되는 것이다. 카를 란다우어Karl Landauer도 최근에 정신 분열증의 회복 과정에서 이런 메커니즘이 작용하고 있음을 지적한 바 있다.[6] 물론 이런 메커니즘은 한 유형의 대상 선택에서 원초적인 나르시시즘으로 〈퇴행〉하는 것을 보여 주는 것이다. 다른 곳에서도 우리는 이미 동일시가 대상 선

6 란다우어의 「긴장병(緊張病)의 자가 치유Spontanheilung einer Katatonie」(1914) 참조 — 원주.

택의 예비 단계, 즉 자아가 대상을 선택하는 최초의 방식 — 양가 감정의 방식으로 표출되는 선택의 방식 — 임을 보여 주었다. 자아는 이렇게 선택한 대상을 그 자체에 통합시키길 원하고, 이런 과정이 일어나는 리비도 발달 단계의 구순기에는 그 대상을 집어 삼킴으로써 그 목적을 이루려고 하는 것이다. 이런 점에서 보면 우울증의 심각한 증상으로 나타나는 식사 거부가 바로 이와 같은 연관 관계 속에서 이해될 수 있다고 지적한 아브라함의 설명은 분명 옳은 것이다.[7]

하지만 우리가 내려야 할 결론, 즉 우울증에 걸리는 기질(혹은 그 기질의 일부)은 대상 선택에 있어서 나르시시즘의 성향이 지배적으로 나타난다는 이론적 귀결이 불행히도 아직 관찰을 통해 확인된 것은 아니다. 이 글의 서두에서 나는 이 연구의 토대가 되는 경험론적 자료가 그리 충분한 것은 아니라는 사실을 시인했다. 만일 우리가 관찰의 결과와 추론한 것 사이에 어떤 일치점이 있다는 사실을 찾아낼 수만 있다면, 분명 우리는 주저 없이 대상 리비도 집중이 나르시시즘적 성향이 강한 리비도 발달 단계의 구순기로 퇴행하는 것을 우울증의 주요 특징에 포함시키게 될 것이다. 전이 신경증에서도 대상과의 동일시는 자주 나타나는 과정이며, 특히 히스테리의 경우 증상 형성의 주요 메커니즘으로 등장하는 것이 바로 동일시이기도 하다. 그러나 나르시시즘에 의한 동일시와 히스테리에 의한 동일시에 차이가 있다면, 그것은 나르시시즘에 의한 동일시의 경우 대상 리비도 집중이 포기되는 반면, 히스테리에 의한 동일시의 경우는 대상 리비도 집중이 비록 어떤 개별적인 행동이나 신경 자극 전달에 한정되기는 하지만 그래도 그

7 아브라함이 1915년 3월 31일에 써서 보낸 편지를 보고 프로이트는 그런 사실에 관심을 가진 것으로 알려져 있다.

것이 계속 유지되면서 영향력을 행사하는 것이다. 전이 신경증의 경우도 어쨌든 동일시는 흔히 사랑으로 나타나는, 뭔가 공통적인 게 존재한다는 표현인 것이다. 이 두 유형의 동일시 가운데 더 근원적인 것이 나르시시즘에 의한 동일시이고, 이것을 바탕으로 우리는 아직은 연구가 제대로 이루어지지 않은 히스테리에 의한 동일시를 이해하는 단서를 찾을 수 있다.[8]

그러므로 우울증의 특성의 일부는 슬픔에서 찾을 수 있으며, 또 다른 일부는 나르시시즘적 대상 선택이 나르시시즘으로 퇴행하는 과정에서도 찾을 수 있다. 말하자면 우울증은 슬픔처럼 사랑하는 대상을 현실에서 잃었다는 것에 대한 반응이면서, 다른 한편으로는 그것 이상의, 즉 슬픔이라는 정상적인 심리 상태에는 없는, 혹 있다 하더라도 그 정상적인 슬픔의 심리를 병리적인 슬픔으로 전환시킨 어떤 결정적인 요인이 두드러지게 나타나는 증상이라 할 수 있다. 사랑 대상*Liebeobjekt*의 상실은 사랑 관계에서 애증 병존의 감정이 분명하게 제 모습을 드러낼 수 있는 절호의 기회가 된다.[9] 강박 신경증에 잘 걸리는 기질인 경우 애증 병존에 따른 갈등이 슬픔을 병리적인 증상으로 탈바꿈시키며, 그 병리적인 슬픔은 슬퍼하는 사람 자신이 사랑하는 대상의 상실에 책임이 있고 또 그렇게 원했다는 식으로 자신을 비하시키는 자기 비난의 형태로 표출된다. 사랑하는 사람이 죽었을 경우 그에 뒤따르는 그와 같은 우울증적 억압 상태는, 리비도의 퇴행적 철회가 없는 경우라도 애증 병존에 따른 갈등의 결과가 어떻게 나타나는지를 잘 보여 준다. 우울증에 있어서는 그 질병 발발의 계기에 죽음과

8 동일시는 나중에 「집단 심리학과 자아 분석」에서 더 자세히 논의된다. 히스테리에 의한 동일시에 관한 논의는 『꿈의 해석』에서 거론되기도 했다.

9 이후 이 단락에서 논의되는 이야기는 「자아와 이드」에서 상세하게 다시 거론된다.

같은 분명한 상실의 경우 이외에도 냉대를 당하거나 무시를 당하고, 혹은 실망감을 느끼는 모든 상황이 포함된다. 그런 상황도 사랑과 미움이라는 서로 대립되는 감정들을 그 관계 속에 삽입시키거나 기존에 이미 존재하고 있는 애증 병존의 심리 상태를 더욱 강화시킬 수가 있기 때문이다. 때론 현실 경험에서 비롯되기도 하고 때론 기질적인 요인에 의해 생기기도 하는 이런 애증 병존에 따른 갈등은, 결코 그냥 지나쳐서는 안 되는 주요한 우울증의 전제 조건이다. 만일 대상에 대한 사랑 — 대상 그 자체가 포기된 뒤에도 결코 포기될 수 없는 사랑 — 이 나르시시즘적인 동일시 속에 숨어 버린다면 그 동일시에 의한 대체 대상에 증오가 작용하게 되면서 그 대상을 욕하고, 비하시키고, 고통받게 만들고, 그리고 그런 고통 속에서 사디즘적인 만족을 이끌어 내게 된다. 따라서 우울증에서 분명 환자 자신이 즐기는 듯 보이는 자기 고문은, 강박 신경증에서 나타나는 비슷한 증상과 마찬가지로 어떤 대상을 향한 사디즘과 증오[10] 속에서 만족을 느끼는 것과 다를 바 없다. 그런데 실은 그 사디즘과 증오가 바로 우리가 지금까지 논의한 방식대로 이미 주체 자신의 자아에게로 환원된 사디즘과 증오라 할 수 있다. 이 두 질병, 즉 강박 신경증과 우울증에서 환자들은 보통 자기 징벌 *Selbstbestrafung*이라는 우회로를 통해 원래의 대상에 대해 복수를 하는 것이고, 자신이 직접 그 대상에게 공개적으로 적대감을 표현하는 일을 피하기 위해 질병을 매개로 사랑하는 사람을 고문하는 것이다. 결국 그 환자의 정서적 장애를 불러일으킨 사람, 즉 환자의 질병 발발에 계기를 마련해 준 사람은 보통 환자의 가까운 주변에 있는 사람이다. 따라서 우울증 환자

10 사디즘적 만족과 증오에 의한 만족의 구분에 관해서는 내 논문「본능과 그 변화」를 참조할 것 — 원주.

가 자기 대상과 관련해서 내보이게 되는 성애 리비도 집중은 이중의 변천 과정을 겪은 셈이 된다. 말하자면, 한편으로는 동일시로의 퇴행이고, 다른 한편으로는 애증 병존에 따른 갈등의 영향을 받아 그 갈등에 아주 근접해 있는 사디즘 단계로 후퇴하는 것이다.

우리가 우울증에 관심을 가지고 또 우울증을 위험한 것으로 보는 것은 우울증 환자들의 자살 성향 때문이다. 그런데 그 자살 성향의 비밀을 푸는 열쇠가 바로 사디즘이라 할 수 있다. 우리가 본능적 삶의 근원이 되는 원초적인 상태로 파악하고 있는 자아의 자기 사랑은 실로 대단한 것이며, 또 삶에 위협적인 요소로 등장하는 공포 속에서 방출되는 나르시시즘적 리비도의 양도 실로 막대하기 때문에, 우리는 자아가 어떻게 자기 파괴의 길을 따르는지 상상할 수가 없다. 사실 우리는 오래전부터 어떤 신경증 환자든 다른 사람을 살해하고자 하는 충동을 자신에게로 돌려 스스로 자살해야겠다는 생각을 품지는 않는다고 알고 있었다. 하지만 어떤 힘의 작용에 의해 그런 의도가 실행에 옮겨지게 되는지, 그 과정을 설명할 수는 없었다. 그런데 이제 우울증의 분석을 통해 우리는 자아가 대상 리비도 집중이 복귀함에 따라 스스로를 하나의 대상으로 취급하기만 하면, 말하자면 외부 세계의 대상에 대한 자아의 원초적 반응을 표현하면서 그 대상을 향해 발산되었던 적개심이 자아 자신에게로 되돌아오게 되면 자아가 자신을 죽일 수도 있다는 사실을 알게 된 것이다.[11] 이를테면 나르시시즘적 대상 선택에서 퇴행하는 과정 속에 대상은 제거되지만, 그럼에도 그 대상은 자아 자체보다도 더 큰 힘을 행사하는 것이다. 따라서 치열하게 사랑에 빠지는 상황과 자살을 하는 상황이라는 두 상반된

11 「본능과 그 변화」참조 ─ 원주.

극단적인 상황 속에서, 방식은 서로 분명히 다르지만 분명 자아는 대상에 의해 압도당하고 있는 셈이다.[12]

우리가 앞에서 언급한 우울증의 가장 두드러진 특징, 즉 자아가 빈곤해지는 것에 대한 두려움과 관련해서, 우리는 그 두려움이 대상과의 관계에서 떨어져 나와 퇴행적인 방식으로 변화된 항문 성애Analerotik에서 파생되어 나온 것이라고 생각해 볼 수도 있을 것 같다.

우울증은 우리에게 또 다른 문제들을 던져 주지만, 그 가운데는 우리가 뭐라 대답하기 어려운 것들이 있다. 우울증이 일정한 시간이 경과하면 어떤 커다란 변화의 자취를 남기지 않고 그냥 사라질 수 있다는 사실은 슬픔에서도 찾아볼 수 있는 공통의 특징이다. 지금까지의 설명을 통해 우리는 슬픔에서는 현실성 검사의 명령이 세부적으로 시행되기 위해서는 시간이 필요하다는 사실을 알 수 있었다. 그리고 이런 현실성 검사 작업이 완결되면 자아가 그 리비도를 잃어버린 대상에서 자유롭게 벗어나게 할 수 있다는 사실도 알게 되었다. 우리는 우울증의 경우에도 자아가 이와 유사한 작업에 몰두하고 있으리라고 상상할 수 있다. 물론 이 두 경우, 즉 슬픔과 우울증에서 우리는 그 과정의 경제학에 관해서는 알지 못한다. 우울증에서 나타나는 불면증은 그 상태의 경직성, 즉 수면에 필요한 전반적인 리비도 집중의 철회가 불가능하다는 것을 잘 보여 준다. 우울증의 콤플렉스는 마치 아물지 않은 상처와 같이 모든 방향에서 리비도 집중을 끌어모으고(전이 신경증에서 우리는 이것을 〈리비도 반대 집중〉이라 불렀다), 자아가 완전히 빈곤해질 때까지 자아를 텅 비우게 된다. 이런 과정

12 자살에 관한 논의는 이 책에 실린 「자아와 이드」와 「마조히즘의 경제적 문제」 마지막 부분에서도 찾을 수 있다.

이 자아의 수면 욕구에 대한 저항 세력으로 나타나는 것이다.

그러나 어쩌면 우리가 심리 기인(起因)론의 바탕에서 설명할 수 없는 어떤 신체적인 요소가 상태를 계속 완화시키면서 저녁마다 그 힘을 발휘하는지도 모른다. 이런 모든 사실을 고려하다 보면, 우리는 대상과는 상관없이 자아 속에서 발생하는 상실 ── 자아에게 일격을 가하는 순수한 나르시시즘의 여파 ── 만으로는 우울증의 전체 그림을 그리기에는 부족하지 않은가 하는 문제, 그리고 어떤 독소적인 요인 때문에 일어나는 자아 리비도*Ichlibido*의 빈곤만으로는 어떤 형태든 우울증이 발발할 수는 없지 않을까 하는 문제를 제기할 수도 있을 것이다.

우울증의 가장 두드러진 특징, 따라서 정말 설명이 필요한 특징은 바로 우울증이 그 증상과는 정반대의 상태인 조병(躁病, *Manie*)[13]으로 돌변하는 경향이 있다는 것이다. 물론 우리가 알고 있는 바로는, 이와 같은 조병으로의 변화가 모든 우울증에서 다 일어나는 것은 아니다. 일부 우울증의 경우 주기적으로 재발하긴 하지만 그 사이에 어떤 조병의 징후나 조짐을 전혀 내보이지 않거나, 혹은 내보이더라도 극히 미미한 정도로 내보이고 만다. 하지만 또 다른 일부 우울증의 경우는 우울증 증상의 단계와 조병의 단계가 주기적으로 교차하면서 일부 광기의 증상이 나타나기도 한다. 이럴 경우, 만일 정신분석적 방법을 이용하여 그와 똑같은 몇몇 사례에 대해 해결책을 강구하고 치료 방법의 개선을 도모하지 못했다면, 아마 그런 광기의 증상을 심리 기인적인 시각에서 바라보지 않으려 했을 것이다. 이런 점에 비추어, 우울증에

13 정신의 흥분 상태를 말하는 것으로 어떤 광기나 광적인 열중, 심취를 일컫는다.

관한 정신분석적 설명을 조병에까지 확대시키는 일이 가능할 뿐
아니라, 우리와 같은 정신분석학자들에게는 그것이 당연히 해야
할 의무이기도 하다.

그러나 나는 이런 시도가 대단히 만족스러운 결과를 산출할 것
이라고 장담할 수 없다. 사실 우리가 나아갈 방향을 확인하는 정
도에 그치지, 그 이상의 것을 기대할 수가 없는 것이다. 우리가 나
아갈 방향은 두 가지다. 하나는 정신분석적 인상이고, 또 하나는
우리가 전반적인 경제적 경험이라 부를 수 있는 것이다. 일부 정
신분석가들이 표현한 우울증과 조병의 정신분석 인상이란, 조병
의 내용이 우울증의 내용과 다르지 않다는 점, 그리고 두 질병 모
두 똑같은 〈콤플렉스〉와 싸우는 것이라는 점, 그러나 우울증에서
는 자아가 그 콤플렉스에 굴복한 반면 조병에서는 자아가 콤플렉
스를 극복하거나 한쪽으로 밀어내었다는 점 등이다. 두 번째로
경제적 경험이란 기쁨이나 환희 혹은 승리와 같이, 우리에게 정
상적인 광기나 흥분 상태를 불러일으키는 모든 심리 상태가 동일
한 경제적 조건에 달려 있다는 관찰을 통해서 확인된다. 말하자
면 이 경우는, 어떤 영향의 결과로 오랫동안 유지되어 왔고 또 습
관적으로 행사해 왔던 엄청난 양의 정신 에너지의 지출이, 이제
는 드디어 불필요하게 되어 대신 그 에너지를 다른 여러 경우에
적용하여 배출할 수 있게 되었다는 점이다. 가령 가난에 찌든 사
람이 갑자기 횡재를 하게 되어 하루아침에 그동안 늘 걱정해 왔
던 생활고에서 벗어나게 되었다든가, 장기간의 힘든 노력 끝에
승리의 월계관을 쓰게 되었을 때, 혹은 단 한 방으로 그동안 자신
을 억눌러 왔던 것을 물리치거나, 억지로 유지할 수밖에 없었던
어떤 그릇된 자리를 박차고 나올 수 있는 그런 위치에 올라섰을
때 등이 그런 상황에 속한다. 이런 모든 상황을 특징적으로 표현

하는 것이 바로 고조된 기분, 기쁜 감정을 터뜨리고 싶은 마음, 어떤 행동이든 마음먹고 하고자 하는 태도 등이다. 이런 마음가짐은 우울증의 낙담이나 억제와는 정반대가 되는, 바로 조병에서 찾을 수 있는 것과 똑같은 기분이다. 우리는 조병이 바로 그런 종류의 승리와 같은 것이라고 주장할 수도 있다. 다만 조병에서는 자아가 극복한 것, 그리고 자아가 쟁취한 것이 자아에게 은폐되어 있을 뿐인 것이다. 이와 유사한 심리 상태에 속하는 술에 취한 상태 역시 (그것이 굉장히 기분 좋은 상태에 있는 한) 같은 식으로 설명될 수 있다. 다만 술에 취했을 경우는 어떤 독성 요인으로 인해 에너지 지출이 억제되는 것 같다. 일반적으로 사람들은 이런 종류의 흥분 상태에 있는 사람이라면 〈너무도 기분이 좋아〉 무슨 행동이든 다 하고 무슨 일이든 거침없이 다 해내는 데서 즐거움을 얻을 것이라고 생각하는 것 같다. 이건 물론 잘못된 생각이다. 사실 앞에서 언급한 것처럼, 그런 사람의 경우는 심리적으로 경제적 조건이 충족된 상태이고, 바로 그런 이유 때문에 한편으로는 굉장히 기분이 고조된 상태에 있으면서 다른 한편으로는 행동에 아무런 제약도 느끼지 않게 되는 것이다.

지금까지 언급한 두 가지 방향[14]을 종합해 보면 다음과 같은 결론이 나온다. 조병의 경우는 자아가 대상의 상실(혹은 상실에 대한 슬픔이나 대상 그 자체)을 극복한 것이 틀림없으며, 따라서 우울증의 고통 속에 〈묶어 두고 있던(억누르고 있던)〉 리비도 반대 집중 전부를 자아에서 끌어내 다른 것을 위해 이용할 수 있게 되었다. 더욱이 조병의 당사자는 마치 걸신들린 사람처럼 새로운 대상 리비도 집중을 찾아 나섬으로써, 그의 고통의 원인이 되었던 대상에게서 자신이 이제는 완전히 해방되었음을 그대로 나타

14 〈정신분석적 인상〉과 〈전반적인 경제적 경험〉을 말한다.

내 보이는 것이다.

이런 설명이 분명 그럴듯해 보이지만 사실은 그렇지는 않다. 첫째, 우선 너무 불분명하기 때문이다. 그리고 둘째는 이렇게 설명하다 보면 우리가 대답할 수 있는 것 이상으로 새로운 문제와 의혹이 제기될 수 있기 때문이다. 하지만 우리는, 그런 새로운 문제를 논의해 봤자 명쾌한 이해의 길로 들어설 수 없다손 치더라도 논의 그 자체를 회피할 수는 없다.

우선, 정상적인 슬픔도 대상의 상실을 극복하고, 또 그 슬픔이 지속되는 동안 자아의 모든 에너지를 흡수하는 것은 분명하다. 그런데 어째서 슬픔이 다 끝난 뒤에도 승리의 순간을 위해 그 나름의 경제적 조건을 조성하는 조짐이 없는 것일까? 지금 당장 이런 물음에 대답한다는 것은 불가능하다. 더군다나 우리는 슬픔이 어떤 경제적 수단을 이용하여 그 임무를 수행하는지조차 모르고 있질 않은가. 그러나 여기서도 한 가지 추측은 가능하다. 잃어버린 대상에 한때 리비도를 집중시켰다는 것을 입증해 주는 기억이나 기대 상황 각각에 대해, 현실은 그 대상이 이제 더 이상 존재하지 않는다는 판정을 내려 준다. 그러면 대상과 운명을 같이할 것이냐를 놓고 고민하던 자아는, 살아 있다는 사실에서 끌어낼 수 있는 나르시시즘적인 만족 속에 이제는 사라지고 없는 대상에 대한 집착을 끊게 된다. 여기서 우리는, 그와 같은 단절 작업이 너무 느리게 점진적으로 진행되기 때문에, 그 작업이 끝날 때쯤이면 단절에 필요한 에너지 또한 모두 소진되는 것으로 가정할 수 있을 것이다.[15]

15 지금까지 정신분석에 관한 글에서 경제적 관점은 크게 주목받지 못했다. 예외가 있다면 보상에 의한 억압 동기의 가치 절하에 관한 빅토르 타우스크의 논문을 꼽을 수 있다(「보상에 의한 억압 동기의 가치 절하Entwertung des Verdrängungsmotivs durch Rekompense」, 1913) ─ 원주.

이제 슬픔 작용에 관한 이런 추측에서 한 단계 더 전진하여 우울증의 작용에 관해 설명해 보는 것도 재미있을 것이다. 그런데 우울증의 경우 우리는 처음부터 불확실성에 봉착하게 된다. 지금까지 우리는 지형학적인 관점에서 우울증을 고려하지 않았으며, 어떤 정신 조직에서 그리고 정신 조직 사이의 어떤 위치에서 우울증의 작용이 이루어지는지에 관해 어떤 물음도 전혀 제기하지 않았다. 과연 우울증의 경우, 포기된 무의식의 대상 리비도 집중과 연계해서 일어나는 정신 과정은 어떤 것인가? 그리고 동일시에 의해 자아 속에서 대체 대상을 찾는 일과 연계해서는 어떤 정신 과정이 일어나는가?

이런 물음에 우리가 가장 쉽게 할 수 있는 대답은 〈리비도가 대상의 무의식적 (사물) 표상을 포기했다〉는 정도이다. 그러나 현실적으로 볼 때, 그러한 표상은 수많은 단일 인상(혹은 그 인상들에 대한 무의식의 흔적들)으로 이루어진 것이며, 또 그 표상에서 리비도를 철회하는 과정이 어느 한순간에 이루어질 수 있는 것이 아니라, 슬픔의 경우처럼 장기간 점진적으로 이루어지는 과정인 것만은 틀림없는 것 같다. 그 과정이 여러 지점에서 동시에 시작되는 과정인지, 아니면 어떤 정해진 순서에 따라 이루어지는 과정인지도 쉽게 결정 내릴 수 없는 문제이다. 다만 정신분석을 통해 종종 분명하게 드러나는 사실이 있다면, 그것은 처음에는 하나의 기억이 활성화되고, 그다음에 또 다른 기억이 활성화된다는 것이며, 그때마다 늘 똑같이 들리는 단조로운 한탄의 소리가 무의식의 서로 다른 지점에서 들려온다는 것이다. 만일 대상이 자아에게 그렇게 큰 의미 — 자아와의 수많은 연관 관계 속에 더욱 강화되는 의미 — 를 지니는 것이 아니라면, 그 대상의 상실 또한 슬픔이나 우울증을 일으킬 만한 성질의 것이 되지 못한다. 따라서 리비도를 조금씩 조금씩 분리시킨다는 특징은 사실 슬픔이나 우울증 모두에게서 찾아볼 수 있는 특징이라 할 수 있다. 그리고 이것은 아마 슬픔이나 우울증의 경제적 상황이 동일하다는 것에 의해 뒷받침되는 특징일 것이며, 동시에 동일한 목적에 기여하는 특징이 될 것이다.

하지만 우리가 살펴보았듯이, 우울증은 정상적인 슬픔 이상의 것을 포함하고 있다. 우울증의 경우에서는 대상과의 관계가 그리 단순하지가 않다. 애증 병존의 감정에 따른 갈등 때문에 그 관계가 아주 복잡하다. 애증 병존이라는 양가감정은 기질적인 것, 즉 우울증 환자의 자아가 형성하는 모든 사랑 관계에 나타나는 요소일 수도 있고, 혹은 대상 상실의 위험을 포함한 여러 경험에서 비롯된 것일 수도 있다. 이런 이유 때문에 사실 우울증은 보통 대상의 죽음과 같은 대상의 상실에서 발생하는 슬픔과 비교해 보면 그 발생 원인의 범위가 훨씬 광범위하다고 볼 수 있다. 그렇기 때문에 우울증에서는 대상을 둘러싸고 수많은 개별적인 갈등이 일어나고, 그 속에서 대상에게서 리비도를 분리하고자 하는 미움과 그런 공격에 대항하여 리비도의 현 위치를 고수하고자 하는 사랑이 대립하게 되는 것이다. 이런 개별적인 갈등들이 일어나는 곳은 바로 〈사물〉에 대한 기억 흔적(〈언어〉 리비도 집중과 대조되는 것으로서)의 영역인 무의식 조직이다. 슬픔에서도 리비도를 분리시키고자 하는 노력이 동일한 조직에서 이루어진다. 그러나 이 경우는 그러한 과정들이 전의식 조직에서 의식으로 이르는 정상적인 통로를 따라 진행하는 데 방해될 것이 아무것도 없다. 우울증에서는 바로 이 통로가 여러 원인 때문에 막혀 있는 것이다. 기질적인 애증 병존은 그 본질상 억압된 것에 속한다. 그리고 대상과의 관계 속에서 겪게 되는 외상적 경험들이 그 밖의 다른 억압된 내용들을 꿈틀거리게 할 수도 있다. 따라서 애증 병존에 따른 갈등과 관계가 있는 모든 것은 우울증의 특징적인 결과가 출현하기 전까지는 계속 의식에서 물러난 상태로 있게 된다. 우울증의 특징적인 결과라는 것은 우리가 알고 있듯이, 위협받는 리비도 집중이 그것이 처음 출발했던 자아 속의 제자리로 돌아가기 위해, 오로지 그 목적을 위해 대상을 포기한다는 것이다. 그렇게 자아로 도피를 해야 사랑이 계속될 수 있기 때문이다. 리비도가 그렇게 퇴행을 하고 난 뒤에는 그 과정이 의식적인 것이 될 수 있다. 그러는 가운데 그 과정은 자아의 한 부분과 비판 기관 사이의 갈등으로 의식에 나타나게 되는 것이다.

우울증의 작용에서 의식이 인지하는 부분은 사실 우울증의 핵심적인 부분이 아니며, 따라서 우울증의 치료에 도움이 되는 부분도 아니다. 우리는 자아가 <u>스스로</u>를 비하시키고 <u>스스로</u>에게 화를 내는 것을 알고 있지만, 그런 자기 비난이 어떤 결과로 이어지고 또 그것을 어떻게 변화시킬 수 있는지에 관해서는 환자만큼이나 모르고 있다. 다만 우리는 그와 같은 기능을 우울증 작용의 〈무의식적〉 부분의 탓으로 돌릴 뿐이다. 왜냐하면 우울증과 슬픔 작용 사이에 본질적으로 유사한 점이 있다는 사실을 어렵지 않게 확인할 수 있기 때문이다. 슬픔이 자아에게 이제 대상이 죽었다고 선언하면서, 자아에게는 계속 살아가는 것이 좋다고 부추김으로써 자아로 하여금 대상을 포기하도록 강요하는 것처럼, 우울증에서 애증 병존의 모든 갈등은 대상을 비난하고, 경시하고, 심지어는 대상을 제거함으로써 대상에 대한 리비도의 집착을 느슨하게 한다. 이 경우 분노가 다 사그라진 뒤에, 혹은 대상이 무가치한 것으로 포기된 뒤에는 무의식 조직에서 일어나는 그 과정이 종식될 가능성도 있다. 하지만 우리는 우울증을 종결시키는 데 어떤 가능성(즉 분노가 사그라진 다음인지, 혹은 대상을 포기한 뒤인지)이 정상적이고 더 자주 나타나는 것인지 가려낼 수가 없다. 또한 우울증의 종결이 앞으로 심리적 과정에 어떤 영향을 미칠 것인지도 알 수가 없다. 어쩌면 자아는 그처럼 우울증이 종결된 상황에서 자신이 대상보다 더 낫다는 사실을 알게 되었다는 데서 만족을 느끼고 즐거워할지도 모를 일이다.

우리가 우울증의 작용에 대한 이런 견해를 그대로 받아들인다 하더라도, 우리가 규명하고자 했던 한 가지 사실은 아직 충분히 설명을 하지 못한 상태이다. 우울증이 끝나고 난 뒤 조병이 출현하는 경제적 조건은 우울증을 지배하는 애증 병존의 심리 상태에서 찾을 수 있다는 것이 우리의 기대였다. 그리고 우리는 여러 다른 분야와의 유추를 통해 우리의 그런 기대를 뒷받침했다. 그러나 그런 기대 이전에 먼저 고려해야 할 사항이 하나 있다. 우울증의 세 가지 전제 조건 — 대상의 상실, 애증 병존, 그리고 자아로의 리비도 퇴행 — 가운데 처음 두 가지는 어떤 죽음이 있고 난 뒤 발생하는 강박적인 자기 비난 속에서도 발견되는 조건들이다. 이런 경우, 갈등의 주요 동기가 애증 병존의 심리 상태라는 것은 의심할 여지가 없다. 그리고 관찰을 통해서 확인한 바에 따르면, 그 갈등이 끝나고 난 뒤에는 조병과 같은 마음 상태로 이어질 소지가 아무것도 남지 않게 된다. 그렇다면 우리는 우울증 뒤에 조병으로 이어지는 원인으로 세 번째 조건에 주목하지 않을 수 없다. 처음에는 묶여 있다가 그런 다음 우울증의 작용이 끝난 뒤에 자유롭게 되어 조병의 발발을 가능하게 해주는 리비도 집중의 축적은 분명 나르시시즘으로의 리비도 퇴행과 연관이 있다. 우울증에서 대상을 얻기 위한 갈등을 대체하면서 나타난 자아 내에서의 갈등이, 마치 굉장히 아픈 상처처럼 보통 이상으로 강한 리비도 반대 집중을 요구하는 게 틀림없을 것이다. 그러나 여기서는 일단 논의를 중단하고, 우리가 1차적으로 신체의 통증이 지니는 경제적 속성을 파악한 다음 그와 유사한 정신적 고통의 경제적 속성을 어느 정도 파악할 때까지는 조병에 관한 더 이상의 설명은 뒤로 미루는 것이 좋을 듯하다. 이미 우리가 알고 있는 바와 같이, 정신 작용에서 나타나는 여러 문제가 서로 복잡하게 얽혀 있고 상호 의존성이 강하기 때문에, 다른 연구의 결과를 보고 도움을 얻을 수 있을 때까지는 모든 연구를 미완성인 채로 중단할 수밖에 없는 것이다.[16]

윤희기 옮김

---

16 조병*Manie*에 대한 논의는 「집단 심리학과 자아 분석」에서 계속된다.

쾌락 원칙을 넘어서

Jenseits des Lustprinzips(1920)

　프로이트는 1919년 3월에 「쾌락 원칙을 넘어서」의 초고를 쓰기 시작하여 같은 해 5월에 완성되었다고 보고하고 있다. 같은 달에 그는 「두려운 낯섦」(프로이트 전집 14, 열린책들)을 끝냈는데, 거기에는 이 논문의 핵심이 되는 많은 것이 몇 개의 문장으로 제시되어 있다. 그는 〈반복 강박〉을 어린아이들의 행위와 정신분석학적 치료에서 나타나는 현상이라 말하고 있다. 그는 이 강박이 본능의 가장 본질적인 성격에서 유래된 것이라는 점을 암시하고 있다. 그리고 그것은 쾌락 원칙을 무시할 정도로 막강하다고 말한다. 그러나 〈죽음 본능〉에 관한 언급은 없으며, 그 주제에 대한 자세한 해설서를 이미 완성했다는 말을 덧붙이고 있을 따름이다.

　프로이트의 초심리학적 저술 중 「쾌락 원칙을 넘어서」는 마지막 단계에 있는 그의 견해를 소개하는 것으로 간주될 수 있을 것이다. 그는 이미 하나의 임상적 현상으로서 〈반복 강박〉의 문제를 논의했으며, 여기서 그것에 본능의 특성을 부여하고 있다. 또한 여기서 처음으로 그는 에로스와 죽음 본능 사이의 새로운 이분법을 제시했다. 이 논문에서도 역시 의식의 해부학적 구조에 대한 프로이트의 새로운 그림을 엿볼 수 있다. 마지막으로, 그의 이론적 저술에서 점점 더 특출한 역할을 하게 될 파괴성의 문제가 여기서 처음으로 명확하게 나타난다.

이 논문은 1920년 국제 정신분석 출판사에서 처음 출간되었으며, 『저작집』 제6권(1925), 『전집』 제13권(1940)에도 실렸다. 영어 번역본은 1922년 허백C. J. M. Hubback이 번역하여 "Beyond the Pleasure Principle"이라는 제목으로 국제 정신분석 출판사에서 출간되었으며, 1924년에는 Boni and Liveright사에서 출간되었다. 1942년에는 런던의 Hogarth Press and Institute of Psycho-Analysis에서 재판이 발행되었고, 1950년에는 같은 출판사에서 제임스 스트레이치J. Strachey 의 번역본이 출간되었으며, 『표준판 전집』 제18권(1955)에도 실렸다.

쾌락 원칙을 넘어서

1

　정신분석학의 이론에 따라 우리는 조금도 주저하지 않고, 정신적 사건이 취하는 진로가 쾌락 원칙 *Lustprinzip*에 의해서 자동적으로 규제된다고 생각한다. 다시 말해서 우리는 그러한 사건의 진로가 항상 불쾌한 긴장에 의해서 작동되고, 그것의 최종 결과는 긴장의 완화 ── 즉 불쾌를 피하고 쾌락을 얻는 것과 일치하도록 방향을 잡는다고 믿는다. 그러한 진로를 우리의 연구 주제인 정신 과정의 고려 속에서 논한다는 것은, 우리는 우리의 작업 속에 〈경제적〉 관점을 도입하고 있다는 것을 말한다. 만약 우리가 이러한 과정을 서술하면서 〈지형적〉 요소와 〈역동적〉 요소에 덧붙여 〈경제적〉 요소를 평가하려 한다면, 그것에 대해서 현재 우리가 생각할 수 있는 가장 완벽한 서술, 그리고 〈초심리학적〉이라는 용어로 특징지을 만한 그러한 서술을 하게 될 것이라고 생각한다.[1]

　쾌락 원칙의 가설과 관련하여 우리가 어느 정도로 어떤 특정한, 역사적으로 확립된 철학 체계를 섭렵했는지 혹은 도입했는지

---

1 이 책에 실린 「무의식에 관하여」를 참조.

를 물어보는 것은 우리의 관심사가 아니다. 우리는 우리의 연구 분야에서 매일 관찰하게 되는 사실들을 기술하고 설명하기 위한 시도로서 이러한 사색적인 가정에 도달한 것이다. 우선권이나 독창성은 정신분석학적 작업이 세워 놓은 목표에 포함되어 있지 않다. 쾌락 원칙의 가설 밑에 깔려 있는 생각들은 너무나 명백한 것이어서 그것들을 간과하는 경우는 거의 없다. 한편으로 우리는 그처럼 막강하게 작용하는 쾌락과 불쾌 감정의 의미를 우리에게 알려 줄 수 있는 어떠한 철학적, 심리학적 이론에 대해서도 기꺼이 감사를 표할 것이다. 그러나 우리는 이 점에 대해서 유감스럽게도 우리의 목적에 부합할 아무것도 제공받지 못하고 있다. 쾌락과 불쾌의 감정은 인간의 마음 중 가장 불투명하고 접근하기 어려운 부분이다. 그러나 우리는 그 감정들과 접촉을 피할 수 없기 때문에 가장 유연한 가설을 세우는 것이 최선이라고 생각한다. 우리는 쾌락과 불쾌를 마음속에 존재하나 어떤 방식으로도 〈묶이지〉 않은 흥분의 양과 연결시키기로 했고,[2] 또한 불쾌는 흥분의 양의 〈증가〉에, 그리고 쾌락은 그것의 〈감소〉에 해당되도록 그것들을 연결시키기로 했다. 이렇게 말함으로써 우리가 나타내고자 하는 것은 쾌락과 불쾌 감정의 강도와 그에 상응하는 흥분량의 변이 사이의 단순한 관계가 아니다. 정신 생리학을 통해 배운 모든 것에 비추어 보더라도, 우리가 여기서 이 둘 사이의 어떤 정비례적 비율을 암시하고 있다고는 결코 볼 수 없을 것이다. 감정을 결정하는 요소는 아마도 〈일정한 시간 내에〉 있었던 흥분량의 증가나 감소의 정도일 것이다. 여기서는 실험이 어떤 역할을 수행

2 프로이트의 저술 전반을 통해 나타나는 〈양〉의 개념과 〈묶인gebunden〉 흥분이라는 개념은 아마도 초창기의 『정신분석의 기원 Aus den Anfängen der psychoanalyse』(1950[1895])에 가장 세밀하게 설명되어 있을 것이다.

할 수 있을 것이다. 그러나 우리의 길이 어떤 결정적인 관찰에 의해서 드러나지 않는 한, 우리 분석가들이 이 문제로 더 깊이 들어간다는 것은 바람직하지 않다.3

그러나 우리는 페히너G. T. Fechner와 같은 심오한 연구자가 쾌락과 불쾌의 주제에 대해서 정신분석학적 작업을 통해 밝혀진 것과 근본적으로 일치하는 견해를 갖고 있다는 사실을 무관심하게 보아 넘길 수는 없을 것이다. 페히너의 진술은 1873년에 출간된 『조직체의 창조와 발생학에 나타나는 몇 가지 관념Einige Ideen zur Schöpfungs- und Entwicklungsgeschichte der Organismen』(1873)이라는 작은 책자 속에 포함되어 있는데 그것은 다음과 같다. 〈의식적 충동이 항상 쾌락과 불쾌와 어떤 관련성을 갖고 있는 한, 쾌락과 불쾌는 또한 안정과 불안정의 조건과 어떤 정신-신체적 관련성을 갖고 있는 것으로 간주될 수 있다. 이것은 내가 다른 곳에서 더 자세하게 개진하고 있는 가설에 대한 기초를 제공한다. 이 가설에 따르면, 의식의 영역 위로 솟아오르는 모든 정신-신체적 운동은 그것이 일정 영역을 넘어 완벽한 안정성에 접근해 가는 데 비례해서 쾌감을 수반하게 된다. 그리고 그것이 일정 영역을 넘어 완벽한 안정성에서 일탈함에 비례해서 불쾌감을 수반하게 된다. 반면에 쾌감과 불쾌감의 질적인 분계점이라고 말할 수 있는 이 두 영역 사이에는 심미적 무관심의 영역이 존재한다……〉4

우리로 하여금 정신생활에서 쾌락 원칙이 지배적이라는 사실을 믿게 하는 사례는 정신 기관이 그곳에 있는 흥분의 양을 가능

3　이 문제는 뒤에서 다시 언급되고 뒤에 나오는 「마조히즘의 경제적 문제」에서 더 다루어진다. 또한 『정신분석의 기원』을 참조할 것.
4　『정신분석의 기원』 참조. 여기서 〈심미적 ästhetisch〉이라는 말은 옛 의미인 〈감각이나 지각과 관련된〉이라는 뜻으로 쓰이고 있다.

하면 낮은 상태로, 혹은 적어도 그것을 일정한 상태로 유지하려고 노력한다는 가설에서도 발견된다. 이 후자의 가설은 쾌락 원칙을 진술하는 또 다른 방식에 다름 아니다. 만약 정신 기관의 작업이 흥분의 양을 낮은 상태로 유지하려는 방향으로 이루어진다면, 그 양을 증가시킨다고 생각되는 것은 어떤 것이나 그 기관의 기능에 역행하는 것으로, 다시 말해서 불쾌한 것으로 느껴질 것이다. 쾌락 원칙은 항상성의 원칙Konstanzprinzip으로부터 나온다. 사실상 이 후자의 원칙은 우리가 쾌락 원칙을 받아들이도록 강요하는 여러 사실로부터 추론된 것이었다.[5]

더구나 좀 더 많은 세부적인 논의를 하다 보면, 우리가 정신 기관의 속성으로 보고 있는 그러한 경향이 〈안정성을 추구하는 경향〉이라는 페히너의 원칙 — 그는 이것과 쾌락과 불쾌의 감정을 연결시켰다 — 밑에 들어가는 특별한 경우라는 사실이 밝혀질 것이다.

그러나 엄격하게 말해서 쾌락 원칙이 정신의 과정을 지배하고 있다고 말하는 것은 정확하지 않다는 사실을 지적해야겠다. 만약 그러한 지배가 존재한다면, 대다수의 정신 과정들은 쾌락을 수반하거나 쾌락을 유도하는 것이어야 할 것이다. 그러나 보편적인 경험을 통해서 보면 그러한 결론은 전적으로 모순이다. 그러므로 우리가 할 수 있는 최상의 말은, 마음속에 쾌락 원칙을 향한 강한 〈경향〉이 존재하나 그 경향은 다른 힘이나 환경에 의해 대치되어 최종 결과는 반드시 쾌락 지향적인 경향과 조화를 이룰 수만은 없다는 것이다. 우리는 여기서 이것과 비슷한 문제에 대해서 페

5 〈항상성의 원칙〉의 출현 시기는 프로이트가 심리학적 연구를 시작하던 초기 단계까지 거슬러 올라간다. 그것에 대한 논의가 상당한 길이로 처음 출판된 것은 『히스테리 연구』의 브로이어Breuer에 의해서(반심리학적 관점에서)였다. 또한 「본능과 그 변화」와 『꿈의 해석』 참조.

히녀[6]가 언급한 것, 즉 〈그러나 어떤 목적을 향한 경향은 그 목적이 달성된다는 것을 암시하고 있지는 않으므로, 그리고 그 목적은 일반적으로 오직 근사치로서만 달성될 수 있으므로……〉라는 말을 비교해 볼 수 있을 것이다.

만약 우리가 지금 어떤 환경이 쾌락 원칙의 작동을 막을 수 있는가 하는 문제로 돌아온다면, 우리는 다시 한번 안전하고 잘 다져진 기반 위에 서 있다는 사실을 발견할 것이고, 또한 해답을 구하는 과정에서 분석 경험의 풍부한 자금을 마음대로 이용할 수 있을 것이다.

쾌락 원칙이 이런 식으로 억제되는 첫 번째 사례는 정규적으로 발생하는 흔한 것이다. 쾌락 원칙이 정신 기관의 〈1차적〉 작업 방법에 고유한 것이기는 하나, 외부 세계의 난관 가운데 처해 있는 유기체의 자기 보존이라는 관점에서 볼 때, 쾌락 원칙은 처음부터 비효과적이고 심지어는 매우 위험스럽기까지 하다는 사실을 우리는 잘 알고 있다. 자아의 자기 보존 본능의 영향하에서 쾌락 원칙은 〈현실 원칙Realitätsprinzip〉에 대치된다.[7] 현실 원칙은 궁극적으로 쾌락을 성취하겠다는 의도를 포기하지는 않는다. 그러나 그것은 쾌락에 이르는 장구한 간접적인 여정에 대한 한 단계로서 만족의 지연, 만족을 얻을 수 있는 많은 가능성의 포기, 불쾌를 잠정적으로 참아 내는 일을 요구하고 실행한다. 그러나 쾌락 원칙은 〈교육시키기〉가 대단히 힘든 성적 본능에 의해서 구사되는 작업 방법으로서 끈질기게 지속된다. 그리고 쾌락 원칙은 이러한 본능에서 출발해, 혹은 자아 그 자체 속에서, 유기체 전체에 손상을 입히면서까지 현실 원칙을 극복하는 데 성공하는 경우가 허다하다.

6 『조직체의 창조와 발생학에 나타나는 몇 가지 관념』 참조.
7 이 책에 실린 「정신적 기능의 두 가지 원칙」 참조.

그러나 현실 원칙이 쾌락 원칙을 대치하는 것은 소수의 불쾌한 경험에만 적용되는 것이지 결코 많은 경우에 그런 것이 아니라는 데에는 의심의 여지가 없다. 불쾌를 생성하는 또 다른 경우는, — 이것도 역시 앞의 경우 못지않게 정규적으로 발생하는데 — 자아가 그 발전 단계를 따라 고도의 합성 조직체로 변모해 가는 동안 정신 기관에서 발생하는 갈등과 알력 속에서 발견될 수 있다. 그 기관을 채우고 있는 거의 모든 에너지는 타고난 본능 충동 *Triebregung*에서 생긴다. 그러나 이 충동들은 똑같은 발전 단계에 이르도록 허용되지 않는다. 보통 개개의 본능이나 본능의 부분들이 그 목적이나 요구에 있어서 자아의 포괄적인 통일체로 결합될 수 있는 나머지 것들과 양립 불가능한 상태로 드러나는 경우가 허다하다. 그렇게 되면 그 본능들은 억압 과정에 의해서 이러한 통일체로부터 유리되고, 정신 발달의 낮은 차원에 묶이게 되며, 무엇보다도 만족의 가능성에서 절연된다. 만약 그 본능이, 억압된 성 본능의 경우에 그렇게 쉽게 일어날 수 있듯이, 궁극적으로 우회적인 방법을 통해서 직접적 또는 대체적 만족의 상태로 비집고 올라오는 데 성공한다고 해도, 그 사건은 — 다른 경우 같으면 쾌락을 위한 기회가 되었을 테지만 — 이 경우에 있어서 자아에 의해서 불쾌로 감지된다. 억압으로 끝난 오래된 갈등의 결과로 쾌락 원칙에 생겨난 새로운 균열은, 그 원칙에 따라서 어떤 본능이 새로운 쾌락을 얻으려고 노력하는 바로 그 순간에 생긴 것이다. 억압이 쾌락의 가능성을 불쾌의 근원으로 바꾸는 과정의 세부 메커니즘은 아직 명쾌하게 이해되지 않았고 또한 명쾌하게 표현될 수 있는 것도 아니지만, 모든 신경증적 불쾌가 그런 종류라는 것, 즉 쾌락으로 감지될 수 없는 쾌락이라는 사실에는 의심의 여지가 없다.[8]

8 (1925년에 첨가된 각주) 의심할 나위 없이 쾌락과 불쾌는 모두 의식적 감정이

내가 방금 지적한 불쾌의 두 근원은 우리의 불쾌 경험의 대다수를 망라하는 것과는 거리가 매우 멀다. 그러나 나머지 것들에 대해서, 그러한 불쾌함의 생성 방식이 존재한다는 것이 쾌락 원칙의 우세와 모순되지 않는다고 해도 상당히 인정받을 수 있을 것이다. 우리가 경험하는 대부분의 불쾌는 〈지각적〉 불쾌다. 그것은 불만족한 본능에 의한 압박에 대한 지각일 수 있고, 또는 그 자체로 고통스럽거나 혹은 정신 기관에 불쾌한 기대감을 자극하는, 다시 말해서 그 기관에 의해서 〈위험〉으로 인식되는 외부적 지각일 수도 있다. 이러한 본능적 요구와 위험의 위협에 대한 반응, 정신 기관의 고유한 행위를 구성하는 이 반응은 정확한 방식으로 쾌락 원칙이나 이것의 변형인 현실 원칙에 의해서 조종될 수 있다. 이것이 쾌락 원칙의 광범위한 제한을 필요로 한다고는 생각되지 않는다. 그렇지만 외부적 위험에 대한 정신적 반응의 탐구는 정확하게 새로운 자료를 산출해 내고 현 문제와 관련된 새로운 질문을 제기해야 할 입장에 와 있다.

2

심한 물리적 충격, 재난, 그리고 생명이 위협받을 수 있는 기타 사고를 겪은 후에 발생하는 상황은 오랜 시간을 통해 알려지고 기술되었다. 그것에는 〈외상성 신경증die traumatische Neurose〉이라는 이름이 주어졌다. 얼마 전 끝난 가공할 전쟁은 엄청나게 많은 이런 종류의 병을 유발했다. 그러나 그 전쟁은 적어도 그 병의 원인을 물리적 힘에 의해 생겨나는 신경 조직의 기질성 장애로 돌

므로 자아에 부착되어 있다 — 원주. 이것은 「억압, 증상 그리고 불안」에서 더 분명하게 드러난다.

리려는 유혹을 떨쳐 버리도록 했다.[9]

외상성 신경증에서 나타나는 증상적 특성은 비슷한 운동 신경증적 증상이 많다는 점에서 히스테리와 흡사하다. 그러나 이것은 일반적으로 주관적인 병의 표시가 두드러지게 특징적으로 나타난다는 점에서(이런 점에서 그것은 심기증*Hypochondrie* 또는 우울증*Melancholie*을 닮았다), 그리고 정신 기능이 훨씬 더 광범위한 전신 쇠약과 전신 장애의 조짐을 보인다는 점에서 히스테리의 증상적 특성을 뛰어넘는다. 아직까지 전쟁 신경증이나 평화 시의 외상성 신경증에 대해서 어떤 충분한[10] 설명도 제시된 바 없다. 전쟁 신경증의 경우, 같은 증상이 이따금씩 어떤 엄청난 물리적 힘의 개입 없이도 발생했다는[11] 사실은, 우리에게 빛을 던져 주는 동시에 또한 우리를 당황하게 만든다. 보통의 외상성 신경증의 경우에 두 가지 특징이 두드러지게 나타나는데, 첫째는 놀람과 경악이 그 주된 원인인 듯하다는 점이고, 둘째는 그것과 동시에 가해진 상처나 상해가 일반적으로 신경증의 발생에 〈저항해서〉 작용한다는 점이다. 〈경악*Schreck*〉, 〈공포*Furcht*〉, 그리고 〈불안*Angst*〉이 동의어적 표현으로 부적절하게 사용되고 있다. 이것들은 사실상 이들 각각이 위험과 맺는 관계 속에서 분명하게 구분될 수 있다. 〈불안〉은 설령 그것이 알려지지 않은 것일지라도 어떤 위험을 예기하거나 준비하는 특수한 상태를 일컬음이다. 〈공포〉는 두려워할 지정된 대상을 필요로 한다. 그러나 〈경악〉은 어떤 사람이

---

9 프로이트, 페렌치, 아브라함, 짐멜, 존스에 의해서 논의된 『전쟁 신경증에 관한 정신분석 *Psychoanalyse der Kriegsneurosen*』(1919) 참조 — 원주. 이 논의에서 프로이트는 서론을 썼다. 또한 프로이트의 사후 출판된 「전쟁 신경증의 전기 치료에 관한 보고서 Gutachten über die elektrische Behandlung der Kriegsneurotiker」(1955) 참조.

10 〈충분한*voll*〉이라는 단어는 1921년에 첨가되었다.

11 1920년에는 〈이따금씩…… 발생할 수 있을 것이라는〉으로 되어 있었다.

준비 태세가 되어 있지 않은 채 위험 속에 뛰어들었을 때 얻게 되는 상태에 붙여진 이름이다. 그것은 놀람의 요소를 강조한다. 나는 불안이 외상성 신경증을 만들어 낼 수 있다고는 생각하지 않는다. 불안에는 그 불안의 주체를 경악과 경악 신경증으로부터 보호해 주는 그 무엇이 있다. 우리는 후에 이 문제로 돌아올 것이다.[12]

꿈의 연구는 깊은 정신적 과정을 연구하는 가장 신뢰할 수 있는 방법이라고 생각된다. 외상성 신경증에서 일어나는 꿈은 환자를 사건의 현장, 즉 또 다른 경악 속에서 그를 잠에서 깨우는 그 현장 속으로 반복적으로 데리고 가는 특징을 지니고 있다. 이 문제는 사람들을 별로 놀라게 하지 못한다. 외상적 경험이 심지어는 잠에서까지 환자를 끊임없이 옥죈다는 사실은 그 자체가 그 경험의 강도를 말해 주는 증거라고 그들은 생각한다. 이 경우 환자는 그의 외상(外傷)에 고착되어 있다고 말할 수 있으리라. 병을 촉발하는 경험에 대한 고착 현상은 히스테리의 경우를 통해 우리에게 오랫동안 익숙한 것이었다. 브로이어와 프로이트는 1893년에[13] 〈히스테리 환자는 주로 회상으로부터 고통을 만든다〉라고 선언한 바 있다. 전쟁 신경증에 있어서도 페렌치와 짐멜 같은 관찰자들은, 운동 신경적 증상을 외상이 발생했던 순간에 고착한 것이라는 관점에서 설명할 수 있었다.

그러나 나는 외상성 신경증으로 고통을 받고 있는 환자들이 그들의 의식적 생활 속에서 과거 사건의 기억에 많이 몰두해 있는

12 사실 프로이트가 여기서 하고 있는 구분을 항상 지켰던 것은 결코 아니다. 그가 Angst라는 단어를 미래와 아무런 관련도 짓지 않고 단순히 공포의 상태를 나타내는 것으로 사용한 예는 허다하다. 이 구절에서 그는 「억압, 증상 그리고 불안」에서 그은 구분, 즉 외상 상황에 대한 반작용으로서의 불안 — 아마도 여기서 Schreck이라고 불리는 것과 동등할 것 같은 — 과 그러한 사건이 다가온다는 경고 표시로서의 불안 사이의 구분을 예시하기 시작한 것 같다.

13 「히스테리 현상의 심리 기제에 대하여」(프로이트 전집 3, 열린책들) 참조.

지의 여부는 모르겠다. 아마도 그들은 그 사건을 생각하지 〈않으려는〉 데 더 많은 관심을 쏟고 있는지 모른다. 그들의 꿈이 병을 유발했던 현장으로 밤에 그들을 끌고 간다는 것을 자명한 사실로 받아들이는 사람은 꿈의 성격을 잘못 이해하고 있는 것이다. 꿈이 환자에게 그의 건강한 과거의 모습이나 그가 희망하는 치료의 모습을 보여 준다면, 그것이 꿈의 성격과 조화를 이룰 가능성이 더 크다. 만약 우리가 외상성 신경증 환자들의 꿈속에서 드러나는 꿈의 소원 성취적 취의(趣意)에 대해서 흔들리지 않는 믿음을 가지고 있다면, 우리는 아직도 우리에게 열려 있는 하나의 지략적 차원을 간직하고 있는 것이다. 즉 우리는 꿈꾸기의 기능이 이 상황에서는 다른 많은 것들처럼 전도되어 있고 원래의 목적으로부터 일탈되어 있다고 주장할 수 있으며, 혹은 자아의 신비스러운 자기 학대적 경향을 숙고해야만 한다는 것이다.[14]

이 시점에서 나는 외상성 신경증의 어둡고 음습한 주제를 떠나 어린 시절의 〈정상적인〉 행위 — 어린아이들의 놀이를 의미한다 — 속에서 정신 기관에 의해 구사되는 작업 방법을 검토해 보는 쪽으로 옮겨 갈 것을 제의한다.

어린아이들의 놀이에 대한 상이한 이론들이 최근에 와서야 파이퍼S. Pfeifer[15]에 의해 정신분석학적인 관점에서 요약되고 토론되었다. 독자들은 그의 글을 참고하기 바란다. 그 이론들은 어린아이들의 놀이를 유발하는 동기를 발견하려고 시도하고 있지만 〈경제적〉 동기, 즉 거기에 관련된 쾌락의 산출을 고려하는 것을

14 이 문장의 마지막 열한 개 단어(혹은…… 것이다)는 1921년에 첨가되었다. 이 모든 것에 대해서는 『꿈의 해석』을 참조할 것.

15 「놀이에서 나타난 유아기 성적 본능에 대한 견해Äusserungen infantilerotischer Triebe im Spiele」(1919) 참조 — 원주.

전면에 부각시키지는 못하고 있다. 이러한 현상의 전 분야에 적용되리라고 생각하지는 않지만, 우연한 기회를 통하여 나는 한 살 반 된 어린아이가 자신이 고안한 첫 번째 게임을 하는 문제에 대하여 어떤 빛을 던져 줄 수 있게 되었다. 그것은 단순히 스쳐 지나가는 관찰 이상의 것이었다. 왜냐하면 나는 그 어린아이와 그의 부모와 몇 주일 동안 한 지붕 아래서 살았기 때문이고, 끊임없이 반복하는 그의 수수께끼 같은 행위에 대한 의미를 내가 발견하는 데는 상당한 시간이 걸렸다.

그 어린아이는 지적 발달 면에서 조금도 조숙한 편이 아니었다. 한 살 반의 나이에 겨우 몇 마디 이해할 수 있는 말을 할 수 있었고, 자기 주위에 있는 사람들에게 이해 가능한 의미를 표현하는 다수의 음을 이용할 수 있는 정도였다. 그러나 그는 그의 부모와 한 명의 여자 하녀와 사이가 좋아서 〈착한 소년〉이라는 칭찬을 받았다. 그는 밤에 부모들을 괴롭히지 않았고 어떤 것을 만지지 말라거나 어떤 방에 들어가지 말라는 명령을 성심껏 따랐다. 그리고 무엇보다도 어머니가 그를 몇 시간 동안 떠나 있어도 결코 울지 않았다. 동시에 그는 손수 자신을 먹여 길러 줄 뿐만 아니라 외부의 도움 없이 자신을 보살펴 주는 어머니에 대해서 큰 애착을 갖고 있었다. 그러나 이 착한 어린아이는 이따금씩 자기의 손에 잡히는 작은 물건을 무엇이든 구석이나 침대 밑 등으로 집어던지는 당혹스러운 습관을 갖고 있어서, 그의 장난감을 찾거나 그것을 집어 올리는 것은 큰일이 되는 경우가 자주 있었다. 이런 짓을 하면서 그 아이는 관심과 만족의 표현이 수반된 크고 오래 끄는 〈오-오-오-오〉 소리를 냈다. 그의 어머니와 나는 이것이 단순한 감탄사가 아니라 독일어로 *fort*(가버린)를 의미한다는 생각에 일치했다. 나는 궁극적으로 그것이 하나의 놀이라는 사실과 그가 그의 장난감에 대해서 할 수 있는 유일한 것은 그것을 〈가게〉 하는 놀이라는 사실을 깨달았다. 어느 날 나는 나의 견해를 확인시켜 주는 한 가지 사건을 관찰했다. 그 아이는 실이 감긴 나무 실패를 갖고 있었다. 그것을 뒤로 늘어뜨려서 마루 위를 끌고 다니는 일이나 그것을 마차 삼아 노는 일은 그에게 절대로 일어나지 않았다. 그가 한 일은 실패의 실을 잡고 대단히 익숙한 솜씨로 그것을 커튼이 쳐진 그의 침대 가장자리로 집어던지는 것이었다. 따라서 실패는 그 속으로 사라졌고 그와 동시에 그는 그 인상적인 〈오-오-오-오〉 소리를 냈던 것이다. 그러고 나서 그는 다시 실을 잡아당겨 그 실패를 침대 밖으로 끌어냈고 그것이 다시 나타나자 즐거운 듯 da(거기에)라고 소리쳤다. 그렇다면 그것은 사라짐과 돌아옴이라는 완벽한 놀이였다. 일반적으로 사람들은 첫 번째 행위만 목격했다. 그것은 하나의 놀이로 지칠 줄 모르고 반복되었다.[16]

그렇다면 그 놀이의 해석은 분명하게 되었다. 그것은 그 아이의 위대한 문화적 업적, 즉 아무 저항 없이 그의 어머니를 가도록 허용하는 데서 그가 이룩한 본능의 포기(다시 말해서 본능적 만족의 포기)와 관련된 것이었다. 그는 그 물건들이 자신의 능력이 미치는 범위 안에서 사라졌다 되돌아오는 것을 스스로 연출함으로써 그것에 대한 보상을 받았다. 물론 그 아이가 그 놀이를 스스로 고안해 냈는지 혹은 어떤 외부의 암시를 통해 전수받은 것인지에 관한 문제는 그 놀이의 효과를 판단한다는 관점에서 볼 때

16 또 다른 관찰이 이 해석을 충분히 확인해 주었다. 어느 날 그 아이의 어머니가 여러 시간 동안 밖에 나가 있다가 돌아오자 바로 그의 〈오-오-오-오〉 소리를 듣게 되었다. 처음에는 그것이 무슨 의미인지 이해할 수 없었다. 그러나 혼자 있던 오랜 시간 동안 그 아이는 〈자기 자신을〉 사라지게 만드는 방법을 터득했다는 사실이 드러났다. 그는 땅에 닿지 않는 전신 거울 속에 자기 자신의 모습이 비친 것을 발견했다. 그는 몸을 웅크리고 앉음으로써 자기의 영상 이미지를 〈사라지게〉 할 수 있었다 — 원주. 이 이야기에 대한 또 다른 언급은 『꿈의 해석』에서 발견할 수 있다.

는 아무 상관없는 문제이다. 우리의 관심은 다른 점으로 향한다. 그 아이가 그의 어머니의 떠나감을 기분 좋은 것, 또는 아무래도 상관없는 것으로 느꼈을 가능성은 거의 없다. 그렇다면 하나의 놀이로서 이 고통스러운 경험의 반복이 어떻게 쾌락 원칙과 일치한단 말인가? 그에 대한 답변으로 어머니의 떠나감은 즐겁게 돌아올 것에 대한 필수적 예비 조치로서 상연되어야 하고 따라서 그 놀이의 진정한 목적은 바로 후자, 즉 어머니의 즐거운 귀환에 있었다고 말할 수도 있을 것이다. 그러나 이것에 반해 첫 번째 행위, 즉 떠나감의 행위는 그 자체로 하나의 놀이로 무대에 올려졌고, 그것도 전체적 행위보다 더 자주 유쾌한 결말과 함께 상연되었다는 관찰된 사실을 고려해야만 한다.

  이와 같은 하나의 사례를 분석함으로써 어떤 확실한 결론에 도달할 수는 없을 것이다. 편견 없는 관점에서 볼 때 그 아이는 다른 동기에서 자신의 경험을 놀이로 바꿨다는 인상을 받게 된다. 처음에 그는 〈수동적인〉 상황에 있었다. 그는 그 경험에 의해서 압도되었던 것이다. 그러나 그것이 즐거운 것은 아니었지만 놀이로 그것을 반복함으로써 그는 〈능동적인〉 역할을 취하게 되었다. 이러한 노력은 기억이 그 자체로 즐거운 것이었는지 혹은 그렇지 않았는지와 무관하게 별도로 작용하는 지배 본능에서 연유하는 것이다. 그러나 또 다른 해석을 시도해 볼 수도 있다. 그 물건이 〈가버린〉 상태가 되도록 그것을 던져 버리는 것은, 자기로부터 떨어져 나가는 어머니에 대해 복수하고자 하는 어린아이의 충동 — 그의 실제 생활에서는 억압되어 있었던 — 을 만족시키는 것일 수도 있다. 이 경우 그것은 도전적인 의미, 즉 〈그렇다면 좋소. 가보시오! 나는 당신을 필요로 하지 않소. 내가 당신을 멀리 보내 드리오리다〉라는 뜻을 담고 있을 것이다. 1년 후, 첫 번째 놀이를 할 때 내가 목격했던 바로 그 아이가 어떤 장난감에 화가 나면 그것을 잡아 마룻바닥에 집어던지면서 〈전선으로 가라!〉고 소리치곤 했다. 그는 그 당시 부재하는 그의 아버지가 〈전선에〉가 있다는 말을 들었던 것이다. 그리고 그는 아버지의 부재를 아쉬워하기는 커녕 어머니를 혼자서 독점하는 데 방해받고 싶지 않다는 것을 분명히 했다.[17] 우리는 이와 비슷한 적대적 충동을 사람 대신 물건을 집어던짐으로써 표현하기를 좋아하는 다른 아이들에 대해서도 알고 있다.[18] 그러므로 어떤 막강한 경험에 대해 자신이 그것의 주인이 되기 위해서 그것에 어떤 작업을 가하고자 하는 충동이 마음속에서 일어난다면, 그것은 쾌락 원칙과는 무관하게 1차적 사건으로 표현된 것일 수 있을까에 대한 문제는 우리에게 의심의 상태로 남아 있다. 우리가 토론해 온 사례에서 그 아이는 결국 놀이 가운데 불쾌한 경험을 반복할 수 있었는데, 그것은 그 반복이 불쾌함에도 불구하고 그 속에 다른 종류의 직접적인 일정량의 쾌락을 간직하고 있었기 때문이었다.

어린아이들의 놀이를 더 고려해 본다고 하여 이 두 가지 견해 사이에서 주저하고 있는 우리에게 도움이 될 수는 없을 것이다. 놀이 속에서 그들은 실제 생활에서 그들에게 큰 인상을 끼쳤던 것은 무엇이나 반복하며, 이러한 반복을 통해 그들은 그 인상의 강도를 소산*Abreagieren*시키고, 자신들이 그 상황의 주인이 된다는 것은 분명한 사실이다. 그러나 다른 한편, 그들의 모든 놀이는

---

17 이 아이가 다섯 살 9개월 되던 때 그의 어머니가 사망했다. 이제 어머니가 정말로 〈가버렸는〉데도(〈오-오-오〉), 그 어린아이는 아무런 슬픈 기색을 보이지 않았다. 그동안에 둘째 아이가 태어났고 이는 그에게 강렬한 질투심을 불러일으켰던 게 사실이다 — 원주.

18 괴테의 어린 시절의 기억에 대해서 내가 한 말을 참조하라(「괴테의 『시와 진실』에 나타난 어린 시절의 추억」, 프로이트 전집 14, 열린책들) — 원주.

그들을 항상 지배하고 있는 욕망, 즉 어른이 되어서 어른들이 하는 것을 할 수 있게 되고자 하는 욕망에 의해서 영향을 받는 것이 분명하다. 경험의 불쾌한 성격이 반드시 놀이에 부적합한 조건이 되는 것은 아니라는 사실도 주목해야 한다. 만약 의사가 어린아이의 목을 검진하거나 그에게 작은 수술을 하게 되면, 이 무서운 경험이 그의 다음 놀이의 주제가 되리라는 것은 틀림없는 사실이다. 그러나 우리는 그것과 관련하여 또 다른 출처로부터 오는 쾌락의 산출이 있다는 사실을 간과해서는 안 된다. 어린아이가 경험의 수동성에서 놀이의 능동성의 상태로 변모해 감에 따라 그는 불유쾌한 경험을 그의 놀이 친구에게 전이시킨다. 그리고 그는 이런 방식으로 대체된 인물에 복수하는 것이다.[19]

그럼에도 불구하고, 놀이에 대한 동기를 제공하기 위해서 특별한 모방 본능의 존재를 가정할 필요는 없다는 사실이 이러한 논의를 통해 드러나고 있다. 마지막으로, 어른들에 의해서 수행되는 예술적 놀이와 예술적 모방은 — 이것은 어린아이들의 경우와는 달리 관객을 목표로 한다 — 관중들에게 가장 고통스러운 경험을 면제해 주지는 않지만(예컨대 비극에서), 그들은 그것을 고도로 즐거운 것으로 받아들일 수 있다는 사실도 기억해 둘 만한 사항으로 덧붙이고 싶다.[20]

이것은, 심지어는 쾌락 원칙이 지배적인 상황하에서도 그 자체로는 불쾌한 것을 마음속에서 상기해 보고 작업해 볼 주제로 만들기에 충분한 수단과 방법이 존재한다는 설득력 있는 증거이다. 최종적 결과로서는 쾌락을 산출하는 이러한 사례와 상황을 고려

19 「여자의 성욕」(프로이트 전집 7, 열린책들) 참조.
20 프로이트는 사후에 발표된 「무대 위에 나타나는 정신 이상에 걸린 등장 인물들」(프로이트 전집 14, 열린책들)에서 이 점에 대해 잠정적인 연구를 시도한 바 있다. 그 논문은 아마도 1905년이나 1906년에 쓰인 것 같다.

해 보는 일이 그 주제에 대한 경제론적 접근법과 더불어 어떤 미학 체계에 의해서 이루어져야 할 것이다. 그것들은 쾌락 원칙의 존재와 지배를 전제로 하고 있기 때문에 〈우리의〉 목적에는 아무 쓸모가 없다. 그들은 쾌락 원칙을 〈넘어서는〉 경향, 즉 이 원칙보다 더 원시적이고 독립되어 있는 어떤 경향의 운용에 대해서 아무런 증거를 제공해 주지 못하고 있다.

3

25년 동안 열심히 일한 결과 정신분석학적 기교의 당면한 목표가 오늘날에는 처음 시작할 때의 목표와 사뭇 다르다는 사실이 드러나고 있다. 처음에는 분석의가 할 수 있는 일은 고작 환자에게 감추어져 있는 무의식적 자료를 발견하고 합성하여 그것을 제때에 그에게 전달하는 정도가 전부였다. 그때는 정신분석학이 무엇보다도 해석의 예술이었다. 이러한 것이 치료의 문제를 해결해 주지 못했으므로 재빨리 또 다른 목표가 등장했는데, 그것은 환자로 하여금 그 자신의 기억으로부터 분석가가 구성한 사실을 확인하도록 하는 것이었다. 이러한 노력 속에서 환자의 저항이 문제시되었다. 그래서 이제 분석의 기술은 가능하면 빨리 이 저항을 발견해 내고 그것을 환자에게 지적해 주며, 인간적 영향력을 통해 — 여기가 〈전이Übertragung〉라는 심리 기제가 그 역할을 하는 곳이다 — 그로 하여금 저항을 버리도록 유도하는 데 있었다.

그러나 기존의 목표, 즉 무의식적인 것은 의식화되어야 한다는 목표는 그러한 방법에 의해서 완전히 달성될 수 없다는 것이 더욱 분명해졌다. 환자는 자신 속에 억압되어 있는 것의 전부를 기억해 낼 수 없다. 그리고 기억해 낼 수 없는 것이 바로 억압의 본질적인 부분일 수 있다. 그는 억압된 자료를 의사들이 말하듯이 과거에 속한 것으로 〈기억하는〉 대신, 그의 동시대적 경험으로서 그것을 〈반복하지〉 않을 수 없게 된다.[21] 그처럼 바라지 않는 정확성을 가지고 드러나는 이 재생품들은 항상 그 제재로서 일정량의 유아기적 성생활, 즉 오이디푸스 콤플렉스Ödipuskomplex와 그것에서 파생된 내용을 담고 있다. 그리고 이것들은 항상 전이의 영역 속에서, 환자와 의사의 관계 속에서 활성화된다. 사태가 이 단계에 이르게 되면 이전의 신경증은 이제 새로운 〈전이 신경증Übertragungsneurose〉에 의해 대치되었다고 말할 수 있을 것이다. 이 전이 신경증을 최소의 범위 속에 잡아 두는 것, 즉 가능하면 많이 기억의 통로 속으로 유도하고 가능하면 적게 반복으로 드러나게 하는 것 — 이것이 의사가 할 일이 되었다. 기억되는 것과 재생되는 것 사이의 비율은 경우에 따라 다르다. 의사가 환자에게 이 단계의 치료를 하지 않고 넘어가서는 안 된다는 것이 하나의 법칙이다. 그는 환자로 하여금 잊혀진 삶의 일부를 재경험하도록 해줘야 한다. 반면에 그는 환자가 어느 정도의 초연함을 유지하도록 돌봐 주어야 한다. 왜냐하면 이렇게 해야 환자로 하여금 모든 것에도 불구하고 사실처럼 보이는 것이, 실은 잊혀진 과거의 반영에 불과하다는 것을 깨닫게 해줄 수 있기 때문이다. 이런 일이 성공적으로 성취되면 환자의 확신감을, 이것에 의존하고 있는 치료적 성공과 더불어 얻게 되는 것이다.

　신경증 환자들에 대한 정신분석학적 치료 과정에서 드러나는 이러한 〈반복 강박Wiederholungszwang〉을 더 잘 이해하기 위해서,

---

21　나의 논문 「회상, 반복, 심화 작업Erinnerung, Wiederholen und Durcharbeiten」 (1914)을 참조 — 원주. 이 논문 속에 이 책에서 다루어지는 주된 논제 중의 하나인 〈반복 강박〉에 대한 초기의 언급이 발견된다. 몇 줄 밑에서 사용되는 특별한 의미의 〈전이 신경증〉이라는 용어도 역시 그 논문 속에 나타난다.

우리는 무엇보다도 저항에 대한 투쟁에서 우리가 다루고 있는 것이 〈무의식das Unbewußte〉 편에서의 저항이라는 잘못된 개념을 불식시켜야 한다. 무의식 — 다시 말해서, 〈억압된 것das Verdrängte〉 — 은 도무지 치료의 노력에 대해 아무런 저항도 하지 않는다. 실로, 무의식 그 자체는 자신을 내리누르는 압력을 뚫고 의식 쪽으로 밀고 올라오거나 어떤 실제적 행동을 통해 그 기운을 발산시키는 일 외에 다른 노력을 하지 않는다. 치료 도중의 저항은 원래 억압을 성취시켰던 것과 동일한, 의식의 상층부와 조직에서 나온다. 그러나 우리가 경험을 통해 알고 있듯이, 저항의 동기나 저항 그 자체가 치료 과정 초기에는 무의식적이라는 사실은 우리 용어의 결함을 바로잡아야 한다는 하나의 암시이다. 만약 우리가 의식과 무의식 사이가 아니라 일관성 있는 〈자아das Ich〉와 〈억압된 것〉 사이에서 어떤 대조점을 찾는다면 명확성의 결핍을 피할 수 있을 것이다. 자아의 많은 부분이 그 자체로 무의식이고 특히 자아의 핵이라고 말할 수 있는 부분이 그렇다.[22] 오직 그것의 작은 부분만이 〈전의식das Vorbewußte〉이라는 용어로 설명된다.[23] 순전히 서술적인 용어를 조직적이거나 역동적인 용어로 대체했으므로 우리는 환자의 저항이 그의 자아에서 나온 것이라고 말할 수 있고,[24] 동시에 반복 강박이 억압된 무의식에서 생겨난다는 사실을 인식하게 된다. 그 강박은 치료 작업이 반쯤 진척되어 억압을 느슨하게 푼 연후에야 자기표현을 할 수 있을 것으로 보인다.[25]

22 이 진술은 「자아와 이드」에 있는 각주를 통해 교정되었다.

23 이 문장이 현재의 형태로 사용된 것은 1921년이다. 제1판(1920)에서는 다음과 같이 되어 있었다. 〈자아의 많은 것이 그 자체 무의식적인 것 같다. 아마도 그것의 일부만이 《전의식》이라는 용어로 설명된다.〉

24 저항의 근원에 대한 좀 더 완벽하고 다소 다른 설명이 「억압, 증상 그리고 불안」에 나와 있다.

25 (1923년에 추가된 각주) 나는 다른 곳에서 반복 강박에 도움이 되는 것은 치

의식적, 무의식적 자아의 저항은 쾌락 원칙의 지배하에 운용된다. 그래서 그것은 억압된 것이 풀려서 생기게 되는 불쾌를 피하려고 한다. 반면에 〈우리의〉 노력은 현실 원칙에 호소함으로써 그 불쾌를 참아 내는 쪽으로 치우친다. 그러나 어떻게 해서 억압된 것의 위력의 표시인 반복 강박이 쾌락 원칙과 연결되어 있는가? 반복 강박을 통해서 다시 경험되는 것의 상당 부분이 자아에게 불쾌를 유발할 것임에 틀림없다. 왜냐하면 그것은 억압된 본능 충동의 행위를 겉으로 드러내기 때문이다. 그러나 그것은 우리가 이미 고려했던 종류의 불쾌이고 쾌락 원칙에 모순되지 않는다. 즉 한 조직에 대한 불쾌이면서 동시에 다른 조직에는 만족을 의미한다.[26] 그러나 우리는 이제 새롭고 주목할 만한 사실에 봉착하게 되는데, 그것은 반복 강박이 또한 쾌락의 가능성을 전혀 포함하고 있지 않은 과거의 경험, 그리고 억압된 본능 충동에조차도 만족을 가져올 수 없었던 과거의 경험을 회상해 낸다는 것이다.

유아적 성생활이 개화하는 초기는 그 욕망이 현실과 양립 불가능하고, 어린아이가 도달한 부적절한 발전 단계에도 양립 불가능하기 때문에 사라질 운명에 처해진다. 이러한 개화기는 가장 고통스러운 상황 속에서 그리고 가장 고통스러운 감정에 맞추어서 끝이 난다. 실연과 실패는 그 뒤에 나르시시즘적 상처의 형태로 자애적 이기심에 영원한 상처를 남긴다. 마르치노프스키J. Marcinowski[27]

료에서 〈암시〉의 요소라는 것을 논변한 바 있다. 다시 말해서 이것은 의사에 대한 환자의 복종인데, 그것의 뿌리는 이 환자의 무의식적인 부모 콤플렉스 속에 깊이 박혀 있다 — 원주. 프로이트의 「꿈-해석의 이론과 실제에 대한 비평Bemerkungen zur Theorie und Praxis der Traumdeutung」(1923) 참조.

26 프로이트가 『정신분석 강의』 중 열네 번째 강의에서 〈세 가지 소원〉에 관한 동화를 우의적으로 사용하고 있는 것을 참조하라.

27 「열등의식에서 비롯된 성애의 분출Erotische Quellen der Minderwertigkeits-gefühle」(1918) 참조 — 원주

의 견해뿐만 아니라 내 생각에도, 이것은 다른 무엇보다 신경증 환자들에게 그처럼 흔한 〈열등의식〉을 낳게 한다. 신체적 발달로 한계에 이르는 어린아이의 성적 탐구는 아무런 만족할 만한 결론에 도달하지 못한다. 그래서 이후에 〈나는 아무것도 성취할 수 없다〉, 〈나는 어떠한 것에도 성공할 수 없다〉와 같은 불만이 쏟아져 나오는 것이다. 일반적으로 어린아이를 반대 성의 부모와 결속시켜 놓는 감정적 유대는 실망과 만족에 대한 막연한 기대감에 자리를 넘겨주고, 어린아이의 애정의 대상이 배신할 수 있다는 움직일 수 없는 증거인 새 아기의 탄생에 대한 질투심 앞에 무릎을 꿇고 만다. 자기 자신이 아기를 만들어 보겠다는 그의 시도는 비장할 정도로 진지하게 수행되지만, 부끄럽게 실패하고 만다. 그에 대한 애정량의 감소, 점증하는 교육에의 요구, 가혹한 말, 이따금씩의 처벌 — 이러한 것들은 드디어 그가 받아 온 〈경멸〉의 전모를 보여 준다. 이것들은 어린 시절의 특징적 사랑이 어떻게 끝나는가를 보여 주는, 전형적으로 항상 발생하는 사례들이다.

환자들은 전이를 통해 이 모든 원치 않는 상황과 고통스러운 감정을 반복하고 대단히 정교하게 그것들을 재생시킨다. 그들은 치료가 아직 불완전한 상태인데도 치료를 중단시키려 한다. 그들은 다시 한번 자신들이 경멸당하는 느낌을 체험하려 하고, 의사로 하여금 그들에게 심한 말을 하거나 그들을 차갑게 다루도록 유도한다. 그들은 질투심을 느낄 적합한 대상을 찾아낸다. 어린 시절에 간절히 바라던 아기 대신에 그들은 어떤 거창한 선물을 계획하거나 약속한다. 그러나 이것들이 아기 못지않게 비현실적인 것으로 드러나는 것은 물론이다. 이것들 중 어느 것도 과거에 쾌락을 생성해 냈을 리 없다. 만약 환자들의 소망이 새로운 경험의 형태를 취하는 대신 기억이나 꿈으로 떠오른다면, 불쾌를 덜 유발할 것이라고 가정할 수 있을 것이다. 환자들의 여러 소망은 물론 만족에 이르려는 본능의 작용이다. 그러나 이러한 작용이 오직 불쾌만 낳았다는 옛 경험을 통해서 우리는 아직까지 아무런 교훈도 배우지 못했다.[28] 그럼에도 불구하고 그것들은 강박의 압력 밑에서 반복되고 있는 것이다.

정신분석학이 신경증 환자들의 전이 현상 속에서 드러내는 것은 또한 정상인들의 삶 속에서도 관찰될 수 있다. 그들이 주는 인상은 어떤 악운에 의해서 쫓기거나 어떤 〈악마적인〉 힘에 붙잡혀 있다는 것이다. 그러나 정신분석학은 그들의 운명이 대부분 그들 자신이 만들어 낸 것이며 유아기 초기에 받은 영향력에 의해서 결정된다는 견해를 항상 견지해 왔다. 여기서 분명히 볼 수 있는 강박 현상은 우리가 신경증 환자들에서 보았던 반복 강박과 조금도 다르지 않다. 물론 우리가 지금 고려하고 있는 사람들이 어떤 증상을 드러내어 신경증적 갈등을 겪고 있다는 표시를 한 적은 없지만 말이다. 우리는 인간관계가 같은 결과를 가져오는 온갖 부류의 사람들과 만나게 되었다. 예컨대 어떤 사람은 시간이 얼마 지나면 자신이 은혜를 베푼 상대에게 — 이들 각자가 다른 면에서는 서로가 얼마나 다를지 모르지만 — 분노 속에 버림받는다. 따라서 이 사람은 배은망덕의 온갖 쓰라림을 맛보는 운명을 타고난 것처럼 보인다. 혹은 친구 간의 우정이 모두 배신으로 끝나는 사람이나, 일생 동안 어떤 사람을 높여 위대한 사적 또는 공적 권위의 자리에 앉혔다가 시간이 지나면 스스로 그 권좌를 흔들어 그 주인을 다른 사람으로 교체해 버리는 사람이 그렇다. 그

---

28 제1판에서 이 구절의 결론은 다음과 같았다. 〈…… 만약 환자들의 소망이 새로운 경험의 형태를 취하는 대신 기억으로서 떠오른다면, 불쾌를 덜 유발할 것이라고 가정할 수 있을 것이다. 그러나 그것들은 강박의 압력하에서 반복된다.〉 현재의 형태로 쓰인 것은 1921년부터이다.

리고 여자와의 정사 문제가 항상 같은 단계를 거치고 같은 결론에 도달한다는 문제점을 갖고 있는 사람도 이 부류에 속한다. 이렇게 〈같은 것이 영원히 되풀이되는 문제〉는 그것이 관련자의 〈능동적인〉 행위와 연결되어 있거나, 그에게 항상 동일한 상태로 남아 있어서 동일한 경험의 반복 속에서 자기표현을 하도록 되어 있는 어떤 근본적인 성격적 특성을 발견할 수 있다면 그렇게 놀라운 일이 못 된다. 우리는 주체가 〈수동적〉 경험을 하는 것처럼 보이는 사례에서 훨씬 더 큰 인상을 받는다. 이 경우 그는 그 경험에 대해서 아무런 영향력을 행사하지 못하며, 오직 같은 숙명의 반복과 만나고 있는 것이다. 예컨대 세 남자와 연속적으로 결혼한 여자의 경우가 그런데, 이 세 남자 각자는 결혼 후 곧 병이 들어 임종 시에 그 여자에게 간호를 받아야 했다.[29] 이와 같은 운명에 대한 가장 감동적인 시적 묘사가 타소T. Tasso에 의해서 그의 낭만적 서사시『해방된 예루살렘Gerusalemme liberata』속에 제시되어 있다. 이 시의 주인공 탄크레드는 어느 칼싸움에서 자기도 모르게 적의 기사 갑옷으로 변장하고 있는 자기의 연인 클로린다를 살해한다. 그 여자를 매장한 후 그는 십자군 병사들을 공포로 사로잡고 있는 한 이상한 마술의 숲으로 들어간다. 그는 자신의 칼로 큰 나무를 하나 벤다. 그러나 그 벤 자국에서 피가 흘러내리고 클로린다의 목소리가 — 그녀의 영혼은 나무 속에 갇혀 있다 — 들리는데, 그 소리는 탄크레드가 그의 연인에게 다시 한번 상처를 입혔노라 불평하고 있었다.

만약 우리가 전이 속의 행위와 일반 남녀의 생활사에 기반을 둔 이와 같은 관찰적 사례들을 고려한다면, 마음속에는 쾌락 원

---

29 이 문제에 관한 융C. G. Jung의 적절한 소견을 참조하라(「개인의 운명에서 아버지의 의미Die Bedeutung des Vaters für das Schicksal des Einzelnen」, 1909) — 원주.

칙을 뛰어넘는 반복 강박이 실제로 존재한다고 가정할 용기를 갖게 될 것이다. 이제 또한 우리는 외상성 신경증에서 나타나는 꿈과 어린아이들의 놀이를 유도하는 충동을 이 강박 현상과 연관시키고 싶어질 것이다.

그러나 우리는 다른 동기가 섞이지 않은 반복 강박의 순수한 효과를 관찰할 수 있는 경우가 드물다는 사실을 감안해야 한다. 어린아이들의 놀이와 관련하여 우리는 이미 강박의 출현을 해석할 수 있는 다른 방법들을 강조한 바 있다. 반복 강박과 즉각적으로 유쾌한 본능적 만족은 여기서 밀접한 협력 관계로 합쳐지는 것 같다. 전이 현상은 억압을 집요하게 강요하는 가운데 자아가 유지하고 있는 저항에 의해 분명히 이용되고 있다. 치료의 목적으로 사용할 수 있는 반복 강박은 자아에 의해서 〈자기〉편으로 끌어당겨진다(자아는 쾌락 원칙에 집착하므로).30 운명의 강박 현상이라고 말해질 법한 많은 것들이 합리적인 근거로 이해 가능해질 것처럼 보인다. 그래서 우리는 그것들을 설명하기 위해서 어떤 새롭고 신비스러운 동기의 힘을 불러들일 필요를 전혀 느끼지 않는다.

(그러한 동기 중) 가장 의심이 덜 가는 사례는 아마도 외상성 꿈의 경우일 것이다. 그러나 좀 더 깊이 생각해 보면, 우리는 다른 경우에도 낯익은 동기의 힘으로 전체를 설명할 수 없다는 사실을 인정하지 않을 수 없게 된다. 반복 강박 — 쾌락 원칙보다 더 원시적이고 더 기초적이며 더 본능적인 것으로 보이는 그 무엇 — 의 가설을 정당화하기에는 아직도 많은 것들이 충분하게 설명되지 않은 상태로 남아 있다. 그러나 반복 강박이 〈과연〉 마음속에서

---

30 1923년 이전에는 이 마지막 구절이 이렇게 되어 있었다. 〈반복 강박은, 말하자면 쾌락 원칙에 집착하고 있는 자아에 의해서 도움을 받도록 불려 온다.〉

작동하고 있다면 우리는 그것에 대해서 무엇인가를 알았으면 좋겠고, 그것이 무슨 기능에 해당되는지, 어떤 상황에서 반복 강박이 나타나고, 지금까지 정신생활의 흥분 과정을 지배하는 모든 것의 근원이라고 여겼던 쾌락 원칙과는 어떤 관계를 갖는지 알았으면 좋겠다.

4

다음에 나오는 것은 하나의 사색적 고찰로서 견강부회적 요소도 간혹 있을 것이다. 따라서 독자들은 개인의 취향에 따라 이것을 고려하든가 버리든가 할 것이다. 더욱이 이것은 하나의 생각을, 그것이 어디로 가는지를 보고 싶은 호기심에서 그것을 일관성 있게 따라가 보려는 시도이다.

정신분석학적 사색은 무의식적 과정을 조사해 본 데서 오는 인상, 즉 의식은 정신 과정의 보편적인 속성이 아니라 단지 그것의 특수한 기능에 불과하다는 인상을 그 출발점으로 삼는다. 초심리학적인 관점에서 말한다면, 그것은 의식*das Bewußtsein*이 〈의식 *Bw.*〉[31]이라고 기술되는 특수한 조직의 한 기능이라고 주장한다.[32] 의식이 산출하는 것은 본질적으로 외부 세계로부터 오는 자극의 지각*Wahrnehmung*과 정신 기관 내부에서만 일어날 수 있는 쾌락과 불쾌의 감정으로 구성되어 있다. 그러므로 〈지각-의식*W.-Bw.*〉[33]

---

31   프로이트는 조직적 의미 등을 표현하기 위하여 의식*Bewußtsein*, 전의식*das Vorbewußte*, 무의식*das Unbewußte*, 지각*Wahrnehmung*을 각각 약자로 *Bw.*, *Vbw.*, *Ubw.*, *W.*로 표기했고 지각-의식은 *W.-Bw.*로 했다. 우리말 번역으로는 〈의식〉, 〈전의식〉, 〈무의식〉, 〈지각-의식〉으로 일관성 있게 표기함으로써 〈 〉 표시가 없는 일반적 용법과 구별했다.
32   『꿈의 해석』과 「무의식에 관하여」 참조.
33   조직 〈지각〉이라는 개념은 프로이트가 『꿈의 해석』에서 처음으로 사용했다.

의 조직에 공간 속에서의 한 위치를 할당하는 것이 가능할 것이다. 그것은 외부와 내부 사이의 경계선에 위치하고 있으면서 외부 세계를 향하고 있고 다른 정신 조직들을 에워싸고 있을 것이다. 이러한 가정에 크게 새로운 점은 아무것도 없다. 우리는 단순히 대뇌 해부학에서 말하는 뇌의 부분적 특성에 관한 견해를 받아들였을 따름이다. 이것에 의하면 의식의 〈자리〉는 대뇌 피질, 즉 중추 기관의 가장 바깥쪽을 에워싸는 층에 위치하고 있다. 대뇌 해부학은 해부학적으로 말해, 의식이 왜 뇌의 가장 안쪽 어디쯤에 안전하게 자리 잡지 못하고 표면에 위치하게 되었는가를 고려할 필요를 느끼지 않을 것이다. 아마도 〈우리〉가 〈지각-의식〉의 조직에서 일어나는 이러한 상황을 설명하는 데 더 성공적일 수 있을 것이다.

의식이 그 조직의 과정을 설명하는 유일한 변별적 특성은 아니다. 정신분석학적 경험으로부터 얻은 인상을 바탕으로 우리는 〈다른〉 조직에서 발생하는 모든 흥분 과정이 그 속에 기억의 기초를 형성하는 영구적 흔적들을 남긴다고 생각한다. 그렇다면 그러한 기억의 흔적들은 의식화되는 것과는 아무런 상관이 없다. 실제로 그 흔적들은 그들을 남게 한 과정이 의식화된 적이 없을 때 가장 강력하고 가장 영속적일 경우가 많다. 그러나 이와 같은 자극의 영구적 흔적들이 〈지각-의식〉의 조직에서도 남게 된다고 믿기는 어렵다. 만약 그것들이 항상 의식의 상태로 남아 있다면, 그들은 바로 그 조직이 새로운 자극을 받아들이는 능력에 한계를 그을 것이다.[34]

그 후의 논문 「괴테의 『시와 진실』에 나타난 어린 시절의 추억」에서 그는 조직 〈지각〉이 조직 〈의식〉과 일치한다고 주장했다.

34 다음에 나오는 것은 모두 『히스테리 연구』에 나타난 브로이어의 견해에 기초하고 있다 ─ 원주. 구체적으로 말해서 그의 견해는, 그 책에서 그가 이론적으로 기여

반면에 만약 그 흔적들이 무의식적이라면, 우리는 의식 현상의 수반을 그 기능으로 하는 조직체 내에서 무의식적 과정의 존재를 설명해야 하는 문제에 직면해야 한다. 의식적으로 되는 과정을 어떤 특별한 조직에 속하게 하는 가설을 통해, 말하자면 우리는 아무것도 바꾸어 놓지 않았고 또한 아무것도 얻지 못했다. 설령 이러한 고려가 절대적으로 결론적인 것은 아니라 하더라도, 그것은 우리로 하여금 의식적인 것으로 되는 것과 뒤에 기억의 흔적을 남겨 놓는 것이 동일한 조직 내에서는 상호 양립 불가능한 것이 아닌가 하는 생각을 해보도록 유도한다. 그리하여 흥분 과정은 〈의식〉의 조직에서 의식화되지만 뒤에 아무런 영구적 흔적을 남기지 않는다고 말할 수 있을 것이다. 그러나 그 흥분은 옆에 있는 내부의 조직체들에게 전달되고, 그 흔적들이 남는 곳은 바로 〈그 조직체들〉 속에서라고 말할 수 있겠다. 나는 『꿈의 해석』의 사색적 대목에 포함시킨 도식적 설명 속에서 이와 같은 논리를 추적한 바 있다. 의식의 기원에 관하여 다른 출처에서 알려진 바가 거의 아무것도 없다는 사실을 기억해야 할 것이다. 그러므로 우리가 〈의식은 기억의 흔적 대신에 발생한다〉라는 명제를 세웠을 때, 이 주장은 여하튼 간에 꽤나 정확한 용어로 입안된 것이라는 점에서 고려해 볼 만한 가치가 있다고 하겠다.

만약 그렇다면, 〈의식〉의 조직은 다음과 같은 특성을 갖는다. 즉 그 조직 속에서 (다른 정신 조직에서 일어나는 것과는 대조적으로) 흥분 과정은 그 조직의 요소에 영구적 변화를 줄 수 있는 어떠한 것도 뒤에 남겨 놓지 않고, 이를테면 의식화 현상 속에서 소

한 부분에 나타나 있다. 프로이트 자신도 그 문제를 『꿈의 해석』에서 토론했고 그 이전에도 『정신분석의 기원』에서 충분히 고려한 바 있었다. 그는 후에 「〈신비스러운 글쓰기 판〉에 대한 소고」에서 이 문제로 다시 돌아온다.

멸하고 만다. 일반 법칙에 대한 이런 종류의 예외는 그 한 조직에만 적용되는 어떤 요소로 설명되어야 한다. 다른 조직에는 없는 그러한 요소는 조직 〈의식〉의 노출된 상황, 즉 그것이 외부 세계와 직접적으로 인접해 있는 상황을 두고 하는 말이다.

자극을 받을 수 있는 물질의 미분화된 소포(小胞)로서 가장 단순화된 형태를 하고 있는 어떤 살아 있는 유기체를 떠올려 보자. 외부 세계를 향하고 있는 표면은 바로 그 상황 때문에 분화될 것이고 자극을 받아들이는 기관의 역할을 할 것이다. 사실 발달사의 발생 반복을 기조로 하는 발생학은 중추 신경계가 외배엽에서 나왔음을 보여 주고 있다. 외피의 회백질(灰白質)은 유기체의 원시적 표층으로부터 유래한 것이고, 따라서 그것의 본질적 특성의 상당 부분을 물려받았을 것이다. 그렇다면, 소포의 표면에 가해지는 외부의 자극이 끊임없는 충격을 준 결과 그 본질이 상당한 영구적 변화를 겪었을 것이며, 따라서 그곳의 흥분 과정은 더 깊은 층에서 이루어지는 것과는 다른 진로를 택할 것이라고 생각하기는 어렵지 않다. 자극에 의해서 그처럼 철저하게 〈구워진〉 껍질이 형성되었을 것이고, 그 껍질은 자극을 받아들이기 위한 최적의 조건을 제공하면서 더 이상의 자체 변화는 불가능한 상태가 될 것이다. 조직 〈의식〉의 관점에서 볼 때 이 말은, 그 조직의 요소들이 흥분 과정으로부터 더 이상의 영구적인 변화는 겪지 않을 것이라는 뜻이다. 왜냐하면 그 요소들은 문제가 되고 있는 사항들에 대해서 가능한 만큼의 변화를 이미 겪었기 때문이다. 그러나 이제 그것들은 의식으로 떠오를 것이다. 그 물질과 흥분 과정의 이러한 변화 성격에 대해 현 단계에서는 입증할 수 없는 여러 생각을 제시할 수 있을 것이다. 한 요소에서 다른 요소로 옮겨 가면서 흥분은 저항을 극복해야 한다는 것, 그리고 그렇게 해서 이루어진 저항의 감소는 흥분의 영구적 흔적, 즉 어떤 촉진 현상을 가져올 것이라고 생각해 볼 수 있다. 그렇다면 〈의식〉의 조직 속 한 요소에서 다른 요소로 옮겨 가는 것에 대한 이런 종류의 저항 은 더 이상 존재하지 않을 것이다.[35] 이러한 양상은 정신적 조직 의 요소에서 정지된(혹은 묶인) 리비도 집중*Besetzung* 에너지와 움직이는 리비도 집중 에너지 사이의 차이에 대해 브로이어가 말 한 문제와 관련지을 수 있을 것이다.[36]

조직 〈의식〉의 요소들은 어떠한 묶인 에너지도 갖고 있지 않고 오직 자유롭게 방출할 수 있는 에너지만을 갖고 있다. 그러나 이 점에 대해서는 가능하면 조심스럽게 의사 표현을 하는 것이 최상 일 것이다. 그럼에도 불구하고 이러한 사색을 통해서 우리는 의 식의 기원을 조직 〈의식〉의 상황과, 그리고 이 속에서 일어나고 있는 흥분 과정의 특성들과 어느 정도 연결시킬 수 있을 것이다.

그러나 우리는 수용적 외피층을 갖고 있는 살아 있는 소포에 대해서 더 말할 것이 있다. 살아 있는 물질의 이 작은 조각은 가장 강력한 에너지로 채워진 외부 세계의 한가운데 매달려 있다. 만 약 이 소포가 자극에 대항할 보호적 방패를 얻지 못한다면 그것 은 이 에너지들로부터 나오는 자극에 의해서 죽게 될 것이다. 소 포가 방패를 요구하는 방식은 이렇다. 즉 그것의 가장 바깥 표면 은 생명체에 적합한 구조 형성을 멈추고 어느 정도 무기체가 된 다음에 자극에 저항하는 특별한 외피나 막피(膜皮)로서 기능한 다. 따라서 외부 세계의 에너지는 원래 강렬함의 일부만을 간직 한 채 아직 살아남은 밑에 있는 다음 층으로 들어갈 수 있다. 이 층은 보호적 방패 뒤에서 그것을 통해 유입된 일정량의 자극을

35 이러한 설명은 『정신분석의 기원』에 예고되어 있다.
36 『히스테리 연구』 참조 — 원주. 브로이어의 「이론적 고찰」을 참조할 것.

받아들이는 일에 전념할 수 있다. 죽음을 통해 그 외피층은 내피층이 같은 운명을 겪지 않도록 보호해 준다 — 다시 말해서 보호적 방패를 뚫을 수 있을 정도로 강렬한 자극이 그 외피층에 닿지 않는다면 그렇다는 말이다. 자극에 〈대한 보호〉는 자극〈의 수용〉보다 유기적 생명체에 더 중요한 기능이다. 보호적 방패는 그 나름의 에너지를 공급받고 있으며, 외부 세계에서 작동하는 어마어마한 에너지의 위협적 산물에 대항해 그 보호막 속에서 작동하는 에너지의 특수한 변형의 틀을 보존하는 데 특별한 노력을 쏟는다. 그 위협적 산물은 그 변형의 틀을 깨부수려 하고 따라서 그것은 파괴를 향해서 움직인다. 자극 〈수용〉의 주된 목표는 외부 자극의 방향과 성격을 발견하는 것이다. 그것을 위해서는 외부 세계의 작은 표본을 채취해서 그것을 작은 양으로 견본 처리하는 것으로 족하다. 고도로 발달된 유기체의 경우, 이전 소포의 수용적 외피층은 신체 내부의 심층으로 사라진 지 오래되었다. 물론 그것의 일부가 자극에 대항하는 일반적 방패 바로 밑에 있는 표면에 남아 있기는 하지만 말이다. 이것이 감각 기관들이다. 이 감각 기관들은 본질적으로 자극의 구체적 결과를 받아들이기 위한 장치로 구성되어 있다. 그러나 그것들은 또한 지나친 양의 자극을 바로 방어하고 부적합한 종류의 자극을 제거하기 위한 특별한 장치를 포함하고 있다[37] 이 감각 기관들은 외부적 자극의 소량만을 다루고 외부 세계의 〈견본〉만을 받아들이는 것을 그 특징으로 하고 있다. 그것들은 아마도 외부 세계를 향해 항상 시험적 진출을 시도하다가 이내 되돌아와 움츠러드는 더듬이에 비교될 수 있으리라.

이 시점에서 나는 매우 깊이 다룰 만한 가치가 있는 주제를 잠시 동안 언급하고자 한다. 정신분석학적 발견의 결과로 오늘날

[37] 『정신분석의 기원』 참조.

우리는 시간과 공간이 〈사고의 필수 불가결한 형식들〉이라는 칸트의 법칙을 논하기 시작할 입장에 있다. 우리는 무의식적 정신 과정이 그 자체로 〈무시간적〉이라는 것을 알았다.[38] 이 말은 우선 그 정신 과정이 시간적으로 질서화되지 않았다는 의미이고, 시간이 어떤 방식으로도 그 과정을 변화시키지 않으며, 시간의 개념이 그것에 적용될 수 없다는 뜻이다. 이것들은 부정적인 특징들인데, 이것은 〈의식적〉 정신 과정과의 비교를 통해 분명히 이해될 수 있다. 반면에 시간에 관한 우리의 추상적 개념은 모두 조직 〈지각-의식〉의 작업 방법에서 나오고, 또한 그 작업 방법의 지각 (知覺)과 일치하는 것처럼 보인다. 이러한 기능의 양식은 아마도 자극에 대한 방패를 제공하는 또 다른 방식을 구성할지도 모른다. 나는 이러한 말들이 매우 불투명하게 들릴 것이라는 사실을 잘 알고 있다. 그래서 이러한 실마리를 말하는 선에서 그쳐야겠다.[39]

살아 있는 소포는 외부 세계에서 오는 자극에 대항할 방패를 갖추고 있다는 것을 이미 지적한 바 있다. 그리고 그 방패 옆에 있는 외피층은 외부에서 오는 자극을 받아들이기 위한 기관으로서 분화되어야 한다는 사실도 앞에서 말한 바 있다. 그러나 후에 〈의식〉의 조직으로 될 이 민감한 외피는 또한 〈내부〉에서 나오는 흥분을 받아들인다. 외부와 내부 사이에 위치한 그 조직의 상황, 그리고 그 두 경우에 흥분의 수용을 지배하는 조건들 사이의 차이점, 이것들이 두 조직과 전체 정신 기관의 기능에 결정적인 영향을 끼친다. 외부에 대해서 외피층은 자극으로부터 방어되고, 그것에 부딪치는 흥분의 양은 오로지 축소된 영향만을 끼칠 따름이

---

38 「무의식에 관하여」 참조.
39 프로이트는 「〈신비스러운 글쓰기 판〉에 대한 소고」에서 시간 개념의 기원으로 되돌아온다. 이 논문은 또한 〈자극에 대한 방패〉의 또 다른 논의를 담고 있다.

다. 내부에 대해서는 그러한 방패가 있을 수 없다.[40] 더 깊은 층에서 생성되는 흥분은, 그것의 어떤 특징들이 쾌락–불쾌Lust-Unlust와 관련된 어떤 감정을 불러일으키는 한 직접적으로 그리고 양의 감소 없이 그 조직에 전달된다. 그러나 내부에서 오는 흥분은 그 강도와 기타 질적인 면에서 — 아마도 그 진폭에서 — 외부 세계에서 유입되는 자극보다 조직의 작업 방법에 더 적당하다.[41] 이러한 사정은 두 가지 확실한 결과를 낳는다. 첫째, 쾌락과 불쾌의 감정이 (이것이 정신 기관의 내부에서 일어나고 있는 것에 대한 지표가 된다) 모든 외부적 자극을 압도한다. 둘째, 너무 지나친 불쾌의 증가를 가져오는 내적 흥분을 다루기 위한 특별한 방법이 도입된다. 즉 그 흥분이 안에서가 아니라 밖에서 작용하는 것처럼 그것을 다루는 경향이 있다는 것이다. 이렇게 되면 자극에 대한 방패가 그 흥분에 대한 방어 수단으로서 작동하도록 할 수 있게 된다. 이것이 병리 과정의 인과론에 큰 역할을 하는 〈투사Projektion〉의 근원이다.

이 마지막 고려를 통해 우리는 쾌락 원칙의 우위성을 더 잘 이해할 수 있게 되었다고 생각한다. 그러나 그 우위성에 모순되는 사례에 대해서는 아직 아무것도 밝혀진 바 없다. 그러므로 이 문제를 좀 더 밀고 나가 보자. 우리는 방어적 방패를 꿰뚫을 정도로 강력한 외부에서 오는 자극을 〈외상적〉이라고 기술하고 있다. 외상Trauma의 개념은 자극에 대해서 효과적으로 대처하던 장벽에 어떤 파열구가 생긴 것과의 관련성을 필연적으로 시사하게 된다고 생각된다. 심적 외상과 같은 사건은 유기체의 에너지 기능에 대규모의 혼란을 초래하고 가능한 모든 방어적 장치를

40 『정신분석의 기원』 참조.
41 『정신분석의 기원』 참조.

가동하지 않을 수 없게 한다. 이와 동시에 쾌락 원칙은 당분간 활동이 정지된다. 이제 더 이상 다량의 자극이 범람하는 사태에서 정신 기관을 보호해 줄 수 없게 된다. 여기서 또 다른 문제가 발생하는데, 그것은 방어망을 뚫고 들어온 자극의 양을 다스리고, 그것을 처분할 수 있도록 정신적인 의미에서 그것을 묶어 두는 문제이다.

육체적 고통을 수반하는 특수한 불쾌는 아마도 보호적 방패가 어떤 특정한 지역에서 뚫린 결과일 것이다. 그렇게 되면 문제의 주변 부위로부터 마음의 중추 기관으로 흥분이 계속 흐르게 되는데, 이것은 정상적인 경우 그 기관 〈내〉에서만 일어날 수 있는 일이다.[42] 그러면 우리는 마음이 어떻게 이러한 침투에 반응할 것이라고 기대할 수 있겠는가? 리비도 집중된 에너지가 사방으로부터 모여들어 그 갈라진 틈 주위에 고도로 리비도 집중된 에너지를 제공한다. 따라서 대규모의 〈리비도 반대 집중Gegenbesetzung〉이 형성되는데, 이것을 위하여 다른 정신 조직들은 빈곤하게 된다. 그래서 나머지 정신 기능들은 심하게 마비되거나 축소되고 만다. 우리는 이러한 예들로부터 교훈을 얻어 내고 그것들을 우리의 초심리학적 사색에 대한 기초로 이용하도록 노력해야 한다. 이렇게 해서 우리는 이 경우에서 고도의 리비도 집중 조직은 새로이 흘러들어 오는 에너지를 추가로 유입받을 수 있고 그것을 정지된 리비도 집중으로 바꾸는 일, 즉 그것을 정신적으로 묶을 수 있다는 사실을 추론할 수 있다. 조직의 정지된 리비도 집중이 높으면 높을수록 그것의 〈묶는〉 힘은 더 커지는 것 같다.

따라서 반대로 그것의 리비도 집중이 낮으면 낮을수록 흘러들

42 「본능과 그 변화」 참조 — 원주. 『정신분석의 기원』과 「억압, 증상 그리고 불안」의 부록을 참조할 것.

어 오는 에너지를 감당할 능력은 더 적어질 것이다.[43] 그리고 자극에 대한 보호적 방패에 생긴 틈새가 가져오는 결과는 더욱 격렬할 것임에 틀림없다. 그 틈새 주위에 모여드는 리비도 집중의 증가는 흘러들어 오는 다량의 흥분이 빚은 직접적 결과라는 말로 훨씬 간단하게 설명할 수 있다는 견해에 대해서는 당연히 반론의 여지가 있을 수 없다. 만약 그렇다면, 정신 기관은 단순히 증가된 에너지의 리비도 집중을 받아들이고 있을 따름이고, 고통의 마비적 성격과 모든 다른 조직의 빈곤화 현상은 설명되지 않은 채로 남아 있을 것이다. 그리고 또한 고통이 만들어 내는 격렬한 방출 현상이 우리의 설명에 영향을 끼치지는 않을 것이다. 왜냐하면 그 현상은 반사적 방식으로, 다시 말해서 정신 기관의 개입 없이 발생할 것이기 때문이다. 우리가 초심리학이라 기술하고 있는 문제에 대한 우리의 논의가 불분명한 것은, 우리가 정신 조직의 요소들 속에서 발생하는 흥분 과정의 성격에 대해서 아무것도 모르고 있다는 사실과, 그 주제에 대해서 우리가 어떤 가설을 설정하는 것이 정당하다고 생각하지 않는다는 사실에서 비롯된 것이다. 따라서 우리는 항상 거대한 미지의 요소를 가지고 작업하고 있는데, 이 요소를 우리는 어떤 새로운 공식으로 엮어 내야 하는 것이다. 이 흥분 과정은 〈양적으로〉 다양한 에너지를 가지고 수행될 수 있다고 생각해도 이치에 맞을 것이다. 그리고 그 과정은 또한 하나 이상의 〈질Qualität〉(예컨대 진폭의 성격에서와 같은)을 유지하고 있는 것처럼 보인다. 새로운 요소로서 우리는 에너지의 충전은 두 가지 형태로 이루어진다는 브로이어의 가설을 참조했다. 그래서 우리는 정신 조직이나 그 요소들에 대한 두 가지 종류

---

43 「꿈-이론과 초심리학」에 나오는 〈리비도가 집중되지 않은 조직은 흥분될 수 없다는 원칙〉 참조.

의 리비도 집중, 즉 방출을 향해 압력을 가하면서 자유롭게 흐르는 리비도 집중과 정지된 리비도 집중을 구별해야 한다. 아마도 우리는 정신 기관 속으로 흘러들어 오는 에너지의 〈묶음Bindung〉은 자유롭게 흐르는 상태에서 정지된 상태로의 변화 속에 있다고 생각할 수 있을 것이다.

우리는 잠정적으로 일반적인 외상성 신경증을 자극에 대항하는 방어적 방패에 생긴 심각한 파열 현상의 결과라고 생각해 볼 수 있을 것이다. 이것은 낡고 소박한 충격 이론을 답습하는 것으로서, 병인론적 중요성을 기계적 폭력성의 결과에 두지 않고 경악이나 생명에의 위협에 두는 심리학적으로 좀 더 야심적인 최근의 이론과는 명백한 대조를 이룬다. 그러나 이러한 상반된 견해가 화해 불가능한 것은 아니다. 그리고 외상성 신경증에 대한 정신분석학적 견해가 투박한 형태의 충격 이론과 일치하는 것도 아니다. 이 충격 이론은 충격의 본질을 분자 구조나 신경 조직 요소들의 조직학적 구조에 생긴 직접적 손상으로 간주하고 있다. 반면에 〈우리가〉 이해하고자 하는 것은, 자극에 대항하는 방패에 생긴 파열 구조와 그로 인해 나타나는 여러 문제점에 의해서 정신 기관에 생성된 어떤 결과들이다. 그리고 우리는 여전히 경악의 요소에 중요성을 부여한다. 그것은 자극을 처음으로 받아들이는 조직들의 리비도 과잉 집중Überbesetzung이 결여되는 것을 포함한 불안에 대한 준비성의 결여에 의해서 생겨난다. 낮은 리비도 집중 때문에 그 조직들은 흘러들어 오는 흥분의 양을 묶을 적절한 입장에 있지 못하고, 보호적 방패에 난 파열구로 인한 문제점들이 더 쉽게 발생한다. 그렇다면, 불안에 대한 대비와 각 조직의 리비도 과잉 집중이 자극에 대항하는 방패의 마지막 방어선을 형성한다고 할 수 있을 것이다. 많은 외상의 경우, 준비되지 않은 조직과 리비도가 과잉 집중되어 준비된 조직 사이의 차이는 결과를 결정하는 결정적인 요인이 될 수 있다. 물론 외상의 강도가 일정 수준을 넘을 때는 이러한 요소가 무게를 지니지 못한다는 것은 의심할 여지가 없지만 말이다. 우리가 알고 있는 대로, 소망의 성취는 꿈에 의해서 환각적인 방식으로 이루어지고 쾌락 원칙이 지배적인 상황에서 그 기능을 한다. 그러나 외상성 신경증으로 고생하는 환자들의 꿈이 그들을 정규적으로 그 외상이 발생했던 상황으로 끌고 가는 것은 그 원칙을 따르고 있지 않은 것이다. 우리는 차라리 그 꿈들은 여기서 또 다른 일, 심지어는 쾌락 원칙의 지배가 시작될 수 있기 이전에 수행되어야 할 어떤 일을 수행하는 데 도움을 주고 있다고 가정하는 편이 좋을 것이다. 그 꿈들은 불안을 촉발함으로써 그 자극을 소급하여 다스리고자 노력하는 것이다. 그 불안의 부재가 외상성 신경증의 원인이 되었던 것이다. 이와 같이 그 꿈들은 우리에게 정신 기관의 기능에 대한 견해를 제공해 주는데, 그 기능은 설령 그것이 쾌락 원칙에 모순되지는 않지만 이 원칙과는 독립되어 있고, 쾌락을 얻고 불쾌를 피하는 목적보다 더 원시적인 것처럼 보인다.

그렇다면 여기가, 꿈이 소원 성취*Wunscherfüllung*라는 명제에 대한 예외를 처음으로 인정하는 곳처럼 보일 것이다. 내가 이미 반복적으로, 그리고 세세하게 보여 준 대로, 불안-꿈*Angsttraum*은 그러한 예외를 구성하지 않는다. 그리고 〈처벌받는 꿈〉도 역시 그렇다. 왜냐하면 그것은 단순히 금지된 소원 성취를 그에 대한 적절한 처벌로 대치하고 있을 따름이기 때문이다. 다시 말해서, 그 꿈은 거부된 충동에 대한 반작용인 죄의식의 소망을 성취시켜 주고 있는 것이다.[44] 그러나 우리가 지금까지 논의해 온 바, 외상성

44 『꿈의 해석』과 프로이트의 「꿈-해석의 이론과 실제에 대한 비평」 참조.

신경증에서 나타나는 꿈이나 정신분석 과정에서 생기는 것으로 어린 시절의 정신적 외상을 연상시키는 꿈들을 소원 성취의 예로 분류하기는 불가능한 일이다. 이 꿈들은 차라리 반복 강박 원리에 따라 발생한다고 보아야 할 것이다. 물론 분석 과정에서 그 강박은 잊혀지고 억압된 것들을 불러내려는(〈암시〉에 의해서 부추겨지는)[45] 소망의 도움을 받는 것은 사실이지만 말이다. 그러므로 마음을 혼란시키는 충동적 소망을 성취해서 잠을 방해하는 동기를 제거하는 데 있다는 꿈의 기능은 꿈의 〈근원적〉 기능이 아닌 것처럼 보일 것이다. 정신생활 전체가 쾌락 원칙의 지배를 받아들일 때까지는 꿈이 그러한 기능을 수행하는 것은 가능하지 않을 것이다. 만약 〈쾌락 원칙을 넘어서〉라는 것이 가능하다면, 꿈이 소망 성취라는 목적을 갖기 이전의 어떤 때가 또한 있었을 것이라는 사실을 인정해야 사리에 맞을 것이다. 이 말은 이후에 드러나는 꿈의 기능을 부정하는 것은 아니다. 그러나 만약 이러한 일반 원칙이 일단 깨지면, 그 이상의 문제가 발생한다. 외상적 인상을 정신적으로 묶을 목적으로 반복 강박 원칙을 따르는 꿈 ― 그러한 꿈이 분석의 〈밖〉에서도 역시 발생하지 않겠는가? 그에 대한 답변은 결정적으로 긍정적일 수밖에 없다.

나는 다른 곳에서,[46] 〈전쟁 신경증〉은 (이 용어가 그 병이 발생한 환경을 지칭하는 것 이상의 어떤 것을 암시하는 한) 당연히 자아 속의 갈등에 의해서 촉진된 외상성 신경증일 수 있다는 사실을 논변한 적이 있다. 내가 앞에서 언급한 사실, 즉 외상과 동시에 얻은 큰 신체적 상처는 신경증으로 발전할 가능성을 줄인다는 사

---

45 괄호 속에 있는 말은 1923년에, 그 이전의 판에 있었던 〈무의식이 아닌〉이라는 말 대신에 들어온 것이다.

46 『정신분석학과 전쟁 신경증』에 내가 쓴 서문 참조 ― 원주.

실은, 만약 우리가 정신분석학적 연구를 통해 강조되어 온 두 가지 사실을 기억한다면 이해할 수 있을 것이다. 첫 번째 사실은 기계적 동요가 성적 흥분의 원천으로 인식되어야 한다는 것이고,[47] 두 번째 사실은 고통스럽고 고열의 병이 지속되는 동안 리비도의 분배에 막강한 영향력을 행사한다는 것이다. 그리하여 한편으로는 외상의 물리적 폭력성이 일정량의 성적 흥분을 촉발시킬 것이고, 이것은 불안에 대한 준비의 부족으로 말미암아 외상적 결과를 낳을 것이다. 그러나 다른 한편으로는, 동시에 얻은 신체적 상처가 상처 입은 기관의 나르시시즘적 리비도 과잉 집중을 불러옴으로써[48] 과다 흥분을 묶을 것이다. 우울증과 같은 리비도 분배에 있어서의 심한 장애는 병발적(倂發的) 기질성 질환에 의해 잠시 멎을 수 있고, 완전히 진행된 조발성 치매 상태도 이와 같은 환경 속에서 잠시 누그러질 수 있다는 사실 — 설사 리비도 이론은 아직 이 사실을 충분히 이용하고 있지는 못하지만 — 역시 잘 알려져 있다.

5

자극을 받아들이는 외피층이 내부에서 생기는 흥분에 대항할 보호 방패를 갖고 있지 않다는 사실은, 결과적으로 이 후자 쪽의 자극 전달이 대단한 경제적 중요성을 띨 뿐만 아니라 외상성 신경증에 비견할 만한 경제적 장애를 유발하는 경우도 허다하다는 사실로 연결될 것이다. 이러한 내적 흥분의 가장 풍부한 원천은

---

47   내가 다른 곳(「성욕에 관한 세 편의 에세이」)에서 흔들림과 철로 여행의 효과에 대해서 한 말을 참조하라 — 원주.

48   나르시시즘에 관한 나의 글을 보라(「나르시시즘 서론」) — 원주.

유기체의 〈본능 Trieb〉 — 육체의 내부에서 생기고 정신 기관에 전달되는 모든 힘의 표상체 — 이라고 말해지는 것인데, 이것은 심리적 탐구 중 가장 중요한 것이면서 동시에 가장 불분명한 요소이기도 하다.

본능에서 나오는 충동은 〈묶여진〉 신경 과정이 아니라 방출을 향해 압력을 가하며 〈자유롭게 유동하는〉 과정에 속한다고 가정해도 지나친 생각이 아닐 것이다. 이 과정에 대해서 우리가 알고 있는 최상의 것은 꿈-작업에 대한 연구에서 얻을 수 있다. 우리는 거기서 무의식 조직 속에 있는 과정은 전의식(혹은 의식) 조직 속에 있는 과정과는 근본적으로 다르다는 사실을 발견했다. 무의식 속에서 리비도 집중은 쉽게, 완벽하게 전이, 전치, 압축될 수 있다. 그러나 그러한 생각은 만약 그것이 전의식적 자료들에 적용될 경우 논거가 빈약한 결과만을 낳을 것이다. 그리고 전날의 전의식적 잔여물이 무의식 속에서 작동하는 법칙에 따라 처리된 후 꾸는 꿈에서 명시적으로 드러나는 비슷한 특이성을 설명해 준다. 나는 무의식 속에서 발견되는 이러한 형태의 과정을 〈1차적〉 정신 과정이라고 명명해서, 우리가 정상적인 의식 생활 속에서 얻게 되는 것인 〈2차적〉 과정과 상치시켜 놓았다. 모든 본능적인 충동은 그 접점으로서 무의식적 조직을 갖고 있으므로, 그것이 1차적 과정을 따르고 있다고 말한다고 해서 대단히 혁신적인 것은 못 될 것이다. 1차적 정신 과정을 브로이어의 자유롭게 유동하는 리비도 집중과, 그리고 2차적 과정을 그가 말하는 묶여진 리비도 집중 혹은 강세적 리비도 집중에서의 변화와 동일시하는 것은 쉬운 일이다.[49] 만약 그렇다면, 1차적 과정에 미치는 본능적 자극을 묶는 일은 정신 기관의 고위층이 하는 작업일 것이다. 이러한 묶

49 나의 『꿈의 해석』 참조 — 원주. 『히스테리 연구』도 참조할 것.

기 작업을 제대로 하지 못하면 외상성 신경증과 비슷한 정신 장애가 야기될 것이다. 그리고 그 묶기 작업이 완수된 연후에야 쾌락 원칙(그리고 그것의 변형인 현실 원칙)의 지배력이 아무런 방해를 받지 않고 지속될 것이다. 그때까지는 정신 기관의 다른 일, 즉 자극을 통제하거나 묶는 일에 우선권이 주어질 텐데 그것은 쾌락 원칙에 〈반대〉해서가 아니라 그것과는 독립적으로, 어느 정도까지는 그것을 무시하는 선에서 그렇게 될 것이다.

(정신분석 치료 과정에서뿐만 아니라 유아기적 정신생활의 초기 활동에서도 발생하는 것으로 우리가 서술한 바 있는) 반복 강박의 여러 표현은 고도로 본능적인[50] 성격을 드러내 보이고 있으며, 그것들이 쾌락 원칙과 반대되는 상태로 작동할 때는 어떤 〈악마적인〉 힘이 작용하는 것처럼 보인다. 어린아이들의 경우, 그들이 불쾌한 경험을 반복하는 것은 어떤 강력한 인상을 단지 수동적으로 경험하는 것보다는 스스로 능동적으로 되어서 좀 더 철저하게 정복할 수 있다는 또 다른 이유 때문이라는 사실을 우리는 추정할 수 있었다. 각각의 새로운 반복은 그들이 추구하는 정복을 강화해 주는 것 같다. 반면에 어린아이들은 〈유쾌한〉 경험이 자주 반복되는 것을 원치 않을 수 있다. 그들은 고집스럽게 반복이 동일한 반복이어야 한다고 주장한다. 이러한 성격적 특성은 나중에는 사라진다. 만약 농담을 두 번 듣는다면 그것은 거의 아무런 효과도 내지 못한다. 획기적인 무대 연출도 두 번째는 처음만큼 그렇게 큰 인상을 주지 못한다. 그런가 하면 책 읽기를 매우 즐기는 어떤 어른에게 그것을 즉시 다시 읽으라고 설득하기란 거

---

50 여기와 다음 구절의 시작 부분에 나오는 〈본능적〉이라는 말은 독일어로 *triebhaft*이다. *Trieb*라는 단어는 영어의 *instinct*보다는 촉구나 추동의 감정을 더 많이 띤다.

의 불가능한 일일 것이다. 새로움이 항상 즐거움의 조건이다. 그러나 어린아이들은 어떤 어른이 그들에게 보여 주었거나 그들과 함께한 적 있는 놀이를 반복해 달라고 그 어른이 지칠 때까지 줄기차게 졸라 댈 것이다. 그리고 만약 어떤 어린아이가 멋진 이야기를 들었다면, 그는 새로운 이야기보다는 그것을 거듭거듭 반복해서 듣게 해달라고 졸라 댈 것이고, 그 반복이 동일한 것이 되도록 엄격하게 조건으로서 요구할 것이다. 그리고 만약 말하는 사람이 조금이라도 다르게 말하면 — 그 다른 점은 상대방의 승인을 새롭게 얻어 내기 위한 희망에서 시도되었을 수도 있는데 — 그는 그 변경된 부분을 시정하려 들 것이다.[51] 이 중 어느 것도 쾌락 원칙에 모순되지 않는다. 반복, 즉 동일한 어떤 것을 다시 경험하는 것은 분명 그 자체로 쾌락의 한 요소이기 때문이다. 그와는 반대로 분석을 받고 있는 사람의 경우, 어린 시절의 사건을 전이 속에서 강박적으로 반복하는 것은 확실히 〈모든〉 면에서 쾌락 원칙을 무시하는 것이다. 환자는 순전히 어린아이 같은 방식으로 행동하고, 따라서 그에게는 그의 원시적 경험에 대한 억압된 기억의 흔적들이 묶여진 상태로 존재하지 않으며, 어떤 의미에서는 2차적 과정을 따를 수 없다는 사실을 우리에게 보여 준다. 더구나 그 기억의 흔적들이 전날의 잔재물과 결합하여 꿈속에 나타나는 소망적 환상을 엮어 낼 수 있는 것은 바로 이러한, 그것들이 묶여져 있지 않다는 사실 때문이다. 이러한 반복 강박은, 분석이 끝날 즈음에 우리가 환자로 하여금 의사에게서 완전히 떨어지도록 유도하려 할 때, 우리에게 치료에 대한 장애를 안겨 주는 경우가 자주 있다. 분석에 익숙하지 않은 사람들이 막연한 공포감 — 잠자

---

51 프로이트의 농담에 관한 저술(『농담과 무의식의 관계』)에 나오는 이 문제에 관한 그의 의견을 참조.

는 상태로 놓아두는 것이 더 좋은 것이라고 생각되는 것들을 일깨우는 데서 오는 두려움 — 을 느낄 때 그들이 밑바닥에서 두려워하고 있는 것은, 이러한 강박증이 어떤 〈악마적인〉 힘에 사로잡혔다는 의미와 더불어 나타날지도 모르는 두려움이라고 말해 볼 수도 있을 것이다.

그러나 〈본능적〉이라는 술어는 어떻게 반복 강박과 관련되는가? 이 시점에서 우리는 본능의 보편적 특성과 지금까지 분명하게 인식되지 않았거나 혹은 적어도 명시적으로 강조되지는 않은 유기적 생명체 전반의 문제와 마주치고 있다는 생각을 피할 수 없다.[52] 〈본능은 이전의 상태를 회복하려는 유기적 생명체 속에 내재한 어떤 충동인 것처럼 보인다〉. 이 〈이전의 상태〉는 생명체가 불안을 일으키는 외부의 힘이 가하는 압력 때문에 버리지 않을 수 없었던 것이다. 다시 말해서 본능은 일종의 유기적 신축력이고, 다른 말로 해서 유기적 생명체 속에 내재한 관성의 표현이다.[53]

본능에 관한 이러한 견해는 본능을 변화와 발전을 향한 추진력이라고 보는 데 익숙해져 있는 우리에게 대단히 새로운 것으로 느껴진다. 이제 우리는 본능을 그와는 정반대로 생명체의 〈보수적〉 성격의 표현으로 인식하도록 요청받고 있는 것이다. 한편으로 우리는 곧 동물들의 삶에서 본능이 역사적으로 결정된다는 견해를 확인해 주는 것처럼 보이는 여러 사례를 떠올리게 된다. 예컨대 어떤 물고기들은 산란기에 지금까지 그들이 살아온 거처에서 멀리 떨어진 특정한 물속에 알을 낳기 위해서 대단히 힘든 이주 여행을 감행한다. 많은 생물학자들의 견해에 의하면, 그 물고

52 〈혹은 적어도 명시적으로 강조되지는 않은〉이라는 말은 1921년에 첨가되었다.
53 〈본능〉의 성격에 관한 비슷한 개념들이 이미 반복적으로 제시되었다는 것은 의심할 나위 없다 — 원주.

기들의 행위는 단순히 그들이 전에 살았던 장소를 찾아내고 있는 것이다. 그들은 그동안 처음 태어난 장소를 떠나 다른 장소에서 살아왔던 것이다. 같은 설명이 철새들의 이동에도 적용될 수 있다고 생각된다. 그러나 유기적 반복 강박이 존재한다는 가장 인상적인 증거가 유전 현상과 태생학적 사실에 있다는 생각을 해봄으로써, 우리는 더 이상의 예들을 찾을 필요성에서 이내 벗어나게 된다. 우리는 살아 있는 동물의 생식 세포가 그 발달 과정에서 어떻게 마지막 형태를 향해 지름길로 돌진하지 않고 그것의 발생 모체가 되는 모든 형태의 구조를 발달 단계적으로 반복하게 되는가를(물론 일시적이고 축약된 형식으로 이루어지지만) 알 수 있다. 이러한 행위는 오직 극미한 정도만 기계적 원인에 따른 것이기 때문에 역사적 설명을 소홀히 할 수 없다. 매우 유사한 기관을 새로이 자라게 함으로써 없어진 기관을 재생시키는 힘 또한 동물의 왕국에까지 미친다.

반복을 향해 치닫는 보수적 본능 외에, 전진과 새로운 형태의 생산을 향해 밀어붙이는 또 다른 본능이 존재할 것이라는 설득력 있는 반대에 우리는 직면할 것이다. 확실히 이러한 주장이 간과되어서는 안 된다. 이 문제는 뒤에서 고려할 것이다.[54] 우선 당장은 모든 본능이 이전의 상태를 회복하려는 경향이 있다는 가설을 논리적 결론까지 추적해 봄직하다. 그 결과는 신비주의나 거짓 심오함의 인상을 줄지도 모르나, 우리는 그러한 목표를 전혀 염두에 두고 있지 않다. 우리는 단지 연구와 그에 근거한 사색의 냉정한 결과를 추구할 따름이다. 그리고 그 결과 속에서 확실성 이외의 다른 특성을 발견하기를 바라지 않는다.[55]

54 이 문장은 1921년에 첨가되었다.
55 (1925년에 추가된 각주) 독자들은 다음에 나오는 것이 극단적인 사고 노선의

    그러면 모든 유기적 본능은 보수적이고, 이 본능은 역사적으로 습득되고 이전의 상태를 회복하려는 경향이 있다고 가정해 보자. 그렇다면 유기적 발달의 현상은 그 원인을 외부의 장애적 영향에서 찾아야 한다는 말이 된다. 기본적인 생명체는 바로 그 시작에서부터 변화에의 의지를 갖고 있지 않았을 것이다. 만약 상황이 그대로라면 그것은 항상 같은 삶의 진로를 되풀이하는 일만을 할 것이다. 결국 유기체의 발달에 흔적을 남기는 것은 우리가 살고 있는 지구의 역사와 이것의 태양과의 관계임에 틀림없다. 그렇게 유기적 생명체의 진로에 가해지는 모든 변화는 보수적인 유기적 본능에 의해서 접수되고 앞으로의 반복을 위해서 저장된다. 그러므로 그러한 본능은 변화와 발전을 향해 움직여 가는 힘들이라는 잘못된 인상을 주기 쉽다. 사실 그 본능은 단순히 옛것이나 새로운 길을 따라 원래의 목표에 도달하려고 하는 것이다. 더욱이 모든 유기체가 추구하는 이 마지막 목표를 구체적으로 설명하는 것은 가능한 일이다. 만약 생명체의 목표가 아직 달성되지 않은 상태에 있다면, 그것은 본능의 보수적 성격과 모순될 것이다. 그렇지 않고 그 목표는 〈옛〉 상태, 즉 그곳으로부터 생명체가 과거 어느 시점에서 떨어져 나왔고 또 그곳을 향하여 그것이 지금까지 발전해 나온 길을 굽이굽이 거슬러 돌아가려 하고 있는 그 어떤 처음의 상태에 있음이 틀림없다. 만약 우리가 살아 있는 모든 것은 〈내적인〉 이유로 인해서 죽는다 — 다시 한번 무기물이 된다 — 는 것을 하나의 예외 없는 진리로서 받아들인다면, 우리는 〈모든 생명체의 목적은 죽음이다〉라고 말하고 또한 뒤를 돌아보면서 〈무생물체가 생물체보다 먼저 존재했다〉라고 말하지 않을 수 없을 것이다.

전개라는 사실을 간과해서는 안 된다. 나중에 성적 본능에 대한 설명이 있을 때, 그것에 대해서 필요한 제한과 교정이 이루어질 것이다 — 원주.

삶의 특성들은 그 성격을 잘 알 수 없는 어떤 힘의 작용에 의해서 과거 어느 땐가 무생물 속에 나타나게 되었다. 그것은 아마도 형태상 생물의 특수층에서 의식의 발달을 유도했던 것과 비슷한 과정이었을는지 모른다. 그때까지 무생물체였던 것 속에 야기된 긴장은 긴장 그 자체를 없애 버리려고 노력했다. 이런 식으로 해서 첫 번째 본능, 즉 무생물 상태로 돌아가려는 본능이 생기게 된 것이다. 그때에 생물체가 죽는다는 것은 쉬운 일이었다. 그 생명체의 진로는 짧았을 가능성이 크고 그 방향은 어린 생명체의 화학적 구조에 의해서 결정되었을 것이다. 아마도 오랫동안 생물체는 끊임없이 새로이 창조되고 쉽게 죽어 갔을 것이다. 그러다가 마침내 결정적인 외부의 영향력이 일변하여 아직 살아 있는 물체가, 그 원래의 생명의 진로로부터 크게 일탈하여 그것의 목적인 죽음에 이르기까지는 훨씬 더 복잡한 〈우회로〉를 택해야 했다. 보수적인 본능에 의해서 충실하게 답습되는 죽음에 이르는 이러한 우회적 길은 오늘날 우리에게 생명 현상의 모습을 제시해 줄 것이다. 만약 우리가 본능이 전적으로 보수적인 성격이라는 견해를 확고히 유지하고 있다면 생명의 기원과 목적에 관한 다른 본능의 문제에 도달할 수 없을 것이다.

유기체의 생명 현상 뒤에 있는 것으로 믿어지는 일군(一群)의 본능에 관한 여러 함축적 의미도 이에 못지않게 우리를 당황하게 만들 것이다. 우리가 살아 있는 모든 존재에게 부여하는 자기 보존 본능의 가설은, 본능적 삶은 전반적으로 죽음을 초래하는 데 기여한다는 생각과는 두드러지게 반대 입장을 보이고 있다. 이런 관점에서 볼 때 자기 보존과 자기주장, 지배적 본능의 이론적 중요성은 크게 감소한다. 그것들은 구성 본능으로서 유기체가 그 길을 따라 죽음에 이르는 것을 확보해 주고, 유기체 그 자체 속에 내재한 것 이외에는 어떠한 무기체적 존재에로도 되돌아가는 길을 차단하는 기능을 한다. 우리는 이제 더 이상 모든 장애물에 직면하여 자신의 존재를 지켜야 하는(어떠한 상황에서도 들어맞을 만큼 견고한) 유기체의 수수께끼 같은 결단을 고려할 필요가 없게 되었다. 우리에게 남아 있는 것은 유기체가 그 자신의 방식대로만 죽기를 바란다는 사실이다. 그러므로 이러한 생명의 수호자들도 원래는 죽음의 충실한 앞잡이였다. 따라서 살아 있는 유기체는 그 생명의 목적을 일종의 단락(短絡)에 의해서 빨리 성취하는 데 기여할 어떤 사건(사실상 어떤 위험)에 대해서는 매우 강력하게 저항한다는 역설적 상황이 발생하는 것이다. 그러나 그러한 행위는 정확하게 지적 노력과 대조되는 순전히 본능적인 노력의 특징을 드러내는 것이다.[56]

그러나 잠시 멈추고 곰곰이 생각해 보자. 그럴 리가 없다. 신경증 이론이 특별한 자리를 부여하고 있는 성적 본능은 그와는 매우 다른 측면에서 나타난다.

계속 점증적 발전을 자극하는 외부적 압력은 〈모든〉 유기체에 가해지는 것은 아니다. 많은 것들이 현재까지 낮은 수준으로 남아 있는 데 성공했다. 전부는 아닐지라도 고등 동물과 식물의 초기 단계를 닮아 있는 많은 것들이 오늘날 살아 있다. 같은 방식으로, 자연사(自然死)에 이르는 발전의 모든 길을 고등 유기체의 복잡한 몸을 구성하는 〈모든〉 기초적인 요소들이 따라가는 것은 아니다. 그중 일부인 생식 세포는 생물체 최초의 구조를 보유하고 있을 가능성이 크다. 그리고 일정 시간이 경과한 후에 그것은 유전되었거나 새로이 습득된 전체의 본능적 성향과 더불어 유기체

---

56 1925년 이전에 나온 판에서는 이 부분에 다음의 각주가 실려 있었다. 〈자기 보존 본능에 대한 이처럼 극단적인 견해는 이하에서 교정된다〉.

본체로부터 분리된다. 이 두 특징이 바로 그들 서로가 독립된 존재를 유지할 수 있도록 해주는 것이다. 조건이 좋아지면 그들은 발전하기 시작한다. 다시 말해 생식 세포들은 그들이 생기도록 한 과정을 반복하기 시작하는 것이다. 그리고 종국에 가서는 다시 한번 그 물질의 일부가 끝까지 발전을 추구하게 되고, 또 다른 일부는 새로 남은 생식 세포로서 발전 과정의 출발점으로 다시 한번 되돌아온다. 그러므로 이 생식 세포들은 살아 있는 물질의 죽음에 대항해서 일하고, 잠재적 불멸이라고 간주할 만한 것 — 물론 그것은 죽음에 이르는 노정의 연장 그 이상을 의미하지는 않지만 — 을 얻는 데 성공한다. 우리는 생식 세포의 이러한 기능이 그것과 비슷하나 어느 정도는 차이가 나는 또 다른 세포와 결합될 경우에 강화된다는 사실, 혹은 그렇게 해야만 그것이 제 기능을 제대로 발휘할 수 있다는 사실을 대단히 의미심장한 것으로 받아들여야 할 것이다.

개인 전체보다 더 오래 살아남는 이러한 기초적인 유기체들의 운명을 지켜보고 있는 본능, 그들이 외부 세계의 자극에 대해서 무방비 상태일 때 그들에게 안전한 거처를 제공해 주는 본능, 다른 생식 세포들과의 만남을 주선하는 본능 등 — 이러한 것들이 성적 본능의 집단을 형성한다. 그것들은 살아 있는 물질의 이전 상태를 복원하려 한다는 점에서 다른 본능들과 같은 의미로 보수적이다. 그러나 그들은 외부적 영향에 대해서 특유하게 저항한다는 점에서 더 보수적이다. 그리고 그들은 또한 생명체를 비교적 오랫동안 보존한다는 또 다른 의미에서 보수적이다.[57]

그들이 진정한 생명 본능이다. 그들은 그 기능상 죽음에 이르

---

57 (1923년에 추가된 각주) 그러나 우리가 〈진보〉와 더 높은 발전을 향해 움직이는 내적 충동의 속성을 부여할 수 있는 것은 오직 그것들에게뿐이다! — 원주.

는 다른 본능들의 목적에 역행해서 운행한다. 이 사실은 생명 본능과 다른 본능 사이에는 어떤 대치 상태, 그것의 중요성이 이미 오래전에 신경증 이론에 의해서 인식된 바 있는 어떤 대치 상태가 존재한다는 것을 지적해 주고 있다. 마치 유기적 생명체가 주기적 리듬을 가지고 앞뒤로 움직이는 것 같다고나 할까. 한 무리의 본능이 가능하면 빨리 삶의 최종 목표에 도달하기 위해서 앞으로 돌진한다. 그러나 전진의 어떤 단계에 도달하면 다른 집단의 본능이 일정 지점으로 확 잡아당겨 새로 출발하도록 하고 여행을 연장시킨다. 생명체가 시작될 때는 성(性)이나 남녀 사이의 차이가 존재하지 않았지만, 나중에 성적이라고 말할 수 있는 본능이 바로 처음부터 작동했을 가능성은 여전히 남는다. 그리고 그 성적 본능이 〈자아 본능*Ichtriebe*〉[58]의 행위에 대치되는 일을 하기 시작하는 것은 한참 후에야 있을 수 있다는 주장은 사실이 아닐 수 있다.

이제 잠시 본 논제로 되돌아와, 과연 이러한 사변에 어떤 근거가 있는지 생각해 보자. 〈성 본능*Sexualtrieb*은 그렇다 하고〉[59] 이전의 상태를 복원하려고 하지 않는 본능은 없는 것일까? 그리고 아직 획득된 적이 없는 상태를 목표로 하는 본능은 없는 것일까? 나는 유기체의 세계에서 내가 제시했던 본능의 특징에 모순되는 어떠한 예들에 대해서도 아는 바가 없다. 동물계나 식물계에서 관찰될 수 있는 고도의 발전을 지향하는 보편적인 본능이 존재하지 않는다는 것에는 의문의 여지가 있을 수 없다. 물론 발전이 사실상 그런 방향으로 이루어지고 있다는 것은 부정할 수 없지만

---

58   (1925년 추가된 각주) 〈자아 본능〉이라는 용어는 여기서 잠정적인 것으로 사용되고 있으며, 초기의 정신분석학적 용어에서 유래한 것이라는 사실을 문맥을 통해 이해할 수 있을 것이다 — 원주.

59   이 구절들은 1921년 이후 이탤릭체로 표기되었다.

말이다. 그러나 한편으로 한 단계의 발전이 다른 단계의 발전보다 더 고차원적이라고 말할 때, 그것은 단순히 견해상의 문제일 경우가 허다하다. 다른 한편으로 한 측면에서의 고도의 발전은 다른 측면에서의 퇴화에 의해서 균형이 잡히거나 무게 중심이 역전되는 경우가 매우 빈번하다는 사실을 생물학은 우리에게 가르쳐 주고 있다. 더욱이 많은 동물들의 초기 단계에서 우리는 그것들의 발전이 오히려 퇴행적 성격을 띠고 있다는 사실을 추정할 수 있다. 고도의 발전과 퇴화 양쪽 모두 외부적 힘이 가한 압력에 적응한 결과일 것이다. 그리고 두 경우 모두 본능이 맡는 역할은 (쾌락의 내부적 원천의 형태로) 의무적 변이에 국한될 것이다.[60]

우리 중 많은 사람들은 또한 인간 속에 완벽을 향한 본능이 작동하고 있다는 믿음을 버리기가 힘들 것이다. 왜냐하면 그 본능이 그들에게 지금과 같은 높은 수준의 지적 업적과 윤리적 승화를 가져다주었으며, 그들이 초인Übermensch으로 발전해 가는 과정을 지켜보고 있다고 생각하기 때문이다. 그러나 나는 그러한 내적 본능이 존재한다는 믿음을 도대체 갖고 있지 않으며, 이러한 자애로운 환상이 어떻게 보존될지 알 수 없다. 인간의 현재적 발전은 동물의 경우와 다른 설명을 요구하고 있다고 생각되지 않는다. 더 높은 완벽을 향한 지칠 줄 모르는 추동력으로써 소수의 인간 개인들 속에 나타나는 것은 본능적 억압의 결과라고 쉽게 이해할 수 있다. 인간 문명 속에 있는 매우 고귀한 것들이 모두 이러한 본능적 억압에 기초하고 있는 것이다. 억압된 본능은 완전

---

60 페렌치는 「현실 감각의 발달 단계Entwicklungsstufen des Wirklichkeitssinnes」(1913)에서 다른 노선을 따라 같은 결론에 도달했다. 〈만약 이러한 사고를 논리적 결론까지 추구한다면, 우리는 보존이나 퇴행으로부터의 경향이 유기적 생명체를 지배하고 있으며, 발전과 적응의 경향은 외부적 자극의 결과로서만 활성화된다는 생각에 익숙해질 것이다〉──원주.

한 만족에의 추구를 절대로 멈추지 않는다. 그것은 만족의 첫 경험을 반복하는 데 있을 것이다. 어떠한 대리 표상이나 반동 형성도, 어떠한 승화 작용*Sublimierung*도 억압된 본능의 끈질긴 긴장을 제거하는 데 충분하지 못할 것이다. 이미 얻은 지위에 멈추기를 허용치 않고 어느 시인의 표현대로, 〈억누를 수 없이 계속 앞으로 밀어붙이는〉[61] 추동적 요소를 제공하는 것은 바로 〈요구되는〉 만족의 쾌락과 실제로 〈성취한〉 것 사이의 양적 차이이다. 완전한 만족으로 이르는 역행의 길은 억압을 유지시키는 저항에 의해서 방해를 받는 것이 원칙이다. 그러므로 아직 성장이 보장되는 방향으로 전진해 나가는 것 외에는 다른 대안이 없다. 그 과정이 결말로 연결된다거나 목표에 도달할 수 있다는 전망도 없지만 말이다. 본능적 만족으로부터의 도피적 시도에 다름 아닌 신경증적 공포증 형성에 관련된 정신 과정은, 이러한 가설적인 〈완벽을 향한 본능〉 ─ 〈모든〉 인간들이 다 갖고 있다고는 할 수 없는 본능 ─ 의 기원에 대한 모델을 우리에게 제시해 준다. 그것이 발전할 수 있는 〈역동적〉 조건은 보편적으로 존재한다. 그러나 〈경제적〉 상황이 그러한 현상의 생성을 유리하게 만들어 주는 경우는 드물다.

유기체를 점점 더 큰 통일체로 결합시키려는 에로스*Eros*의 노력이 이 〈완벽을 향한 본능〉 ─ 우리는 이 본능의 존재를 인정할 수 없다 ─ 에 대한 대체물을 제공한다는 것을 암시하는 말을 덧붙이겠다. 이 본능의 속성으로 돌릴 수 있는 현상들은 억압의 결과와 연접해서 취해지는 에로스의 노력에 의해서 설명될 수 있을 것으로 보인다.[62]

61 『파우스트』 제1부에 나오는 메피스토펠레스의 말 ─ 원주. *Ungebändigt immer vorwärts dringt.*
62 1923년에 첨가된 이 단락은 앞으로 나오게 될 에로스에 대한 설명을 예고한다.

6

지금까지 우리가 탐구해 온 연구의 결과는 〈자아 본능〉과 성적 본능을 뚜렷하게 구분하는 것이었고 전자가 죽음을 향해, 그리고 후자가 생명의 연장을 향해 압력을 가한다는 견해였다. 그러나 이러한 결론은 여러 가지 면에서 우리 자신들에게조차도 불만족 스러울 수밖에 없다. 더욱이 우리가 반복 강박에 해당하는 보수 적 혹은 퇴행적 성격을 예측할 수 있는 것은 실제로 전자의 본능 군(群)에 대해서뿐이다. 우리의 가설에 의하면, 자아 본능은 무생 물이 생명을 얻음으로써 생기고 그 무생물적 상태를 복원하려 한 다. 반면에 성적 본능에 대해서는, 설령 그것이 유기체의 원시적 상태를 재생하는 것은 사실이지만, 그것이 모든 수단을 동원하여 목표로 하고 있는 분명한 것은 특수한 방식으로 분화되어 있는 두 생식 세포의 결합이다. 만약 이러한 결합이 성취되지 않으면, 생식 세포는 다세포 생물의 다른 요소들과 더불어 죽고 만다. 성 적 기능이 세포의 생명을 연장시키고 그것에 불멸성 같은 외양을 제공하는 것은 바로 이러한 조건하에서뿐이다. 그러나 살아 있는 물질의 발전 과정에서 성적 재생이나 그것의 선두 주자격인 두 원생생물[63]의 접합 시 반복되는 중요한 사건은 무엇인가? 우리는 말할 수 없다. 따라서 우리가 개진해 온 논변의 전체 구도가 잘못 된 것으로 판명된다면 차라리 안도감을 느낄 것이다. 그러면 자 아 혹은 죽음 본능*Todestriebe*,[64] 그리고 성적 본능이나 생명 본능 사이의 대극 구조가 성립되지 않을 것이고, 반복 강박은 지금까

63 다음에서 프로이트는 단세포 생물을 표시하기 위해서 〈원생생물 *Protist*〉과 〈원생동물 *Protozoe*〉이라는 용어를 구분하지 않고 사용하는 것 같다.
64 이 용어가 출판물에 등장하기는 이것이 처음이다.

지 부여받았던 중요성을 더 이상 갖지 못할 것이다.

그렇다면 그것을 완전히 부정할 수도 있다는 생각을 가지고 우리가 이미 세웠던 가정으로 돌아가 보자. 모든 살아 있는 물질은 내적 원인으로 인해서 죽어 갈 수밖에 없다는 가설에서 우리는 폭넓은 결론을 도출했다. 우리가 이러한 가정을 조심성 없이 세웠던 것은 그것이 하나의 가정으로 보이지 않았기 때문이었다. 우리는 그러한 것이 사실이라는 생각에 젖어 있다. 그래서 우리는 시인들의 글을 통해서 그러한 생각을 강화하고 있는 것이다. 아마도 우리가 그러한 믿음을 취했던 것은 그 속에서 어떤 위안 같은 것을 발견할 수 있었기 때문이었을 것이다. 만약 우리 자신이 죽게 된다면, 피할 수도 있는 어떤 우연보다는 엄연한 자연의 법칙이나 숭고한 필연성ananke에 복종하는 것이 더 쉬울 것이다. 그러나 이러한 죽음의 내적 필연성에 관한 믿음은 〈존재의 짐을 지기 위해서〉[65] 우리가 지어낸 또 다른 환상에 불과한지도 모른다. 확실히 그것은 인류 역사의 초기적 믿음은 아니다. 〈자연사(自然死)〉의 개념은 원시 종족들에게는 아주 낯선 것이었다. 그들은 그들 사이에서 발생하는 모든 죽음을 적이나 악령들의 영향 탓으로 돌렸다. 그러므로 그러한 믿음의 적법성을 검증하기 위해서는 생물학으로 눈을 돌려야 한다.

그럴 경우, 생물학자들 사이에서 자연사의 문제에 대해 얼마나 이견이 분분하며 사실상 죽음에 관한 모든 개념이 그들의 손에서 녹아 없어지고 만다는 사실을 발견하고는 깜짝 놀랄 것이다. 적어도 고등 동물 사이에서는 일정한 평균 수명이 존재한다는 사실은, 자연히 자연적 원인에서 발생하는 죽음과 같은 것이 있다는

---

65 *Um die Schwere des Daseins zu ertragen.* — 실러, 『메시나의 신부*Die Braut von Messina*』.

가설을 뒷받침해 준다. 그러나 어떤 큰 동물이나 거대한 수목들이 현재에는 셀 수도 없을 만큼 매우 오랜 세월 동안 살아왔다는 것을 고려해 볼 때 이러한 인상은 난관에 부딪히고 만다. 빌헬름 플리스[66]의 대규모의 개념에 의하면, 유기체들이 보이는 생명 현상 — 그리고 물론 죽음까지도 — 은 일정한 기간의 완료와 연결되어 있는데, 그것은 두 종류의 살아 있는 물질(하나는 남성, 다른 하나는 여성)이 태양력에 의존하고 있다는 사실을 표현한다. 그러나 외부적 힘의 영향이 얼마나 쉽게, 그리고 얼마나 광범위하게 생명 현상의 출현 날짜를 — 그것을 촉진시키거나 억제시킴으로써 — 수정할 수 있는가를 인식한다면, 우리는 플리스가 세운 공식의 경직성이나 적어도 그가 세운 법칙이 유일한 결정 요인은 아닐 것이라는 의심을 하지 않을 수 없다.

가장 큰 관심은 우리의 관점에서 바이스만A. Weismann[67]의 저술에서 제시하고 있는 수명과 유기체의 죽음에 대한 문제로 옮겨 간다. 살아 있는 부분을 죽은 부분과 죽지 않은 부분으로 갈라놓는 일을 처음 시도한 사람이 바로 바이스만이었다. 죽은 부분은 좁은 의미로의 육체, 즉 체세포인데 이것만이 자연사를 겪는다. 반면에 생식 세포는 그것이 좋은 조건하에서 새로운 개체로 발전하거나 다른 말로 표현해, 자신을 새로운 체세포로 감쌀 수 있다는 점에서 잠재적으로 불멸이다.[68]

이 점에서 우리에게 강한 인상을 주는 것은, 우리의 견해가 그것과는 아주 다른 경로를 통해 도출된 것임에도 불구하고 예기치 않게 바이스만의 견해와 유사하다는 것이다. 살아 있는 물질을

---

66 『생활의 흐름 *Der Ablauf des Lebens*』(1906) 참조.

67 바이스만의 『생명의 지속 기간에 대하여 *Über die Dauer des Lebens*』(1882), 『생명과 죽음에 대하여 *Über Leben und Tod*』(1884), 『생식질 *Das Keimplasma*』(1892) 참조 — 원주.

68 바이스만의 『생명과 죽음에 대하여』 참조 — 원주.

형태론적으로 보고 있는 바이스만은 그 속에서 죽을 운명에 있는 부분인 체세포, 즉 성과 유전에 관계하고 있는 물질로부터 독립되어 있는 신체와 종의 생존, 재생과 관련된 생식질*Keimplasma*을 보고 있는 것이다. 반면에 우리는 살아 있는 물질을 다루지 않고 그 속에서 작동하고 있는 힘들을 다룸으로써 두 가지 종류의 본능, 즉 살아 있는 것을 죽음으로 이끌려는 본능과 영원히 갱생을 시도하고 성취하는 성적 본능을 구분하게 되었다. 이것은 바이스만의 역동적 이론에 대한 역동적 추론같이 들린다.

그러나 양자 간에 의미 있는 합일점이 있어 보이던 것도 우리가 죽음의 문제에 관한 바이스만의 견해를 발견하는 순간 사라지고 만다. 그는 필멸의 체세포와 불멸의 생식질 사이의 구분을 〈다세포〉 생물에 연관시키고 있을 따름이다. 단세포 생물의 경우 개체와 재생 세포는 완전히 동일하다.[69] 그래서 그는 단세포 생물은 잠재적으로 불멸이고 죽음은 오직 다세포 후생동물에게만 나타난다고 생각한다. 고등 동물의 이러한 죽음이 자연사, 즉 내적 원인에서 생기는 죽음이라는 것은 사실이다. 그러나 그것은 살아 있는 물질의 원초적 특성에 근거를 두지 않았고,[70] 생명체의 속성 그 자체에 기초한 절대적 필연성이라고 볼 수 없다.[71] 죽음은 오히려 편의성의 문제이고 생명체의 외부적 조건에 대한 적응의 표현이다. 몸의 세포가 체세포와 생식질로 구분되는 순간, 개체의 무한한 수명은 전혀 무의미한 사치품이 되고 말 것이기 때문이다. 이러한 구분이 다세포 생물에서 생겼을 때 죽음은 가능하고도 편의적인 것이 되었다. 그 이래로 고등 생물의 체세포는 일정한 기

69 바이스만의 『생명의 지속 기간에 대하여』 참조 ─ 원주.
70 바이스만의 『생명과 죽음에 대하여』 참조 ─ 원주.
71 바이스만의 『생명의 지속 기간에 대하여』 참조 ─ 원주.

간에 내적인 이유로 인해 죽어 간 반면, 원생생물은 불멸의 상태로 남아 있었다. 다른 한편, 재생이 죽음과 동시에 도입되었다는 것은 사실과 다르다. 그와는 반대로, 재생은 (이것을 유발하는) 성장과 같이 살아 있는 물체의 원초적 특성이다. 그리고 생명체는 지구상에서 처음 시작부터 계속성을 유지해 왔다.[72]

이와 같이 고등 생물이 자연사를 한다는 사실을 인정한다는 것은 우리에게 별로 도움이 되지 않는다는 것을 곧 알게 될 것이다. 만약 죽음이 유기체의 〈지연된〉 취득 형질이라면, 지상에서 생명체가 시작되는 바로 그 순간부터 죽음 본능이 존재했다는 사실에 의심의 여지가 있을 수 없기 때문이다. 다세포 생물은 분화의 결함이나 물질대사의 미완성 때문에 내적 이유로 인해 죽게 될지 모른다. 그러나 그 문제는 우리가 제기한 문제의 견지에서 볼 때 아무런 관심의 대상이 되지 못한다. 더욱이, 이와 같은 죽음의 기원에 관한 설명은 〈죽음 본능〉이라는 낯선 가설을 세우는 것보다는 우리의 관습적 사고방식에 훨씬 덜 어긋난다.

바이스만의 암시에 따른 논의는, 내가 판단할 수 있는 한, 어느 방향으로도 결정적인 결과를 낳지 못했다.[73] 어떤 저술가들은 죽음을 재생의 직접적 결과로 보고 있는 괴테A. Goette[74]의 견해로 돌아왔다. 하르트만[75]은 〈죽은 몸〉 — 살아 있는 물질의 죽은 부분 — 이 나타나는 것을 죽음의 기준으로 보지 않고, 죽음을 〈개체 발전의 종말〉로 정의하고 있다. 이런 의미에서 원생동물 역시

---

72 바이스만의 『생명과 죽음에 대하여』 참조 — 원주.

73 하르트만M. Hartmann의 『죽음과 번식Tod und Fortpflanzung』(1906), 립쉬츠A. Lipschütz의 『왜 우리는 죽는가Warum wir sterben』(1914), 도플레인F. Doflein의 『식물과 동물의 죽음과 불멸 Das Problem des Todes und der Unsterblichkeit bei den Pflanzen und Tieren』(1919) 참조 — 원주.

74 『죽음의 근원에 대하여 Über den Ursprung des Todes』(1883) 참조 — 원주.

75 『죽음과 번식』 참조 — 원주.

죽지 않는다. 그 경우 죽음은 항상 재생과 일치하나 죽음이 어느 정도 재생에 의해서 가려지기도 하는데, 그것은 1세 동물의 물질 전체가 어린 2세 동물에게 직접 전달될 수도 있기 때문이다.

그 후 곧 단세포 생물에 대해서 살아 있는 물질의 불사 문제를 실험적으로 테스트하는 쪽으로 연구의 방향이 잡혔다. 미국의 생물학자 우드러프는 분열에 의해서 두 개의 개체로 재생되는 섬모성 적충류인 〈짚신벌레〉를 가지고 실험하고 있었는데, 매번 부분적 산물 중 하나를 따로 떼어 신선한 물속에 넣는 방식으로 3029번째 세대까지 계속 이어 갔다(이 지점에서 그는 실험을 멈추었다).[76] 이 첫 번째 짚신벌레의 먼 후손은 그의 선조 못지않게 생생했고 노화나 퇴화의 징후를 보이지 않았다. 그러므로 이런 종류의 수치가 보여 줄 수 있는 한, 원생동물의 불사 문제는 실험적으로 증명할 수 있는 것처럼 보였다.[77]

다른 실험가들은 다른 결과에 도달했다. 모파E. Maupas,[78] 캘킨스G. N. Calkins[79] 등은 우드러프와는 대조적으로, 일정 횟수의 분열을 겪은 후에 이 적충류는 어떤 회복적 조치가 취해지지 않는 한 약해지고 크기가 줄고 조직의 일부가 파손되고 급기야는 죽고 만다는 사실을 발견했다. 만약 그것이 사실이라면, 원생동물은 고등 동물과 똑같이 노쇠 과정을 겪은 연후에 죽는 것처럼 보일 것이다. 이것은 살아 있는 유기체가 죽음을 늦게 취득한 것으로

76   우드러프L. L. Woodruff의 「5년 동안 접합 없이 단일 개체로 번식한 짚신벌레 A Five-Year Pedigreed Race of Paramencium without Conjugation」(1914) 참조.

77   이 부분과 다음의 논의에 관해서는 립쉬츠의 『왜 우리는 죽는가』 참조 — 원주.

78   「적충류(滴蟲類)의 번식에 대한 실험적 탐구Recherches expérimentales sur la multiplication des infusoires ciliés」(1888) 참조.

79   「원생동물의 생활사 연구 — 파라메시쿰 카우다툼(짚신벌레)의 생활 주기 Studies on the Life-History of Protozoa. I. The Life-Cycle of Paramecium caudatum」(1902) 참조.

보는 바이스만의 주장과 완전히 모순되는 것이다.

이러한 실험의 종합을 통해 우리에게 확고한 발판을 제공할 것으로 보이는 두 가지 사실이 나타난다.

첫째, 만약 두 마리의 짚신벌레가 노쇠의 징후를 보이기 전에 접합 혹은 〈교미〉할 수 있다면(그 직후 그들은 다시 한번 분리된다), 그들은 늙는 일로부터 구원받고 〈도로 젊어지게〉 된다. 교미는 의심할 나위 없이 고등 동물의 성적 재생의 선두 주자이다. 그것은 아직 번식의 문제와 연관되지 않은 채 두 개체 물질의 섞음에 국한되어 있다(바이스만의 〈양성 혼합〉). 그러나 접합을 통한 회복 노력은 자극을 주는 어떤 물체나 자양분을 공급하는 액체의 구성 요소에서의 변화, 혹은 온도를 높이거나 흔들어 주는 행위로 대체될 수 있다. 우리는 뢰프J. Loeb에 의해서 실시된 유명한 실험을 기억하는데, 그는 어떤 화학적 자극의 방법에 의해서 성게 알의 분할을 유도했던 것이다. 이러한 과정은 보통은 수정이 이루어진 후에야 일어날 수 있는 것이다.[80]

둘째, 그럼에도 불구하고 적충류가 그 나름의 생명 과정의 결과로 자연사한다는 것은 사실일 수 있다. 우드러프의 발견과 다른 이들의 발견에서 모순이 생기는 이유는, 그가 세대마다 새로운 자양액을 공급했기 때문이다. 만약 그가 그렇게 하지 않았더라면 다른 실험가들과 마찬가지로 노쇠의 징후를 관찰할 수 있었을 것이다. 짚신벌레들은 그들이 주위의 유동액 속으로 밀쳐 낸 물질대사의 산물에 의해서 상처를 받는다고 우드러프는 결론짓고 있다. 그렇게 해서 그는 특별한 종류의 짚신벌레들에게 치명

---

80   그 실험은 1899년에 처음으로 실시되었다. 뢰프의 『동물성 알의 화학적 발생 자극: 인공적인 단성 생식 *Die chemische Entwicklungserregung des tierischen Eies: künstliche Parthenogenese*』(1909) 참조.

적인 결과를 안겨 주는 것은 바로 그 〈자신의〉 물질대사의 산물일 따름이라는 사실을 결론적으로 증명할 수 있었다. 만약 자신들의 자양액 속에서 함께 뭉쳐 있었다면 틀림없이 죽어 버렸을 짚신벌레들이, 그들과 관계가 먼 종(種)의 폐기 산물이 가득 들어 있는 용액 속에서는 번성했던 것이다. 그러므로 적충류는 혼자 놔두면 자신의 물질대사의 산물을 불완전하게 치움으로써 자연사를 맞게 된다(아마도 이같은 무능이 모든 고등 동물들의 죽음에 대한 궁극적인 원인일 것이다).

이 시점에서 원생동물에 대한 연구를 통해 자연사의 문제를 풀어 보려고 하는 것이 도대체 무슨 목적에 기여하는지 의문이 생길 것이다. 이러한 동물들의 원시적 조직은, 사실은 그들 속에도 있지만 형태론적 표현을 할 수 있는 고등 동물에게만 〈보이는〉 중요한 조건들을 우리 눈에 보이지 않게 감추고 있을 수 있다. 그리고 만약 우리가 형태론적 관점을 버리고 역동적 관점을 취한다면, 자연사가 원생동물에게서 발생하는 것을 볼 수 있는지 여부의 문제는 우리에게 전혀 관심 밖의 문제가 된다. 나중에 죽지 않는 것으로 인식되는 물질이 아직 그 속에서 죽는 물질과 분리되지 않았던 것이다. 생명체를 죽음으로 이끌려고 하는 본능적 힘이 또한 처음부터 원생동물 속에서 작동하고 있을 것이다. 그러나 그 효과는 생명 보존의 힘에 의해서 완벽하게 은폐되어 그것이 존재한다는 직접적인 증거를 찾아내기란 매우 힘든 일이다. 더구나 우리는 생물학자들의 관찰을 통해 죽음에 이르는 이런 종류의 내적 과정이 원생생물 속에서도 일어나고 있다는 가정을 할 수 있게 되었다. 그러나 원생생물이 바이스만의 의미대로 죽지 않는 것으로 판명되었다 하더라도, 죽음이 늦게 취득된 것이라는 그의 주장은 오직 죽음의 〈명시적〉 현상에만 적용되는 말이지, 그것이 결코 죽음을 〈향해 가는〉 과정에 대한 가정을 불가능한 것으로 만들지는 못할 것이다.

그리하여 생물학이 죽음 본능의 인정을 정면으로 부정하리라는 우리의 기대는 아직 충족되지 않았다. 그렇게 할 만한 다른 이유를 갖고 있다면 그 가능성에 대해 계속 관심을 보이는 것은 우리의 자유다. 체세포와 생식질에 대한 바이스만의 구분과 죽음 본능을 생명 본능과 구별하는 우리의 인식 사이에는 매우 큰 유사성이 존재하고, 이 유사성은 중요한 의미를 지닌다.

본능적 삶의 두드러진 이원론적 견해를 고려해 보기 위해 잠시 멈추어 보자. 헤링E. Hering의 이론에 따르면, 두 종류의 과정이 항상 살아 있는 물질 속에서 반대 방향으로 작용하는데, 하나는 건설적이거나 동화적assimilatorisch이고 다른 하나는 파괴적이거나 이화적dissimilatorisch이다.[81] 생명 과정에 의해 취해지는 이러한 두 가지 방향 속에서 우리는 생명 본능과 죽음 본능이라는 두 개의 본능 충동의 행위를 읽어 낼 수 있을까? 어찌 되었든, 우리가 눈감고 있을 수 없는 다른 것들이 있다. 우리는 우리 자신도 모르게 쇼펜하우어 철학의 항구 속으로 배를 몰아 온 것이다. 그에게 있어 죽음이란 〈진정한 결과이고 연장된 삶의 목표〉[82]인 반면, 성적 본능은 삶에 대한 의지의 구체적 표현이다.

앞으로 나아가야 할 또 다른 단계를 대담하게 시도해 보자. 여러 세포를 생명 과정 속으로 통합시키는 것 — 유기체의 다세포

---

81   헤링의 「조직화된 물질의 일반적인 기능에 대한 기억 Über das Gedächtnis als eine allgemeine Funktion der organisierten Materie」(1878) 참조. 「무의식에 관하여」에 나오는 헤링에 대한 또 다른 언급은 그가 프로이트의 무의식 이론에 어떤 영향을 끼쳤을 것이라는 암시를 해준다.

82   휩셔Hübscher가 편집한 『전집 Sämtliche Werke』에 실려 있는 『소논문과 부록 Parerga und Paralipomena』 중 「개인의 숙명에서 외견상의 고의적인 행위 Über die anscheinende Absichtlichkeit im Schicksale des Einzelnen」(1851) 참조 — 원주.

적 성격이 말해 주는 — 은 생명을 연장하는 수단이 되었다. 하나의 세포가 다른 세포의 생명을 보호하는 데 도움을 준다. 그리고 개개의 세포들은 죽을 수밖에 없는 경우라도 세포들의 집단은 살아남을 수 있다. 두 단세포 생물의 잠정적인 결합인 교미 역시 양쪽 모두에게 생명을 보존하고 도로 젊어지게 하는 효과를 끼친다는 말을 우리는 이미 들은 바 있다. 따라서 우리는 정신분석학에서 도달한 리비도 이론을 세포들의 상호 관계에 적용해 볼 수 있을 것이다. 각 세포에서 활동적인 생명 본능 혹은 성적 본능은 다른 세포들을 그의 대상으로 삼을 것이고, 그 세포들 속에 있는 죽음 본능(다시 말해서 이것이 취하는 과정)을 부분적으로 중화시켜 생명을 보존한다고 생각해 볼 수 있을 것이다. 그런가 하면 그 다른 세포들도 〈그들〉을 위해 같은 일을 할 것이고, 또 다른 세포들도 이러한 리비도적 기능을 수행하는 과정에서 자신들을 희생할 것이다. 생식 세포 자신들은 완전히 〈나르시시즘적〉 방식으로 행동할 것이다. 그런데 이 표현은 자아 속에 리비도를 간직하고 있고 대상 리비도 집중을 위해서는 그것을 조금도 사용하지 않는 사람을 기술하기 위해, 우리가 신경증 이론에서 관습적으로 사용하고 있는 용어이다. 생식 세포들은 자신들을 위해서, 나중에 어떤 중대한 건설적인 행위에 대한 비축으로서 생명 본능의 활동인 리비도를 필요로 한다(유기체를 파괴하는 악성 종양 세포들 역시 이와 동일한 의미에서 나르시시즘적이라고 표현해야 할 것이다. 병리학은 그 세포들의 배종[胚種]을 내재적인 것으로 간주하고 태아적 특성도 그것들에서 생겨난다고 여긴다).83

이런 식으로 성적 본능의 리비도는 시인들과 철학자들이 말하는 바, 살아 있는 모든 것을 함께 거머쥐려는 에로스와 일치할 것이다.

83 이 문장은 1921년에 첨가되었다.

그러면 여기서 우리는 리비도 이론이 더디 발전하는 이유를 돌아볼 기회를 갖게 된다. 첫째로 전이 신경증에 대한 분석을 통해 우리는, 대상을 지향하는 〈성적 본능〉과 우리가 충분히 알지 못하고 있기 때문에 잠정적으로 〈자아 본능〉이라고 기술하는 다른 본능들 사이의 대극성을 주목하지 않을 수 없게 되었다.[84] 이 본능들 가운데서 최우선의 자리는 필연적으로 개체의 자기 보존에 기여하는 본능에 주어졌다. 그들 가운데서 어떤 다른 구분을 지어야 할지 말하는 것은 불가능했다. 본능의 일반적 특성과 있을 수 있는 변별적 자질을 대략적으로 파악하는 것보다 진정한 심리적 과학의 기초로서 더 가치 있는 지식은 없을 것이다. 그러나 심리학의 어느 영역보다도 이 분야에서 우리는 제일 어둠 속을 헤매었다. 모든 사람들이 많은 본능, 혹은 선택한 〈기초적 본능〉의 존재를 가정했고 그것을 가지고 요술을 부렸는데, 그것은 마치 고대 그리스의 자연 철학자들이 그들의 네 원소, 즉 흙, 공기, 불, 물을 가지고 그랬던 거와 비슷하다. 본능에 대해서 〈어떤〉 가정을 내리는 것을 피할 수 없었던 정신분석학은 처음에는 〈굶주림과 사랑〉이라는 구절 속에 전형적으로 제시되어 있듯이 본능의 일반적 구분을 엄격히 지켰다. 적어도 여기에는 자의적인 것은 아무것도 없었다. 그것의 도움을 받아 정신 신경증의 분석은 상당히 진척되었다. 〈성〉의 개념이, 그리고 그와 동시에 성적 본능의 개념이 재생적 기능이라는 범주로 분류될 수 없는 많은 것을 포괄하기 위해서 확장되어야 했다. 그리고 이것은 근엄하고 점잖고, 혹은 단순히 위선적인 세계 속에 적지 않은 소동을 일으켰다.

정신분석학이 심리학적 자아 쪽으로 가까이 접근해 갈 때 다음

---

84   프로이트는 「심인성 시각 장애에 관한 정신분석적 견해」(프로이트 전집 10, 열린책들)에서 이에 대해 설명했다.

조치가 취해졌다. 정신분석학은 처음에는 자아를 보호적 장치와 반작용 형성을 가능하게 할 수 있는 억압하고 검열하는 기관으로서만 이해하게 되었다. 그 후로 비판적이고 선견지명이 있는 정신의 소유자들이 나타나, 리비도의 개념을 성적 본능의 에너지가 어떤 대상을 향해 흐르는 것이라고 국한한 견해에 대해서 오랫동안 반대해 왔다. 그러나 그들은 자신들이 어떻게 해서 더 나은 지식에 도달하게 되었는지 설명하지 못했고, 그로부터 분석에 도움이 될 수 있는 것은 아무것도 끌어내지 못했다. 더욱 조심스럽게 앞으로 나아가고 있던 정신분석학은 리비도가 정규적으로 대상에서 철수하여 자아를 향하는 것(내향화Introversion 과정)을 관찰했다. 그리고 어린아이들의 초기 리비도 발달 과정을 연구해 봄으로써 자아가 리비도의 진정한 최초의 저장소이며,[85] 리비도가 대상물에 미치는 것은 바로 이 저장소로부터라는 결론에 도달했다. 이제 자아는 성적 대상물 사이에 자리 잡게 되었으며 이내 그 속에서 최고의 위치를 차지하게 되었다. 이런 식으로 자아 속에 자리 잡은 리비도는 〈나르시시즘적narziβtisch〉이라고 불리게 되었다.[86] 물론 이 나르시시즘적 리비도는 역시 이 말의 분석적 의미에서 성적 본능이 가진 힘의 표현이었다. 그리고 그것은 필연적으로 그 존재가 처음부터 인식된 바 있었던 〈자기 보존 본능〉과 동일시되었다. 이렇게 해서 자아 본능과 성적 본능 사이의 최초의 대극성은 부적합한 것으로 판명되었다. 자아 본능의 일부분이 리비도와 관련되어 있었고, 성적 본능 — 아마도 다른 본능들과 나란히 — 이 자아 속에서 작동하고 있는 것으로 드러났다. 그럼

---

85   이러한 생각은 「나르시시즘 서론」에서 전면적으로 제시되었다. 그러나 「자아와 이드」에서 프로이트는 여기서의 진술을 번복하여 〈이드〉를 〈리비도의 거대한 저장소〉라고 말하고 있다.

86   「나르시시즘 서론」을 참조 — 원주.

에도 불구하고 정신 신경증이 자아 본능과 성적 본능 사이의 갈등에 근거하고 있다는 것을 명시한 첫 번째 공식이, 오늘날 우리가 반대해야 할 것은 아무것도 포함되어 있지 않다고 말해도 정당화될 수 있을 것이다. 그것은 단지 두 종류의 본능 사이의 구별이 원래 어느 정도 〈질적인〉 것으로 생각되었는데 이제는 이와 다르게, 즉 〈지형적인〉 것으로 특징지어야 할 것이라는 점을 말하고 있을 따름이다. 그리고 정신분석학적 연구의 핵심적 주제인 전이 신경증이 자아와 대상에 대한 리비도 집중 사이에서 일어난 갈등의 결과라는 주장은 아직도 사실로 받아들여진다.

이제 우리는 성적 본능을 모든 것의 보존자, 에로스로 인식하고 자아의 자기애적 리비도를 리비도의 저장소에서 끌어내는(이런 방법을 통해서 체세포들이 상호 부착한다) 다음 단계로 접어들고 있으므로, 자기 보존 본능의 리비도적 성격을 강조할 필요성이 더욱 높아져 가고 있다. 그러나 우리는 이제 갑자기 또 다른 문제에 직면해 있음을 알게 된다. 만약 자기 보존 본능 역시 리비도적 성격을 띤다면, 리비도적 본능 외에는 다른 본능이 도대체 존재하지 않는 것일까? 아무리 살펴봐도 다른 본능은 보이지 않는다. 그러나 그럴 경우 우리는 결국 정신분석학이 〈모든 것을〉 성에 의해 설명한다는 것을 처음부터 의심의 눈초리로 바라보았던 비판론자들이나, 성급한 판단으로 〈리비도〉란 단어를 본능적 힘 전반을 의미하는 것으로 사용해 온 융과 같은 혁신론자들의 견해에 동의하지 않을 수 없게 될 것이다. 그렇게 되어서는 안 되지 않겠는가?

여하튼 그러한 결과를 낳는 것이 우리의 〈의도〉는 아니었다. 우리는 논의의 출발점으로 죽음 본능과 동일시하게 된 자아 본능, 그리고 생명 본능*Lebenstrieb*과 동일시하게 된 성적 본능, 이 양자 사이를 엄격히 구별했다(우리는 어느 지점에서 죽음 본능 가운데 이른바 자아의 자기 보존 본능을 포함시키려 했었다. 그러나 곧 이어 이 점에 관한 우리의 견해를 정정하고 철회했다). 우리의 견해는 바로 처음부터 〈이원론적〉이었고, 오늘날은 전보다 더욱 확실하게 이원론적이다. 이제 대극성을 자아 본능과 성적 본능 사이에서 보지 않고 생명 본능과 죽음 본능 사이에서 보고 있기 때문이다. 이와는 반대로 융의 리비도 이론은 〈일원론적〉이다. 그가 하나의 본능적 힘을 〈리비도〉라고 부른 사실은 혼란을 일으키기 쉬우나 다른 점에서 우리에게 영향을 끼칠 것이 없다.[87] 자아 속에는 리비도적[88] 자기 보존 본능 이외의 다른 본능이 작용하고 있지 않나 생각해 본다. 그리고 그것을 지적해 보는 것이 가능한 일이기도 할 것이다. 그러나 불행하게도 자아에 대한 분석이 너무 느리게 진행되어 그렇게 하기란 대단히 어렵다. 자아 속에 있는 리비도적 본능이 우리에게 여전히 낯설어 보이는 다른 자아 본능과 특수한 방식으로[89] 연결되어 있을 가능성이 있다. 심지어는 우리가 나르시시즘을 분명히 이해하기 전에도 정신분석학자들은 〈자아 본능〉이 그것에 부착된 리비도적 성분을 갖고 있지 않나 하는 생각을 했다. 그러나 이러한 것들은 매우 불확실한 가능성으로서, 우리의 반대자들은 이 문제에 별 관심을 보이지 않을 것이다. 정신분석학이 지금까지 우리로 하여금 리비도적 본능 이외의 다른 어떤 (자아) 본능에 대해서 말할 수 있게 해주지 못했다는 단점이 남아 있다. 그러나 그것이 다른 어떤 본능도 사실상 존재

87 선행하는 두 문장은 1921년에 첨가되었다.
88 〈리비도적〉이라는 단어가 1921년에 첨가되었다.
89 제1판에서는 〈아들러 A. Adler가 사용하는 용어를 빌리자면, 본능의 《합류》에 의해서〉로 되어 있다. 아들러의 「일상생활과 신경증에서 나타나는 공격 본능 Der Aggressionstrieb im Leben und in der Neurose」(1908).

하지 않는다는 결론에 빠질 이유는 되지 못한다.

현재 본능 이론을 지배하는 불투명한 상황에서 어떤 것이든 그것에 빛을 던져 줄 수 있다고 약속하는 생각을 배척한다면 그것은 현명하지 못한 일일 것이다. 우리는 생명 본능과 죽음 본능 사이에 거대한 대극성이 존재한다는 관점에서 출발했다. 이제 대상애라는 것 자체가 우리에게 그것과 비슷한 대극성의 두 번째 사례, 즉 사랑(혹은 애정)과 증오(혹은 공격성) 사이의 대극성을 보여 주고 있다. 만약 우리가 이 두 가지 대극성을 서로 연결하여 어느 하나에서 다른 것을 끌어내는 데 성공할 수만 있다면!

바로 처음부터 우리는 성적 본능 속에서 사디즘Sadismus적 구성 요소의 존재를 인식했다.[90] 알다시피 사디즘적 요소는 자신을 독립적인 존재로 만들 수 있고, 도착의 형태로 한 사람의 성적 행위 전체를 지배할 수 있다. 그것은 또한 내가 〈전성기기(前性器期)의 조직체〉라고 이름 붙인 것 속에서도 지배적인 구성 본능으로 등장한다. 그러나 대상을 해치는 것을 목적으로 삼고 있는 사디즘적 본능이 어떻게 생명의 보존자인 에로스에서 나올 수 있다는 말인가? 사디즘은 사실상 자기애적 리비도의 영향을 받아 자아에서 강제적으로 분리되어, 결과적으로 대상과의 관계 속에서 드러나는 죽음 본능이라고 생각해도 그럴듯하지 않을까? 그것은 이제 성적 기능에 봉사하기 시작한다. 리비도 조직의 구순기 동안 대상에 대해 성적 지배를 달성하는 행위는 대상의 파괴 행위와 일치한다. 그 후 사디즘적 본능은 분리되어 사라진다. 그러다가 드디어 성기기가 우위를 차지하는 단계에 이르면, 사디즘적 본능은 재생의 목적으로 성행위를 수행하기에 필요한 정도로 성

90 1905년에 나온 「성욕에 관한 세 편의 에세이」 초판에서 이미 이런 인식에 도달했다 — 원주.

적 대상을 압도하는 기능을 부여받는다. 자아로부터 강압적으로 떨어져 나온 사디즘은 성적 본능의 리비도적 성분을 지향하며, 이 성분은 대상을 향해 그 뒤를 따른다고 말할 수 있을 것이다. 원래의 사디즘이 조금도 완화되거나 혼합되지 않는 곳에서는 언제나 성적인 생활에서 흔히 볼 수 있는 사랑과 증오의 양가감정을 발견하게 된다.[91]

만약 이러한 가정이 허용될 수 있다면, 우리는 죽음 본능 — 자리바꿈한 것이 틀림없겠지만 — 의 한 예를 들어 보라는 요구를 충족시킨 것이다. 그러나 사물을 이런 식으로 바라본다면, 그 사물을 포착하기가 결코 쉽지 않고 아주 신비스럽다는 인상을 주게 된다. 그것은 마치 우리가 어떠한 대가를 치르고서라도 대단히 당혹스러운 상황에서 벗어날 수 있는 탈출구를 찾으려고 몸부림치고 있는 것처럼 의심스럽게 보일 수도 있다. 그러나 이런 종류의 가정에는 새로운 것이 아무것도 없다는 사실을 기억하게 될 것이다. 우리는 당혹스러운 상황이 제기되기 전에 앞에서 하나의 가정을 제시했었다. 그때 우리는 사디즘에 보완적인 구성 본능인 마조히즘Masochismus이라는 것이 주체 자신의 자아에게로 되돌아온 사디즘으로 간주되어야 한다는 견해를 임상적 관찰을 통해서 얻게 되었다.[92] 그러나 대상에서 자아로 향하는 본능과 자아에서 대상으로 향하는 본능 — 이것이 지금 논의 중인 가정의 새로운 점이다 — 사이에는 원칙적으로 아무런 차이가 없다. 본능이 주체 자신의 자아에게로 되돌아오는 현상인 마조히즘은 그 경우 본능의 역사 중 초기 단계로 돌아가는 현상, 즉 퇴행에 해당할 것

---

91 이것은 「자아와 이드」에 나오는 본능적 〈융합〉에 대한 프로이트의 논의를 예고한다.

92 「성욕에 관한 세 편의 에세이」와 「본능과 그 변화」를 참조할 것 — 원주.

이다. 이전에 마조히즘에 대해서 했던 설명은 한 가지 점에서 지나치게 과격한 것으로 수정이 필요하다. 그것은 1차적 마조히즘과 같은 것이 존재〈할 수도〉 있다는 것으로서, 나는 그 가능성을 그 당시 논쟁의 대상으로 삼았다.[93]

그러나 자기 보존적 성 본능으로 돌아가자. 원생생물에 대한 실험을 통해서 우리는 이미 교미 — 두 개체의 결합을 말하며, 이들은 결합 후 곧 떨어져서 계속적인 세포 분열이 일어나지는 않는다 — 가 양쪽 모두에게 몸을 튼튼하게 해주고 도로 젊어지게 해주는 효과를 끼친다는 사실을 알았다.[94] 후세대에도 그들은 퇴화의 징후를 보이지 않았고 그들 자신의 물질대사의 해로운 효과에 더 오랫동안 저항할 수 있었던 것 같다. 우리는 이 하나의 관찰을, 성적 결합에 의해서 이루어지는 효과를 전형적으로 설명해주는 것으로 받아들일 수 있을 것이다. 그러나 단지 조금만 다른 두 개의 세포가 결합하여 어떻게 생명체의 갱생을 가져올 수 있단 말인가? 우리는 원생동물의 교미를 화학적 혹은 물리적 자극의 응용으로 대치시키는 실험을 통해서,[95] 이러한 질문에 대한 결론적 답변이라고 확신할 수 있는 것을 제시할 수 있게 되었다. 그

---

93 이러한 고찰의 상당 부분은 자비나 슈필라인Sabina Spielrein의 유익하고 흥미로운 글(「발생 원인으로서의 파괴Die Destruktion als Ursache des Werdens」, 1912)을 통해 — 불행하게도 그 글은 나에게 전적으로 투명한 것은 아니었지만 — 이미 예견되었었다. 그녀는 거기에서 성적 본능의 사디즘적 요소를 〈파괴적〉이라고 말하고 있다. 슈테르케A. Stärcke도 역시 리비도 그 자체의 개념을 죽음을 향한 추동력이라는 (이론적 근거로 추정된) 생물학적 개념과 동일시하려 했다. 또한 랑크(『예술가, 성 심리학적 성향Der Künstler, Ansätze zu einer Sexualpsychologie』, 1907)를 보라. 이 모든 논의는 텍스트 속에 있는 그것과 같이, 아직 성취되지 않은 본능 이론을 분명히 해달라는 요구가 있음을 보여 준다 — 원주. 이후 프로이트는 파괴적 본능을 「문명 속의 불만」에서 논했다.

94 앞에서 립쉬츠의 『왜 우리는 죽어야 하는가』에서 인용한 부분을 참조할 것 — 원주.

95 립쉬츠의 『왜 우리는 죽어야 하는가』 참조 — 원주.

결과는 새로운 양의 자극을 주입시킴으로써 도출되었다. 이것은 다음과 같은 가설과 정확하게 일치한다. 즉 개체의 생명 과정은 내적인 이유로 인해 화학적 긴장의 폐지, 다시 말해서 죽음으로 향하고, 반면에 다른 개체의 살아 있는 물질과의 결합은 그러한 긴장을 고조시켜 이른바 신선한 〈생명 고취적 차이〉를 도출해 낸다는 가설이다. 이러한 차이와 관련하여 하나 혹은 그 이상의 최적 조건이 존재할 것임에 틀림없다. 정신생활 및 신경 생활 전반의 지배적인 경향은 자극에서 비롯된 내적 긴장을 줄이거나 일정한 상태로 유지하는 것, 혹은 그것을 제거하는 것이다(이것이 바버라 로Barbara Low[96]의 용어를 빌리자면 열반 원칙*Nirwanaprinzip*이다). 이러한 경향은 쾌락 원칙 속에서 발견된다.[97] 우리가 이 사실을 인정하는 것, 그것이 죽음 본능의 존재를 믿는 가장 강력한 이유 중의 하나이다.

그러나 우리는 우리를 처음 죽음 본능의 궤도로 올려놓았던 반복 강박의 특성을 성적 본능의 탓으로 돌릴 수 없다는 이유 때문에 우리의 사고 노선이 크게 방해받고 있다는 느낌을 갖고 있다. 태아의 발달 과정은 그러한 반복 현상을 보여 주는 보고임에 틀림없다. 성적 재생과 그들의 생활사에 관련된 두 개의 생식 세포들이 그 자체로 유기체적 삶의 시작을 반복하고 있을 따름이다. 그러나 성적 생활이 지향하고 있는 과정의 본질은 두 세포체의 결합이다. 그것만이 고등 생물에게 살아 있는 물질의 불멸성을 보장해 주는 것이다.

달리 말하자면, 우리는 성적 재생과 성적 본능 전반의 기원에 관한 정보가 더 많이 필요하다. 이것은 비전문가의 기를 죽이기

---

96 『정신분석 *Psycho-Analysis*』(1920) 참조.
97 이 모든 논제가 「마조히즘의 경제적 문제」에서 더 고려된다.

십상이고 전문가들조차도 아직 풀 수 없었던 문제이다. 따라서 우리는 여러 앞뒤가 맞지 않는 주장과 의견 가운데 우리의 사고 노선과 관련된 듯한 것들만을 간략하게 요약해 보고자 한다.

이러한 견해 가운데 하나는, 재생의 문제에서 두 세포의 결합을 성장의 부분적 표현으로 봄으로써 그것의 신비스러운 매력을 앗아 가고 만다(분열이나 싹틈, 혹은 발아 생식에 의한 증식의 문제 참조). 성적으로 분화된 생식 세포에 의한 재생의 기원은 온전한 다윈의 노선을 따라 그려 볼 수 있는데, 이것은 두 원생생물의 우연한 교미에 의해서 이따금씩 도달되는 양성 혼합의 장점이 그 후의 발전 과정에서 그대로 유지되고 더욱 개발된다는 것을 가정함으로써 가능해진다.[98] 이러한 견해에 따르면 〈성〉이라는 것은 먼 옛날의 것이 결코 아니다. 성적인 결합을 불러일으키는 것을 그 목적으로 하고 있는 특히 강렬한 본능은, 한때 우연히 발생했고 그 후로 이로운 것으로 확립된 것들을 반복하고 있을 것이다.

원생생물들이 실제로 드러내 보이는 특성들만을 그들의 탓으로 돌리는 것이 과연 옳은 것인지, 그리고 오직 고등 생물들 사이에서만 보이는 힘과 과정이 원래 처음으로 그 생물들에게서 유래한 것이라고 생각하는 것이 과연 정확한지의 문제가, 죽음의 경우에 있어서와 마찬가지로 여기서도 발생한다. 우리가 방금 언급한 성에 대한 견해는 우리의 목적에 별로 도움이 되지 않는다. 그 견해에 대해서는 가장 간단한 생물체에서도 이미 작동하는 생명 본능의 존재를 전제로 하고 있다는 반론이 제시될 수 있다. 생명

---

98 바이스만은 『생식질』에서 이런 이점을 부인하고 있기는 하다. 〈어느 경우에도 수정 현상이 회춘이나 갱생과 일치하지는 않는다. 그리고 그 현상의 발생이 생명체의 지속을 위해서 꼭 필요한 것도 아니다. 그것은 단순히 《상이한 두 개의 유전적 경향이 서로 합쳐지는 것을 가능하게 하는 배려》일 따름이다.〉 그렇지만 그는 이런 종류의 섞임이 관련된 유기체의 변이성을 높이게 된다고 믿는다 — 원주.

과정에 역행해서 작용하고 삶을 중단하는 일을 더 어렵게 만드는 교미 행위는 유지, 발전되지 않고 회피될 것이기 때문이다. 그러므로 만약 우리가 죽음 본능이라는 가설을 버리지 않으려면, 그 죽음 본능이 바로 처음부터 생명 본능과 연관되어 있었다고 가정하지 않으면 안 된다. 그러나 그 경우 우리는 두 가지 알려지지 않은 양을 가진 방정식을 놓고 작업하고 있다는 사실을 인정해야 될 것이다.

이와는 별도로, 과학이 성의 기원에 대해서 우리에게 해줄 수 있는 말은 너무 적기 때문에, 우리는 그 문제를 가설의 빛이 침투한 적이 없는 어둠에 비유할 수 있을 것이다. 아주 다른 분야에서 그러한 가설을 만나게 되는 것은 사실이다. 그러나 그것은 너무나 환상적인 종류의 것이어서 — 과학적 설명이라기보다는 하나의 신화에 가깝다 — 만약 그것이 우리가 충족되기를 바라는 하나의 조건을 정확하게 충족시켜 주지 않는다면, 나는 감히 여기서 그것을 끄집어내지는 않을 것이다. 그것은 본능의 기원을 〈이전의 상태를 복원할 필요성〉에까지 추적하고 있다.

내가 마음에 두고 있는 것은 물론 플라톤이 『향연』에서 아리스토파네스의 입을 통해 제시했던 이론으로서, 그것은 성적 본능의 〈기원〉을 다루고 있을 뿐만 아니라 그것의 대상과 관련하여 그것의 변이 중 가장 중요한 것을 다루고 있다. 〈원래의 인간 성격은 지금과 같지 않은 다른 것이었다. 우선 성이 원래는 그 숫자에 있어서 지금과 같이 둘이 아니고 셋이었다. 남성, 여성, 그리고 이 둘의 결합체가 존재했…….〉 이러한 원초적 인간들에게 있어 모든 것은 이중적이었다. 즉 그들은 네 개의 손, 네 개의 발, 두 개의 얼굴, 두 개의 음부 등을 갖고 있었다. 그러다가 마침내 제우스 신이 〈피클을 만들려고 반으로 쪼개 놓은 마가목 열매와 같이〉 이들을 둘로 가르기로 결심했다. 그렇게 갈라진 연후에 〈인간의 두 쪽은 서로가 다른 반쪽을 갈망하면서 함께 모였고 하나가 되려는 열정으로 팔을 서로에게 휘감았다.〉[99]

우리는 여기서 이 시인-철학자가 제공한 암시를 따라가 다음과 같은 가설들을 감히 세워 볼 수 있겠는가? 첫째, 살아 있는 물질이 생명체로 태어나는 순간 두 작은 입자로 분할되었고, 그 후 줄곧 그들은 성적 본능을 통해 재결합하려는 노력을 계속해 왔다. 둘째, 무생물의 화학적 친화성을 유지하고 있는 이 성적 본능은 원생생물의 왕국을 거쳐 발전하면서, 위험한 자극 — 그것이 보

99　(1921년 추가된 각주) 나는 플라톤 신화의 기원에 대한 다음의 논의에 대해 빈의 하인리히 곰페르츠Heinrich Gomperz 교수에게 감사하고 싶다. 나는 부분적으로는 그의 말 그대로를 전한다. 본질적으로 같은 이야기가 이미 우파니샤드에서 발견된다는 것은 주목할 만한 일이다. 우리는 아트만(Atman, 자기나 자아)에서 세계의 기원이 기술되어 있는 『브리하다라냐카-우파니샤드 Brihadâranyaka -Upanishad』에서 다음 구문을 발견했다. 〈그러나 그는 즐거움을 느끼지 못했다. 그러므로 혼자 있는 사람은 즐거움을 느끼지 못하는 법이다. 그는 두 번째의 사람을 원했다. 그는 남자와 여자가 한 몸에 있는 거대한 존재였다. 그래서 그는 자기 자신을 둘로 갈라지도록 했다. 여기에서 남편과 아내가 생겨났다. 그러므로 야그냐발키아Yagñavalkya는 《우리 둘(각자)은 마치 반쪽의 조가비와 같다》고 말했다. 그렇게 해서 거기에 있던 공허는 아내에 의해서 메워졌다.〉

『브리하다라냐카-우파니샤드』는 모든 우파니샤드 철학서 중에서 가장 오래된 것으로서, 이 방면의 어떤 권위자도 그 연대를 기원전 900년 이후로 잡지 않는다. 일반적 견해와는 달리, 나는 플라톤의 신화가 인도 쪽으로부터 왔을 가능성 — 단지 간접적이라도 — 을 무조건적으로 부정하기를 주저한다. 왜냐하면 윤회설의 경우 비슷한 가능성이 배제될 수 없기 때문이다. 그러나 설사 이런 종류의 유래가(우선 첫째로 피타고라스의 학설을 신봉하는 사람들을 통해서) 확인되었다 하더라도, 두 사고 노선 사이에 일치성이 존재한다는 중요성은 거의 감소하지 않을 것이다. 플라톤은 어떤 동양적 전통을 통해 그에게 와 닿은 이런 종류의 이야기가 진리의 요소를 담은 것으로 그에게 큰 감명을 주지 않았더라면, 아마도 그는 그 이야기를 취하지 않았을 것이기 때문이다.

플라톤 시대 이전에 있었던 이런 사고 노선을 조직적으로 연구한 논문 「인간과 세계의 발생 Menschen- und Weltenwerden」(1913)에서 치글러K. Ziegler는 그것을 바빌로니아의 기원까지 추적하고 있다 — 원주. 프로이트는 플라톤의 신화를 이미 「성욕에 관한 세 편의 에세이」에서 언급한 바 있다.

호적 외피층을 형성하지 않을 수 없도록 만드는 자극 — 으로 가득 찬 외부 환경에 의해서 그러한 노력에 가해지는 여러 난관을 극복하는 데 성공했다. 셋째, 이런 식으로 살아 있는 물질이 분열되어 파편화된 상황은 다세포적 조건을 획득하게 해주었고, 마침내 재결합의 본능을 고도로 농축된 형태로 생식 세포로 옮겨 가게 해주었다. 바로 이러한 가설들이다. 그러나 여기서 바로 결별의 순간을 맞이했다고 나는 생각한다.

그러나 몇 마디 비판적 반성의 말을 덧붙여야겠다. 나 자신이 과연 어느 정도까지 이 책에서 제시된 가설들의 진실성을 확신하고 있는가를 물어볼 수 있을 것이다. 나의 답변은, 나 자신이 그것을 확신하고 있지 않으며 또한 다른 사람들에게 그것들을 믿으라고 설득하려 하지도 않는다는 것이다. 혹은 좀 더 정확하게 말해서, 내가 그것들을 어느 정도까지 믿고 있나를 모르고 있다는 말이 될 것이다. 확신의 감정적 요소가 이 문제에 도대체 개입할 이유가 없는 것처럼 보인다. 자신을 일정한 사고 노선에 던져 놓고 그것이 단순한 과학적 호기심으로부터 벗어나는 곳이 어디이든 거기까지 따라가 보는 것, 혹은 독자가 원한다면 그 이유 때문에 악마에게 자신의 몸을 팔지는 않는 악마의 옹호자*advocatus diaboli*로서 그렇게 해볼 가능성은 충분히 있다. 나는 내가 여기서 취한 본능 이론에 관한 세 번째 조치가 이전의 두 번의 경우 — 성 개념의 확장과 나르시시즘의 가설 — 와 같은 정도의 확실성을 주장할 수 없다는 사실에 반론을 제기하지 않는다. 이 두 가지 혁신적인 조치들은 관찰을 이론으로 직접 옮긴 것으로서, 그러한 경우에 불가피한 것 이외의 어떠한 오류의 근원에도 노출되어 있지 않았다. 본능의 〈퇴행적〉 성격에 대한 나의 주장 또한 관찰된 자료, 즉 반복 강박적 사실에 의존하고 있다는 것은 옳은 말이다. 그러나 내가 그 중요성을 과대평가했을지도 모르겠다. 사실적인 자료를 순수하게 사색적이고 따라서 경험적 관찰에서 상당히 벗어나는 것들과 반복적으로 결합시키지 않고서는, 어떠한 경우에도 이런 종류의 생각을 추적하는 것이 불가능하다. 이론의 구축 과정에서 이런 일이 자주 일어나면 일어날수록, 우리가 잘 아는 것처럼 그 결과는 더 믿을 수 없게 된다. 그러나 불확실성의 정도를 할당할 수 있는 것은 아니다. 어떤 사람은 운 좋게도 정확하게 맞추었을지 모르고 또 어떤 사람은 부끄럽게도 크게 겉돌았을 수도 있다. 나는 이런 종류의 일에서 이른바 〈직관〉이라는 것이 큰 역할을 한다고는 생각지 않는다. 내가 관찰한 바로는 직관이란 일종의 지적 공정성의 산물처럼 보인다. 그러나 불행하게도 궁극적인 문제인, 과학과 삶의 큰 문제가 걸려 있는 곳에서 사람들이 공명정대하게 보이는 경우는 거의 없다. 우리들 각자는 그러한 경우에 뿌리 깊은 내적 편견에 지배되고, 그 편견 속으로 우리의 생각이 부지불식간에 빠져드는 것이다. 우리 자신은 의심스러워할 만한 충분한 이유를 갖고 있으므로, 우리가 숙고한 결과에 대한 우리의 태도는 냉정한 자비심의 태도와 다를 바 없다. 그러나 이와 같은 자기비판은 반대 의견에 대한 특별한 관용심에 자신을 묶어 두는 것과는 거리가 멀다는 사실을 서둘러서 덧붙여야겠다. 관찰된 사실의 분석에 있어 첫 단계부터 모순되는 이론들을 무자비하게 거절하는 것은 완전히 합법적이다. 동시에 연구자는 자기 자신의 이론의 타당성이 잠정적인 것일 뿐이라는 사실을 인식하고 있어야 한다.

생명 본능과 죽음 본능에 대한 우리의 사색적 고려를, 그 속에서는 너무나도 많은 당황스럽고 불투명한 사건 — 예컨대 하나의 본능이 다른 본능에 의해서 밀려난다거나, 어떤 본능이 자아에서 대상에게로 방향을 바꾸는 일과 같은 것들 ── 이 발생한다는 사실의 관점에서 판단한다고 하여 우리가 크게 당혹해할 필요는 없을 것이다. 이것은 단순히 우리가 심리학(더 정확하게는 심층 심리학)에 특유한 과학적인 용어, 다시 말해서 비유적 언어로 작업하지 않으면 안 되기 때문이다. 우리는 문제의 과정을 달리 기술할 수 없었고, 그러한 기술 없이는 실로 그 과정을 인식조차 하지 못했을 것이다. 만약 우리가 이미 심리학적인 용어를 생리학적 용어나 화학적 용어로 대치할 수 있는 입장에 있다면 이러한 기술상의 결함은 사라질 수 있을 텐데 말이다. 그 용어들도 역시 비유적 언어의 일부에 불과하겠지만, 그것은 우리가 오랫동안 친숙해져 있고 또한 더 간단한 용어인 것이다.

다른 한편으로, 우리 사변의 불확실성은 생물학으로부터 빌려와야 하는 필요성으로 인해 크게 증대했다는 사실을 분명히 해두어야겠다. 생물학은 실로 무한한 가능성의 땅이다. 우리는 그것이 우리에게 가장 놀라운 정보를 제공해 줄 것을 기대해도 좋다. 우리는 생물학이 앞으로 몇십 년 안에 우리가 제시한 질문에 대해 어떤 대답을 해줄까 상상할 수도 없다. 그것은 아마도 우리 가설의 인공적인 구조 전체를 날려 버리는 그런 종류의 것이 될 것이다. 만약 그렇다면, 왜 내가 이러한 사고의 노선에 들어섰는가, 그리고 특히 왜 내가 그것을 일반에게 공표하겠다고 결심했는가에 대한 질문이 나올 수 있을 것이다. 여하튼 나는 그것이 포함하고 있는 유추, 상호 관련성, 연결성 등과 관련된 얼마의 생각들은 고려해 볼 가치가 있는 것처럼 보인다는 사실을 부인할 수 없다.[100]

100 나는 우리가 쓰는 용어를 분명히 하기 위해서 몇 마디 덧붙이고 싶다. 나는 이 책을 쓰는 과정에서 얼마간의 변화를 겪어 왔다. 우리는 〈성적 본능〉이 무엇인가를 그것이 성과 재생적 기능과 맺고 있는 관계를 통해서 알게 되었다. 우리는 정신분석학의 발견을 통해서 그 성적 본능이 재생의 문제와 연결되어 있는 정도가 덜하다는 것을

실제로 사물의 이전 상태를 복원하려고 하는 것이 본능의 보편적인 특성이라면, 대단히 많은 과정이 쾌락 원칙과는 독립적으로 정신생활에서 일어나고 있다고 해서 놀랄 필요는 없다. 이러한 특성은 모든 구성 본능이 다 가지고 있으며, 그 경우 그것이 목표로 하고 있는 것은 다시 한번 발달 과정에서의 특별한 단계로 되돌아가는 것이다. 이러한 것은 쾌락 원칙이 아직 통제할 수 없는 문제이다. 그러나 이 말이 곧 그러한 것 모두가 필연적으로 이 원칙과 대치적 관계에 있다는 것을 뜻하지는 않는다. 우리는 여전히 반복의 본능적 과정이 쾌락 원칙의 지배성과 맺고 있는 관계에 대한 문제를 풀어야 한다.

인식한 연후에도 이 이름을 그대로 사용하고 있었다. 나르시시즘적 리비도의 가설과 리비도의 개념을 개개의 세포에까지 연장시킴과 더불어, 성적 본능은 살아 있는 물질의 부분을 통합하고 융합하려는 에로스의 개념으로 바꾸었다. 우리가 보통 성적 본능이라고 부르는 것은 대상을 지향하는 에로스의 일부라고 생각된다. 사변을 통해 우리는 에로스가 생명의 시작에서부터 작동하고, 무생물적 물질이 생명을 얻음과 더불어 존재하게 되는 〈죽음 본능〉과 대치해서 〈생명 본능〉으로 그 모습을 드러낸다고 주장했다. 이러한 생각은 이 두 본능이 바로 처음부터 서로 투쟁한다는 것을 전제함으로써 생명의 수수께끼를 풀려고 한다.

(1921년에 추가된 각주) 〈자아 본능〉의 개념이 통과해 온 변화 과정을 추적하기란 쉬운 일이 아니다. 우선 우리는 대상을 지향하는 성적 본능과 구별될 수 있는 모든 본능적 성향에 (이것에 대해서 우리는 깊은 지식을 갖고 있지는 못하지만) 그 이름을 적용해 왔다. 그리고 자아 본능은 리비도가 그 표현체인 성적 본능과 대치시켰다. 그 후 우리는 자아를 더 면밀하게 분석할 수 있게 되었고, 〈자아 본능〉의 일부도 역시 리비도적 성격을 띤다는 것과, 그것은 주체 자신의 자아를 그 대상으로 취한다는 사실을 알게 되었다. 그다음부터 이 나르시시즘적 자기 보존 본능은 리비도적 성 본능 가운데 포함되어야 했다. 이제 자아 본능과 성적 본능 사이의 대극성은 둘 다 리비도적 성격을 띠고 있는 자아 본능과 대상 본능 사이의 대극성으로 바뀌기에 이르렀다. 그러나 그 대신 새로운 대극성이 리비도적 본능(자아 본능과 대상 본능)과 다른 본능 사이에서 나타났는데, 이 다른 본능이란 자아 속에 존재하는 것으로 추정되고 실제로는 파괴 본능 속에서 관찰되는 것이다. 그리하여 우리의 고찰은 이 대극성을 생명 본능(에로스)과 죽음 본능 사이의 대극성으로 바꾸어 놓았다 — 원주.

정신 기관의 가장 근원적이고 가장 중대한 기능 중의 하나는 그것에 부딪치는 본능 충동을 〈묶고〉 그 속에서 지배적인 1차 과정을 2차 과정으로 대치시키는 것이며, 본능 충동의 자유분방하고 유동적이며 리비도 집중된 에너지를 주로 정지된(강세적) 리비도 집중으로 바꿔 놓는 것이라는 사실을 우리는 이미 발견했다. 이러한 변형 과정이 진행되는 동안 발생하는 불쾌의 문제에 대해서는 누구도 주목하지 않는다. 그렇다고 이것이 쾌락 원칙의 중단을 암시하는 것은 아니다. 오히려 그 변형 과정은 쾌락 원칙을 〈위하여〉 발생한다. 그 묶기 과정이 쾌락 원칙의 지배성을 유도하고 확보해 주는 예비적 조치이기 때문이다.

기능과 경향에 대해서 우리가 지금까지 해왔던 것보다 더 분명한 구분을 지어 보자. 쾌락 원칙은, 정신 기관을 자극에서 완전 해방시키고 그 속에 있는 자극의 양을 일정 수준이나 가능하면 낮은 수준으로 유지하는 것을 주 업무로 하는 기능에 봉사해서 작동하는 어떤 경향이다. 우리는 아직 그것을 표현하는 여러 방법 중 어느 것을 선호해서 표현해야 할지 확실하게 결정할 수 없다. 그러나 한 가지 분명한 것은 이와 같이 기술된 기능이 모든 살아 있는 물질의 가장 보편적인 노력, 즉 무생물계의 정지 상태로 돌아가고자 하는 노력과 관련될 것이라는 점이다. 우리가 얻을 수 있는 가장 큰 즐거움인 성행위가 고도로 강화된 흥분의 순간적 소멸과 연관되어 있다는 것을 우리 모두는 경험한 바 있다. 본능 충동의 묶기는 흥분으로 하여금 방출의 즐거움 속에서 최종적 배설을 하도록 준비시켜 주는 예비적 기능일 것이다.

이것은 쾌락, 불쾌의 감정이 묶였거나 묶이지 않은 자극 과정 양쪽에서 똑같이 생성될 수 있는 것이 아닌가 하는 문제를 제기시킨다. 그리고 묶이지 않은 1차 과정이 묶인 2차 과정보다 양방향으로 훨씬 더 강한 감정을 유발한다는 것은 어떻게 봐도 의심의 여지가 없어 보인다. 더구나 1차 과정이 시간적으로 앞선다. 정신생활이 시작되었을 때 다른 것은 있을 수 없다. 그래서 만약 쾌락 원칙이 〈1차 과정〉 속에서 이미 작동하고 있지 않았더라면, 그것이 그 후의 2차 과정을 위해 확립될 수 없었으리라고 추론할 수 있을 것이다. 이렇게 해서 우리는 밑바닥에 그리 간단치 않은 결론, 즉 정신생활의 초기에는 쾌락을 위한 투쟁이 그 후보다 훨씬 더 강렬했으나 그렇게 무제한적이지는 않았다는, 다시 말해서 그 투쟁은 빈번하게 방해를 받아야 했다는 결론에 도달하게 된다. 후에 쾌락 원칙의 지배가 훨씬 더 큰 안정성을 띠게 되나 그 자체는 다른 일반 본능들과 마찬가지로 길들이는 과정을 피하지 못했다. 여하튼 흥분 과정에서 쾌락, 불쾌의 감정이 나타나도록 유도하는 것이 무엇이든 간에, 그것이 1차 과정에서와 마찬가지로 2차 과정 속에서도 존재했음이 틀림없다.

여기에 새로운 연구의 출발점이 있을 수도 있다. 우리의 의식은 내부로부터 쾌락, 불쾌의 감정뿐만 아니라 유쾌할 수도 있고 불쾌할 수도 있는 특별한 긴장의 감정도 전달해 준다. 이러한 감정상의 차이가 우리로 하여금 묶인 에너지 과정과 묶이지 않은 에너지 과정을 구별할 수 있게 해주는 것일까? 혹은 긴장의 감정은 리비도 집중의 절대적 크기나 그것의 수평면의 높이와 관련되고 쾌락, 불쾌의 감정은 〈주어진 시간 단위 내에서〉[101] 리비도 집중의 크기 변화를 가리키는 것일까? 또 다른 두드러진 사실은, 생명의 본능은 내적 지각과 훨씬 더 많은 접촉을 하고 — 그래서 평화의 파괴자로 등장하고, 항상 긴장을 유발시켜 이것의 방출을 쾌락으로 느끼게 한다 — 반면에 죽음 본능은 그 자신의 일을 야

---

101   이 문제는 이미 프로이트의 『정신분석의 기원』에서 언급된 바 있다.

단스럽게 드러나지 않도록 조용히 하는 것처럼 보인다는 것이다. 쾌락 원칙은 실제로 죽음 본능에 봉사하는 것처럼 보인다. 그것이 두 종류의 본능 양쪽에게 위험스럽다고 간주되는 외부의 자극을 계속 지켜보고 있는 것은 사실이다. 그러나 그것은 살아가는 일을 더 어렵게 만들 수도 있는 내부에서 오는 자극의 증가를 특별히 더욱 경계한다. 이제 이것이 많은 다른 질문을 야기하는데 그에 대한 답변을 현재로서는 발견할 수 없다. 우리는 인내하면서 연구의 새로운 방법과 계기를 기다려야겠다. 우리는 또한 우리가 한때 따라왔던 길이 어떠한 좋은 결말로 인도할 것처럼 보이지 않는다면, 언제라도 그것을 버릴 준비가 되어 있어야 한다. 이제는 포기한 교리 문답을 과학이 대신해 주기를 바라는 신자들만이, 견해를 발전시키거나 수정했다는 이유로 연구자를 비난할 것이다. 우리는 또한 다음과 같은 시인의 말 속에서 과학적 지식이 더디게 발전하는 데 대한 위안을 얻을 수도 있을 것이다.

우리가 날아서 도달할 수 없는 것은 절뚝거리면서 도달해야 한다……. 그 책은 우리에게 발을 절뚝거리는 것이 죄가 아니라고 말해 주고 있다.[102]

박찬부 옮김

---

[102] 〈*Was man nicht erfliegen kann, muß man erhinken... Die Schriftsagt, es ist keine Sünde zu hinken.*〉 이것은 알-하리리al-Hariri의 『마카마트*Maqâmât*』라는 책을 뤼케르트Rückert가 번역한 『두 굴덴*Die beiden Gulden*』의 마지막 구절이다. 프로이트는 이 구절을 1895년 10월 20일자 플리스에게 보내는 편지에서 인용하기도 했다.

자아와 이드

Das Ich und das Es(1923)

「자아와 이드」는 프로이트의 주요한 이론적 저술 중 마지막 것이다. 프로이트는 히스테리 연구를 통해 억압 가설을 세우게 되었고, 이 여파로 정신 구조를 억압된 것과 억압하는 것으로 구성되어 있다고 보는 가설도 세우게 되었다. 억압된 부분을 〈무의식적인〉 것, 그리고 억압하는 부분을 〈의식적인〉 것이라고 표현했다.

〈무의식〉에 관해서나 〈자아〉에 관해서나 모두 의식의 기준이 정신의 구조를 만드는 데 더 이상 도움이 되지 않는다는 것이 분명해지면서 프로이트는 의식이라는 용어를 사용하지 않았고, 〈의식적이라는 것〉은 단순한 정신 상태의 특성으로 간주되기에 이르렀다.

〈이드Es〉라는 용어의 기원은 프로이트가 공감하고 있던 의사 그로데크G. Groddeck, 그로데크의 스승인 슈베닝거E. Schweninger를 거쳐 니체로 거슬러 올라간다. 프로이트는 이 글에서 이 용어를 차용하여 사용하면서 아직 정리되지 않았던 개념들, 〈무의식〉, 〈조직적 무의식〉 등을 깨끗이 정리했다. 〈자아das Ich〉는 어떤 사람의 전체적 자기를 다른 사람들과 구별하는 사용법이고, 특별한 속성과 기능에 의해서 특징지어지는 의식의 특정 부분을 지칭하는 말이다.

자아는 이드, 초자아의 요구를 중재하고 통제하는 역할을 떠맡는다. 자아의 일부가 전의식적이고 다른 일부가 무의식적이라는 사실의 발견은 프로이트가 이 글을 쓰게 된 동기 중의 하나이다. 〈초자아das Über-Ich〉는 부모의 목소리이고 오이디푸스 콤플렉스의 후예이다. 그것은 〈자아 이상〉의 또 다른 이름이다.

후기 이론의 이론적 골격을 제공하는 이 글에서 프로이트는 자아, 초자아, 이드의 삼각 구조를 설명하고 있을 뿐만 아니라, 이것들이 생명 본능, 죽음 본능과 맺는 관계, 그리고 쾌락 원칙의 함축적 의미 등을 다각도로 검토하고 있다.

이 논문은 1923년 국제 정신분석 출판사에서 처음 출간되었으며 『저작집』 제6권(1925), 『전집』 제13권(1940)에도 실렸다. 영어 번역본은 1927년 리비어J. Riviere가 번역하여 "The Ego and the Id"라는 제목으로 Hogarth Press and Institute of Psycho-Analysis에서 출판되었으며, 『표준판 전집』 제19권에도 실렸다.

자아와 이드

　본 논의는 내가 「쾌락 원칙을 넘어서」에서 제기한 몇 가닥의 생각을 더욱 발전시킨 것이다. 내가 거기서 말했거니와, 이 생각들에 대한 나의 태도는 선의의 호기심 같은 것이었다. 다음 글에서 이러한 생각이 분석적 관찰에서 온 여러 가지 사실과 연결되고, 이러한 결합에서 새로운 결론을 도출하려는 시도가 이루어진다. 그러나 이 글에서는 생물학에서 무언가 새로이 빌려 오는 일은 없다. 따라서 이것은 「쾌락 원칙을 넘어서」보다 정신분석학 쪽에 더 가깝다. 그리고 이 글은 고찰보다는 종합의 성격을 더 많이 띠며 명확한 목적을 지니고 있다. 그러나 나는 그것이 대략적인 개요의 한계를 넘어서지 않으리라고 생각하며, 나는 그 한계에 전적으로 만족한다.

　이 글에서는 아직까지 정신분석학적 고찰의 주제가 되지 않았던 것들이 거론된다. 비전문 분석가들이나 분석에서 손을 뗀 이전의 분석가들에 의해서 제시된 이론들을 조금도 침범하지 않는다는 것은 사실상 불가능한 일이었다. 나도 다른 곳에서는 내가 다른 연구가들에게 지고 있는 빚에 대해 감사할 준비가 언제나 되어 있었다. 그러나 이번 경우에는 그러한 감사의 빚을 지고 있다는 느낌을 받지 않는다. 만약 정신분석학이 지금까지 어떤 것들에 대해 감사의 표시를 해오지 않았다면, 그것은 정신분석학이 그 업적을 무시하거나 그 중요성을 부인하여서가 아니라 그것이 특수한 길 — 아직까지 그리 멀리 가지는 못했지만 — 을 따르고 있기 때문이다. 그리고 마지막으로, 정신분석학이 어떤 지점에 도달하면, 그것이 다른 사람들에게 보이는 것과는 다른 모습으로 정신분석학에게 보인다는 사실을 지적해 둔다.

1. 의식과 무의식적인 것

이 서론의 장에서는 새롭게 할 말도 없고 해서 전에 자주 해왔던 말을 되풀이하지 않을 수 없을 것 같다.

정신계를 의식적인 것과 무의식적인 것으로 나누는 것은 정신분석학의 기본 전제이다. 정신분석학이, 중요한 것만큼이나 흔한 정신생활의 병리 현상을 이해하고 과학의 틀 속에서 그 병리 현상을 위한 자리를 발견할 수 있는 것은 그러한 전제를 통해서만 가능해진다. 다시 말해서 정신분석학은 정신계의 본질을 의식 속에 위치시키지 않고 의식을 정신적인 것의 한 특성으로 간주하며, 이것이 다른 특성들에 덧붙여 존재할 수도 있고 혹은 부재할 수도 있다는 입장을 취한다.

만약 내가 심리학에 관심 있는 모든 사람들이 이 책을 읽는다고 가정할 수 있다면, 이 시점에서 어떤 독자들은 이미 갑자기 멈춰 서서 더 이상 나아가지 않으려 한다는 사실을 발견하게 될 것이라는 각오를 또한 하고 있어야 할 것 같다. 왜냐하면 우리는 여기서 처음으로 정신분석학을 시험하기 위한 물음을 던지고 있기 때문이다. 철학에서 교육받은 대부분의 사람들에게 의식적이지 않은 어떤 정신 현상이 존재한다는 생각은 터무니없어 보이고 논리적으로 쉽게 반박할 수 있는 것처럼 보여 고려의 대상에서 제외된다. 나는 이러한 일이 발생하는 것은 그들이 최면이나 꿈과 같은 유관 현상들을 연구해 보지 않았기 때문이라고 믿는다. 이러한 현상들은 그것이 병리적 표현이라는 사실을 떠나서 정신분석학적 견해를 필요로 한다. 의식에 관한 그들의 심리학은 꿈과 최면의 문제들을 풀 수 없다.

〈의식된다는 것〉[1]은 우선 순전히 서술적 용어로서 가장 직접적이고 확실한 성격의 지각에 의존하고 있는 것이다. 경험을 통해서 우리는 정신적 요소(예컨대 관념)가 일반적으로 오랫동안 의식적이지 못하다는 사실을 알게 되었다. 그와는 반대로, 의식의 상태는 대단히 일시적인 것을 그 특징으로 하고 있다. 지금 의식적인 관념은 잠시 후에는 그렇지 못하다. 물론 그것이 일정한 조건 — 이것은 쉽게 조성된다 — 에서는 다시 의식화될 수 있지만 말이다. 그 사이에 그 관념은 존재했다. 단지 우리가 그것이 어떠한 것이었는지를 모르고 있을 따름이다. 우리는 그것이 〈잠재적〉이었다고 말할 수 있으며, 이 말은 그것이 어느 때이고 〈의식화될 수〉 있었다는 것을 의미한다. 달리 말해서 그것이 〈무의식적〉이었다고 한다면, 우리는 또한 그것에 대해 정확한 진술을 하고 있는 것이다. 여기서 〈무의식적〉이라는 표현은 〈잠재적이고 의식화될 수 있는〉이라는 말과 일치한다. 철학자들은 틀림없이 다음과 같이 반대할 것이다. 〈아니, 그《무의식적》이라는 용어는

---

1 원문은 (두 단어로) *Bewußt sein*이다. 이와 비슷하게 『일반인을 위한 정신분석』(1926)에서는 *Bewußtsein*이 〈의식〉에 대한 정규적인 독일어 단어로 쓰이고 있다. 이 단어를 두 단어로 갈라서 인쇄한다는 것은 *bewußt*가 그 형태상 수동 분사 — 〈의식된다〉 — 라는 사실을 강조한다. 영어의 *conscious*는 능동적으로도, 수동적으로도 쓰일 수 있다. 그러나 본 논의에서 그것은 항상 수동적으로 사용된다. 프로이트의 「무의식에 관하여」 참조.

여기에 적용할 수 없다. 그 관념이 잠재 상태 속에서 존재하는 한, 그것은 전혀 정신적인 것이 아니었다.〉 이 시점에서 그들을 논박하는 것은 말싸움 이상 얻는 것이 없을 것이다.

그러나 우리는 정신적 〈역동성〉의 일정한 역할에 의해서 나타나는 경험을 고려해 봄으로써 다른 길을 따라 무의식의 용어나 개념에 도달하게 되었다. 보통 관념이 하는 정신생활의 온갖 효과들(관념으로서 의식화될 수 있는 효과를 포함해서) ― 물론 그들 자체가 의식화되지는 않지만 ― 을 창출해 낼 수 있는 대단히 강력한 정신 과정이나 관념이 존재한다(여기서 양적 혹은 〈경제적〉 요소가 처음으로 문제시된다)는 것을 우리는 발견했다. 다시 말해서, 우리는 그러한 것이 존재한다는 사실을 가정하지 않을 수 없게 되었다. 우리가 전에 자주 설명했던 것을 여기서 세세하게 반복할 필요는 없을 것이다.[2]

이 지점에서 정신분석학 이론이 개입해서 다음과 같은 주장을 하게 되었다고 말하는 것으로 족할 것이다. 그 주장은, 그러한 관념이 의식화될 수 없는 이유는 어떤 힘이 그것에 대항하고 있기 때문이다. 그렇지 않다면 그것은 의식화될 수 있을 것이다. 그렇다면 그것이 정신적인 것이라고 인정되는 다른 요소들과 다른 점이 거의 없다는 사실이 명백해지지 않는가, 등등의 것이다. 정신분석학적 기교에서 대항하는 힘을 제거시켜 문제의 관념을 의식화하는 방법이 발견되었다는 사실은 이 이론을 반박 불가능한 것으로 만들어 주고 있다. 어떤 관념이 의식화되기 전에 존재한 상태를 일컬어 우리는 〈억압Verdrängung〉이라고 부른다. 그리고 그 억압을 만들고 유지시키는 힘을 분석 작업 중에 나타나는 〈저항Widerstand〉이라고 생각한다.

2 「정신분석에서의 무의식에 관한 노트」 참조.

이와 같이 우리는 억압의 이론으로부터 무의식의 개념을 얻는다. 억압된 것이 무의식의 원형이다. 그러나 우리는 두 종류의 무의식이 존재함을 알게 되었다. 하나는 잠재되어 있으나 의식화될 수 있는 것이고, 또 하나는 억압되어 있는 것으로서 그 자체로는 순조롭게 의식화될 수 없는 것이다. 정신적 역동성에 대한 이러한 통찰력은 용어나 서술 면에서 영향을 끼치지 않을 수 없다. 역동적인 의미가 아니고 오직 서술적으로만 잠재적인 것을 우리는 〈전의식〉이라고 부른다. 〈무의식〉이라는 용어는 억압되어 역동적으로 무의식적인 것에 국한시킨다. 그래서 우리는 이제 〈의식 $Bw.$〉, 〈전의식 $Vbw.$〉, 그리고 그 의미가 더 이상 순전히 서술적이지는 않은 〈무의식 $Ubw.$〉이라는 세 용어를 갖게 되었다.[3] 〈전의식〉은 〈무의식〉보다는 〈의식〉 쪽에 훨씬 더 가까이 있는 것 같다. 그리고 우리는 〈무의식〉을 정신적인 것으로 불렀으므로, 잠재적인 〈전의식〉을 정신적인 것으로 부르는 데는 주저함이 훨씬 덜할 것이다. 그러나 우리는 왜 그렇게 하지 않고 철학자들과 의견을 달리하면서 〈무의식〉뿐만 아니라 〈전의식〉까지를 의식의 정신과 한결같이 구별하려는 것일까? 철학자들은 〈전의식〉과 〈무의식〉은 〈잠재적 정신 현상 $Psychoide$〉의 두 종(種) 또는 단계로 서술되어야 하고 그러면 조화가 이루어질 것이라고 주장할 것이다. 그러나 그렇게 하면 설명하는 데 끝없는 어려움이 뒤따를 것이다. 그리고 하나의 중요한 사실, 즉 이 두 종류의 〈잠재적 정신 현상〉이 거의 모든 다른 면에서 정신적인 것과 일치한다는 주장은, 이러한 잠재적 정신 현상 혹은 그것의 가장 중요한 부분이 아직 알려지지 않았던 시대로부터 내려오는 편견에 밀려 뒷전으로 밀려나야 할 것이다.

3 「쾌락 원칙을 넘어서」에 나오는 각주 참조.

서술적 의미로서는 두 종류의 무의식이 있고 역동적 의미로서는 오직 하나의 무의식밖에 없다는 사실을 잊지 않는다면,[4] 우리는 〈의식〉, 〈전의식〉, 〈무의식〉이라는 세 개의 용어를 자유자재로 구사할 수 있을 것이다. 설명의 목적을 위해서 이런 구분이 어떤 때는 무시될 수 있으나 다른 때는 물론 필수 불가결한 경우도 있다. 동시에 우리는 무의식이라는 용어의 이러한 모호성에 어느 정도 습관화되어 있고 또한 그것에 꽤나 잘 적응해 왔다. 내가 생각할 수 있는 한, 그러한 모호성을 피하는 것은 불가능하다. 의식과 무의식의 구별은 결국 지각의 문제로서, 그것은 〈예〉나 〈아니요〉로 대답되어야 될 성질의 것이다. 그런데 지각 행위 그 자체는 왜 어떤 것이 지각되거나 지각되지 않는지 그 이유에 대해서 아무것도 우리에게 말해 주지 않는다. 어느 누구도 불평할 권리가 없는 까닭은, 실제적 현상이 역동적 요소를 모호하게 표현하고 있기 때문이다.[5]

4 이 문장에 대한 논평은 뒤에 실린 부록을 참조할 것.
5 이것은 「정신분석에서의 무의식에 관한 노트」에 비교될 수 있을 것이다. 이 시점에서 무의식의 비판론자들이 보이는 새로운 경향을 고려해 보는 것이 좋을 것이다. 정신분석학의 사실들을 인정하기를 거부하지는 않으나 무의식을 받아들이기를 꺼려 하는 어떤 연구자들은, (한 현상으로 간주되는) 의식에는 강도나 선명도 면에서 다양한 차이를 구별해 낼 수 있다는 — 누구도 논박할 수 없는 — 사실로 그 난점에서 벗어나기 위한 탈출구를 찾고 있다. 대단히 생생하고, 눈부시고, 만져서 알 수 있을 정도로 의식적인 과정이 있듯이, 우리는 또한 희미할 뿐, 의식적인 것으로 거의 눈에 띄지 않는 과정들을 경험하기도 한다. 매우 희미하게 의식적인 것들을 정신분석학에서 〈무의식〉이라는 적합치 않은 이름을 붙이고자 하는 것이라고 그들은 주장한다. 그러나 (그들의 주장에 따르면) 이것들 역시 의식적이거나 〈의식의 상태 속에 있는〉 것이고, 만약 그것들에 충분한 관심의 집중이 가해지면 그것들은 충분히, 그리고 강렬하게 의식적으로 될 수 있다는 것이다.
논변을 통해서 관습이나 감정적 요소에 의존하고 있는 이런 종류의 질문 해결에 영향을 끼치는 일이 가능하다면, 우리는 다음과 같은 논평을 할 수 있을 것이다. 의식 속에서의 선명도 차이라는 말은 어떻게 보아도 확실한 것 같지 않고, 어떤 증거 가치를 지니고 있지도 않은 것 같다. 이것은 마치 다음과 같은 그와 비슷한 진술들이 증거 가치를 지니지 못하는 것과 같다. 〈조명에는 가장 눈부시고 번쩍번쩍하는 빛에서부터

    그러나 정신분석학적 작업이 더 진전된 상태에서는 이러한 구분조차 부적합하고 실천적 목적을 위해서 불충분한 것으로 판명되었다. 이러한 문제는 여러 면에서 분명해졌으나 그것의 결정적인 사례는 다음과 같다. 각 개인 속에는 정신 과정을 일관성 있게 조직화하는 것이 존재한다는 생각을 우리는 갖게 되었다. 그리고 이것을 그 사람의 〈자아〉라고 부른다. 바로 이 자아에 의식이 부착되는 것이다. 자아는 흥분을 외부 세계에 방출하는 운동성에의 접근을 통제한다. 그것은 자신의 모든 구성 과정을 감독하는 정신 기관이다. 그리고 밤에는 쉰다. 물론 이때도 꿈에 대한 검열 작용은 계속하지만 말이다. 이 자아로부터 억압이라는 것도 생기는데, 이 방법을 통해 마음속에 있는 어떤 성향을 의식에서뿐만 아니라 다른 형태의 유효성과 행위로부터 제거하려는 시도가 이루어진다. 분석 과정에서 밀려난 이 성향이 자아와 대치 상태에 서

가장 어둠침침한 미광에 이르기까지 무수히 많은 단계적 차이가 있다 ― 따라서 어둠과 같은 그런 것은 전혀 존재하지 않는다.〉혹은.〈생명력에는 다양한 정도 차이가 있다 ― 고로, 죽음과 같은 것은 존재하지 않는다.〉이러한 진술들도 어떤 면에서는 의미를 지니고 있을 수 있으나 실용적 목적을 위해서는 아무런 쓸모가 없다. 만약 우리가 이러한 진술에서 어떤 특정한 결론, 예컨대 〈그러므로 불을 켤 필요가 없다〉라든지 〈그러므로 모든 유기체는 불멸이다〉와 같은 결론을 도출하려고 할 때 이런 사실을 알게 될 것이다. 더구나 〈의식적인 것〉의 개념하에 〈알아차릴 수 없는 것〉을 포함시킨다는 것은, 단순히 우리가 정신에 관해서 알고 있는 유일하게 직접적이고 확실한 지식을 깡그리 파괴하는 것이다. 결국 우리가 아무것도 알지 못하는 것에 대한 의식이라는 발상은 무의식적인 정신이라는 생각보다도 훨씬 더 부조리한 것 같다. 마지막으로, 알아차리지 못한 것을 무의식적인 것과 동일시하려는 이러한 시도는 분명히 그 속에 관련되어 있는 역동적 조건을 고려하지 않고서 이루어지고 있다는 것이다. 이 역동적 조건이 바로 정신분석학적 견해를 형성하는 데 결정적 요소였던 것이다. 다시 말해, 그러한 시도는 다음과 같은 두 가지 사실을 무시하고 있다. 첫째, 이런 종류의 알아차리지 못한 어떤 것에 충분한 관심을 집중한다는 것은 지극히 어렵고도 대단한 노력을 필요로 한다는 점이다. 둘째, 이런 일이 성취되었다 하더라도, 전에 알아차리지 못한 생각은 의식에 의해서 인식되지 못하고, 의식에 아주 낯설거나 반대 세력으로 보여 의식에서 즉각적으로 거부되는 사태가 발생한다는 것이다. 그러므로 거의, 혹은 전혀 알아차리지 못한 것에서 무의식적인 것의 도피처를 구하는 것은, 결국 정신적인 것과 의식적인 것을 완전히 하나로 보려는 기존 믿음의 한 유형에 불과한 것이다 ― 원주.

게 된다. 따라서 분석은 자아가 억압된 것과 관련해서 보이는 저항을 제거하는 일에 직면하게 된다. 분석 과정에서 어떤 문제를 환자에게 제시하면 그가 곤경에 빠지고, 그 문제가 억압된 것 가까이에 접근할 때는 그의 연상이 실패하는 경우를 우리는 흔히 보게 된다. 그러면 우리는 그에게 어떤 저항에 압도당하고 있다고 말해 주지만, 그는 그 사실을 전혀 알아채지 못한다. 그가 설령 그의 불쾌한 감정으로부터 어떤 저항이 자신에게서 작동하고 있다고 추측해 본다 하더라도, 그는 그것이 무엇인지, 혹은 그것을 어떻게 표현해야 할지를 알지 못한다. 그러나 이 저항이 그의 자아에서 나오고 또한 자아에 속한 것이라는 데는 의심의 여지가 없기 때문에, 우리는 예기치 않은 상황에 처하게 된다. 우리는 자아 자체 속에 있는 것으로서 역시 무의식적이고 억압된 것과 똑같이 행동하는 어떤 것과 만난 것이다. 이것은 그 자신은 의식적이지 않은 상태로 막강한 효과를 만들어 내고, 그것이 의식화될 수 있기 위해서는 특별한 작업을 요구한다. 실천적 분석의 관점에서 볼 때 이러한 사실의 발견은, 만약 우리가 습관적 형태의 표현 양식에 집착해서, 한 가지 예로 신경증의 발생을 의식과 무의식의 갈등에서 유래하는 것으로 보려고 한다면, 우리는 무한히 불투명하고 어려운 처지에 빠지는 결과를 맞게 될 것이다. 우리는 이러한 대극 구조 대신 다른 대극 구조로 바꾸어야 할 것 같은데, 그것은 마음의 구조적 상황에 대한 통찰력으로부터 나온 것으로서, 일관성 있는 자아와 이것에서 떨어져 나온 억압된 것 사이에 존재하는 대극 구조이다.[6]

그러나 무의식의 개념을 위해서 이러한 발견의 결과는 훨씬 더 큰 중요성을 띤다. 역동적 고려를 통해서 우리는 첫 번째 이론적

6 「쾌락 원칙을 넘어서」 참조 — 원주.

수정을 하고 마음의 구조에 대한 통찰력을 통해 두 번째 수정을 하게 된다. 무의식이 억압된 것과 일치하지 않는다는 사실을 우리는 알았다. 억압된 모든 것이 무의식이라는 것은 여전히 사실이다. 그러나 무의식적인 모든 것이 억압된 것은 아니다. 자아의 일부 역시 — 그 일부가 얼마나 중요한 것인가를 누가 알랴 — 무의식일 수 있다, 아니 의심할 나위 없이 무의식이다.[7] 그리고 자아에 속한 이 무의식은 전의식과 같이 잠재적이지 않다. 그렇다면 그 무의식은 의식화되는 일 없이는 활성화되지 않을 것이다. 그리고 그것을 의식화시키는 과정은 대단히 큰 어려움에 봉착할 것이다. 억압되지 않은 제3의 무의식을 가정해야 할 필연성에 직면하게 되었을 때, 우리는 무의식적인 것의 특징들이 그 의미를 상실하기 시작했다는 사실을 인정하지 않을 수 없게 되었다. 그것은 많은 의미를 띨 수 있는 어떤 특성, 우리가 희망했던 것과는 달리 널리 미치고 불가피한 결론을 도출해 낼 수 있는 기반으로 삼을 수 없는 어떤 특성이 되어 버린다. 그럼에도 불구하고 우리는 이러한 특징들을 무시하지 않도록 조심해야 한다. 왜냐하면 의식적인가 혹은 그렇지 않은가 하는 문제가, 결국은 심층 심리학의 어둠 속에서 우리의 유일한 횃불 역할을 하기 때문이다.

2. 자아와 이드

병리적 탐구는 우리의 관심을 지나치게 일방적으로 억압된 것에 집중시켰다. 자아도 역시 올바른 의미에서 무의식적일 수 있

---

7 이 문제는 「쾌락 원칙을 넘어서」에서뿐만 아니라 「무의식에 관하여」에서 이미 언급되었다. 그것은 「방어 신경 정신증에 대한 재고찰 Weitere Bemerkungen über die Abwehr-Neuropsychosen」(1896)의 시작 부분에서 한 말 속에 암시되어 있었다.

다는 사실을 알았으므로 우리는 이제 자아에 대해서 좀 더 배우고 싶다. 이제까지 우리가 연구 활동 중 의지하고 있었던 유일한 안내자는 의식이냐 혹은 무의식이냐의 구별 지표뿐이었다. 그런데 마침내 우리는 이것이 얼마나 모호할 수 있는가를 알게 되었다.

이제 우리의 모든 지식은 항상 의식과 결부되어 있다. 심지어는 〈무의식〉까지도 그것을 의식화시킴으로써 알 수 있게 된다. 그러나 잠시 멈추어 보자. 그러한 일이 어떻게 가능하단 말인가? 우리가 〈어떤 것을 의식화시킨다〉고 말할 때, 그 말의 의미는 무엇인가? 어떻게 그런 일이 생길 수 있는가?

우리는 이미 이 문제와 관련하여 어디서부터 출발해야 되는가를 잘 알고 있다. 우리는 의식이 정신 기관의 〈표면〉이라고 말해 왔다. 다시 말해 우리는 그것을 한 기능으로서 외부 세계로부터 온, 공간적으로 첫 번째인 조직에 기인하는 것으로 보았다. 이 공간적이라는 말은 기능적 의미뿐만 아니라, 이 경우에는 해부학적 의미로도 쓰였다.[8] 우리의 연구 또한 이 지각적(知覺的) 표면을 출발점으로 삼아야 할 것이다.

우리가 외부와 (감각-지각) 내부로부터 받아들이는 모든 지각 — 우리가 감각과 감정이라고 부르는 것들 — 은 처음부터 〈의식〉적이다. 그러나 거칠고 부정확하게나마 사고 과정의 이름으로 요약할 수 있는 내적 과정은 어떠한가? 그것은 내부 정신 기관 어디에서 발생한 정신 에너지가 행동을 취하려고 자리바꿈하는 것을 나타낸다. 그것이 표면으로 진출하여 의식을 생성시키는 것일까? 혹은 의식이 그쪽으로 진출하는 것일까? 이것은 분명히 우리가 정신생활의 공간적, 혹은 〈지형적〉 개념을 심각하게 받아들이

8 「쾌락 원칙을 넘어서」—원주.

기 시작할 때 발생하는 난제 중의 하나이다. 이 둘의 가능성 모두가 똑같이 상상할 수 없는 것들이다. 따라서 제3의 대안을 찾아야겠다.[9]

나는 이미 다른 곳에서,[10] 〈무의식〉과 〈전의식〉적 관념(생각) 사이의 실질적인 차이는 다음과 같다는 사실을 지적한 바 있다. 즉 전자는 알려지지 않은 상태로 있는 어떤 자료에 대해서 일어나는 것이고, 반면에 후자는 거기에 덧붙여 〈언어 표상Wortvorstellung〉과 관련을 맺는다는 사실이다. 이것이 〈전의식〉과 〈무의식〉이라는 두 조직 간의 구별 표시를 지적한 — 이 양자의 의식과의 관계는 논외로 하고 — 첫 번째 시도였다. 그렇게 해서 〈어떤 것이 어떻게 의식화하느냐?〉라는 질문은 이제 좀 더 유리하게, 〈어떤 것이 어떻게 전의식화하느냐?〉라는 문제로 진술될 수 있을 것이다. 그리고 그 답변은 〈그것에 상응하는 언어 표상과 관련을 맺음으로써〉라는 것이 될 것이다.

이러한 언어 표상은 기억의 잔재물이다. 그것은 한때 지각의 내용이었다. 모든 기억의 잔재물이 그렇듯이 그것은 다시 의식화될 수 있다. 그것의 성격에 더 깊이 관여하기 전에, 한때 〈의식〉적 지각이었던 것만이 의식화될 수 있으며, 내부에서 일어나는 것(감정은 별문제로 하고)으로서 의식화되기를 추구하는 것은 무엇이나 반드시 외부적 지각으로 변형되어야 한다는 생각이 — 이러한 일은 기억의 흔적을 통해서 가능해진다는 생각과 함께 — 우리에게 하나의 새로운 발견과 같이 어렴풋이 떠오른다.

기억의 잔재물은 〈지각-의식〉의 조직에 인접한 조직 속에 포함되어 있어서, 그 잔재물의 리비도 집중이 안으로부터 전자의

---

9 이 문제는 「무의식에 관하여」에서 더 깊게 토론되었다.

10 「무의식에 관하여」 — 원주.

조직의 제 요소에게 쉽사리 확장될 수 있다는 생각이 든다.[11] 여기서 우리는 즉각적으로 환상의 문제를 떠올리고, 대단히 생생한 기억은 언제나 환상과도 구별되고 외부적 지각과도 구별될 수 있다는 생각을 하게 된다.[12]

그러나 기억이 재생되었을 때 리비도 집중은 기억의 조직 속에 남아 있는 반면, 지각과 구별할 수 없는 환상은 그 리비도 집중이 단순히 기억의 흔적에서 〈지각〉적 요소로 퍼질 뿐만 아니라 그것을 〈완전히〉 덮어 버릴 때 발생할 수 있다는 생각이 또한 갑자기 우리에게 떠오른다.

언어적 잔재물은 주로 청각적 지각으로부터 유래하고,[13] 따라서 〈전의식〉의 조직은, 이를테면 특별한 감각적 원천을 갖고 있는 셈이다. 언어 표상의 시각적 요소는 2차적인 것이고 독서를 통해 얻은 것이다. 그래서 그것은 우선은 한쪽에 남겨질 수도 있다. 농아자들을 제외하고는 보조적인 역할만을 하게 되는 언어의 운동 이미지도 역시 그럴 것이다. 본질적으로 언어란 결국 청각적으로 전달된 말의 기억의 잔재물이 아니겠는가.

그러나 단순화의 편의를 위해서 시각적 기억 잔재물 — 특히 그것이 〈사물〉에 관한 것일 때 — 의 중요성을 잊어서는 안 되겠고, 사고의 과정이 시각적 잔재물로 되돌아감으로써 의식화될 수 있으며, 이것은 많은 사람들이 선호하는 방법이기도 하다는 사실을 부정해서도 안 되겠다. 꿈에 대한 연구나 바렌동크의 관찰[14]이

11 『꿈의 해석』 참조.
12 이러한 견해는 브로이어가 『히스테리 연구』의 「이론적 고찰」에서 피력한 바 있다.
13 프로이트는 병리학적 발견을 바탕으로 한 실어증에 관한 논문(1891)에서 이러한 결론에 도달했다. 그것의 요점이 「무의식에 관하여」에 잘 나타나 있다.
14 J. Varendonck의 『백일몽의 심리학 The Psychology of Day-Dreams』(1921) 참조. 이 책에 프로이트가 서문을 기고했다.

보여 준 전의식적 환상에 대한 연구를 통해서 우리는 이러한 시각적 사고의 특별한 성격에 대한 개념을 얻을 수 있다. 그 속에서 의식화된 것은 원칙적으로 사고의 구체적 주제뿐이며, 사고의 특징을 드러내는 이 주제의 여러 요소들 사이의 관계는 시각적 표현을 얻을 수 없다. 그러므로 그림으로 사고하는 것은 의식화의 매우 불완전한 형태에 지나지 않는다. 어떤 면에서 그것은 또한 언어로 사고하는 것보다 무의식적 과정에 더 가까이 있다고 할 수 있다. 그리고 전자가 후자보다 개체 발생론적으로나 계통 발생론적으로 더 원시적이라는 것은 의심할 여지가 없다.

다시 우리의 논제로 돌아가자. 만약 이것이 그 자체로 무의식적이었던 것이 전의식화되는 방식이라면, 억압된 것을 어떻게 (전)의식화시키느냐 하는 질문은 다음과 같이 답변될 수 있을 것이다. 그러한 일은 분석 작업을 통해서 〈전의식〉에 중간 고리를 제공함으로써 이루어진다. 그러므로 의식은 원래의 자리에 그대로 남는다. 그러나 다른 한편 〈무의식〉은 〈의식〉 속으로 올라오지 않는다.

〈외부적〉지각과 자아의 관계는 아주 명료한 반면, 〈내부적〉지각과 자아의 관계는 특별한 연구를 필요로 한다. 이 문제는 의식 전체를 단일한 표면 조직인 〈지각-의식〉에 돌리는 것이 과연 옳은 일인가의 의구심을 다시 한번 불러일으킨다.

내부적 지각은 정신 기관 중 가장 다양하고 또한 가장 깊은 층에서 발생하는 과정에 대한 감각들을 산출해 낸다. 이러한 감각과 감정에 대해서는 알려진 것이 별로 없다. 쾌락-불쾌의 고리에 속하는 것들이 내부적 지각에 의해 발생한 감각에 대한 최상의 사례로 간주될 수 있을 것이다. 그것들은 외부에서 발생하는 지각보다 더 원초적이며 기본적이고, 의식이 가려질 때에도 생길 수 있다. 나는 다른 곳에서[15] 이러한 감각들의 더 큰 경제적 의의와 그 초심리학적 이유에 대한 나의 견해를 피력한 바 있다. 이 감각들은 외부적 지각과 같이 여러 포실(胞室)로 구성되어 있다. 그것들은 서로 다른 장소에서 동시에 올 수 있고, 따라서 서로 상이하거나 심지어는 상반되는 특성을 지닐 수 있다.

성격상 즐거운 감각은 본유적으로 그 자체에 어떤 추동력을 갖고 있지 않으나, 즐겁지 않은 감각은 강력한 추동력을 지니고 있다. 불쾌의 감각은 변화를 향해, 방출을 향해 몰아붙인다. 그래서 우리는 불쾌는 에너지의 리비도 집중을 고조시키고 쾌락은 이를 저하시키는 것으로 해석한다.[16] 쾌락, 불쾌로서 의식화되는 것을 정신 과정에서의 양적, 질적 〈그 무엇〉이라고 불러 보자. 그러면 문제가 되는 것은, 〈그 무엇〉이 자신이 처해 있는 장소에서 의식화될 수 있는지, 혹은 그것이 우선 먼저 〈지각〉의 조직에 전달되어야 의식화될 수 있는지 하는 것이다.

임상적 경험으로 보아서는 후자가 옳다. 그 생각은 이 〈그 무엇〉이 억압된 충동과 같이 행동한다는 사실을 보여 준다. 〈그 무엇〉은 추동력을 행사할 수 있는데, 그래도 자아는 그 강박성을 눈치채지 못한다. 강박성에 대한 저항이나 방출 반작용에 대한 제지 행위가 발생할 때에야 비로소 〈그 무엇〉이 불쾌로서 갑자기 의식화된다. 육체적인 필요성에서 나오는 긴장이 무의식의 상태로 남아 있을 수 있는 것과 같이 고통 역시 그럴 수 있다. 이 고통은 외부적 지각과 내부적 지각 사이에 위치한 것으로서, 그 근원은 외부 세계에 있는데도 마치 내부적 지각같이 행동한다. 그러므로 감각과 감정도 역시 〈지각〉의 조직에 도달함으로써만이 의식화

15 「쾌락 원칙을 넘어서」 참조.
16 「쾌락 원칙을 넘어서」 참조.

될 수 있다는 것은 사실이다. 만약 앞으로 전진의 길이 막히면, 그들은 감각으로 존재하지 않는다. 설령 자극의 과정에서 그것들과 일치하는 〈그 무엇〉이 마치 그들이 존재하는 것처럼 나타나기는 하지만 말이다. 우리는 축약된 방식으로, 그러나 완전히 정확하지만은 않은 방식으로 〈무의식적 감정〉에 대해서 말하게 되었는데, 이것은 무의식적 관념과 유추적 관계 속에서 나온 것이다. 그런데 이 유추적 관계는 전혀 정당화될 수 없다. 실제로 이 양자 사이의 차이점은, 〈무의식적 관념〉의 경우 그것이 〈의식〉 속으로 들어오기 전에 어떤 연결 고리가 만들어져야 하는 데 비해, 직접 전달되는 〈감정〉의 경우에는 이런 일이 발생하지 않는다는 것이다. 다른 말로 해서, 〈의식〉과 〈전의식〉의 구별은 감정의 문제에 관한 한 아무 의미가 없다. 여기서 〈전의식〉이 떨어져 나가고 감정은 의식적이냐 혹은 무의식적이냐의 문제로 귀착한다. 심지어는 감정이 언어 표상에 부착되어 있을 때에도 그것이 의식화되는 것은 환경 때문이 아니라 직접 그렇게 되는 것이다.[17]

이제 언어 표상이 하는 역할은 아주 분명하게 되었다. 그것이 개재됨으로써 내부의 사고 과정이 지각으로 된다. 그것은 마치 모든 지식은 외부적 지각에 그 기원을 갖고 있다는 일반 법칙을 증명이라도 하는 것 같다. 사고 과정에 리비도 과잉 집중*Überbesetzung*이 발생하면 사고는 마치 그것이 외부로부터 온 것처럼 〈실제적으로〉 지각되고, 결과적으로 사실로 받아들여진다.

외부적 지각과 내부적 지각 사이의 관계와 〈지각-의식〉의 표면 조직에 대한 이해를 분명히 했으므로, 우리는 이제 계속해서 자아의 개념을 연구해 볼 수 있을 것이다. 그것은 우리가 알다시피, 그것의 핵인 〈지각〉의 조직에서 출발하고 기억의 잔재물과 인

17 「무의식에 관하여」 참조.

접해 있는 〈전의식〉을 끌어안음으로써 시작된다. 그러나 우리가 이미 배웠듯이, 자아도 역시 무의식적이다.

이제 우리는 한 저술가의 제언(提言)을 따라가 봄으로써 큰 것을 얻을 수 있을 것이란 생각이 든다. 이 저술가는 개인적 동기에서, 자신을 순수 과학의 엄격함과는 아무런 관계가 없다고 주장하는 사람이다. 내가 말하고 있는 사람이 바로 게오르크 그로데크Georg Groddeck인데, 우리가 자아라고 부르는 것은 본질적으로 우리의 삶에서 수동적으로 행동하고, 그의 표현대로 우리가 알지 못하는 통제할 수 없는 어떤 힘에 의해서 〈살게 된다〉고 지칠 줄 모르게 주장하는 사람이다.[18] 우리 모두는 같은 종류의 인상 — 설령 그것이 다른 모든 것을 배척할 정도로 우리를 압도하지는 않았을지 모르지만 — 을 이미 받았다. 그래서 우리는 과학의 체계 속에 그로데크의 발견을 수용할 장소를 찾는 데 어떠한 주저함도 느끼지 않는다. 나는 〈지각〉의 조직에서 출발하고 〈전의식〉, 〈자아〉로 시작되는 실체를 주목함으로써, 그리고 그로데크를 따라 마음의 다른 부분 — 이 속에서 위에서 말한 실체가 연장되고 또한 그것은 마치 〈무의식〉이나 〈이드das Es〉처럼 행동한다 — 을 주목해 봄으로써 그 문제를 고려해 볼 것을 제안하는 바이다.[19]

우리는 곧 이러한 견해가 서술과 이해의 목적에 도움을 줄 수 있는지의 여부를 알게 될 것이다. 이제 우리는 한 개인을 알려지지 않고 무의식 상태인 정신적인 이드 — 이것의 표면에 자아가 자리 잡는데, 이 자아는 그것의 핵인 〈지각〉의 조직에서 발전해 나온 것이다 — 로 바라보게 될 것이다. 만약 우리가 이것을 그림

18   그로데크의 『이드에 관한 책 Das Buch vom Es』(1923) — 원주.
19   그로데크는 니체의 예를 따른 것이 틀림없다. 니체는 우리의 성격 속에 있는 비인간적인 것, 다시 말해 자연법칙의 지배를 받는 것들을 표현하기 위하여 습관적으로 이 문법적 용어를 사용했다 — 원주.

으로 표현하려고 노력한다면, 자아가 이드를 완전히 감싸지 않고 〈지각〉의 조직이, 배반(胚盤)이 난자 위에 자리 잡듯이, 자아의 표면을 형성하는 정도까지만 감싼다는 사실을 덧붙여야 할 것이다. 자아는 이드로부터 칼로 자르듯이 분리되어 있지 않다. 자아의 하부는 이드와 합병된다.

그러나 억압된 것도 역시 이드와 합병되어 이것의 일부를 구성할 뿐이다. 단지 억압된 것은 억압의 저항에 의해서 자아로부터 완전히 단절되어 있는 것이다. 그러나 그것은 이드를 통해서 자아와 의사소통할 수 있다. 병리학의 부추김을 받아 우리가 그은 거의 모든 경계선은, 오직 우리에게 알려진 유일한 부분인 정신 기관의 표층부에만 관련되어 있다. 우리가 지금까지 서술해 온 상황을 그림으로 표현할 수 있을 것이다.[20]

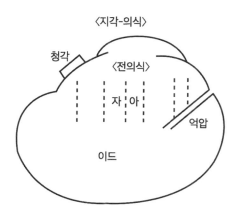

20 『새로운 정신분석 강의』(프로이트 전집 2, 열린책들) 중 서른한 번째 강의에 있는 이것과 약간 다른 그림을 비교해 보라. 『꿈의 해석』에 있는 이것과 전혀 다른 그림과 1896년 12월 6일 플리스에게 보낸 편지 속에 나타난 그것의 전신이라고 할 수 있는 그림은 구조뿐만 아니라 기능 면에도 신경을 쓰고 있다.

여기서 선택된 형태가 어떤 특별한 적용 가능성이 있을 거라고는 감히 주장하지 않는다. 다만 설명의 목적에 도움이 되리라는 의도에서 그려졌다.

아마도 우리는 자아가 〈듣는 모자〉[21]를 쓰고 있다는 것 — 우리가 대뇌 해부학을 통해서 알고 있듯이, 한쪽에만 쓴 — 을 덧붙여야겠다. 그 모자를 삐딱하게 쓰고 있다고 말할 수 있을 것이다.[22]

자아가 〈지각-의식〉의 매개를 통해 외부 세계의 직접적인 영향에 의해서 수정된 부분의 이드라는 사실을 알아차리기는 쉬운 일이다. 어떤 의미에서 그것은 표면 분화의 한 연장이다. 더구나 자아는 외부 세계의 영향을 자아와 그 경향과 연결시키려 하고, 이드 속에서 무제한적으로 세력을 떨치고 있는 쾌락 원칙을 현실 원칙Realitätsprinzip으로 대치시키려고 노력한다. 자아에게는 지각이 이드 속에서 본능에 해당하는 역할을 한다. 자아는, 열정을 포함하고 있는 이드와는 대조적으로, 이성과 상식이라고 붙여질 수 있는 것을 대변한다. 이 모든 것은 우리가 잘 알고 있는 일반적 구분하고 맥락을 같이한다. 그러나 그것은 단지 평균적 의미나 〈이상적〉 의미로만 유효한 것으로 받아들여져야 할 것이다.

자아의 기능적 중요성은 그것이 일반적으로 운동성의 통제적 임무를 떠맡고 있다는 사실 속에 잘 드러나 있다. 그와 같이 이드와의 관계에 있어서 자아는 말 등에 타고 있는 사람과 같다. 이 사람은 자기보다 더 센 말의 힘을 제어해야 한다. 한 가지 차이점은, 말을 탄 사람은 자기 자신의 힘으로 그 일을 하는 반면, 자아는 빌려 온 힘을 사용한다는 것이다. 우리는 이 유추적 비유를 좀 더 밀

21 Hökappe. 청각 인지 영역을 뜻한다.
22 프로이트는 여기서 〈베르니케의 영역〉, 즉 언어의 이해와 관련된 대뇌엽의 위쪽 청각 인지 영역을 마음에 두고 있었는지도 모른다. 베르니케C. Wernicke의 『정신 의학의 개요Grundriss der Psychiatrie』(1900) 참조.

고 나갈 수 있을 것이다. 말을 탄 사람은 말에서 떨어지지 않으려면 말이 가고자 원하는 곳으로 이끌어야 한다.[23] 마찬가지로 자아도 이드의 의지를, 마치 그것이 자신의 의지인 양 행동으로 나타내는 습관이 있다.

〈지각〉 조직의 영향 외에 또 다른 요소가 자아의 형성과 자아가 이드로부터 분화되게 하는 데 일정한 역할을 하는 것처럼 보인다. 사람의 육체, 특히 그 표면은 외부적 지각과 내부적 지각이 생기는 장소다. 그것은 다른 대상물과 같아 〈보인다〉. 그러나 그것이 다른 것과 〈접촉〉할 경우 두 가지 종류의 감각을 지어내는데, 그중 하나는 내부적 지각과 동일할 수 있다. 정신 생리학은 어떻게 해서 사람의 육체가 지각의 세계에서 다른 대상물 가운데 특별한 위치를 차지하게 되었는가를 충분히 검토해 왔다. 고통역시 그 과정에서 어떤 역할을 하는 것처럼 보인다. 그리고 우리가 고통스럽게 아플 때 어떻게 해서 우리 기관에 대한 새로운 인식을 얻게 되느냐 하는 것은 아마도 우리가 일반적으로 우리 육체에 대한 지식에 도달하는 전형적 모델이 될 것이다.

자아는 무엇보다도 먼저 육체적 자아이다. 그것은 표면적 실체일 뿐만 아니라 그 자체로 표면의 투영이다.[24] 만약 이에 대한 해부학적 유추를 찾기 원한다면, 우리는 그것을 해부학자들이 말하는 〈대뇌 피질의 작은 인간 *Gehirnmännchen*〉과 동일시해 보는 것이 가장 좋을 것이다. 이 난쟁이는 외피에 머리를 박고 서 있고 발꿈

---

23 이 비유는 『새로운 정신분석 강의』에 다시 나온다. 또한 비슷한 것이 『꿈의 해석』에 나오는 프로이트의 꿈에 대한 연상으로서 등장하기도 한다.

24 다시 말해서, 자아는 궁극적으로 육체적 감각에서, 주로 육체의 표면에서 나오는 감각에서 유래된 것이다. 따라서 자아는, 우리가 위에서 보았듯이, 정신 기관의 외관을 대표하는 것 외에 육체적 표면의 정신적 투사라고 간주할 수 있을 것이다 ─ 이 각주는 1927년 영어 번역본에 처음 등장했고 프로이트에게 인가를 받은 것으로 되어 있다. 독일어판에는 이 각주가 나오지 않는다.

치를 곧추세우고 얼굴을 돌리고 있으며, 우리가 잘 알다시피 왼쪽 부위에 언어 영역을 갖고 있다.

자아와 의식의 관계는 반복적으로 거론되었다. 그러나 이 문제와 관련하여 여기서 말해야 할 중요한 사실이 남아 있다. 우리가 어디로 가든지 사회적, 윤리적 가치 등급을 매기는 것이 습관화되어 있어서, 저차원적 열정의 본거지가 무의식 속에 있다는 말을 듣는다고 해서 놀라움을 느끼지는 않을 것이다. 더구나 우리는 정신 기능이 가치 등급이 높으면 높을수록, 그만큼 더 쉽게 의식에 접근할 수 있다고 생각한다. 그러나 여기서 정신분석학적 경험은 우리를 실망시킨다. 보통 심각한 사색을 요하는 미묘하고 어려운 지적 작용도 역시 의식화되지 않은 상태로 전의식적으로 이루어질 수 있다는 증거를 우리는 갖고 있다. 이러한 사례들을 논박하기란 불가능한 일이다. 예컨대 그런 일은 수면 상태에서 발생하는데, 어떤 사람이 잠에서 깨어난 직후 그가 전날에 씨름하던 어려운 수학 문제나 여타 문제에 대한 해답을 얻었다고 말할 때와 같은 경우다.[25]

그러나 이보다 더 생소하게 보이는 현상이 또 있다. 어떤 사람에게 있어서는 자기비판과 양심의 기능 — 즉 최고 등급에 속하는 정신 활동 — 이 무의식적 상태에 있어서 무의식적으로 대단히 중요한 효과를 내는 경우가 있음을 분석 과정에서 발견하게 된다. 그러므로 저항이 분석 과정 중에 무의식 상태로 남아 있는 사례는 이것이 결코 유일한 것은 아니다. 그러나 우리의 더 나은 비판적 판단에도 불구하고 〈무의식적 죄의식〉[26]을 말하지 않을

---

25 나는 아주 최근에 이러한 구체적 사례를 보고받은 바 있다. 그러나 그것은 〈꿈-작업〉에 대한 나의 설명을 반대하기 위한 반증 자료로서 제기된 것이었다 — 원주. 『꿈의 해석』참조.

26 이 구문은 프로이트의 「강박 행동과 종교 행위」(프로이트 전집 13, 열린책들)

수 없게 만드는 이러한 새로운 발견은 앞의 사례보다 우리를 훨씬 더 당황하게 만든다. 그리고 많은 신경증 환자들에게 이러한 종류의 무의식적 죄의식이 결정적인 경제적 역할을 하고 있으며, 회복 과정에서 가장 강력한 장애물로 작용한다는 사실을 우리가 점차로 깨닫게 됨에 따라, 특히 그러한 발견은 우리에게 새로운 문제점을 안겨 주고 있다. 만약 가치 등급의 문제로 다시 한번 돌아가 본다면, 우리는 자아 속에 있는 가장 저급한 것뿐만 아니라 가장 고상한 것까지도 무의식적일 수 있다는 사실을 말해야 할 것이다. 그래서 우리는 이제 의식적 자아에 대해서 우리가 방금 전에 했던 주장, 즉 그것은 무엇보다도 먼저 육체적 자아라는 말의 증거를 찾은 것 같다.

3. 자아와 초자아(자아 이상)

만약 자아가 단순히 지각 조직의 영향에 의해서 수정된 이드의 일부, 즉 마음속에 있는 실제 외부 세계의 대변체라면, 우리가 다루어야 할 문제는 간단할 것이다. 그러나 거기에는 더 복잡한 문제가 개입되어 있다. 자아 속의 한 등급, 혹은 자아 내에서 분화된 어떤 것 — 우리는 이것을 〈자아 이상 Ichideal〉 또는 〈초자아 das Über-ich〉라고 부를 수 있을 것이다 — 이 존재한다는 가설을 세우도록 유도한 여러 견해를 우리는 다른 곳에서[27] 언급한 바 있었다. 그것들은 아직도 유효하다.[28] 자아의 이 부분이 의식과 결합

에 이미 나타나 있다. 그러나 그 개념은 그보다 훨씬 전, 「방어 신경 정신증 Die Abwehr-Neuropsychosen」(1894)에 이미 예견되어 있었다.

27 「나르시시즘 서론」과 「집단 심리학과 자아 분석」 참조 — 원주.

28 단, 나는 〈현실성 검사〉의 기능을 초자아가 갖고 있다고 말하는 실수를 했던 것 같다. 이 점은 수정되어야 한다. 만약 현실성 검사를 자아가 하는 일로 본다면, 그것

되어 있는 정도가 덜 확고하다는 사실은 새로운 것으로서 설명을 요한다.

이 시점에서 우리는 폭을 좀 넓혀야겠다. 우리는 우울증으로 고통받는 사람들에게서 상실한 대상이 다시 자아 속에 자리 잡는다는 것, ─ 다시 말해서 대상 리비도 집중이 동일시*Identifizierung*에 의해서 대치된다는 것을 가정함으로써 우울증이라는 고통스러운 병을 설명하는 데 성공했다.[29] 그러나 그때에 우리는 이 과정에 대한 의의를 충분히 이해하지 못했고, 그 병이 얼마나 흔하고 전형적인가 하는 것은 알지 못했다. 그 이래로 우리는 그러한 종류의 대치는 자아가 취하는 형태를 결정하는 데 큰 몫을 담당하고 있다는 사실을 알게 되었고, 그것은 또한 이른바 〈성격〉을 형성하는 데 근본적으로 기여한다는 사실도 이해하게 되었다.[30]

인간의 초기 원시적 구순기에는 대상 리비도 집중*Objekt-besetzung*과 동일시가 구별되지 않는 것은 의심할 여지가 없다.[31] 그 후에 대상 리비도 집중은 성적 경향을 욕구로서 느끼는 이드에서 나온다고 생각될 뿐이다. 처음이라 아직 연약한 상태인 자아는 이 대상 리비도 집중을 알아차리고 그것을 그대로 묵인하거나 억압의 과정을 통해서 멀리하려고 한다.[32]

은 자아와 지각 세계의 관계에 아주 잘 들어맞는다. 〈자아의 핵〉에 관한 그렇게 잘 정리되지 못한 이전의 몇 가지 제언들 역시, 조직 지각-의식만이 자아의 핵으로 간주될 수 있으므로 바로잡아야겠다 ─ 원주. 「집단 심리학과 자아 분석」참조. 「쾌락 원칙을 넘어서」에서 프로이트는 자아의 무의식적 부분을 자아의 핵이라 말했고, 그 후에 나온 「유머」(프로이트 전집 14, 열린책들)에서는 초자아를 자아의 핵이라 말하고 있다.

29 「슬픔과 우울증」참조 ─ 원주.
30 프로이트가 성격 형성을 논한 다른 글에 관한 언급은 「성격과 항문 성애」(프로이트 전집 7, 열린책들)를 참조할 것.
31 「집단 심리학과 자아 분석」참조.
32 대상 선택을 동일시로 대치하는 것과 관련하여 이와 비슷한 흥미로운 사례가, 자양분으로 섭취한 동물의 속성이 그것을 먹은 사람의 성격의 일부로 존속된다는 원시인들의 믿음과 이것에 기초한 금제 조항에서 발견된다. 잘 알려진 대로, 이러한

어떤 사람이 성적 대상을 포기해야 하는 상황이 발생하면 그의 자아 변화가 뒤따르는 일이 자주 일어나는데, 이것은 우울증에서 보듯이 자아 내에 그 대상을 설치하는 것이라고 말할 수 있다. 이러한 대치의 정확한 성격은 아직 알려지지 않고 있다. 구순기의 메커니즘을 향한 일종의 퇴행인 이러한 내투사*Introjektion*를 통해, 자아는 대상의 포기를 더 쉽게 만들며 그 과정을 가능한 것으로 만들고 있는지도 모른다. 이러한 동일시가 이드가 그 대상을 포기할 수 있는 유일한 조건인지도 모른다. 여하튼 그러한 과정은, 특히 발달의 초기 단계에 있어서는 매우 빈번하게 일어나는 것이다. 그리고 자아의 성격은 포기한 대상 리비도 집중의 침전물이고, 따라서 그것은 대상 선택의 역사를 포함하고 있다는 생각을 가능하게 하는 것도 그러한 과정을 통해서이다. 저항 능력에는 다양한 정도 차이가 있고, 어떤 사람의 성격이 어느 정도로 그의 성적 대상 선택의 역사적 영향을 피할 것인가 혹은 받아들일 것인가를 결정할 수 있게 해주는 것도 바로 그 저항 능력의 차이라는 사실을 우리는 처음부터 인정해야겠다. 사랑의 경험을 많이 해본 여자들의 경우, 그들 성격의 특성에서 대상 리비도 집중의 흔적을 발견하는 일이 어렵지 않은 것처럼 보인다. 우리는 또한 대상 리비도 집중과 동일시가 동시에 일어나는 경우, — 다시 말해서 성격상의 변화가 대상을 포기하기 전에 일어나는 경우를 고려해 보아야 할 것이다. 그러한 경우에 성격상의 변화는 대상 관계*Objektbeziehung* 이후에도 살아남을 수 있고, 어떤 의미로서는 그 관계를 보존할 수 있다.

믿음이 식인 풍습의 뿌리이고, 그 결과는 토템 음식의 사용에서부터 성찬식에 이르기까지 지속되고 있다. 이러한 믿음과 관련된 대상의 구순적 지배의 성향은 실제로 사람들의 성적 대상 선택의 경우에서 나타난다 — 원주. 「토템과 터부」 참조.

다른 관점에서 볼 때, 이처럼 성적 대상 선택이 자아의 변화로 변형되는 것은 또한 자아가 이드에의 통제력을 획득하고 그것과의 관계를 심화시킬 수 있는 — 상당한 정도로 이드의 경험을 묵인하는 대가를 치르고 — 방법이기도 하다는 말을 할 수 있을 것이다. 자아가 대상의 특성을 자기 것으로 할 때, 그것은 사랑의 대상으로서의 이드에게 자신을 강요하면서 〈아마, 너는 또한 나를 사랑할 수 있어 — 나는 대상과 똑같아〉라고 말함으로써 이드의 상실을 보상하려고 한다.

그렇게 해서 발생하는 대상 리비도를 자기애적 리비도로 변형시키는 일은 분명히 성적 목적의 포기, 탈성화(脫性化), 일종의 승화Sublimierung를 암시한다. 실로 이것이 승화에 이르는 보편적 길이 아닌가, 모든 승화는 자아를 매개로 발생하는 것 — 이 과정은 우선 성적 대상 리비도를 자기애적 리비도로 바꾸고, 그다음에는 그것에 다른 목적을 부여하는 방향으로 진행된다 — 이 아닌가 하는 의문이 생기고, 이 의문은 또한 세심하게 고려할 만한 가치가 있어 보인다.[33] 우리는 뒤에서 다른 본능적 변화도 역시 이 변형 과정으로부터 야기되는 것이 아닌가, 예를 들어 그 변형 과정이 융합된 여러 본능의 해체를 가져오는 것이 아닌가 하는 문제를 고려해 보아야 할 것이다.[34]

우리의 목적에서 좀 벗어나는 일이지만, 우리는 자아의 대상 동일시 문제에 좀 더 긴 시간 동안 관심을 주지 않을 수 없겠다.

33 자아와 이드를 구별했으므로, 이제 우리는 이드를 나르시시즘에 관한 논문(「나르시시즘 서론」)에서 내가 거론한 바 있었던 리비도의 거대한 저장소라고 인식해야 할 것이다. 앞에서 말한 동일시를 통해 자아 속으로 흘러들어 온 리비도가 〈제2의 나르시시즘〉을 초래한다 — 원주.

34 프로이트는 뒤쪽에서 이 문제로 다시 돌아온다. 본능의 융합과 분열의 개념도 설명된다. 이 내용은 「〈정신분석학〉과 〈리비도 이론〉」(프로이트 전집 15, 열린책들)에서 논의된다.

만약 그 동일시가 승리하고 발생 횟수가 지나치며 과도하게 강력하고 하나의 동일시가 다른 동일시와 양립할 수 없는 상태라면, 머지 않아 병적 결과가 나타날 것이다. 상이한 동일시가 저항에 의해서 서로 절연됨으로써, 결과적으로 자아의 분열 현상이 발생할 수도 있다. 아마도 이른바 〈혼합 인격〉의 비밀은 상이한 동일시가 차례로 의식을 사로잡고 있는 것이다. 사정이 이 정도까지 이르지 않는 경우조차, 자아의 분열을 가져오는 다양한 동일시 사이에 생기는 갈등 ── 결국 전적으로 병적이라고만은 할 수 없는 갈등 ── 의 문제는 여전히 남아 있다.

그러나 포기한 대상 리비도 집중의 영향에 저항하는 성격이 갖는 이후의 능력이 무엇으로 드러나든 간에, 어린아이 시절에 이루어진 첫 번째 동일시의 효과는 일반적이고 영속적일 것이다. 이 문제는 우리를 자아 이상의 근원으로 끌고 간다. 그것 뒤에는 하나의 가장 중요한 첫 번째 동일시, 즉 그 자신의 개인적 전사(前史)에서 있었던 아버지와의 동일시 문제가 숨어 있기 때문이다.[35] 이것이 우선 대상 리비도 집중의 결과가 아님은 분명하다. 그것은 직접적이고 즉각적인 동일시이고, 어떠한 대상 리비도 집중보다도 더 일찍이 발생한다.[36] 그러나 첫 번째 성적 기간에 속하며 아버지와 어머니가 관계된 대상 선택은 일반적으로 그 결과를 이

---

35 아마도 〈부모와의 동일시〉라고 하는 편이 더 좋을 것이다. 왜냐하면 어린아이가 성(性)의 차이, 즉 남근의 결핍에 대한 확실한 지식에 도달하기 전에는 아버지와 어머니를 가치 면에서 구별하지 않기 때문이다. 나는 최근에 한 젊은 기혼녀의 사례를 우연히 접하게 되었는데, 그 이야기에 의하면, 자기 자신 속에서 남근의 결핍을 목격하고 나서 그 여자는 그 남근이 모든 여성에게 부재하는 것이 아니라 오직 그녀가 열등하다고 간주하는 사람들만 그렇다고 생각했으며, 자기 어머니는 아직도 그것을 소유하고 있다고 생각한다는 것이다. 나의 논지를 단순화하기 위해 여기서는 아버지와의 동일시만을 논할 것이다 ── 원주. 「소아 성기기」(프로이트 전집 7, 열린책들) 참조.

36 「집단 심리학과 자아 분석」 참조.

런 종류의 동일시에서 찾게 되고, 그 결과 1차적 동일시를 강화시킬 것이다.

그러나 전체 주제가 하도 복잡해서 그것을 좀 더 구체적으로 살펴볼 필요가 있을 것이다. 이 문제의 복잡성은 오이디푸스 상황의 세 요소로 이루어진 성격과 각 개인의 체질적 양성 소질 *Bisexualität*이라는 두 가지 요인 때문이다.

단순화하자면, 남자아이의 경우는 다음과 같이 기술될 수 있을 것이다. 매우 어린 나이에 그 작은 남자아이는 어머니에 대한 대상 리비도 집중을 개발시키는데, 그것은 원래 어머니의 젖과 관련되어 있고 의존*Anlehnung* 유형에 의한 대상 선택의 원형이 된다.[37] 이 아이는 자기 자신을 아버지와 동일시함으로써 아버지 문제를 처리한다. 일정 기간 동안 이 두 관계가 나란히 지속되다가 이 아이의 어머니에 대한 성적 욕망이 더 강렬하게 되고 아버지는 그 욕망에 대한 장애물로 인식되기에 이른다. 여기에서부터 오이디푸스 콤플렉스가 발생한다.[38] 그렇게 되면 그의 아버지와의 동일시는 적대적인 색채를 띠게 되고, 어머니에 대한 아버지의 자리를 빼앗기 위해 그를 제거하려는 욕망으로 바뀐다. 그 후부터 자식과 아버지와의 관계는 양가적이다. 그것은 마치 처음부터 동일시 속에 내재되어 있던 양가성이 명시적으로 드러난 것처럼 보인다. 아버지에 대한 양가적인 태도와 어머니에 대한 애정 일변도의 대상 관계는 남자아이에게 있어서 단순한 긍정적 오이디푸스 콤플렉스의 내용을 형성한다.

오이디푸스 콤플렉스의 극복과 더불어 아이의 어머니에 대한 대상 리비도 집중은 포기되어야 한다. 그 자리는 어머니와의 동

---

37 「나르시시즘 서론」 참조.
38 「집단 심리학과 자아 분석」 참조.

일시나 아버지와의 동일시 강화, 이 둘 중의 하나로 채워질 수 있다. 우리는 후자의 결과가 더 정상적이라고 보는 데 습관이 되어 있다. 그것은 어머니와의 애정적 관계가 어느 정도 지탱되는 것을 허용한다. 이런 식으로 오이디푸스 콤플렉스를 해소[39]하는 것은 남자아이의 성격에 남성성을 강화시켜 준다. 이것과 정확하게 유사한 방식으로,[40] 어린 여자아이의 오이디푸스적 태도는 어머니와의 동일시 강화(혹은 처음으로 그런 동일시를 설정하는 일)로 결말이 나고, 그 결과는 그 여자아이의 여성적 성격의 확립이 될 것이다.

이러한 동일시는 우리가 기대했던 것이 아니다. 왜냐하면 그것은 포기한 대상을 자아 속으로 도입시키지 않기 때문이다. 그러나 이런 일이 실제로 일어날 수 있고, 그것은 남자아이보다는 여자아이에게서 더 쉽게 관찰된다. 어린 여자아이가 자기 아버지를 사랑의 대상으로서 포기한 연후에 그녀의 남성성이 두드러지게 드러나고, 어머니보다는 아버지와 (다시 말해서 상실한 대상과) 동일시하는 사례가 분석 과정을 통해 자주 나타난다. 분명히 이 문제는 그 여자아이의 성향에 있는 남성성이 — 그것이 무엇으로 구성되었든 간에 — 얼마나 강한 것이냐에 달려 있을 것이다.

그러므로 이 양성 모두에 있어서 남성적 성적 성향과 여성적 성적 성향 중 어느 것이 상대적으로 더 강하냐 하는 것이, 오이디푸스 상황이 아버지와의 동일시로 끝났느냐 혹은 어머니와의 동일시로 끝났느냐를 결정하는 요인처럼 보일 것이다. 이것이 양성

---

39 이 문제를 좀 더 충분히 논하고 있는 논문 「오이디푸스 콤플렉스의 소멸」(프로이트 전집 7, 열린책들)를 참조.

40 오이디푸스 콤플렉스의 결과가 여자아이와 남자아이에게서 〈정확하게 유사하다〉는 생각은 여기서 말한 후 머지 않아 프로이트 자신에 의해서 폐기된다. 「성의 해부학적 차이에 따른 몇 가지 심리적 결과」 참조.

소질의 문제가 오이디푸스 콤플렉스의 잇따른 변화 양상 속에 관여하는 방법 중의 하나이다. 이것은 다른 방법들과 맞먹는 중요성을 갖는다. 단순한 오이디푸스 콤플렉스가 결코 그것의 가장 흔한 형태가 아니라, 오히려 실제적인 목적을 위해서 자주 정당화되는 단순화나 도식화를 나타내기 때문이다. 좀 더 면밀히 연구해 보면, 긍정적인 것과 부정적인 것이라는 이중성을 띠고 어린아이들에게 원래 있는 양성 소질 때문에 나타나는 〈좀 더 완전한〉 오이디푸스 콤플렉스가 존재함을 알 수 있다. 다시 말해서, 남자아이는 자기 아버지에 대해서 양가적인 태도를 취하고 어머니에 대해서 애정적 대상 선택을 할 뿐만 아니라, 이와 동시에 그는 또한 여자아이와 같이 행동하여 아버지에 대해서 애정 어린 여성적 태도를 취하고 어머니에 대해서는 그에 상응하는 질투심과 적개심을 보인다. 어린 시절의 대상 선택과 동일시와 관련하여 사실을 분명하게 파악하는 일을 그처럼 어렵게 하고, 그것을 알기 쉽게 기술하는 일을 그보다 더 어렵게 만드는 주범이 바로 양성소질이 가져온 이 복잡한 요소들이다. 심지어는 부모와의 관계에서 드러나는 양가적 태도는 전적으로 양성 소질에 귀착시켜야 하고, 내가 위에서 보여 주었듯이, 경쟁 심리의 결과로 나타나는 동일시에서 비롯된 것이 아닐 수도 있을 것 같다.[41]

내 의견으로는, 완전한 오이디푸스 콤플렉스의 존재를 가정하

---

41 양성 소질의 중요성에 대한 프로이트 본인의 믿음은 오래전으로 거슬러 올라간다. 예컨대 「성욕에 관한 세 편의 에세이」 초판에서 그는 다음과 같이 쓰고 있다. 〈양성 소질을 고려하지 않고서는 우리가 일반 남녀들에게서 실제로 관찰할 수 있는 성적인 표현을 이해하기란 거의 불가능하다고 생각한다.〉 그리고 이보다 앞서 우리는 플리스(이 문제에 대해서 프로이트에게 큰 영향을 끼친 인물)에게 보내는 편지에서 바로 이 구절을 예견하는 것 같은 구문을 발견하게 된다. 〈양성 소질! 나는 그 문제에 대해서 당신이 옳다고 확신합니다. 지금 나는 모든 성적 행위가 네 사람 간의 사건이라고 생각하는 습관을 길러 가고 있습니다.〉

는 것이 일반적으로 바람직하고, 특히 신경증 환자들의 경우 그렇다. 분석적 경험이 보여 주는 바에 의하면, 많은 경우 그 콤플렉스를 구성하는 요소 중 한두 개는 거의 구별하기 힘든 흔적을 남기는 것을 제외하고서는 사라지고 만다. 따라서 결과적으로 한쪽 끝에는 정상적인 긍정적 오이디푸스 콤플렉스가 남고 다른 쪽 끝에는 거꾸로 된 부정적인 것이 남는 형태를 취하는 반면, 이것의 중간 단계는 양쪽에 압도적으로 우세한 두 구성 요소를 갖춘 완전한 형태를 드러내 보인다. 오이디푸스 콤플렉스의 소멸와 더불어 그것을 구성하고 있던 네 개의 성향이 아버지-동일시와 어머니-동일시를 만들어 내는 식으로 집단화된다. 아버지-동일시는 긍정적 콤플렉스에 속하는 어머니에 대한 대상-관계를 보존하는 반면, 거꾸로 된 콤플렉스에 속하는 아버지에 대한 대상 관계를 대치시켜 버릴 것이다. 그리고 이 말에 〈필요한 변경을 가한다면〉, 어머니-동일시에 대해서도 같은 이야기가 될 것이다. 어느 사람에게나 이 둘의 동일시 중 어느 하나가 상대적으로 강하다는 것은, 그에게서 두 개의 성적 성향 중 어느 하나가 우세하다는 것을 반영해 줄 것이다.

〈그러므로 오이디푸스 콤플렉스에 의해서 지배되는 성적 단계가 가져오는 일반적인 결과는, 자아 속에 어떤 침전물을 형성한다는 것이고 이것은 두 개의 동일시 — 이것들은 어떻게 해서든 서로 결합되어 있다 — 로 구성되어 있다고 볼 수 있다. 이러한 자아의 수정은 그 나름의 특별한 입장을 표명한다. 그것은 자아 이상이나 초자아로서 자아의 다른 내용들과 직면한다.〉

그러나 초자아는 단순히 이드의 초기 대상 선택의 잔재물만은 아니다. 그것은 또한 그러한 선택에 대한 강력한 반동 형성 *Reaktionsbildung*을 나타내기도 한다. 그것의 자아와의 관계는 〈너는 이것과 (너의 아버지와) 같아야《돼》라는 훈계로 끝나지 않는 다. 그것은 또한 〈너는 이것과 (너의 아버지와) 같지《않아도 돼》. 다시 말해서, 너는 그가 하는 것을 모두 다 하지 않아도 돼. 어떤 것은 그의 특권이니까〉라는 금지 조항을 포함하고 있기도 하다. 자아 이상의 이러한 이중 성격은, 이 자아 이상이 오이디푸스 콤 플렉스를 억압하는 책무를 띠고 있다는 사실에서 연유한다. 사실 그것이 존재할 수 있는 것은 그러한 혁명적인 사건 때문이다. 확 실히 오이디푸스 콤플렉스를 억압하는 것은 쉬운 일이 아니었다. 어린아이의 부모, 특히 아버지는 그의 오이디푸스적 욕망을 실현 하는 데 장애물로서 인식되었다. 그래서 그의 유아적 자아는 자 신 속에 이와 동일한 장애물을 설치함으로써 억압의 수행을 위한 요새화 작업을 폈던 것이다. 그것은 이런 일을 하기 위한 힘을, 말 하자면 아버지로부터 빌려 왔던 것이다. 그리고 이러한 차용은 특별히 중대한 것이었다. 초자아는 아버지의 성격을 띤다. 오이 디푸스 콤플렉스가 강렬하면 할수록, 그리고 그것이 (권위나 종 교적 가르침, 학교 교육이나 독서 행위 등의 영향을 받아) 억압에 빨리 굴복하면 할수록, 그 후에 나타나는 초자아의 자아에 대한 지배력은 — 양심이나 무의식적 죄의식의 형태로 — 더욱 엄격하 게 될 것이다. 나는 곧 그것의 이러한 지배력의 근원 — 지상 명령 의 형태로 나타나는 그것의 강박적 성격에 대한 근원 — 에 대해 서 몇 마디 제언을 하려고 한다.

만약 우리가 다시 한번 지금까지 말한 대로 초자아의 기원을 고려한다면, 그것은 두 가지 대단히 중요한 요소, 즉 생물학적 성 격을 지닌 요소와 역사학적 성격을 지닌 요소의 결과라는 사실을 인식하게 될 것이다. 다시 말해서, 인간은 어린 시절에 무력과 의 존 상태로 지내는 기간이 길다는 것과 오이디푸스 콤플렉스적 사건이 그것인데, 오이디푸스 콤플렉스의 억압은 잠재기에 의한 리비도적 발전의 중단과 이에 따른 성생활의 이상성적(二相性的) 출현과 관련 있다는 사실을 우리는 지적한 바 있다.[42] 정신분석학적 가설에 의하면,[43] 마지막에 언급한 이 현상 — 그것은 인간에게 특유한 것처럼 보인다 — 은 빙하기에 의해서 필요해진 문화적 발전의 유산이다. 그렇다면 초자아가 자아에서 분화된 것은 우연의 문제가 아니라는 사실을 우리는 알 수 있다. 그것은 개체와 종의 발달의 가장 중요한 특징을 나타낸다. 실로 그것은 부모의 영향에 영원한 표현을 부여함으로써, 그것의 기원으로 작용한 요소들의 존재를 영속화시킨다.

정신분석학은 인간 성격의 고차원적이고, 도덕적이며, 초인간적인 측면을 무시한다는 비난을 거듭해서 받아 왔다. 이러한 비난은 역사적 측면과 방법론적 측면에서 이중으로 부당하다. 우선 첫째로, 우리는 처음부터 억압을 부추기는 기능을 자아 속에 있는 도덕적, 미학적 경향 탓으로 돌렸고, 둘째, 정신분석학적 탐구는 철학 체계처럼 완전하고 기성품과 같은 이론적 구조를 만들어 낼 수 없으며, 정상적이거나 비정상적인 현상들을 분석적으로 해부함으로써 마음의 복잡성을 이해하기 위한 길을 따라 한 발짝씩

---

42 독일어판에는 이 문장이 다음과 같이 되어 있다. 〈만약 우리가 다시 한번 지금까지 말한 대로 초자아의 기원을 고려한다면, 그것은 두 가지 대단히 중요한 생물학적 요소의 결과라는 사실을 인식하게 될 것이다. 다시 말해서, 인간은 무력과 의존 상태로 지내는 기간이 길다는 것과 오이디푸스 콤플렉스적 사건이 그것인데, 우리는 이 오이디푸스 콤플렉스를 잠복기에 의한 리비도적 발전의 중단과 이에 따른 성생활의 이상성적(二相性的) 출현에까지 추적해 갔다.〉 위의 텍스트에 있는 이것과 다소 다른 번역본은 프로이트의 요청에 따라 1927년의 영역본에 끼워 넣은 것이다. 무슨 이유에서인지 이 교정본이 그 후의 독일어판에 포함되지 않았다.

43 이 생각은 페렌치가 「내투사와 전이 Introjektion und Übertragung」(1909)에서 제시한 바 있다. 프로이트는 「억압, 증상 그리고 불안」에서 그 생각을 더 결정적으로 받아들이고 있는 것 같다.

더듬어 가야 한다는 사실을 굳이 외면하려는 추세가 일반적으로 있어 왔다. 정신생활에서 억압된 것의 연구에 관심을 쏟아야 했을 때는, 우리가 인간의 고차원적 측면의 소재에 대해서 알고 있는 어떠한 걱정에도 동참할 필요가 없었다. 그러나 이제 우리는 자아의 분석을 향해 출범했으므로, 도덕 의식에 충격을 받은 사람들과, 인간에게 고차원적 성격이 존재함에 틀림없다고 우리에게 불만을 표시한 사람들에게 어떤 답변을 할 수 있을 것이다. 즉 우리는 그들에게 〈당신들의 말이 옳소. 우리는 과연 이러한 자아 이상이나 초자아, 혹은 우리 부모와의 관계의 대변체 속에 그 고차원적 성격을 갖고 있는 것이오. 우리가 어린아이들이었을 때 우리는 이런 고차원적 성격을 알고 있었고 그것에 경탄했고 또한 두려워했소. 그리고 후에는 그것을 우리 자신 속으로 받아들였소〉라고 말할 수 있게 되었다.

그러므로 자아 이상은 오이디푸스 콤플렉스의 후계자이다. 따라서 그것은 이드의 가장 강력한 충동과 가장 중요한 리비도적 변화 양상의 표현이기도 하다. 이러한 자아 이상을 세움으로써 자아는 오이디푸스 콤플렉스를 극복하는 동시에, 자신을 이드에 대한 종속 관계 속에 위치시킨다. 자아가 근본적으로 외부 세계나 현실의 대변체인 반면, 초자아는 그것과는 대조적으로 내부 세계나 이드의 대변체로서 존재한다. 자아와 이상 사이의 갈등은, 우리가 예측할 수 있듯이, 궁극적으로 현실적인 것과 정신적인 것, 외부 세계와 내부 세계 사이의 대조적 성격을 반영한다.

그 이상의 형성을 통해, 생물학과 인간 종의 변화 양상이 이드 속에 창조했거나 그 속에 남겨 놓은 것들은 자아가 인수받게 되고 한 개인으로서 그 자체와의 관계 속에서 재경험되는 것이다. 자아 이상이 형성된 방법의 특수성으로 인해 그것은 각 개인의 계통 발생적 습득, 즉 그의 태곳적 유산과 가장 풍부한 연결 고리를 가진다. 우리들 각자의 정신적 삶 속에서 가장 낮은 차원에 속했던 것들이, 그 이상의 형성을 통해 인간의 마음 중에서 가치 등급으로 따져 가장 높은 것으로 변한다. 그러나 우리가 자아를 한 지역에 국한시키는 방법으로 자아 이상을 국지화시켜 봐야 소용 없는 짓일 것이다.[44] 그리고 유추의 도움을 받아 자아와 이드의 관계를 그려 보려고 시도했던 것처럼, 유추적 관계 속에서 그것을 파악해 보려는 것도 소용없는 짓이다.

자아 이상이 우리가 인간의 고차원적 성격에 대해서 걸 수 있는 모든 기대에 부응한다는 것을 보여 주기는 쉬운 일이다. 아버지에 대한 대리 표상으로서 그것은 온갖 종교를 일으키는 씨앗을 품고 있다. 자아가 자신의 이상에 미치지 못한다고 선언하는 자기 판단은, 신자가 그의 열망 속에서 호소의 대상으로 삼는 겸허라는 종교적 감정을 낳는다. 어린아이가 사람에 따라 아버지의 역할은 선생님이나 다른 권위적 인물에 의해서 계승된다. 그들의 명령과 금제는 자아 이상에 막강한 상태로 남아 있고, 양심의 형태로 도덕적 검열을 계속 수행한다. 〈양심〉의 요구와 자아의 실제적 수행 사이의 긴장은 〈죄의식〉으로 경험된다. 사회적 감정은 다른 사람들과 같은 자아 이상을 갖고 있다는 것을 바탕으로 한 그들과의 동일시에 의존하고 있다.

종교, 도덕, 그리고 사회적 감정 — 인간의 고차원적 측면의 주요한 요소들[45] — 은 원래 동일한 것이었다. 내가 「토템과 터부」에서 제시했던 가설에 의하면, 이것들은 아버지 콤플렉스*Vaterkomplex*

---

44 따라서 초자아는 앞쪽의 그림에 포함되지 않았다. 그렇지만 『새로운 정신분석 강의』 중 서른한 번째 강의에 실린 그림에서는 초자아가 일정한 위치를 차지한다.

45 나는 지금 과학과 예술을 한쪽에 놓고 있다 — 원주.

에서 계통 발생적으로 습득된 것이었다. 즉 종교와 도덕적 억제는 오이디푸스 콤플렉스 그 자체를 극복하는 과정에서 생겨나고, 사회적 감정은 그 당시 젊은 세대의 구성원들 사이에 남아 있던 경쟁 심리를 극복하기 위한 필요성에서 나온 것이다. 남성이 이 모든 도덕적 습득 과정에서 앞장섰던 것 같다. 그리고 그것은 교차 상속에 의해서 여성들에게 전수된 것으로 보인다. 심지어는 오늘날도 한 개인의 사회적 감정은 그의 형제자매들에 대한 시기적 경쟁심 위에 세워진 상부 구조로서 나타나곤 한다. 적개심은 충족될 수 없으므로 경쟁 대상자들과의 동일시가 발생한다. 경미한 동성애 유형을 연구해 보면, 이 경우도 역시 공격적이고 적대적인 태도의 자리를 대신 〈차지한〉 애정적 대상 선택의 다른 이름이 바로 동일시라는 생각을 확인할 수 있다.[46]

그러나 계통 발생의 언급과 더불어 새로운 문제들이 발생하는데, 우리는 이 문제들에서 조심스럽게 뒤로 물러서고자 하는 유혹을 느낀다. 그러나 그럴 수는 없다. 어떤 시도를 해야 한다 — 그것이 우리의 모든 노력의 부적합성을 적나라하게 드러낼 것이라는 두려움이 있음에도 불구하고. 문제는 이것이다. 그 옛날에 아버지 콤플렉스에서 종교와 도덕을 습득한 것은 어느 것인가? 원시인의 자아인가, 혹은 그의 이드인가? 만약 그것이 그의 자아였다면, 왜 우리는 그러한 것들이 단순히 자아에 의해서 유전되었다고 말하지 않는가? 만약 그것이 이드였다면, 어떻게 해서 그것은 이드의 성격과 일치하는가? 혹은 우리가 자아, 초자아, 이드의 구별을 그처럼 옛날까지 끌고 가는 것이 잘못된 일일까? 혹은 자아의 과정에 대한 우리의 모든 개념이 종족 발생을 이해하는

46 「집단 심리학과 자아 분석」과 「질투, 편집증 그리고 동성애의 몇 가지 신경증적 메커니즘」(프로이트 전집 10, 열린책들) 참조 — 원주.

데는 도움이 되지 않으며, 그것에 적용될 수도 없다는 사실을 우리는 정직하게 고백해야 되는 것이 아닌가?

우선 대답하기 가장 쉬운 것부터 답변해 보자. 자아와 이드의 구별은 원시인에게뿐만 아니라 훨씬 더 단순한 유기체에도 적용되어야 한다. 그것은 외부 세계의 영향에 대한 불가피한 표현이다. 우리의 가설에 따르면, 초자아는 실제로 토템 사상을 낳게 한 경험으로부터 유래했다. 이러한 것들을 경험하고 습득한 주체가 자아인가 혹은 이드인가 하는 문제는 곧 아무런 의미를 띠지 못하게 된다. 조금만 곰곰이 생각해 보면, 어떠한 외부적 사건도 이드에 대한 외부 세계의 대변체인 〈자아〉를 경유하지 않고서는 이드에 의해서 경험되거나 받아들여질 수 없다는 것을 알 수 있다. 그럼에도 불구하고 〈자아〉 속에서의 직접적인 유전을 말한다는 것은 있을 수 없다. 실제적 한 개인과 종의 개념 사이에 뛰어넘을 수 없는 큰 간격이 분명히 드러나는 곳이 바로 여기다. 더구나 우리는 자아와 이드의 차이를 지나치게 엄격한 의미로 받아들여서는 안 될 것이며, 자아는 이드가 특별하게 분화된 일부분이라는 사실을 잊어서도 안 되겠다. 자아의 경험이 처음에는 유전에 못 미치는 것처럼 보인다. 그러나 그것이 연속되는 세대를 통해 많은 사람들에 의해서 충분한 강도를 가지고 자주 반복되다 보니, 그것이 이드의 경험으로 변형되고 이것의 인상이 유전에 의해서 보존되는 것이다. 그러므로 이드 — 이것은 유전될 수 있다 — 속에는 무수히 많은 자아의 존재적 잔재물들이 숨겨져 있다. 그리고 자아가 이드에서 초자아를 형성할 때, 그것은 단지 이전 자아들의 형태를 되살려 부활시키고 있을 따름이라는 말을 할 수 있을 것이다.

초자아가 형성되는 방법은, 자아가 이드의 대상 리비도 집중이 겪은 이전의 갈등이 어떻게 해서 후자의 후예인 초자아와의 갈등 속에서 계속될 수 있는지 설명해 준다. 만약 자아가 오이디푸스 콤플렉스를 적절하게 극복하는 데 성공하지 못한다면, 이드에서 솟아오르는 오이디푸스 콤플렉스의 에너지 리비도 집중이 자아 이상의 반동 형성에 다시 한번 동원될 것이다. 자아 이상과 무의식 상태의 본능 충동 사이의 충분한 의사소통은, 자아 이상 그 자체가 어떻게 해서 상당한 정도로 무의식 상태로 남아 있으며 자아에 접근할 수 없는지의 수수께끼를 풀어 줄 것이다. 한때 마음의 심층부에서 치열하게 벌어졌던 전투, 신속한 승화와 동일시를 통해서도 끝장이 나지 않은 그 전투가, 이제는 카울바흐Kaulbach의 그림 속에 나오는 훈족의 전투와 같이 더 높은 지역에서 계속되고 있는 것이다.[47]

4. 두 종류의 본능

만약 마음의 구조를 이드, 자아, 초자아로 구분해 놓은 것이 우리의 지식에서 어떤 진보를 의미한다면, 그것은 우리에게 마음속의 역동적 관계를 더 철저히 이해할 수 있게 해주고, 그것을 더 명료하게 기술할 수 있게 해주어야만 한다는 말을 이미 한 바 있다. 우리는 또한 자아가 특별히 지각의 영향을 받고 있다는 것과, 넓게 말해서 본능이 이드에 대해서 갖는 것과 같은 의미를 지각

47 이것은 보통 샬롱의 전투라고 알려진 전투 장면이다. 451년에 벌어진 전투에서 아틸라Attila가 로마인과 서고트족에 의해 패배당했다. 빌헬름 본 카울바흐(1805~1874)는 이러한 내용을 원래 베를린의 신 박물관을 위해 그려진 벽화의 주제로 삼았다. 이 그림에 죽은 용사들은 전쟁터 위 하늘에서 싸움을 계속하는 것으로 그려져 있다. 그것은 6세기의 신플라톤주의자 다마스키우스Damascius까지 거슬러 올라가는 전설에 따른 것이다.

이 자아에 대해서 가질 수 있다는 것을 결론적으로 이미 표명한 바 있다. 그와 동시에 자아는 또한 이드와 같이 본능의 영향에 종속된다. 우리가 잘 알고 있듯이, 자아는 이드의 특별히 수정된 일부분에 불과하다.

나는 최근에 본능 이론을 개진한 바 있는데,[48] 여기서 그것을 그대로 견지하면서 계속되는 논의의 기초로 삼겠다. 이 견해에 따르면, 우리는 두 부류의 본능을 구분해야 하는데 그중의 하나인 〈성적 본능〉, 혹은 에로스는 훨씬 더 눈에 잘 띄고 연구의 대상이 되기 쉽다. 그것은 억제되지 않는 정통적인 성 본능과, 여기서 유래된 것으로 목적에 의해서 억제되어 승화의 성격을 띠는 본능 충동으로 구성되어 있을 뿐만 아니라, 자기 보존 본능도 포함한다. 이 자기 보존 본능은 자아에 귀착시켜 마땅한 것으로서 분석 작업의 초기에는 그것을 성적 대상 본능과 대조시켜 놓았는데, 거기에는 그 나름의 충분한 이유가 있었다. 두 번째 부류의 본능은 지적하기가 쉽지 않은 것으로서, 우리는 결국 사디즘을 그것의 대표적 표현으로 인식하기에 이르렀다. 생물학의 지원을 받는 이론적 고려를 바탕으로 해서 우리는 〈죽음 본능〉의 가설을 제시한 바 있는데, 이 본능이 하는 일은 유기적 생명체를 무생물 상태로 인도하는 것이다. 반면에 에로스는, 살아 있는 물질을 구성하는 미립자들을 점점 더 광범위한 결합체로 묶음으로써 삶을 더 복잡하게 만들고, 동시에 물론 삶을 보존하는 것을 목적으로 하고 있다고 우리는 생각했었다. 이런 식으로 작용하므로 두 본능 모두가 엄격한 의미에서 보수적이라고 말할 수 있다. 왜냐하면 둘 다가 생명의 출현에 의해서 흐트러진 사태를 재정립하려고 노력하고 있기 때문이다. 따라서 생명의 출현은 삶을 지속해 가는

48 「쾌락 원칙을 넘어서」참조 — 원주.

원인이면서 동시에 죽음을 향해 움직여 가는 원인을 제공한다. 삶 그 자체가 이 두 경향 사이의 갈등이요, 타협이다. 생명의 기원에 대한 문제는 우주론적인 문제로 남아 있다. 그리고 생명의 목표와 목적의 문제는 그 해답이 〈이원론적으로〉 주어져야 할 것이다.

이러한 견해에 대해 특수한 생리학적 과정(동화 작용*Aufbau*과 이화 작용*Zerfall*)을 두 부류의 본능과 각각 연관시킬 수 있을 것이다. 두 종류의 본능이 다 같이 살아 있는 물질의 모든 분자에 활동하고 있을 것이다. 물론 그 비율은 균등하지 않아 어느 한 물질이 에로스의 주된 대변자가 될 수도 있지만.

이 가설은 도대체 두 부류의 본능이 서로 융합하고 섞이고 합쳐지는 방식에 대해서는 아무런 빛도 던져 주지 못한다. 이러한 일이 정규적으로, 그리고 매우 광범위하게 일어나고 있다는 것이 우리의 개념에 필수 불가결한 가정이다. 단세포 유기체가 다세포 생명체로 결합된 결과로 단일한 세포의 죽음 본능은 성공적으로 중화(中化)될 수 있고, 그 파괴적 충동은 특수한 기관의 도움으로 외부 세계로 전향될 수 있을 것처럼 보인다. 이 특수한 기관이 근육 기관인 것 같다. 그렇게 해서 죽음 본능은 외부 세계와 다른 유기체를 향하는 〈파괴 본능*Destruktionstrieb*〉으로서 자신을 — 설령 일부분일 가능성이 크지만 — 표현하는 것으로 생각된다.[49]

일단 우리가 두 부류의 본능이 융합*Mischung*될 수 있다는 생각을 인정하게 되자, 그것이 — 어느 정도 완벽하게 — 〈분열 *Entmischung*〉될 수 있다는 생각이 우리를 엄습한다.[50] 성적 본능의 사디즘적 요소가 우리에게 이로운 본능적 융합의 고전적인 예가

---

49 프로이트는 「마조히즘의 경제적 문제」에서 이 문제로 돌아온다.
50 사디즘과 관련하여 다음에 나오는 것은 「쾌락 원칙을 넘어서」에 암시되어 있다.

될 것이다. 반면에 성도착으로 독립한 〈사디즘〉이 분열의 전형적인 — 물론 극단적인 것은 아니지만 — 예가 될 것이다. 이런 관점으로부터 우리는 전에 이런 각도에서 고려된 바 없었던 많은 사실에 대한 견해를 얻게 된다. 방출의 목적을 위해서 〈파괴 본능〉은 습관적으로 에로스에 봉사하게 된다는 것을 우리는 알게 되었다. 간질병의 발작은 본능적 분열의 산물이고 지표라고 생각된다.[51] 그리고 본능적 분열과 죽음 본능의 현격한 출현은 심한 신경증, 예컨대 강박 신경증Zwangsneurose의 효과를 특별히 고려해 볼 것을 요구한다는 사실을 우리는 이해하게 되었다. 서둘러서 그것을 일반화해 보자면, 우리는 리비도 퇴행(이를테면 성기기에서 사디즘적 항문기로의 퇴행)의 근본이 본능의 분열에 있다고 추측할 수 있을 것이다. 그것은 반대로, 초기 상태에서 결정적 성기기로 진입하는 성적인 요소의 접근에 의해서 조건 지어지는 것과 같은 이치이다.[52] 보통 있는 〈양가감정〉 — 이것은 흔히 체질적 신경증 성향의 사람들에게 아주 강하게 나타난다 — 은 분열의 산물로 간주되어서는 안 되지 않는가 하는 의문이 생긴다. 양가감정은 하도 근본적인 현상이라서, 그것을 아직 완성되지 않은 본능적 융합의 표현으로 보는 것이 더 타당하지 않을까 하는 생각이 든다.

우리가 가정한 정신적 구조 — 자아, 초자아, 그리고 이드 — 와 두 부류의 본능 사이에 추적해 볼 만한 어떤 유익한 관계가 존재하지 않을까 관심을 갖고 탐문해 보는 것은 응당 있을 법한 일이다. 그리고 더 나아가서 정신 과정을 지배하고 있는 쾌락 원칙

---

51 도스토옙스키의 발작에 관한 프로이트의 후기 논문 「도스토옙스키와 아버지 살해」(프로이트 전집 14, 열린책들) 참조.

52 프로이트는 「억압, 증상 그리고 불안」에서 이 문제로 돌아온다.

이 두 부류의 본능과, 그리고 우리가 마음속에 그린 구획성 구조와 각각 어떤 일정한 관계를 유지하고 있는지 물어보는 문제도 역시 그렇다. 그러나 이것을 논하기 전에, 우리는 그 문제 자체를 기술하는 용어와 관련해서 일어나는 의심을 일소해야겠다. 쾌락 원칙에 대해서는 아무런 의심이 있을 수 없다는 것은 사실이다. 그리고 자아 내에서의 분화에 대한 문제도 임상적 정당성을 착실하게 획득하고 있다. 그러나 두 부류의 본능에 대한 구별은 독자들을 충분히 안심시키지 못한 것 같고, 그 주장을 뒤엎을 수 있는 임상적 분석 사례가 발견될 수도 있을 것 같다.

그런 사실이 실제로 존재하는 것처럼 보인다. 두 부류의 본능의 대극성을 설명하기 위해 우리는 사랑과 증오의 양극성을 제시할지 모른다.[53] 에로스의 대변체를 발견하기는 어렵지 않다. 그러나 파괴 본능 — 증오가 이것에 이르는 길을 가리킨다 — 속에서 붙잡기 어려운 죽음 본능의 대변체를 발견할 수 있다는 사실에 대해 우리는 감사해야 할 것이다. 사랑이 예기치 않게 정규적으로 증오(양가감정)를 수반하고, 인간관계에서 증오는 사랑의 전신일 때가 비일비재할 뿐만 아니라, 많은 경우 증오는 사랑으로, 사랑은 증오로 바뀐다는 사실을 이제 우리는 임상 경험을 통해서 알게 되었다. 만약 이 변화가 시간 속에서의 단순한 연속 이상의 것이라면 — 다시 말해서, 만약 둘 중 하나가 실제로 나머지 것으로 변한다면 — 분명히 성적 본능과 죽음 본능 사이와 같이 그렇게 근본적인 구분을 지으려는 의도는 그 허를 찔리고 만다. 그러한 구분은 생리적 과정이 정반대 방향으로 달리고 있다는 것을 전제로 한 것이다.

53 다음에 나오는 것을 위해서는 「본능과 그 변화」와 「문명 속의 불만」에 나오는 사랑과 증오의 관계에 대한 논의를 참조.

어떤 사람이 동일한 인물을 놓고, 그 사람이 그렇게 할 만한 원인을 제공해서 처음에는 사랑하다가 나중에는 미워하는(혹은 그 반대) 경우는, 이제 우리의 문제하고는 분명히 아무 관련성이 없다. 그리고 다른 경우, 즉 아직 분명해지지 않은 사랑의 감정이 처음에는 적개심과 공격성으로 자신을 표현하는 경우 역시 그렇다. 왜냐하면 여기서 대상 리비도 집중 속에 있는 파괴적 요소가 서둘러 앞서가고 한참 뒤에야 사랑의 요소가 합세했기 때문이다. 이와는 달리, 신경증 심리학에서 어떤 변형이 정말 이루어지고 있다는 것을 전제하는 것이 더 그럴듯하게 보이는 여러 사례에 대해서 우리는 알고 있다. 박해 편집증*Paranoia persecutoria*의 경우, 환자는 특수한 방식으로 어떤 특정한 사람에 대해서 지나칠 정도로 강렬하게 끌리는 동성애적 집착을 특수한 방식으로 피해 간다. 결과적으로 그가 대단히 사랑하는 이 사람은 박해자가 되고, 그를 향해 그 환자는 위험스럽기까지 한 공격을 퍼붓는다. 여기서 우리는 사랑을 증오로 변형시킨 이전의 단계를 끼워 넣을 권리를 갖게 된다. 동성애의 기원이나 탈성화(脫性化)된 사회적 감정의 경우에 대해서 분석적 연구가 최근에 와서야 우리에게 가르쳐 준 바에 의하면, 거기에는 공격적 성향으로 이끄는 폭력적인 경쟁 감정이 존재하고, 이 감정을 극복한 후에야 전에 미워하던 대상이 사랑하는 대상이 되고 그와의 동일시가 발생한다는 것이다. 이 경우 우리는 증오를 사랑으로 직접 변형시키는 과정을 가정해야 될지의 의문이 생긴다. 여기서 그 변화는 순전히 내적인 것이 분명하다. 따라서 대상의 행위 변화는 그 과정에서 아무런 역할도 하지 못한다.

그러나 가능한 또 다른 메커니즘이 있는데, 이것은 편집증에서 일어나는 변화와 관련된 과정을 분석적으로 연구해 봄으로써 우리가 알게 된 것이다. 양가적 태도가 처음부터 존재하고, 변형은 리비도 집중의 반작용적 자리바꿈에 의해서 생긴다는 것이다. 이 때의 에너지는 성적 충동에서 떨어져 나와 적대적인 것에 부착된 것이다.

똑같지는 않지만 그것과 비슷한 사건이, 동성애로 이르는 적대적 경쟁 심리가 극복되었을 때 나타난다. 적대적 태도는 만족을 모른다. 따라서 그것은 경제적 이유 때문에 사랑하는 태도로 대치된다. 왜냐하면 이것은 만족의 가망성, 다시 말해 방출의 가능성이 더 높기 때문이다. 그래서 우리는 이 중 어느 경우에서도 증오가 사랑으로 직접 변형된다는 가설을 세울 필요를 느끼지 않는다. 그것은 두 부류의 본능 사이에 존재하는 질적인 구별과 양립 불가능한 것이 될 것이다.

그러나 이렇게 사랑이 증오로 변하는 다른 메커니즘을 도입함으로써, 우리는 암암리에 여기서 분명히 밝혀도 좋을 만한 또 다른 가정을 하고 있다는 사실을 주목할 필요가 있다. 우리는 마치 마음속에 치환 가능한 에너지 — 그것이 자아 속에 있든 혹은 이드 속에 있든 간에 — 가 존재하는 것처럼 생각했다. 그 에너지는 그 자체로서는 중립적이라서 질적으로 분화된 성적 충동이나 혹은 파괴적 충동에 부착되어 그것의 전체 리비도 집중의 양을 증가시킨다. 이런 종류의 치환 가능한 에너지의 존재를 전제하지 않고서는 우리는 한 발짝도 앞으로 나아갈 수 없다. 한 가지 문제는 그것이 어디에서 온 것이며, 어디에 속한 것이고, 그것이 의미하는 바가 무엇인가 하는 점이다.

본능 충동의 질적 문제와 그 충동이 여러 가지 양상으로 변하는 가운데서도 그 질이 유지되는 문제는 아직 불투명한 상태로 남아 있으며, 현재까지 공략된 바가 거의 없다. 특별히 관찰 가능한 성적 구성 본능 속에서 우리는 지금 논하고 있는 것과 같은 범주에 속하는 몇 가지 과정을 지각할 수 있다. 예컨대 어느 정도의 의사소통이 구성 본능들 사이에서 일어나고 있다는 것, 하나의 특별한 성감 발생원에서 나온 본능은 다른 출처에서 나온 또 다른 구성 본능을 강화하기 위해 그 강도를 조절할 수 있다는 것, 한 본능의 만족은 다른 본능의 만족을 대신할 수 있다는 것, 그리고 이것들과 같은 성격의 더 많은 사실들에 대해서 우리는 알게 되었다. 그리고 이런 것을 통해 우리는 어떤 가설들에 과감하게 도전해 볼 수 있는 용기를 얻게 된다.

더구나 나는 이 논의에서 어떤 가설을 제시하고 있을 뿐, 아무런 증거도 가지고 있지 않다. 이 치환 가능하고 중립적인 에너지 — 이것은 의심할 나위 없이 자아와 이드 양쪽에서 활동하고 있다 — 는 나르시시즘적 리비도의 저장소로부터 나온다는 것, 다시 말해서 그것은 탈성화된 에로스라는 생각은 그럴듯한 견해처럼 보인다(성 본능은 전체적으로 보아 파괴 본능보다는 더 유연하며 더 쉽게 전용되고 치환될 수 있는 것 같다). 이러한 사실로부터 우리는 그 치환 가능한 에너지가 쾌락 원칙에 봉사하도록 고용되어, 장애물을 피하고 방출을 용이하게 하는 데 기여한다는 가정을 쉽게 세울 수 있을 것이다. 이것과 관련하여 방출이 발생하는 — 그런 일이 어떻게 해서든지 발생한다는 전제 안에서는 — 통로에 대해서 어떤 무관심한 태도를 취하는 것을 목격하기란 쉬운 일이다. 우리는 이러한 특성을 알고 있다. 그것도 이드 속에 있는 리비도 집중 과정의 특징이다. 그것은 성애적 리비도 집중에서 발견되는데, 여기서 대상에 관한 특유의 무관심한 태도가 그 모습을 드러낸다. 그리고 그것은 분석 과정에서 발생하는 전이 현상 속에서 특히 분명하게 나타나는데, 그것은 전이란 어쩔 수 없이 대상이 누구냐와 관계없이 발생하기 때문이다. 얼마 전에 랑크[54]가 신경증 환자의 복수 행위가 엉뚱한 사람을 표적으로 삼는 몇 가지 좋은 사례를 글로써 발표한 적이 있었다. 무의식 편에서 이루어지는 그러한 행위는 세 명의 마을 재단사에 관한 우스운 이야기를 연상시키는데, 이것은 한 명의 그 마을 대장장이가 죽을죄를 범했는데 엉뚱하게도 그 세 명의 재단사 중 하나가 교수형에 처해졌다는 이야기이다.[55] 처형은, 설령 그것이 죄지은 자에게 떨어지지 않는다 하더라도, 어쨌든 이루어져야 한다. 우리가 1차 과정에서 일어나는 전치 현상 속에서 이런 종류의 느슨한 현상을 처음 만나게 된 것은 바로 꿈-작업을 연구하는 동안이었다. 그 경우에 2차적 중요성에 불과한 자리로 떨어진 것은 대상들이었다. 그것은 마치 우리가 지금 논하고 있는 경우에는 방출의 통로가 그런 것과 똑같다.

만약 이렇게 치환 가능한 에너지가 탈성화된 리비도라면, 그것은 또한 〈승화된〉 에너지라고 말해도 좋을 것이다. 왜냐하면 그것은 에로스의 주된 목적, 즉 결합과 묶기의 목적을 여전히 보유하고 있을 것이기 때문이다. 다시 말해서, 그것이 자아의 특성인 통일성, 혹은 통일에의 경향을 확립하는 데 도움을 주는 한 그렇다는 말이다. 만약 넓은 의미의 사고 과정이 이러한 전치 현상 속에 포함될 수 있다면, 사고 행위 역시 성애적 동기의 힘이 승화된 것으로부터 (에너지를) 공급받을 것이다.

여기서 우리는 다시 한번 이미 거론되었던 가능성, 즉 승화는 자아의 중재를 통해 정규적으로 발생할 수 있다는 문제에 다다르

54 「암살자의 심리학에 나타난 〈가족 소설〉 Der 'Familienroman' in der Psychologie des Attentäters」(1913) 참조.

55 프로이트는 그의 농담에 관한 저술(『농담과 무의식의 관계』)과 『정신분석 강의』 중 열한 번째 강의에서 이 이야기를 언급한 바 있다.

게 된다. 우리는 또 다른 경우를 생각해 낼 수 있는데, 이것은 자아가 이드의 대상 리비도 집중에서 오는 리비도를 자신 속으로 받아들이고 그것을 동일시를 통해 일어나는 자아의 변화에 결속시킴으로써, 그 자아가 이드의 첫 번째 대상 리비도 집중(그리고 확실히 그 후의 것도 역시)을 다루는 경우다. 성애적 리비도가 자아 리비도 *Ichlibido*로 변형되는 것은 물론 성적인 목적의 포기, 즉 탈성화 과정과 관련된다. 어떠한 경우이건 이것은 자아와 에로스의 관계 속에서 그 자아가 떠맡는 중요한 기능에 대해 어떤 빛을 던져 준다. 그런 식으로 자아는 대상 리비도 집중으로 리비도를 취하고 자신을 유일한 사랑의 대상으로 설정하며 이드의 리비도를 탈성화 혹은 승화시킴으로써, 에로스의 목적하고는 반대 방향으로 일하며 자신을 반대되는 본능 충동에 봉사하는 편에 위치시킨다. 그것은 이드의 다른 대상 리비도 집중에서 얼마는 묵인해야 한다. 말하자면 그것이 이 리비도 집중에 참여해야 된다는 것이다. 우리는 뒤에서 자아의 이러한 행위가 가져올 수 있는 또 다른 결과의 문제로 돌아올 것이다.

이것은 나르시시즘 이론에 대한 중요한 증폭을 암시하는 것처럼 보일 것이다. 초기 단계에 모든 리비도는 이드 속에 축적되어 있고 자아는 아직 형성 과정에 있거나 연약한 상태다. 이드가 이 리비도의 일부를 성애적 대상 리비도 집중으로 내보낸다. 이에 대해 더 강건하게 자란 자아가 이 대상 리비도를 취해서 이드에게 자신을 사랑의 대상으로서 강요하려 든다. 그러므로 자아의 나르시시즘은 2차적인 것으로서 대상에서 떨어져 나온 것이다.

우리가 본능 충동을 역으로 추적할 때 거듭 발견되는 사실은, 그 충동이 에로스의 파생물로서 드러난다는 것이다. 만약 「쾌락원칙을 넘어서」에서 제시한 견해가 아니라면, 그리고 궁극적으로는 에로스에 부착된 사디즘적 구성 요소가 아니라면, 우리는 우리의 근본적인 이원론적 관점을 고수하기가 힘들 것이다.[56] 그러나 우리는 그러한 관점을 피할 수 없으므로, 죽음 본능은 그 성격상 말이 없고 삶의 외침 소리는 주로 에로스에서 나온다고 결론지을 수밖에 없다.[57]

그리고 그것은 에로스에 대한 투쟁에서도 나온다! 쾌락 원칙이 삶의 과정에 분규를 도입하는 힘인 리비도에 대한 투쟁에서 하나의 나침반으로서 이드에 봉사한다는 것은 거의 의심할 여지가 없다. 만약 페히너의 항상성의 법칙[58]이 삶을 지배하는 것 — 그래서 삶은 죽음을 향한 계속적인 하강으로 구성되어 있다 — 이 사실이라면, 본능적 요구의 형태로 그 떨어지는 수준을 떠받치고 따라서 새로운 긴장을 도입하는 것이 바로 에로스, 즉 성적 본능의 요구이다. 쾌락 원칙에 의해서 — 다시 말해 불쾌의 지각에 의해서 — 안내되는 이드는 여러 가지 방법으로 이 긴장을 받아넘긴다. 이드는 가능하면 빨리 비탈성화된 리비도의 요구에 응함으로써, 다시 말해 직접적으로 성적인 경향의 만족을 추구함으로써 긴장을 이겨 낸다. 그러나 그런 일은 한 특정한 형태의 만족과 관련하여 훨씬 더 포괄적인 방식으로 이루어지는데, 이 만족 속에 모든 구성적 요구가 집중된다. 그리고 이것은 말하자면, 성애적 긴장의 포화 매체인 성적 물질의 방출을 통해서 이루어진다.[59]

성행위 시 성적 물질의 배출은 어떤 의미에서 체세포와 생식질

56 프로이트는 일관성을 가지고 본능의 이원론적 분류를 견지하고 있다. 「쾌락 원칙을 넘어서」와 「본능과 그 변화」 참조.
57 사실상 우리의 견해로 볼 때 외부 세계를 지향하는 파괴적 본능이 자기로부터 전환되는 것은 에로스의 개입을 통해서 이루어지는 것 같다 — 원주.
58 「쾌락 원칙을 넘어서」 참조.
59 〈성적 물질〉이 하는 역할에 대한 프로이트의 견해는 그의 「성욕에 관한 세 편의 에세이」에서 볼 수 있다.

의 분리에 해당한다. 이것은 완전한 성적 만족 후의 상황이 죽어 가는 과정과 같다는 것과, 죽음은 어떤 하등 동물의 경우 교미 행위와 일치한다는 사실을 설명해 준다. 이러한 동물들은 재생 행위 속에서 죽어 가는데, 그 이유는 에로스가 만족의 과정을 통해 소멸된 후에 죽음 본능이 마음대로 자기 목적을 달성하기 때문이다. 마지막으로, 우리가 보았듯이, 자아는 그 자신과 그 목적을 위해 리비도의 일부를 승화시킴으로써 긴장을 극복하는 작업에서 이드를 돕는다는 것을 지적해 둔다.

5. 자아의 의존 관계

우리가 다루는 주제의 복잡성은 다음과 같은 사실에 대한 변명이 될 것이다. 즉 이 책의 각 장의 표제어가 그 내용과는 전혀 일치하지 않으며, 논제의 새로운 측면으로 돌아설 때에 우리는 항상 이미 다루었던 문제로 되돌아오고 있다는 것이다.

그래서 우리는 반복적으로 다음과 같이 말해 왔다. 자아는 상당 부분 동일시를 통해 형성되는데, 이 동일시는 이드에 대해서 버려진 리비도 집중을 대신한다. 그리고 이러한 동일시 중 첫 번째 것은 항상 자아 속에서 특별한 실체로 행동하고, 초자아의 형성 과정에서는 자아와 떨어져 존재한다. 그런가 하면, 나중에 자아가 더 강해짐에 따라 그러한 동일시의 영향에 대해 자아는 더 저항적이 될 수 있다는 것이다. 초자아는 자아나 자아와의 관계 속에서 그 자신의 특별한 위치를 다음과 같이 두 가지 측면에서 고려될 수 있는 요소에 빚지고 있다. 한편으로, 그것은 첫 번째 동일시의 산물이고 그것도 자아가 아직 연약할 때에 생긴 것이다. 그런가 하면 다른 한편으로, 그것은 오이디푸스 콤플렉스의 후예이고 따라서 자아 속에 가장 중대한 대상을 도입했다는 것이다. 자아의 차후적 변화에 대한 초자아의 관계는 사춘기 이후의 성생활과 어린 시절의 1차적 성 단계의 관계와 대략 비슷하다. 설령 초자아가 후에 온갖 영향을 받을 수 있지만, 그것은 일생을 통해 아버지 콤플렉스에서 유래된 데서 오는 특성, 즉 자아로부터 떨어지고 그것을 극복할 수 있는 능력을 보존한다. 그것은 자아가 전에 연약하고 의존적이었다는 사실을 기억나게 해주는 것이다. 그리고 심지어는 성숙한 자아도 그것의 지배에 종속된다. 어린아이가 한때 그의 부모에게 복종해야 할 강박하에 있었던 것과 같이 자아도 그 초자아의 지상 명령에 복종한다.

그러나 초자아가 이드의 첫 번째 대상 리비도 집중이나 오이디푸스 콤플렉스에서 유래했다는 사실은 그 초자아에게 더 많은 것을 의미한다. 이러한 초자아의 성격은, 우리가 이미 살펴보았듯이, 그것을 이드의 계통 발생적 성취와 연결시키며 또한 그것을 다시 태어난 이전 자아 구조의 화신으로 만든다. 이 자아 구조는 이드 속에 침전물을 남겨 놓은 바 있다. 그리하여 초자아는 항상 이드와 가까이 있고, 자아와 직면해서는 이드의 대변자로서 행동할 수 있다. 그것은 이드 깊숙이 미치고 있다. 그런 연고로 해서 그것은 자아가 그런 것보다 의식에서 더 멀리 떨어져 있다.[60]

우리는 이러한 관계를 어떤 임상적 사실들을 고찰해 봄으로써 가장 잘 이해할 수 있다. 이런 임상적 사례들은 이미 그 참신성을 잃은 지 오래지만 아직도 이론적 토론을 기다리고 있다 하겠다.

분석 작업 중에 아주 특이한 방식으로 행동하는 사람들이 있다. 어떤 사람이 그들에게 희망적인 말을 하거나 치료의 진전에

---

60 정신분석학적 자아 혹은 초심리학적 자아는 해부학적 자아, 즉 〈대뇌 피질의 작은 인간〉 못지않게 거꾸로 서 있는 자아이다 ─ 원주.

대해 만족감을 표시하면, 그들은 불만족의 표시를 할 뿐만 아니라 그들의 상태가 예외 없이 더 나빠진다. 처음에 우리는 이것을 도전이나 의사에 대한 우월성을 증명하기 위한 시도라고 간주할 수 있으나 나중에는 좀 더 깊고 정당한 견해를 얻게 된다. 그러한 사람들은 어떠한 칭찬이나 올바른 평가도 참아 낼 수 없을 뿐만 아니라 치료의 진전에 역으로 반응한다는 것을 우리는 확신하게 된다. (질병에 대한) 부분적인 해결이 있을 때마다 그것이 여느 사람들에게는 마땅히 상태의 호전이나 증상의 일시적 중단을 가져오겠지만, 그들에게 있어서는 당분간 병의 악화를 가져올 따름이다. 치료 도중 그들의 병세는 호전되기는커녕 오히려 악화된다. 그들은 이른바 〈부정적 치료 반응〉이라고 알려진 것을 드러내 보이는 것이다.

이러한 사람들에게는 병의 회복에 반대하는 그 무엇이 있음에 틀림없다. 그리고 그것의 접근은 위험만큼이나 무서운 것이다. 그들에게 있어서는 병에 대한 욕구가 회복에의 바람을 능가했다는 말을 우리는 자주 한다. 이러한 저항을 보통 방식으로 분석한다 해도 — 의사에 대한 도전적 태도와 병으로부터 얻을 수 있는 여러 가지 형태의 이점에 집착하고 있다는 사실을 감안한다 하더라도, 그것의 상당 부분은 여전히 남아 있다. 그리고 이것이 회복에 대한 가장 강력한 장애물 — 나르시시즘에서 볼 수 있는 접근 불가능성이나 의사에 대한 부정적인 태도, 그리고 병에서 얻을 수 있는 이점에 집착하는 데서 오는, 우리가 흔히 볼 수 있는 것보다 훨씬 더 강력한 장애물로서 나타난다.

결국 우리는 이른바 〈도덕적〉 요소, 죄의식을 다루고 있다는 사실을 깨닫게 되는데, 이것들은 질병 속에서 만족을 찾아내고 고통의 처벌을 포기하기를 거부한다. 우리는 이 낙심천만의 설명을 최종적인 것으로 받아들인다고 해도 틀린 것이 없을 것이다. 그러나 환자에 관한 한 이 죄의식은 벙어리다. 다시 말해서, 죄의식은 환자가 죄인이라고 말하지도 않고, 환자는 죄의식을 느끼지도 않는다. 그는 단지 아플 뿐이다. 이 죄의식은 회복에 대한 저항으로서만 자신을 표현할 뿐인데, 이 저항을 극복하기란 대단히 어려운 일이다. 이러한 동기가 그가 계속해서 질병 상태로 남아 있기를 바라는 마음 뒤에 숨겨져 있다는 사실을 그에게 확신시켜 주는 일 또한 지난한 일이다. 분석에 의한 치료는 그에 맞는 처방책이 못 된다는 좀 더 분명한 설명에 그는 철저하게 집착한다.[61]

지금 우리가 한 이야기는 이러한 경우 중 가장 심한 경우에 해당되는 것들에 대한 것이다. 그러나 정도는 덜하지만 이러한 요

---

61 무의식적 죄의식이라는 장애물과의 전투는 분석가에게 쉬운 것이 아니다. 분석가는 그것에 대항해서 직접적으로 할 수 있는 것이 아무것도 없다. 간접적으로도 그렇다. 단지 그것의 무의식적으로 억압된 뿌리의 가면을 벗겨 그것을 점차로 〈의식적〉 죄의식으로 바꾸어 놓는 완만한 과정만이 있을 따름이다. 무의식적 죄의식이 〈빌려온〉 것일 때, 다시 말해서 그것이 한때 성애적 리비도 집중의 대상이었던 타인과의 동일시를 통해서 온 것일 때, 우리는 그것에 영향을 끼칠 수 있는 특별한 기회를 갖게 된다. 이런 식으로 차용된 죄의식은 사라진 애정 관계 중 유일하게 남은 흔적일 경우가 허다하나 그렇게 인식되기는 좀처럼 쉽지 않다. (이러한 과정과 우울증에서 발생하는 것 사이의 유사성은 명백하다.) 만약 무의식적 죄의식 뒤에 있는 이러한 이전의 대상 리비도 집중의 가면을 벗길 수 있다면, 치료적 효과는 눈부실 것이다. 그렇지 못할 경우, 우리 노력의 결과는 결코 확실하지 못할 것이다. 원칙적으로 그것은 죄의식의 강도에 달려 있다. 일반적으로 그것과 비슷한 힘을 지닌 것으로서, 치료상 그것과 대치시켜 놓을 수 있는 반대의 힘이 존재하지 않는다. 아마도 그것은 분석가의 성격상 환자로 하여금 자신을 환자의 자아 이상의 자리에 놓도록 허용하는지의 여부에 달려 있는 것 같다. 그리고 이것은 분석가가 환자에 대해서 예언자나 구세주, 혹은 속죄자의 역할을 하려는 유혹과 관련된다. 분석의 규칙은 그런 식으로 의사가 자기의 인격을 이용하는 것과는 정반대이므로, 여기서 우리는 분석의 효과에 또 다른 한계성이 있다는 사실을 정직하게 고백해야 되겠다. 결국 분석이란 병적 반작용을 불가능한 것으로 만들려는 것이 아니라, 환자의 자아에게 이런 식으로나 저런 식으로 결정할 수 있는 〈자유〉를 주려는 것이다 ─ 원주. 프로이트는 「마조히즘의 경제적 문제」에서 이 문제로 다시 돌아오는데, 거기에서 그는 무의식적 죄의식과 도덕적 마조히즘의 구별 문제를 논하고 있다. 또한 「문명 속의 불만」을 참조할 것.

소는 매우 많은 경우에, 아마도 비교적 심각한 모든 신경증의 경우에 고려의 대상이 되어야 할 것이다. 사실상 신경증의 심각성을 결정하는 것이 바로 이러한 요소, 즉 자아 이상의 태도일 수 있다. 그러므로 우리는 죄의식이 다른 상황에서는 어떻게 자기표현을 하는지 좀 더 충분히 논하는 데 주저하지 않을 것이다.

정상적이고 의식적인 죄의식(양심)에 대한 해석은 아무런 어려움을 제기하지 않는다. 그것은 자아와 자아 이상 사이의 긴장에 바탕을 두고 있으며, 자아의 비판 세력에 의해서 자아에 내려진 유죄 판결의 표현이다. 신경증 환자들에게 잘 알려진 열등의식은 이 문제로부터 그리 멀리 떨어져 있지 않은 것으로 추정된다. 두 개의 대단히 흔한 질병의 경우는 죄의식이 강력하게 의식되어 있는데, 이때 자아 이상이 특별히 가혹하게 작용하고 자아에 대해서 잔인하게 날뛰는 경우가 허다하다. 강박 신경증과 우울증, 이 두 질환에서 자아 이상의 태도는 유사성 못지않게 의미 있는 차이를 드러내 보인다.

어떤 형태의 강박 신경증의 경우, 죄의식이 지나치게 떠들썩해서 자아에게 그 자신을 정당화시킬 수 없다. 따라서 환자의 자아는 죄를 씌우는 데 대해서 반발하고 의사의 도움을 얻어 그것을 거부하려 한다. 그러한 일을 묵인하는 것은 어리석은 일일 것이다. 왜냐하면 그렇게 하는 것은 아무런 효과도 가져오지 못할 것이기 때문이다. 초자아는 자아에게 알려지지 않은 과정에 의해서 영향을 받는다는 사실이 마침내 분석을 통해서 밝혀지고 있다. 실제로 죄의식의 밑바닥에 깔려 있는 억압된 충동을 발견하는 일은 가능하다. 그래서 이 경우에 초자아는 무의식적 이드에 대해서 자아보다 더 많은 것을 알고 있었던 것이다.

우울증의 경우, 초자아가 의식을 장악하고 있다는 인상은 더욱 강하다. 그러나 여기에서 자아는 감히 반대를 하지 못한다. 그것은 그 자신의 죄를 인정하고 처벌을 감수한다. 우리는 그 차이를 이해할 수 있다. 강박 신경증의 경우, 문제가 되는 것이 자아 밖에 있는 못마땅한 충동이었던 반면, 우울증의 경우는 초자아의 분노의 대상이 동일시를 통하여 자아 속으로 들어왔다는 것이다.

왜 죄의식이 이 두 가지의 신경증 질병 속에서 그처럼 특별한 강세를 띠는지는 분명치 않다. 그러나 이러한 사태 속에서 제시된 주된 문제는 다른 방향에 있다. 우리는 그것에 대한 논의를 죄의식이 무의식적 상태로 남아 있는 다른 경우들을 다룰 때까지 연기하고자 한다.

이러한 것이 발견되는 곳은 근본적으로 히스테리나 히스테리성 상태이다. 여기서 죄의식이 무의식적 상태로 남아 있게 되는 메커니즘을 발견하기는 어려운 일이 아니다. 히스테리성 자아는 고통스러운 지각을 피해 가는데, 그 이유는 이 지각을 통한 초자아의 비판이 자아를 위협하기 때문이다. 이것은 자아가 억압의 행위에 의해서 참을 수 없는 대상 리비도 집중을 피해 가는 습관이 있는 것과 같은 식이다. 그러므로 무의식적인 죄의식에 대해서 책임이 있는 것은 바로 자아이다. 원칙적으로 자아는 초자아를 위해서, 그리고 초자아의 명령으로 억압을 수행한다. 그러나 이것은 자아가 같은 무기를 그의 가혹한 감독관에게 돌린 경우이다. 우리가 알다시피 강박 신경증의 경우, 반동 형성 현상이 지배적이다. 그러나 히스테리에서 자아는 죄의식이 지칭하는 대상들과 일정 거리를 유지하는 데 성공한다.

우리는 한 걸음 더 나아가서 감히 다음과 같은 가설을 세워 볼 수도 있을 것이다. 즉 양심의 기원이 오이디푸스 콤플렉스와 밀접하게 관련되어 있고 이 콤플렉스는 무의식에 속하므로, 죄의식의 대부분이 무의식적 상태로 남아 있다는 가설이다. 보통 사람은 그가 믿고 있는 것보다 훨씬 더 비도덕적일 뿐만 아니라, 또한 그는 자기가 알고 있는 것보다 훨씬 더 도덕적이다라는 역설적인 명제를 만약 어떤 사람이 제시하려 한다면, 정신분석학 — 이 주장의 첫 번째 반은 정신분석학의 발견에 의존하고 있다 — 은 두 번째 반에 대해서 제기할 아무런 반대 의사도 갖고 있지 않을 것이다.[62]

이와 같이 〈무의식적〉 죄의식이 사람들을 범죄자로 바꾸어 놓을 수 있다는 발견은 놀라운 일이다. 그러나 그것은 의심할 나위 없는 사실이다. 많은 범죄자들에게, 특히 젊은 층의 경우, 범죄 이전에 존재했던 매우 강력한 죄의식을 탐지해 낼 수 있다. 그러므로 그 죄의식은 범죄의 결과가 아니라 동기인 것이다. 이 무의식적 죄의식을 사실적이고 직접적인 어떤 것에 묶어 둘 수 있는 것은 다행스러운 일이라고 해야 할 것이다.[63]

이 모든 상황에서 초자아는 의식적 자아로부터는 독립성을, 무의식적 이드와는 밀접한 관련성을 드러낸다. 이제 자아 속에 있는 전의식적 언어 잔재물에 대한 중요성을 고려했으므로, 초자아는 이것이 〈무의식적〉인 한 그러한 언어 표상으로 구성되어 있는지, 만약 그렇지 않다면 다른 무엇으로 구성되어 있는지 하는 문제가 제기된다. 초자아는 자아와 마찬가지로 그 근원이 청취된 어떤 것에 있다는 사실을 부인하기 어려울 것이라는 게 우리의

---

62   이러한 명제는 오직 외견상으로만 역설적이다. 그것은 단순히 인간의 성격은 그가 생각하는 것보다, 다시 말해 그의 자아가 의식적 지각을 통해서 알 수 있는 것보다 훨씬 더 큰 정도의 선과 악에 대한 가능성을 지니고 있다는 것을 말하고 있을 따름이다 — 원주.

63   이것이 (몇 가지 다른 것과 함께) 충분히 논의된 것은 「정신분석에 의해서 드러난 몇 가지 인물 유형」(프로이트 전집 14, 열린책들)에서 볼 수 있다.

잠정적인 답변이다. 초자아는 자아의 일부이고 이 언어 표상(개념, 추상화)을 통해서 의식에 접근할 수 있다. 그러나 〈리비도 집중된 에너지〉는 청각적인 지각(가르침이나 독서)에서 이러한 초자아의 내용에 도달하는 것이 아니라 이드 속에 있는 원천에서 오는 것이다.

우리가 답변을 유보했던 질문은 다음과 같다. 초자아가 본질적으로 죄의식으로서 (혹은 오히려 비판 세력으로서 ─ 왜냐하면 죄의식은 이러한 비판에 응수하는 자아 속의 지각이기 때문이다) 자기 자신을 현시하고, 더구나 자아에 대해서 그처럼 특별히 가혹하고 심한 태도를 취하는 것은 어떻게 해서 그런 것인가? 만약 우리가 우선 먼저 우울증으로 눈을 돌린다면, 의식을 장악하고 있는 지나칠 정도로 강력한 초자아가 무자비한 폭력으로 자아에 대해서 난동을 부린다는 것을 알 수 있을 것이다. 이때 초자아는 관련된 사람에게서 가능한 사디즘의 전부를 쥐고 있는 것처럼 보인다. 우리의 사디즘에 대한 견해에 따르면, 파괴적 요소는 초자아 속에서 지반을 굳히고 자아에 대항한다고 말할 수 있다. 이제 초자아 속에서 지배적인 세력은, 말하자면 죽음 본능이라는 순수한 문화이다. 그리고 그것은 사실상 자아를 죽음으로 내모는 데 ─ 만약 자아가 제때에 조병(躁病)으로의 변신을 통해 그 폭군을 비껴가지 않는다면 ─ 성공하는 경우가 비일비재하다.

어떤 형태의 강박 신경증에서도 양심의 가책은 다른 것 못지않게 고통스럽고 괴롭다. 그러나 여기서는 상황이 덜 분명하게 드러난다. 우울증의 경우와는 대조적으로, 강박 신경증 환자들은 사실상 자기 파멸적 행동을 결코 하지 않는다는 것은 주목할 만하다. 그들은 마치 자살의 위험에 면역되어 있는 것 같고, 심지어는 히스테리 환자들보다도 그런 위험으로부터 훨씬 더 잘 보호받고 있다. 자아의 안전을 보장하는 것은 대상을 보유하고 있기 때문이라는 사실을 알 수 있다. 강박 신경증의 경우, 사랑의 충동이 대상에 대한 공격 충동으로 변하는 것은 전성기기 조직으로 퇴행함으로써 가능해진다. 여기서 다시 파괴 본능은 고삐가 풀려 대상을 파괴하려 들거나 적어도 그런 의도를 가지고 있는 것처럼 보인다. 이러한 목적들은 자아에 의해서 채택되지 않는다. 자아는 반동 형성과 기타 예방책을 취하면서 그 목적들에 대항해서 싸운다. 이 목적들은 이드 속에 존재한다. 그러나 초자아는 자아가 그것들에 책임을 져야 하는 것처럼 행동한다. 그리고 동시에 초자아는 이런 파괴적 의도를 응징하던 엄숙함으로, 그 목적들이 퇴행에 의해서 생긴 단순한 유사체가 아니라 실제로 사랑을 증오로 바꾸는 것을 의미한다는 사실을 보여 준다. 양쪽 모두에 대해 무력한 상태가 된 자아는 살인적인 이드의 부추김과 벌주는 양심의 가책, 양쪽에 다 같이 대항해서 자신을 방어하려고 안간힘을 쓰지만 역부족이다. 그러나 그것은 적어도 양쪽의 가장 잔인무도한 행위를 제어하는 데는 성공한다. 그 첫 번째 결과는 끊임없는 자기 학대이고, 궁극적으로 대상에 대한 조직적인 박해 — 그것이 손에 미치는 거리에 있는 한 — 가 뒤따른다.

위험스러운 죽음 본능은 개인들 속에서 여러 가지 방식으로 다루어진다. 부분적으로 그것은 성애적 요소와 결합됨으로써 무해한 것으로 되고, 또한 일부는 공격의 형태로 외부 세계에 돌려진다. 그런가 하면, 의심할 나위 없이 그것의 많은 부분이 아무런 제지를 받지 않고 내부에서 일을 계속한다. 그렇다면 우울증에서 초자아가 죽음 본능을 위한 일종의 집합소가 될 수 있는 까닭은 무엇인가?

본능의 통제라는 도덕적 관점에서 볼 때, 이드는 전혀 무도덕적이고, 자아는 도덕적이려고 노력하며, 초자아는 초도덕적인 동시에 이드만이 할 수 있을 정도의 잔인성을 발휘할 수 있다고 말할 수 있을 것이다. 어떤 사람이 그의 외부에 대한 공격성을 억제하면 억제할수록, 그의 자아 이상에서는 더욱 심각한 — 즉 더욱 공격적인 — 사태가 벌어진다는 것은 주목할 만하다. 보통의 견해는 그 상황을 거꾸로 보고 있다. 즉 자아 이상에 의해서 설정된 기준이 공격성을 억누르는 동기가 될 수 있다는 생각이다. 그러나 사실은 우리가 방금 말한 대로다. 즉 어떤 사람이 그의 공격성을 통제하면 할수록, 자아 이상의 공격적 경향은 그의 자아에 반해서 더욱 강렬해진다는 것이다.[64] 그것은 일종의 전치 현상, 즉 자신의 자아로 되돌아오기와 같다. 그러나 보통의 정상적인 도덕도 역시 가혹하게 억제하고 잔인하게 금지하는 특성을 지니고 있다. 그래서 바로 이런 것으로부터 가차 없는 징벌을 수행하는 고등 존재의 개념이 생겨난다.

나는 새로운 가설을 도입하지 않고서는 이런 문제들에 대한 고려를 더 이상 진전시킬 수 없을 것 같다. 우리가 알다시피, 초자아는 모델로서 취해진 아버지와의 동일시를 통해서 생겨난다. 그러한 모든 동일시는 탈성화(脫性化)나 심지어는 승화의 성격에서 찾을 수 있다. 이런 종류의 변형이 일어날 때는 동시에 본능의 분열이 발생하는 것 같다. 승화 현상이 있은 후, 성애적 요소는 그것과 결합되어 있던 파괴적 요소의 전부를 묶을 힘을 더 이상 가지지 못한다. 따라서 이것은 공격과 파괴에 대한 경향이라는 형태로 방출된다. 이러한 분열이 자아 이상이 보여 주는 가혹함과 잔

---

64   프로이트는 「꿈의 해석 전반에 관한 몇 가지 부가적 소견Einige Nachträge zum Ganzen der Traumdeutung」(1925)과 「마조히즘의 경제적 문제」에서 이 역설로 다시 돌아온다. 그는 그것을 「문명 속의 불만」에서 충분히 다루고 있다.

인함의 일반적 성격 — 독재성을 띤 〈그대는 …… 할지어다〉 유의 — 의 원천이 될 것이다.

강박 신경증을 잠시 동안 다시 검토해 보자. 여기서는 사정이 다르다. 사랑을 공격성으로 분열시키는 일은 자아가 한 것이 아니고 이드 속에서 일어난 퇴행의 결과이다. 그러나 이 과정은 이드를 넘어 초자아에까지 미치고, 이제 그것은 아무 죄 없는 자아에 대해 그 가혹성을 더해 간다. 그러나 이 경우, 우울증의 경우 못지않게 동일시를 통해 리비도에 대한 통제권을 획득했던 자아가 그런 행위에 대해 초자아에 의해서 징벌을 받는 것 같다. 이러한 징벌 행위는 리비도와 섞여 있던 공격성의 힘을 빌려 이루어진다.

자아에 대한 우리의 개념이 투명해지기 시작하고 그것의 여러 관계가 명료성을 얻고 있다. 이제 우리는 자아의 강점과 약점을 다 보게 된다. 그것에는 중요한 기능이 부여되어 있다. 지각 조직과 관련을 맺고 있는 덕분에, 자아는 정신 과정에 시간의 질서를 부여하고 그 과정을 〈현실성 검사 *Realitätsprüfung*〉에 넘기도록 한다.[65] 자아는 사고 과정에 개입함으로써 운동성 방출을 지연시키고 운동성으로 접근하지 못하게 통제한다.[66] 이 마지막 힘은 확실히 사실의 문제라기보다는 형식의 문제다. 행동이 문제인 경우 자아의 위치는 입헌 군주 정치의 군주의 위치와 같다. 그의 재가가 없이는 어떠한 법률도 통과될 수 없다. 그러나 그는 의회가 제시한 어떤 조치에 거부권을 행사하기에 앞서 한참 동안을 머뭇거린다. 밖으로부터 오는 모든 삶의 경험은 자아를 비옥하게 한다. 그러나 이드는 자아의 제2의 외부 세계로서, 자아는 이드를 자신에게 복종시키려고 애쓴다. 자아는 이드에서 리비도를 끌어내고

65 「무의식에 관하여」 참조.
66 「정신적 기능의 두 가지 원칙」과 「부정」 참조.

이드의 대상 리비도 집중을 자아 구조로 변형시킨다. 초자아의 도움으로 — 그 방식은 아직 우리에게 불분명한 상태로 남아 있다 — 자아는 이드 속에 저장되어 있는 지난 시대의 경험에 접근할 수 있다.

이드의 내용이 자아 속으로 침투할 수 있는 두 가지 길이 있다. 하나는 직접적으로, 다른 하나는 자아 이상을 경유해서 이루어진다. 이드가 이 두 가지 길 중 어느 것을 택하느냐 하는 것은 어떤 정신 활동에는 결정적으로 중요하다. 자아는 본능을 지각하는 데서 통제하는 쪽으로, 그리고 본능에 복종하는 데서 억제하는 쪽으로 발전한다. 이러한 성취 과정에서 많은 몫을 자아 이상이 취하는데, 이것은 부분적으로 자아의 본능적 과정에 대한 일종의 반동 형성이다. 정신분석학은 자아가 이드를 점진적으로 정복할 수 있게 도와주는 도구이다.

그러나 다른 관점에서 볼 때, 우리는 이 동일한 자아가 바로 세 주인을 섬겨야 하고 따라서 세 가지 위험, 즉 외부 세계, 이드의 리비도, 초자아의 가혹함에서 오는 위험으로부터 위협받고 있는 가련한 존재라는 사실을 알게 된다. 세 종류의 불안은 이 세 가지 위험에 상응하는데, 그것은 불안이 바로 위험에서 도피한다는 표현이기 때문이다. 국경 지방에 위치한 존재로서 자아는 세계와 이드를 중재시키려 하고, 이드로 하여금 세계에 유연하게 대처하도록 하며, 힘찬 활동으로 세계가 이드의 바람에 부응하게 만들려고 노력한다. 사실상 자아는 마치 분석 치료 중인 의사와 같이 행동한다. 자아는 실제 세계를 주목하는 가운데 자신을 이드에 대한 리비도적 대상으로 제공하고, 이드의 리비도를 자신에게 부착시키려 한다. 자아는 이드의 조력자일 뿐만 아니라 주인의 사랑을 구하는 복종적 노예이기도 하다. 가능하다면 자아는 언제나 이드와 좋은 관계를 유지하려 한다. 자아는 이드의 〈무의식적〉 요구를 자신의 〈전의식적〉 합리화로 치장한다. 자아는 이드가 실제로는 고집이 세고 좀처럼 굽히지 않으려 하는데도, 그것이 훈계에 복종심을 보여 주는 것처럼 가장한다. 자아는 이드의 현실과의 갈등을, 그리고 가능하다면 자아와 초자아의 갈등 역시 숨기려 한다. 이드와 현실 사이의 중간에 위치한 존재로서 자아는 너무나도 자주 아첨꾼이나 기회주의자, 거짓말쟁이가 되려는 유혹에 넘어가는데, 이것은 마치 어떤 정치가가 사실을 다 알고 있으면서도 자기의 자리를 대중들이 좋아하는 상태로 유지시키려고 하는 행위와 비슷하다.

두 부류의 본능에 대해서 자아의 태도는 공평하지 않다. 동일시와 승화 작업을 통해서, 자아는 이드 속에 있는 죽음 본능에게 리비도를 통제하는 데 필요한 도움을 준다. 그러나 그렇게 하는 과정에서 자아는 죽음 본능의 대상이 되어 그 자신이 멸망할 위험을 무릅쓴다. 이런 식으로 도울 수 있기 위해서 자아는 자신이 리비도로 가득 채워진 상태가 되어야 한다. 그리하여 자아는 에로스의 대변자가 되고, 그 후부터는 살아가고 사랑받기를 갈망하게 된다.

그러나 자아의 승화 작업이 본능의 분열과 초자아 속에 있는 공격적 본능의 해방이라는 결과를 낳으므로, 자아의 리비도에 대한 투쟁은 자신을 학대와 죽음의 위험에 노출시킨다. 초자아의 공격하에서 고통을 겪거나 심지어는 그 공격에 굴복하는 과정에서, 자아는 원생생물과 비슷한 운명을 맞이하게 된다. 이 원생생물은 그 자신이 만들어 낸 분해 산물로 인해 죽음을 맞는다.[67] 경

67 프로이트는 앞의 「쾌락 원칙을 넘어서」에서 이 극소 동물(짚신벌레)에 대해 논한 바 있다. 이것들은 〈원생생물 Protista〉보다는 〈원생동물 Protozoa〉이라고 하는 편

제적인 관점에서 볼 때, 초자아 속에서 기능하는 도덕성은 이것과 비슷한 분해의 산물처럼 보인다.

자아가 유지하고 있는 의존적 관계 중에서 초자아와 자아의 관계가 아마도 가장 흥미로울 것이다.

자아는 불안의 실질적 소재지이다.[68] 세 방향의 위험으로 협박받고 있는 상태에서 자아는 위협적인 지각이나 그에 비견할 만한 이드 속의 과정에서 자신의 리비도 집중을 철회하고, 그것을 불안으로 발산시킴으로써 도피 반사 기제를 작동시킨다. 이러한 원시적인 반작용은 후에 보호적 리비도 집중의 성취(공포증의 메커니즘)를 통해 대치된다. 자아가 외부적 위험이나 리비도적 위험으로부터 공포심을 느끼는 것은 무엇을 의미하는가에 대해서는 아직 구체적인 설명을 할 수 없다. 우리가 알고 있는 전부는, 그 공포가 압도당하고 완전히 소멸될 것 같은 성격을 띠는 공포라는 것이다. 그러나 그것을 분석적으로 포착하기는 불가능하다.[69] 자아는 단순히 쾌락 원칙의 경고를 따르고 있을 따름이다. 반면에 우리는 초자아에 대한 자아의 두려움, 양심 불안Gewissensangst[70] 뒤에 숨겨져 있는 것이 무엇인가를 말할 수 있다. 자아 이상으로 변신한 바 있는 그 우세한 존재는 한때 거세를 시키겠다고 위협한 적이 있는 존재다. 거세에 대한 이러한 두려움이야말로 확실

이 좋을 것이다.

68 불안의 주제에 관한 다음 것은 「억압, 증상 그리고 불안」에 제시된 프로이트의 수정된 견해와 관련시켜 읽어야 한다.

69 자아가 〈압도Überwältigung당한다〉는 생각은 프로이트의 저술 초기에서부터 나온다. 이 논의에 관해서는 「방어 신경 정신증」을 참조할 것. 그러다가 플리스와 서신 왕래를 하던 중 1896년 1월 1일자의 원고 K에서 신경증의 메커니즘을 논하며 그 개념은 대단히 중요한 역할을 하게 된다. 여기서 그것이 「억압, 증상 그리고 불안」의 〈외상적 상황〉과 연결되어 있음을 분명히 알 수 있다. 또한 「인간 모세와 유일신교」(프로이트 전집 13, 열린책들) 참조.

70 「억압, 증상 그리고 불안」에 실린 각주를 참조할 것.

히 차후의 양심 공포증을 형성하는 핵일 것이다.

〈모든 공포는 궁극적으로 죽음에 대한 공포다〉라는 고답적인 표현은 거의 어떠한 의미도 없는 말이며 어떻게 해도 정당화될 수 없는 말이다.[71] 그와는 반대로 내 생각에는, 죽음의 공포를 대상에 대한 두려움(현실적 불안)이나 신경성 리비도 불안과는 엄격히 구별하는 것이 옳을 것 같다. 그것은 정신분석학에 어려운 문제를 제시한다. 왜냐하면 죽음은 부정적인 내용을 가진 추상적인 개념으로, 그에 대한 무의식적 상관물을 발견할 수 없기 때문이다. 죽음의 공포에 대한 메커니즘은 자아가 다량으로 자신의 나르시시즘적 리비도 집중을 포기하는 것이라고 말할 수 있을 것 같다. 다시 말해서, 자아가 불안을 느끼게 되면 〈외부적〉 대상을 포기하듯이, 이 경우 자아가 자신을 포기한다는 말이다. 나는 죽음의 공포가 자아와 초자아 사이에서 일어나는 것이라고 믿고 있다.

우리는 죽음의 공포가 두 가지 조건, 즉 외부적 위험에 대한 반작용과 우울증의 경우와 같이, 내부적 과정으로서의 조건하에서 그 모습을 드러낸다는 사실을 알고 있다(더구나 이 조건들은 다른 종류의 불안이 발생하는 상황과 매우 유사하다). 다시 한번 신경증적 표현이 정상적인 표현을 이해하는 데 도움이 될 수 있다는 것을 알 수 있다.

우울증에서 죽음의 공포는 오직 하나의 설명만을 허용하는데, 자아가 초자아로부터 사랑받지 못하고 미움과 박해를 받고 있다고 느껴서 자신을 포기해 버린다는 것이다. 그러므로 자아에게 있어서 산다는 것은 사랑받는다는 것, 다시 말해 여기서 다시 이

---

71 슈테켈W. Stekel의 『신경성 불안 상태와 그 치료*Nervöse Angstzustände und ihre Behandlung*』(1908) 참조.

드의 대변자로서 등장하는 초자아에게 사랑받는다는 것과 같은
의미이다. 초자아는 어렸을 때 아버지에 의해서, 그리고 나중에
는 신의 섭리와 운명에 의해서 수행되었던 것과 똑같은 보호와
구제의 기능을 수행한다. 그러나 자아가 자신의 힘으로서는 극복
할 수 없다고 생각되는 지나치게 큰 실제적 위험에 직면해 있다
는 사실을 알게 될 때, 그것은 같은 결론을 내리기 쉽다. 그 자아
는 자신의 보호 세력으로부터 버림받았음을 깨닫고 자신을 죽도
록 방치해 버린다. 더구나 여기에 다시 출생 시의 첫 번째 큰 불안
상태와[72] 유년 시절의 동경 불안, 즉 보호자였던 어머니에게서 떨
어지는 데서 오는 불안, 이런 불안들 밑에 깔려 있던 것과 똑같은
상황이 존재한다.[73]

이러한 고려를 통해서 우리는 죽음의 공포를, 양심의 공포와
같이 거세 불안*Kastrationsangst*에서 발전해 나온 것으로 볼 수 있
다. 그리고 죄의식이 신경증 환자들에게 가지는 막강한 의미를
고려해 볼 때, 우리는 보통의 신경증적 불안이 심한 경우에 자아
와 초자아 사이에서 발생하는 불안(거세, 양심, 죽음의 공포)에
의해 더 강화된 것이라는 생각을 할 수 있게 된다.

이드 — 우리는 최종적으로 이드에 되돌아온다 — 는 자아에
게 사랑이나 미움을 보여 줄 방법을 갖고 있지 못하다. 그것은 자
기가 원하는 것을 말할 수 없다. 그것은 어떤 통합된 의지도 성취
하지 못했다. 에로스와 죽음 본능이 그 속에서 투쟁한다. 우리는
한 집단의 본능이 어떤 무기로 다른 것에 대항해서 자신을 방어
하는지를 살펴보았다. 우리는 이드를, 말이 없으나 막강한 죽음
본능의 지배하에 있으며, 이 죽음 본능은 평화롭게 있기를 원하

---

72 「억압, 증상 그리고 불안」에서 전개되고 있는 프로이트의 견해를 참조할 것.
73 이것은 「억압, 증상 그리고 불안」에서 논의된 〈격리 불안〉을 말한다.

고 (쾌락 원칙의 도움으로) 이간질 잘하는 에로스를 잠자코 있게 만들려고 한다는 식으로 그려 볼 수 있을 것이다. 그러나 그러한 설명은 에로스가 하는 역할을 과소평가하는 것이 될 수도 있다.

부록
― 앤절라 리처즈

1. 서술적 무의식과 역동적 무의식

앞에 나온 두 개의 문장 때문에 묘한 문제가 발생하는데, 어니스트 존스Ernest Jones 박사의 사적인 통신을 통해 편집자의 관심이 그 문제에 쏠렸다. 존스 박사는 프로이트의 서신을 검토하는 과정에서 그 문제를 우연히 발견했던 것이다.

이 글이 출판된 지 몇 달이 지난 뒤인 1923년 10월 28일에 페렌치는 프로이트에게 다음과 같은 내용이 담긴 편지를 썼다.

그럼에도 불구하고 감히 질문을 드립니다. (……) 당신이 해결해 주지 않고는 내가 이해할 수 없는 구절이 「자아와 이드」 속에 있어서입니다. (……) 「자아와 이드」 13페이지(독일어판)에는 이런 구절이 나옵니다. 〈…… 서술적 의미로서는 두 종류의 무의식이 있고 역동적 의미로서는 오직 하나의 무의식밖에 없다.〉 그러나 당신은 12페이지에서 잠재적 무의식은 서술적으로만 무의식이고 역동적 의미로서는 무의식이 아니라고 쓰고 있습니다. 그렇다면 두 종류의 〈무의식〉이 있다는 가설을 요구하는 것은 바로 역동적 접근법이고, 서술적 접근법으로는 오직 〈의식〉과 〈무의식〉

만이 있는 거라는 생각이 들었습니다.

그러나 면밀히 조사해 보면, 두 진술은 서로 모순적이지 않다. 그 이유는 잠재적 무의식이 서술적으로만 무의식이라는 사실은, 그것이 서술적으로 무의식적인 유일한 것이라는 뜻을 조금도 내포하고 있지 않기 때문이다. 실제로 이 책보다 약 10년 늦게 쓰인 『새로운 정신분석 강의』의 서른한 번째 강의에 나오는 한 구절에서 프로이트는 이 모든 논변을 여기서와 대단히 비슷한 방식으로 되풀이하고 있다. 그가 그 구절에서 여러 번 설명하고 있는 것은, 서술적 의미로는 전의식과 억압된 것 양쪽 모두가 무의식인 반면 역동적 의미로는 억압된 것만 무의식이라고 할 수 있다는 것이다.

그 구절이 이 책의 후기 판에서 조금도 변경되지 않은 것으로 보아서, 프로이트는 곰곰이 생각해 본 끝에 페렌치의 지적이 별 의미가 없다는 것을 깨달았을 가능성이 크다.

이 모든 문제에 대한 제임스 스트레이치의 더 상세한 논의는 『표준판 전집』 제19권(60~62페이지)에 있다.

2. 리비도의 거대한 저장소

이 문제에는 상당한 어려움이 따른다. 그것은 각주 33번에서 언급되었고, 이 논문의 네 번째 논의 〈두 종류의 본능〉에서는 더 길게 논의되었다.

이 유추적 비유는 「성욕에 관한 세 편의 에세이」의 제3판에 덧붙인 새로운 절 속에 처음으로 나타났던 것 같다. 그 논문은 1915년에 출판되었으나 프로이트는 1914년 가을에 이미 그것을 준비했다. 그 구절은 다음과 같이 되어 있다. 〈자기애적 리비도 또는 자아 리비도는 대상 리비도 집중들이 밖으로 나오고 다시 그 안으로 들어가고 하는 거대한 저장소처럼 보인다. 자아의 자기애적-리비도적 집중은 초기 유년 시절에 실현된 원래의 상태이며, 나중에 리비도의 구축(驅逐)에 의해 은폐될 뿐 본질적으로는 그 이면에 계속 존재한다.〉

같은 개념이 프로이트가 좋아하는 또 다른 유추적 비유로 그 이전에 표명된 바 있었다. 그것은 어떤 때는 하나의 대안으로서 그리고 또 어떤 때는 〈거대한 저장소〉와 나란히 나타난다.[1] 이 구문은 바로 「나르시시즘 서론」에 나타나는데, 그것은 프로이트가 같은 해인 1914년 초반기에 쓴 것이다. 〈그리하여 우리는 원래부터 있는 자아의 리비도적 집중이 존재한다는 생각을 갖게 된다. 이 리비도 집중의 일부가 나중에 대상에게 주어진다. 그러나 그것은 근본적으로 그대로 존속하면서 대상 리비도 집중과 관련을 맺는다. 그것은 아메바의 몸통이 자신이 산출한 위족(僞足)들과 관계를 맺는 것과 매우 흡사하다.〉

이 두 유추적 비유는 헝가리 정기 간행물을 위해 1916년 말에 쓰인 준대중적 논문(「정신분석학의 어려움 Eine Schwierigkeit der Psychoanalyse」, 1917)에서 함께 등장하고 있다. 〈자아는 하나의 거대한 저장소로 여기에서 대상 지향성의 리비도가 흘러나오고, 또한 이 속으로 그 리비도가 대상으로부터 다시 흘러들어 온다……. 이러한 사정의 예로서 우리는 아메바를 생각할 수 있는데, 이것의 점액성 물질이 위족을 산출해 낸다…….〉

아메바라는 단어는 날짜가 1917년으로 되어 있는 『정신분석 강의』의 스물여섯 번째 강의에 다시 한번 나온다. 그리고 저장소

---

1 이 비유는 1913년 초에 처음으로 출판된 「토템과 터부」에서 이미 그 기본틀을 잡고 있다.

라는 말은 「쾌락 원칙을 넘어서」에 나온다. 〈정신분석학은 …… 자아가 리비도의 진정한 최초의 저장소이며, 리비도가 대상물에 미치는 것은 바로 이 저장소로부터라는 결론에 도달했다.〉

프로이트는 그가 1922년 여름에 쓴 백과사전 표제어 글에 이것과 매우 비슷한 구절을 포함시키고 있다(「〈정신분석학〉과 〈리비도 이론〉」). 그리고 나서 곧바로 이드에 관한 글과 이전의 진술을 근본적으로 바로잡는 것처럼 보이는 글이 등장했다. 〈이제 우리는 자아와 이드를 구별하게 되었으므로, 이드를 리비도의 거대한 저장소로 인식해야 될 것이다…….〉 그리고 그는 또다시 다음과 같이 말하고 있다. 〈초기 단계에서 모든 리비도는 이드 속에 축적되어 있고, 자아는 아직 형성 과정에 있거나 연약한 상태다. 이드가 이 리비도의 일부를 성애적 대상 리비도 집중으로 내보낸다. 이에 대해 이제 더 강건하게 자란 자아가 이 대상 리비도를 취해서 이드에게 자신을 사랑의 대상으로서 강요하려 든다. 그러므로 자아의 나르시시즘은 2차적인 것으로서 대상에서 떨어져 나온 것이다.〉

이 새로운 입장은 아주 명쾌하게 이해할 수 있을 것처럼 보인다. 그러므로 「자아와 이드」가 나온 지 오직 1년 정도 뒤에 쓰인 「나의 이력서」(프로이트 전집 15, 열린책들)에서 다음과 같은 문장을 만난다는 것은 자못 당황스러운 일이다. 〈일생 동안 자아는, 대상 집중 감정이 그로부터 번져 나오고 대상으로부터 다시 역류해 들어오는 리비도의 큰 저장고이다.〉2

그 문장이 정신분석학 이론의 발전에 대한 역사적 서술 가운데 나오게 된 것은 사실이다. 그러나 「자아와 이드」에서 발표된 견해

---

2 거의 똑같은 진술이 『새로운 정신분석 강의』 중 서른두 번째 강의에 나와 있다. 그러나 〈대상 리비도 집중은 이드의 본능적 요구에서 나온다〉는 말도 참조하라.

에 대한 변화의 표시는 어디에도 없다. 그리고 마지막으로 우리는 이 구절을, 1938년에 쓰였으며 프로이트의 마지막 저술 중 하나인 「정신분석학 개요」(프로이트 전집 15, 열린책들)에서 발견하게 된다. 〈이드와 초자아에서 리비도의 행태에 대해 무엇인가 말하기는 어렵다. 우리가 리비도에 대해 아는 모든 것은 자아와 관련된 것이며, 처분 가능한 리비도의 양은 처음에는 이 자아에 저장되어 있다. 우리는 이러한 상태를 절대적인 원초적 자기애라고 부른다. 자아가 대상에 대한 관념을 리비도로 집중하기 시작하여 자기애적 리비도를 대상 리비도로 전환시킬 때까지 자기애는 지속된다. 일생 동안 자아는 마치 위족을 가진 원형체가 하듯이, 그로부터 리비도 집중이 대상으로 보내지고 그곳으로 되돌아오는 거대한 저장고 역할을 한다.〉

프로이트의 말년에 나온 이러한 문구들은, 그가 본 저술에서 피력한 견해들을 철회했다는 것을 암시하는가? 그렇게 믿기는 어렵다. 일견 모순되는 것처럼 보이는 견해들을 화해시키는 데 도움이 될 법한 두 가지 사실이 있다. 그 첫째는 매우 작은 것으로, 〈저장소〉라는 유추적 비유가 성격상 모호하다는 것이다. 저장소는 물 저장 탱크로 간주될 수도 있고 물 공급원이라고 생각할 수도 있다. 양쪽 의미의 이미지를 자아와 이드 양쪽에 적용하는 데는 별 어려움이 없다. 만약 프로이트가 어떤 그림을 그의 마음속에 갖고 있었나를 좀 더 정확하게 보여 주었더라면, 위에서 인용한 여러 구문의 의미가 분명히 드러났을 것이다.

두 번째 사실은 더 중요하다. 『새로운 정신분석 강의』에서 마조히즘을 논하면서 프로이트는 다음과 같이 기술하고 있다. 〈자아가 ─ 오히려 이드, 전인격이라고 말하는 편이 더 나을지도 모르겠습니다 ─ 원래는 모든 본능적 충동을 포함하고 있다고 천명

한 바 있습니다. 만일 그것을 파괴 본능에도 적용시킨다면…….〉
이 삽입구는 물론 이드와 자아가 아직 분화되지 않은 원시적 상
태를 지칭한다.[3] 그리고 이와 비슷한, 그러나 이보다 더 결정적
인 대목이 「정신분석학 개요」에 나온다. 이번에는 이미 인용된 구
절보다 두 구절 앞에 나오는데 그 내용은 이렇다. 〈이제부터 우리
가 리비도라고 부르는 에로스가 가지고 있는 에너지 전체는 아직
분화되지 않은 자아 이드에 존재하고…….〉 만약 우리가 이것을
프로이트 이론의 진정한 본질로서 받아들인다면, 그에 대한 표현
상의 외관적 모순은 줄어들 것이다. 이 〈자아 이드〉가 저장 탱크
라는 의미에서 원래 〈리비도의 거대한 저장소〉였던 것이다. 분화
가 일어난 후 이드는 계속해서 저장 탱크로서 남아 있을 것이다.
그러나 그것이 리비도 집중을(대상에게든지 혹은 이제 분화된 자
아에게든지) 내보내기 시작할 때, 그것은 그 역할 외에 에너지의
공급원이 될 것이다. 그러나 같은 말이 자아에게도 역시 적용될
것이다. 자아도 나르시시즘적 리비도의 저장소이면서 동시에 대
상 리비도 집중의 공급원이 될 것이기 때문이다.

　　그러나 이 마지막 논점이 또 다른 문제를 생각하게 하는데, 그
것은 프로이트가 때에 따라 다른 견해를 취한 것이 아닌가 하는
가정을 하지 않을 수 없다는 것이다. 「자아와 이드」는 다음과 같
이 기술되어 있다. 〈초기 단계에 모든 리비도는 이드 속에 축적되
어 있었다.〉 그러다가 〈이드는 이 리비도의 일부를〉 자아가 자신
을 이드에게 사랑의 대상으로서 강요함으로써 통제하려고 애쓰
는 〈성애적 대상 리비도 집중으로 내보낸다〉. 〈그러므로 자아의
나르시시즘은 2차적인 것으로 대상에서 떨어져 나온 것이다.〉 그
러나 「정신분석학 개요」에서는 다음과 같이 말하고 있다. 〈처분

3 물론 이것은 잘 알려진 프로이트의 견해이다.

가능한 리비도의 양은 처음에는 이 자아에 저장되어 있다.〉〈우리는 이러한 상태를 절대적인 원초적 자기애라 부른다.〉 그리고 〈그것은 자아가 대상에 대한 관념을 리비도로 집중하기 시작할 때까지 지속된다〉. 우리는 이 두 가지의 설명 속에서 두 개의 서로 다른 과정을 그려 볼 수 있을 것 같다. 첫 번째는 원래의 대상 리비도 집중이 이드에서 직접 나와서 단지 간접적으로 자아에 미치는 것으로 생각되는 경우이다. 두 번째는 리비도 전체가 이드에서 자아로 가서 단지 간접적으로 대상에 미치는 것으로 생각되는 경우이다. 이 두 과정은 양립 불가능한 것처럼 보이지 않는다. 그리고 양쪽이 다 일어날 수도 있다. 그러나 이 문제에 대해서 프로이트는 침묵하고 있다.

박찬부 옮김

마조히즘의 경제적 문제

Das ökonomische Problem des Masochismus(1924)

이 중요한 저술에서 프로이트는 마조히즘이라는 당혹스러운 현상에 대해서 완벽한 설명을 하고 있다. 그는 「성욕에 관한 세 편의 에세이」나 「본능과 그 변화」, 「〈어떤 아이가 매를 맞고 있어요〉」 등에서 이 문제를 이미 다룬 바 있었으나, 그것들은 항상 잠정적인 성격을 띠고 있었다. 이 모든 글에서, 마조히즘은 이전의 사디즘에서 나온 것으로 되어 있다. 1차적 마조히즘과 같은 것은 인식되어 있지 않다. 그러나 프로이트는 「쾌락 원칙을 넘어서」에서 〈죽음 본능〉을 도입한 후에 1차적 마조히즘과 같은 것이 〈있을는지도 모른다〉고 했고, 이 논문에서는 1차적 마조히즘의 존재를 확실한 것으로 받아들이고 있다.

여기서 1차적 마조히즘의 존재는 주로 두 부류의 본능이 〈융합〉하고 〈분열〉되는 것에 기초해서 설명되는가 하면, 불쾌를 겨냥하는 본능의 성격에 대해서도 흥미롭게 다루고 있다. 이 논의에서 처음으로 〈항상성의 원칙〉과 〈쾌락 원칙〉이 명확하게 구별되고 있다.

프로이트의 분석은 1차적 마조히즘이 두 개의 파생적 현상을 가져온다는 사실을 보여 주고 있다. 그중 하나는 〈여성적〉이라고 부를 수 있는 것으로 이미 「〈어떤 아이가 매를 맞고 있어요〉」에서 논의한 바 있다. 그러나 〈도덕적 마조히즘〉은 그에게 이미 「자아와 이드」에서 잠시 언급되었던 여러 문제점을 확대 설명할 수 있는 기회와, 죄의식과 양심의 운용과 관련해서 새로운 문제들을 제기할 수 있는 기회를 부여해 주고 있다.

이 논문은 1924년 『국제 정신분석학지』 제10권 2호에 처음 실렸으며, 『저작집』 제5권(1924)과 『전집』(1940)에도 실렸다. 영어 번역본은 리비어가 번역하여 "The Economic Problem of Masochism"이라는 제목으로 『논문집Collected Papers』 제2권(1924)에 실렸으며, 『표준판 전집』 제19권(1961)에도 실렸다.

마조히즘의 경제적 문제

　　인간의 본능적 삶에서 마조히즘적 경향이 존재한다는 사실은 경제적인 관점에서 볼 때는 당연히 신비스러운 것으로 기술될 수 있을 것이다. 왜냐하면 정신 기관의 1차 목표가 불쾌를 피하고 쾌락을 취하는 쾌락 원칙에 의해서 지배된다면, 마조히즘은 생각할 수 없기 때문이다. 만약 고통과 불쾌가 단순히 경고가 아니라 실제로 목표가 된다면, 쾌락 원칙은 마비되고 말 것이다 ― 그것은 마치 우리의 정신생활을 감시하는 파수꾼이 마약을 먹고 행동 불능 상태가 된 것과 같을 것이다.

　　그와 같이 마조히즘은 큰 위험에 비추어서 우리에게 나타나는데, 이런 환상은 그것의 대극체인 사디즘의 경우에는 절대로 일어나지 않는다. 우리는 쾌락 원칙이 단순히 우리의 정신생활만 감시한다기보다는 우리의 삶 전반을 감시하는 파수꾼이라고 부르고 싶은 유혹을 느낀다. 그러나 그 경우, 우리는 우리가 구분했던 두 부류의 본능, 즉 죽음 본능과 성애적(리비도적) 생명 본능의 쾌락 원칙과의 관계를 밝혀야 한다. 그 일을 성취하지 않고서는 마조히즘의 문제에 대한 우리의 탐구는 더 이상 진척될 수 없다.

　　우리는 모든 정신 과정을 지배하는 원칙이 페히너의 〈안정 추구 성향)[1]의 특별한 경우라는 견해를 취해 왔으며, 따라서 정신 기관에게 그 속에 흘러들어 오는 흥분의 양을 무(無)의 상태로 낮추거나 적어도 가능한 한 최소의 상태로 유지시키는 목적을 부여했다는 사실을 기억할 수 있을 것이다. 바버라 로[2]는 이러한 가설적 경향에 대해서 〈열반 원칙〉이라는 이름을 쓸 것을 제안한 바 있었고, 우리는 그 용어를 받아들였다.[3] 그러나 우리는 쾌락-불쾌의 원칙과 이 열반 원칙을 동일시하는 것을 주저해 왔다. 모든 불쾌는 자극으로 인한 정신적 긴장의 고조와 일치하고, 모든 쾌락은 그 긴장의 감소와 일치하는 것으로 되어 있었다. 열반 원칙(그리고 그것과 동일하다고 가정되는 쾌락 원칙)은 전적으로 죽음 본능 — 이 본능의 목표는 삶의 불안정성을 무생물 상태의 안정성으로 유도하는 것이다 — 에 봉사할 것이다. 그리고 이 열반 원칙은 삶의 의도된 진로를 흩뜨리려는 생명 본능 — 리비도 — 의 요구에 경고를 발하는 기능을 할 것이다. 그러나 그러한 견해는 정확한 것일 수 없다. 일련의 긴장감 속에서 우리는 자극량의 증가와 감소를 직접 느낄 수 있는 것 같다. 그런가 하면 유쾌한 긴장과 불유쾌한 긴장 완화도 있다는 데 의심의 여지가 있을 수 없다. 성적 흥분의 상태가 이런 종류의 자극이 유쾌하게 증가하는 가장 두드러진 예이겠으나, 그것만이 유일한 것은 결코 아니다.

그러므로 쾌락과 불쾌는 (우리가 〈자극으로 인한 긴장〉이라고 기술하고 있는) 양의 증감과 관련지을 수 없다. 물론 그럴 가능성이 상당히 존재하지만 말이다. 그들은 이와 같은 양적인 요소보

---

1 「쾌락 원칙을 넘어서」 — 원주.
2 바버라 로Barbara Low의 『정신분석 *Psycho-Analysis*』(1920) 참조 — 원주.
3 「쾌락 원칙을 넘어서」. 프로이트는 전에 바로 이 원칙에 〈항상성의 원칙〉이라는 이름을 붙인 바 있다. 이 개념들에 대한 프로이트의 사용법과 쾌락 원칙과의 관계에 대한 충분한 논의는 「본능과 그 변화」를 참조할 것.

다는 질적인 요소라고 말할 수밖에 없는 그것의 어떤 특성에 의존하고 있는 것처럼 보인다. 만약 우리가 이 질적인 특성이 무엇인지 말할 수 있다면, 심리학은 훨씬 더 발전할 것이다. 아마도 그것은 〈리듬〉일 것이고, 변화의 시간적 연속일 것이며, 자극량의 부침일 것이다.[4] 현재는 그에 대한 지식을 갖고 있지 않다.

그렇다 하더라도, 죽음 본능에 속해 있는 열반 원칙은 살아 있는 생명체 내에서 어떤 변형을 겪었을 것이다. 이 변형을 통해서 그것은 쾌락 원칙이 된다. 따라서 우리는 이후부터 이 두 원칙을 하나로 취급하는 일을 피할 것이다. 우리가 이러한 사고 노선을 따라간다면, 이 변형의 원천이 어떤 힘이었을지 추측하기는 어렵지 않다. 그것은 죽음 본능과 나란히 있으면서 생명 과정의 조절에 한몫을 담당하고 있는 생명 본능, 즉 리비도일 수밖에 없다. 이런 식으로 우리는 작기는 하지만 흥미로운 일련의 연결 고리를 얻게 되었다. 〈열반〉 원칙은 죽음 본능의 추세를 표현하고 〈쾌락〉 원칙은 리비도의 요구를 표현한다. 그리고 쾌락 원칙의 변형인 〈현실〉 원칙[5]은 외부 세계의 영향을 표현한다.

실제로 이 세 원칙 중 어느 것도 다른 것에 의해서 행동의 제지를 받지 않는다. 원칙적으로 이 셋은 서로에게 관용을 베풀 수 있다. 물론 각자에게 주어진 서로 다른 목적이 있다는 사실로부터 이따금씩 이들 사이에서 갈등이 일어나지 않을 수는 없다. 첫 번째 것은 자극의 짐을 양적으로 감소시키려 하고, 두 번째 것은 자극의 질적인 특성을 고려하며, 마지막 세 번째 것은 자극의 방출을 지연시키고 긴장으로 인한 불쾌감을 잠정적으로 묵인하려는 목적을 지니고 있다.

---

4 이러한 가능성은 「쾌락 원칙을 넘어서」에서 이미 제시된 바 있다.
5 「정신적 기능의 두 가지 원칙」 참조.

이러한 고려에서 도출된 결론은 누구도 쾌락 원칙을 우리 삶의 파수꾼으로 기술하는 것을 거절할 수 없다는 것이다.[6]

마조히즘의 문제로 돌아가 보자. 마조히즘은 우리가 관찰한 바에 의하면, 다음과 같은 세 가지 형태, 즉 성적 흥분에 부여된 조건으로서, 여성적 성격의 표현으로서, 그리고 행동[7]의 규범으로서 나타나게 된다. 따라서 우리는 〈성감(性感) 발생적〉, 〈여성적〉, 〈도덕적〉 마조히즘을 구별할 수 있을 것이다. 첫 번째의 성감 발생적 마조히즘, 즉 고통 속에서 쾌감을 느끼는 것은 다른 두 형태의 마조히즘의 밑바닥에도 깔려 있다. 성감 발생적 마조히즘의 바탕은 생물학적이고 체질적인 노선을 따라 추구되어야 할 것이다. 그리고 그것은 우리가 극도로 불투명한 문제에 대해서 어떤 가설을 세우려 결심하지 않는 한 이해 불가능한 상태로 남아 있다. 어떤 면에서는 마조히즘이 취하는 가장 중요한 형태인 세 번째의 것은, 최근 들어서야 정신분석학에 의해서 대부분 무의식 상태의 죄의식이라는 사실이 밝혀졌다. 그러나 이것은 완전히 설명될 수 있고 우리의 다른 지식에 끼워 넣어 적합시킬 수 있는 단계에 이미 도달했다. 반면에 여성적 마조히즘은 우리가 가장 쉽게 관찰할 수 있고 가장 문제성이 없으며, 그것의 모든 관계에 대한 탐사가 이루어질 수 있는 것이다. 우선 이 문제의 논의에서 시작해 보자.

우리는 남성들에게서 보이는 이런 종류의 마조히즘을 잘 알고 있다(내가 구사할 수 있는 자료의 성격상 본 논의는 남성들에게 국한시키겠다). 그러한 지식은 마조히즘에 걸린 — 따라서 성 불

6 프로이트는 「정신분석학 개요」에서 이 문제를 다시 거론하고 있다.
7 이 〈행동〉이라는 단어 뒤에는 영어 *behaviour*가 첨부되어 있다.

능의 — 사람들에게서 얻은 것인데, 그들의 환상은 자위행위 *Selbstbefleckung*로 끝나거나 그 자체로 성적 만족을 나타낸다.[8] 마조히즘에 걸린 성도착자들이 실제 생활에서 하는 행위는, 그 행위가 그 자체로 하나의 목적으로서 행해지든 혹은 그것이 성적 능력을 유도하는 데 기여해서 성적 행위로 연결되든 간에, 그러한 환상과 완전히 일치한다. 양쪽의 경우 모두 — 그 행위는 결국 환상의 연출에 불과하므로 — 명시적 내용은 재갈 물리고 묶인 상태, 고통스럽게 얻어맞고 매질당한 상태, 어떤 면에서는 학대받고, 무조건적인 복종을 강요받으며, 더럽혀지고 타락한 상태로 구성되어 있다. 수족의 절단 행위가 그 내용에 포함되는 경우는 극히 드물며 엄격한 규제를 받는다. 분명하고 쉽게 얻을 수 있는 해석에 따르면, 마조히즘에 걸린 사람은 자신이 작고 무력한 어린아이와 같이, 특히 장난기 많은 어린아이와 같이 취급받기를 원한다. 이것을 설명하기 위해서 여러 사례를 열거할 필요는 없을 것이다. 그것에 대한 자료는 아주 단일하고 어떤 관찰자에게도, 심지어는 비분석가들에게도 접근 가능한 것이기 때문이다. 그러나 만약 우리가 마조히즘적 환상이 특별히 풍부하게 드러나는 증례들을 연구할 기회를 갖는다면, 그들은 주체를 특징적으로 여성적인 자리에 위치시켜 놓는다는 사실을 발견하게 될 것이다. 다시 말해서, 그들은 거세되었고 성교를 당했으며 어린 아기를 낳았다는 의미를 띤다. 그러한 이유로 나는 이러한 형태의 마조히즘을 그것의 극단적인 예를 근거로 여성적 형태라고 — 설령 그것의 많은 특징들이 유아기적 삶을 가리키지만 — 불렀다. 유아적인 것과 여성적인 것이 이처럼 상호 겹치는 층위를 형성하는 것은 뒤에서 간단히 설명될 것이다. 거세되었다든가 이것을 상징

8 「〈어떤 아이가 매를 맞고 있어요〉」를 참조할 것.

하는 눈먼 상태는, 어떠한 상처도 생식기나 눈에는 가해지지 않을 것이라는 조건으로 환상 속에서 그것 자체에 대한 부정적 흔적을 남기는 경우가 자주 있다(공교롭게도, 마조히즘적 고문은 사디즘의 잔인성 — 상상적인 것이든 혹은 실제로 일어난 것이든 — 과 같은 그러한 심각한 인상을 남겨 놓는 경우가 드물다). 죄의식 역시 마조히즘적 환상의 명시적 내용 속에서 자기 자신을 표현한다. 즉 주체는 자기가 고통스럽고 고문과 같은 이 모든 과정을 통해서 속죄받아야 할 어떤 죄(그 죄의 성격은 불명확한 상태로 남겨진다)를 범했다고 생각한다. 이것은 마조히즘적 주제를 피상적으로 합리화한 것처럼 보일지 모르나, 그 뒤에는 유아기적 자위행위와의 연관성이 놓여 있다. 반면에, 이러한 죄의식에 대한 요소는 세 번째 형태의 도덕적 마조히즘으로 넘어가는 징검다리를 제공한다.

우리가 지금까지 기술해 온 여성적 마조히즘은 1차적, 성감 발생적 마조히즘, 즉 고통 속에서의 쾌락에 전적으로 의존하고 있었다. 이것은 우리의 논의를 훨씬 뒤로 끌고 가지 않고서는 설명될 수 없다 하겠다.

나의 「성욕에 관한 세 편의 에세이」 중, 유아적 성의 원천을 다룬 절에서 나는 〈많은 내적 과정의 경우에 그 과정의 강도가 일정한 양적 한계를 넘는 순간 성적 흥분이 동시 발생적인 효과로 일어난다〉는 명제를 제시한 바 있었다. 실로, 〈성적 본능의 흥분에 어떤 것을 기여함이 없이는 유기체 내에서 아무런 중요한 일도 발생할 수 없다는 것은 당연한 것 같다〉.[9]

이에 따라 고통과 불쾌의 흥분 역시 같은 결과를 낳지 않을 수

9 「성욕에 관한 세 편의 에세이」 참조.

없을 것이다. 고통과 불쾌로 인한 긴장이 있을 때 그러한 리비도의 공감적 흥분이 발생하는 것은, 후년에는 그 작동이 멈추는 유아 생리적 메커니즘 때문일 것이다. 그것은 상이한 성적 구성체 속에서 여러 발전 단계를 획득할 것이다. 그러나 어떠한 경우에도 그것은 어떤 생리적 기반을 제공하는데, 이 기반 위에서 후에 성감 발생적 마조히즘의 정신적 구조가 세워질 것이다.

그러나 이러한 설명의 부적합성은, 그것이 마조히즘과 본능적 생활에서 그 반대 쌍인 사디즘과 맺고 있는 정규적이고 밀접한 관계에 대해서 아무런 빛도 던져 주지 못한다는 데서 찾을 수 있을 것이다. 만약 우리가 좀 더 뒤로 물러나 살아 있는 유기체에서 작동하는 것으로 보았던 두 부류의 본능 가설로 돌아간다면, 전에 설명한 것과 모순을 피할 수 있을 것이다. (다세포적) 유기체 속에서 리비도는 거기에 지배적인 죽음이나 파괴 본능과 만난다. 그리고 이것은 세포로 된 유기체를 해체하려 들고, 각각 떨어져 있는 단세포 유기체를 무기체적 안정 상태로 (물론 상대적이기는 하지만) 만들려고 한다. 리비도는 파괴적 본능을 해롭지 않은 것으로 만드는 책무를 띠고 있고, 그 본능을 대부분 외부로 돌림으로써 — 곧 특별히 유기적 조직체인 근육 기관의 도움을 받으면서 — 즉 그것을 외부 세계에 있는 대상을 향하게 함으로써 그 책무를 수행한다. 그렇다면 그 본능은 파괴적 본능이나 지배 본능, 혹은 권력에의 의지라고 부를 수 있을 것이다. 그 본능의 일정량이 성적 기능에 직접적으로 봉사하도록 배치된다. 거기서 그것은 수행해야 할 중요한 역할이 있는 것이다. 이것이 정통 사디즘이다. 그 본능의 다른 일정량은 이러한 외부로의 자리바꿈에 동참하지 않고 유기체의 내부에 남아, 위에서 말한 부수적 성적 흥분의 도움으로 그 자리에 리비도적으로 묶이게 된다. 바로 이 속에

서 우리는 최초의 성감 발생적 마조히즘을 목격할 수 있는 것이다.[10]

우리는 죽음 본능이 이와 같이 리비도에 의해서 순치되는 수단과 방법을 이해할 수 있는 어떠한 생리학적 지식도 가지고 있지 않다. 정신분석학적 사고 영역이 미치는 한, 우리는 두 부류의 본능이 다양한 비율로 광범위하게 융합하고 합병한다는 사실을 가정할 수 있을 따름이다. 이에 따르면 우리는 순수한 생명 본능이나 순수한 죽음 본능을 다룰 필요가 없고, 오직 상이한 양을 지닌 그 둘의 혼합체를 다루기만 하면 된다. 이런 종류의 본능의 융합에 따른 영향의 결과로서, 두 본능 사이의 〈분열〉이 있을 수 있다. 리비도의 혼합체에 묶임으로써 이런 식으로 순치되기를 거부하는 죽음 본능의 양이 얼마나 되는지 현 단계로서는 추측할 수 없다.

조그마한 부정확성을 무시할 준비가 되어 있다면, 유기체 내에서 활동하고 있는 죽음 본능 ─ 원초적 사디즘 ─ 은 마조히즘과 동일하다고 말할 수 있을 것이다. 죽음 본능의 주요 부분이 외부 대상으로 자리바꿈을 한 후에, 안에는 그 잔류물로서 정통적인 성감 발생적 마조히즘이 남는다. 이것은 한편으로는 리비도의 한 구성 성분이 되고, 다른 한편으로는 자신을 그 대상으로 보게 된다. 따라서 이 마조히즘은 삶에 그처럼 중요한, 죽음 본능과 에로스 사이의 유착 현상이 발생하는 발전 단계의 증거인 동시에 그 잔여물이라 할 수 있을 것이다. 어떤 경우에는 사디즘, 혹은 파괴 본능이 외부로 투사되었다가 다시 안으로 내투사되어 이전의 상황으로 퇴행할 수 있다는 이야기를 들었다 해서 그리 놀라운 일은 못 될 것이다. 이런 일이 발생하면 2차적 마조히즘이 생기고,

10 「자아와 이드」를 참조할 것. 또한 「쾌락 원칙을 넘어서」도 참조.

이것은 원래의 마조히즘에 덧붙여진다.

　성감 발생적 마조히즘은 모든 발전 단계 동안 리비도를 따라가고, 그로부터 변하는 정신적 칠psychische Umkleidungen[11]을 이끌어 낸다. 토템 동물(아버지)에게 잡아먹힐 것이라는 공포가 원시적 구순 조직에 그 기원을 두고 있으며, 아버지에게 얻어맞고 싶은 욕망은 그것 뒤에 오는 사디즘적 단계에서 나온 것이다. 그리고 거세 공포는, 설령 그것이 나중에는 부인되지만, 성기기 조직의 침전물로서 마조히즘적 환상의 내용으로 들어온다.[12] 물론 마지막 생식기 조직에서 성교와 출산의 상황이 발생하는데, 이것은 여성성(女性性)의 특징을 이룬다. 마조히즘에서 엉덩이가 차지하는 역할 역시 쉽게 이해할 수 있다. 그것이 분명하게 현실에 바탕을 두고 있다는 사실은 별도로 하고서도 그렇다. 엉덩이는 사디즘적 항문기에 성감 발생적 선호도가 강한 육체의 일부분이다. 그것은 구순기에 젖가슴이나 성기기에 남근이 그런 것과 마찬가지다.

　세 번째 형태의 마조히즘인 도덕적 마조히즘[13]은, 우리가 성(性)이라고 인식하는 것과 관련성이 좀 덜하다는 데서 주목할 만하다. 다른 모든 마조히즘적 고통은 그것이 사랑하는 사람에게서 나오는 것이며, 그의 명령에 따라 그것을 참아 내야 한다는 조건을 지니고 있다. 이러한 제한이 도덕적 마조히즘에서는 철폐되었다. 고통 그 자체가 문제가 된다. 그것이 사랑하는 사람에 의해서

　11　이 이미지는 프로이트가 오래전부터 사용한 것이다. 예를 들어 그것은 「도라의 히스테리 분석」(프로이트 전집 8, 열린책들)에 여러 번 나온다.

　12　「소아 성기기」을 참조할 것 — 원주.

　13　1909년에 『꿈의 해석』에 덧붙인 한 구절에서 프로이트는 〈정신적 마조히즘〉이라는 용어를 《육체적》 고통이 아니라 모욕과 정신적 고문에서 쾌감을 얻는〉 사람들에게 적용할 것을 제안한 바 있다.

명령되든, 혹은 전혀 관계없는 사람에 의해서 명령되든, 그것은 중요하지 않다. 그것은 심지어 인간 아닌 어떤 힘이나 환경에 의해서 이루어질 수도 있다. 진정한 마조히즘 환자는 얻어맞을 기회가 있을 때는 언제나 그쪽에 볼을 내민다. 이러한 태도를 설명하다 보면 리비도를 설명의 대상에서 제거하고, 그 경우는 파괴 본능이 다시 안으로 향해서 자신에게 난동을 부리는 것이라는 말만을 하고 싶은 생각이 굴뚝같다. 그러나 언어 사용상 이러한 행위 규범과 에로티시즘 사이의 관계를 포기하고 있지 않으며, 이러한 자기 피해자들 역시 마조히즘 환자라고 불리고 있는 사실 속에는 어떤 의미가 내재되어 있음에 틀림없다.

분석적 기교의 관습을 지켜 우선 마조히즘 가운데서도 극도의 형태, 틀림없이 병적인 것을 고려해 보자. 나는 다른 곳[14]에서 분석 치료 도중 만나게 되는 특별한 환자들에 대해서 언급한 바 있는데, 이들에게는 치료적 영향에 대한 이들의 태도로 인해서 〈무의식적〉 죄의식이라는 이름을 붙이지 않을 수 없었다. 나는 그러한 사람들을 식별할 수 있는 기호(〈부정적 치료 반응〉)를 지적한바 있고, 그러한 충동의 강렬함이 의학적 목적이나 교육적 목적에 가장 심각한 저항과 가장 큰 위험을 구성한다는 사실을 숨기지 않았다. 이러한 무의식적 죄의식의 만족이 아마도 병으로부터 얻는 그 사람의 (보통 합성적인) 반사 이익 — 병의 회복에 저항해서 투쟁하고 병적인 상태를 포기하지 않으려는 힘들의 총화 — 가운데 가장 강력한 보루가 될 것이다. 신경증에 의해서 생기는 고통은 바로 그 병을 마조히즘적 경향에 가치 있는 것으로 만드는 요인이다. 모든 이론과 기대와는 달리, 어떠한 치료적 노력에도 저항했던 신경증 증상이, 만약 그 환자가 불행한 결혼의 비극

14 「자아와 이드」 참조 — 원주. 5장을 볼 것.

에 연루되거나, 모든 돈을 잃거나, 혹은 위험스러운 기질성 병에 걸리면 말끔히 사라지는 현상을 발견하는 것 또한 시사적이다. 그런 경우에 한 형태의 고통이 다른 형태의 고통에 의해서 대치된 것이다. 문제가 되는 것은 일정량의 고통을 유지할 수 있어야 한다는 것이다.

환자들은 우리가 그들에게 무의식적 죄의식에 대해서 말해 줘도 잘 믿으려 하지 않는다. 그들은 얼마나 고통스럽게 — 양심의 고통으로써 — 의식적 죄의식, 혹은 죄의 의식이 자기표현을 하는지 잘 알고 있기 때문이다. 그러므로 그들은 자신들의 마음속에 꼭 그것과 비슷한 충동이, 자신들은 그것을 전혀 의식하지 못하는 상태로 숨겨져 있을 수 있다는 사실을 인정할 수 없는 것이다. 만약 우리가 심리학적으로 보아서 어느 경우에도 부정확한 〈무의식적 죄의식〉이라는 용어를 포기하고,[15] 대신 우리가 관찰한 사태를 적절하게 설명할 수 있는 〈처벌에 대한 욕구〉라는 말을 사용한다면, 아마도 우리는 상당한 정도로 그들의 반대에 부딪힐 것이다. 그러나 우리는 의식적 죄의식을 판단하고 설명하지 않을 수 없다.

우리는 양심의 기능을 초자아의 속성으로 돌렸다. 그리고 죄의식을 자아와 초자아 사이의 긴장의 표현으로 인식했다.[16] 자아는 그것의 이상인 초자아의 요구에 부응하지 못했다는 생각에 불안감(양심 불안)을 가지고 반응한다. 우리가 알고자 하는 것은 어떻게 해서 초자아가 이러한 요구하는 역할을 하게 되었으며, 왜 자아는 자기의 이상과 차별화되었음에도 초자아를 두려워해야 하는가 하는 점이다.

15 감정은 〈무의식적〉이라고 적절하게 기술될 수 없다. 「자아와 이드」 2장 참조.
16 「자아와 이드」 3장 참조.

자아의 기능은 그것이 봉사하는 세 기관의 요구를 통합하고 화해시키는 것이라고 말해 왔다. 그렇게 하는 과정에 자아는 또한 초자아에게서 자신이 추구하려는 모델을 보고 있다는 말을 우리는 여기에 덧붙여야겠다. 이 초자아는 외부 세계의 대변자일 뿐만 아니라 이드의 대변자이기 때문이다.[17] 이드의 리비도적 충동의 첫 번째 대상, 즉 부모를 자아 속에 내투사시킴으로써 초자아가 생긴 것이다. 이 과정에서 그 대상들과의 관계가 탈성화(脫性化)되어 직접적 성적 목표에서 벗어난다. 오직 이 방식을 통해서만 오이디푸스 콤플렉스를 극복할 수 있다. 초자아는 내투사된 사람들의 기본적 특징들, 즉 그들의 힘, 엄격함, 감시하고 벌주는 태도 등을 간직하고 있다. 내가 다른 곳에서 말했듯이,[18] 이러한 자아로의 유입과 더불어 발생하는 본능의 분열 덕분에 그 가혹함이 증대된다는 것은 쉽게 생각할 수 있다. 그렇게 되면 초자아 — 자아 속에서 활동하는 양심 — 는 업무 수행 중인 자아에 대해서 혹독하고 잔인하며 무정한 존재가 되어 버릴 수 있다. 그래서 칸트의 정언 명령 der kategorische Imperativ이 오이디푸스 콤플렉스의 직계 후예라고 말할 수 있을 것이다.[19]

그러나 이드의 리비도적 충동의 대상이기를 멈춘 후에도 양심의 기관으로서 초자아 속에서 계속 활동하고 있는 같은 인물들 역시 외부의 현실 세계에 속한다. 바로 거기에서 그들이 온 것이다. 그들의 힘 — 그 뒤에 과거와 전통의 온갖 영향들이 숨겨져 있는 — 은 가장 강력하게 느껴지는 현실의 표현 중 하나이다. 이러한 동시 발생적 현상 때문에 오이디푸스 콤플렉스의 대리 표상인

17 「신경증과 정신증」(프로이트 전집 10, 열린책들) 참조.
18 「자아와 이드」참조 — 원주.
19 「자아와 이드」를 참조할 것.

초자아가 외부 현실 세계의 대변체가 되기도 한다.

이런 식으로 오이디푸스 콤플렉스가 — 이미 역사적 관점에서 추측되었듯이[20] — 우리의 개인적 윤리 의식, 도덕의 원천으로 판명된 것이다. 어린 시절의 발달 과정은 부모에게서 점점 떠나는 것을 의미하고, 초자아를 위한 부모의 개인적 의미는 배후로 물러나는 것이다. 이후로 부모가 뒤에 남겨 놓은 이마고[21]는 선생님, 권위자, 자기가 선택한 모델, 공적으로 인정되는 영웅들의 모습과 결부된다. 이 인물들은 더욱 저항적으로 된 자아에 의해서 더 이상 내투사될 필요가 없어진다. 부모에게서 시작되는 이러한 일련의 과정 속에서 마지막으로 등장하는 인물은 오직 극소수의 사람들만이 인간 외적인 것으로 대할 수 있는 문명의 어두운 힘이다. 네덜란드의 작가 물타툴리Multatuli[22]가 그리스인들의 〈운명moira〉이라는 단어를 신성한 두 단어 쌍인 〈이성logos과 필연ananke〉[23]으로 바꾸어 놓았을 때, 그에게 반대하는 사람은 거의 없었다. 그러나 이 세상의 길잡이로 신의 섭리, 신, 혹은 신과 자

20 「토템과 터부」를 참조할 것 — 원주.

21 〈이마고〉라는 용어를 프로이트가 자주 사용한 것은 아니다. 특히 후년의 저술에서 그렇다. 이 용어는 그의 기술에 관한 논문인 「전이의 역학 Zur Dynamik der Übertragung」(1912)에서 처음 등장하는데, 여기서 그는 이 용어가 융(「리비도의 변화와 상징 Wandlungen und Symbole der Libido」, 1911)에게서 나왔다고 말하고 있다. 또한 융은 이 구절에서 그 용어가 부분적으로 스위스의 작가 카를 슈피텔러Carl Spitteler(1845~1924)의 동명 소설 제목에서 나온 것이라고 말하고 있다. 또한 한스 작스Hanns Sachs와 랑크가 1912년에 시작한 정신분석학 잡지 『이마고』 역시 그 명칭을 같은 출처에서 얻었다.

22 데커E. D. Dekker(1820~1887) — 원주. 〈물타툴리〉는 프로이트가 오랫동안 좋아한 저술가였다. 그는 프로이트가 1906년에 작성한 〈열 권의 좋은 책들〉의 저자 중 첫 번째에 드는 인물이다. 프로이트의 「〈좋은 책과 독서에 관한〉 질문과 답변Antwort auf eine Rundfrage 'Vom Lesen und von guten Büchern'」(1906) 참조.

23 필연ananke은 프로이트가 일찍이 「레오나르도 다빈치의 유년의 기억」에서 사용한 바 있다. 그러나 이성logos은 여기서 처음으로 등장하는 것 같다. 「어느 환상의 미래」(프로이트 전집 12, 열린책들) 결말부에서 이 두 단어, 특히 〈이성〉이 논의되고 있다.

연 등을 내세우는 사람들은 모두 신화적 의미에서 이 전혀 이질적인 힘들을 여전히 부모로 생각하는 것은 아닌지, 그리고 자신들이 리비도적 끈에 의해서 그 힘들과 여전히 결속되어 있다고 믿고 있는 것은 아닌지 하는 의심을 불러일으킨다. 「자아와 이드」에서, 나는 인간들의 죽음에 대한 현실적 공포 역시 그와 같은 부모의 운명관에서 도출하려는 시도를 했다. 그러한 생각으로부터 벗어나기란 대단히 어려워 보인다.

이러한 예비 단계를 거쳐서 우리는 이제 도덕적 마조히즘이라는 본론의 문제로 돌아갈 수 있게 되었다. 치료 도중이나 현실 생활에서 당사자의 행위를 검토해 보면, 그들은 도덕적으로 지나치게 금제되어 있고 특별히 민감한 양심의 지배하에 있다는 — 물론 그들은 이 초도덕적인 것에 대해서 아무것도 의식하지 못하고 있지만 — 인상을 주게 된다고 말한 바 있다.[24] 좀 더 면밀히 관찰해 보면, 이런 종류의 도덕의 무의식적 연장과 도덕적 마조히즘 사이에는 차이가 있음을 알 수 있다. 전자의 경우, 자아가 복종하는 초자아의 고조된 사디즘에 강세가 주어지는 반면, 후자는 처벌을 요구하는 자아 자신의 마조히즘 — 그것이 초자아로부터 왔든 혹은 밖에 있는 부모의 위력에서 온 것이든 간에 — 에 주안점이 있다. 우선 우리는 그 둘을 혼동한 데 대한 용서를 구할 수 있을 것이다. 두 경우 모두 그것은 자아와 초자아 (혹은 그것과 동등한 힘) 사이의 관계의 문제이고, 또한 두 경우 모두에서 문제가 되는 것은 처벌과 고통을 통해 만족을 얻으려는 욕구이기 때문이다. 그렇다면, 초자아의 사디즘은 대부분 눈부시게 의식적인 반면, 자아의 마조히즘적 추세는 원칙적으로 주체에서 숨겨져 있으며, 따라서 그의 행동으로부터 추론되어야 한다는 사실은 결코 무시

24 「자아와 이드」참조.

할 만한 이야기가 아닐 것이다.

도덕적 마조히즘이 무의식적이라는 사실은 우리에게 하나의 분명한 단서를 제공해 준다. 우리는 〈무의식적 죄의식〉이라는 표현을 부모의 손에서 처벌받기를 원한다는 의미로 해석할 수 있었다. 우리는 이제 아버지에게 매 맞고 싶다는 욕망 — 이 욕망은 환타지 속에 매우 자주 등장한다 — 은 다른 욕망, 즉 그와 수동적 (여성적) 성관계를 갖고 싶다는 욕망과 매우 가까운 것으로, 이러한 욕망의 퇴행적 표현에 불과하다는 사실을 알게 되었다. 이러한 설명을 도덕적 마조히즘의 내용 속에 편입시킨다면, 그것의 숨은 의미는 분명해진다. 양심과 도덕은 오이디푸스 콤플렉스의 극복과 탈성화(脫性化)를 통해서 생겨난다. 그러나 도덕적 마조히즘을 통해서 도덕은 다시 한번 성적으로 되고 오이디푸스 콤플렉스는 되살아난다. 이에 따라 도덕으로부터 오이디푸스 콤플렉스로의 퇴행로가 열린 것이다. 이것은 도덕에게도, 관련된 사람에게도 이롭지 않다. 사람은 그의 마조히즘과 나란히 윤리 의식의 전부 혹은 약간을 간직하고 있을 수 있는 것이 사실이다. 그러나 다른 측면에서 보면, 양심의 많은 부분이 마조히즘 속으로 사라졌을 수도 있다. 다시 말하거니와, 마조히즘은 〈죄가 되는〉 행동을 하고 싶은 유혹을 만들어 낸다. 그러한 행위는 다음에 (많은 러시아적 성격에 잘 나타나 있듯이) 사디즘적 양심의 가책이나 운명이라는 위대한 부모의 힘 있는 질책을 통해 속죄받아야 한다. 이 마지막 부모의 대변자에게서 형벌을 자초하기 위해서 마조히즘 환자는 적절하지 못한 일을 해야 하며, 자신의 이익에 반해서 행동해야 하고, 현실 세계에서 자신에게 열려 있는 좋은 전망을 망쳐 놓아야 하며, 급기야는 자기 자신의 현실적 존재 자체를 파괴해야 한다.

사디즘이 자신에 반해서 되돌아서는 일은, 주체의 파괴적 본능 요소들 중 많은 부분이 〈본능에 대한 문화적 억압〉에 의해서 현실 생활에서 실현되지 못하도록 제지받는 곳에서 정규적으로 발생 한다. 뒤로 물러선 이러한 파괴 본능이 자아 속에서 마조히즘의 강화 요소로서 등장한다. 그러나 외부 세계에서 되돌아온 파괴 본능은 그러한 변형 없이 초자아에 의해 취해져 자아에 대한 초 자아의 사디즘을 강화시키기도 한다는 사실을, 우리는 양심의 현 상을 통해서 추론해 볼 수 있다. 초자아의 사디즘과 자아의 마조 히즘은 상호 보완적 성격을 띠며 둘이 결합해서 같은 효과를 낸 다. 생각컨대 오로지 이 방법을 통해서만, 본능의 억압이 어떻게 해서 — 자주 혹은 아주 일반적으로 — 죄의식을 가져올 수 있는 지, 그리고 어떻게 사람의 양심이 다른 사람에 대한 공격심을 억 제하면 할수록 더 심각하고 더 민감하게 되는가의 문제를 우리가 이해할 수 있을 것 같다.[25] 사람들은, 어떤 사람이 문화적 관점으 로 보아서 바람직하지 못한 공격적 행위를 범하지 않으려는 습관 이 있다는 사실을 알고 있다면, 그는 그 이유로 인해 훌륭한 양심 을 지니고 있을 것이며 자기 자아에 대한 감시를 완화할 것이라 고 기대할지도 모른다. 이러한 기대는 보통 윤리적 요구가 1차적 인 것이며 본능의 포기는 그 뒤를 따라온다고 보는 상황에 따른 것이다. 이 같은 생각은 윤리 의식의 기원을 설명하지 않은 채로 남겨 놓는다. 실은 그 반대인 것 같다. 첫 번째로 외부 세계에 의 한 본능의 포기가 강행된다. 이것만이 윤리 의식을 창출하는데, 이 윤리 의식은 양심에서 자기표현을 하며 더 많은 본능의 포기 를 요구한다.[26]

25 「자아와 이드」 참조.
26 이 구절에서 논의된 주제는 「문명 속의 불만」에서 확대 설명되고 있다.

그리하여 도덕적 마조히즘은 본능의 융합이 존재한다는 고전적 증거가 된다. 도덕적 마조히즘의 위험성은 그것이 죽음 본능에서 나온 것이며, 파괴 본능으로서 외부로 향하는 것을 피한 그 죽음 본능의 일부와 일치한다는 사실에 있다. 그러나 다른 한편으로, 도덕적 마조히즘은 성애적 요소의 중요성을 간직하고 있기 때문에, 주체의 자기 파괴 행위조차 리비도적 만족 없이는 일어날 수 없다.[27]

박찬부 옮김

---

27 프로이트는 「끝이 있는 분석과 끝이 없는 분석 Die endliche und unendliche Analyse」(1937)에서 정신분석 치료의 문제와 관련하여 마조히즘을 다시 한번 논하고 있다.

〈신비스러운 글쓰기 판〉에 대한 소고

Notiz über den 'Wunderblock' (1925[1924])

본 논문은 1924년 가을에 쓰인 것 같다. 프로이트가 그해 11월 28일 아브라함에게 보낸 미공개 편지에서 그 논문을 수정하고 있다는 말을 하고 있기 때문이다. 이 논문에서는 의식, 전의식, 지각 의식 조직체를 교묘하고 통찰력 있게 논하고 있으며, 이 글의 주제는 실제 표본을 조사하여 분석해 볼 수 있다면 훨씬 더 분명해질 것이다.

이 글은 1925년 『국제 정신분석학지』 제11권 1호에 처음 실렸으며, 『저작집』 제6권(1925)과 『전집』 제14권(1948)에도 실렸다. 영어 번역본은 1940년 제임스 스트레이치가 번역하여 "A Note upon the 'Mystic Writing-Pad'"라는 제목으로 『국제 정신분석 저널』 제21권 4호에 실렸으며, 『논문집』 제5권(1950), 『표준판 전집』 제19권(1961)에도 실렸다.

〈신비스러운 글쓰기 판〉에 대한 소고

내가 나의 기억력을 신뢰하지 못한다면 — 알다시피, 신경증 환자들은 현저하게 자신의 기억력을 신뢰하지 못한다. 그러나 정상적인 사람들 역시 그럴 만한 모든 이유를 다 갖고 있다 — 나는 글로 적어 둠으로써 그 기억력의 작용을 보완하고 보증할 수 있다. 그 경우 기록이 담겨 있는 지면, 즉 수첩이나 종잇장은, 말하자면 나의 기억 장치가 물질화된 부분이다. 이런 경우가 아니면, 나는 그 기억 장치를 보이지 않는 상태로 지니고 다닐 것이다. 나는 이 〈기억〉이 담겨져 있는 장소만을 기억해 내면 된다. 그렇게 되면 나는, 그 기억이 불변의 상태로 남아 있을 것이며 그것은 나의 실제 기억이라면 범했을지도 모를 오류를 피했을 것이라는 확신을 가지고, 그 기억을 언제라도 내가 원하는 때에 〈재생〉시킬 수 있을 것이다.

내가 이 테크닉을 나의 기억 기능을 증진시키기 위해 충분히 이용하고자 할 경우, 내가 선택할 수 있는 두 가지 서로 다른 절차가 있다는 것을 알 수 있다. 우선 첫째로, 나는 표지 위에 쓰인 메모를 무기한 변하지 않는 상태로 보존할 수 있는 필기 용지 — 예컨대 내가 잉크로 써넣은 한 장의 종이 — 를 선택할 수 있다. 그렇게 되면 나는 〈영원한 기억 흔적〉을 소유하게 된다. 이러한 과정의 단점은 글쓰기 용지의 수용 능력이 이내 고갈된다는 것이다. 종이는 글로써 꽉 채워지고 거기에 더 이상의 메모를 할 수 있는 공간이 없어진다. 그렇게 되면 글이 쓰여 있지 않은 또 다른 종이를 사용하지 않을 수 없게 된다. 더구나, 얼마 후에 그 메모가 더 이상 나의 관심을 끌지 못한다거나 〈그것을 나의 기억 속에 간직하고〉 싶은 욕망이 없어질 경우, 이 과정의 장점, 즉 그것이 〈영원한 흔적〉을 제공해 준다는 사실은 그 가치를 상실하고 말 것이다. 이것의 대안이 되는 두 번째 과정은 이러한 두 단점을 모두 피하고 있다. 예컨대 내가 석판 위에 분필로 글을 쓴다면, 나는 무한정한 시간 동안 수용 능력을 유지하는 수용 표면을 갖게 될 것이고, 그 위에 쓰인 메모가 더 이상 나의 관심을 끌지 못하는 순간, 그 글쓰기 표면 자체를 버릴 필요 없이 지워 버릴 수 있다. 여기서의 단점은 영원한 흔적을 보존할 수 없다는 것이다. 만약 석판 위에 새로운 글을 쓰고자 한다면, 그것을 덮고 있는 이전의 것들을 우선 먼저 지워 버려야 할 것이다. 그리하여 무한한 수용 능력과 영원한 흔적의 유지는 우리가 기억 대체용으로 쓰고 있는 그 장치에는 상호 배타적인 성질인 것처럼 보인다. 수용적 표면을 새로운 것으로 하든가, 혹은 기존의 메모를 지워 버리든가 해야 할 것이다.

우리가 우리의 감각 기능을 증진하고 강화하기 위해서 고안한 모든 형태의 보조 기구들은 감각 기관이나 그 부분들과 같은 모델 — 예컨대 안경, 카메라, 나팔 등 — 에 따라 만들어진 것들이다.[1] 이러한 기준에서 본다면, 우리의 기억을 돕기 위한 장치들은 특히 불완전한 것처럼 보이는데, 그것은 우리의 정신 기관은 그것들이 수행할 수 없는 것을 수행하기 때문이다. 다시 말해서, 우

---

1 이러한 생각은 「문명 속의 불만」에서 더욱 확대되었다.

리의 정신 기관은 새로운 지각을 받아들일 무한한 수용 능력을 지니고 있으면서, 동시에 그 지각에 대한 영원한 — 불변하는 것은 아니지만 — 기억 흔적을 기록해 둔다. 나는 이미 오래전인 1900년에 『꿈의 해석』에서,[2] 이러한 특수 능력은 두 개의 서로 다른 조직(혹은 정신 기구의 기관)에 분할되어 있는 것이 아닌가 하는 견해를 피력한 바 있었다. 이 견해에 따르면, 우리는 〈지각 의식〉의 조직을 갖고 있는데, 이것은 지각을 받아들이기는 하나 이를 영원한 흔적으로 간직하지는 않는다. 그래서 그것은 새로운 지각이 있을 때마다 매번 새로운 깨끗한 종이가 필요한 것처럼 반응할 수밖에 없다. 반면에, 접수된 자극의 영원한 흔적은 지각 조직의 뒤에 놓여 있는 〈기억 조직Erinnerungssystem〉 속에 보존된다. 나중에 나는 「쾌락 원칙을 넘어서」에서, 불가해한 의식 현상은 영원한 흔적 〈대신에〉 지각 조직에서 발생하는 것이라는 취지의 발언을 덧붙인 바 있다.

얼마 전, 시장에 〈신비스러운 글쓰기 판〉이라는 이름으로 종잇장이나 석판보다 더 좋다는 조그만 발명품이 나온 바 있었다. 그것은 손을 쉽게 움직여서 쓴 글을 지울 수 있는 글쓰기 판에 불과하다. 그러나 좀 더 면밀히 검토해 보면, 그것의 구성은 우리의 지각 기관에 대한 나의 가설적 구조와 크게 닮았으며, 사실상 그것은 항상 준비 태세가 되어 있는 표면과 그 위에 쓰인 메모의 영원한 흔적을 동시에 제공할 수 있다는 사실을 알게 될 것이다.

그 글쓰기 판은 짙은 갈색의 수지(樹脂)나 밀초로 된 평판으로 테두리에 종이가 둘러져 있다. 그 평판 위에는 얇고 투명한 한 장의 종이가 놓여 있는데, 그 위쪽은 평판에 단단히 묶여 있고 그 밑

---

2 프로이트가 「쾌락 원칙을 넘어서」에서 언급하고 있듯이, 이러한 구분은 『히스테리 연구』의 이론편에서 이미 브로이어에 의해 제시된 바 있었다.

부분은 고정되지 않은 채 그 위에 놓여 있다. 이 투명한 종이가 그 작은 고안물에서 더 흥미로운 부분이다. 그것 자체도 두 층으로 구성되어 있는데, 이들은 양끝을 제외하고는 서로 분리할 수 있다. 위층은 투명한 셀룰로이드로 되어 있고 아래층은 얇고 반투명한 밀랍 종이로 되어 있다. 그 기구가 사용되지 않을 때는 밀랍 종이의 아래 표면은 밀초 평판의 위 표면에 가볍게 부착되어 있다.

그 글쓰기 판을 사용하기 위해서 우리는 밀초 평판에 놓여 있는 덮개 종이의 셀룰로이드에 글을 쓴다. 이 목적을 위해서 연필이나 분필은 전혀 필요치 않다. 그것은 글쓰기가 접수 표면에 닿는 물질 여하에 달려 있지 않기 때문이다. 그것은 진흙판이나 밀초판 위에 글을 쓰던 옛날의 방식으로 되돌아간 것이다. 뾰족한 철필로 표면을 긁으면 그 표면 위에 생긴 들어간 부분이 글자가 되었던 것이다. 그 신비스러운 글쓰기 판의 경우, 이 긁는 행위가 직접적으로 이루어지지 않고 덮개 종이의 매개를 거쳐서 이루어진다. 그 철필이 닿는 지점에서 그것은 밀랍 종이의 아래 표면을 밀초 평판 쪽으로 짓누른다. 그러면 파진 홈이 보통 때는 평평한 백회색의 셀룰로이드 표면 위에 검은 필체로 보이게 된다. 만약 이미 쓴 것을 지우고 싶으면, 묶이지 않은 아래 끝에서부터 시작하여 이중 덮개 종이를 밀초 평판으로부터 가볍게 끌어 올리기만 하면 된다.[3] 그렇게 하면 긁힌 장소에서 이루어지는 밀랍 종이와 밀초 평판 사이의 밀접한 접촉(이것이 글자의 선명도를 좌우한다)은 끝이 난다. 그리고 두 표면이 다시 합칠 때도 그런 일은 다시 일어나지 않는다. 신비스러운 글쓰기 판은 이제 글자가 말끔히 지워진 상태가 되어 새로운 글쓰기를 받아들일 준비가 되어

---

3 덮개 종이가 밀초 석판에서 떨어지는 방법은 그 기구의 최근의 형태에서는 좀 다르다. 그러나 그것이 작동의 원칙에 어떤 영향을 끼치지는 않는다.

있는 것이다.

물론 그 고안물의 사소한 결합은 우리에게 그리 중요한 것이 못 된다. 우리가 관심을 갖고 있는 것은 오직 그것이 마음의 지각적 기관의 구조와 얼마나 가깝게 접근하느냐 하는 문제이기 때문이다.

신비스러운 글쓰기 판에 글씨가 쓰여 있을 동안 우리가 조심스럽게 셀룰로이드를 밀랍 종이로부터 들어 올리면, 후자의 표면 위에도 글씨가 선명하게 나타나 있는 것을 볼 수 있다. 그렇다면 덮개의 셀룰로이드층이 왜 필요한가 하는 의문이 생기게 된다. 실험 결과 그 얇은 종이는, 만약 그 위에 철필을 가지고 직접 글씨를 쓸 경우 쉽게 구겨지거나 찢어질 수 있다는 사실이 밝혀졌다. 그렇다면, 셀룰로이드층은 밀랍 종이에 대한 보호막으로서 외부에서 오는 유해로운 결과를 저지하는 역할을 하는 것이라고 하겠다. 그 셀룰로이드가 〈자극에 대한 방어적 방패〉인 것이다. 실제로 자극을 받아들이는 층은 종이이다. 이 지점에서 내가 「쾌락 원칙을 넘어서」에서, 우리 마음의 지각적 기관이 두 층으로 구성되어 있다고 한 말을 상기할 필요가 있다. 한 층은 자극에 대해서 외부의 방어적 방패 역할을 하는 층인데, 이것이 하는 일은 유입되는 자극의 강도를 낮추는 것이었다. 그리고 다른 층은 이것 뒤에서 자극을 받아들이는 표면층으로서 〈지각-의식〉의 조직에 해당한다.

이 유추적 비유는, 만약 그 의미를 이것보다 더 이상 추적하지 않는다면 별 가치가 없을 것이다. 만약 전체의 덮개 종이 — 셀룰로이드와 밀랍 종이 — 를 들어 올려 밑에 있는 밀초 평판과 분리시키면 글씨는 사라지고 만다. 그리고 내가 이미 언급한 바 있듯이, 그것은 다시 나타나지 않는다. 신비스러운 글쓰기 판의 표면은 글씨가 말끔히 지워진 상태가 되고 따라서 다시 한번 새로운 것을 받아들일 수 있는 것이다. 그러나 이미 쓰인 글씨의 영원한 흔적이 밀초 평판 자체에 간직되고 있어서, 적당한 조명에서는 쉽게 읽을 수 있다는 사실을 발견하기는 어렵지 않다. 그래서 그 글쓰기 판은 석판과 같이 여러 번 반복해서 사용할 수 있는 접수 표면을 제공할 뿐만 아니라, 보통의 종이철과 같이 이미 쓰인 글 씨의 영원한 흔적을 간직한다. 그것은 두 기능을 결합하는 문제 를 〈분리되어 있으나 서로 관련되어 있는 두 개의 구성 부분이나 조직 사이에 그 둘을 갈라놓음으로써〉 해결한다. 그러나 내가 방 금 전에 언급한 가설에 따르면, 이것이 바로 우리의 정신 기관이 지각적 기능을 수행하는 방식이다. 자극을 받아들이는 층, 즉 〈지 각-의식〉의 조직은 영원한 흔적을 형성하지 못한다. 기억의 기반 은 이것과 인접해 있는 다른 조직에서 조성된다.

신비스러운 글쓰기 판에는 접수한 메모의 영원한 흔적을 이용 하는 과정이 없다는 사실 때문에 생각이 흔들릴 필요는 없다. 그 런 흔적이 존재한다는 것으로 족하다. 이런 종류의 보조 기구와 그것의 원형인 정신 기관 사이의 유추적 관계가 적용될 수 없는 시점이 틀림없이 올 것이다. 일단 쓴 글씨가 지워지면, 그 글쓰기 판은 안으로부터 그것을 〈재생〉시킬 수는 없다는 것 역시 사실이 다. 만약 그것이 우리의 기억과 같이 그런 일을 할 수 있다면, 그 야말로 그것은 신비의 글쓰기 판이 될 것이다. 셀룰로이드와 밀 랍 종이 덮개를 〈지각-의식〉의 조직 및 그것의 방어적 방패와 비 교하고, 밀초 평판을 그 뒤에 있는 무의식과 비교한다 해서, 그리 고 글자의 나타남과 사라짐을 지각 과정에서 의식의 피어오름과 소멸에 비교한다고 해서 지나치다고는 생각하지 않는다.

그러나 나는 그 비유를 좀 더 밀어붙이고 싶은 심정이라는 것 을 인정해야겠다. 그 신비스러운 글쓰기 판 위에서, 자극을 접수하는 종이와 눌러서 생긴 자국을 보존하는 밀초 평판 사이의 가까운 접촉이 깨질 때는 언제나 글자가 사라져 버린다. 이것은 우리 마음의 지각 기관이 기능하는 방식에 대해서 내가 오랫동안 견지해 왔고, 지금까지 나 혼자만 간직해 왔던 견해와 일치한다.[4] 리비도 집중된 신경이 안에서 완전한 감수력을 지닌 조직 〈지각-의식〉 속으로 빠르고 주기적으로 보내졌다가 되돌아온다는 것이 나의 이론이었다. 그 조직이 이런 식으로 리비도 집중되어 있는 한, 그것은 (의식을 동반한) 지각을 받아들이고 그 자극을 무의식적 기억 조직에 전달한다. 그러나 그 리비도 집중이 중단되는 순간 의식은 꺼져 버리고 그 조직의 기능은 정지 상태에 이른다.[5] 그것은 마치 무의식이 〈지각-의식〉의 조직을 매개로 해서 외부 세계를 향해서 더듬이를 뻗쳤다가, 그곳에서 오는 자극의 견본을 채취하는 순간 얼른 그것을 철회하는 것과 같다. 그 중단 사태가 신비스러운 글쓰기 판의 경우는 외부에서 비롯되지만, 나의 가설에 의하면 그것은 신경적 흐름의 정지 현상에 그 원인이 있었다. 그리고 신비스러운 글쓰기 판에서 발생하는 접촉의 단절은, 나의 이론에서는 지각 조직의 주기적 비흥분성으로 대치되었다. 나는 이와 같은 〈지각-의식〉 조직 기능의 불연속성 방법은 시간 개념의 근원 밑바닥에 깔려 있는 것이 아닌가 하는 생각도 했었다.[6]

우리의 한쪽 손은 신비스러운 글쓰기 판의 표면에 글을 쓰고

---

4 그것은 사실상 「쾌락 원칙을 넘어서」에서 언급된 바 있다. 그 생각은 〈부정〉에 관한 논문에서 다시 등장한다. 그것은 이미 1895년의 『정신분석의 기원』에서 시작되었다.

5 이것은 〈리비도 집중되지 않은 조직은 흥분될 수 없다는 원칙〉과 일치한다. 「꿈-이론과 초심리학」 참조.

6 이것도 역시 「쾌락 원칙을 넘어서」에 암시되어 있고, 그보다 앞서 「무의식에 관하여」에 힌트가 주어져 있다. 그것은 「부정」에서 다시 언급된다. 그러나 여기서 프로이트는 더듬이를 밖으로 내보내는 것을 자아의 몫으로 돌리고 있다.

있고 다른 손은 주기적으로 밀초 평판에서 그것의 덮개 종이를 들어 올린다고 상상해 본다면, 내가 어떻게 우리 마음의 지각 기관의 기능을 그려 보고자 하는가를 구체적으로 떠올릴 수 있을 것이다.

박찬부 옮김

부정(否定)

Die Verneinung(1925)

우리는 존스를 통해 이것이 1925년 7월에 쓰였다는 것을 알게 되었다(『지크문트 프로이트: 삶과 업적 *Sigmund Freud: Life and Work*』, 1957). 그러나 이 주제는 프로이트의 생각 속에 상당 기간 동안 자리 잡고 있었던 게 분명하다. 이러한 사정은 1923년 〈도라〉의 사례에 붙인 그의 각주를 통해 잘 드러나 있다. 이 논문은 그의 생각을 가장 간결하게 표현한 것 중의 하나다. 이것은 1차적으로 초심리학의 특수 문제를 다루고 있지만, 그것의 도입부나 결론부에서는 기교의 문제도 거론하고 있다.

이 논문은 1925년 『이마고 *Imago*』 제11권 3호에 처음 발표되었으며, 『저작집』 제11권(1928)과 『전집』 제14권(1948)에도 실렸다. 영어 번역본은 1925년 리비어가 번역하여 "Negation"이라는 제목으로 『국제 정신분석 저널』 제6권 4호에 실렸으며, 『논문집』 제5권(1950)과 『표준판 전집』 제19권(1961)에도 실렸다.

부정(否定)

환자들이 분석 작업 동안 그들의 연상을 제시하는 태도는 우리에게 몇 가지 흥미로운 관찰을 할 수 있는 기회를 제공해 준다. 〈자, 당신은 내가 남을 모욕하는 어떤 말을 할 거라고 생각할 겁니다. 그러나 실은 나는 그러한 의도가 전혀 없습니다〉. 우리는 이것이 투사에 의해 방금 올라온 생각을 부인하고 있는 행위라는 것을 깨닫는다. 혹은, 〈당신은 꿈속에 등장하는 이 사람이 누구냐고 물으십니다. 그 사람은 나의 어머니가《아닙니다》〉. 해석할 때 우리는 자유롭게 부정을 무시하고 연상의 주제만을 끄집어낸다. 그 환자는 내심 다음과 같이 말했을 것이다. 〈내가 이 사람을 생각하고 있을 때 나의 어머니가 내 마음속에 들어왔다는 것은 사실이다. 그러나 나는 그 연상을 중요한 것으로 만들고 싶지 않은 심정이다.〉[1]

무의식 상태의 억압된 자료에 대해서 우리가 원하는 정보를 이따금씩 얻을 수 있는 매우 편리한 방법이 있다. 우리는 이렇게 질문한다. 〈그 상황에서 무엇이 가장 상상할 수 없는 것이라고 당신

---

1 프로이트는 다른 어느 곳보다도 「쥐 인간 — 강박 신경증에 관하여」(프로이트 전집 9, 열린책들)에서 이 문제에 주의를 환기시킨 바 있다.

은 생각합니까? 그때 당신의 마음에서 가장 멀리 떨어져 있던 것이 무엇이라고 생각합니까?〉 만약 환자가 덫에 걸려서 자기가 가장 믿을 수 없다고 생각하는 바를 말해 준다면, 그는 거의 언제나 올바로 진심을 고백한다. 이러한 실험에 대응하는 멋진 사례가 이미 증상의 의미를 읽을 수 있게 된 강박 신경증 환자에게서 자주 발견된다. 그는 이렇게 말한다. 〈나는 강박적 생각을 갖고 있습니다. 그리고 그러한 생각의 의미가 이러이러하다는 생각이 즉시 나에게 떠올랐을 리가 없습니다.〉 치료를 통해 얻은 것을 근거로 그가 지금 거절하고 있는 것은, 물론 강박적 생각의 정확한 의미이다.

그와 같이 억압된 이미지나 생각의 내용은 그것이 〈부정〉[2]된다는 조건으로 의식 속에 떠오를 수 있다. 부정은 억압된 것을 인정하는 방식이다. 사실 그것은 이미 억압을 푸는 것이다. 물론 그것이 억압된 것을 받아들이는 것은 아니지만. 우리는 여기서 지적 기능이 어떻게 감정적 과정과 분리되어 있는가를 볼 수 있다. 부정의 도움으로 억압 과정의 한 가지 결과 — 즉 억압된 것의 관념 내용*Vorstellungsinhalt*은 의식에 도달하지 못한다는 사실 — 만이 자유를 얻는다. 그 결과, 억압된 것에 대한 일종의 지적 수용이 이루어진다. 그러나 그와 동시에 억압에 본질적인 것은 그대로 지속된다.[3] 분석 작업 과정에서 이러한 상황과 비슷한 — 정도가

---

2 독일어로 *verneinen*은 영어로 *deny* 대신 *negate*로 번역되었다. 이것은 독일어 *verleugnen*과의 혼돈을 피하기 위한 것인데, 이 단어 역시 과거에는 영어의 *deny*로 번역된 적이 있었다. 지금 사용하고 있는 판에서 *disavow*는 일반적으로 *verleugnen*의 번역어로 사용되었다. 「소아 성기기」참조. 우리말 번역에서는 *verneinen*는 〈부정하다〉로, *verleugnen*는 〈부인하다〉로 해서 일관성을 지켰다.

3 자랑하는 것은 위험스럽다는 흔한 미신의 뿌리에서 이와 같은 과정이 일어난다. 〈그처럼 오랫동안 내가 두통을 앓지 않았으니 얼마나 좋은 일인가.〉 그러나 이것은 사실상 두통에 대한 첫 번째 선언인 셈이다. 당사자는 그 두통의 엄습을 믿고 싶지 않지만 그것을 이미 감지하고 있는 것이다 — 원주. 프로이트는 처음으로 그의 최초

더 심하고 매우 중요한, 그리고 다소 낯선 — 여러 유형을 자주 보게 된다. 우리는 부정도 정복하고, 억압된 것을 지적으로 완전히 수용하는 데 성공을 거둔다. 그러나 억압의 과정 그 자체는 이렇게 한다고 제거되는 것이 아직 아니다.

사고의 내용을 긍정하거나 부정하는 것이 지적 판단의 기능이기 때문에, 우리가 지금까지 한 말은 그 기능의 심리적 근원이 무엇인가의 문제로 우리를 끌고 간다. 어떤 판단에서 무엇인가를 부정한다는 것은, 그 밑바닥에서 〈이것은 내가 억압하고 싶은 것이다〉라고 말하는 것이다. 부정적 판단은 억압의 지적 대체물이다.[4] 그것의 〈아니요〉는 억압의 검증 각인(刻印)이고, 〈독일산(産)〉[5]이라는 표현과 같이 일종의 원천 증명서이다. 부정의 상징 덕분에 사고는 억압의 질곡에서 벗어나 그 자신의 고유한 기능에 맞는 자료들로 비옥하게 된다.

판단의 기능은 주로 두 종류의 결정에 관계한다. 그것은 어떤 사물이 어떤 특수한 속성을 지녔나를 긍정하거나 부정한다. 그리고 그것은 표상Vorstellung이 현실계에 실존체를 가지고 있다는 것을 주장하거나 반박한다. 결정될 속성은 원래 좋거나 나쁜, 유용하거나 해로운 것이었으리라. 가장 오래된 — 구순기적 — 본능 충동의 언어로 표현하자면, 판단이란 〈나는 이것을 먹고 싶다〉이거나 〈나는 그것을 내뱉고 싶다〉이다. 그리고 좀 더 일반적으로 말해서, 〈나는 이것은 내 속에 끌어들이고 싶고 저것은 몰아내고

의 환자 중 하나인 체칠리Cäcilie M. 부인에 의해서 이러한 설명에 주목하게 되었다. 『히스테리 연구』에 나온 프로이트의 첫 번째 증례 연구 중 주제에 관한 긴 각주를 참조.

4 이러한 생각은 다른 곳에서도 나온다. 예컨대 「정신적 기능의 두 가지 원칙」을 참조하라. 거기에 그 이상의 언급이 나온다.

5 원문에 〈*Made in Germany*〉라고 영어로 표기되어 있다.

싶다〉이다. 다시 말해서, 〈그것은 내 안에 있어야 한다〉거나 〈그 것은 내 밖에 있어야 한다〉이다. 내가 다른 곳에서 말했듯이, 원래 의 쾌락 자아는 자신 속에 모든 좋은 것을 끌어들이려 하고 모든 나쁜 것은 몰아내려 한다. 나쁜 것, 자아에게 낯선 것, 외적인 것, 이런 것들은 우선 첫째로 동일한 것이다.[6]

판단의 기능에 의해서 이루어지는 다른 종류의 결정 ─ 표상 가능한 어떤 것의 사실적 존재에 대한 현실성 검사 ─ 은 원래 쾌 락 자아Lust-Ich에서 발전해 나온 확실한 현실 자아Real-Ich의 관 심사이다. 이제 지각된 것(어떤 사물)이 자아 속으로 들어오느냐 않느냐의 문제가 아니라, 표상으로서 자아 속에 있는 것이 지각 (현실) 속에서 또한 재발견될 수 있느냐의 문제다. 그것이 다시 한번 〈외부〉와 〈내부〉의 문제임을 우리는 알 수 있다. 비현실적인 것, 단순히 표상적이고 주관적인 것, 이런 것은 오직 내적일 따름 이다. 반면에 현실적인 것은 또한 〈외적인〉 것이기도 하다. 발전 의 이 단계에서 쾌락 원칙에 대한 고려는 옆으로 제쳐 놓았다. 어 떤 사물(주체가 만족할 만한 대상)이 〈좋은〉 속성을 지녀서 그의 자아 속으로 끌어들일 가치가 있는 것이냐의 문제뿐만 아니라, 그것이 외부 세계에 실제로 존재하여 필요한 때는 언제고 그의 손에 넣을 수 있느냐의 문제가 중요하다는 사실이 경험을 통해 밝혀졌다. 이 전진 단계를 이해하기 위해서 우리는 모든 표상이 지각에서 나왔고 지각의 반복이라는 사실을 기억해야겠다. 그래 서 원래는 표상이 존재한다는 사실만으로도 표상된 대상이 실재 한다는 보증이 되었었다. 주관과 객관의 대극 관계가 처음부터

6 「본능과 그 변화」에 나온 논의를 보라 ─ 원주. 프로이트는 「문명 속의 불만」에 서 이 문제를 다시 거론하고 있다.

존재한 것은 아니다. 사고는 한때 지각되었던 것을 표상으로서 재생시킴으로써 — 외부의 대상이 그대로 존재할 필요는 없다 — 다시 한번 그것을 정신의 표면에 둘 수 있는 능력을 보유하고 있기 때문에 그러한 주관·객관의 대극 관계가 생긴 것이다. 그러므로 현실성 검사의 첫 번째 직접적인 목적은 표상된 것과 일치하는 어떤 대상을, 그것이 기억에 아직도 존재한다는 것을 확신하기 위해서 〈재발견〉하는 것이다.[7] 또 다른 사고 능력이 주관적인 것과 객관적인 것 사이의 차별화에 기여했다. 표상으로서 지각의 재생산은 반드시 충실한 것만은 아니다. 그것은 어떤 것은 빠뜨려서 수정되기도 하고, 여러 요소를 합병함으로써 바뀌기도 한다. 그 경우, 현실성 검사는 그러한 일탈이 어느 정도인가를 조사해야 한다. 그러나 분명히 현실성 검사를 설정하는 전제 조건은, 한때 진정한 만족감을 안겨 주었던 대상들을 잃고 말았을 것이라는 것이다.

판단은 운동 행위의 선택을 결정하는 지적인 행위로서, 이것은 사고로 인한 지연 상태를 끝내고 사고에서 행동의 길을 연다. 사고로 인한 이런 지연 상태도 역시 내가 다른 곳에서 토론한 바 있다.[8] 그것은 소량의 방출로서 이루어지는 실험적 행동, 손으로 감지할 수 있는 운동이라고 간주되어야 할 것이다. 자아가 어디서 그와 비슷한 종류의 운동을 이용했으며, 어떤 장소에서 지금 사

---

7 이 문제의 많은 것이 『꿈의 해석』과, 특히 1895년의 『정신분석의 기원』에 예고되어 있었다. 여기서 재발견된 〈대상〉은 어머니의 젖가슴이다. 「성욕에 관한 세 편의 에세이」의 세 번째 에세이에 이 문제에 관한 논의가 실려 있다.

8 프로이트는 이 중요한 문제를 반복적으로 제시하고 있다. 예컨대 「정신 기능의 두 가지 원칙」을 보면 그전의 언급에 대한 설명이 나와 있다. 그 개념은 또한 그 후의 논문인 「무의식에 관하여」와 「자아와 이드」에도 언급되어 있다. 그리고 그것은 『새로운 정신분석 강의』 중 서른두 번째 강의와 「정신분석학 개요」에도 나타난다. 우연히도 관련된 모든 논제는 여기에 나오는 것과 비슷한 행수로 길게 다루어지고 있다.

고 과정에 적용하고 있는 기교를 배웠는가를 고려해 보자. 그것은 감각적 지각과 관련하여 정신 기관의 감각 중추 끝에서 발생했다. 우리의 가설에 의하면, 지각은 순수하게 수동적인 과정만은 아니다. 자아는 주기적으로 소량의 리비도 집중을 지각 조직에 내보내는데, 그 방법을 통해서 그것은 외부 자극의 견본을 채취한다. 그리고 그러한 잠정적 전진을 시도한 연후에는 언제나 다시금 되돌아온다.[9]

판단에 대한 연구는 아마도 사상 처음으로, 1차적 본능 충동의 상호 작용에서 오는 지적 기능의 기원에 대한 통찰력을 제공해 준다. 판단한다는 것은 자아가 쾌락 원칙에 따라 사물을 자기 속에 끌어들이거나 자신에게서 격퇴시키는 원래의 과정을, 편의주의 노선에 맞추어 계속하는 것이다. 판단의 양극성은 두 집단의 본능 — 우리는 이것의 존재를 가정했다 — 의 대극성과 일치하는 것처럼 보인다. 긍정 — 결합의 대리 표상으로서 — 은 에로스에 속하고 부정 — 격퇴의 계승자 — 은 파괴 본능에 속한다. 부정하고 싶은 일반적 욕망, 정신병자들이 드러내 보이는 부정주의는 아마도 리비도적 구성 요소의 철수로 발생한 본능 분열의 한 기호로 간주되어야 할 것이다.[10] 그러나 사고가 부정적 상징의 창조를 통해 억압의 결과와 쾌락 원칙의 강박에서 벗어날 수 있는 최초의 수단을 얻기 전에는 판단 기능의 수행은 이루어지지 않는다.

부정에 대한 이러한 견해는 분석 중에 무의식 속의 〈아니요〉를

9 「쾌락 원칙을 넘어서」와 「〈신비스러운 글쓰기 판〉에 대한 소고」 참조. 후자에서 프로이트는 자아가 아닌 〈무의식〉이 《지각-의식》의 조직을 매개로 해서 외부 세계를 향해 그 더듬이를 뻗치고 있다〉고 말한 점을 지적해 둔다.
10 『농담과 무의식의 관계』에 나와 있는 말을 참조하라.

발견하지 못한다는 사실과, 자아의 무의식에 대한 인정은 부정적 공식으로 표현된다는 사실과 잘 맞아떨어진다. 우리는 환자들이 무의식에 대해서 〈나는 그것을 생각하지 않았습니다〉, 혹은 〈나는 그것에 대해서 생각한 적이 없습니다〉라는 말로 반응할 때, 무의식을 발견하려는 우리의 노력에서 우리가 성공을 거두었다는 가장 강력한 증거를 보게 된다.[11]

박찬부 옮김

11　프로이트는 1923년 〈도라〉의 분석 사례에 덧붙인 한 각주에서 이와 거의 같은 말로 이 점을 강조하고 있다. 그는 「분석에 있어서 구성의 문제 Konstruktionen in der Analyse」(1937)라는 말년의 논문에서 다시 한번 이 문제로 돌아오고 있다.

아크로폴리스에서 일어난 기억의 혼란
— 로맹 롤랑의 70회 생일을 맞아 그에게 보내는 공개 서한

Brief an Romain Rolland — eine Erinnerungsstörung auf der Akropolis(1936)

로맹 롤랑은 1866년 1월 29일에 태어났다. 이 논문은 그의 70회 생일을 맞이하여 프로이트가 그에게 바치는 글이다. 프로이트는 이 글뿐만 아니라 롤랑의 60회 생일 때 보낸 메시지, 이미 출판된 바 있는 예닐곱 통의 편지, 그리고 「문명 속의 불만」 등을 통해서 알 수 있듯이, 그에 대한 존경심이 대단했다. 프로이트는 1923년에 처음으로 그와 서신 교환을 했고, 1924년에 단 한 번 그를 만났던 것 같다.

『연감Almanach』에 실린 것보다 더 일찍 발표된 것을 찾기란 불가능했다. 토마스 만Thomas Mann이나 모든 유대계 작가들과 마찬가지로, 로맹 롤랑과 관련된 출판물은 이 기간에 나치에 의해서 모두 발행 금지되었다.

이 글은 1936년 『연감』에 실렸으며, 『전집』 제16권(1950)에도 실렸다. 영어 번역본은 1941년 제임스 스트레이치가 번역하여 "A Disturbance of Memory on the Acropolis"라는 제목으로 『국제

정신분석 저널』 제22권 2호에 실렸으며,『논문집』 제5권(1950),
『표준판 전집』 제22권(1964)에도 실렸다.

아크로폴리스에서 일어난 기억의 혼란
― 로맹 롤랑의 70회 생일을 맞아 그에게 보내는 공개 서한

친애하는 친구에게

나는 당신의 70회 생일을 축하하기 위하여 글로써 얼마간의 기여라도 해야겠다고 별러 왔습니다. 그래서 나는 어떤 식으로든 당신에게 가치가 있는 것들을 찾으려 노력해 왔고, 당신의 진리에 대한 사랑, 신념에 대한 용기, 인류에 대한 애정과 선의에 대해서 내가 당신에게 가지고 있는 존경심을 표현할 수 있는 것들을 찾으려고 오랫동안 노력해 왔습니다. 다시 말해서, 나는 나에게 그처럼 많은 찬사와 즐거움의 순간들을 제공해 준 작가인 당신에게 내 고마운 뜻을 증언해 줄 수 있는 어떤 것을 찾으려고 애써 왔습니다. 그러나 허사였습니다. 나는 당신보다 열 살 위이고 이제 나의 생산력은 끝나 가고 있습니다. 내가 당신에게 제공할 수 있는 것이란 고작, 〈한때 좋았던 때도 있었으나〉 이제는 재능이 다한 한 인간의 작은 선물에 불과합니다.

당신도 알다시피, 나의 과학적 탐구 목적은 특이하고 비정상적이고 병적인 마음의 표현들에 대해서 빛을 던져 주는 것 ― 다시 말해서, 그들을 추적해 그 뒤에서 작용하는 정신적 힘들을 밝혀 내고 거기서 작동하는 메커니즘을 지적해 내는 일이었습니다. 나는 처음에는 이것을 나 자신에게 시도해 보았고 이어서 다른 사람들에게 적용해 보았으며, 나아가서 종국에는 전 인류에게까지 연장해 보는 대담함을 보였습니다. 지난 몇 년 동안 이런 종류의 현상, 즉 내가 한 세대 전인 1904년에 직접 경험했지만 그 의미는 전혀 이해하지 못했던 한 현상이 계속해서 내 마음속에 떠올랐습니다.[1] 처음에는 그 이유를 알지 못했습니다만, 마침내 나는 그 사건을 분석해 보기로 결심했습니다. 지금 내가 당신에게 진술하고 있는 것은 이 연구의 결과입니다. 그 과정에서 나는 물론 당신에게 내 사생활 중 어떤 사건들에 대해서 평소보다 좀 더 많은 관심을 기울여 달라고 부탁드려야 할 것입니다.

그 무렵 나는 매년 8월 말이나 9월 초에 내 남동생과 같이 휴가여행을 떠나곤 했는데, 보통 몇 주간이었고 로마나 이탈리아의 다른 지역, 혹은 지중해 연안 지방 등이 여행 목적지였습니다. 내 동생은 나보다 열 살 아래인데, 당신과 같은 나이군요. 이것은 지금에서야 알게 된 우연의 일치입니다. 그해에 내 동생은 나에게 사업상의 문제로 오랫동안 멀리 나가 있을 수 없다고 말했습니다. 1주일이 그가 할애할 수 있는 최장 기간이라고 해서, 우리는 여행 기간을 줄일 수밖에 없었습니다. 그래서 우리는 트리에스테를 경유해서 코르푸섬으로 여행하며 거기서 며칠의 휴가를 보내기로 결정했습니다. 트리에스테에서 내 동생은 거기 살고 있는 사업상 알고 지내는 사람을 방문했는데 나도 같이 갔습니다. 우리를 맞은 그 사람은 우리의 계획에 대해서 친절하게 물어보았습니다. 우리가 코르푸섬으로 가려고 한다는 소리를 듣고 한사코 말리면

---

1 프로이트는 약 10년 전, 「어느 환상의 미래」에서 이 에피소드에 대해서 짧게 언급하고 있으나 그에 대해 어떤 설명을 하지는 않는다.

서 이런 말을 했습니다. 〈어떻게 해서 1년 중 이때에 거기에 간다는 생각을 했습니까? 날씨가 너무 더워서 당신들은 아무것도 할수 없을 겁니다. 그러지 말고 아테네 쪽으로 가는 것이 훨씬 좋을겁니다. 오늘 오후에 로이드 보트가 떠납니다. 그 보트는 당신들이 3일 동안 그 도시를 둘러보게 하고, 시간이 되면 다시 당신들을 실으러 올 겁니다. 그편이 훨씬 더 유쾌하고 가치 있을 것입니다.〉

방문을 마치고 걸어 나오면서 우리는 상당히 우울한 기분이었습니다. 우리는 그 사람이 제안했던 계획을 논의한 후, 그것이 전혀 실현 불가능하다는 데 합의했습니다. 그것을 실천하는 데는어려움밖에 없어 보였습니다. 더구나 우리는 여권 없이는 그리스땅에 입국이 허락되지 않으리라고 생각했습니다. 우리는 로이드사무실이 문을 열기 전 여러 시간을 불만족스럽고 결심을 하지못한 상태로 그 도시 주변을 서성거리면서 보냈습니다. 그러나시간이 되었을 때, 우리는 카운터로 올라가서 아테네행 승선권을예약했습니다. 마치 이런 행위가 당연한 일인 것처럼, 예견됐던어려움을 조금도 개의치 않고, 이러한 결정에 대한 이유를 서로가 논의해 보지도 않고 그렇게 했습니다. 그러한 행위는 대단히이상한 것이었다고 고백하지 않을 수 없습니다. 나중에 우리는코르푸 대신에 아테네로 가라는 제언을 즉각적으로, 매우 기꺼이수락했음을 인식하게 되었습니다. 그러나 만약 그렇다면, 왜 우리는 사무실이 문을 열기 전 몇 시간을 그처럼 우울한 상태에서보냈으며, 오직 장애와 어려움만을 예견했을까요?

목적지에 도착한 오후, 우리가 드디어 아크로폴리스에 서서 주변의 풍경에 눈을 던졌을 때, 놀라운 생각이 갑자기 내 마음속에떠올랐습니다. 〈이 모든 것이 정말, 우리가 학교에서 배운 대로 존재하는구나!〉그 상황을 좀 더 정확히 묘사하자면, 그 말을 표현한 사람은 그 말을 인식한 사람과 보통 생각할 수 있는 것보다 훨씬 날카롭게 나뉘어 있었다고 할 수 있습니다. 둘 다 놀랐습니다. 물론 같은 것을 보고 그런 것은 아니지만. 첫 번째 사람은 흔들릴 수 없는 관찰의 충격으로 어떤 것 — 그것의 실재가 지금까지는 의심스러운 것처럼 보였지만 — 을 믿지 않을 수 없는 것처럼 행동했습니다. 조금 과장해 본다면, 그것은 마치 어떤 사람이 네스 호(湖) 옆을 거닐다가 갑자기 호숫가에 쓰러져 있는 유명한 괴수(怪獸)의 모습을 발견하고, 자기도 모르게 〈그것이 정말 존재하는구나 — 우리가 믿지 못했던 바다뱀이!〉라고 경탄을 발하지 않을 수 없는 상황과 같다고 하겠습니다. 반면에, 두 번째 사람이 놀라는 것은 당연했습니다. 왜냐하면 그는 아테네의 실존, 아크로폴리스, 그 주위의 풍경 등이 그때까지 의심의 대상이었다는 사실을 알지 못했으니까요. 그가 기대하고 있었던 것은 오히려 희열이나 경탄의 표현이었습니다.

자기 자신의 눈으로 사물을 직접 보는 것은 그것을 듣거나 그것에 대해서 읽는 것과는 전혀 다르다는 사실을 강조하는 데, 아크로폴리스에서 생긴 이상한 생각이 기여한다는 말을 하기는 이제 어렵지 않을 것입니다. 그러나 그것은 별로 흥미롭지도 않은 진부한 일에 옷을 입히는 매우 이상한 방식으로 남을 수도 있습니다. 내가 초등학교 학생이었을 때, 나는 아테네라는 도시의 역사적 실재와 그것의 역사를 확신했다고 〈생각했지만〉, 아크로폴리스에서 이러한 생각이 떠올랐다는 사실은 무의식 속에서 나는 그것을 믿지 〈않았다〉는 것을 정확하게 보여 주고, 나는 이제 겨우 〈무의식까지 닿는〉 확신을 획득하고 있는 중이었다고 주장하는 것도 가능할 것입니다. 이런 종류의 설명은 매우 심오해 보입니다. 그러나 증명보다는 말로써 주장하는 것이 더 쉬운 법입니다. 더구나 그것은 이론적인 면에서 공격 앞에 쉽게 노출됩니다. 아닙니다. 나는 그 두 현상, 즉 트리에스테에서의 우울함과 아크로폴리스에서의 생각이 서로 밀접하게 연결되어 있다고 믿습니다. 그 중 첫째가 이해하기가 훨씬 더 쉬울뿐더러 두 번째 것의 설명을 위해서도 도움이 될 것입니다.

트리에스테에서의 경험은 또한 〈우리가 아테네를 볼 거라고? 있을 수 없는 일! ― 그것은 너무 지나치게 힘들 거야!〉와 같은 믿을 수 없음의 표현에 불과했다는 사실에 주목해야 할 것입니다. 그때 수반한 우울증은 〈그것은 불가능하다. 그것은 참 아름다울 텐데〉라는 후회감과 일치했습니다. 이제 그 연유를 알 것 같습니다. 그것은 바로 우리가 자주 접하게 되는 〈사실이기에는 너무 좋은〉[2] 경우 중의 하나입니다. 그것은 우리가 좋은 소식을 듣고 놀랐을 때, 상을 타게 되었다든가 우승자가 되었다는 말을 들었을 때, 그리고 어떤 여자가 내심 사랑해 오고 있는 남자 쪽에서 그녀의 부모에게 구혼 요청을 했다는 사실을 알게 되었을 때 자주 발생하는 바, 믿을 수 없다는 표현의 한 예입니다.

우리가 어떤 현상의 존재를 확인했을 때, 그다음의 문제는 물론 그것의 원인에 대한 것입니다. 이런 종류의 믿을 수 없음의 표현은 분명히 현실을 거부하려는 시도입니다. 그러나 거기에는 이상한 것이 있습니다. 만약 이런 종류의 시도가 불쾌를 가져올 것이라고 위협하는 현실을 겨냥한다면, 그것은 조금도 놀라운 일이 못 될 것입니다. 우리 마음의 메커니즘이 그런 노선을 따라 작동하도록 계획되어 있기 때문입니다. 그러나 불쾌가 아니라 높은 정도의 즐거움을 가져올 것이라 약속하는 것에 대해서 그런 믿을

---

2 원문에 〈*too good to be true*〉라는 영어로 표기되어 있다.

수 없음의 현상이 일어나는 것은 왜일까요? 실로 역설적인 행위입니다!

그러나 나는 전에 〈성공으로 파산한〉, 이것과 비슷한 경우의 사람들을 취급했던 일을 기억합니다.[3] 원칙적으로 사람들은 좌절의 결과나, 결정적으로 중요한 필요나 욕망이 성취되지 않은 결과로 병에 걸립니다. 그러나 이 사람들의 경우는 정반대입니다. 그들은 지나치게 막강한 소원이 성취되는 바람에 병에 걸리고 정신적으로 파산한 것입니다. 어떻게 보면, 이 두 상황 사이의 대조가 처음에 생각되었던 만큼 그렇게 선명한 것은 아닙니다. 역설적인 경우에 발생하는 것은, 단순히 외부적 좌절의 자리를 내부적 좌절이 차지한다는 것입니다. 고통을 받는 사람은 자신에게 행복을 허용하지 않습니다. 내부적 좌절이 그에게 외부적 좌절에 집착하도록 명령하지요. 왜 그럴까요? 많은 경우 그 답변은, 운명이 그에게 그렇게 좋을 것은 허용하리라는 기대를 그가 감히 할 수 없다는 것입니다. 사실상, 〈사실이기에는 너무나 좋은〉 또 다른 사례는 우리 중 많은 사람의 마음속에 상당한 정도로 자리 잡고 있는 것처럼 보이는 비관주의의 표현입니다. 성공으로 파산한 사람들에게서와 마찬가지로 이 경우에서도 우리는 어떤 죄의식이나 열등의식을 발견하게 됩니다. 이것은 〈나는 그런 행복을 향유할 만한 가치가 없는 인물이야, 나는 그럴 자격이 없어〉라는 말로 바꿔 놓을 수 있을 것입니다. 그러나 이 두 동기는 본질적으로 같은 것으로서, 전자는 후자의 투사에 불과합니다. 우리가 오랫동안 인지해 왔듯이, 우리가 우리 자신을 그처럼 나쁘게 취급해 주기를 기대하는 그 운명은 바로 우리의 양심, 즉 우리 속에 있는 가혹한 초자아의 화신으로서, 우리가 어린 시절에 만났던 처벌

3 「정신분석에 의해서 드러난 몇 가지 인물 유형」 참조.

주체의 잔재물입니다.4

　이것이 우리 둘이 트리에스테에서 보인 행위를 설명해 줄 수 있다고 생각합니다. 우리는 아테네를 보는 즐거움을 갖게 되리라는 사실을 믿을 수 없었습니다. 우리가 거부하고 있었던 현실이 무엇보다도 하나의 〈가능성〉이라는 사실이 우리의 반응의 성격을 결정했습니다. 그러나 우리가 아크로폴리스에 섰을 때 그 가능성은 하나의 현실로 바뀌었습니다. 그리고 같은 불신이 그와는 다르나 훨씬 더 투명한 표현을 통해 드러났습니다. 왜곡되지 않은 형태로 표현해 보자면 그 상황은 이랬을 것입니다. 〈나는 내가 지금과 같이 내 두 눈을 가지고 아테네의 광경을 보도록 허용되리라고는 꿈에도 상상할 수 없었다!〉

　학교에서나 그 후에도 나를 지배하고 있던 세계를 보고 싶은 강렬한 욕망을 내가 가지고 있다는 사실을 기억할 때, 그리고 그 욕망이 얼마나 오랜만에 충족되기 시작했는가를 기억할 때, 나는 아크로폴리스에서의 잔존 효과에 대해서 놀라지 않습니다. 그때 나는 마흔여덟 살이었습니다. 나는 내 동생에게 그도 역시 같은 종류의 감정을 느끼는지 물어보지는 않았습니다. 어느 정도 마음에 숨기려는 감정이 지배적이었습니다. 트리에스테에서 우리의 사고 교환을 방해했던 것이 바로 이것이었습니다.

　만약 내가 아크로폴리스에서 나에게 떠오른 생각의 의미를 정확하게 파악했다면, 그리고 그것은 사실상 그 현장에 서 있는 나 자신을 발견하고 내가 유쾌한 놀라움을 표현한 것이었다면, 이제 왜 이런 의미가 생각 속에서 그와 같은 왜곡되고 왜곡시키는 변장술에 지배받아야 했는지 하는 또 다른 의문이 생깁니다.

　그 생각의 근본적 주제, 즉 믿을 수 없음의 주제는 확실히 그

4 「문명 속의 불만」 참조.

왜곡 현상 속에서도 지탱되고 있었습니다. 〈나의 감각 기관을 증거로 해서 볼 때 나는 지금 아크로폴리스에 서 있다. 그러나 나는 이 사실을 믿을 수 없다.〉 그러나 이러한 믿을 수 없음, 이러한 현실에 대한 의심은 실제적 표현에서 이중으로 전치된 것입니다. 첫째는 그것이 과거로 자리를 바꿨다는 데서 그렇고, 둘째는 나의 아크로폴리스에 대한 관계에서 아크로폴리스의 존재 그 자체로 이전되었다는 데서 그렇습니다. 그리고 내가 과거 어느 때 아크로폴리스의 실존을 의심했다고 주장하는 것과 같은 일이 벌어졌습니다. 그러나 나의 기억은 그것을 부정확하고 있을 수 없는 일로 배척해 버렸던 것입니다.

그 두 왜곡 현상은 서로 독립된 두 가지 문제점을 안고 있습니다. 우리는 변형 과정을 좀 더 깊이 천착해 볼 수 있을 것입니다. 당장은 내가 어떻게 해서 그 생각에 도달하게 되었나를 상술하는 문제는 접어놓고, 그때 그 상황에서 믿을 수 없는 것과 비현실적인 것에 대한 어떤 감정이 근원적 요인이었다는 전제에서 시작하겠습니다. 그 상황은 나 자신과 아크로폴리스, 그리고 이것에 대한 나의 지각 현상을 포함한 것이었습니다. 이러한 의심을 설명할 수 없었습니다. 분명히 나는 그 의심을 아크로폴리스에 대한 나의 감각적 인상과 연결시킬 수는 없었습니다. 그러나 나는 과거에 이것의 정확한 장소와 관련된 그 무엇에 대해서 의심을 가졌던 사실을 기억했습니다. 그래서 나는 그 의심을 과거 속으로 전치시키는 방법을 발견했던 것입니다. 그러나 그 과정에서 의심의 주제가 변했습니다. 어렸을 때 나 자신이 아크로폴리스를 볼 수 있을지 의심했었다는 사실을 나는 기억하지 못했습니다. 그때에 나는 아크로폴리스 그 자체의 실재를 믿지 않는다고 주장했을 따름입니다. 바로 이러한 전치 효과 때문에 나는 아크로폴리스에서의 실제 상황이 현실에 대한 의심의 요소를 포함하고 있다고 생각하게 되었습니다. 확실히 나는 아직 그 과정을 분명하게 설명하는 데 성공하지 못했습니다. 그래서 나는 다음과 같은 짧은 말로 이 문제를 마무리하고자 합니다. 즉 그때 〈내가 여기서 보는 것은 진짜가 아니다〉라는 순간적인 감정을 가지고 있었다고(혹은 가졌을 수도 있었다고) 가정함으로써, 그처럼 혼돈스럽고 기술하기 어려워 보이는 전반적인 정신적 상황을 만족스럽게 설명할 수 있겠다는 말입니다. 그러한 감정은 〈탈현실화의 감정 *Entfremdungsgefühl*〉[5]이라고 알려져 있습니다. 나는 그 감정을 격퇴하려는 시도를 했습니다만, 과거에 대해서 잘못된 선언을 하는 대가를 치르고서야 성공할 수 있었습니다.

이 탈현실화는 주목할 만한 현상으로, 아직 그 정체는 별로 알려져 있지 않습니다. 〈감각〉이라고 말하기도 하지만, 그것은 특수한 정신 내용에 부착되어 있고 그 내용에 대한 결정과 결부되어 있는 복잡한 과정임에 틀림없습니다. 그 현상은 정신병에서 자주 발생하지만 정상인들 사이에서도 없지 않습니다. 그것은 이따금씩 환상이 건강한 사람들에게서도 발생하는 것과 같습니다. 그럼에도 불구하고 그 현상은 확실히 어떤 기능의 마비를 의미합니다. 그래서 꿈이 건강인들에게 정규적으로 발생함에도 불구하고 심리적 질환의 모델로 사용되듯이, 그것은 비정상적 구조를 나타냅니다. 이 현상은 두 가지 형태로 관찰될 수 있는데, 주체가 현실에 대해서 이상한 느낌을 갖게 되거나 혹은 자기 자신에 대해서 이상한 느낌을 느끼는 경우입니다. 후자의 경우, 우리는 〈탈인격

5 이 단어는 영어로 다양하게 번역되었다. 헨더슨D. K. Henderson과 길레스피R. D. Gillespie는 『정신 의학 교과서*A Text-Book of Psychiatry*』(1969)에서 〈탈현실화 *derealization*〉라는 용어를 사용했으며, 이 단어와 〈탈인격화*depersonalization*〉(프로이트의 *Depersonalisation*)를 프로이트와 같은 방법으로 구분하고 있다.

화Depersonalisation〉라는 말을 사용합니다. 탈현실화와 탈인격화는
밀접한 관련성이 있습니다. 이것들의 긍정적 대응 현상이라 할
수 있는 일련의 다른 형상들 ──〈잘못된 인식 *fausse reconnaissance*〉,
〈이미 보인 것*déjà vu*〉, 〈이미 이야기된 것*déjà raconté*〉 등[6] ── 이 있
는데, 이 환상들 속에서 우리는 어떤 것을 우리 자신의 자아에 속
한 것으로 받아들이려고 합니다. 이것은 탈현실화 현상 속에서
우리가 어떤 것을 우리 자신으로부터 멀리하려고 애쓰는 것과 비
슷합니다. 〈이미 보인〉 현상을 설명하려는 소박할 정도로 신비하
고 비심리학적 시도를 통해, 우리는 우리의 정신적 자아가 이전
에 존재했다는 증거를 찾으려 합니다. 탈인격화는 우리가 〈이중
의식*double conscience*〉[7]이라는 특수한 상황을 맞게 하는데, 이 이중
의식은 좀 더 정확하게 말해서 〈분열된 인격〉이라고 할 수 있습니
다. 그러나 이 모든 것은 대단히 불투명하고 아직까지 과학적으
로 논증된 것이 부족하여, 당신에게 이 문제에 대해서 더 이상 언
급하는 것을 삼가겠습니다.

여기서 내가 탈현실화 현상의 두 가지 일반적 특징의 문제로
돌아간다면 그것으로 나의 목적에 족할 것입니다. 첫째 특징은
그 현상이 모두 방어의 목적에 기여한다는 것입니다. 그것은 어
떤 것을 자아로부터 멀리하고 부인하는 것을 목적으로 하고 있습
니다. 이제 방어적 장치를 가동시키는 새로운 요소들이 두 가지
방향, 즉 외부의 현실 세계와 자아에서 발생하는 사고와 충동의
내부 세계 양쪽에서 자아에 접근하게 됩니다. 이 둘 중 어느 하나

6   프로이트는 『일상생활의 정신 병리학』과 「정신분석 연구에서 거론된 잘못된
인식(이미 이야기된 것)에 대하여Über fausse reconnaissance(déjà raconté) während der
psychoanalytischen Arbeit」(1914)에서 이 현상을 상당히 길게 다루고 있다. 「늑대 인간」
참조.
7   이것은 원문에 프랑스어로 표기되어 있다.

를 택한다는 것은 정통 탈현실화와 탈인격화 현상 사이에서 어느 하나를 택하는 것과 같다고 할 수 있습니다. 자아에 의해서 방어적 기능의 방출에 사용되는 방법(혹은 우리가 흔히 말하는 메커니즘)은 대단히 많습니다. 지금 이 순간에도 이러한 방어의 방법에 대한 연구가 바로 가까이에서 진행 중에 있습니다. 아동 분석가인 나의 딸이 그에 관한 책을 쓰고 있습니다.[8]

이 방법 중 가장 원시적이고 가장 철저한 〈억압〉은 전체 정신 병리학의 더 깊은 이해를 위한 출발점이었습니다. 고통스럽고 참을 수 없는 것을 — 그것을 인식하고 고려하며, 그것에 대해 판단을 내리고 적절한 행동을 취함으로써 — 따돌리는 정상적인 방법과 억압 사이에, 어느 정도 분명하게 병적인 자아의 행동 방식 전체가 포진해 있습니다. 여기서 잠시 멈추고 이런 종류의 방어 기제 중 작은 것을 당신에게 상기시켜 드릴까요? 당신은 스페인계 무어인들의 그 유명한 탄식, 〈슬프도다, 나의 알하마여*Ay de mi Alhama*〉를 기억하실 것입니다. 이것은 보압딜Boabdil왕[9]이 그의 도시 알하마가 함락되었다는 소식을 어떻게 접하고 있나를 서술하고 있습니다. 그는 그러한 상실이 그의 통치 기반의 종말을 의미한다고 생각합니다. 그러나 그는 〈그것이 사실이도록 내버려두려고〉 하지 않습니다. 그는 그 뉴스가 〈도착하지 않은*non arrivé*〉[10] 것으로 취급하기로 결심합니다. 그 시는 이렇게 되어 있습니다.

---

8 아나 프로이트Anna Freud, 『자아와 방어 기제 *Das Ich und die Abwehrmechanismen*』 (1936).

9 15세기 말 그라나다의 마지막 무어왕. 약 32킬로미터 떨어져 있는 알하마는 수도의 핵심 요새였다.

10 프로이트는 「방어 신경 정신증」과 「억압, 증상 그리고 불안」에서 방어적 과정을 기술하기 위해 이것과 똑같은 표현을 사용하고 있다.

그에게 편지가 당도했다네,
알하마시가 함락되었다는
그는 편지를 불 속에 집어던지고,
사신을 살해했도다.[11]

왕의 이러한 행위를 더욱 결정적으로 만드는 것은 그의 무력감
과의 싸움이라는 사실을 쉽게 상상할 수 있습니다. 편지를 태우
고 사신을 살해함으로써, 그는 아직도 절대적 권력을 쥐고 있음
을 보여 주려고 애썼던 것입니다.

탈현실화 현상의 두 번째 일반적 특징 — 과거에 대한 의존성,
자아의 기억 및 억압의 희생양이 된 어린 시절의 고통스러운 경
험에 대한 의존성 등 — 은 논란의 여지가 있습니다. 그러나 바로
아크로폴리스에서 내가 경험한 것 — 그것은 실제로 기억의 혼란
과 과거의 왜곡에서 절정을 이루었는데 — 이 이러한 관련성을
입증하는 데 도움이 됩니다. 내가 초등학교 시절에 아테네의 실
존을 의심했다는 것은 사실이 아닙니다. 내가 그처럼 멀리 여행
한다는 것 — 〈그처럼 먼 길을 간다〉는 것 — 은 나에게 가능의 영
역을 벗어나는 것처럼 보였을 따름입니다. 이것은 내가 청소년
때 겪은 내 생활 환경의 한계성과 빈곤의 문제와 결부되었습니다.
여행에 대한 나의 동경은 틀림없이 그러한 압박에서 도피하고 싶
다는 소망의 표현이기도 했습니다. 그것은 많은 청소년을 집에서
멀리 도망치도록 몰아붙이는 어떤 힘과 같은 것이었지요. 여행의
즐거움 중 많은 부분이 이러한 어린 시절의 소망을 성취하는 데
있다는 것, 다시 말해서 그것의 뿌리가 가정과 가족에 대한 불만

11 *Cartas le fueron venidas / que Alhama era ganada: / las cartas echo en el fuego, / y al mensajero matara.*

에 있다는 것을 나는 오래전에 분명히 깨달았습니다. 우리가 처음으로 바다를 보고, 대양을 건너고, 그처럼 오랫동안 멀리만 있었던 도시와 땅 — 성취할 수 없는 욕망의 대상 — 을 하나의 현실로 체험하게 되었을 때, 우리는 불가능할 것 같은 위대한 행위를 수행한 영웅과 같은 느낌을 갖게 됩니다. 나는 그날 아크로폴리스에서 나의 동생에게 이렇게 말할 수도 있었습니다. 〈우리가 어렸을 때, 우리는 학교 가는 길에 매일 같은 도로를 어떻게 걸어가곤 했는지, 그리고 일요일마다 우리가 어떻게 놀이공원이나 우리가 잘 아는 소풍길에 올랐는지, 너는 아직도 기억하고 있느냐? 지금 우리는 아테네에 와 아크로폴리스에 서 있구나! 우리는 정말로 먼 길을 걸어왔구나!〉 이 조그만 사건을 좀 더 큰 사건과 비교해 보아도 사정은 비슷할 것입니다. 나폴레옹이 노트르담 성당에서 황제 대관식을 거행하면서,[12] 그의 형제 중 한 사람에게 얼굴을 돌려 다음과 같이 말했습니다. 〈우리의 아버님께서 오늘 여기에 계셨다면, 이런 일에 대해서 무슨 말씀을 하셨겠는가?〉

그러나 우리는 여기서 왜 우리가 트리에스테에서 이미 아테네로 가는 항해의 즐거움을 망치게 되었는가 하는 문제에 대한 어떤 해답과 만나고 있습니다. 그처럼 먼 길을 간 데서 얻게 되는 만족감에 어떤 죄의식이 결부되어 있었음에 틀림없습니다. 거기에는 잘못된 어떤 것, 어린 시절부터 금지되어 온 어떤 것이 있다는 생각이었지요. 그것은 어린아이의 아버지에 대한 비판, 어린 시절의 과대평가를 대치한 과소평가와 관련이 있는 것이었습니다. 성공의 본질은 자신의 아버지보다 더 출세하는 것이었고, 아버지를 앞지른다는 것은 금지된 사항이라는 잠재의식이 깔려 있었던

---

12 이 이야기는 보통 밀라노에서 그가 롬바르디아의 철의 왕관을 받을 때 있었던 것으로 전해진다.

것 같습니다.

일반적으로 타당시되는 이러한 동기에 덧붙여 우리의 경우에는 또 다른 특별한 요소가 개재되어 있었습니다. 아테네와 아크로폴리스의 주제 그 자체가 아들의 우월성에 대한 증거를 포함하고 있었습니다. 우리의 아버지는 사업을 하고 계셨고 중등 교육을 받지 않으셨습니다. 그래서 아테네는 그에게 큰 의미를 띨 수 없었을 겁니다. 그러므로 우리의 아테네에 대한 여행의 즐거움을 방해한 것은 자식으로서 아버지에 대한 〈효심〉이었습니다. 이제 당신은 내가 아크로폴리스의 이 사건을 기억하며 그처럼 자주 마음 아파했다는 사실을 더 이상 의아하게 생각하지 않으실 겁니다. 나도 이제 늙었고 자제심이 필요하며, 여행도 더 이상 할 수 없으니까요.

안녕히 계십시오.

1936년 1월
지크문트 프로이트

박찬부 옮김

방어 과정에서 나타난 자아의 분열

Die Ichspaltung im Abwehrvorgang(1940[1938])

사후에 출판된 이 중요한 미완성 논문의 원고는 그 출판일이 1938년 1월 2일로 되어 있다. 존스의 『지크문트 프로이트: 생애와 업적』에 의하면, 이것은 1937년 크리스마스 때쯤 쓰였다.

이 글은 자아와 어려운 상황 속에서 자아가 취하는 행위에 대한 연구를 발전시키고 있다. 〈부인Verleugnung〉의 개념과 이 행위가 가져오는 〈자아 분열Ichspaltung〉의 개념이 프로이트의 마음을 사로잡고 문제로 제기되는데, 〈부인〉은 보통 거세 콤플렉스와 관련해서 논의되었다. 「소아 성기기」에서 이 용어의 다른 표현에 대한 많은 언급이 나타나 있다. 그중의 하나가 「페티시즘」(프로이트 전집 7, 열린책들)에 나오는데, 이 논문은 그 속편이라고 할 수 있다. 「페티시즘」에서는 부인의 결과로 오는 자아의 분열 현상이 강조되어 있다.

어떤 설명되지 않은 이유로 해서 본 논문을 미완성 상태로 남겨 놓았지만, 프로이트는 「정신분석학 개요」에서 이 주제를 다시 들고 나오고 있다. 그러나 그는 거기에서 자아 분열의 개념을 페티시즘 너머로 연장시키고 있으며, 정신병의 적용도 신경증 전반으로 확장시키고 있다. 그리하여 그 논제는 방어 과정에서 항상 나타나는 〈자아의 교대〉라는 좀 더 폭넓은 문제와 결합되어 있다. 이것도 역시 프로이트가 말년에 「끝이 있는 분석과 끝이 없는 분석」에서 다루었으나, 그것의 근원은 「방어 신경 정신증에 관한 재고찰」과 플리스와의 서신 교환 중 원고 K에까지 소급된다.

이 책은 1940년 『국제 정신분석학지 — 이마고』 제25권 3, 4호에 처음 실렸으며, 『전집』 제17권(1941)에도 실렸다. 영어 번역본은 1941년 제임스 스트레이치가 번역하여 "Splitting of the Ego in the Defensive Process"라는 제목으로 『국제 정신분석 저널』 제22권 1호에 실렸으며, 『논문집』 제5권(1950)과 『표준판 전집』 제23권(1964)에도 실렸다.

방어 과정에서 나타난 자아의 분열

나는 내가 말해야 하는 것이 이미 오랫동안 낯익고 분명한 것으로 간주되어야 할 것인지, 혹은 완전히 새롭고 당황스러운 것으로 생각되어야 할 것인지를 알지 못하는 묘한 입장에 잠시 처해 있음을 발견하게 된다. 그러나 나는 후자 쪽으로 생각하고 싶다.

나는 분석을 받고 있는 환자의 자아가 수십 년 전 어렸을 때에 압박을 느끼는 특별한 상황에서 주목할 만한 방법으로 행동한 것이 틀림없다는 사실에 큰 감명을 받았다. 우리는 일반적이고 다소 막연한 관점에서 그러한 압박이 정신적 외상의 영향으로 발생한다고 말함으로써, 그것을 발생시킨 조건을 지적할 수 있을 것이다. 나는 하나의 선명하게 드러나는 특별한 사례를 제시하려고 한다. 물론 이것이 인과 관계의 가능한 모든 양상을 다 설명할 수는 없지만 말이다.

어린아이의 자아는 강력한 본능적 요구의 지배하에 있고, 그 자아는 본능의 요구를 만족시키는 것에 익숙해져 있다고 가정해 보자. 그리고 그 자아가 어떤 경험에 의해서 갑자기 깜짝 놀라게 되고, 이 경험은 이러한 만족의 지속이 결과적으로 거의 견딜 수 없는 실제적 위험에 봉착할 것이라는 사실을 가르쳐 준다고 가정해 보자. 그 자아는 이제 그 실제적 위험을 인식하고 그것에 굴복하여 본능적 만족을 포기하거나, 현실을 부인하고 두려워할 이유가 없으며 만족을 계속 유지할 수 있다고 스스로 믿도록 하거나, 둘 중의 하나를 선택해야 한다. 그러므로 본능의 요구와 현실의 금지 그 둘 중 어느 쪽도 택하지 않거나, 양쪽 모두를 취하거나 하는데, 이 두 가지 태도는 같은 것이다. 그는 그 갈등에 대해서 두 가지 상반된 반응을 보이는데, 둘 다 타당하고 유효하다. 한편으로 그는 어떤 정신 기제의 도움으로 현실을 거부하고 어떠한 금지 사항도 받아들이기를 거절한다. 다른 한편으로 그는 현실의 위험을 인식하고 그 위험의 공포를 병적인 증후로 받아들여 결과적으로 그 공포에서 벗어나려 한다. 이것은 어려움에 대처하는 매우 재간 있는 해결책이라는 사실을 고백하지 않을 수 없다. 분규에 대해서 양쪽 모두가 각자의 지분을 얻게 된다. 즉 본능은 만족을 지탱하도록 허용되고 현실에게도 적절한 예우가 베풀어진다. 그러나 어떤 식으로든 모든 것을 지불해야 한다. 그리고 그러한 성공은 자아 속에서의 균열을 대가로 하여 성취되는 것으로서, 그 균열은 절대로 치유되지 않고 시간이 지남에 따라 점점 악화된다. 갈등에 대한 두 가지 상반되는 반응이 자아 분열의 중심점으로서 지속된다. 이 모든 과정이 우리에게는 이상하게 보이는데, 그 이유는 자아 과정의 종합적 성격을 당연한 것으로 받아들이기 때문이다.[1] 그러나 우리는 분명히 이 점에서 잘못을 범하고 있다. 자아의 종합 기능은, 물론 그것이 대단히 중요한 것이기는 하지

---

1 『새로운 정신분석 강의』 중 서른한 번째 강의에 나와 있는 문장을 참조. 프로이트는 그의 후기 저술에서, 특히 「억압, 증상 그리고 불안」과 「비전문가 분석의 문제」에서 자아의 종합적 경향을 강조했지만, 그러한 생각은 처음부터 자아에 대한 설명 속에 함축되어 있었다. 브로이어와의 관계 속에서 그가 거의 항상 억압되어야 할 관념을 두고 사용한 말이 〈양립 불가능하다〉는, 다시 말해서 자아에 의해 종합될 수 없다는 것이었다.

만, 특별한 조건에 예속되고 많은 혼란에 빠지기 쉽다.

이 도식적인 연구 논문에 구체적인 개별 증례를 도입해 보면 이해에 도움이 될 것이다. 한 어린 소년이 그가 서너 살 되었을 때, 나이 든 여자의 유혹으로 여성의 성기를 알게 되었다. 이런 관계가 깨진 후 그 소년은 손으로 열정적인 자위행위를 함으로써 성적 자극을 고취시켰다. 그러나 곧 그의 건장한 간호사한테 덜미가 잡혔다. 그 간호사는 그에게 거세 위협을 가했는데, 이 거세 문제는 보통 아버지와 연관되었다. 따라서 이 경우, 어마어마한 두려움의 효과를 산출해 낼 수 있는 조건이 갖추어져 있었다. 거세 위협 그 자체는 대단한 인상을 주지 못할 수도 있다. 어린아이는 그 사실을 믿기를 거부할 것이다. 그는 자신의 신체 중 그렇게 고귀한 부분을 상실하리라는 가능성을 쉽게 상상할 수 없기 때문이다. 이전에 보았던 여성의 성기가 그런 가능성을 우리의 소년에게 수긍시켜 주었을 수도 있다. 그러나 그는 그것에서 그런 결론을 도출해 내지 않았다. 왜냐하면 그렇게 하고 싶지 않은 성향이 너무 강했고, 그렇게 하도록 그를 밀어붙일 어떤 동기도 없었기 때문이었다. 그와는 반대로, 없어진 것은 다시 나타날 것이다라는 생각을 통해서 그가 느낄 수 있는 불안은 모두 잠재워졌다. 어린 소년들을 많이 관찰해 본 사람은 누구나 그들이 여자의 성기를 보고 그런 말을 하는 소리를 들었다는 기억이 있을 것이다. 그러나 두 가지 요소가 동시에 존재한다면 사정은 다르다. 그 경우, 그 거세 위협은 그때까지 해롭지 않은 것으로 생각해 왔던 지각 대상을 떠올리게 하고, 그 기억 속에서 일종의 두려운 확인 작업을 벌이는 것이다. 이제 그 어린 소년은 왜 여자의 성기가 남근의 흔적을 보이지 않는가를 알게 되었다고 생각한다. 그래서 그는 자기 자신의 성기도 같은 운명을 겪을 수 있다는 생각을 더 이상 의심치 않게 된다. 그 후부터 그는 거세 위협의 실체를 믿지 않을 수 없다.

거세 불안의 일반적 결과는, 즉 정상적인 것으로 통하는 그것의 결과는, 그 소년이 즉각적으로 혹은 상당한 진통을 겪고 난 후에 그 위협에 굴복하고, 금지 명령을 전적으로 혹은 부분적으로 (자기 성기에 손을 대지 않음으로써) 수용하는 것이다. 다른 말로 해서, 그는 본능의 만족을 전부 혹은 부분적으로 포기하는 것이다. 그러나 우리는 우리의 환자가 또 다른 길을 찾아냈다는 소리를 들을 준비가 되어 있다. 그는 여성들에게 결여되어 있는 남근을 대체할 수 있는 물건, 즉 주물(呪物)을 창조해 낸 것이다. 그렇게 함으로써 그가 현실을 부인한 것은 사실이었으나 자기 자신의 남근을 구했던 것이다. 여성들이 그들의 남근을 상실했다는 사실을 인정하지 않아도 되게 되자, 그로서는 자기에게 가해 오는 거세 위협을 믿을 필요가 없게 되었다. 그는 자기 자신의 남근에 대한 공포를 느낄 필요가 없게 되어 마음의 교란을 받지 않고 자위 행위를 계속할 수 있었다. 우리의 환자가 보이는 이러한 행위는 현실로부터의 도피라는 인상을 강하게 준다. 그것은 정신병 환자들에게서나 볼 수 있는 행위라는 인상이다. 그리고 사실 그 둘은 별로 다르지도 않다. 그러나 여기서 우리의 판단을 중지하고 상황을 좀 더 면밀히 검토해 보면, 결코 간단하게 넘길 수 없는 차이를 발견할 수 있다. 그 소년은 단순히 자기가 본 것을 거역하고, 볼 것이 없는 곳에서 남근을 보는 환각에 빠져 있다고만은 할 수 없다. 그는 오직 가치의 자리바꿈을 실현시키고 있었던 것이다. 그는 남근의 중요성을 신체의 다른 부분으로 전이시키고 있었는데, 그 과정에서 퇴행 메커니즘의 도움을 받았다(이 방법은 여기서 설명할 필요가 없겠다). 이러한 전치는 여성의 육체에만 관련되어 있다. 그 자신의 남근에 관한 한 변한 것이 하나도 없었다.

현실을 다루는 이러한 방식 — 그것은 거의 예술적이라고 말할 수 있을 것이다 — 은 그 소년의 실제 행동에서 결정적이었다. 그는 자위행위를 마치 그런 행위가 그의 남근에 아무런 위험도 내포하고 있지 않은 것처럼 계속했다. 그러나 동시에 그는 겉보기의 대담성과 무관심과는 모순되게, 자신이 그 위험을 인식하고 있다는 것을 보여 주는 어떤 증상을 보이기 시작했다. 그는 아버지의 거세 위협을 받고 있었다. 그리고 그는 직후, 주물 창조와 동시에, 자기를 벌하는 아버지에 대해서 강렬한 공포심을 보이기 시작했다. 이 공포심을 정복하고 과보상하는 데 그의 남성적 온갖 힘이 동원되었다. 아버지에 대한 이러한 공포심은 또한 거세의 주제에서는 침묵을 지키고 있었다. 구순기로 퇴행하는 바람에 그것은 아버지에 의해 잡아먹힌다는 공포심의 형태를 띠게 되었다. 이 시점에서 고대 그리스 신화의 원시적인 한 측면을 잊을 수는 없을 것 같다. 신화에 의하면, 나이 든 아버지 신인 크로노스Kronos는 자식들을 잡아먹는다. 그가 막내아들 제우스까지 다른 아들들과 마찬가지로 잡아 삼키려 했을 때, 제우스는 어머니의 기지로 구조된다. 그리고 그 후 제우스는 거꾸로 자기 아버지를 거세시켜 버린다는 내용이다. 그러나 우리는 증례 연구로 돌아가서, 그 소년이 또 다른 증상을 — 경미한 것이기는 하지만 — 보이기 시작해 오늘날까지 계속 그런 상태란 말을 덧붙여야겠다. 그 증상은 그가 그의 양쪽 새끼발가락에 무언가 닿는 것에 극도로 민감한 반응을 보이는 것이었는데, 그것은 마치 부인과 인정 사이의 줄다리기에서 분명하게 드러나는 것은 거세 현상이라는 표현과 같기도 했다……

박찬부 옮김

프로이트의 삶과 사상

— 제임스 스트레이치

지크문트 프로이트Sigmund Freud는 1856년 5월 6일, 그 당시에는 오스트리아-헝가리 제국의 일부였던 모라비아의 소도시 프라이베르크에서 출생했다. 83년에 걸친 그의 생애는 겉으로 보기에는 대체로 평온무사했고, 따라서 장황한 서술을 요하지 않는다.

그는 중산층 유대인 가정에서 두 번째 부인의 맏아들로 태어났지만, 집안에서 그의 위치는 좀 이상했다. 프로이트 위로 첫 번째 부인 소생의 다 자란 두 아들이 있었기 때문이다. 그들은 프로이트보다 스무 살 이상 나이가 많았고, 그중 하나는 이미 결혼해서 어린 아들을 두고 있었다. 그랬기에 프로이트는 사실상 삼촌으로 태어난 셈이었지만, 적어도 그의 유년 시절에는 프로이트 밑으로 태어난 일곱 명의 남동생과 여동생 못지않게 조카가 중요한 역할을 했다.

그의 아버지는 모피 상인이었는데, 프로이트가 태어난 후 얼마 지나지 않아 사업이 어려워지기 시작했다. 그래서 프로이트가 겨우 세 살이었을 때 그는 프라이베르크를 떠나기로 결심했고, 1년 뒤에는 온 가족이 빈으로 이주했다. 이주하지 않은 사람은 영국 맨체스터에 정착한 두 이복형과 그들의 아이들뿐이었다. 프로이트는 몇 번인가 영국으로 건너가서 그들과 합류해 볼까 하는 생각을 했지만, 그것은 거의 80년 동안 실행에 옮겨지지 못했다.

프로이트가 빈에서 어린 시절을 보내는 동안 그의 집안은 몹시 궁핍한 상태였지만, 어려운 형편에도 불구하고 그의 아버지는 언제나 셋째 아들의 교육비를 최우선으로 꼽았다. 프로이트가 매우 총명했을 뿐 아니라 공부도 아주 열심히 했기 때문이다. 그 결과 그는 아홉 살이라는 어린 나이에 김나지움에 입학했고, 그 학교에서 보낸 8년 가운데 처음 2년을 제외하고는 자기 학년에서 수석을 놓친 적이 없었다. 그는 열일곱 살 때 아직 어떤 진로를 택할 것인지 결정을 하지 못한 채 김나지움을 졸업했다. 그때까지 그가 받았던 교육은 지극히 일반적인 것이어서, 어떤 경우에든 대학에 진학할 것으로 보였으며, 서너 곳의 학부로 진학할 길이 그에게 열려 있었다.

프로이트는 수차례에 걸쳐, 자기는 평생 동안 단 한 번도 〈의사라는 직업에 선입관을 가지고 특별히 선호한 적이 없었다〉고 주장했다.

나는 그보다는 오히려 일종의 호기심을 느꼈다. 하지만 그것은 자연계의 물체들보다는 인간의 관심사에 쏠린 것이었다.[1]

그리고 어딘가에서는 이렇게 적었다.

어린 시절에 나는 고통받는 인간을 도우려는 어떤 강한 열망도 가졌던 기억이 없다. (……) 그러나 젊은이가 되어서는 우리가 살고 있는 세상의 수수께끼들 가운데 몇 가지를 이해하고, 가능하다면 그 해결책으로 뭔가 기여도 하고 싶은 억누를 수 없는 욕망을

1 「나의 이력서」(1925) 앞부분 참조.

느꼈다.[2]

또 그가 만년에 수행했던 사회학적 연구를 논의하는 다른 글에서는 이렇게 적기도 했다.

나의 관심은 평생에 걸쳐 자연 과학과 의학과 심리 요법을 두루 거친 뒤에 오래전, 그러니까 내가 숙고할 수 있을 만큼 충분히 나이가 들지 않았던 젊은 시절에 나를 매혹시켰던 문화적인 문제들로 돌아왔다.[3]

프로이트가 자연 과학을 직업으로 택하는 데 직접적인 계기가 되었던 사건은 — 그의 말대로라면 — 김나지움을 졸업할 무렵 괴테가 썼다고 하는(아마도 잘못된 것으로 보인다) 〈자연〉에 관한 매우 화려한 문체의 에세이를 낭독하는 독회에 참석한 일이었다고 한다. 하지만 그 선택이 자연 과학이긴 했지만, 실제로는 의학으로 좁혀졌다. 그리고 프로이트가 열일곱 살 때인 1873년 가을, 대학에 등록했던 것도 의과대 학생으로서였다. 하지만 그는 서둘러 의사 자격을 취득하려고 하지는 않았다. 한두 해 동안 그가 다양한 과목의 강의에 출석했던 것만 보더라도 이를 알 수 있다. 그러나 차츰차츰 관심을 기울여 처음에는 생물학에, 다음에는 생리학에 노력을 집중했다. 그가 맨 처음 연구 논문을 쓴 것은 대학 3학년 때였다. 당시 그는 비교 해부학과 교수에게 뱀장어를 해부해서 세부 사항을 조사하라는 위임을 받았는데, 그 일에는 약 4백 마리의 표본을 해부하는 일이 포함되었다. 그로부터 얼마 지

2 「비전문가 분석의 문제」(1927)에 대한 후기 참조.
3 「나의 이력서」에 대한 후기 참조.

나지 않아서 그는 브뤼케Brücke가 지도하는 생리학 연구소로 들어가 그곳에서 6년 동안 근무했다. 그가 자연 과학 전반에 대해 보이는 태도의 주요한 윤곽들이 브뤼케에게서 습득되었다는 것은 의심할 여지가 없는 일이다. 그 기간 동안 프로이트는 주로 중추 신경계의 해부에 대해서 연구했고, 이미 책들을 출판하고 있었다. 그러나 실험실 연구자로서 벌어들이는 수입은 대가족을 부양하기에는 충분하지 못했다. 그래서 마침내 1881년 그는 의사 자격을 따기로 결정했고, 그로부터 1년 뒤에는 많은 아쉬움을 남긴 채 브뤼케의 연구소를 떠나 빈 종합 병원에서 근무하기 시작했다.

그러나 결국 프로이트의 삶에 변화를 가져다준 결정적인 계기가 있었다면, 그것은 생각보다도 더 절박한 가족에 대한 것이었다. 1882년에 그는 약혼을 했고, 그 이후 결혼을 성사시키는 데 모든 노력을 기울였다. 그의 약혼녀 마르타 베르나이스Martha Bernays는 함부르크의 이름 있는 유대인 집안 출신으로, 한동안 빈에서 지내고 있었지만 얼마 안 가서 곧 머나먼 독일 북부에 있는 그녀의 집으로 돌아가야 했다. 그 뒤로 4년 동안 두 사람이 서로를 만나 볼 수 있었던 것은 짧은 방문이 있을 때뿐이었고, 두 연인은 거의 매일같이 주고받는 서신 교환으로 만족해야 했다. 그 무렵 프로이트는 의학계에서 지위와 명성을 확립해 가고 있었다. 그는 병원의 여러 부서에서 근무했지만, 얼마 지나지 않아 곧 신경 해부학과 신경 병리학에 몰두하기 시작했다. 또 그 기간 중에 코카인을 의학적으로 유용하게 이용하는 첫 번째 연구서를 출간했고, 그렇게 해서 콜러에게 그 약물을 국부 마취제로 사용하도록 제안하기도 했다. 바로 뒤이어 그는 두 가지 즉각적인 계획을 수립했다. 하나는 객원 교수 자리에 지명을 받는 것이었고, 다른 하나는 장학금을 받아 얼마 동안 파리로 가서 지내려는 것이었다. 그곳에서는 위대한 신경 병리학자 샤르코Charcot가 의학계를 주도하고 있었다. 프로이트는 그 두 가지 목적이 실현된다면 자기에게 커다란 도움이 될 것이라고 생각했고, 열심히 노력한 끝에 1885년에 두 가지 모두를 얻어 냈다.

프로이트가 파리 살페트리에르 병원(신경 질환 치료로 유명한 병원)의 샤르코 밑에서 보냈던 몇 달 동안, 그의 삶에는 또 다른 변화가 있었다. 이번에는 실로 혁명적인 변화였다. 그때까지 그의 일은 전적으로 자연 과학에만 관련되었고, 파리에 있는 동안에도 그는 여전히 뇌에 관한 병력학(病歷學) 연구를 계속하고 있었다. 그 당시 샤르코의 관심은 주로 히스테리와 최면술에 쏠려 있었는데, 빈에서는 그런 주제들이 거의 생각할 만한 가치가 없는 것으로 여겨졌다. 그러나 프로이트는 그 일에 몰두하게 되었다. 비록 샤르코 자신조차 그것들을 순전히 신경 병리학의 지엽적인 부문으로 보았지만, 프로이트에게는 그것이 정신의 탐구를 향한 첫걸음인 셈이었다.

1886년 봄, 빈으로 돌아온 프로이트는 신경 질환 상담가로서 개인 병원을 열고, 뒤이어 오랫동안 미루어 왔던 결혼식을 올렸다. 하지만 그렇다고 해서 그가 당장 자기가 하던 모든 신경 병리학 업무를 그만둔 것은 아니었다. 그는 몇 년 더 어린아이들의 뇌성 마비에 관한 연구를 계속했고, 그 분야에서 주도적인 권위자가 되었다. 또 그 시기에 실어증에 관해서 중요한 연구 논문을 쓰기도 했지만, 최종적으로는 신경증의 치료에 더욱 노력을 집중했다. 전기 충격 요법 실험이 허사로 돌아간 뒤 그는 최면 암시로 방향을 돌려서, 1888년에 낭시를 방문하여 리에보Liébeault와 베르넴Bernheim이 그곳에서 괄목할 만한 성공을 거두는 데 이용한 기법을 배웠다. 하지만 그 기법 역시 불만족스러운 것으로 밝혀지자, 또 다른 접근 방법을 강구하지 않을 수 없었다. 그는 빈의 상담가이자 상당히 손위 연배인 요제프 브로이어Josef Breuer 박사가 10년 전쯤 아주 새로운 치료법으로 어떤 젊은 여자의 히스테리 증세를 치료했다는 사실을 알고 있었다. 그는 브로이어에게 그 방법을 한 번 더 써보도록 설득하는 한편, 그 스스로도 새로운 사례에 그 방법을 몇 차례 적용해서 가망성 있는 결과를 얻었다. 그 방법은 히스테리가 환자에게 잊힌 어떤 육체적 충격의 결과라는 가정에 근거를 둔 것이었다. 그리고 치료법은 잊힌 충격을 떠올리기 위해 적절한 감정을 수반하여 환자를 최면 상태로 유도하는 것으로 이루어져 있었다. 얼마 지나지 않아 프로이트는 그 과정과 저변에 깔린 이론 모두에서 변화를 일으키기 시작했고, 마침내는 그 일로 브로이어와 갈라설 정도까지 되었지만, 자기가 이루어 낸 모든 사상 체계의 궁극적인 발전에 곧 정신분석학이라는 이름을 붙였다.

그때부터 — 아마도 1895년부터 — 생을 마감할 때까지 프로이트의 모든 지성적인 삶은 정신분석학의 발전과 그 광범위한 언외(言外)의 의미, 그리고 그 학문의 이론적이고 실제적인 영향을 탐구하는 데 바쳐졌다. 프로이트의 발견과 사상에 대해서 몇 마디 말로 일관된 언급을 하기란 물론 불가능하겠지만, 그가 우리의 사고 습관에 불러일으킨 몇 가지 주요한 변화를 단절된 양상으로나마 지적하기 위한 시도는 얼마 안 가서 곧 이루어질 것이다. 그러는 동안 우리는 그가 살아온 삶의 외면적인 과정을 계속 좇을 수 있을 것이다.

빈에서 그가 영위했던 가정생활에는 본질적으로 에피소드가 결여되어 있다. 1891년부터 47년 뒤 그가 영국으로 떠날 때까지 그의 집과 면담실이 같은 건물에 있었기 때문이다. 그러나 행복한 결혼 생활과 불어나는 가족 — 세 명의 아들과 세 명의 딸 — 은 그가 겪는 어려움들, 적어도 그의 직업적 경력을 둘러싼 어려움들에 견실한 평형추가 되어 주었다. 의학계에서 프로이트에 대해 편견을 가지고 있었던 이유는 그가 발견한 것들의 본질 때문만이 아니라, 어쩌면 그에 못지않게 빈의 관료 사회를 지배하고 있던 강한 반유대 감정의 영향 때문이기도 했을 것이다. 그가 대학교수로 취임하는 일도 정치적 영향력 탓으로 끊임없이 철회되었다.

그러한 초기 시절의 특별한 일화 한 가지는 그 결과 때문에 언급할 필요가 있다. 그것은 프로이트와, 명석하되 정서가 불안정한 베를린의 의사 빌헬름 플리스Wilhelm Fließ의 우정에 관한 것이다. 플리스는 이비인후과를 전공했지만 인간 생태학과 생명 과정에서 일어나는 주기적 현상의 영향에 이르기까지 관심 범위가 매우 넓었다. 1887년부터 1902년까지 15년 동안 프로이트는 그와 정기적으로 편지를 교환하면서 자기의 발전된 생각을 알렸고, 자기가 앞으로 쓸 책들의 윤곽을 개술한 긴 원고를 그에게 미리 보냈다. 그리고 무엇보다도 중요한 것은 「과학적 심리학 초고」라는 제목이 붙은 약 4만 단어짜리 논문을 보낸 것이었다. 이 논문은 프로이트의 경력에서 분수령이라고도 할 수 있는, 즉 그가 어쩔 수 없이 생리학에서 심리학으로 옮겨 가고 있던 1895년에 작성된 것으로, 심리학의 사실들을 순전히 신경학적 용어들로 서술하려는 시도였다. 다행스럽게도 이 논문과 프로이트가 플리스에게 보낸 다른 편지들도 모두 보존되어 있는데, 그것들은 프로이트의 사상이 어떻게 발전되었는가에 대해 매혹적인 빛을 던질 뿐 아니라, 정신분석학에서 나중에 발견된 것들 중 얼마나 많은 것이 초기 시절부터 이미 그의 마음속에 있었는지를 보여 준다.

플리스와의 관계를 제외한다면, 프로이트는 처음에는 외부의 지원을 거의 받지 못했다. 빈에서 점차 프로이트 주위로 몇몇 문하생이 모여들었지만, 그것은 대략 10년쯤 후인 1906년경, 즉 다수의 스위스 정신 의학자가 그의 견해에 동조함으로써 분명한 변화가 이루어진 뒤의 일이었다. 그들 가운데 중요한 인물로는 취리히 정신 병원장인 블로일러E. Bleuler와 그의 조수인 융C. G. Jung이 있었는데, 그것으로 우리는 정신분석학이 처음으로 확산되기 시작했음을 알 수 있다. 1908년에는 잘츠부르크에서 정신분석학자들의 국제적인 모임이 열린 데 이어, 1909년에는 미국에서 프로이트와 융을 초청해 여러 차례의 강연회를 열어 주었다. 프로이트의 저서들이 여러 나라 말로 번역되기 시작했고, 정신분석을 실행하는 그룹들이 세계 각지에서 생겨났다. 그러나 정신분석학의 발전에 장애가 없지는 않았다. 그 학문의 내용이 정신에 불러일으킨 흐름들은 쉽게 받아들이기에는 너무 깊이 흐르고 있던 것이다. 1911년 빈의 저명한 프로이트 지지자들 중 한 명인 알프레트 아들러Alfred Adler가 그에게서 떨어져 나갔고, 이삼 년 뒤에는 융도 프로이트와의 견해 차이로 결별했다. 그 일에 바로 뒤이어 제1차 세계 대전이 발발하자, 정신분석의 국제적인 확산은 중단되었다. 그리고 얼마 안 가서 곧 가장 중대한 개인적 비극이 닥쳤다. 딸과 사랑하는 손자의 죽음, 그리고 삶의 마지막 16년 동안 그를 가차 없이 쫓아다닌 악성 질환의 발병이었다. 그러나 어떤 질병도 프로이트의 관찰과 추론의 발전을 막을 수는 없었다. 그의 사상 체계는 계속 확장되었고, 특히 사회학 분야에서 더욱더 넓은 적용 범위를 찾았다. 그때쯤 그는 세계적인 명사로서 인정받는 인물이 되어 있었는데, 1936년 그가 여든 번째 생일을 맞던 해에 영국 왕립 학회Royal Society의 객원 회원으로 선출된 명예보다 그를 더 기쁘게 한 일은 없었다. 1938년 히틀러가 오스트리아를 침공했을 때 국가 사회주의자들의 가차 없는 박해로부터 그를 보호해 주었던 것도 — 비록 그들이 프로이트의 저서들을 몰수해서 없애 버리기는 했지만 — 들리는 말로는 루스벨트 대통령까지 포함된, 영향력 있는 찬양자들의 노력으로 뒷받침된 그의 명성이었다. 그렇다 하더라도 프로이트는 어쩔 수 없이 빈을 떠나 그해 6월 몇몇 가족과 함께 영국으로 건너갔고, 그로부터 1년 뒤인 1939년 9월 23일 그곳에서 세상을 떠났다.

프로이트를 현대 사상의 혁명적인 창립자들 중 한 사람으로 일컬으며, 그의 이름을 아인슈타인Albert Einstein에 결부시켜 생각하는 것은 신문이나 잡지에 실릴 법한 진부한 이야기가 되었다. 그러나 대부분의 사람은 그나 아인슈타인에 의해 도입된 변화들을 간략하게 설명하기가 매우 어려울 것이다.

프로이트의 발견들은 물론 서로 연관되어 있기는 하지만 크게 세 가지로 묶을 수 있다. 연구의 수단, 그 수단에 의해 생겨난 발견들, 그리고 그 발견들에서 추론할 수 있는 이론적 가설들이 그것이다. 그런데 여기서 우리는 프로이트가 수행했던 모든 연구 이면에 결정론 법칙의 보편적 타당성에 대한 믿음이 있었다는 사실을 인정해야 한다. 자연 과학 현상과 관련해서는 이 믿음이 아마도 브뤼케의 연구소에서 근무한 경험에서 생겨났을 것이고, 궁극적으로는 헬름홀츠Helmholtz 학파로부터 생겨났을 것이다. 그러나 프로이트는 단호히 그 믿음을 정신 현상의 분야로 확장시켰는데, 그러는 데는 자기의 스승이자 정신 의학자인 마이네르트Meynert에게서, 그리고 간접적으로는 헤르바르트Herbart의 철학에서 영향을 받았을 수도 있다.

　무엇보다도 먼저 프로이트는 인간의 정신을 과학적으로 탐구하기 위한 첫 번째 도구를 찾아낸 사람이었다. 천재적이고 창조적인 작가들은 단편적으로 정신 과정을 통찰해 왔지만, 프로이트 이전에는 어떤 체계적인 탐구 방법도 없었다. 그는 이 방법을 단지 점차적으로 완성시켰을 뿐인데, 그것은 그러한 탐구에서 장애가 되는 어려움들이 점차적으로 분명해졌기 때문이다. 브로이어가 히스테리에서 설명한 잊힌 충격은 가장 최초의 문제점을 제기했고, 어쩌면 가장 근본적인 문제점을 제기했을 수도 있다. 관찰자나 환자 본인 모두에 의해서 검사에 즉각적으로 개방되지 않는, 정신의 활동적인 부분들이 있다는 것을 결정적으로 보여 주었기 때문이다. 정신의 그러한 부분들을 프로이트는 형이상학적 논쟁이나 용어상의 논쟁을 고려하지 않고 〈무의식〉이라고 기술했다. 무의식의 존재는 최면 후의 암시라는 사실로도 증명되는데, 이 경우 환자는 암시 그 자체를 완전히 잊었다 하더라도 충분히 깨어 있는 상태에서 조금 전 그에게 암시되었던 행동을 수행한다. 그러므로 어떠한 정신의 탐구도 그 범위에 이 무의식적인 부분이 포함되지 않고는 완전한 것으로 여겨질 수 없었다. 그렇다면 이것이 어떻게 완전해질 수 있었을까? 명백한 해답은 〈최면 암시라는 수단에 의해서〉인 것처럼 보였다. 그리고 이 방법은 처음엔 브로이어에 의해, 다음에는 프로이트에 의해 이용된 수단이었다. 그러나 얼마 안 가서 곧 그 방법은 불규칙하거나 불명확하게 작용하고, 때로는 전혀 작용하지 않는 불완전한 것임이 밝혀졌다. 따라서 프로이트는 차츰차츰 암시의 이용을 그만두고 나중에 〈자유 연상〉이라고 알려진 완전히 새로운 방법을 도입했다. 즉 정신을 탐구하려는 상대방에게 단순히 무엇이든 머릿속에 떠오르는 것을 말하라고 요구하는, 전에는 들어 보지 못했던 계획을 채택했다. 이 중대한 결정 덕분에 곧바로 놀라운 결과가 도출되었다. 프로이트가 채택한 수단이 초보적인 형태였음에도 불구하고 그것은 새로운 통찰력을 제시했던 것이다. 한동안은 이런저런 연상들이 물 흐르듯 이어진다 하더라도 조만간 그 흐름은 고갈되기 마련이고, 환자는 더 말할 것을 아무것도 생각하지 않거나 또는 할 수 없게 된다. 그렇게 해서 저항의 진상, 즉 환자의 의식적인 의지와 분리되어 탐구에 협조하기를 거부하는 힘의 진상이 드러난다. 여기에 아주 근본적인 이론의 근거, 즉 정신을 뭔가 역동적인 것으로, 일부는 의식적이고 일부는 무의식적이며, 때로는 조화롭게 작용하고 때로는 서로 상반되는 다수의 정신적인 힘들로 이루어져 있다고 가정할 근거가 있었다.

그러한 현상들은 결국 보편적으로 생겨난다는 것이 밝혀지기는 했지만, 처음에는 신경증 환자들에게서만 관찰 연구되었고, 처음 몇 년 동안 프로이트의 연구는 주로 그러한 환자들의 〈저항〉을 극복하여 그 이면에 있는 것을 밝혀낼 수단을 발견하는 일과 관련되었다. 그 해결책은 오로지 프로이트 편에서 극히 이례적인 자기 관찰 — 지금에 와서는 자기 분석이라고 기술되어야 할 — 을 함으로써만 가능해졌다. 다행스럽게도 우리는 앞에서 얘기한, 그가 플리스에게 보냈던 편지로 그 당시의 상황을 직접적으로 알 수 있다. 즉 그는 분석 덕분에 정신에서 작용하는 무의식적인 과정의 본질을 발견하고, 어째서 그 무의식이 의식으로 바뀔 때 그처럼 강한 저항이 있는지를 이해할 수 있었다. 또 그의 환자들에게서 저항을 극복하거나 피해 갈 기법을 고안할 수 있었고, 무엇보다도 중요한 것, 즉 그러한 무의식적인 과정의 기능 방식과 익히 알려진 의식적인 과정의 기능 방식 사이에 아주 큰 차이점이 있음을 알아낼 수 있었다는 것이다. 다음 세 가지는 그 하나하나에 대해서 언급이 좀 필요할 것 같다. 왜냐하면 사실 그것들은 정신에 관한 우리의 지식에 프로이트가 미친 공적들의 핵심을 구성하고 있기 때문이다.

정신의 무의식적인 내용들은 대체로 원초적인 육체적 본능에서 직접 그 에너지를 이끌어 내는 능동적인 경향의 활동 — 욕망이나 소망 — 으로 이루어져 있는 것으로 보인다. 이 무의식은 즉각적인 만족을 얻는 것 외에는 전혀 아무것도 고려하지 않고 기능하며, 따라서 현실에 적응하고 외부적인 위험을 피하는 것과 관련된, 정신에서 더욱더 의식적인 요소들과 동떨어져 있기 마련이다. 더군다나 이러한 원초적인 경향은 훨씬 더 성적이거나 파괴적인 경향을 지니며, 좀 더 사회적이고 개화된 정신적인 힘들과 상충할 수밖에 없다. 이것을 계속 탐구함으로써 프로이트는 오랫동안 숨겨져 있던 어린아이들의 성적인 삶과 오이디푸스 콤플렉스의 비밀을 알아낼 수 있었다.

두 번째로, 그는 자기 분석을 함으로써 꿈의 본질을 탐구하기 시작했다. 이 꿈들은 신경증 증상들과 마찬가지로 원초적인 무의식적 충동과 2차적인 의식적 충동 사이에서 생겨나는 갈등과 타협의 산물임이 밝혀졌다. 그것들을 구성 요소별로 나누어 분석함으로써 프로이트는 숨어 있는 무의식적인 내용들을 추론할 수 있었으며, 꿈이 거의 모든 사람들에게 보편적으로 일어나는 공통된 현상인 만큼 꿈의 해석이 신경증 환자의 저항을 간파하기 위한 기술적 도구 중의 하나임을 밝혀냈다.

마지막으로, 꿈에 대해 면밀하게 고찰함으로써 프로이트는 그가 생각의 1차적 과정과 2차적 과정이라고 명명한 것, 즉 정신의 무의식적 영역에서 일어나는 일과 의식적 영역에서 일어나는 일

사이의 엄청난 차이점들을 분류할 수 있었다. 무의식에서는 조직이나 조화는 전혀 발견되지 않고, 하나하나의 독립적인 충동이 다른 모든 충동과 상관없이 만족을 추구한다. 그 충동들은 서로 영향을 받지 않고 진행되며, 모순은 전혀 작용하지 않고 가장 대립되는 충동들이 아무런 갈등 없이 병존한다. 그러므로 무의식에서는 또한 생각들의 연상이 논리와는 아무런 관련도 없는 노선들을 따라 진행되며, 유사한 것들은 동일한 것으로, 반대되는 것들은 긍정적으로 동등하게 다루어진다. 또 무의식에서는 능동적인 경향을 수반한 대상들이 아주 이례적으로 가변적이어서, 하나의 무의식이 아무런 합리적 근거도 없는 온갖 연상의 사슬을 따라 다른 무의식으로 대체될 수도 있다. 프로이트는 원래 1차적 과정에 속하는 심리 기제가 의식적인 생각으로 침투하는 것이 꿈뿐만 아니라 여러 가지 다른 정상적 또는 정신 병리학적인 정신적 사건의 기이한 점을 설명해 준다는 사실도 분명히 알아냈다.

프로이트가 했던 연구의 후반부는 모두 이러한 초기의 사상들을 무한히 확장하고 정교하게 다듬는 데 바쳐졌다고 해도 과언이 아닐 것이다. 그러한 사상들은 정신 신경증과 정신 이상의 심리 기제뿐 아니라 말이 헛나온다거나 농담을 한다거나 예술적 창조 행위라거나 정치 제도 같은 정상적인 과정의 심리 기제를 설명하는 데도 적용되었고, 여러 가지 응용과학 — 고고학, 인류학, 범죄학, 교육학 — 에 새로운 빛을 던지는 데도 일익을 담당했다. 그리고 정신분석 요법의 효과를 설명하는 데도 도움이 되었다. 마지막으로, 프로이트는 이러한 근본적인 관찰들을 근거로 해서 그가 〈초심리학〉이라고 명명한 좀 더 일반적인 개념의 이론적인 구조를 세우기도 했다. 그러나 많은 사람들이 이 일반적 개념을 매혹적이라고 생각할지라도, 프로이트는 언제나 그것이 잠정적인 가설의 속성을 띤다고 주장했다. 만년에 그는 〈무의식〉이라는 용어의 다의성과 그것의 여러 가지 모순되는 용법에 많은 영향을 받아 정신에 대한 새로운 구조적 설명 — 여러 가지 문제점을 해명하기 위해 만들어진 것이 분명한 새로운 설명 — 을 제시했는데, 거기에서는 조화되지 않은 본능적인 경향은 〈이드〉로, 조직된 현실적인 부분은 〈자아〉로, 비판적이고 도덕적인 기능은 〈초자아〉로 불렸다.

지금까지 훑어본 내용으로 독자들은 프로이트의 삶에 있었던 외면적인 사건들의 윤곽과 그가 발견한 것에 대해 어느 정도 조망했을 것이다. 그런데 더 많은 것을 요구하는 것이, 좀 더 깊이 파고들어 가서 프로이트가 어떤 부류의 사람이었는지를 알아보는 것이 과연 적절할까? 아마도 그렇지 않을 것이다. 그러나 위인에 대한 사람들의 호기심은 만족할 줄 모르며, 그 호기심이 진실된 설명으로 충족되지 않으면 필연적으로 꾸며 낸 이야기라도 붙잡으려고 할 것이다. 프로이트는 초기에 낸 두 권의 책(『꿈의 해석』과 『일상생활의 정신 병리학』)에서 그가 제기한 논제로 인해 개인적인 사항들을 예외적으로 많이 제시하지 않을 수 없었다. 그럼에도 불구하고, 또는 바로 그런 이유로 그는 자기의 사생활이 침해당하는 것을 완강히 거부했으며, 따라서 여러 가지 근거 없는 얘깃거리의 소재가 되었다. 일례로 처음에 떠돌았던 아주 단순한 소문에 따르자면, 그는 공공 도덕을 타락시키는 데 온 힘을 쏟는 방탕한 난봉꾼이라는 것이었다. 또 이와 정반대되는 터무니없는 평가도 없지 않았다. 그는 엄격한 도덕주의자, 가차 없는 원칙주의자, 독선가, 자기중심적이고 웃지도 않는 본질적으로 불행한 남자로 묘사되었다. 그를 조금이라도 알고 있는 사람들이라면 누구에게나 위의 두 가지 모습은 똑같이 얼토당토않은 것으로 보일 것이다. 두 번째 모습은 분명히 부분적으로는 그가 말년에 육체적으로 고통받았다는 것을 아는 데서 기인한 것이다. 그러나 또 한편으로는 가장 널리 퍼진 그의 몇몇 사진이 불러일으킨 불행해 보이는 인상에 기인한 것일 수도 있다. 그는 적어도 직업적인 사진사들에게는 사진 찍히기를 싫어했으며, 그의 모습은 때때로 그런 사실을 드러냈다. 화가들 역시 언제나 정신분석학의 창시자를 어떻게든 사납고 무서운 모습으로 표현할 필요를 느꼈던 것처럼 보인다. 그러나 다행히도 좀 더 다정하고 진실한 모습을 보여 주는 다른 증거물들도 있다. 예를 들면 그의 장남이 쓴 아버지에 대한 회고록(마르틴 프로이트Martin Freud, 『명예로운 회상』, 1957)에 실려 있는, 휴일에 손자들과 함께 찍은 스냅 사진 같은 것들이다. 이 매혹적이고 흥미로운 책은 실로 여러 가지 면에서 좀 더 형식적인 전기들 — 그것들도 매우 귀중하기는 하지만 — 의 내용에서 균형을 회복하는 데 도움을 주는 한편, 일상생활을 하는 프로이트의 모습도 얼마간 드러내 준다. 이러한 사진들 가운데 몇 장은 그가 젊은 시절에 매우 잘생긴 용모였다는 것을 보여 준다. 하지만 나중에 가서는, 그러니까 제1차 세계 대전 뒤 병이 그를 덮치기 얼마 전부터는 더 이상 그렇지 못했고, 그의 용모는 물론 전체적인 모습(대략 중간 키 정도인)도 주로 긴장된 힘과 빈틈없는 관찰력을 풍기는 인상으로 널리 알려졌다. 그는 공식적인 자리에서는 진지하되 다정하고 사려 깊었지만, 사사로운 곳에서는 역설적인 유머 감각을 지닌 유쾌하고 재미있는 사람이기도 했다. 그가 가족에게 헌신적인 애정을 기울인 사랑받을 만한 남자였다는 것을 알아보기란 그리 어려운 일이 아니다. 그는 다방면으로 여러 가지 취미가 있었고 — 그는 외국 여행과 시골에서 보내는 휴일, 그리고 등산을 좋아했다―미술, 고고학, 문학 등 좀 더 전념해야 하는 주제에도 관심이 많았다. 프로이트는 독일어 외에 여러 외국어에도 능통해서 영어와 프랑스어를 유창하게 구사했을 뿐 아니라, 스페인어와 이탈리아어에도 상당한 지식을 갖고 있었다. 또 그가 후기에 받은 교육은 주로 과학이었지만(대학에서 그가 잠시 철학을 공부했던 것은 사실이다), 김나지움에서 배웠던 고전들에 대한 애정 또한 잃지 않았다. 우리는 그가 열일곱 살 때 한 급우[4]에게 보냈던 편지를 가지고 있는데, 그 편지에서 그는 졸업 시험의 각기 다른 과목에서 거둔 성과들, 즉 로마의 시인 베르길리우스에게서 인용한 라틴어 구절, 그리고 무엇보다도 『오이디푸스왕』에서 인용한 30행의 그리스어 구절을 적고 있다.

한마디로 우리는 프로이트를, 영국에서라면 빅토리아 시대 교육의 가장 뛰어난 산물과 같은 인물로 볼 수도 있을 것이다. 그러므로 프로이트의 문학과 예술에 대한 취향은 분명 우리와 다를 것이며, 윤리에 대한 견해도 자유롭고 개방적일지언정 프로이트 이후 세대에 속하지는 않을 것이다. 그러나 우리는 그에게서 많은 고통을 겪으면서도 격한 태도를 보이지 않는, 충만한 감성을 지닌 인간형을 본다. 그에게서 두드러지는 특징들은 완전한 정직과 솔직성, 그리고 아무리 새롭거나 예외적이더라도 자기에게 제시된 사실을 어떤 것이든 기꺼이 받아들여 숙고할 준비가 되어 있는 지성이다. 그가 이처럼 놀라운 면을 지니게 된 것은, 아마도 표면적으로 사람들을 싫어하는 태도가 숨기지 못한 전반적인 너그러움을 그러한 특징들과 결합하여 확장시킨 필연적인 결과일 것이다. 미묘한 정신을 지녔음에도 불구하고 그는 본질적으로 순

---

4 에밀 플루스Emil Fluss. 이 편지는 『프로이트 서간집』(1960)에 들어 있다.

박했으며, 때로는 비판 능력에서 예기치 않은 착오를 일으키기도 했다. 예를 들어 이집트학이나 철학 같은 자기 분야가 아닌 주제에서 신빙성이 없는 전거(典據)를 받아들이는 실수를 한다든가, 그리고 무엇보다도 이상한 것은 그 정도의 인식력을 지닌 사람으로 믿기 어려울 만큼 때로는 그가 알고 있는 사람들의 결점을 보지 못한 것 등이 그렇다. 그러나 프로이트가 우리와 같은 인간이라고 단언함으로써 허영심을 만족시킬 수 있다 하더라도, 그 만족감은 쉽사리 도를 넘어설 수 있다. 이제까지는 정상적인 의식에서 제외되었던 정신적 실체의 모든 영역을 처음으로 알아볼 수 있었던 사람, 처음으로 꿈을 해석하고, 유아기의 성욕이라는 사실을 처음으로 인정하고, 사고의 1차적 과정과 2차적 과정을 처음으로 구분한 사람 — 우리에게 무의식을 처음으로 현실로 제시한 사람 — 에게는 사실상 매우 비범한 면들이 있었을 것이다.

프로이트 연보

1856년 5월 6일, 오스트리아 모라비아의 프라이베르크에서 태어남.

1860년 가족들 빈으로 이주, 정착.

1865년 김나지움(중등학교 과정) 입학.

1873년 빈 대학 의학부에 입학.

1876년 1882년까지 빈 생리학 연구소에서 브뤼케의 지도 아래 연구 활동.

1877년 해부학과 생리학에 관한 첫 번째 논문 출판.

1881년 의학 박사 과정 졸업.

1882년 마르타 베르나이스와 약혼. 1885년까지 빈 종합 병원에서 뇌 해부학을 집중 연구, 논문 다수 출판.

1884년 1887년까지 코카인의 임상적 용도에 관한 연구.

1885년 신경 병리학 강사 자격(프리바트도첸트) 획득. 10월부터 1886년 2월까지 파리의 살페트리에르 병원(신경 질환 전문 병원으로 유명)에서 샤르코의 지도 아래 연구. 히스테리와 최면술에 대해 소개하기 시작.

1886년 마르타 베르나이스와 결혼. 빈에서 개업하여 신경 질환 환자를 치료하기 시작. 1893년까지 빈 카소비츠 연구소에서 계속 신경학을 연구. 특히 어린이 뇌성 마비에 관심을 가지고 많은 출판 활동을 함. 신경학에서 점차 정신 병리학으로 관심을 돌리게 됨.

1887년   장녀 마틸데 출생. 1902년까지 베를린의 빌헬름 플리스와 교분을 맺고 서신 왕래. 이 기간에 프로이트가 플리스에게 보낸 편지는 프로이트 사후인 1950년에 출판되어 그의 이론 발전 과정에 많은 시사점을 주고 있음. 최면 암시 요법을 치료에 사용하기 시작.

1888년   브로이어를 따라 카타르시스 요법을 통한 히스테리 치료에 최면술을 이용하기 시작. 그러나 점차 최면술 대신 자유 연상 기법을 시도하기 시작.

1889년   프랑스 낭시에 있는 베르넴을 방문. 그의 〈암시〉 요법을 연구. 장남 마르틴 출생.

1891년   실어증에 관한 연구 논문 발표. 차남 올리버 출생.

1892년   막내아들 에른스트 출생.

1893년   브로이어와 함께 히스테리의 심적 외상(外傷) 이론과 카타르시스 요법을 밝힌 『예비적 보고서』 출판. 차녀 소피 출생. 1896년까지 프로이트와 브로이어 사이에 점차 견해차가 생기기 시작. 방어와 억압의 개념, 그리고 자아와 리비도 사이의 갈등의 결과로 생기는 신경증 개념을 소개하기 시작. 1898년까지 히스테리, 강박증, 불안에 관한 연구와 짧은 논문 다수 발표.

1895년   브로이어와 함께 치료 기법에 대한 증례 연구와 설명을 담은 『히스테리 연구』 출판. 감정 전이 기법에 대한 설명이 이 책에서 처음으로 나옴. 『과학적 심리학 초고』 집필. 플리스에게 보내는 편지 속에 그 내용이 포함되어 있는 이 책은 1950년에야 비로소 첫 출판됨. 심리학을 신경학적인 용어로 서술하려는 이 시도는 처음에는 빛을 보지 못했지만 프로이트의 후기 이론에 관한 많은 시사점을 담고 있음. 막내딸 아나 출생.

1896년 〈정신분석〉이란 용어를 처음으로 소개. 부친 향년 80세로 사망.

1897년 프로이트의 자기 분석 끝에 심적 외상 이론을 포기하는 한편, 유아 성욕과 오이디푸스 콤플렉스에 대해 인식하게 됨.

1900년 『꿈의 해석』 출판. 책에 표시된 발행 연도는 1900년이지만 실제로 책이 나온 것은 1899년 11월임. 이 책의 마지막 장에서 정신 과정, 무의식, 〈쾌락 원칙〉 등에 대한 프로이트의 역동적인 관점이 처음으로 자세하게 설명됨.

1901년 『일상생활의 정신 병리학』 출판. 이 책은 꿈에 관한 저서와 함께 프로이트의 이론이 병적인 상태뿐만 아니라 정상적인 정신생활에까지 적용된다는 것을 분명히 보여주고 있음.

1902년 특별 명예 교수에 임명됨.

1905년 「성욕에 관한 세 편의 에세이」 발표. 유아에서 성인에 이르기까지 인간의 성적 본능의 발전 과정을 처음으로 추적함.

1906년 융이 정신분석학의 신봉자가 됨.

1908년 잘츠부르크에서 제1회 국제 정신분석학회가 열림.

1909년 프로이트와 융이 미국으로부터 강의 초청을 받음. 〈꼬마 한스〉라는 다섯 살 어린이의 병력(病歷) 연구를 통해 처음으로 어린이에 대한 정신분석을 시도. 이 연구를 통해 성인들에 대한 분석에서 수립된 추론들이 특히 유아의 성적 본능과 오이디푸스 콤플렉스 및 거세 콤플렉스에 까지 적용될 수 있음을 확인함.

1910년 〈나르시시즘〉 이론이 처음으로 등장함.

1911년 1915년까지 정신분석 기법에 관한 몇 가지 논문 발표. 아들러가 정신분석학회에서 탈퇴. 정신분석학 이론을 정신병 사례에 적용한 슈레버 박사의 자서전 연구 논문이 나옴.

1912년 1913년까지 『토템과 터부』 출판. 정신분석학을 인류학에 적용한 저서.

1914년 융의 학회 탈퇴. 「정신분석 운동의 역사」라는 논문 발표. 이 논문은 프로이트가 아들러 및 융과 벌인 논쟁을 담고 있음. 프로이트의 마지막 주요 개인 병력 연구서인 『늑대 인간』(1918년에 비로소 출판됨) 집필.

1915년 기초적인 이론적 의문에 관한 〈초심리학〉 논문 12편을 시리즈로 씀. 현재 이 중 5편만 남아 있음. 1917년까지 『정신분석 강의』 출판. 제1차 세계 대전까지의 프로이트의 관점을 광범위하고도 치밀하게 종합해 놓은 저서임.

1919년 나르시시즘 이론을 전쟁 신경증에 적용.

1920년 차녀 사망. 『쾌락 원칙을 넘어서』 출판. 〈반복 강박〉이라는 개념과 〈죽음 본능〉 이론을 처음 명시적으로 소개.

1921년 『집단 심리학과 자아 분석』 출판. 자아에 대한 체계적이고 분석적인 연구에 착수한 저서.

1923년 『자아와 이드』 출판. 종전의 이론을 크게 수정해 마음의 구조와 기능을 이드, 자아, 초자아로 나누어 설명. 암에 걸림.

1925년 여성의 성적 발전에 관한 관점을 수정.

1926년 『억압, 증상 그리고 불안』 출판. 불안의 문제에 대한 관점을 수정.

1927년 『어느 환상의 미래』 출판. 종교에 관한 논쟁을 담은 책. 프로이트가 말년에 전념했던 다수의 사회학적 저서 중 첫 번째 저서.

1930년 『문명 속의 불만』 출판. 이 책은 파괴 본능(〈죽음 본능〉의 표현으로 간주되는)에 대한 프로이트의 첫 번째 본격적인 연구서임. 프랑크푸르트시로부터 괴테상(賞)을 받음. 어머니 향년 95세로 사망.

1933년 히틀러 독일 내 권력 장악. 프로이트의 저서들이 베를린에서 공개적으로 소각됨.

1934년 1938년까지 『인간 모세와 유일신교(有一神敎)』 집필. 프로이트 생존 시 마지막으로 출판된 책.

1936년 80회 생일. 영국 왕립 학회의 객원 회원으로 선출됨.

1938년 히틀러의 오스트리아 침공. 빈을 떠나 런던으로 이주. 『정신분석학 개요』 집필. 미완성의 마지막 저작인 이 책은 정신분석학에 대한 결정판이라 할 수 있음.

1939년 9월 23일 런던에서 사망.

역자 해설 1
프로이트의 과학적 상상력

　과학의 토대는 어떻게 구축되어야 할까? 어떻게 보면 가장 기본적인 물음 같기도 한 이 물음이 바로 프로이트 심리학 이론의 바탕이라 할 수 있다. 신경 병리학 의사와 정신분석가로서의 임상 경험을 토대로 정신분석학의 기초를 확립하고, 심리학을 하나의 과학으로 정립하려고 애쓰며, 그와 같은 노력을 문학, 미학, 종교학, 문명론 등에까지 확대한 프로이트의 지적 경력의 이면에는, 과학자로서 자신의 입지를 굳건히 세우려 했던 그의 집념이 있었다. 그런 집념의 기초가 된 것은 관찰을 통해 명증한 지식을 이끌어 내고, 그리고 그런 관찰을 뒷받침하기 위해 예비적인 성격의 이론적 가설을 세우고, 그런 다음엔 설득력 있는 설명으로 탐구의 영역을 넓히는 그의 과학적 사고였다. 이런 점에서 보면 그는 다른 과학자와 마찬가지로 귀납적 사고의 원칙에 충실한 사람이었다. 물론 때로는 접근 방법에 있어 이론적 가설을 앞세워 연역적으로 추론하는 태도가 눈에 띄기도 하고, 어떤 개념에 대한 생각이 관찰자로서의 그의 눈에 보이지 않는 힘을 행사하고 있다는 느낌을 받을 때도 있다. 그러나 프로이트는 이론 이전에 사실이 존재하고, 어떤 사변적 추론의 방법을 동원해도 결국 사실 그 자체로 돌아갈 수밖에 없음을 내세운 과학자였다. 이런 그의 과학적 태도는 관찰만이 유일한 과학적 토대[1]라는 말이나 지식의 발전은 개념이나 정의의 경직성을 벗어날 때 이루어질 수 있다[2]는, 즉 끊임없는 관찰을 통해 늘 가설을 수정하고 새로 정립하는 유연한 사고 속에 잘 드러나고 있다.

그러나 그의 과학적 사고를 더욱 충실하게 만들어 주고 있는 것이 이론 정립을 위한 사변적 추론임을 무시할 수도 없다. 임상적 관찰을 통해 획득한 경험적 사실을 바탕으로 우리의 정신적 삶의 그림을 재구성하려 했던 프로이트에게는 끊임없이 개념과 가설을 확대 재생산하고, 그런 가운데 각 개념과 가설들을 하나의 줄기로 이어 주는 창조적 사고, 달리 말하면 구성적 상상력이 필요했다. 사실 하나의 폐쇄된 개체로서 사물을 다루며 그 사물의 본질과 현상을 다룰 때와는 달리, 우리의 정신에 나타나는 각 현상들의 역동적인 관계를 밝히기 위해서는 관찰에 의해 뒷받침되지 못한 가설을 폐기하고 또 다른 새로운 가설을 세우는 단편적인 작업이 아니라 하나의 가설을 계속 확대하여 그 영역을 넓히는 종합적인 사고가 필요한 것인지도 모른다. 그렇기 때문에 비록 프로이트의 모든 글이 동어 반복적인 성격을 띤 글로 보이지만, 그것은 그의 작업이 단순히 경험 과학의 차원에만 머무르지 않고 사변을 통해 개념 구성과 창조적 이론의 도출이라는 또 다른 차원을 지향하고 있다는 사실을 유념하면 충분히 이해할 수 있는 것이다. 좀 더 구체적으로, 그의 작업이 증상을 통해 드러난 병리적인 현상을 분석에 의해 설명하는 것에 그치는 것이 아니라 그와 같은 병리적인 증상의 분석을 토대로 온전한 정신적 삶의 영역을 역추적해 가는 것임을 이해할 때, 그 과정에 관찰과 사변

1 「나르시시즘 서론」 참조.
2 「본능과 그 변화」 참조.

의 끊임없는 대화가 필요하리라는 것도 쉽게 가늠할 수 있을 것이다. 이것이 바로 프로이트의 과학적 상상력이었다고 할 수 있다.

여기서 이렇게 대강이나마 프로이트의 과학적 사고를 살펴본 것은, 이것이 이 책에 실린 글들이 지니고 있는 의의를 파악하는 데 긴요하기 때문이다. 1895년 『과학적 심리학 초고』에서 처음 시도한 이론 작업 이후 근 10여 년 만에 다시 심리학의 이론을 다룬 이 글들은 「쾌락 원칙을 넘어서」, 「자아와 이드」 등과 더불어 프로이트가 단순히 치료를 위한 정신분석이 아니라 그것을 하나의 학문으로서 발전시키고자 했던 노력의 소산이라 할 수 있다. 그리고 이제는 신경 병리학과 생물학적인 관심에서 벗어나 정말 순수 심리학으로 들어서는 단계에 도달한 프로이트의 지적 편력이 엿보이는 이 글들은, 이후 그의 생애 마지막 30년간의 지적 탐구의 출발선상에 놓여 있는 논의들이라 할 수 있다. 프로이트가 심리학 이론으로 들어서는 계기가 되었던 「정신적 기능의 두 가지 원칙」이나, 심리학을 하나의 과학으로 정립하고자 하는 노력에서 〈본능〉이란 개념 하나를 놓고 그 개념의 정의와 분류를 시도하고 또 끊임없이 자신의 주장을 수정하고 보충한 「본능과 그 변화」, 그리고 경험 과학으로서의 심리학의 한계를 넘어서서 그 개념들을 체계적으로 다루려는 사변적인 사고의 결실인 초심리학 *Metapsychologie*에 관한 글들 — 이 글들을 통해 우리는 정신분석 이론의 중심에 자리 잡고 있는 거의 모든 주요 주제들, 가령 정신적 삶에서 무의식이 차지하는 중요성과 그 역할, 본능 이론, 현실성 검사, 자아와 세계의 관계 등을 접할 수 있다. 따라서 여기에 수록된 글들은 정신분석 이론의 핵심을 심도 있게 개관한 글이기도 하면서, 동시에 프로이트의 다른 글들을 이해하는 데 없어서는 안 될 필수적인 글이기도 하다.

　그런데 여기서 우리가 이 글이 갖는 중요성을 논할 때 반드시 언급해야 할 것이 있다. 그것은 이 글에 나타난 이론적 논의가 단순히 어떤 개념이나 가설의 전개에 그치는 것이 아니라, 그것들이 그려 내고 있는 역동적인 변화 단계의 궤적까지 보여 주고 있다는 점이다. 더 구체적으로는, 주요 개념이나 가설들이 큰 틀 속에 개별적인 폐쇄된 공간을 차지하고 있는 것이 아니라, 경험적 관찰에 의해 수정되고 확대되는 가변의 영역 속에 상호 보족적인 관계를 유지하고 있다는 말이다. 따라서 독자들로서는 프로이트의 사상이 어떻게 변모되고 그의 이론들이 어떤 변화의 과정을 거쳐 전개되고 있는지를 현명하게 판단할 수 있는 중요한 단서를 이 글들에서 발견할 수 있는 것이다. 이것은, 앞에서도 언급했지만, 그의 이론을 단순히 추상적인 이론에 머무르게 하는 것이 아니라 주어진 현상에 대한 의심과 의혹에서 어떤 확실성에 도달하려는, 다시 말해 늘 관찰과 사변의 대화를 통해 더 창조적인 이론을 구성하려는 프로이트의 열린 과학적 태도에서 비롯된 것임을 우리는 쉽게 확인할 수가 있다. 관찰을 통해 확인되지 않은 현상은 늘 유보의 공간 속에 잠시 미뤄 두고, 관찰이 뒷받침된 현상은 논리적인 사고 과정 속에 계속 그 의미를 확대시켜 그 가치를 확인하는 절차는, 실로 엄청난 지적 인내력이 없이는 이루어질 수 없는 것이기도 하다. 물론 다른 한편으로는, 정신분석학이 균일한 성질을 지닌 어떤 사물을 다루는 과학이 아니라 늘 유동적이고, 특이하게는 그 병리적인 현상을 통해서만 들여다볼 수 있는 우리의 정신 구조를 다루고 있다는 점에서 불가피하게 노정되는 결과인지도 모른다. 하지만 프로이트의 정신분석 작업이 단순히 병리적인 현상의 해석과 그 치료에 그치는 분열된 주체를 다루는 것이 아니라, 그 병리적 현상을 일으킨 변수를 추적하여 그 이전에 있었을 근원적이고 원초적인 온전한 주체를 위한 담론으로의 소망을 담고 있다고 생각할 때, 우리는 그의 그 끈덕진 논의 전개 과정의 의미를 좀 더 분명히 이해할 수 있을 것이다.

프로이트는 1937년에 쓴 「분석에 있어서 구성의 문제Konstruk-tionen in der Analyse」라는 에세이에서 자신의 정신분석 작업을 고고학에 비유한 적이 있다. 지층 속에 숨어 있는 유물의 확인을 통해 고대 구조물의 모습을 재현하고, 파편으로 흩어진 조각들을 한데 모아 고대 벽화의 그림을 구성하는 등의 고고학적 노력이나, 분석 대상인 어떤 주체의 기억 흔적과 행동과 연상을 통해 그 주체의 정신적 삶의 구조를 그려 내는 정신분석적 노력이 같다는 것이다. 또한 어느 한 지층에서 발굴된 유물의 파편이 과연 그 지층에 속하는 것인지, 아니면 어떤 다른 지각 변동이나 자연의 변화에 의해 그곳에 들어오게 된 것인지를 결정해야 하는 고고학자의 어려움을 정신분석가가 마주할 수밖에 없는 어려움에 비유하기도 했다. 사실 정신분석학을 이처럼 고고학의 탐구 노력에 비유한 것은, 이제 막 떠오르기 시작한 정신분석학의 학문으로서의 입지를 다른 학문의 지적 노력에 견주어 튼튼하게 세워 보려 한 프로이트의 원대한 〈구상〉의 한 단면을 엿볼 수 있는 대목이기도 하다. 하지만 여기서 우리는, 흩어진 파편을 그러모아 조각 그림 짜맞추듯 과거의 구조물을 재현하는 고고학의 노력이나 돌출된 정신 현상의 분석을 통해 우리의 원초적인 정신 기능과 구조를 밝히려는 정신분석적 노력이 유사할 수 있다는 생각과 함께, 그러한 노력이 단순히 과거를 재현하는 것에 그치는 것이 아니라 과거와 현재와의 지속적인 대화를 바탕으로 한 창조적인 해석을 통해 현재를 구성하는 노력으로까지 이어져야 한다는 것도 생각할 수 있다. 파편으로 흩어진 개별 사물들 혹은 현상들의 온전함을 복원하고 망각된 그들 사이의 관계를 회복하는 일, 그래서 그들의 본질과 보편적 특성을 파악하여 더 높은 차원의 존재론적 의미를 밝히는 일, 이것이 바로 프로이트가 정신분석의 경험을 토대로 그 이론을 세우려 했던 과학적 상상력의 목적지이기 때문이다.

앞에서 잠깐 언급했지만, 이 책에 수록된 글들은 정신분석학 이론의 고전으로 평가받고 또 그 이론의 초석이 되는 글들이다. 무의식의 정신 과정이 존재한다는 가설을 뒷받침하고 그 개념의 다의성을 꼼꼼하게 따진 무의식에 관한 논의, 프로이트 자신이 정신분석의 모든 이론적 구조의 초석이라고 밝힌 억압 이론에 관한 논의, 나르시시즘에 관한 논의에서 출발해 자아와 외부 세계의 관계를 심도 있게 헤아려 보려는 나르시시즘에 관한 논의 등등 무엇 하나 중요하지 않은 글들이 없다. 또 여기서의 논의가 후기의 글에까지 이어지고 계속 확대된다는 것을 염두에 둔다면, 그 중요성 또한 간과할 수 없다. 정신분석 이론, 더 나아가 초심리학의 영역을 구축하려 했던 이론적 전개의 기본이 되는 이 글들의 내용은, 프로이트가 끈질긴 인내력으로 설명하려 했던 그 노력만큼이나 독자들이 직접 인내를 가지고 추적해야 할 부분이다. 더 나아가 이 글을 읽으면서 우리가 다시 한번 되새겨야 할 부분이 있다면, 그것은 학문의 기초를 세우기 위해 경험적 관찰을 중심축으로 하여 그 중심으로의 동심력과 이해 지평의 확장을 도모하는 원심력을 적절히 조화시키며 계속되는 그의 사변적 사고 활동의 의미일 것이다. 신기루 같은 허망한 이론을 앞세우고 그 이론의 틀에 알맞은 의미 없는 현상들을 찾아내기에 급급한 오늘날

의 학문적 풍토에서, 관찰된 사실에 대한 진지한 물음과 그 물음
을 바탕으로 진입 불가능한 정신 공간의 문을 계속 두드렸던 프
로이트의 그런 노력이 더욱 소중하게 보이는 것은 어쩌면 당연한
것인지도 모른다.

1997년 11월

윤희기

정신분석학에서 본 삶과 죽음의 문제
― 프로이트의 후기 이론

일반적으로 프로이트의 저술 활동은 전반기와 후반기로 나누어 생각할 수 있다. 전자는 『꿈의 해석』(1900)으로 대변되는 제1지형학 이론기로 정신계를 의식, 전의식, 무의식으로 파악하여 연구했던 시기를 일컫는다. 반면에 후자는 「쾌락 원칙을 넘어서」(1920), 「자아와 이드」(1923)로 시작되는 1920년 이후의 제2지형학 혹은 구조 이론기로, 이때는 정신계를 또 다른 삼각 구도인 자아, 이드, 초자아라는 구조적 관점에서 접근했다.

대체적으로 후반기의 저술이 전반기의 저술에 비해 더 철학적일 뿐만 아니라 더 복잡하고 난삽하다는 평가를 받아 왔다. 그것은 물론 저술가 프로이트의 지적 성숙에 연유되는 바도 크겠지만, 거기에는 그의 글을 읽어 줄 독자들에 대한 배려도 중요한 변수로 작용했던 것 같다. 정신분석학이라는 새로운 학문을 태동시키고 있던 프로이트는 황무지를 개척하는 개척자와 같이 무수히 많은 어려움과 저항에 부딪혔을 것이다. 그는 자신의 이론과 학설에 반대하고 냉소하는 독자들을 다독거리며 설득해야 했다. 그러기 위해서는 논지의 일관성과 논리의 투명성이 무엇보다 중요했다. 반면에 1920년이 될 때까지 그는 이미 많은 고정 독자와 추종자를 확보했고, 그의 학설은 상당한 정도로 뿌리를 내리고 있었다. 이제 그의 글은 앞에서 한 말들을 기지의 사실로 인정하면서 쓰였다. 그리고 이때쯤 그의 노력은 새로운 이론과 학설의 제창보다는 — 물론 그런 것도 있지만 — 기존의 생각과 관점들을 수정하고 보완하며 이론과 이론 사이의 틈새를 메우는 일에 바쳐졌다. 이론의 현실적 적용 문제도 중요한 과제로 떠올랐다. 이러한 제반 사정의 변화가 그의 후반기 글쓰기의 문체적 특성과 관련된다.

이 책에 번역되어 있는 「쾌락 원칙을 넘어서」와 「자아와 이드」는 프로이트의 후반기 이론의 핵을 형성하는 초심리학이다. 이 두 글에 대한 정확한 이해 없이는 그 후에 나온 많은 중요한 글들을 읽어 낼 수 없다. 그뿐만 아니라 이 두 개의 글이 그의 전반기 저술들에 대해서 사후적으로 끼치는 영향과 교정 효과도 막대하다. 최근 포스트모더니즘 상황에서 프로이트의 재발견을 촉발한 일부 논자들에 의해, 이 부분에 대한 글들이 전반기의 것들에 비해 상대적으로 소홀히 다루어지고 있는 듯한 인상을 주는 것은 우려할 만한 일이다. 그러한 태도는 라캉J. Lacan이 미국의 이른바 〈자아 심리학〉을 신랄히 비판한 데서 연유하는 것 같다. 자아를 중심으로 한 미국의 정신분석학이 프로이트의 「자아와 이드」에 뿌리를 두고 있고 아나 프로이트의 『자아와 방어 기제』의 연장선상에 있다는 것은 사실이다. 라캉의 비판은 이 자아 심리학자들이 지나치게 개인의 사회 적응성 문제에 집착하다가 무의식의 치열성, 절대적 타자성 등 프로이트 본래의 통찰력을 덮어 버릴수 있다는 데서 나왔다. 그것은 결코 이 글들의 중요성을 간과해서 한 말이 아니었다. 그것은 라캉과 데리다J. Derrida 등이 「쾌락 원칙을 넘어서」에 보이는 특별한 관심을 보아서도 알 수 있다.

프로이트는 용기 있는 저술가였다. 「쾌락 원칙을 넘어서」가 나온 것은 1920년, 그의 나이 64세의 일이었다. 그는 이미 그때까지 개진한 이론만 가지고도 체계적인 학문을 구성할 수 있었고, 그 것만으로도 인류의 지성사에 코페르니쿠스적 혁명을 가져온 위 대한 인물로 추앙받기에 충분했다. 그러나 그는 이순의 나이에 그때까지 쌓아 올린 공든 탑에 결정적 균열을 가져올 수도 있는 이론을 거침없이 내놓았고 스스로 검증의 심판대에 올라섰다. 그 에게 〈쾌락 원칙〉은 정신분석학을 떠받쳐 주는 이론적 버팀목이 었고 인간의 정신을 설명하는 기본 원리였다. 이제 그는 쾌락 원 칙의 〈넘어서〉를 말함으로써 기존의 신념을 전복시키고 자신을 해체시키려 하고 있는 것이다. 쾌락 원칙에 대한 프로이트의 애 착이 얼마나 컸나 하는 것은 그에 대한 데리다의 해체론적 글 읽 기에 반증적으로 잘 드러나 있다. 데리다에 의하면, 프로이트는 「쾌락 원칙을 넘어서」를 통해 쾌락 원칙을 집어던지는 제스처를 쓰다가도 이내 그것을 다시 끌어안는 동작을 반복하고 있다는 것 이다. 그것은 마치 프로이트의 한 살 반 된 어린 손자가 이른바 〈*fort/da*〉 놀이를 통해 어미의 존재를 부재화시키고 부재를 존재 화시키는 동작을 반복하는 것과 비슷하다는 것이다.

그가 그처럼 금과옥조로 여겼던 쾌락 원칙을 가지고 설명할 수 없는 정신 현상이 〈반복 강박〉이었다. 위에서 말한 〈*fort/da*〉 놀이 만 하더라도 어머니의 부재를 존재화하려는 어린아이의 상징적 행위 속에서 어떤 〈위대한 문화적 업적〉을 읽어 내면서도, 프로이 트는 〈그렇다면 한 놀이로서 이 고통스러운 경험의 반복이 어떻 게 쾌락 원칙과 일치한다는 것인가?〉라는 질문을 던지지 않을 수 가 없었다.

고통스럽고 불쾌한 경험을 반복하는 사례를 프로이트는 환자 들이 분석가에게 부하하는 전이 현상 속에서 확연히 볼 수 있었다. 환자들은 그들이 과거에 가졌던 부모와 같은 의미 있는 타자들과의 관계를 분석 현장에서 분석가와의 관계 속에 다시 살려 내려는 경향을 보인다. 이 경향은 그것이 환자에 의해 의식화될 때까지 무의식적으로 반복된다. 이러한 전이적 반복은 과거의 사건을 현재의 햇빛 속에 드러내 놓는 과거의 현재적 재현으로서, 이 현상에 대한 정확한 이해가 정신분석학적 치료의 관건이다. 정신분석학사상 전이 문제가 최초로 중요하게 부각되었던 〈도라 사례〉의 경우, 도라는 K 씨와의 불쾌한 경험을 분석 현장에서 분석가인 프로이트에게 투사하고 있었다. 프로이트는 이 분석 사례 보고서 뒤에 덧붙인 한 후기에서, 도라가 자신에게 부하하는 전이적 투사를 제때에 읽지 못했다는 고백을 하고 있다. 과거의 부정적인 경험을 현재에 반복한다는 것은 결코 유쾌한 일이 아니다. 그것은 〈쾌락(快樂)〉은 취하고 〈불쾌(不快)〉는 피하는 쾌락 원칙의 기본 강령에 어긋난다. 불쾌를 피하려는 최상의 노력에도 불구하고 그것에 기여하는 어떤 행위를 반복적으로 되풀이하지 않을 수 없다는 것은 그것이 강박성을 띠고 있음을 의미한다. 그래서 프로이트는 이렇게 강박성을 띤 모든 반복 현상을 묶어서 〈반복 강박〉이라 표현하고 있다.

프로이트는 반복 강박의 극단적인 예를 외상성 신경증 환자들에게서 발견하게 된다. 외상이란 주체가 감당할 수 없는 강력한 자극이나 충격에 의해 그가 입게 되는 깊은 정신적 상처다. 제1차 세계 대전을 겪으면서 이른바 전쟁 외상성 환자들이 급증했는데, 이들은 일상생활이나 꿈속에서 그들이 무방비 상태로 겪어야 했던 처절한 비극의 현장을 거의 자동적으로 되풀이하고 있었다. 「쾌락 원칙을 넘어서」에서 프로이트는 〈보호 방패〉와 그것의 〈파열〉이라는 정교한 메타포로 외상 현상을 설명하고 있다. 외적 자극이 너무 강렬해서 유기체의 안과 밖 경계선에 있는 보호적 장치인 정신적 방패가 파열되어 구멍이 뚫리면, 이 구멍을 통해 엄청난 양의 자극이 무제한적으로 유입되고 정신계의 질서는 파괴되고 만다. 이때 주체가 그를 압도하는 파괴적 충격에 불시에 노출되어 깜짝 놀라거나 그 과정에서 신체적 상처를 입지 않는다면 정신적 외상은 최악의 상황으로 발전한다고 한다. 위험을 예견하고 미리 예비 불안을 느끼면 정신계에 이른바 〈제2의 방어선〉이 구축되어 외상이 파괴적인 양상으로 발전하는 것을 막아 줄 수 있다는 것이다. 그렇지 못해 외상이 기정 사실로 굳어졌을 경우, 유기체는 〈소급 불안〉을 발동시켜 사후적이라도 그 비극적 상황에 대처하려고 한다. 이러한 시도가 바로 반복 강박으로 나타나는데, 유기체는 강박적으로 자신에게 깊은 상처를 준 그 비극의 현장을 반복적으로 떠올려 그 상황을 다시 살아가려고 한다. 이러한 시도는 그 상황을 사후적으로 다스리고 소화해 보려는 유기체의 사태 적응 노력에 다름 아니다. 이러한 와중에서 과거의 고통스러운 기억은 되살아나고 불안은 계속된다. 다시 말해서 그것은 불쾌한 상황을 살아가는 것을 의미하고 쾌락 원칙의 단절을 선언하는 것이다.

이렇게 반복 강박이 연출하는 여러 현상을 보면서 프로이트는 이론적 혼란을 느끼지 않을 수 없었다. 적어도 쾌락 원칙에 바탕을 둔 그의 이론에 따르면 불쾌한 일을 반복하는 것과 같은 행위는 일어나지 않아야 한다. 꿈속에서 과거의 정신적 상처를 반복적으로 재현하는 행위는 프로이트에게 특별한 좌절을 안겨 주었다. 그의 전반기 이론의 버팀목이 되었던 것이 꿈의 이론이었고, 이 이론은 꿈을 〈욕망 성취〉의 대표적인 메커니즘으로 보았기 때문이었다. 극심한 불안 가운데 고통스러운 기억을 되풀이하는 외상성 꿈이 어떻게 욕망의 성취라고 볼 수 있단 말인가. 이러한 이론적 도전 속에서 프로이트는 〈사변적 사고〉를 하게 되고, 이것을 통해 〈쾌락 원칙을 넘어서〉 존재하는 〈죽음 본능〉을 보게 된다.

죽음 본능을 말하기 위해서는 프로이트의 본능 이론 전반에 관한 다소의 지식을 필요로 한다. 프로이트의 사유 체계는 근본적으로 이원론적이었고, 그는 이 사실을 기회 있을 때마다 강조했다. 그것은 인간의 갈등 문제를 설명하기 위해서 필요한 것이었다. 갈등의 구조를 설명하는 그의 이원론적 생명관은 지형학 이론에서 말하는 (전)의식/무의식, 구조 이론에서 말하는 (초)자아/이드의 대극 구조에서도 잘 나타나지만, 더 근본적으로는 본능에 관한 이원론에서 확연히 드러난다. 처음에 프로이트가 내세운 대극적인 두 본능은 성 본능과 자아 본능이었다. 그의 성 본능에 대한 생각은 끝까지 별로 바뀌지 않았지만 자아 본능에 관한 생각은 수많은 우여곡절을 겪게 된다. 자기 보존 본능이라고도 불리는 이 자아 본능은 〈굶주림과 목마름〉으로 대변되는 인간의 생존 문제와 관련된 것으로서 제지받지 않는 성적 욕망의 추구를 지향하는 성 본능과 충돌하게 되고, 이에 따라 프로이트는 이 두 본능 사이의 갈등과 타협이라는 관점에서 인간의 대극 구조를 설명할 수 있었다. 그러나 그는 1914년에 「나르시시즘 서론」에서 나르시시즘에 관한 연구를 본격 가동시키면서 이러한 구도에 큰 차질이 있음을 발견하게 된다.

처음에 그는 자기애, 혹은 자신에 대한 관심을 특징으로 하는 나르시시즘을 당연히 자아 본능의 표현으로 생각했었다. 그것이 자기 보존과 자기 학대의 문제와 관련되어 있다고 보았기 때문이다. 그러나 나르시시즘은 성적 리비도의 상대적인 결핍을 가져오고 또한 그 역의 경우도 사실이라는 것을 발견하고, 그는 기존의 이원론을 근본적으로 회의하기 시작했다. 만약 성 본능과 자아 본능이 진정으로 독립된 상태로 존재한다면 그런 문제가 발생하지 말았어야 했다. 그래서 그는 성적 리비도가 외부의 대상을 향하느냐 혹은 내부, 즉 자아를 향하느냐에 따라 각각 〈대상 리비도〉와 〈자아 리비도〉로 구분했다. 이 대극적 구도는 형태상으로는 성 본능과 자아 본능 사이의 그것과 비슷하나, 자아 리비도와 대상 리비도가 다 같이 동일한 성적 에너지의 다른 표현으로서 서로 교환 가능하다는 사실은 기존의 이원론적 본능설을 근본적으로 뒤엎는 것이다. 그것은 두 개의 상이한 본능이 아니라 하나의 본능이 엮어 낸 두 가지 표현에 불과하다. 다시 말해서 기존의 자아 본능도 사실은 성 본능의 범주에 들어간다는 말이다. 이제 프로이트의 이원론은 일원론으로 변신하고 있는 것이다.

그러나 프로이트는 새로 얻게 된 본능의 일원론을 내심 탐탁하게 생각하지 않았다. 그것으로서는 임상 경험을 통해서 목격하는 두 힘, 혹은 두 세력 간의 갈등과 타협이라는 현상을 설명하기에 부적절하다고 생각했기 때문이다. 그래서 반복 강박 속에서 어떤 본능적 성격을 발견하고, 거기에서 새로운 이원론적 본능설의 가능성을 보게 된 것은 그로서는 다행한 일이었다.

프로이트는 반복 강박에서 어떤 저항할 수 없는 〈악마적인〉 힘이 작동하고 있음을 발견한다. 이 힘은 추동력을 지니고 있어 본능적 성격을 띤다. 그는 이것을 〈죽음 본능〉 혹은 죽음의 신인 〈타나토스〉라고 이름 붙이고 기존의 성 본능의 연장선에 있는 〈생명 본능〉 혹은 〈에로스〉와 대비시켜, 원래의 그의 지론이었던 본능의 이원론에 화려하게 복귀했다. 이 죽음 본능에 대해서는 다른 사람들은 물론 어니스트 존스 등 그의 추종자들까지 그 존재성을 회의한 바 있으나, 그것이 프로이트에게는 각별한 의미를 지녔고 그는 말년까지 그것의 존재에 대한 믿음을 견지했을 뿐만 아니라, 그 개념을 인간의 각종 공격성과 파괴성을 설명하는 데 효과적으로 사용했다. 그리고 작금에 벌어지고 있는 프로이트의 재발견 운동에서도 이 개념은 새롭게 조명되고 있다.

그러나 프로이트가 이 죽음 본능이라는 개념을 「쾌락 원칙을 넘어서」에서 조심스럽게 제기했을 때, 그것의 의미는 상당히 복잡하게 우회적으로 정의되었다. 우선 이 에세이에서 그 개념을 정의하면서 〈본능은 이전의 상태를 복원하려는 유기적 생명체에 내재한 어떤 충동〉이라는 표현을 쓰고 있다. 이 정의에 따르면, 본능은 보수적이고 과거 회귀적이다. 모든 유기체가 무기체로부터 나왔으므로 그것은 본능적으로 그 이전의 무생물, 혹은 정지의 상태를 지향한다는 것이다. 이 논리에 따르면, 〈모든 생명체의 목적은 죽음이고〉 죽음 본능이야말로 본능의 본질을 여실히 보여 준다.

프로이트는 이 개념의 가설적 성격을 인정하면서도, 모진 고통과 시련을 겪으면서까지 자신의 출생지로 돌아가 최후를 맞는 연어나 한 번 찾았던 곳을 어김없이 다시 찾는 철새들의 생태계에서 생명체 속에 내재되어 있는 근원에의 복귀 의지를 읽어 내어 죽음 본능의 실재성을 입증하려 한다.

앞에서 성 본능이 그랬듯이 이 죽음 본능도 여러 가지 형태로 자신의 모습을 드러낸다. 그것이 외부의 대상으로 향할 때 그 대상에 대한 공격적 성격을 띠는 반면, 그것이 내부로 향할 때는 자기 파괴적 성격을 띤다. 그리고 이것이 성 본능과 결합될 경우 전자는 사디즘, 후자는 마조히즘의 형태로 드러나게 된다. 프로이트는 이제 타나토스의 도움으로 인간들의 타자에 대한 공격성과 파괴성, 자신에 대한 자기 학대성을 깔끔하게 설명할 수 있게 되었다. 「문명 속의 불만」 등 후년의 저술에서 이러한 작업은 더욱 철저하게 일어난다.

여기서 우리는 프로이트가 이 에세이의 마지막 부분에서 〈쾌락 원칙은 실제로 죽음 본능에 봉사하는 것처럼 보인다〉라고 하는 말에 주목할 필요가 있다. 어떻게 해서 이런 일이 일어날 수 있는가? 우리가 앞에서 본 논리대로라면, 쾌락 원칙을 넘어서는 현상으로서 반복 강박을 보았고 반복 강박은 죽음 본능의 표현에 다름 아니었다. 그렇다면 쾌락 원칙은 죽음 본능에 역행해야 되는 것이 아닌가.

이에 대해 답변하기 위해서는 쾌락 원칙과 〈열반 원칙〉을 구분할 필요가 있다. 열반 원칙은 긴장을 무(無)의 상태로 돌리려는 성향을 보인다. 그러므로 이것은 유기체를 무기체로, 다시 말해서 긴장을 영(零)의 상태로 유지하려는 죽음 본능의 의도와 일치한다. 따라서 죽음 본능에 봉사하는 쾌락 원칙은 열반 원칙으로서의 쾌락 원칙이다.

반면에 쾌락 원칙은 자극의 증가를 불쾌로, 감소를 쾌락으로 받아들이는 것은 사실이나, 프로이트가 이 원칙을 설명하면서 에너지를 일정 수준으로 유지하는 것(항상성의 원칙)을 쾌락으로 보고 있는지, 혹은 긴장을 최하 수준으로 낮추는 것을 쾌락으로 보고 있는지를 구별하는 것은 쉽지 않다. 프로이트의 엇갈리는 진술로 인해서 어느 것을 쉽게 택하기는 어려우나 〈쾌락 원칙을 넘어서〉를 말할 때 이 쾌락 원칙은 전자, 즉 항상성의 원칙에 접근해 가고 있는 것처럼 보인다. 이것이 바로 생명 본능인 〈리비도의 요구를 대변한다〉. 만약 쾌락 원칙이 후자의 경우를 말한다면 그것은 열반 원칙, 혹은 죽음 본능과 일치하게 되어 〈쾌락 원칙을 넘어서〉라는 표현 자체가 모순이 된다.

죽음 본능에 비해 생명 본능, 혹은 에로스는 이해하기가 비교적 쉽다. 이것은 기존의 성 본능을 고스란히 이어받았을 뿐만 아니라, 앞에서 보았듯이 자아 본능의 상당 부분도 자신의 영역 안에 포함시켰다. 그러므로 기존의 자아 본능은 일부가 에로스에, 나머지 일부가 타나토스에 편입되었다고 말할 수 있다. 생명 본능의 역할은 무엇보다도 방만한 정신적 에너지를 〈묶어〉 더 큰 통일체를 형성하는 것이다. 《에로스》의 목적은 더 큰 통일체를 형성하여 보존하는 것 — 간단히 말해서, 《에너지》를 묶는 것이다. 반면에 《타나토스》의 목적은 결속을 풀고 해체시키는 것이다.〉[1] 에로스와 타나토스의 이러한 결속과 해체 과정은 프로이트가 사용하고 있는 생화학적 메타포를 빌리자면 〈동화 작용〉과 〈이화 작용〉과 비슷한 것이다.

그러나 「쾌락 원칙을 넘어서」에서 프로이트는 생명 본능의 설명에 많은 지면을 할애하지는 않았다. 그의 주된 관심은 새로운 개념인 반복 강박과 죽음 본능에 있었다. 여하튼, 그는 이 문제의 에세이를 통해 본능의 이원론에 화려하게 복귀하게 되었고, 나머지 생애 동안 이를 바탕으로 인간의 갈등 구조를 다각도로 진단해 간다.

「자아와 이드」는 전반기의 지형학 이론을 구조적 관점에서 새롭게 접근한 에세이로서 프로이트의 후반기 저술의 이론적 골격을 이룬다. 여기서 우리의 관심을 끄는 것은, 프로이트가 왜 이론가로서 상당한 부담을 떠안으면서까지 의식/전의식/무의식의 삼각 구도에서 자아/초자아/이드라는 또 다른 삼각 구도로 궤도 수정을 했느냐 하는 점이다. 이론면에서 어떤 논리적 필연성이 있

---

1 「정신분석학 개요」참조.

는 것일까?

우선 프로이트의 무의식 개념에 대한 생각의 변화를 고려해야 한다. 무의식 개념은 실로 정신분석학의 존재 이유와도 맞물려 있는 만큼 프로이트는 이 문제를 다각도로 공략하지만, 정신분석학의 개념 중 그것만큼 복잡하고 이해하기 힘든 개념도 없다. 프로이트는 세 가지 의미의 무의식론을 개진하고 있다. 일정한 순간에 일어나는 의식성의 결여라는 측면에서 바라볼 때, 이것을 〈서술적〉 의미의 무의식이라고 한다. 이것은 무의식의 내용 자체는 문제 삼지 않는 것으로서 상식적 의미의 무의식론에 가깝다. 서술적 의미의 무의식은 적당한 조건이 주어지면 곧 의식의 내용에 편입될 수 있는 것이다. 그러나 본격적 의미에서의 정신분석학적 무의식은 〈역동적〉 무의식에서 찾아볼 수 있다. 이것은 무의식이 단순히 의식계로부터 〈무의식적인〉 것에 불과한 것이 아니라 〈살아 움직이는〉 역동성을 지닌 것으로 파악하는 관점이다. 의식계로부터 억압된 것은 무의식을 형성하고, 이 억압된 내용은 반드시 되돌아오려는 시도를 한다는 정신계의 법칙에 따른 것이다. 이 역동적 무의식은 정신분석학적 의미의 특별한 과정을 거치지 않고는 절대로 의식계에 떠오를 수 없다. 그리고 마지막으로 〈조직적〉 무의식이라는 개념이 있다. 이것은 무의식을 하나의 조직으로 파악하고 의식과 전의식 등 다른 조직과의 차별성을 강조한다. 이 무의식은 조직 특유의 에너지를 보유하고 있고 고유한 자질과 특성을 지닌다. 1915년의 〈무의식〉론에서 열거하고 있는 〈무의식의 특별한 성질들〉은 바로 이러한 조직적 무의식의 특성을 잘 보여 주고 있다. 이런 의미의 무의식을 프로이트는 정관사가 붙은 명사 〈*das Unbewußte*〉나 그것의 약어 기호 〈*Ubw.*〉로 표기했다. 그러나 여러 경우에서 프로이트는 역동적 무의식과 조직적 무의식의 구별을 모호하게 만들거나 의도적으로 그 구분 자체를 피했던 것 같다. 역동적 무의식은 결국 조직적 무의식의 여러 특성을 포함하게 되므로, 이러한 구분이 사실상 그렇게 큰 의미를 지니지는 않았을 것이다. 여하튼, 프로이트가 도달한 최종적인 무의식론은 역동적-조직적 의미의 무의식론이다.

이러한 의미의 무의식론에 따르면, 어떤 생각이 무의식적이라 할 때 그것은 무의식 조직에서 일어나야 하고 제1과정의 사고와 같은 특성을 지녀야 한다. 그러나 프로이트는 이러한 이론에 잘 맞아떨어지지 않는 사례를 접하게 된다. 예컨대 〈무의식적 환상〉이 그런 것이다. 일반적으로 환상이란 자신을 주인공으로 해서 펼쳐지는 가공의 드라마이다. 프로이트가 당황한 것은, 그 내용이 무의식적임에도 불구하고 상당한 정도로 논리성과 정합성을 지녀 전의식적인 속성, 혹은 제2과정의 특성을 드러내 보인다는 것이다. 다시 말해서, 그것은 〈질적으로는 전의식에 속하고 실제적으로는 무의식에 속한다〉[2]는 것이다.

역동적-조직적 무의식론으로 설명이 잘 안 되는 또 하나의 결정적 사례가 프로이트를 기다리고 있었다. 〈억압〉의 문제였다. 이것은 〈저항〉의 문제에서부터 야기되었는데, 프로이트는 저항이 〈검열〉의 결과라 생각하고 있었다. 그런데 그의 이론 체계에 의하면 〈검열자〉는 전의식의 영역에 속한다. 그것은 전의식과 무의식의 접경 지대에 위치하고 있어서 무의식적 내용이 전의식 쪽으로 침투해 들어오는 것을 통제하는 직무를 떠맡는다. 그러나 프로이트는 임상 경험을 통해, (전)의식적인 저항은 표면적인 것이고 깊은 저항은 전이 신경증의 경우와 마찬가지로 무의식적으로 이루어지고 있음을 알 수 있었다. 이러한 발견은 대부분의 저항이, 그

2 「무의식에 관하여」 참조.

리고 억압 전반이 무의식의 상태에서 일어난다는 쪽으로 프로이트의 생각을 몰고 갔다. 이런 생각을 받아들인다면 억압된 내용뿐만 아니라 억압하는 힘도 무의식적이라는 일견 모순되어 보이는 결론에 도달한다. 그래서 프로이트는 〈억압된 것은 모두 무의식이다. 그러나 무의식이 모두 억압된 것은 아니다〉[3]라고 선언할 수 있게 되었다.

이에 따라 구조 이론에서는 무의식이 어느 조직에 갇혀 있기를 거부하고 이드, 자아, 초자아에 두루 퍼져 있다. 이드는 전부 무의식으로 구성되어 있고, 자아와 초자아는 일부가 (전)의식이고 일부가 무의식으로 되어 있다. 지형학 이론에서 조직적 무의식이 갖고 있던 고유한 자질들은 이드 속에 편입되었다. 자아와 초자아 속에 의식과 무의식이 동시에 존재한다는 것은, 이들의 기능과 역할이 〈의식성〉과는 직접적으로 관계없이 이루어진다는 것을 말해 준다.

이 구조 이론에서 프로이트는 앞에서 제시된 난문제를 자아의 문제와 연결지음으로써 해결하고 있다. 즉 환상 형성과 억압의 문제가 자아라는 행위 주체에서 일어나고 있다고 본 것이다. 자아는 새 모델에서 제시한 세 조직체 중 가장 합리적인 것으로서, 『꿈의 해석』의 일곱 번째 장에 나와 있는 전의식 조직과 같이 제2과정의 사고와 행위를 구사한다. 그러므로 자아의 속성으로서 이루어지는 억압과 환상 형성은 제2과정의 특성을 띨 것이다. 그러나 이러한 과정이 무의식적으로 이루어진다는 데에 프로이트 이론의 특이성이 있다. 다른 일반 심리학에서 자아와 의식을 동일시하는 관행은 여기서 깨지고 만다. 프로이트의 경우, 환상 형성과 억압 행위는 어느 정도 제2과정의 논리를 따르면서, 동시에

3 「자아와 이드」 참조.

그것은 의식 주체에게는 무의식적으로 이루어진다. 이것은 무의식은 제1과정을 따르고 전의식은 제2과정을 따른다는 견해와 일견 모순되어 보인다. 새 모델에서 그것이 가능한 것은 그러한 과정이 〈이성과 상식의〉 합리적 주체인 자아에게서 일어나고 있고, 자아는 일부가 (전)의식으로 구성되어 있으면서 동시에 다른 일부는 무의식적이라는 프로이트의 독특한 개념 구성 때문이다.

구조 이론이라는 새로운 모델의 탄생에 기여한 또 다른 중요한 요소는 자아 자체의 형성 과정과 관련된 것이다. 프로이트는 자아의 탄생과 관련하여 은유적 상상력과 환유적 상상력을 동시에 구사하고 있다. 우선 후자부터 고려해 보자.

「자아와 이드」에서 프로이트가 전형적으로 제시하고 있는 자아론은 자아가 이드의 환유적 연속체를 이루고 있다는 것이다. 〈자아는 지각-의식 조직의 매개를 통해 외부 세계의 직접적인 영향에 의해서 수정된 부분의 이드이다〉.[4] 이 정의에 따르면, 발생론적으로 이드는 자아에 우선하고 발달 과정에서 이드에서 자아가 탄생한다. 이 둘은 외계의 영향으로 외형적으로는 다른 모습을 하고 있지만 밑바탕을 공유하고 환유적으로 인접해 있다. 자아는 에너지원인 이드의 원초적 에너지를 공급받아 그것을 탈성화, 중립화시키고 승화시키는 〈문명화〉 과정을 거쳐 그 에너지를 사용하는 존재다. 이러한 환유적 상상력은 자아와 이드, 초자아와 이드 등 관련 조직 혹은 행위 주체들 사이의 관계를 밀접하고 부드럽게 하여, 무의식과 (전)의식 조직 사이에 검열의 장벽을 설치해 양 조직 사이의 단절성을 강조했던 전반기의 지형학 이론과 대조된다.

그러나 우리는 프로이트가 자아의 탄생을 정의하면서 현실과

---

4 「자아와 이드」 참조.

외부 세계의 영향을 강조했고 외계의 창구로서 〈지각-의식〉의 조직을 부각시킨 사실을 주목할 필요가 있다. 이것은 바로 자아 형성에 관한 제2의 관점, 즉 프로이트의 은유적 상상력에 접근하는 것이기 때문이다. 이 관점에 의하면 자아의 탄생이 외부 타자와의 〈동일시〉를 통해 이루어진다. 이 동일시는 〈내투사〉, 〈내재화〉 등 정신분석학의 중요 용어들을 다 포함하는 개념이다. 자아란 후천적인 현상으로서 어린아이가 주위에 있는 가까운 사람들, 의미 있는 타자들과의 접촉을 통해 그들과 동일시하고 그들의 속성을 따와 자기 것으로 만들어 가는 가운데 형성된다는 것이다. 이렇게 대체와 선택의 은유적 상상력을 극단으로 밀어붙인 것이 라캉의 〈거울 단계〉이다. 그리고 D. W. 위니콧을 정점으로 하는 〈대상 관계학파〉의 정신분석학도 어린아이에게 어머니의 얼굴이 하나의 거울로서 작용한다는 것을 강조한다는 데서 이러한 사유 체계와 맥락을 같이한다. 구조 이론에 등장하는 중요한 개념인 〈자아 이상〉, 〈이상적 자아〉나 부모의 목소리의 화신이라는 〈초자아〉는 다 같이 자아와 외계와의 밀접한 관련성에 무게 중심이 간 개념들이다. 이러한 은유적 상상력을 충분히 발휘하기 위해서도 프로이트는 새로운 모델을 필요로 했던 것 같다. 이렇게 해서 얻은 세 행위의 주체들은 마치 사람 속의 사람들과 같이 행동하고 관계를 맺는 것으로 설명되어 있다. 예컨대 초자아는 자아에 대해서 가학적인 태도로 군림하는 것으로 되어 있다. 그것은 주체 내적 관계가 주체 상호 간의 관계, 즉 사람과 사람 사이의 관계에서 그 모델을 배워 왔기 때문이다. 그러므로 구조 이론의 초심리학은 자연 과학에서 그 모형을 따왔다기보다는 의인화나 인격화 이론에서 유래했다고도 말할 수 있을 것이다.

이 세 개의 조직, 혹은 행위의 주체 중 이드는 원초적 본능이 저장되어 있는 에너지원이다. 이것은 지형학 이론의 무의식 조직을 그대로 계승한 것으로서 전부가 무의식으로 구성되어 있다. 그러나 전반기 이론에서 억압된 내용과 무의식을 거의 동일시한 반면, 여기서의 이드는 억압된 것 외에 본유적이고 유전적으로 물려받은 내용까지를 포함하고 있다. 이것은 프로이트가 「자아와 이드」에서 그려 보인 다이어그램에도 잘 나타나 있다. 이드의 한쪽 부분이 억압된 내용으로 두 개의 사선으로 가로막혀 있어 이드와 자아 사이에 뛰어넘을 수 없는 장벽이 놓여 있음을 암시한다. 반면에 자아 왼쪽은 단절의 사선이 미치지 않고 자아와 인접해 있어 억압된 내용과는 다른 어떤 보편적 무의식층을 가리키는 것 같다. 억압된 것은 전부 무의식이나 무의식이 전부 억압된 것은 아니다라는 말은 여기서도 해당되는 말인 듯하다. 용어와 지칭의 틀은 물론 다르지만 프로이트의 이러한 무의식관은, 개인의 성장사에 의해서 채색된 무의식층인 〈개인적 무의식〉과 유전적 원형으로 구성되어 있는 인류의 보편적 무의식층인 〈집단적 무의식〉을 구별했던 C. G. 융의 생각과 어떤 접점을 이루는 것일까? 프로이트가 개체 발생론적 무의식을 말하면서도 종족 발생론적 무의식에 대해 깊은 관심을 보인 흔적은 그의 전반기 무의식론 곳곳에서도 발견된다.

초자아도 자아와 마찬가지로 발생론적으로 말하면 이드의 변형이다. 이것은 프로이트가 말년에 쓴 『새로운 정신분석 강의』에서 그려 보인 구조 이론을 위한 다이어그램에 명시적으로 나타나 있다. 「자아와 이드」의 그림과는 달리 왼쪽 선을 따라 거의 수직으로 초자아가 그려져 있고, 이것은 밑에 있는 이드에 뿌리가 닿는다. 반면에 초자아는 또한 자아와 같이 외계와의 접촉의 결과이기도 하다. 프로이트는 초자아를 〈자아 이상〉과 거의 동일시하고 있는데, 자아 이상이란 나르시시즘과 부모와의 동일시의 합으로 구성된 것이다. 초자아의 형성에 오이디푸스 콤플렉스가 차지하는 비중은 막강하다. 이것은 라캉이 말하는 〈아버지의 금제의 목소리non du père〉를 대변한다. 이것은 또한 검열자이고 재판관이며 양심의 목소리로서 죄의식을 발동한다. 죄의식과 공격성, 죽음 본능과의 관계를 프로이트는 집요하게 추적한다.

자아는 정신계의 중심에 자리 잡고 위로부터 초자아의 명령과 아래로부터 이드의 충동, 그리고 외계로부터 오는 현실의 요구를 중재하고 조종하는 일종의 통제탑 역할을 한다. 이 역할은 다이어그램에서 다른 것들과 접경하면서 한복판에 자리 잡고 있는 자아의 위치로 보아서도 짐작할 만하다. 도면상으로 자아가 확보하고 있는 공간이 크면 클수록 성숙한 인격의 소유자일 것이다. 그러나 많은 경우 자아는 여러 요구와 위협 사이에서 이것들을 화해시키고 통제하느라 지치고 피곤한 모습으로 그려져 있다. 자아를 자기 집에서 주인 행세를 하지 못하거나 사나운 말의 등에 타고 불안해하는 사람에 비유하는 프로이트의 수사적 언어는 자아의 존재 조건을 잘 말해 주고 있다. 자아가 사고와 이성의 주체이기는 하지만 데카르트류의 명징한 사유 주체가 아닌 것만은 분명하다. 그것은 차라리 라캉의 비아냥거리는 말처럼, 〈나는 내가 존재하지 않는 곳에서 생각한다. 그러므로 나는 내가 생각하지 않는 곳에 존재한다〉[5]인지도 모른다. 이러한 관점은 자아의 일부가 무의식이라는 프로이트의 발견과도 밀접한 관계가 있다. 라캉이 자아의 부정적 측면을 극단으로 밀어붙였다면, 미국의 자아 심리학자들은 자아의 긍정적인 측면을 강조하여 통제력, 적응성 등을 부각시켰다. 이들 사이의 불화와 반목은 이미 자아에 대한 프로

5 자크 라캉Jacques Lacan, 『에크리Écrits』 참조.

이트의 다양한, 때로는 엇갈리는 진술들 속에 예고되어 있었다고
할 수 있다.

이 책의 후반부에 실린 다섯 편의 짧은 에세이들은 주요 텍스
트인 「쾌락 원칙을 넘어서」와 「자아와 이드」를 이해하는 데 직·
간접으로 관련 있는 것들이다. 많은 정신분석학 전공자들과 현대
의 문학 이론가들이 주목하고 있듯이, 이것들은 인간의 갈등상을
잘 그려낸 프로이트 에세이의 백미들이다. 〈부정〉이니 〈자아의
분열〉이니 하는 말들이 얼마나 주체의 위기를 말하는 현대의 감
수성에 접근하는 말들인지를 곧 알 수 있다. 특히 「〈신비스러운
글쓰기 판〉에 대한 소고」는 데리다가 『글쓰기와 차이』에서 이 글
을 글쓰기의 전형으로 제시하면서 현대 사상가들 사이에 유명한
일화가 되어 있다.

이 책의 번역 대본으로는 The Hogarth Press and the Institute
of Psycho-Analysis에서 펴낸 『표준판 전집 *The Standard Edition of
the Complete Psychological Works of Sigmund Freud*』을 이용했다.

1997년 봄

박찬부

참고 문헌

프로이트의 저술은 『표준판 전집』에 있는 논문 제목과 권수를 표시하고 열린책
들 프로이트 전집의 권수를 병기했다.

Abraham, K. (1908) "Die psychosexuellen Differenzen der Hysterie und der Dementia praecox", *Zentbl. Nervenheilk.*, N.F., 19, 521.

(1912) "Ansätze zur psychoanalytischen Erforschung und Behandlung des manisch-depressiven Irreseins und verwandter Zustände", *Zentbl. Psychoanal.*, 2, 302.

Adler, A. (1907) *Studie über Minderwertigkeit von Organen*, Berlin und Wien.

(1908) "Der Aggressionstrieb im Leben und in der Neurose", *Forschr. Med.*, 26, 577.

(1910) "Der psychische Hermaphroditismus im Leben und in der Neurose", *Fortschr. Med.*, 28, 486.

Aristoteles *De somniis*과 *De divination per somnum*.

Azam, E. (1876) "Amnésie périodique ou dédoublement de la vie", *Ann. méd. psychol.* (5ᵉ serie), 16, 5.

(1887) *Hypnotisme, double conscience, et altérations de la personnalité*, Paris.

Bernheim, H. (1886) *De la suggestion et de ses applications à la thérapeutique*, Paris. (2nd ed., 1887.)

Bleuler, E. (1910) "Vortrag über Ambivalenz" (Bern), Report in *Zentbl. Psychoanal.*, 1, 266.

(1911) *Dementia Praecox, oder Gruppe der Schizophrenien*, Leipzig und Wien.

(1912) *Das autistische Denken*, Leipzig und Wien.

(1914) "Die Kritiken der Schizophrenien", *Z. ges. Neurol. Psychiat.*, 22, 19.

Butler, S. (1880) *Unconscious Memory*, London.

Calkins, G. N. (1902) "Studies on the Life-History of Protozoa. I. The Life-Cycle of *Paramecium caudatum*", *Arch. Entw. Mech. Org.*, 15, 139.

Doflein, F. (1919) *Das Problem des Todes und der Unsterblichkeit bei den Pflanzen und Tieren*, Jena.

Ellis, Havelock (1898) "Auto-Erotism: A Psychological Study", *Alien, & Neurol.*, 19, 260.

(1927) "The Conception of Narcissism", *Psychoanal. Rev.* 14, 129; *Studies in the Psychology of Sex*. Vol. VII: *Eonism and Other Supplementary Studies*, Philadelphia, 1928, Chap. VI.

Fechner, G. T. (1873) *Einige Ideen zur Schöpfungs- und Entwicklungsgeschichte der Organismen*, Leipzig.

Federn, P. (1913) "Beiträge zur Analyse des Sadismus und Masochismus, I: Die Quellen des männlichen Sadismus", *Int. Z. ärztl. Psychoanal.*, 1, 29.

Ferenczi, S. (1909) "Introjektion und Übertragung", *Jb. psychoanalyt. psychopath. Forsch.*, 1, 422.

(1913a) "Entwicklungsstufen des Wirklichkeitssinnes", *Int. Z. ärztl. Psychoanal.*, 1, 124.

(1913b) Review of C. G. Jung's *Wandlungen und Symbole der Libido* (Leipzig und Wien, 1912), *Int. Z. ärztl. Psychoanal.*, 1, 391. et al.

(1919) *Contributions to a Symposium published as Zur Psychoanalyse der Kriegsneurosen*, Leipzig und Wien.

Finkelnburg, F. C. (1870) *Niederrheinische Gesellschaft*, Sitzung vom 21. März 1870 in Bonn, *Berlin Klin. Wschr.*, 7, 449, 460.

Fließ, W. (1906) *Der Ablauf des Lebens*, Wien.

Freud, A. (1936) *Das Ich und die Abwehrmechanismen*, Wien.

Freud, M. (1957) *Glory Reflected*, London.

Freud, S. (1888–9) Translation with Preface and Notes of H. Bernheim's *De la suggestion et de ses applications à la thérapeutique*, Paris, 1886, under the title *Die Suggestion und ihre Heilwirkung*, Wien.

(1891b) *On Aphasia*, London and New York, 1953.

(1893a) & Breuer, J., "On the Psychical Mechanism of Hysterical Phenomena: Preliminary Communication", in *Studies on Hysteria, Standard Ed.*, 2, 3; 열린책들 3.

(1893c) "Some Points for a Comparative Study of Organic and Hysterical Motor Paralyses", *Standard Ed.*, 1, 157.

(1893h) "Lecture 'On the Psychical Mechanism of Hysterical Phenomena'", *Standard Ed.*, 3, 27.

(1894a) "The Neuro-Psychoses of Defence", *Standard Ed.*, 3, 43.

(1895b[1894]) "On the Grounds for Detaching a particular Syndrome from Neurasthenia under the Description 'Anxiety Neurosis' ", *Standard Ed.*, 3, 87; 열린책들 10.

(1895d) & Breuer, J., *Studies on Hysteria*, London, 1956; *Standard Ed.*, 2; 열린책들 3.

(1896b) "Further Remarks on th Neuro-Psychoses of Defence", *Standard Ed.*, 3, 159.

(1896c) "The Aetiology of Hysteria", *Standard Ed.*, 3, 189.

(1900a) *The Interpretation of Dreams*, London and New York, 1955; *Standard Ed.*, 4–5; 열린책들 4.

(1901b) *The Psychopathology of Everyday Life*, *Standard Ed.*, 6; 열린책들 5.

(1905c) *Jokes and their Relation to the Unconscious*, London, 1960; *Standard Ed.*, 8; 열린책들 6.

(1905d) *Three Essays on the Theory of Sexuality*, London, 1962; *Standard Ed.*, 7, 125; 열린책들 7.

(1905e[1901]) "Fragment of an Analysis of a Case of Hysteira", *Standard Ed.*, 7, 3; 열린책들 8.

(1906a [1905]) "My Views on the Part played by Sexuality in the Aetiology of the Neuroses", *Standard Ed.*, 7, 271; 열린책들 10.

(1906f) "Contribution to a Questionnaire on Reading", *Standard Ed.*, 9, 245.

(1907b) "Obsessive Actions and Religious practices", *Standard Ed.*, 9, 116; 열린책들 13.

(1908a) "Hysterical Phantasies and their Relation to Bisexuality", *Standard Ed.*, 9, 157; 열린책들 10.

(1908b) "Character and Anal Erotism", *Standard Ed.*, 9, 169; 열린책들 7.

(1908e[1907]) "Creative Writers and Day-Dreaming", *Standard Ed.*, 9, 143; 열린책들 14.

(1909a[1908]) "Some General Remarks on Hysterical Attacks", *Standard Ed.*, 9, 229; 열린책들 10.

(1909b) "Analysis of a Phobia in a Five-Year-Old Boy", *Standard Ed.*, 10, 3; 열린책들 8.

(1909d) "Notes upon a Case of Obsessional Neurosis", *Standard Ed.*, 10, 155; 열린책들 9.

(1910a[1909]) *Five Lectures on Psycho-Analysis*, *Standard Ed.*, 11, 3; in *Two*

Short Accounts of Psycho-Analysis, Penguin Books, Harmondsworth, 1962.

(1910c) *Leonardo da Vinci and a Memory of his Childhood, Standard Ed.*, 11, 59; 열린책들 14.

(1910g) "Contribution to a Discussion on Suicide", *Standard Ed.*, 11, 231.

(1910i) "The Psycho-Analytic View of Psychogenic Disturbance of Vision", *Standard Ed.*, 11, 211; 열린책들 10.

(1911b) "Formulations on the Two Principles of Mental Functioning", *Standard Ed.*, 12, 215; 열린책들 11.

(1911c[1910]) "Psycho-Analytic Notes on an Autobiographical Account of a Case of Paranoia (Dementia Paranoides)", *Standard Ed.*, 12, 3; 열린책들 9.

(1912b) "The Dynamics of Transference", *Standard Ed.*, 12, 99.

(1912c) "Types of Onset of Neurosis", *Standard Ed.*, 12, 229; 열린책들 10.

(1912g) "A Note on the Unconscious in Psycho-Analysis", *Standard Ed.*, 12, 257; 열린책들 11.

(1912-13) *Totem and Taboo*, London, 1950; New York, 1952; *Standard Ed.*, 13, 1; 열린책들 13.

(1913c) "On Beginning the Treatment", *Standard Ed.*, 12, 123.

(1913i) "The Disposition to Obsessional Neurosis", *Standard Ed.*, 12, 313; 열린책들 10.

(1914a) "Fausse Reconnaissance ('déjà raconté') in Psycho-Analytic Treatment", *Standard Ed.*, 13, 201.

(1914c) "On Narcissism: An Introduction", *Standard Ed.*, 14, 69; 열린책들 11.

(1914d) "On the History of the psycho-Analytic Movement", *Standard Ed.*, 14, 3; 열린책들 15..

(1914g) "Remembering, Repeating and Working-Through (Further Recommendations on the Technique of Psycho-Analysis, II)", *Standard Ed.*, 12, 147.

(1915b) "Thoughts for the Times on War and Death", *Standard Ed.*, 14, 275; 열린책들 12.

(1915c) "Instincts and their Vicissitudes", *Standard Ed.*, 14, 111; 열린책들 11.

(1915d) "Repression", *Standard Ed.*, 14, 143; 열린책들 11.

(1915e) "The Unconscious", *Standard Ed.*, 14, 161; 열린책들 11.

(1916d) "Some Character-Types Met with in Psycho-Analytic Work", *Standard Ed.*, 14, 311; 열린책들 14.

(1916-17[1915-17]) *Introductory Lectures on Psycho-Analysis*, New York,

1966; London, 1971; *Standard Ed.*, 15-16; 열린책들 1.

(1917a) "A Difficulty in the Path of Psycho-Analysis", *Standard Ed.*, 17, 137.

(1917b) "A Childhood Recollection from *Dichtung und Wahrheit*", *Standard Ed.*, 17, 147; 열린책들 14.

(1917d[1915]) "A Metapsychological Supplement to the Theory of Dreams", *Standard Ed.*, 14, 219; 열린책들 11.

(1917e[1915]) "Mourning and Melancholia", *Standard Ed.*, 14, 239; 열린책들 11.

(1918b[1914]) "From the History of an Infantile Neurosis", *Standard Ed.*, 17, 3; 열린책들 9.

(1919d) *Introduction to Psycho-Analysis and the War Neurose* (London and New York, 1921); *Standard Ed.*, 17, 207.

(1919e) "A Child is Being Beaten", *Standard Ed.*, 17, 177; 열린책들 10.

(1919h) "The Uncanny", *Standard Ed.*, 17, 219; 열린책들 14.

(1920a) "The Psychogenesis of a Case of Female Homosexuality", *Standard Ed.*, 18, 147; 열린책들 9.

(1920g) *Beyond the Pleasure Principle*, London, 1961; *Standard Ed.*, 18, 7; 열린책들 11.

(1921b) Introduction to Varendonck, *The Psychology of Day-Dreams*, Londons, *Standard Ed.*, 18, 271.

(1921c) *Group Psychology and the Analysis of the Ego*, London and New York, 1959, *Standard Ed.*, 18, 69; 열린책들 12.

(1922b[1921]) "Some Neurotic Mechanisms in Jealousy, Paranoia and Homosexuality", *Standard Ed.*, 18, 223; 열린책들 10.

(1922f) "Some Remarks on the Unconscious", *Standard Ed.*, 19, 3.

(1923a[1922]) "Two Encyclopaedia Articles", *Standard Ed.*, 18, 235; 열린책들 15.

(1923b) *The Ego and the Id*, London and New York, 1962; *Standard Ed.*, 19, 3; 열린책들 11.

(1923c[1922]) "Remarks on the Theory and Practice of Dream-Interpretation", *Standard Ed.*, 19, 109.

(1923e) "The Infantile Genital Organization", *Standard Ed.*, 19, 141; 열린책들 7.

(1924b[1923]) "Neurosis and Psychosis", *Standard Ed.*, 19, 149; 열린책들 10.

(1924c) "The Economic Problem of Masochism", *Standard Ed.*, 19, 157; 열린책들 11.

(1924d) "The Dissolution of the Oedipus Complex", *Standard Ed.*, 19, 173; 열린책들 7.

(1924e) "The Loss of Reality in Neurosis and Psychosis", *Standard Ed.*, 19, 183; 열린책들 10.

(1925a[1924]) "A Note upon the 'Mystic Writing-Pad' ", *Standard Ed.*, 19, 227; 열린책들 11.

(1925d[1924]) *An Autobiographical Study*, *Standard Ed.*, 20, 3; 열린책들 15.

(1925h) "Negation", *Standard Ed.*, 19, 235; 열린책들 11.

(1925i) "Some Additional Notes upon Dream-Interpretation as a Whole", *Standard Ed.*, 19, 125.

(1925j) "Some Psychical Consequences of the Anatomical Distinction between the Sexes", *Standard Ed.*, 19, 243; 열린책들 7.

(1926d[1925]) *Inhibitions, Symptoms and Anxiety*, London, 1960; *Standard Ed.*, 20, 77; 열린책들 10.

(1926e) *The Question of Lay Analysis*, London, 1947; *Standard Ed.*, 20, 179; 열린책들 15.

(1926g) "Translation with Footnotes of 1. Levine's *The Unconscious* (Part 1, Section 13: 'Samuel Butler')", London, 1923, under the title *Das Unbewusste*, Wien.

(1927a) "Postscript to *The Question of Lay Analysis*:, *Standard Ed.*, 20, 251; 열린책들 15.

(1927c) *The Future of an Illusion*, London, 1962; *Standard Ed.*, 21, 3; 열린책들 12.

(1927d) "Humour", *Standard Ed.*, 21, 159; 열린책들 14.

(1927e) "Fetishism", *Standard Ed.*, 21, 149; 열린책들 7.

(1928b) "Dostoevsky and Parricide", *Standard Ed.*, 21, 175; 열린책들 14.

(1930a[1919]) *Civilization and its Discontents*, New York and London, 1963; *Standard Ed.*, 21, 59; 열린책들 12.

(1931b) "Female Sexuality", *Standard Ed.*, 21, 223; 열린책들 7.

(1933a[1932]) *New Introductory Lectures on Psycho-Analysis*, New York, 1966; London, 1971; *Standard Ed.*, 22; 열린책들 2.

(1935a) Postscript to *An Autobiographical Study*, new edition, London and New York; *Standard Ed.*, 20, 71; 열린책들 15.

(1936a) "A Disturbance of Memory on the Acropolis", *Standard Ed.*, 22, 239; 열린책들 11.

(1937h) "Analysis Terminable and Interminable", *Standard Ed.*, 23, 211.

(1937a) "Constructions in Analysis", *Standard Ed.*, 23, 257.

(1939a 1934-38]) *Moses and Monotheism, Standard Ed.*, 23, 3; 열린책들 13.

(1940a[1938]) *An Outline of Psycho-Analysis*, New York, 1968; London, 1969; *Standard Ed.*, 23, 141; 열린책들 15.

(1940b[1938]) "Some Elementary Lessons in Psycho-Analysis", *Standard Ed.*, 23, 281.

(1940e[1938]) "Splitting of the Ego in the Process of Defence", *Standard Ed.*, 23, 273; 열린책들 11.

(1942a[1905-6]) "Psychopathic Characters on the Stage", *Standard Ed.*, 7, 305; 열린책들 14.

(1950a[1887-1902]) *The Origins of Psycho-Analysis*, London and New York, 1954. (Partly, including "A Project for a Scientific Psychology", in *Standard Ed.*, 1, 175.)

(1955c[1920]) "Memorandum on the Electrical Treatment of War Neurotics", *Standard Ed.*, 17, 211.

(1955f[1909-38]). Letters and Extracts from Letters to Ludwig Binswanger, in L. Binswanger's *Sigmund Freud:Reminiscences of a Friendship*, New York and London, 1957.

(1960a) *Letters 1873-1939* (ed. E. L. Freud), New York, 1960; London, 1961.

(1963a[1909-39]) *Psycho-Analysis and Faith. The Letters of Sigmund Freud and Oskar Pfister* (ed. H. Meng and E. L. Freud), London and New York, 1963.

(1965a[1907-26]) *A Psycho-Analytic Dialogue. The Letters of Sigmund Freud and Karl Abraham* (ed. H. C. Abraham and E. L. Freud) (trans. B. Marsh and H. C. Abraham), London and New York, 1965.

(1966a[1912-36]) *Sigmund Freud and Lou Andreas-Salomé: Letters* (ed. E. Pfeiffer) (trans. W. and E. Robson-Scott), London and New York, 1972.

(1968a[1927-39]) *The Letters of Sigmund Freud and Arnold Zweig* (ed. E. L. Freud), London and New York, 1970.

(1970a[1919-35]) *Sigmund Freud as a Consultant. Recollections of a Pioneer in Psychoanalysis* (Freud가 Edoardo Weiss에게 보낸 편지, Weiss의 회고와 주석, Martin Grotjahn의 서문과 해설 포함), New York, 1970.

(1974a[1906-23]) *The Freud / Jung Letters* (ed. W. McGuire), London and Princeton, N. J., 1974.

Goette. A. (1883) *Über den Ursprung des Todes*, Hamburg.

Griesinger, W. (1845) *Pathologie und Therapie der psychischen Krankheiten*, Stuttgart.

Groddeck, G. (1923) *Das Buch vom Es*, Wien.

Hartmann, M. (1906) *Tod und Fortpflanzung*, München.

Henderson, D. K., & Gillespie, R. D. (1969) *A Text-Book of Psychiatry* (10th ed.), London.

Herbart, J. F. (1824-5) *Psychologie als Wissenschaft neu gegründet auf Erfahrung, Metaphysik und Mathematik*, Königsberg.

Hering, E. (1870) "Über das Gedächtnis als eine allgemeine Funktion der organisierten Materie", Wien.

Jackson, J. Hughlings (1878) "On Affections of Speech from Disease of the Brain", *Brain*, 1. 304

Janet, P. (1909) *Les névroses*, Paris.

Jekels, L. (1913) "Einige Bemerkungen zur Trieblehre", *Int. Z. ärztl. Psychoanal.* 1, 439.

Jones, E. (1953) *Sigmund Freud: Life and Work*, Vol. 1, London and New York.

(1955) *Sigmund Freud: Life and Work*, Vol. 2, London and New York.

(1957) *Sigmund Freud: Life and Work*, Vol. 3, London and New York.

Jung, C. G. (1909) "Die Bedeutung des Vaters für das Schicksal des Einzelnen", *Jb. psychoanalyt. psychopath. Forsch.*, 1, 155.

(1911-12) "Wandlungen und Symbole der Libido", *Jb. psychoanalyt. psychopath. Forsch.*, 3, 120 and 4, 162; 단행본으로는, Leipzig und Wien, 1912.

(1913) "Versuch einer Darstellung der psychoanalytischen Theorie", *Jb. psychoanalyt. psychopath. Forsch.*, 5, 307; 단행본으로는, Leipzig und Wien, 1913.

Kant, I. (1781) *Kritik der reinen Vernunft*, Riga. (2nd ed., 1787.)

Kris, E. (1956) "Freud in the History of Science", *The Listener*, 55, No. 1416(17 May), 631.

Landauer, K. (1914) "Spontanheilung einer Katatonie", *Int. Z. ärztl. Psychoanal.*, 2, 441.

Levine, I. (1923) *The Unconscious*, London.

Lipschütz, A. (1914) *Warum wir sterben*, Stuttgart.

Loeb, J. (1909) *Die chemische Entwicklungserregung des tierischen Eies: künstliche Parthenogenese*, Paris.

Low, B. (1920) *Psycho-Analysis*, London and New York.

Marcinowski, (1918) "Erotische Quellen der Minderwertigkeitsgefühle", Z. Ann, 4, 313.

SexWis, 888) "Recherches expérimentales sur la multiplication des infusoires Maupîrch. Zool. exp. gén. (Sér. 2), 6, 165.

. (1843) *A System of Logic*, London.

ɔ5) *An Examination of Sir William Hamilton's Philosophy*, London.

ıtatuli" [E.D. Dekker] (1906) *Multatuli-Briefe*(2 vols.), Frankfurt.

ünsterberg, H. (1908) *Philosophie der Werte: Grundzüge einer Weltanschauung*, Leipzig.

Näcke, P. (1899) "Kritisches zum Kapitel der normalen und pathologischen Sexualität", *Arch. Psychiat. Nervenkrankh.*, 32, 356.

Pfeifer, S. (1919) "Äusserungen infantil-erotischer Triebe im Spiele", *Imago*, 5, 243.

Platon *Symposium*.

Rank, O. (1970) *Der Künstler, Ansätze zu einer Sexualpsychologie*, Leipzig und Wien.

(1910) "Schopenhauer über den Wahnsinn", *Zentbl. Psychoanal.*, 1, 69.

(1911) "Ein Beitrag zum Narzissismus", *Jb. psychoanalyt. psychopath. Forsch.*, 3, 401.

(1913) "Der 'Familienroman' in der Psychologie des Attentäters", *Int. Z. ärztl. Psychoanal.*, 1, 565.

Reitler, R. (1913) "Zur Genital- und Sekret-Symbolik", *Int. Z. ärztl. Psychoanal.*, 1, 492.

Sachs, H. (1945) *Freud, Master and Friend*, Cambridge(Mass.) and London.

Schopenhauer, A. (1819) *Die Welt als Wille und Vorstellung*, Leipzig. (2nd ed., Leipzig, 1844.) In *Sämtliche Werke*(ed. Hübscher) (2nd ed.), Vols. 2-3, Wiesbaden, 1949.

(1851) "Über die anscheinende Absichtlichkeit im Schicksale des Einzelnen", *Parerga und paralipomena*(Essay IV), Vol. 1, Leipzig. (2nd ed., Berlin, 1862.) In *Sämtliche Werke*(ed. Hübscher), Leipzig, 1938, Vol. 5, 213.

Silberer, H. (1909) "Bericht über eine Methode, gewisse symbolische Halluzinations-Erscheinungen hervorzurufen und zu beobachten", *Jb. psychoanalyt. psychopath. Forsch.*, 1, 513.

(1912) "Symbolik des Erwachens und Schwellensymbolik überhaupt", *Jb. psychoanalyt. psychopath. Forsch.*, 3, 621.

(1914) *Probleme der Mystik und ihrer Symbolik*, Leipzig und Wie

Spamer, C. (1876) "Über Aphasie und Asymbolie nebst Versuch eine

Sprachbildung", *Arch. Psychiat. Nevenkrankh.*, 6. 496.　　　　　　rie der

Spielrein, S. (1912) "Die Destruktion als Ursache des Werdens", *Jb. psyche*
psychopath. Forsch., 4, 465.

Stärcke, A. (1914) Introduction to Dutch translation of Freud's " 'Civilized' Sexua
Morality and Modern Nervous Illness", Leyden.

Stekel, W. (1908) *Nervöse Angstzustände und ihre Behandlung*, Berlin und Wien.
(399)

Stout, G. F. (1938) *A Manual of Psychology* (5th ed.), London. (1st ed., 1899.)

Tausk, V. (1913) "Entwertung des Verdrängungsmotivs durch Rekompense", *Int.*
Z. ärztl. Psychoanal., 1, 230.

(1919) "Über die Entstehung des 'Beeinflussungsapparates' in der
Schizophrenie", *Int. Z. ärztl. Psychoanal.*, 5, 1.

Trotter, W. (1916) *Instincts of the Herd in Peace and War*, London.

Varendonck, J. (1921) *The Psychology of Day-Dreams*, London and New York.

Weismann, A. (1882) *Über die Dauer des Lebens*, Jena.

(1884) *Über Leben und Tod*, Jena.

(1892) *Das Keimplasma*, Jena.

Wernicke, E. (1900) *Grundriss der Psychiatrie*, Leipzig.

Woodruff, L. L. (1914) "A Five-Year Pedigreed Race of Paramecium without
Conjugation", *Proc. Soc. exp. Biol.*, 9, 129.

Ziegler, K. (1913) "Menschen- und Weltenwerden", *Neue Jb. klass. Altert.*, 31, 529.

찾아보기

네케Näcke, P. 43

노출증Exhibitionismus / exhibitionism 112, 115, 116, 119

늑대 인간Wolf-Mann / wolf man 115, 148, 202, 241, 472, 506

니체Nietzsche, F. 349, 366

다윈Darwin, C. R. 338

대리 표상Substitut / surrogate 319, 383, 434, 458

대상 관계Objektbeziehung / object-relation 204, 217, 252, 373, 376, 379, 531

대상 리비도Objektlibido / object-libido 40, 45, 47~49, 59, 62, 72~74, 80, 81, 95,
    374, 395, 417, 418, 420, 523

대상 리비도 집중Objektbesetzung / object-cathexis 46, 47, 71, 82, 203, 204, 210,
    211, 241, 252~254, 257, 261, 263, 329, 372, 373, 375, 376, 385, 391, 395, 398,
    400, 402, 408, 416, 417, 419, 420

대상 본능Objekttrieb / object-instinct 96, 344, 387

대상 선택Objektwahl / object-choice 62~67, 78, 82, 111, 241, 252~255, 257,
    372~376, 378, 379, 384

대상애Objektliebe / object-love 20, 39, 66, 68, 334

대상 표상Objektvostellung / object-idea 212, 213

대체 표상Ersatzvorstellung / substitutive idea 179, 183~186, 188

대치Substitution / substitution 69, 108, 274~276, 287, 305, 317, 337, 343~345, 357,
    368, 372, 373, 379, 392, 400, 410, 433, 449, 475

도스토옙스키Dostoevskii, F. 389

동물 공포증Tierphobie / animal phobia 148, 184

동성애Homosexualität / homosexuality 44, 63, 66, 67, 75, 83, 384, 391, 392

동일시Identifizierung / identification 21, 53, 95, 101, 105, 109, 114, 119, 162, 164,
    165, 206, 240~242, 252~257, 263, 308, 332, 333, 336, 357, 369, 372~379, 383,
    384, 386, 391, 395, 397, 400, 402, 406, 407, 409, 424, 529, 531~533

라이틀러Reitler, R. 209

란다우어Landauer, K. 253

랑크Rank, Otto 12, 20, 40, 44, 229, 253, 336, 394, 435

로Low, B. 337, 424

롤랑Rolland, Romain 461

뢰프Loeb, J. 326

리비도Libido / libido 20, 41, 44~65, 67, 69~75, 78~83, 93, 95, 96, 105, 111, 123,
132, 141, 144, 148, 150, 151, 180~189, 191, 192, 196, 199, 200, 203, 220~222,
224, 231, 237, 239, 245, 246, 252, 254, 255, 257~259, 261~266, 307, 329~336,
344, 345, 365, 372, 374, 377, 381, 382, 389, 393~397, 407~411, 415~420,
423~425, 429~436, 441, 449, 458, 504, 522, 523, 525

리비도적 본능der libidinöse Trieb / libidinal instinct 69, 71, 73, 96, 123, 332~334,
344

리비도적 충동die libidinöse Strebung / libidinal urge 71, 434

리비도 집중Libidobesetzung / libidinal cathexis 15, 16, 18, 47, 53, 58, 59, 62, 96, 132,
141, 143, 150, 180~183, 185~189, 191, 192, 196, 198, 199, 207, 210~214, 216,
217, 222~229, 234~238, 253, 257, 258, 263~266, 298, 302~304, 308, 332, 345,
347, 361, 362, 364, 386, 392, 393, 395, 397, 400, 404, 410, 411, 416, 418~420,
449, 458

리비어Riviere, Joan 242, 350, 422, 451

립쉬츠Lipschütz, A. 324, 336, 337

마르치노프스키Marcinowski, J. 289

마이네르트Meynert, Theodor 12, 131, 154, 230, 231, 493

마조히즘Masochismus / masochism 96, 105, 112~115, 119, 120, 258, 273, 336, 337,
388, 400, 406, 418, 421~423, 426~432, 436~439, 524

만Mann, Thomas 461

망각Vergessenheit / forgetting 33, 160, 230, 514

망상Wahn / delusion 74~76, 226, 244, 248

모방 본능Nachahmungstrieb / imitative instinct 285

모차르트Mozart, V. A. 18

모파Maupas, E. 325

몽상Phantasie / phantasy 16, 20, 68

몽유Somnambulismus / somnambulation 227

무의식das Unbewußte / the unconscious 8, 12, 15, 16, 21, 24, 25, 27~37, 62, 76, 87,
89, 91, 92, 131, 137~139, 141~144, 147, 153~157, 159~161, 163~177,
179~181, 183, 184, 186~204, 210~214, 219, 222~229, 231, 232, 236, 238, 247,
263~265, 271, 286, 288, 289, 294, 296, 300, 306, 308, 310, 328, 349, 350,
352~366, 370~372, 380, 386, 394, 400~403, 407, 409, 411, 414, 415, 426, 432,

433, 436, 437, 448, 449, 453, 457~459, 461, 466, 467, 494~498, 501, 503, 505,
511, 514, 517, 518, 520, 522, 526~530, 532, 533

(ㅂ)

불안 히스테리Angsthysterie / anxiety hysteria 89, 148, 150, 183, 184, 186~188, 203
불쾌Unlust / Unpleasure 12~15, 18, 55, 57, 59, 60, 104, 105, 114, 121~125, 127,
    128, 130, 135~137, 142, 144, 146, 149, 185, 190, 246, 271~277, 284, 285, 289,
    291, 294, 301, 302, 305, 309, 345~347, 358, 363, 364, 396, 421, 423~425, 428,
    429, 467, 519~521, 525
브로이어Breuer, Josef 30, 94, 131, 155, 169, 190, 192, 231, 274, 279, 295, 298, 303,
    308, 362, 445, 480, 490, 494, 504
블로일러Bleuler, Eugen 14, 44, 118, 170, 207, 492

◈

사고 내용Gedankeninhalt / thought-content 76, 230
사고 리비도 집중Denkbesetzungen / thought-cathexis 222
사교 본능Geslligkeitstriebe / gregariousness instinct 108
사디즘Sadismus / sadism 96, 112~117, 119, 120, 128, 129, 150, 151, 256, 257,
    334~336, 387~389, 396, 404, 421, 423, 428~431, 436~438, 524
사랑 대상Liebeobjekt / love-object 63, 64, 66, 83, 255
사랑 충동Liebesregung / love-impulse 183, 184
사물 리비도 집중Sachbesetzungen / thing-cathexis 211, 229
사물 표상Sachvorstellung / thing-presentation 210, 211, 213, 214, 229
상징Symbol / symbol 52, 53, 77, 208, 209, 229, 427, 435, 455, 458, 519
생명 본능Lebentrieb / life instinct 105, 317, 321, 328, 329, 333, 334, 339, 343, 344,
    350, 423~425, 430, 523, 525, 526
샤르코Charcot, Jean-Martin 149, 489, 503
성기기die genital Phase / genital phase 335, 389, 431
성도착Fetischismusq / fetishism 43, 44, 63, 81, 115, 389, 427
성생활Sexualleben / sexual-life 43, 127, 287, 289, 381, 398
성애(性愛) 리비도 집중Liebesbesetzung / erotic cathexis 253, 257
성욕Sexualität / sexuality 39, 43, 48, 58, 63, 66, 73, 92, 94, 95, 105, 109, 110, 115,
    127, 132, 142, 241, 285, 307, 334, 336, 341, 378, 396, 415, 421, 428, 457, 501, 505
성적 만족die sexuelle Befriedigung / sexual satisfaction 43, 62, 72, 109, 127, 397,
    427
성(적) 본능Sexualtrieb / sexual-instinct 276, 317, 336, 344, 387, 393, 522~524, 526
성적 이상Sexualideal / sexual ideal 81, 82
성(적) 충동Sexualstrebung / sexual-impulse 128, 392
소산(消散)Abreagieren / abreaction 97, 284, 511

소원 성취Wunscherfüllung / wish-fulfillment 12, 143, 226, 227, 230, 232, 236, 246, 280, 305, 306

소원 지각Wunschwahrnehmung / wish-percerption 233

소원 충동Wunschregung / instinctual wishes 94, 189, 225, 226

소원 환상Wunschphantasie / wishful phantasy 230

쇼Shaw, B. 18

쇼펜하우어Schopenhauer, A. 12, 328

슈레버Schreber, Daniel Paul 7, 24, 40, 43, 45, 52, 53, 57, 63, 87, 92, 96, 139, 506

슈베닝거Schweninger, E. 349

슈테르케Stärcke, A. 336

스트레이치Strachey, James 176, 270, 415, 441, 461, 478

승화Sublimation / sublimation 54, 72, 73, 74, 83, 88, 111, 115, 126, 318, 319, 374, 386, 387, 394, 395, 397, 406, 409, 530

신경 쇠약증Neurasthenie / neurasthenia 57, 58

신경증Neurose / neurosis 11, 12, 17, 18, 20, 21, 30, 31, 33, 44, 47, 49, 50, 53, 54, 57~59, 61, 64, 70, 73, 77, 79, 80, 82, 89, 95, 108, 110, 115, 132, 133, 139, 140, 141, 146~149, 152, 177, 178, 183, 186, 187, 191, 196, 202, 203, 205, 213, 217, 220, 241, 257, 276, 277~280, 287, 290, 291, 293, 304~307, 309, 315, 317, 319, 329~332, 334, 358, 371, 379, 384, 389, 391, 394, 401, 402, 410~412, 432, 434, 443, 453, 477, 489, 495~497, 504, 506, 520

실수 행위Fehlleistung(Fehlhandlung) / parapraxis 160, 163

심층 심리학Tiefenpsychologie / depth-psychology 157, 170, 343, 359

ㅇ

아들러Adler, Alfred 40, 41, 69, 70, 71, 79, 106, 133, 334, 492, 506

아리스토텔레스Aristoteles 237

아버지 살해Vatertötung / patricide 389

아버지 콤플렉스Vaterkomplex / father complex 383, 384, 398

아브라함Abraham, Karl 41, 45, 88, 203, 239, 241, 244, 254, 278, 441

아장Azam, E. 32

암시Suggestion / suggestion 28, 30, 53, 57, 66, 83, 103, 105, 139, 163, 164, 172, 226, 269, 272, 275, 282, 288, 289, 306, 319, 324, 328, 341, 345, 359, 374, 388, 395, 418, 449, 489, 494, 504, 532

압축Verdichtung / condensation 8, 41, 123, 150, 189, 192, 207, 228, 308

양가감정Ambivalenz / ambivalence 118, 120, 128, 129, 151, 254, 264, 335, 389, 390

양성성(兩性性), 양성 소질Bisexualität / bisexuality 16, 376, 378

억압Verdrängung / repression 11, 13~15, 17, 21, 24, 35, 71~73, 75, 77, 80~83, 88, 91, 92, 95, 111, 130~133, 135~152, 156, 159, 160, 168, 169, 173~191, 194, 196~201, 203, 205, 207, 209, 211~214, 216, 217, 219, 224, 225, 231, 232, 236, 237, 255, 262, 264, 276, 277, 279, 283, 286, 287~289, 293, 302, 306, 310, 318, 319, 331, 349, 354, 355, 357~359, 363, 364, 367, 372, 380~382, 389, 400~402, 410, 412, 415, 438, 453~455, 458, 473, 474, 480, 504, 507, 514, 527~530, 532

억제Unterdrückung / supression 18, 20, 35, 59, 60, 68, 69, 71, 141, 149, 152, 177, 178, 184, 185, 187, 192, 216, 224, 244, 245, 247, 261, 275, 322, 384, 387, 406, 408, 438

언어 리비도 집중Wortbesetzungen / word-cathexis 229

언어 표상Wortvorstellung / word-presentation 210, 211, 213, 361, 362, 365, 403, 404

에로스Eros / eros 269, 319, 320, 330, 332, 335, 344, 387~390, 393~397, 409, 412, 413, 419, 430, 458, 523, 526

에로티시즘Erotik / erotisism 432

에를리히Ehrlich, P. 109

엘리스Ellis, Havelock 43

연상Assoziation / association 28, 141, 183, 306, 358, 369, 394, 453, 494, 495, 497, 504, 513

열등의식Minderwertigkeitsgefühle / sense of inferiority 78, 79, 248, 251, 289, 290, 401, 468

열반 원칙Nirwanaprinzip / nirvana principle 104, 105, 337, 424, 425, 525

예켈스Jekels, R. 120

오이디푸스 콤플렉스Ödipus-Komplex / Oedipus complex 217, 240, 242, 287, 350, 376, 377~382, 384, 386, 397, 398, 402, 434, 435, 437, 496, 505, 506, 533

왜곡Entstellung / distortion 35, 55, 230, 469, 470, 474

외상Trauma / trauma 264, 277~280, 293, 301, 304~307, 309, 410, 479, 504, 505, 520~522

외상성 신경증die traumatische Neurose / traumatic neurosis 277~280, 293, 304~307, 309, 520

욕구Anspruch / need 13, 14, 60, 64, 81, 94, 101, 102, 109, 123, 126, 127, 137, 224, 248, 258, 372, 399, 433, 436

우드러프Woodruff, L. L. 325~327

우울증Melancholie / melancholia 41, 215, 239~252, 254~261, 263~266, 278, 307, 372, 373, 400~402, 404, 405, 407, 411, 467

384, 385, 387, 389, 390, 392~394, 397, 398, 402~405, 407, 409, 411, 412, 414,
417~420, 422, 430, 432~438, 449, 456~459, 469, 472~474, 478, 479, 481, 498,
504, 506, 507, 511, 512, 514, 517, 527, 529, 530, 534

자아 리비도Ichlibido / ego-libido 40, 47~49, 59, 62, 71, 73, 80, 81, 96, 259, 395, 416,
523

자아 본능Ichtrieb / ego-instinct 17, 48~52, 62, 63, 69, 70, 78, 95, 96, 108~111, 123,
126, 128, 129, 317, 320, 330, 332~334, 344, 522, 523, 526

자아 분열Ichspaltung / splitting of the ego 477, 480

자아 심리학Ichpsychologie / ego-psychology 55, 217, 518, 533

자아 이상Ichideal / ego ideal 40, 72~75, 77, 81~83, 217, 240, 350, 371, 375, 379,
380, 382, 383, 386, 400, 401, 406, 408, 410, 531~533

자위행위Onanie(Selbstbefleckung) / masturbation 208, 209, 427, 428, 481~483

작스Sachs, H. 23, 435

잠재기Latenzzeit / period of latency 17, 381

잠재의식das Latentbewußte / the subconscious 475

저항Widerstand / resistance 18, 33, 34, 70, 95, 132, 135, 140, 141, 160, 170, 174, 202,
209, 225, 235, 252, 253, 258, 278, 282, 286, 288, 289, 293, 297, 298, 315, 316, 319,
337, 354, 358, 364, 367, 370, 373, 375, 397, 399, 400, 432, 435, 495, 496, 517, 523,
528, 529

전성기기die prägenitale Phase / pregenital phase 128, 334, 405

전위Verschiebung / displacement 148, 192, 207, 228, 252

전의식das Vorbewußte / the preconscious 31, 33, 34, 36, 170, 171, 179, 180~185,
187, 189~201, 211~214, 222~229, 232, 233, 236, 237, 264, 288, 294, 308, 350,
355, 356, 359, 361~363, 365, 366, 370, 403, 409, 415, 441, 517, 526~530

전이(轉移)Übertragung / transference 16, 64, 123, 124, 151, 159, 181, 183, 184, 186,
189, 203, 204, 285~287, 290~293, 308, 310, 330, 381, 393, 435, 482, 504, 519,
520

전이 신경증Übertragungsneurose / transference neurosis 49, 50, 52, 55, 59, 61, 62,
74, 78, 88, 108, 137, 183, 202~204, 210~212, 237, 254, 255, 258, 287, 330, 332,
528

전쟁 신경증Kriegsneurose / war neurosis 278, 279, 306, 506

전환(轉換)Konversion / conversion 15, 16, 20, 42, 60, 61, 74, 83, 84, 111, 112, 113,
114, 115, 117, 119, 121, 123, 138, 157, 159, 163, 192, 208, 225, 227, 232, 253, 255,
396, 418

전환 히스테리Konversionhysterie / conversion hysteria 88, 89, 149, 150, 187, 188,

203

플라톤Platon 339~341

플리스Fließ, Wilhelm 94, 110, 147, 155, 171, 182, 239, 322, 348, 367, 378, 410, 478, 491, 492, 495, 504

⟐

하이네Heine, H. 60

항문기die anale Phase / anal phase 129, 389, 431

항문 성애Analerotik / anal eroticism 258, 372

항상성의 원칙Konstanzprinzip / principle of constancy 102~104, 274, 421, 424, 525

해석Deutung / interpretation 8, 9, 12, 13, 16, 21, 22, 35, 49, 53, 56, 79, 87, 89, 94, 102, 105, 133, 139, 143, 156, 157, 163, 165~167, 169, 171, 177, 185, 190, 197, 198, 207, 211, 215, 216, 221, 222, 225~229, 233, 237, 255, 274, 280, 282, 283, 286, 289, 293, 294, 296, 305, 308, 362, 364, 367, 369, 370, 401, 406, 427, 431, 437, 445, 453, 457, 496, 498, 501, 505, 512~514, 517, 529

헤르바르트Herbart, J. F. 131, 154, 493

헤링Hering, Ewald 328

현실성 검사Realitätsprüfung / reality-testing 16, 21, 95, 190, 193, 198, 216, 217, 233~237, 245, 250, 258, 371, 407, 456, 457, 511

현실 원칙Realitätsprinzip / reality principle 9, 13, 16~20, 22, 193, 275~277, 289, 309, 368

현실 자아Real-Ich / reality-ego 18, 20, 123, 124, 456

환각Phantasie / phantasy 13, 77, 140, 215, 220, 227, 230~234, 236, 237, 246, 305, 482

환각성 정신증 11, 12

환상 14, 16, 17, 19, 20, 21, 45, 47, 54, 61, 113, 196, 208, 215, 226, 230, 232, 236, 310, 318, 321, 339, 362, 363, 423, 427, 428, 431, 435, 464, 471, 472, 507, 528, 529

회상 70, 71, 279, 287, 289, 499

히스테리 11, 16, 30, 45, 50, 57, 59, 61, 80, 108, 131~133, 149, 150, 152, 156, 166, 169, 187, 190, 203, 204, 207, 208, 222, 231, 246, 254, 255, 274, 278, 279, 295, 298, 308, 349, 362, 402, 404, 431, 445, 455, 489, 490, 494, 503, 504, 546

옮긴이 **윤희기** 부산에서 출생하여 고려대학교 영문과를 졸업하고 동 대학원에서 존 애쉬베리에 관한 연구로 박사 학위를 받았다. 고려대학교 국제어학원 연구 교수를 역임했다. 논문으로는 「삶의 부정확한 번역자: 존 애쉬베리 시의 아포리아」, 「로버트 블라이의 구조적 상상력」이 있으며, 옮긴 책으로는 오스카 와일드의 『도리언 그레이의 초상』, 폴 오스터의 『동행』, 『폐허의 도시』, 『소멸』, 『나는 아버지가 하느님인 줄 알았다』, A. S. 바이어트의 『소유』, 제임스 미치너의 『소설』, 존 스타인벡의 『의심스러운 싸움』 등 다수가 있다.

박찬부 서울대학교 영문과와 동 대학원을 졸업하고, 뉴욕 주립대학교(버펄로)에서 영문학 박사 학위를 받았다. 플로리다 대학교와 예일 대학교 객원 교수, 한국비평이론학회 회장을 역임했고 현재 경북대학교 명예 교수이다. 저서로는 『라캉: 재현과 그 불만』, 『기호, 주체, 욕망』, 『에로스와 죽음』, 『현대 정신분석 비평』이 있으며, 번역서로는 『문화 연구를 위한 비평 용어』, 『페미니즘과 정신분석학』(공역) 등이 있다. 우호문화재단 우호학술상을 수상했다.

프로이트 전집 11

정신분석학의 근본 개념

발행일	1997년 12월 20일 초판 1쇄
	2000년 9월 20일 초판 4쇄
	2003년 9월 30일 2판 1쇄
	2020년 6월 10일 2판 24쇄
	2020년 10월 30일 신판 1쇄
	2023년 3월 10일 신판 3쇄

지은이	지크문트 프로이트
옮긴이	윤희기·박찬부
발행인	홍예빈·홍유진
발행처	주식회사 열린책들

경기도 파주시 문발로 253 파주출판도시
전화 031-955-4000 팩스 031-955-4004
www.openbooks.co.kr

ISBN 978-89-329-2059-7 94180
ISBN 978-89-329-2048-1 (세트)

이 도서의 국립중앙도서관 출판예정도서목록(CIP)은 서지정보유통지원시스템 홈페이지(http://seoji.nl.go.kr)와 국가자료공동목록시스템(http://www.nl.go.kr/kolisnet)에서 이용하실 수 있습니다.(CIP제어번호:CIP2020039783)